나눔의집 사회복지사1급

2026년
24회 대비
최신판

SINCE 2002
23번째 개선

강의로 잡는

장별 기출문제집

사회복지교육연구센터 편저

사회복지
전문출판 나눔의집

아임패스와 함께하는 4단계 합격전략

나눔의집은 '진심'을 다해 오직 사회복지사1급 시험만을 연구한다.
나눔의집의 온라인 강의 사이트인 아임패스를 통해 단계별로 전문적이고 체계적인 학습을 시작해 보자. 아임패스는 강의 제공뿐만 아니라 문제은행, 학습자료, 보충자료, 과목별 질문 등 사회복지사1급 시험에 관한 다양한 자료를 제공하고 있다.

1단계   기본개념 과정

강의로 쌓는 기본개념

다양한 유형의 문제에서 명확하게 답을 찾기 위해서는 기본개념이 탄탄하게 잡혀있어야 한다. 기본개념 학습은 말 그대로 1급 시험에 출제되는 총 8영역의 기본적인 개념들을 정리하는 학습이다. 즉, 1급 시험을 위해 가장 기초적이고 중요한 첫 단계로서 집을 짓기 위해 바닥을 단단하게 다지는 과정이다. 그만큼 학습해야 할 양도 많고 오랜 시간이 걸리는 과정이지만 바닥이 단단하지 않으면 그 위에 아무리 멋진 집을 쌓아도 무너질 수 있듯이 기본개념 학습은 반드시 탄탄하게 학습해야 한다.

핵심을 바로 체크하는 개념노트

개념노트 왼쪽 페이지에는 장별로 학습한 기본개념을 바로바로 확인할 수 있는 빈칸 넣기 퀴즈가 수록되어 있고, 오른쪽 페이지에는 학습한 내용을 정리할 수 있는 노트 형태로 구성되어 있다.
장별로 표시된 학습 중요도와 기출포인트를 통해 핵심요약집과 연계하여 학습할 수 있으며, QR코드를 통해 기출회독과도 연계하여 학습할 수 있다.

2단계   기출회독 과정

강의로 복습하는 기출회독

기출문제는 결국 또다시 기출문제가 된다. 따라서 기출문제를 분석하고 반복하여 풀어보는 것은 합격을 위한 가장 기본적이고 필수적인 과정이다. 기출회독은 1회 시험부터 가장 최근 시험까지 모든 기출문제를 분석하여 가장 출제가 많이 된 총 250개의 기출 키워드를 '1단계 이론요약 정리', '2단계 기출문제 풀이', '3단계 정답훈련 퀴즈 풀이'라는 3단계의 복습 시스템으로 학습한다. '데이터 기반 학습법'과 '3단계 복습 시스템'의 결합을 통해 기출 개념들을 힘들게 노력하여 외우지 않아도 저절로 이해할 수 있는 마법을 경험하게 된다.

기출문제 번호 보는 법

23	01	25
기출회차	영역	문제번호

'기출회차-영역-문제번호'의 순으로 기출문제의 번호 표기를 제시하여 어느 책에서든 쉽게 해당 문제를 찾아볼 수 있도록 통일하였다.

3단계 핵심요약 과정

사회복지사1급 핵심요약집

반드시 출제되는 핵심내용을 '데이터 기반 학습전략'으로 공부한다.

최근 5년간 기출데이터 분석을 통해 8개 영역의 각 장을 목표 점수별로 구분(130점 목표 빨간색, 160점 목표 파란색, 200점 목표 초록색)하여 효율적이고 전략적으로 학습할 수 있다. QR코드를 통해 기출회독과 연계하여 학습할 수 있으며, 아임패스의 다양한 문제와 퀴즈도 풀 수 있다.

4단계 실전대비 과정

강의로 잡는 장별 기출문제집

최근 5개년 기출문제를 기본개념서에서 제시된 장별로 구성하였다. 기출문제를 장별 내용에 따라 구성하였기 때문에 문제를 풀다가 모르는 개념이 나오면 기본개념서에서 바로 해당 장의 내용을 찾아서 보다 쉽게 다시 정리할 수 있다. 또한 모든 문제에 해당 기출회독 키워드를 표시하였기에 기출회독과도 연계하여 학습할 수 있다.

강의로 풀이하는 합격예상문제집

최근 시험에서는 새로운 유형의 문제가 출제되는 비중이 점점 높아지고 있다. 따라서 기출문제를 기반으로 한 다양한 유형의 응용문제를 풀어보는 것이 매우 중요하다. 최신 기출문제의 내용과 유형을 분석하여 출제한 2,000개의 예상문제를 풀어봄으로써 어떠한 유형의 문제가 출제되어도 자신 있게 해결할 수 있는 훈련을 한다.

강의로 완성하는 FINAL 모의고사

길고 길었던 학습을 마무리하면서 자신의 실력을 최종 점검해 볼 수 있다. 모의고사는 총 3회분으로 구성되어 있는데, 난이도를 구분하여 1회가 가장 쉽고 3회가 가장 어렵다. 실제 시험지 구성과 동일하게 제작되었기 때문에 실전처럼 시간을 정해놓고 함께 들어있는 답안카드에 직접 마킹을 해보면서 자신의 실력을 최종적으로 확인할 수 있다.

아임패스 앱 출시

당신이 있는 곳이 바로 강의실입니다.

아임패스 앱을 지금 다운로드 받으세요.

※ QR스캔 기능제공

CONTENTS

1영역 │ 인간행동과 사회환경 · 17

1장 인간행동, 발달과 사회복지 · 18
2장 정신역동이론 · 22
3장 인지행동이론 · 27
4장 인본주의이론 · 32
5장 사회체계이론 · 35
6장 가족체계, 집단체계 · 41
7장 조직체계, 지역사회체계, 문화체계 · 42
8장 태아기, 영아기, 유아기 · 44
9장 아동기 · 48
10장 청소년기 · 50
11장 청년기 · 52
12장 장년기 · 54
13장 노년기 · 56

2영역 │ 사회복지조사론 · 59

1장 과학적 방법과 조사연구 · 60
2장 조사의 유형과 절차 · 64
3장 조사문제와 가설 · 68
4장 조사설계와 인과관계 · 71
5장 조사설계의 유형 · 74
6장 단일사례설계 · 78
7장 측정 · 80
8장 척도 · 86
9장 표집(표본추출) · 88
10장 자료수집방법 I : 서베이(설문조사) · 93
11장 자료수집방법 II : 관찰과 내용분석법 · 96
12장 욕구조사와 평가조사 · 97
13장 질적 연구방법론 · 98
14장 조사계획서 및 조사보고서 · 101

3영역 │ 사회복지실천론 · 103

1장 사회복지실천의 개념 및 정의 · 104
2장 사회복지실천의 가치와 윤리 · 106
3장 사회복지실천의 역사적 발달과정 · 110
4장 사회복지실천현장에 대한 이해 · 113
5장 사회복지실천의 주요 관점 및 이론 · 115
6장 사례관리 · 121
7장 관계형성에 대한 이해 · 125
8장 면접의 방법과 기술 · 130
9장 접수 및 자료수집 과정 · 133
10장 사정과정 · 136
11장 계획수립과정 · 138
12장 개입과정 · 139
13장 종결 및 평가 · 141

4영역 │ 사회복지실천기술론 · 143

1장 사회복지사의 전문성 · 144
2장 정신역동모델 · 147
3장 심리사회모델 · 149
4장 인지행동모델 · 151
5장 과제중심모델 · 155
6장 기타 실천모델 · 156
7장 가족에 대한 이해 · 159
8장 가족문제 사정 · 161
9장 가족 대상 실천기법 · 163
10장 집단 대상 실천기법 · 170
11장 집단발달단계 · 175
12장 사회복지실천 기록 · 179
13장 사회복지실천 평가 · 181

5영역 | 지역사회복지론 · 183

1장 지역사회의 개념과 유형 · 184
2장 지역사회복지와 지역사회복지실천 · 186
3장 지역사회복지의 역사 · 188
4장 지역사회복지의 주요 이론 · 191
5장 지역사회복지 실천모델의 이해 · 194
6장 지역사회복지 실천과정 · 198
7장 지역사회복지실천에서의 사회복지사의 역할 · 201
8장 지역사회복지 실천기술 Ⅰ · 203
9장 지역사회복지 실천기술 Ⅱ · 206
10장 지역사회보장계획 · 207
11장 지역사회복지실천의 추진체계 Ⅰ · 211
12장 지역사회복지실천의 추진체계 Ⅱ · 214
13장 지역사회복지운동 · 219

6영역 | 사회복지정책론 · 221

1장 사회복지정책 개요 · 222
2장 사회복지정책의 역사적 전개 · 226
3장 사회복지정책 관련 이론과 사상 · 229
4장 사회복지정책 형성과정 · 233
5장 사회복지정책의 분석틀 · 235
6장 사회보장론 일반 · 244
7장 공적 연금의 이해 · 249
8장 국민건강보장제도의 이해 · 251
9장 산업재해보상보험제도의 이해 · 253
10장 고용보험제도의 이해 · 254
11장 빈곤과 공공부조제도 · 255

7영역 | 사회복지행정론 · 261

1장 사회복지행정의 개념과 특성 · 262
2장 사회복지행정의 역사 · 265
3장 사회복지행정의 이론적 배경 · 268
4장 사회복지조직의 구조와 조직화 · 273
5장 사회복지서비스 전달체계 · 276
6장 사회복지조직의 기획과 의사결정 · 279
7장 리더십과 조직문화 · 281
8장 인적자원관리 · 284
9장 재정관리/재무관리 · 288
10장 프로그램 개발과 평가 · 291
11장 사회복지조직의 책임성과 평가 · 293
12장 홍보와 마케팅 · 295
13장 환경관리와 정보관리 · 298

8영역 | 사회복지법제론 · 301

1장 사회복지법의 개관 · 302
2장 사회복지법의 발달사 · 305
3장 사회복지의 권리성 · 307
4장 국제법과 사회복지 · 308
5장 사회보장기본법 · 309
6장 사회보장급여의 이용 · 제공 및 수급권자 발굴에 관한
    법률 · 314
7장 사회복지사업법 · 317
8장 공공부조법 · 322
9장 사회보험법 · 328
10장 사회서비스법 · 334
11장 판례 · 341

23회 필기시험의 합격률은 지난 22회 합격률 29.7%보다 10%가량 상승한 39.4%로 나타났다. 2교시 4영역 사회복지실천기술론의 난이도가 높게 출제되었으나, 많은 수험생들이 어려워하는 1교시 2영역 사회복지조사론과 3교시 8영역 사회복지법제론이 평이하게 출제되어 전반적인 점수가 상승하였고, 이로 인해 합격률이 높게 나타난 것으로 보인다.

제23회 사회복지사1급 응시현황 및 결과

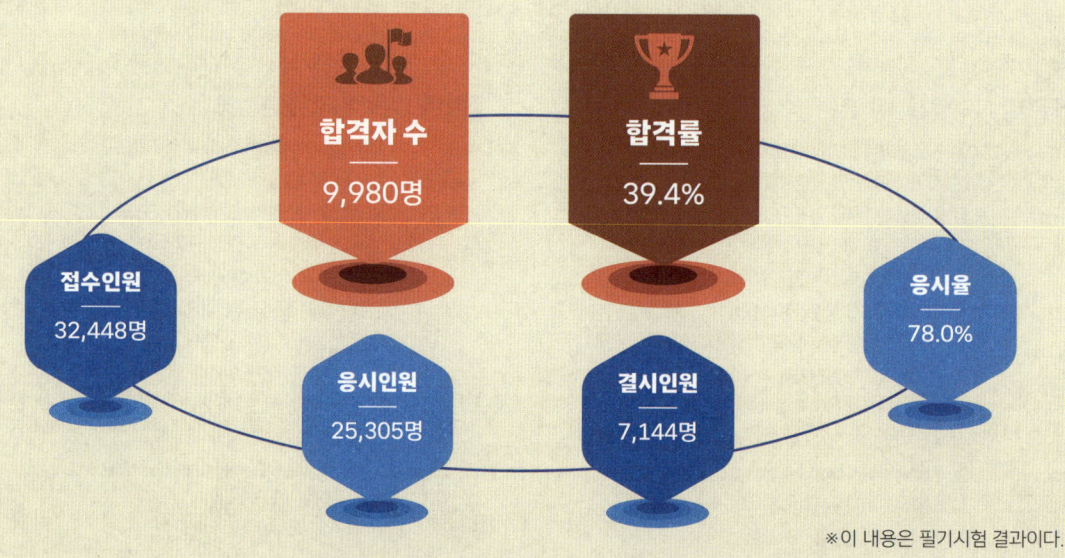

접수인원	응시인원	합격자 수	합격률	결시인원	응시율
32,448명	25,305명	9,980명	39.4%	7,144명	78.0%

※이 내용은 필기시험 결과이다.

1회~23회 사회복지사1급 국가시험 합격률 추이

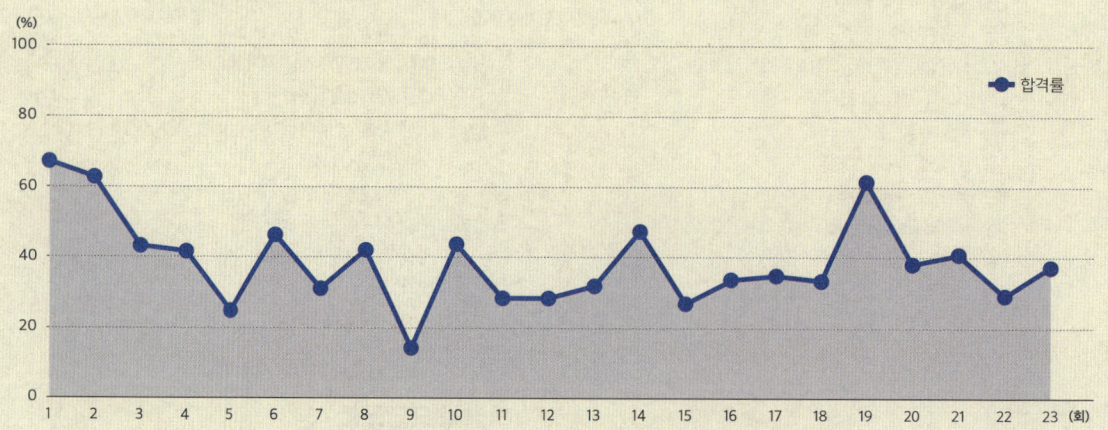

※ 다음은 2025년 1월 11일 시행된 23회 시험에 대한 공고 내용이다. 시험공고는 시험일로부터 대략 3개월 전에 발표되고 있다.

시험방법

시험과목수	문제수	배점	총점	문제형식
3과목(8영역)	200	1점 / 1문제	200점	객관식 5지 선택형

시험과목 및 시험시간

구분	시험과목		입실시간	시험시간
1교시	사회복지기초(50문항)	· 인간행동과 사회환경(25문항) · 사회복지조사론(25문항)	09:00	09:30-10:20 (50분)
휴식시간 10:20 ~ 10:40 (20분)				
2교시	사회복지실천(75문항)	· 사회복지실천론(25문항) · 사회복지실천기술론(25문항) · 지역사회복지론(25문항)	10:40	10:50-12:05 (75분)
휴식시간 12:05 ~ 12:25 (20분)				
3교시	사회복지정책과 제도(75문항)	· 사회복지정책론(25문항) · 사회복지행정론(25문항) · 사회복지법제론(25문항)	12:25	12:35-13:50 (75분)

※ 이는 일반수험자 기준이며, 장애인수험자 등 응시편의 제공 대상자는 1.5의 시간을 연장함
※ 시험관련 법령 등을 적용하여 정답을 구하여야 하는 문제는 시험 시행일 현재 시행 중인 법령을 기준으로 출제함

합격(예정)자 결정기준(사회복지사업법에 의거)

· 시험의 합격결정에 있어서는 매 과목 4할 이상, 전 과목 총점의 6할 이상을 득점한 자를 합격예정자로 결정
· 사회복지사1급 국가시험 합격예정자는 한국사회복지사협회에서 응시자격 서류심사를 실시하며, 응시자격서류를 정해진 기한 내에 제출하지 않거나 심사결과 부적격자인 경우에는 최종불합격 처리함
· 최종합격자 발표 후라도 제출된 서류 등의 기재사항이 사실과 다르거나 응시자격 부적격 사유가 발견될 때에는 합격을 취소함

※ 시험관련 정보는 한국산업인력공단 사회복지사1급 홈페이지(http://www.q-net.or.kr/site/welfare)와 한국사회복지사협회 홈페이지(http://www.welfare.net)에서 확인할 수 있다.

1영역 인간행동과 사회환경

5년간 데이터로 찾아낸 합격비책

여기에서 **84.0%**(21문항) 출제 ➤

순위	장	장명	출제문항수	평균문항수	23회 기출	체크
1	5장	사회체계이론	20	4.0	🏆	✓
2	2장	정신역동이론	19	3.8	🏆	✓
3	3장	인지행동이론	18	3.6	🏆	✓
4	8장	태아기, 영아기, 유아기	13	2.6	🏆	✓
5	1장	인간행동, 발달과 사회복지	12	2.4	🏆	✓
6	4장	인본주의이론	10	2.0	🏆	✓
7	10장	청소년기	7	1.4	🏆	✓
8	9장	아동기	6	1.2	🏆	✓

23회 기출 분석

대부분 예년의 출제분포와 문제유형에서 크게 벗어나지 않은 문제들이 출제되었다. 특히, 5장 브론펜브레너의 생태체계이론에서 3문제나 출제되었으며, 2장 프로이트 이론의 방어기제 중 내면화에 관한 내용이 새롭게 등장한 점, 3장 콜버그의 도덕성 발달단계 문제가 상세지문으로 구성되어 단독문제로 출제된 점, 발달단계에 관한 문제에서 학자별 발달단계 연결은 물론 신체적·인지적·정서적 특성을 모두 포괄하였다는 점은 주목할 만하다.

24회 합격 대책

인간행동과 사회환경은 점차 학자별 비교 이해와 생애주기별 비교 이해를 근간으로 종합적 사고를 요구하는 문제들이 증가하고 있으며, 하나의 개념을 세분화한 지문으로 구성한 단독문제가 증가하고 있다. 또한 하나의 발달단계라 하더라도 그 영역별(신체, 인지, 정서 등) 지문내용이 세분화되고 있어 넓은 비교력과 깊은 이해력를 요하는 전방위적 학습이 더욱 필요하다.

2영역 사회복지조사론

5년간 데이터로 찾아낸 합격비책

여기에서 **78.4%** (20문항) 출제

순위	장	장명	출제문항수	평균문항수	23회 기출	체크
1	7장	측정	20	4.0	🏆	✓
2	9장	표집(표본추출)	16	3.2	🏆	✓
3	1장	과학적 방법과 조사연구	12	2.4	🏆	✓
4	2장	조사의 유형과 절차	12	2.4	🏆	✓
5	3장	조사문제와 가설	10	2.0	🏆	✓
6	5장	조사설계의 유형	10	2.0	🏆	✓
7	13장	질적 연구방법론	10	2.0	🏆	✓
8	4장	조사설계와 인과관계	8	1.6	🏆	✓

23회 기출 분석

각 장별 출제분포에 있어서 예년과 비슷한 패턴을 보였으며, 난이도도 높지 않게 출제되었다. 사례제시형 문제가 다수 출제되었으며, 측정수준이나 가설검증에 관한 문제에서 통계적 지식을 요구하는 문제가 지속적으로 출제되고 있다. 예년의 시험과 유사하게 7장 측정, 9장 표집에 관한 문제의 출제비중이 높았으며, 개념적 정의와 조작적 정의에 관한 문제가 오랜만에 등장하였다. 그동안 출제비중이 높았던 13장 질적 연구방법론에서는 1문제만 출제되었다.

24회 합격 대책

사회복지조사론은 매년 출제되는 내용과 영역은 크게 변하지 않는 안정된 패턴을 나타낸다. 다만, 이 내용을 토대로 새롭게 변형된 문제가 지속적으로 출제되고 있으며, 다수의 문제가 사례를 접목시킨 형태로 출제되기 때문에 기출문제와 다양한 유형의 응용문제를 많이 접하는 것이 중요하다. 특히, 사례가 접목된 문제들을 많이 접해야 하고, 서로 상반되거나 비슷한 주요 개념들은 비교하여 정리할 필요가 있다.

5년간 데이터로 찾아낸 합격비책

여기에서 **80.8%**(20문항) 출제

순위	장	장명	출제문항수	평균문항수	23회 기출	체크
1	5장	사회복지실천의 주요 관점 및 이론	21	4.2	🏆	✓
2	7장	관계형성에 대한 이해	19	3.8	🏆	✓
3	6장	사례관리	15	3.0	🏆	✓
4	2장	사회복지실천의 가치와 윤리	13	2.6	🏆	✓
5	3장	사회복지실천의 역사적 발달과정	10	2.0	🏆	✓
6	8장	면접의 방법과 기술	9	1.8	🏆	✓
7	1장	사회복지실천의 개념 및 정의	7	1.4	🏆	✓
8	4장	사회복지실천현장에 대한 이해	7	1.4	🏆	✓

23회 기출 분석

전체적으로 예년과 유사한 기출분포와 반복적으로 등장했던 내용이 무난한 수준으로 출제되었다. 2장의 인권에 관한 문제, 한국 사회복지사 윤리강령에서 '클라이언트에 대한 윤리기준'의 하위영역을 묻는 문제가 2년 연속 출제되었으며, 5장의 콤튼과 갤러웨이 6체계를 적용한 사례분석 문제가 나왔다는 점, 12장에서 간접적 개입방법의 환경조정에 관한 예제문제가 나왔다는 점 등이 특이점이라고 할 수 있다.

24회 합격 대책

사회복지실천론은 다른 영역들에 비해 난이도가 낮고 흥미롭게 학습할 수 있다. 통합방법론, 관계론, 면접론, 사례관리, 가치와 윤리 영역은 시험에서 기출빈도가 높을 뿐만 아니라 현장 사회복지사에게 실전의 필수지식인 만큼 충실하게 정리해야 한다. 앞서 언급한 것처럼 비교적 난이도가 낮은 영역이기 때문에 총점 확보를 위한 전략 영역으로 사회복지실천론을 활용한다면 보다 효율적으로 전체 득점을 상승시킬 수 있을 것이다.

사회복지실천기술론

5년간 데이터로 찾아낸 합격비책

여기에서 **81.6%**(20문항) 출제

순위	장	장명	출제문항수	평균문항수	23회 기출	체크
1	9장	가족 대상 실천기법	27	5.4	🏆	✅
2	10장	집단 대상 실천기법	16	3.2	🏆	✅
3	11장	집단발달단계	14	2.8	🏆	✅
4	1장	사회복지사의 전문성	11	2.2	🏆	✅
5	4장	인지행동모델	11	2.2	🏆	✅
6	6장	기타 실천모델	11	2.2	🏆	✅
7	7장	가족에 대한 이해	6	1.2	🏆	✅
8	8장	가족문제 사정	6	1.2	🏆	✅

23회 기출 분석

꾸준히 출제비중이 높았던 가족실천기법(가족치료모델), 집단실천과 집단발달, 다양한 사회복지실천 모델에서 역시나 높은 기출분포를 보였다. 특히, 가족치료모델이 나오는 9장 가족실천기법에서는 6문제나 출제되었다. 23회 시험은 예년의 시험에 비해 난이도가 높았는데, 이는 그동안 주로 선택지로 출제됐던 클라이언트중심모델과 동기강화모델이 단독문제로 출제된 점, 복합적 사고와 판단을 요구하는 조합형의 문제가 많이 출제된 점, 현장중심의 사례제시형 문제가 다수 출제된 점이 그 원인이라고 판단된다.

24회 합격 대책

사회복지실천기술론은 결코 가볍게 생각해서는 안 되는 영역이다. 6개 이상의 실천모델들과 다양한 가족치료모델, 그리고 집단의 유형분류·역동이해, 치료효과·발달단계 등 학습내용이 방대하며, 모델들 간의 비교 및 심화문제들이 증가하고 있다. 따라서 사회복지실천기술론은 단순 암기를 넘어 개념에 대한 충분한 이해력, 방대한 내용에 대한 변별력, 모델 간의 비교력을 요하기 때문에 잘 조직화된 학습을 위한 시간투자가 반드시 필요하다.

5영역 | 지역사회복지론

5년간 데이터로 찾아낸 합격비책

여기에서 **74.4%** (19문항) 출제

순위	장	장명	출제문항수	평균문항수	23회 기출	체크
1	12장	지역사회복지실천의 추진체계 Ⅱ	16	3.2	🏆	✅
2	5장	지역사회복지 실천모델의 이해	14	2.8	🏆	✅
3	8장	지역사회복지 실천기술 Ⅰ	11	2.2	🏆	✅
4	10장	지역사회보장계획	11	2.2	🏆	✅
5	11장	지역사회복지실천의 추진체계 Ⅰ	11	2.2	🏆	✅
6	3장	지역사회복지의 역사	10	2.0	🏆	✅
7	4장	지역사회복지의 주요 이론	10	2.0	🏆	✅
8	6장	지역사회복지 실천과정	10	2.0	🏆	✅

23회 기출 분석

전반적으로 기출분포와 문제유형에서 예년과 크게 다를 바 없이 주된 내용을 무난히 반영한 문제들이 출제되었다. 특이한 점은 5장에서 그동안 잘 출제되지 않았던 포플의 지역사회복지 실천모델이 단독문제로 2년 연속 출제되었다는 점이다. 또한 10장의 지역사회보장계획과 지역사회보장협의체에 관한 문제, 12장의 지역사회복지관의 역할과 사업내용에 관한 문제도 지속적으로 출제되고 있다. 지역사회복지에 관한 이론, 지역사회복지사의 역할과 기술 영역에서 사례제시형 문제가 출제된 점도 주목할 만하다.

24회 합격 대책

지역사회복지론은 '사회복지실천'과 '사회복지정책 및 제도'가 융합된 영역이다. 따라서 사회복지행정론, 사회복지법제론 등 다른 영역과 일부 중복되는 내용이 있기 때문에 이를 잘 활용하면 보다 효율적으로 학습할 수 있을 것이다. 4장의 이론과 5장의 모델 그리고 10장의 지역사회보장계획 부분은 기출비중이 높은 만큼 학습량도 많아 학습하기에 다소 부담이 될 수 있지만, 이 부분만 잘 넘어가면 전반적으로 어렵지 않게 정리할 수 있다.

사회복지정책론

5년간 데이터로 찾아낸 합격비책

여기에서 **92.8%**(23문항) 출제

순위	장	장명	출제문항수	평균문항수	23회 기출	체크
1	5장	사회복지정책의 분석틀	31	6.2	🏆	✅
2	11장	빈곤과 공공부조제도	18	3.6	🏆	✅
3	1장	사회복지정책 개요	17	3.4	🏆	✅
4	6장	사회보장론 일반	17	3.4	🏆	✅
5	3장	사회복지정책 관련 이론과 사상	15	3.0	🏆	✅
6	2장	사회복지정책의 역사적 전개	7	1.4	🏆	✅
7	8장	국민건강보장제도의 이해	6	1.2	🏆	✅
8	4장	사회복지정책 형성과정	5	1.0	🏆	✅

23회 기출 분석

지엽적인 문제들과 새로운 유형의 문제들이 다수 출제되었다. 특히, 마이클 센델의 정의, 최저임금제의 세부 내용, 연대의 특징, 중상주의의 흐름 등의 문제는 기존에 교재에서 자주 다뤄지던 내용이 아니기 때문에 많은 수험생들이 문제를 접하고 당황스러웠을 것이다. 한동안 출제되지 않았던 2장의 서구 복지국가의 전개과정에 관한 문제가 오랜만에 등장하였으며, 출제비중이 매우 높았던 11장 빈곤과 공공부조제도에서는 1문제만 출제되었다.

24회 합격 대책

최근 사회복지정책론은 교재를 통해 배울 수 있는 내용이 아닌 현재 우리 사회의 다양한 사회복지 관련 흐름과 이슈의 내용도 함께 출제되고 있다. 따라서 평소 사회복지 관련 내용에 관심을 갖고 연계하여 학습하는 것이 필요하다. 또한 사회복지정책론은 출제비중이 특정 영역에 몰아서 출제되는 경향을 보이므로 출제비중이 높은 사회복지정책의 분석틀(5장), 사회보장론 일반(6장), 빈곤과 공공부조제도(11장)를 중심으로 학습하는 것도 효율적인 학습방법이 될 수 있다.

5년간 데이터로 찾아낸 합격비책

여기에서 **72.8%**(18문항) 출제

순위	장	장명	출제문항수	평균문항수	23회 기출	체크
1	3장	사회복지행정의 이론적 배경	18	3.6	🏆	✓
2	8장	인적자원관리	15	3.0	🏆	✓
3	4장	사회복지조직의 구조와 조직화	11	2.2	🏆	✓
4	2장	사회복지행정의 역사	10	2.0	🏆	✓
5	9장	재정관리/재무관리	10	2.0	🏆	✓
6	5장	사회복지서비스 전달체계	9	1.8	🏆	✓
7	7장	리더십과 조직문화	9	1.8	🏆	✓
8	12장	홍보와 마케팅	9	1.8	🏆	✓

23회 기출 분석

예년에 비해 난이도는 높지 않았지만, 출제분포에 있어서 그동안 출제빈도가 높았던 중심부 내용들보다는 다소 주변부의 내용에서 문제가 출제되는 모습을 보였다. 최근 시험에서 5문제까지도 출제되었던 3장 관리이론에서는 예년과 달리 2문제만 출제되었으며, 전반적으로 다소 지엽적인 내용의 문제들이 출제되었다. 또한 최근 12장 마케팅 영역에서 꾸준히 2문제씩 출제되고 있는데, 이는 현대 사회복지에서 비영리조직의 생존전략이 중요하다는 점을 시사하고 있다.

24회 합격 대책

3장의 관리이론, 7장의 리더십이론, 8장의 동기부여이론 등은 출제빈도가 높을 뿐만 아니라 학습 내용도 방대하기 때문에 각 장의 테마를 알고 그에 속한 이론들의 흐름을 정리한 다음 각 이론들을 비교하며 정리해 나가는 조직화된 학습이 요구된다. 또한 사회복지행정론은 보기와 선택지에 생소한 단어들이 많이 등장하기 때문에 성실한 용어정리가 선행되어야 문장을 이해하고 정답을 찾을 수 있다.

5년간 데이터로 찾아낸 합격비책

여기에서 97.6%(24문항) **출제**

순위	장	장명	출제문항수	평균문항수	23회 기출	체크
1	10장	사회서비스법	25	5.0	🏆	✅
2	9장	사회보험법	22	4.4	🏆	✅
3	8장	공공부조법	19	3.8	🏆	✅
4	7장	사회복지사업법	17	3.4	🏆	✅
5	5장	사회보장기본법	16	3.2	🏆	✅
6	1장	사회복지법의 개관	10	2.0	🏆	✅
7	2장	사회복지법의 발달사	7	1.4	🏆	✅
8	6장	사회보장급여의 이용·제공 및 수급권자 발굴에 관한 법률	6	1.2		✅

23회 기출 분석

비교적 평이한 수준으로 출제되었다. 5장 사회보장기본법에 관한 문제가 5문제나 출제되었으며, 최근 시험에서 격년을 주기로 출제되는 패턴을 보였던 11장 판례에 관한 문제(13회, 15회, 17회, 19회, 21회 출제)는 23회 시험에서 출제되지 않았다. 출제비중이 높았던 기타 사회서비스법에서는 가정폭력방지 및 피해자보호 등에 관한 법률 1문제만 출제되었다.

24회 합격 대책

최근 사회복지법제론은 전반적인 내용을 묻는 문제뿐만 아니라 법률의 세부적인 내용을 묻는 문제가 지속적으로 출제되고 있다. 따라서 공통적으로 포함되는 영역(용어의 정의, 기본이념, 급여종류, 실태조사, 위원회 등)은 물론, 시행령과 시행규칙에서 언급되는 세부적인 내용도 반드시 살펴봐야 한다. 기출문제를 통한 필수 조항에 대한 학습을 탄탄하게 함과 동시에 상대적으로 지엽적이거나 출제되지 않았던 상세한 조항에 대한 이해도 병행해야 한다.

장별로 풀어보는 기출문제!

나눔의집 기본개념서의 틀에 맞춰 최근 5개년 기출문제를 장별로 분류하여 구성하였습니다. 지난 시험에서 폐지되거나 개정된 법률 및 제도 등은 현재를 기준으로 수정하여 수록하였고, 기출문제 중 중복 답이 인정된 경우 해설을 통해 관련 설명을 첨언하여 24회 시험을 대비함에 있어 최대한 혼란을 줄이고자 하였습니다.
합격자들의 활용법을 참고하여 자신의 학습계획에 맞춰 활용해 보시기 바랍니다.

합격자들의 장별 기출문제집 활용법

1. 인행사 **기본개념서** → 인행사 **기출회독** → 인행사 **장별 기출문제집** 등과 같이 영역별로 학습한다.
2. 기본개념서 한 장이 끝날 때마다 해당 장의 기출문제를 풀어본다.
3. 장별 기출문제집을 먼저 풀어보면서 부족한 부분의 기본개념서 혹은 기출회독을 찾아 학습한다.

1영역

인간행동과 사회환경

5개년도(19~23회) 출제분포표

		19회	20회	21회	22회	23회	평균 문항수
1장	인간행동, 발달과 사회복지	2	3	3	1	3	2.4
2장	정신역동이론	4	5	3	4	3	3.8
3장	인지행동이론	3	4	3	4	4	3.6
4장	인본주의이론	2	2	2	2	2	2.0
5장	사회체계이론	4	4	3	4	5	4.0
6장	가족체계, 집단체계	-	-	1	-	-	0.2
7장	조직체계, 지역사회체계, 문화체계	-	1	2	2	-	1.0
8장	태아기, 영아기, 유아기	3	2	3	3	2	2.6
9장	아동기	1	-	2	2	1	1.2
10장	청소년기	1	2	1	1	2	1.4
11장	청년기	1	1	-	1	1	0.8
12장	장년기	1	1	1	1	1	1.0
13장	노년기	3	-	1	-	1	1.0

인간행동, 발달과 사회복지

해답 & 오답노트 344쪽 ⊙

1

기출번호 23-01-01

인간발달이론과 사회복지실천에 관한 설명으로 옳은 것은?

① 인간발달이론은 문제의 사정단계에서만 유용하다.

② 발달단계별 욕구를 기반으로 사회복지서비스를 개발할 수 있다.

③ 클라이언트를 둘러싼 환경의 영향력을 평가할 수 없다.

④ 사회환경보다 클라이언트의 생물학적 요소를 더 중시한다.

⑤ 다양한 클라이언트의 발달과업을 획일적으로 이해할 수 있다.

기출회독 키워드 > 002

인간발달이론

2

기출번호 23-01-02

인간발달의 개념과 원리에 관한 설명으로 옳은 것은?

① 발달에는 개인차가 존재하므로 최적의 시기가 따로 존재하지 않는다.

② 일정한 순서와 방향이 없어서 예측이 불가능하다.

③ 성숙(maturation)은 경험이나 훈련의 결과와 상관없이 진행된다.

④ 발달은 소근육 말초부위에서 대근육 중심부위로 진행된다.

⑤ 성장(growth)은 유전적으로 미리 정해진 정도까지 도달하는 생물학적 변화이다.

기출회독 키워드 > 003

발달과 유사개념

3

기출번호 23-01-03

인간행동에 관한 관점으로 옳지 않은 것은?

① 정신분석이론은 유년기의 경험을 강조한다.

② 생태체계이론은 환경속의 인간의 관점을 강조한다.

③ 인지이론은 인간의 사고가 감정과 행동을 결정한다고 본다.

④ 인본주의이론은 인간에 대한 무조건적인 존중을 강조한다.

⑤ 행동주의이론은 개인의 무의식을 강조한다.

기출회독 키워드 > 001

인간발달

04

기출번호 22-01-02

인간발달에 관한 설명으로 옳은 것은?

① 긍정적·상승적 변화는 발달로 간주하지만, 부정적·퇴행적 변화는 발달로 보지 않는다.

② 순서대로 진행되고 예측가능하다는 특징이 있다.

③ 인간의 전반적 변화를 다루기 때문에 개인차는 중요하지 않다고 본다.

④ 키·몸무게 등의 질적 변화와 인지특성·정서 등의 양적 변화를 모두 포함하는 개념이다.

⑤ 각 발달단계에서의 발달 속도는 거의 일정한 것으로 알려져 있다.

기출회독 키워드 > 001

인간발달

06

기출번호 21-01-03

인간발달이론과 사회복지실천에 관한 설명으로 옳지 않은 것은?

① 다양한 연령층의 클라이언트와 일할 수 있는 토대가 된다.

② 발달단계별 욕구를 기반으로 사회복지서비스를 개발할 수 있다.

③ 발달단계별 발달과제는 문제해결의 목표와 방법 설정에 유용하다.

④ 발달단계별 발달 저해 요소들을 이해하는데 유용하다.

⑤ 인간발달이론은 문제 사정단계에서만 유용하다.

기출회독 키워드 > 002

인간발달이론

인간행동과 사회환경

05

기출번호 21-01-01

인간발달에 관한 설명으로 옳지 않은 것은?

① 영아기에서 노년기까지 시간 흐름의 과정이다.

② 일정한 순서와 방향성이 있어 예측이 가능하다.

③ 생애 전 과정에 걸쳐 진행되는 환경적, 유전적 상호작용의 결과이다.

④ 각 발달단계별 인간행동의 특성이 있다.

⑤ 발달에는 개인차가 있다.

기출회독 키워드 > 001

인간발달

07

기출번호 21-01-25

이상행동과 사회복지실천에 관한 설명으로 옳지 않은 것은?

① 사회문화적 규범에서 벗어나거나 개인과 타인에게 불편과 고통을 유발하는 행동이다.

② 유일한 진단분류체계로 '정신질환 진단 및 통계편람(DSM)'이 있다.

③ 이상행동의 개념은 사회문화, 역사진행과정의 영향을 받는다.

④ 정신건강사회복지사가 전문실천가로 활동한다.

⑤ 이상행동은 클라이언트들이 겪는 문제의 원인이나 결과가 되기도 한다.

◯8

기출번호 20-01-01

인간발달의 원리에 관한 설명으로 옳지 않은 것은?

① 발달에는 최적의 시기가 존재하지 않는다.

② 발달의 각 영역은 상호 밀접한 연관이 있다.

③ 일정한 순서와 방향이 있어서 예측 가능하다.

④ 대근육이 있는 중심부위에서 소근육의 말초부위 순으로 발달한다.

⑤ 연속적 과정이지만 발달의 속도는 일정하지 않다.

> **기출회독 키워드** > **001**
>
> 인간발달

◯9

기출번호 20-01-02

인간발달 및 그 유사개념에 관한 설명으로 옳지 않은 것은?

① 성장은 시간의 경과에 따라 나타나는 양적 변화이다.

② 성숙은 환경과의 상호작용에 의한 사회적 발달이다.

③ 학습은 경험이나 훈련의 결과로 나타나는 행동변화이다.

④ 인간발달은 유전과 환경의 상호작용 결과이다.

⑤ 인간발달은 상승적 변화와 하강적 변화를 모두 포함한다.

> **기출회독 키워드** > **003**
>
> 발달과 유사개념

1◯

기출번호 20-01-03

동갑 친구들 A~C의 대화에서 알 수 있는 인간발달의 원리는?

> A: 나는 50세가 되니 확실히 노화가 느껴져. 얼마 전부터 노안이 와서 작은 글씨를 읽기 힘들어.
> B: 나는 노안은 아직 안 왔는데 흰머리가 너무 많아지네. A는 흰머리가 거의 없구나.
> C: 나는 노안도 왔고 흰머리도 많아. 게다가 기억력도 예전 같지 않아.

① 발달에는 개인차가 있다.

② 발달의 초기단계가 일생에서 가장 중요하다.

③ 발달은 학습에 따른 결과이다.

④ 발달은 분화와 통합의 과정이다.

⑤ 발달은 이전의 발달과업 성취에 기초하여 이루어진다.

> **기출회독 키워드** > **001**
>
> 인간발달

11

기출번호 19-01-01

인간발달이론이 사회복지실천에 미친 영향으로 옳은 것은?

① 아들러(A. Adler)의 이론은 인간을 하나의 통합된 유기체로 인식하는 데 공헌하였다.

② 피아제(J. Piaget)의 이론은 발달단계의 순서가 개인과 문화에 따라 다르게 나타날 수 있음을 인식하는 데 공헌하였다.

③ 프로이트(S. Freud)의 이론은 모방학습의 중요성을 인식하는 데 공헌하였다.

④ 스키너(B. Skinner)의 이론은 인간행동이 내적 동기에 의해 강화됨을 이해하는 데 공헌하였다.

⑤ 로저스(C. Rogers)의 이론은 클라이언트의 생애발달 단계를 파악하고 평가하는 데 공헌하였다.

> **기출회독 키워드** > **002**
>
> 인간발달이론

12

기출번호 19-01-02

인간발달의 원리에 관한 설명으로 옳은 것은?

① 무작위적으로 발달이 진행되기 때문에 예측이 불가능하다.

② 발달에는 결정적 시기가 있다.

③ 안정적 속성보다 변화적 속성이 강하게 나타난다.

④ 신체의 하부에서 상부로, 말초부위에서 중심부위로 진행된다.

⑤ 순서와 방향성이 정해져 있으므로 발달속도에는 개인차가 존재하지 않는다.

기출회독 키워드 > 001

인간발달

2장 정신역동이론

해답 & 오답노트 345-346쪽 ○

1

기출번호 23-01-04

성격이론, 학자 및 주요 개념의 연결이 옳은 것은?

① 인본주의이론 − 융(C. Jung) − 동화
② 정신분석이론 − 매슬로우(A. Maslow) − 열등감
③ 인지발달이론 − 피아제(J. Piaget) − 결핍동기
④ 개인심리이론 − 아들러(A. Adler) − 생활양식
⑤ 분석심리이론 − 로저스(C. Rogers) − 아니마

기출회독 키워드 > 006

아들러의 개인심리이론

2

기출번호 23-01-07

아들러(A. Adler)의 이론에 관한 설명으로 옳지 않은 것은?

① 인간은 사회적 관심에 의해 동기화된다.
② 출생순위는 성격형성에 영향을 준다.
③ 우월에 대한 추구는 선천적으로 타고나는 것이다.
④ 성격유형을 태도와 기능의 조합에 따라 구분했다.
⑤ 가상적 목표(fictional finalism)는 어려움에 부딪힐 때 효과적으로 대처하는 데 도움이 된다.

기출회독 키워드 > 006

아들러의 개인심리이론

3

기출번호 23-01-08

프로이트(S. Freud)의 이론에 관한 설명으로 옳지 않은 것은?

① 초자아(superego)의 특질은 자아이상(ego ideal)과 양심(conscience)으로 구성된다.
② 프로이트(S. Freud)는 실수행위를 통해 무의식이 작용하는 증거를 파악하였다.
③ 내면화(introjection)는 심리적 갈등이 근육계통의 증상으로 나타나는 방어기제이다.
④ 자아(ego)는 2차적 사고과정과 현실원칙에 의해 지배된다.
⑤ 남자아이는 남근기에 오이디푸스 콤플렉스(Oedipus complex)로 인한 거세불안을 경험한다.

기출회독 키워드 > 004

프로이트의 정신분석이론

4

기출번호 22-01-06

아들러(A. Adler)의 이론에 관한 설명으로 옳은 것은?

① 성격은 점성원리에 따라 발달한다.
② 개인의 창조성을 부정한다.
③ 무의식적 결정론을 고수하고 있다.
④ 유전적·환경적 요인의 중요성을 배제한다.
⑤ 인간을 목표지향적 존재로 본다.

기출회독 키워드 > 006

아들러의 개인심리이론

5

기출번호 22-01-07

에릭슨(E. Erikson)의 심리사회적 발달단계 위기와 성취 덕목(virtue)이 옳게 연결된 것은?

① 근면성 대 열등감 - 성실(fidelity)
② 주도성 대 죄의식 - 목적(purpose)
③ 신뢰 대 불신 - 의지(will)
④ 자율성 대 수치심과 의심 - 능력(competence)
⑤ 정체감 대 정체감 혼란 - 희망(hope)

기출회독 키워드 > 005

에릭슨의 심리사회이론

6

기출번호 22-01-09

융(C. Jung)의 이론에 관한 설명으로 옳은 것은?

① 정신분석(psychoanalysis)이론이라 불린다.
② 사회적 관심과 활동수준을 기준으로 심리적 유형을 8가지로 구분하였다.
③ 발달단계에 관하여 언급하지 않았다는 특징을 지니고 있다.
④ 개성화(individuation)를 통한 자기실현과정을 중요시하였다.
⑤ 성격형성에 있어서 창조적 자기(creative self)의 역할을 강조하였다.

기출회독 키워드 > 007

융의 분석심리이론

7

기출번호 22-01-11

방어기제와 그 예시로 옳지 않은 것은?

① 합리화(rationalization): 지원한 회사에 불합격한 후 그냥 한번 지원해본 것이며 합격했어도 다니지 않았을 것이라 생각한다.
② 억압(repression): 시험을 망친 후 성적발표 날짜를 아예 잊어버린다.
③ 투사(projection): 자신이 싫어하는 직장 상사에 대해서 상사가 자기를 싫어하기 때문에 사이가 나쁘다고 여긴다.
④ 반동형성(reaction formation): 관심이 가는 이성에게 오히려 짓궂은 말을 하게 된다.
⑤ 전치(displacement): 낮은 성적을 받은 이유를 교수가 중요치 않은 문제만 출제한 탓이라 여긴다.

기출회독 키워드 > 004

프로이트의 정신분석이론

8

기출번호 21-01-05

에릭슨(E. Erikson)의 이론으로 옳지 않은 것은?

① 개인의 성격은 전 생애를 통하여 발달한다.
② 청소년기의 주요 발달과업은 자아정체감 형성이다.
③ 각 단계의 발달은 이전 단계의 발달을 토대로 이루어진다.
④ 성격발달에 있어서 환경과의 상호작용이 중요하다고 본다.
⑤ 학령기(아동기)는 자율성 대 수치와 의심의 심리사회적 위기를 겪는다.

기출회독 키워드 > 005

에릭슨의 심리사회이론

인간행동과 사회환경

09
기출번호 21-01-06

프로이트(S. Freud)의 정신분석이론에 관한 설명으로 옳은 것은?

① 인간이 가진 자유의지의 중요성을 강조하였다.
② 거세불안과 남근선망은 주로 생식기(genital stage)에 나타난다.
③ 성격구조를 원초아, 자아, 초자아로 구분하였다.
④ 초자아는 현실원리에 지배되며 성격의 실행자이다.
⑤ 성격의 구조나 발달단계를 제시하지 않았다.

> **기출회독 키워드 > 004**
>
> 프로이트의 정신분석이론

11
기출번호 20-01-04

프로이트(S. Freud)의 정신분석이론에 관한 설명으로 옳은 것을 모두 고른 것은?

> ㄱ. 자아(ego)는 일차적 사고과정과 현실원칙을 따른다.
> ㄴ. 잠복기에 원초아(id)는 약해지고 초자아(superego)는 강해진다.
> ㄷ. 신경증적 불안은 자아의 욕구를 초자아가 통제하지 못하고 압도될 때 나타난다.
> ㄹ. 방어기제는 외부세계의 요구로부터 스스로를 보호하고자 하는 무의식적 시도이다.

① ㄷ   ② ㄱ, ㄷ
③ ㄴ, ㄹ   ④ ㄱ, ㄴ, ㄹ
⑤ ㄱ, ㄴ, ㄷ, ㄹ

> **기출회독 키워드 > 004**
>
> 프로이트의 정신분석이론

10
기출번호 21-01-13

융(C. Jung)의 이론으로 옳은 것을 모두 고른 것은?

> ㄱ. 무의식을 개인무의식과 집단무의식으로 구분하였다.
> ㄴ. 그림자(shadow)는 인간에게 있는 동물적 본성을 포함하는 부정적인 측면이다.
> ㄷ. 페르소나(persona)는 개인이 외부세계에 보여주는 이미지 혹은 가면이다.
> ㄹ. 남성의 여성적 면은 아니무스(animus), 여성의 남성적 면은 아니마(anima)이다.

① ㄱ, ㄴ   ② ㄷ, ㄹ
③ ㄱ, ㄴ, ㄷ   ④ ㄱ, ㄴ, ㄹ
⑤ ㄱ, ㄴ, ㄷ, ㄹ

> **기출회독 키워드 > 007**
>
> 융의 분석심리이론

12
기출번호 20-01-05

융(C. Jung)의 분석심리이론에 관한 설명으로 옳은 것은?

① 페르소나(persona)는 외부의 요구나 기대에 부응하는 과정에서 생긴 자아의 가면이라고 한다.
② 인간을 성(性)적 에너지인 리비도(libido)에 의해 지배되는 수동적 존재로 보았다.
③ 원형(archetype)이란 개인의 의식 속에 존재하는 유일한 정신기관이다.
④ 아니무스(animus)는 남성이 억압시킨 여성성이다.
⑤ 자아의 기능에서 감각(sensing)과 직관(intuiting)은 이성을 필요로 하는 합리적 기능이다.

> **기출회독 키워드 > 007**
>
> 융의 분석심리이론

13

기출번호 20-01-06

아들러(A. Adler)의 개인심리이론에 관한 설명으로 옳지 않은 것은?

① 지배형 생활양식은 사회적 관심은 낮으나 활동수준이 높은 유형이다.

② 개인이 궁극적으로 추구하는 목적은 가상적 목표이다.

③ 인간은 목적론적 존재이다.

④ 아동에 대한 방임은 병적 열등감을 초래할 수 있다.

⑤ 사회적 관심은 선천적으로 타고나는 것이어서 의식적인 개발과 교육이 필요하지 않다.

기출회독 키워드 ▶ 006

아들러의 개인심리이론

14

기출번호 20-01-20

에릭슨(E. Erikson)의 심리사회이론에서 아동기(7~12세) 발달과업을 성취하지 못할 경우 경험하는 심리사회적 위기는?

① 불신감

② 절망감

③ 침체감

④ 고립감

⑤ 열등감

기출회독 키워드 ▶ 005

에릭슨의 심리사회이론

15

기출번호 20-01-24

다음 학자와 그의 주요 기법이 옳게 연결된 것은?

① 반두라(A. Bandura) - 행동조성

② 로저스(C. Rogers) - 타임아웃

③ 스키너(B. Skinner) - 모델링

④ 피아제(J. Piaget) - 가족조각

⑤ 프로이트(S. Freud) - 자유연상

기출회독 키워드 ▶ 004

프로이트의 정신분석이론

16

기출번호 19-01-04

프로이트(S. Freud)의 심리성적 발달단계에 관한 설명으로 옳은 것은?

① 남근기: 동성 부모에 대한 동일시의 기제가 나타나는 시기이다.

② 항문기: 양육자와의 상호작용과정에서 최초로 갈등을 경험하는 시기이다.

③ 구강기: 자율성과 수치심을 주로 경험하는 시기이다.

④ 생식기: 오이디푸스 · 엘렉트라 콤플렉스가 강해지는 시기이다.

⑤ 잠복기: 리비도(libido)가 항문부위로 집중되는 시기이다.

기출회독 키워드 ▶ 004

프로이트의 정신분석이론

17

에릭슨(E. Erikson)의 이론에 관한 설명으로 옳은 것은?

① 발달에 영향을 미치는 유전적 · 생물학적 요인을 배제하였다.
② 발달에 영향을 미치는 사회적 · 문화적 요인을 인정하지 않았다.
③ 성인기 이후의 발달을 고려하지 않았다.
④ 자아(ego)의 자율적, 창조적 기능을 고려하지 않았다.
⑤ 과학적 근거나 경험적 증거가 미흡하다.

기출회독 키워드 ▶ 005

에릭슨의 심리사회이론

19

아들러(A. Adler)의 이론에 관한 설명으로 옳지 않은 것은?

① 개인이 지닌 창조성과 주관성을 강조한다.
② 위기와 전념을 기준으로 생활양식을 4가지 유형으로 구분하였다.
③ 열등감은 모든 인간이 지닌 보편적인 감정이다.
④ 사회적 관심은 선천적으로 타고 나는 것이다.
⑤ 개인이 추구하는 목표는 현실에서 검증하기 어려운 가상적 목표이다.

기출회독 키워드 ▶ 006

아들러의 개인심리이론

18

융(C. Jung)의 이론에 관한 설명으로 옳은 것을 모두 고른 것은?

ㄱ. 자기(self)는 중년기 이후에 나타나는 원형(archetype)이다.
ㄴ. 과거의 사건 및 미래에 대한 열망이 성격발달에 동시에 영향을 미친다.
ㄷ. 리비도(libido)는 전반적인 삶의 에너지를 말한다.
ㄹ. 성격발달은 개성화를 통한 자기실현의 과정이다.

① ㄴ
② ㄱ, ㄴ
③ ㄷ, ㄹ
④ ㄱ, ㄷ, ㄹ
⑤ ㄱ, ㄴ, ㄷ, ㄹ

기출회독 키워드 ▶ 007

융의 분석심리이론

인지행동이론

3장

해답 & 오답노트 348쪽 ○

01

기출번호 23-01-05

행동주의이론에 관한 설명으로 옳은 것을 모두 고른 것은?

> ㄱ. 인간을 주관적인 존재로 규정하였다.
> ㄴ. 인간행동은 인간이 지닌 자유의지의 결과이다.
> ㄷ. 선행조건과 결과에 따라 행동이 형성된다는 입장을 가지고 있다.
> ㄹ. 경험주의에 근간을 두고 구체적으로 관찰할 수 있는 행동에 초점을 둔다.

① ㄱ, ㄴ
② ㄱ, ㄷ
③ ㄴ, ㄷ
④ ㄷ, ㄹ
⑤ ㄱ, ㄴ, ㄹ

기출회독 키워드 > 009

스키너의 행동주의이론

02

기출번호 23-01-06

스키너(B. Skinner)의 이론에 관한 설명으로 옳지 않은 것은?

① 부적 강화는 바람직한 행동의 빈도를 감소시킨다.
② 가변비율(variable-ratio) 계획이 강화계획 중에서 반응률이 가장 높다.
③ 인간행동은 내적 충동보다는 외적 자극에 반응하여 나타난다.
④ 고정간격(fixed-interval) 계획은 정해진 시간 간격이 지난 후 강화를 주는 것이다.
⑤ 인간행동은 예측 가능하며 통제할 수 있다.

기출회독 키워드 > 009

스키너의 행동주의이론

3

기출번호 23-01-10

피아제(J. Piaget)의 이론에서 '구체적 조작기'에 관한 설명으로 옳지 않은 것은?

① 물활론적 사고를 한다.
② 논리적 사고가 가능해진다.
③ 보존개념을 획득한다.
④ 순서대로 나열하는 것이 가능해진다.
⑤ 자기중심성에서 벗어나 타인의 입장을 고려할 수 있게 된다.

기출회독 키워드 > 008

피아제의 인지발달이론

4

기출번호 23-01-14

콜버그(L. Kohlberg)의 이론에 관한 설명으로 옳은 것은?

① 전인습적 수준: 사회적인 인정에 관심을 가지고 착한 행동을 함으로써 타인의 인정을 받고자 한다.
② 인습적 수준: 개인의 양심에 비추어 옳고 그름을 판단한다.
③ 인습적 수준: 행동의 결과가 가져오는 보상이나 처벌에 의해 옳고 그름을 판단한다.
④ 후인습적 수준: 사회질서의 유지를 위해 법과 규칙은 준수되어야 하지만, 민주적인 절차를 통해 바뀔 수 있다고 생각한다.
⑤ 후인습적 수준: 규칙을 준수하고 사회질서를 유지하는 것이 도덕적 행동이라 생각한다.

기출회독 키워드 > 011

콜버그의 도덕성 발달이론

5

기출번호 22-01-01

인간발달이론이 사회복지실천에 미친 영향으로 옳지 않은 것은?

① 스키너(B. Skinner) 이론은 행동결정요인으로 인지와 정서의 중요성을 이해하는 계기를 제공하였다.
② 융(C. Jung) 이론은 중년기 이후의 발달을 이해하는 데 도움을 제공하였다.
③ 에릭슨(E. Erikson) 이론은 생애주기별 실천개입의 기반을 제공하였다.
④ 프로이트(S. Freud) 이론은 인간행동의 무의식적 측면을 심층적으로 분석할 수 있는 기반을 제공하였다.
⑤ 매슬로우(A. Maslow) 이론은 인간의 욕구를 파악할 수 있는 근거를 마련하였다.

기출회독 키워드 > 009

스키너의 행동주의이론

6

기출번호 22-01-04

스키너(B. Skinner)의 이론에 관한 설명으로 옳지 않은 것은?

① 강화계획 중 반응율이 가장 높은 것은 가변비율(variable-ratio) 계획이다.
② 정적 강화물의 예시로 음식, 돈, 칭찬 등을 들 수 있다.
③ 인간행동은 예측가능하며 통제될 수 있다고 본다.
④ 인간의 창조성과 자아실현을 강조한다.
⑤ 부적 강화는 바람직한 행동의 빈도를 증가시키는데 초점을 둔다.

기출회독 키워드 > 009

스키너의 행동주의이론

07

기출번호 22-01-10

반두라(A. Bandura)의 이론에 관한 설명으로 옳은 것을 모두 고른 것은?

> ㄱ. 개인의 신념, 기대와 같은 인지적 요인을 중요시 하였다.
> ㄴ. 대리적 강화(vicarious reinforcement)의 중요성을 강조하였다.
> ㄷ. 자기효능감을 높이는 가장 효과적인 방법으로 대리적 경험을 제시하였다.
> ㄹ. 외부로부터 주어지는 강화의 중요성을 강조하는 자기강화(self reinforcement)의 개념을 제시하였다.

① ㄱ
② ㄴ
③ ㄱ, ㄴ
④ ㄴ, ㄷ, ㄹ
⑤ ㄱ, ㄴ, ㄷ, ㄹ

기출회독 키워드 > 010

반두라의 사회학습이론

09

기출번호 21-01-08

반두라(A. Bandura)의 사회학습이론의 주요 개념으로 옳지 않은 것은?

① 모델이 관찰자와 유사할 때 관찰자는 모델을 더욱 모방하는 경향이 있다.
② 자신이 통제할 수 있는 보상을 자신에게 줌으로써 자기 행동을 유지시키거나 개선시킬 수 있다.
③ 학습은 사람, 환경 및 행동의 상호작용에 의해 이루어짐을 강조한다.
④ 조작적 조건화에 의해 행동은 습득된다.
⑤ 관찰학습은 주의집중과정 → 보존과정(기억과정) → 운동재생과정 → 동기화과정을 통해 이루어진다.

기출회독 키워드 > 010

반두라의 사회학습이론

08

기출번호 22-01-12

피아제(J. Piaget)의 이론에 관한 설명으로 옳지 않은 것은?

① 인간은 자신과 환경 사이에 조화로운 관계인 평형화(equilibration)를 이루고자 하는 경향성이 있다.
② 감각운동기에 대상영속성(object permanence)을 획득한다.
③ 조절(accommodation)은 새로운 정보를 접했을 때 기존의 도식을 변경하는 것을 말한다.
④ 구체적 조작기에는 추상적 사고가 가능해진다.
⑤ 보존(conservation) 개념 획득을 위해서는 동일성, 가역성, 보상성의 원리를 이해해야 한다.

기출회독 키워드 > 008

피아제의 인지발달이론

10

기출번호 21-01-17

피아제(J. Piaget)의 인지발달이론에 관한 설명으로 옳은 것은?

① 전 생애의 인지발달을 다루고 있다.
② 문화적 · 사회경제적 · 인종적 차이를 고려하였다.
③ 추상적 사고의 확립은 구체적 조작기의 특징이다.
④ 인지는 동화와 조절의 과정을 통하여 발달한다.
⑤ 전조작적 사고 단계에서 보존개념이 획득된다.

기출회독 키워드 > 008

피아제의 인지발달이론

11

기출번호 21-01-18

행동주의 이론에 관한 설명으로 옳은 것을 모두 고른 것은?

> ㄱ. 인간행동에 대한 환경의 결정력을 강조한다.
> ㄴ. 강화계획은 행동의 반응 가능성을 증가시키고 유지시키기 위한 방법이다.
> ㄷ. 행동조성(shaping)은 복잡한 행동의 점진적 습득을 설명하는 개념이다.
> ㄹ. 고정간격 강화계획은 정해진 수의 반응이 일어난 후 강화를 주는 것이다.

① ㄱ, ㄴ   ② ㄱ, ㄹ
③ ㄴ, ㄹ   ④ ㄷ, ㄹ
⑤ ㄱ, ㄴ, ㄷ

기출회독 키워드 > 009

스키너의 행동주의이론

12

기출번호 20-01-07

고전적 조건형성의 학습 원리에 관한 설명으로 옳은 것을 모두 고른 것은?

> ㄱ. 시간의 원리: 무조건 자극보다 조건 자극이 늦게 제공되어야 조건형성이 이루어진다.
> ㄴ. 강도의 원리: 무조건 자극에 대한 반응이 조건 자극에 대한 반응보다 약해야 한다.
> ㄷ. 일관성의 원리: 무조건 자극과 조건 자극은 조건이 형성될 때까지 지속적으로 제시되어야 한다.
> ㄹ. 계속성의 원리: 자극과 반응 과정의 반복 횟수가 많을수록 조건형성이 잘 이루어진다.

① ㄱ, ㄴ   ② ㄴ, ㄹ
③ ㄷ, ㄹ   ④ ㄱ, ㄴ, ㄷ
⑤ ㄱ, ㄷ, ㄹ

기출회독 키워드 > 009

스키너의 행동주의이론

13

기출번호 20-01-08

스키너(B. Skinner)의 조작적 조건형성을 위한 강화계획 중 '가변(변동)간격 강화'에 해당하는 사례는?

① 정시 출근한 아르바이트생에게 매주 추가수당을 지급하여 정시 출근을 유도한다.
② 어린이집에서 어린이가 규칙을 지킬 때마다 바로 칭찬해서 규칙을 지키는 행동이 늘어나도록 한다.
③ 수강생이 평균 10회 출석할 경우 상품을 1개 지급하되, 출석 5회 이상 15회 이내에서 무작위로 지급하여 성실한 출석을 유도한다.
④ 영업사원이 판매 목표를 10%씩 초과 달성할 때마다 초과 달성분의 3%를 성과급으로 지급하여 의욕을 고취한다.
⑤ 1년에 6회 자체 소방안전 점검을 하되, 불시에 실시하여 소방안전 관리를 철저히 하도록 장려한다.

기출회독 키워드 > 009

스키너의 행동주의이론

14

기출번호 20-01-11

피아제(J. Piaget)의 인지발달이론에서 '전조작기'의 발달 특성으로 옳지 않은 것은?

① 상징놀이를 한다.
② 비가역적 사고를 한다.
③ 물활론적 사고를 한다.
④ 직관에 의존해 판단한다.
⑤ 다중 유목화의 논리를 이해한다.

기출회독 키워드 > 008

피아제의 인지발달이론

15

기출번호 20-01-12

콜버그(L. Kohlberg)의 도덕성 발달이론에 관한 설명으로 옳지 않은 것은?

① 법과 질서 지향 단계는 인습적 수준에 해당한다.
② 피아제(J. Piaget)의 도덕성 발달이론에 기초를 제공하였다.
③ 전인습적 수준에서는 행동의 원인보다 결과에 따라 옳고 그름을 판단한다.
④ 보편적 윤리 지향 단계에서는 정의, 평등 등 인권적 가치와 양심적 행위를 지향한다.
⑤ 도덕적 딜레마가 포함된 이야기를 아동, 청소년 등에게 들려주고, 이야기 속 주인공의 행동에 대한 도덕적 판단과 그 근거를 질문한 후 그 응답에 따라 도덕성 발달 단계를 파악하였다.

> 기출회독 키워드 > 011
>
> 콜버그의 도덕성 발달이론

16

기출번호 19-01-08

반두라(A. Bandura)의 이론에 관한 설명으로 옳지 않은 것은?

① 학습은 사람, 환경 및 행동의 상호작용에 의해 이루어짐을 강조한다.
② 특정행동을 성공적으로 수행할 수 있다는 신념을 강조한다.
③ 개인이 지닌 인지적 요인의 영향력을 강조한다.
④ 관찰학습의 첫 번째 단계는 동기유발과정이며, 학습한 내용의 행동적 전환을 강조한다.
⑤ 인간은 스스로 자신의 행동을 강화할 수 있음을 강조한다.

> 기출회독 키워드 > 010
>
> 반두라의 사회학습이론

17

기출번호 19-01-09

스키너(B. Skinner)의 이론에 관한 설명으로 옳은 것은?

① 행동조성(shaping)은 복잡한 행동의 점진적 습득을 설명하는 개념이다.
② 조작적 행동보다 반응적 행동을 강조한다.
③ 변동간격 계획은 평균적으로 일정한 수의 반응이 일어난 후에 강화물을 제공하는 것을 말한다.
④ 인간행동은 인간이 지닌 자유의지의 결과이다.
⑤ 부적 강화는 특정 행동의 빈도를 감소시키는 효과를 지닌다.

> 기출회독 키워드 > 009
>
> 스키너의 행동주의이론

18

기출번호 19-01-12

피아제(J. Piaget)가 제시한 인지발달의 촉진요인이 아닌 것은?

① 성숙
② 애착 형성
③ 평형화
④ 물리적 경험
⑤ 사회적 상호작용

> 기출회독 키워드 > 008
>
> 피아제의 인지발달이론

인간행동과 사회환경

해답 & 오답노트 351쪽 ○

1 〔기출번호 23-01-09〕

로저스(C. Rogers)의 이론에 관한 설명으로 옳지 않은 것은?

① 인간의 내재된 잠재력을 강조한다.
② 인간의 욕구발달단계를 제시한다.
③ 인간의 자아실현 경향성을 강조한다.
④ 인간의 주관적 경험을 강조한다.
⑤ 인간을 통합적 존재로 본다.

〔기출회독 키워드 〉 013〕

로저스의 현상학이론

3 〔기출번호 22-01-05〕

학자와 주요 개념의 연결로 옳은 것을 모두 고른 것은?

ㄱ. 로저스(C. Rogers) − 자기실현 경향성
ㄴ. 벡(A. Beck) − 비합리적인 신념
ㄷ. 반두라(A. Bandura) − 행동조성
ㄹ. 아들러(A. Adler) − 집단무의식

① ㄱ   ② ㄱ, ㄴ
③ ㄴ, ㄷ   ④ ㄱ, ㄴ, ㄷ
⑤ ㄴ, ㄷ, ㄹ

〔기출회독 키워드 〉 013〕

로저스의 현상학이론

2 〔기출번호 23-01-11〕

매슬로우(A. Maslow)의 이론에 관한 설명으로 옳은 것은?

① 인간의 무의식을 강조하였다.
② 인간의 본성은 본래 선하다고 주장하였다.
③ 인간행동에 대한 환경결정론을 강조하였다.
④ 자기완성의 필수 요인으로 열등감 극복을 강조하였다.
⑤ 모방학습의 중요성을 강조하였다.

〔기출회독 키워드 〉 012〕

매슬로우의 욕구이론

4

기출번호 22-01-08

로저스(C. Rogers) 이론에 관한 설명으로 옳지 않은 것은?

① 개인의 잠재력 실현을 위하여 조건적 긍정적 관심의 제공이 중요함을 강조하였다.
② 자기실현을 완성하는 사람의 특성을 완전히 기능하는 사람(fully functioning person)이라는 용어로 제시하였다.
③ 클라이언트에 대한 공감적 이해의 중요성을 강조하였다.
④ 주관적이고 사적인 경험 세계를 강조하였다.
⑤ 인간을 긍정적이며 창조적인 존재로 보았다.

기출회독 키워드 ▷ 013

로저스의 현상학이론

5

기출번호 21-01-07

매슬로우(A. Maslow)의 이론으로 옳지 않은 것은?

① 인간에 대해 희망적이고 낙관적인 관점을 갖는다.
② 자아존중감의 욕구는 욕구 위계에서 가장 높은 단계이다.
③ 일반적으로 욕구 위계서열이 높을수록 욕구의 강도가 낮다.
④ 인간은 삶을 유지하려는 동기와 삶을 창조하려는 동기를 가진다.
⑤ 인간은 자아실현을 이루려고 노력하는 존재이다.

기출회독 키워드 ▷ 012

매슬로우의 욕구이론

6

기출번호 21-01-12

로저스(C. Rogers)의 인본주의이론에 관한 설명으로 옳은 것을 모두 고른 것은?

> ㄱ. 인간의 주관적 경험을 강조한다.
> ㄴ. 인간은 자아실현경향을 가지고 있다.
> ㄷ. 인간의 욕구발달단계를 제시했다.
> ㄹ. 완전히 기능하는 사람은 자신의 경험에 개방적이다.

① ㄱ, ㄹ   ② ㄴ, ㄷ
③ ㄱ, ㄴ, ㄹ   ④ ㄴ, ㄷ, ㄹ
⑤ ㄱ, ㄴ, ㄷ, ㄹ

기출회독 키워드 ▷ 013

로저스의 현상학이론

7

기출번호 20-01-09

로저스(C. Rogers)의 이론에 관한 설명으로 옳은 것을 모두 고른 것은?

> ㄱ. 인간의 주관적 경험을 강조하였다.
> ㄴ. 공감과 지시적인 상담을 강조하였다.
> ㄷ. 인간을 통합적 존재로 규정하였다.
> ㄹ. 인간의 욕구발달단계를 제시하였다.

① ㄱ   ② ㄱ, ㄷ
③ ㄴ, ㄹ   ④ ㄴ, ㄷ, ㄹ
⑤ ㄱ, ㄴ, ㄷ, ㄹ

기출회독 키워드 ▷ 013

로저스의 현상학이론

인간행동과 사회환경

⊘8

매슬로우(A. Maslow)의 이론에 관한 설명으로 옳은 것은?

① 대부분의 사람들이 자아실현의 욕구를 달성한다.
② 자존감의 욕구는 소속과 사랑의 욕구보다 상위단계의 욕구이다.
③ 인간본성에 대해 비관적인 태도를 갖고 있다.
④ 인간의 성격은 환경에 의해 수동적으로 결정된다.
⑤ 무조건적인 긍정적 관심을 강조하였다.

> **기출회독 키워드 > 012**
>
> 매슬로우의 욕구이론

10

매슬로우(A. Maslow)의 욕구이론에 관한 설명으로 옳지 않은 것은?

① 생리적 욕구는 가장 하위단계에 있는 욕구이다.
② 극소수의 사람들만이 자아실현을 달성할 수 있다.
③ 자아실현의 욕구는 가장 상위단계에 있는 욕구이다.
④ 상위단계의 욕구는 하위단계의 욕구가 완전히 충족된 이후에 나타난다.
⑤ 인간의 욕구는 강도와 중요도에 따라 위계적으로 구성되어 있다.

> **기출회독 키워드 > 012**
>
> 매슬로우의 욕구이론

⊘9

로저스(C. Rogers)의 이론에 관한 설명으로 옳지 않은 것은?

① 개입과정에서 상담가의 진실성 및 일치성을 강조하였다.
② 자아실현을 하는 사람을 완전히 기능하는 인간(fully functioning person)이라는 용어로 정리하였다.
③ 인간이 지닌 보편적·객관적 경험을 강조하였다.
④ 무조건적 긍정적 관심과 수용을 강조하였다.
⑤ 인간 본성이 지닌 낙관적이고 긍정적인 측면을 강조하였다.

> **기출회독 키워드 > 013**
>
> 로저스의 현상학이론

5장

사회체계이론

해답 & 오답노트 352쪽 ◐

◔1 기출번호 **23-01-12**

생태체계이론과 사회복지실천의 연관성으로 옳지 않은 것은?

① 문제에 대한 총체적 이해와 접근을 용이하게 해준다.
② 사회복지실천을 위한 사정도구로서 유용성을 가진다.
③ 환경의 체계 수준별 개입 근거를 제시한다.
④ 각 체계들로부터 다양한 정보획득이 용이하다.
⑤ 원인과 결과의 단선적 인과관계를 강조한다.

> **기출회독 키워드 > 015**
>
> 생태체계이론

◔2 기출번호 **23-01-13**

사회체계이론에 관한 설명으로 옳은 것을 모두 고른 것은?

> ㄱ. 엔트로피(entropy)는 폐쇄체계에서 주로 나타난다.
> ㄴ. 항상성(homeostasis)은 체계의 혼란과 무질서를 증가시킨다.
> ㄷ. 체계(system)의 속성은 경계의 개방성과 침투성에 따라 결정된다.
> ㄹ. 균형(equilibrium)은 주로 외부와의 교류가 활발한 개방체계에서 나타난다.

① ㄱ, ㄴ   ② ㄱ, ㄷ
③ ㄴ, ㄹ   ④ ㄷ, ㄹ
⑤ ㄴ, ㄷ, ㄹ

> **기출회독 키워드 > 014**
>
> 체계이론

3

기출번호 23-01-15

다음에 해당하는 사회환경 수준으로 옳은 것은?

- 개인에게 영향을 주는 정부의 입법과 사회정책
- 방송매체를 통하여 형성된 외모, 의복, 문화 등에 관한 유행

① 미시체계
② 중간체계
③ 거시체계
④ 외체계
⑤ 시간체계

기출회독 키워드 > 015

생태체계이론

●5

기출번호 23-01-17

브론펜브레너(U. Bronfenbrenner)의 미시체계 (micro system)에 관한 설명으로 옳은 것을 모두 고른 것은?

ㄱ. 인간이 가장 밀접하게 상호작용하는 사회환경을 말한다.
ㄴ. 전 생애에 걸쳐 일어나는 개인의 변화와 사회역사적 환경을 포함한다.
ㄷ. 개인이 직접 참여하지 않으나, 부모의 직장, 형제가 속한 학급 등이 포함된다.

① ㄱ   ② ㄱ, ㄴ
③ ㄱ, ㄷ   ④ ㄴ, ㄷ
⑤ ㄱ, ㄴ, ㄷ

기출회독 키워드 > 015

생태체계이론

●4

기출번호 23-01-16

브론펜브레너(U. Bronfenbrenner)의 중간체계 (meso system)에 관한 설명으로 옳은 것은?

① 가족, 친구, 학교, 종교단체 등이 포함된다.
② 부모와 교사와의 관계, 형제관계 등을 말한다.
③ 신념, 태도, 전통을 통해 개인에게 영향을 준다.
④ 아동의 발달에 영향을 주는 학교위원회가 해당된다.
⑤ 개인이 어느 시대에 출생했는지에 관심을 둔다.

기출회독 키워드 > 015

생태체계이론

●6

기출번호 22-01-13

생태체계 이론의 중간체계(meso system)에 관한 설명으로 옳은 것은?

① 미시체계 간의 상호작용에 초점을 둔다.
② 개인이 직접적으로 대면하는 체계를 의미한다.
③ 신념, 태도, 전통 등을 통해 영향력을 행사한다.
④ 대표적인 중간체계로 가족과 집단을 들 수 있다.
⑤ 문화, 정치, 사회, 법, 종교 등이 해당된다.

기출회독 키워드 > 015

생태체계이론

07

브론펜브레너(U. Bronfenbrenner)의 생태체계이론에서 다음에 해당하는 개념으로 옳은 것은?

- 전 생애에 걸쳐 발생하는 변화와 사회역사적인 환경을 포함한다.
- 인간의 생에 단일 사건 뿐 아니라 시간의 경과와 함께 연속적으로 일어나는 사건들이 누적되어 영향을 미친다는 것을 보여주고 있다.

① 미시체계(micro system)
② 외체계(exo system)
③ 거시체계(macro system)
④ 환류체계(feedback system)
⑤ 시간체계(chrono system)

기출회독 키워드 > 015

생태체계이론

08

다음에 해당하는 개념으로 옳은 것은?

- 한 체계에서 일부가 변화하면 그 변화가 체계의 나머지 부분들의 변화를 초래하게 되는 개념을 말한다.
- 예시로는 회사에서 간부 직원이 바뀌었을 때, 파생적으로 나타나는 조직의 변화 및 직원 역할의 변화 등을 들 수 있다.

① 균형(equilibrium)
② 호혜성(reciprocity)
③ 안정상태(steady state)
④ 항상성(homeostasis)
⑤ 적합성(goodness of fit)

기출회독 키워드 > 014

체계이론

09

체계이론에 관한 설명으로 옳지 않은 것은?

① 넥엔트로피(negentropy)란 체계를 유지하고, 발전을 도모하고, 생존하는 것을 의미한다.
② 항상성(homeostasis)은 비교적 안정적으로 균형 상태를 유지하기 위한 체계의 경향을 말한다.
③ 경계(boundary)는 체계를 외부 환경과 구분 짓는 둘레를 말한다.
④ 다중종결성(multifinality)은 서로 다른 경로와 방법을 통해 같은 결과에 도달할 수 있음을 말한다.
⑤ 부적 환류(negative feedback)는 체계가 목적 달성이 어려운 방식으로 움직이고 있다는 정보를 제공하여 체계의 변화를 도모한다.

기출회독 키워드 > 014

체계이론

10

생태체계이론의 유용성에 관한 설명으로 옳지 않은 것은?

① 문제에 대한 총체적 이해와 조망을 제공한다.
② 각 체계들로부터 다양하고 객관적인 정보획득이 용이하다.
③ 각 환경 수준별 개입의 근거를 제시한다.
④ 구체적인 방법과 기술 제시에는 한계가 있다.
⑤ 개인보다 가족, 집단, 공동체 등의 문제에 적용하는 데 유용하다.

기출회독 키워드 > 015

생태체계이론

11

기출번호 21-01-04

생태체계이론의 주요 개념에 관한 설명으로 옳은 것은?

① 시너지는 폐쇄체계 내에서 체계 구성요소들 간 유용한 에너지의 증가를 의미한다.

② 엔트로피는 체계 내 질서, 형태, 분화 등이 정돈된 상태이다.

③ 항상성은 모든 사회체계의 기본 속성으로 체계의 목표와 정체성을 유지하려는 의도적 노력에 의해 수정된다.

④ 피드백은 체계의 순환적 성격을 반영하는 개념으로 안정 상태를 유지하는데 필요하다.

⑤ 적합성은 인간의 적응욕구와 환경자원의 부합정도로서 특정 발달단계에서 성취된다.

기출회독 키워드 ▶ 014

체계이론

12

기출번호 21-01-14

브론펜브레너(U. Bronfenbrenner)의 사회환경체계에 관한 설명으로 옳은 것은?

① 문화, 정치, 교육정책 등 거시체계는 개인의 삶에 직접적이고 강력한 영향을 미친다.

② 인간을 둘러싼 사회환경을 미시체계, 중간체계, 내부체계, 거시체계로 구분했다.

③ 중간체계는 상호작용하는 둘 이상의 미시체계 간의 관계로 구성된다.

④ 내부체계는 개인이 직접 참여하거나 관여하지는 않으나 개인에게 영향을 미치는 체계로 부모의 직장 등이 포함된다.

⑤ 미시체계는 개인이 새로운 환경으로 이동할 때마다 형성되거나 확대된다.

기출회독 키워드 ▶ 015

생태체계이론

13

기출번호 20-01-13

사회체계이론의 주요 개념에 관한 설명으로 옳지 않은 것은?

① 넥엔트로피(negentropy)는 폐쇄체계가 지속되면 나타나는 현상이다.

② 항상성(homeostasis)은 비교적 안정적이며 지속적인 균형상태를 유지하기 위한 체계의 경향을 말한다.

③ 시너지(synergy)는 체계 내부 간 혹은 외부와의 상호작용이 증가함으로써 체계 내에서 유용한 에너지 양이 증가하는 현상이다.

④ 경계(boundary)란 체계와 환경 혹은 체계와 체계 간을 구분하는 일종의 테두리를 의미한다.

⑤ 균형(equilibrium)은 외부체계로부터의 투입이 없어 체계의 구조변화가 거의 없이 고정된 평형상태를 의미한다.

기출회독 키워드 ▶ 014

체계이론

14

기출번호 20-01-14

생태체계이론에 관한 설명으로 옳지 않은 것은?

① 인간은 목적 지향적이다.

② 적합성은 개인이 환경과 효과적으로 상호작용을 할 수 있는 능력이다.

③ 생활상의 문제는 전체 생활공간 내에서 이해해야 한다.

④ 스트레스는 개인과 환경 간 상호교류에서의 불균형이 야기하는 현상이다.

⑤ 환경 속의 인간을 강조한다.

기출회독 키워드 ▶ 015

생태체계이론

15

기출번호 20-01-15

브론펜브레너(U. Bronfenbrenner)의 미시체계 (micro system)에 관한 설명으로 옳은 것은?

① 개인의 생활에 직접적으로 개입하지 않는다.
② 조직수준에서 영향을 미칠 수 있는 체계이다.
③ 개인의 성장 시기에 따라 달라지며 상호호혜성에 기반을 두는 체계이다.
④ 개인의 발달에 영향을 미치는 부모의 직업, 자녀의 학교 등을 중시한다.
⑤ 개인이 사회관습과 유행을 통해 자신의 가치관을 표현한다.

기출회독 키워드 015

생태체계이론

16

기출번호 20-01-16

브론펜브레너(U. Bronfenbrenner)의 거시체계 (macro system) 수준에서 학교폭력 피해 청소년에게 개입한 사례는?

① 피해 청소년과 개별 상담을 실시한다.
② 피해 청소년의 성장사와 가족력 등을 파악한다.
③ 피해 청소년 부모의 근무환경, 소득 등을 살펴본다.
④ 피해 청소년이 다시 피해를 입지 않도록 학교폭력에 대한 처벌을 강화하는 특별법을 제정한다.
⑤ 피해 청소년의 부모, 교사, 사회복지사가 함께 피해 청소년 보호를 위한 구체적 방법을 정기적으로 의논한다.

기출회독 키워드 015

생태체계이론

17

기출번호 19-01-03

생태학 이론에 관한 설명으로 옳지 않은 것을 모두 고른 것은?

> ㄱ. 인간과 환경을 서로 영향을 주고받는 단일체계로 간주한다.
> ㄴ. 인간본성에 대한 정신적·환경적 결정론을 이론적 바탕으로 한다.
> ㄷ. 성격을 개인과 환경 사이의 상호교류의 산물로 이해한다.
> ㄹ. 타인과 관계를 맺는 인간의 능력은 환경과의 상호작용을 통하여 후천적으로 습득된다고 전제한다.

① ㄷ
② ㄱ, ㄷ
③ ㄴ, ㄹ
④ ㄱ, ㄴ, ㄹ
⑤ ㄱ, ㄴ, ㄷ, ㄹ

기출회독 키워드 015

생태체계이론

18

기출번호 19-01-13

체계이론의 개념에 관한 설명으로 옳은 것을 모두 고른 것은?

> ㄱ. 균형(equilibrium): 환경과 상호작용하기 위하여 체계의 구조를 변화시키는 과정 또는 상태
> ㄴ. 넥엔트로피(negentropy): 체계 내부의 유용하지 않은 에너지가 감소되는 상태
> ㄷ. 공유영역(interface): 두 개 이상의 체계가 공존하는 부분으로 체계 간의 교류가 일어나는 장소
> ㄹ. 홀론(holon): 외부와의 상호작용으로 체계 내의 에너지가 증가하는 현상 또는 상태

① ㄱ
② ㄱ, ㄹ
③ ㄴ, ㄷ
④ ㄴ, ㄷ, ㄹ
⑤ ㄱ, ㄴ, ㄷ, ㄹ

기출회독 키워드 014

체계이론

인간행동과 사회환경

19

브론펜브레너(U. Bronfenbrenner)의 생태체계이론에 관한 설명이다. ( )의 내용으로 옳은 것은?

- (ㄱ)는 개인이 참여하는 둘 이상의 미시체계 간의 상호작용으로서, 미시체계 간의 연결망을 의미한다.
- (ㄴ)는 개인이 직접 참여하고 있지는 않지만, 그 개인의 발달에 영향을 주는 사회적 환경을 의미한다.

① ㄱ: 외체계, ㄴ: 중간체계
② ㄱ: 미시체계, ㄴ: 외체계
③ ㄱ: 중간체계, ㄴ: 외체계
④ ㄱ: 미시체계, ㄴ: 중간체계
⑤ ㄱ: 중간체계, ㄴ: 미시체계

기출회독 키워드 > 015

생태체계이론

20

브론펜브레너(U. Bronfenbrenner)의 거시체계(macro system)에 관한 설명으로 옳은 것은?

① 가족 체계를 구성하는 요소는 개인이다.
② 역사적 · 사회적 · 문화적 요인에 의해서 형성되고 수정되는 특성이 있다.
③ 개인이 가장 밀접하게 상호작용하는 사회적 · 물리적 환경을 말한다.
④ 개인, 가족, 이웃, 소집단, 문화를 의미한다.
⑤ 인간의 삶과 행동에 일방적인 영향을 미친다.

기출회독 키워드 > 015

생태체계이론

6장 가족체계, 집단체계

※ 최근 5개년(19~23회) 시험에서의 출제빈도가 낮아 최근 5개년 이전의 기출문제도 수록하였다.

해답 & 오답노트 355-356쪽 ◐

1

기출번호 21-01-15

집단에 관한 설명으로 옳은 것은?

① 2차집단은 인간의 성격형성을 목적으로 한다.

② 개방집단은 구성원의 개별화와 일정 수준 이상의 심도 깊은 목적 달성에 적합하다.

③ 구성원의 상호작용이 중요하므로 최소 단위는 4인 이상이다.

④ 형성집단은 특정 목적 없이 만들 수 있다.

⑤ 집단활동을 통해 집단에 관한 정체성인 '우리의식'이 형성된다.

기출회독 키워드 > 017

집단체계

2

기출번호 18-01-04

개방형 가족체계에 관한 설명으로 옳은 것은?

① 외부체계와의 상호작용을 하지 않는다.

② 체계 내의 가족기능은 쇠퇴하게 된다.

③ 에너지, 정보, 자원을 다른 체계들과 교환한다.

④ 주변 환경으로부터 고립되어 있다.

⑤ 지역사회와의 교류가 제한된다.

기출회독 키워드 > 016

가족체계

3

기출번호 18-01-17

집단에 관한 설명으로 옳은 것은?

① 일차집단(primary group)은 목적 달성을 위해 인위적으로 만들어진 집단이다.

② 이차집단(secondary group)은 혈연이나 지연을 바탕으로 자연발생적으로 이루어진 집단이다.

③ 자연집단(natural group)은 특정위원회나 팀처럼 일정한 목적을 갖는 것이 특징이다.

④ 자조집단(self-help group)은 유사한 어려움과 관심사를 가진 구성원들의 경험을 나누며 바람직한 변화를 추구한다.

⑤ 개방집단(open-end group)은 집단이 진행되는 동안 새로운 구성원의 입회가 불가능하다.

기출회독 키워드 > 017

집단체계

7장 조직체계, 지역사회체계, 문화체계

해답 & 오답노트 356쪽 ○

01 기출번호 22-01-03

문화와 관련된 설명으로 옳지 않은 것은?

① 문화는 인간집단의 생활양식의 총체로 정의할 수 있다.
② 다문화주의는 다양한 문화나 언어를 공유하고 상호 존중하여 적극 수용하려는 입장을 취한다.
③ 베리(J. Berry)의 이론에서 동화(assimilation)는 자신의 고유문화와 새로운 문화를 모두 존중하는 상태를 의미한다.
④ 문화는 학습되고 전승되는 특징이 있다.
⑤ 주류와 비주류 문화 사이의 권력 차이로 차별이 발생할 수 있다.

기출회독 키워드 > 018

문화체계

02 기출번호 22-01-14

체계로서의 지역사회에 관한 설명으로 옳은 것을 모두 고른 것은?

> ㄱ. 지역을 중심으로 형성된 공동체적 특징을 지닌다.
> ㄴ. 구성원에게 사회규범에 순응하도록 규제하는 사회통제의 기능을 지닌다.
> ㄷ. 사회가 향유하는 지식, 가치 등을 구성원에게 전달하는 기능을 지닌다.
> ㄹ. 외부와 상호작용을 통하여 엔트로피(entropy) 상태를 유지하는 것이 필요하다.

① ㄱ
② ㄱ, ㄴ
③ ㄱ, ㄴ, ㄷ
④ ㄴ, ㄷ, ㄹ
⑤ ㄱ, ㄴ, ㄷ, ㄹ

03 기출번호 21-01-16

문화에 관한 설명으로 옳은 것은?

① 선천적으로 습득된다.
② 개인행동에 대한 규제와 사회통제의 기능은 없다.
③ 고정적이며 구체적이다.
④ 다른 사회의 구성원과 구별되는 공통적 속성이 있다.
⑤ 다양성은 차별을 의미한다.

기출회독 키워드 > 018

문화체계

○4　　기출번호 **2٦-٥١-٩١**

다문화에 관한 설명으로 옳지 않은 것은?

① 대표적인 사회문제로 인종차별이 있다.
② 다양한 문화를 수용하고 문화의 단일화를 지향한다.
③ 서구화, 근대화, 세계화는 다문화의 중요성을 표면으로 부상시켰다.
④ 동화주의는 이민을 받는 사회의 문화적 우월성을 전제로 한다.
⑤ 용광로 개념은 동화주의와 관련이 있다.

기출회독 키워드 > **018**

문화체계

○5　　기출번호 **20-٥١-٧١**

문화에 관한 설명으로 옳지 않은 것은?

① 사회체계로서 중간체계에 해당된다.
② 사회구성원들 간에 공유된다.
③ 문화변용은 둘 이상의 문화가 지속적으로 접촉하여 한쪽이나 양쪽에 변화가 일어나는 현상이다.
④ 세대 간에 전승되며 축적된다.
⑤ 사회화에 대한 지침을 제공한다.

기출회독 키워드 > **018**

문화체계

태아기, 영아기, 유아기

해답 & 오답노트 356–357쪽 ◐

01
기출번호 23-01-18

영아기(0~2세)의 특징으로 옳은 것은?

① 애착관계를 형성한다.
② 분류화 개념을 획득한다.
③ 서열화를 획득한다.
④ 오이디푸스 콤플렉스(Oedipus complex)를 경험한다.
⑤ 상징적 사고가 활발한 시기이다.

기출회독 키워드 > 020

영아기

02
기출번호 23-01-19

유아기(3~6세)의 발달특성에 관한 설명으로 옳지 않은 것은?

① 성역할의 내면화가 이루어진다.
② 영아기(0~2세)보다 발달속도가 느려진다.
③ 에릭슨(E. Erikson)의 주도성 대 죄책감 단계에 해당된다.
④ 프로이트(S. Freud)의 남근기에 해당된다.
⑤ 피아제(J. Piaget)의 자율적 도덕성 단계에 도달한다.

기출회독 키워드 > 021

유아기

03
기출번호 22-01-17

영아기(0~2세)에 관한 설명으로 옳은 것은?

① 콜버그(L. Kohlberg): 전인습적 도덕기에 해당한다.
② 에릭슨(E. Erikson): 주 양육자와의 "신뢰 대 불신"이 중요한 시기이다.
③ 피아제(J. Piaget): 보존(conservation) 개념이 확립되는 시기이다.
④ 프로이트(S. Freud): 거세불안(castration anxiety)을 경험하는 시기이다.
⑤ 융(C. Jung): 생활양식이 형성되는 시기이다.

기출회독 키워드 > 020

영아기

04
기출번호 22-01-19

유아기(3~6세)에 관한 설명으로 옳지 않은 것은?

① 자신의 성을 인식하는 성 정체성이 발달한다.
② 놀이를 통한 발달이 활발한 시기이다.
③ 신체적 성장이 영아기(0~2세)보다 빠른 속도로 진행된다.
④ 언어발달이 현저하게 이루어지는 시기이다.
⑤ 정서적 표현의 특징은 일시적이며 유동적이다.

기출회독 키워드 > 021

유아기

5

기출번호 22-01-22

다음 중 태내기(수정~출산)에 관한 설명으로 옳지 않은 것은?

① 배종기(germinal period)는 수정 후 수정란이 자궁벽에 착상할 때까지의 시기를 말한다.
② 임신 3개월이 지나면 태아의 성별구별이 가능해진다.
③ 양수검사(amniocentesis)를 통해서 다운증후군 등 다양한 유전적 결함을 판별할 수 있다.
④ 임신 중 어머니의 과도한 음주는 태아알콜증후군(fetal alcohol syndrome)을 초래할 수 있다.
⑤ 배아의 구성은 외배엽과 내배엽으로 이루어지며, 외배엽은 폐, 간, 소화기관 등을 형성하게 된다.

기출회독 키워드 > 019

태아기

7

기출번호 21-01-11

유아기(3~6세)에 관한 설명으로 옳은 것은?

① 남아는 오이디푸스 콤플렉스를 경험하고 여아는 엘렉트라 콤플렉스를 경험한다.
② 콜버그(L. Kohlberg)에 의하면 인습적 수준의 도덕성 발달단계를 보인다.
③ 피아제의 구체적 조작기에 해당되며 상징적 사고가 가능하다.
④ 인지발달은 상위 개념과 하위 개념을 구분하여 완전한 수준의 분류능력을 보인다.
⑤ 영아기에 비해 성장 속도가 빨라지며 지속적으로 성장한다.

기출회독 키워드 > 021

유아기

6

기출번호 21-01-09

영아기(0~2세)에 관한 설명으로 옳지 않은 것은?

① 인지발달은 감각기관과 운동기능을 통해 이루어지며 언어나 추상적 개념은 포함되지 않는다.
② 정서발달은 긍정적 정서를 표현하는 것에서 시작하여 점차 부정적 정서까지 표현하게 된다.
③ 언어발달은 인지 및 사회성 발달과 밀접한 관련이 있다.
④ 영아와 보호자 사이에 애착관계 형성이 중요하다.
⑤ 낯가림이 시작된다.

기출회독 키워드 > 020

영아기

8

기출번호 21-01-21

신생아기(출생~1개월)의 반사운동에 관한 설명으로 옳지 않은 것은?

① 바빈스키반사(Babinski reflect)는 입 부근에 부드러운 자극을 주면 자극이 있는 쪽으로 입을 벌리는 반사운동이다.
② 파악반사(grasping reflect)는 손에 닿는 것을 움켜쥐고 놓지 않으려는 반사운동이다.
③ 연하반사(swallowing reflect)는 입 속에 있는 음식물을 삼키려는 반사운동이다.
④ 모로반사(Moro reflect)는 갑작스러운 외부 자극에 팔과 다리를 쭉 펴면서 껴안으려고 하는 반사운동이다.
⑤ 원시반사(primitive reflect)에는 바빈스키, 모로, 파악, 걷기 반사 등이 있다.

기출회독 키워드 > 020

영아기

인간행동과 사회환경

ⓞ9

기출번호 20-01-18

태내기(수정~출산)에 유전적 요인으로 인해 발생할 수 있는 장애에 관한 설명으로 옳은 것은?

① 다운증후군은 지능 저하를 동반하지 않는다.

② 헌팅톤병은 열성 유전인자 질병으로서 단백질의 대사장애를 일으킨다.

③ 클라인펠터증후군은 X염색체를 더 많이 가진 남성에게 나타난다.

④ 터너증후군은 Y염색체 하나가 더 있는 남성에게 나타난다.

⑤ 혈우병은 여성에게만 발병한다.

> **기출회독 키워드** 019
>
> 태아기

1ⓞ

기출번호 20-01-19

유아기(3~6세)에 관한 설명으로 옳지 않은 것은?

① 영아기(0~2세)보다 성장속도가 느려진다.

② 성역할의 내면화가 이루어진다.

③ 오로지 자신의 관점에 비추어 타인의 감정이나 사고를 예측하는 경향이 있다.

④ 피아제(J. Piaget)의 형식적 조작기에 해당한다.

⑤ 전환적 추론이 가능하다.

> **기출회독 키워드** 021
>
> 유아기

11

기출번호 19-01-16

태내기(수정~출산)에 관한 설명으로 옳지 않은 것은?

① 성염색체 이상증세로는 클라인펠터 증후군(Klinefelter's syndrome), 터너증후군(Turner's syndrome)이 있다.

② 임산부의 심각하고 지속적인 불안은 높은 비율의 유산이나 난산, 조산, 저체중아 출산과 연관이 있다.

③ 태아의 성장, 발육을 위하여 칼슘, 단백질, 철분, 비타민 등을 충분히 섭취하여야 한다.

④ 다운증후군은 46개의 염색체를 가짐으로 나타나는 증후군이다.

⑤ 기형발생물질이란 태내발달에 영향을 미쳐 심각한 손상을 일으키는 환경적 매개물을 말한다.

> **기출회독 키워드** 019
>
> 태아기

12

기출번호 19-01-17

영아기(0~2세)에 관한 설명으로 옳지 않은 것은?

① 양육자와의 애착형성은 사회·정서적 발달에 중요하다.

② 피아제(J. Piaget)의 감각운동기에 해당한다.

③ 프로이트(S. Freud)의 구강기에 해당한다.

④ 에릭슨(E. Erikson)의 자율성 대 수치심 단계에 해당한다.

⑤ 제1성장 급등기라고 할 정도로 일생 중 신체적으로 급격한 성장이 일어난다.

> **기출회독 키워드** 020
>
> 영아기

13

기출번호 19-01-18

유아기(3~6세)에 관한 설명으로 옳지 않은 것은?

① 프로이트(S. Freud)의 오이디푸스 · 엘렉트라 콤플렉스가 나타나는 시기이다.

② 콜버그(L. Kohlberg)의 도덕발달단계에서는 보상 또는 처벌회피를 위해 행동을 하는 시기이다.

③ 에릭슨(E. Erikson)의 주도성 대 죄의식 단계에 해당한다.

④ 성적 정체성(gender identity)이 발달하는 시기이다.

⑤ 영아기(0~2세)에 비해 성장속도가 빨라지는 특성을 보인다.

기출회독 키워드 > 021

유아기

9장 아동기

해답 & 오답노트 358-359쪽 ●

01

기출번호 23-01-20

아동기(7~12세)의 발달에 관한 설명으로 옳지 않은 것은?

① 가역적 사고가 발달한다.
② 단체놀이를 통해 분업의 원리를 학습한다.
③ 운동기술이나 근육의 협응능력이 정교해진다.
④ 형식적 조작사고에서 구체적 조작사고로 전환된다.
⑤ 에릭슨(E. Erikson)은 근면성의 발달을 중요한 과업으로 보았다.

기출회독 키워드 > 022

아동기

02

기출번호 22-01-21

생애주기와 발달적 특징의 연결로 옳지 않은 것은?

① 영아기(0~2세) – 애착발달
② 아동기(7~12세) – 자아정체감 확립
③ 청소년기(13~19세) – 제2차 성징의 발달
④ 중년기(40~64세) – 신진대사의 저하
⑤ 노년기(65세 이상) – 내향성과 수동성의 증가

기출회독 키워드 > 022

아동기

03

기출번호 22-01-24

아동기(7~12세)의 발달에 관한 설명으로 옳은 것을 모두 고른 것은?

ㄱ. 프로이트(S. Freud): 성 에너지(리비도)가 무의식 속에 잠복하는 잠재기(latency stage)
ㄴ. 피아제(J. Piaget): 보존, 분류, 유목화, 서열화 등의 개념을 점차적으로 획득
ㄷ. 콜버그(L. Kohlberg): 인습적 수준의 도덕성 발달단계로 옮겨가는 시기
ㄹ. 에릭슨(E. Erikson): "주도성 대 죄의식"의 발달이 중요한 시기

① ㄱ, ㄴ
② ㄴ, ㄹ
③ ㄱ, ㄴ, ㄷ
④ ㄱ, ㄷ, ㄹ
⑤ ㄴ, ㄷ, ㄹ

기출회독 키워드 > 022

아동기

4

기출번호 21-01-23

아동기(7~12세)에 관한 설명으로 옳은 것을 모두 고른 것은?

ㄱ. 제1의 반항기이다.
ㄴ. 조합기술의 획득으로 사칙연산이 가능해진다.
ㄷ. 객관적, 논리적 사고가 가능해진다.
ㄹ. 정서적 통제와 분화된 정서표현이 가능해진다.
ㅁ. 타인의 입장을 고려하지 못한다.

① ㄴ, ㄷ
② ㄱ, ㄴ, ㄹ
③ ㄴ, ㄷ, ㄹ
④ ㄷ, ㄹ, ㅁ
⑤ ㄱ, ㄷ, ㄹ, ㅁ

기출회독 키워드 > 022

아동기

6

기출번호 19-01-19

아동기(7~12세)에 관한 설명으로 옳은 것을 모두 고른 것은?

ㄱ. 보존개념을 획득한다.
ㄴ. 분류화·유목화가 가능하다.
ㄷ. 역조작 사고가 가능하다.
ㄹ. 자아정체감을 획득한다.

① ㄱ
② ㄴ, ㄹ
③ ㄱ, ㄴ, ㄷ
④ ㄱ, ㄷ, ㄹ
⑤ ㄴ, ㄷ, ㄹ

기출회독 키워드 > 022

아동기

5

기출번호 21-01-24

생애주기별 특징으로 옳은 것을 모두 고른 것은?

ㄱ. 유아기(3~6세)는 성역할을 인식하기 시작한다.
ㄴ. 아동기(7~12세)는 자기중심성을 보이며 자신의 시각
    에서 사물을 본다.
ㄷ. 성인기(20~35세)는 신체적 기능이 최고조에 달하며
    이 시기를 정점으로 쇠퇴하기 시작한다.
ㄹ. 노년기(65세 이상)는 단기기억보다 장기기억의 감퇴
    속도가 느리다.

① ㄱ, ㄴ
② ㄱ, ㄹ
③ ㄴ, ㄷ
④ ㄱ, ㄷ, ㄹ
⑤ ㄴ, ㄷ, ㄹ

기출회독 키워드 > 022

아동기

10장 청소년기

해답 & 오답노트 359-360쪽 ○

01

기출번호 23-01-21

청소년기(13~19세)의 발달에 관한 설명으로 옳은 것은?

① 조합기술(combination skill)이 획득된다.
② 가설연역적 사고에서 경험귀납적 사고로 전환된다.
③ 마샤(J. Marcia)는 자아정체감을 4가지 유형으로 구분했다.
④ 2차 성징은 직접적인 생식기능과 관련된 성적 성숙이다.
⑤ 상상적 청중(imaginary audience)과 개인적 우화(personal fable)를 통해 자아중심성에서 벗어날 수 있다.

기출회독 키워드 > 023

청소년기

02

기출번호 23-01-25

생애주기별 특징에 관한 설명으로 옳은 것은?

① 영아기(0~2세) – 성역할 인식 확립
② 아동기(7~12세) – 대상영속성 형성
③ 청소년기(13~19세) – 자아정체감 확립
④ 중년기(40~64세) – 자아통합 완성
⑤ 노년기(65세 이상) – 친밀감 형성

기출회독 키워드 > 023

청소년기

03

기출번호 22-01-18

청소년기(13~19세)에 관한 설명으로 옳지 않은 것은?

① 신체적 측면에서 제2의 급성장기이다.
② 심리적 이유기의 특징을 보인다.
③ 부모보다 또래집단의 영향력이 커진다.
④ 피아제(J. Piaget)에 의하면 비가역적 사고의 특징이 나타나는 시기이다.
⑤ 프로이트(S. Freud)의 심리성적발달단계에서 생식기에 해당한다.

기출회독 키워드 > 023

청소년기

04

기출번호 21-01-22

청소년기(13~19세)에 관한 설명으로 옳지 않은 것은?

① 친밀감 형성이 주요 발달과업이다.
② 신체적 발달이 활발하여 제2의 성장 급등기로 불린다.
③ 특징적 발달 중 하나로 성적 성숙이 있다.
④ 정서의 변화가 심하며 극단적 정서를 경험하기도 한다.
⑤ 추상적 이론과 관념적 사상에 빠져 때로 부정적 정서를 경험한다.

기출회독 키워드 > 023

청소년기

◯5
기출번호 20-01-21

엘킨드(D. Elkind)가 제시한 청소년기(13~19세) 자기중심성(egocentrism)에 관한 내용으로 옳지 않은 것은?

① 다른 사람이 경험하는 위기가 자신에게는 일어나지 않으리라 믿는다.
② 상상적 관중을 의식하여 작은 실수에 대해서도 번민한다.
③ 자신의 감정이나 경험이 매우 특별하다고 생각한다.
④ 자신과 타인에 대해 객관적으로 이해하고 판단한다.
⑤ 자신이 타인으로부터 집중적인 관심의 대상이 된다고 믿는다.

> **기출회독 키워드 > 023**
>
> 청소년기

◯7
기출번호 19-01-20

청소년기(13~19세)의 성적 성숙에 관한 설명으로 옳은 것은?

① 성적 성숙에는 개인차가 있지만 발달의 순서는 일정하다.
② 여성은 난소에서 에스트로겐이 분비되어 초경, 가슴, 발육, 음모, 겨드랑이 체모 등의 순으로 성적 성숙이 진행된다.
③ 남성은 고환에서 분비되는 안드로겐의 영향으로 음모, 고환과 음경 확대, 겨드랑이 체모, 수염 등의 순으로 성적 성숙이 진행된다.
④ 1차 성징은 성적 성숙의 생리적 징후로서 여성의 가슴 발달과 남성의 넓은 어깨를 비롯하여 변성, 근육 발달 등의 변화가 나타나는 것을 말한다.
⑤ 2차 성징은 여성의 난소, 나팔관, 자궁, 질, 남성의 고환, 음경, 음낭 등 생식을 위해 필요한 기관의 발달을 말한다.

> **기출회독 키워드 > 023**
>
> 청소년기

◯6
기출번호 20-01-25

생애주기에 따른 주요 발달과업의 연결이 옳은 것을 모두 고른 것은?

> ㄱ. 영아기(0~2세) – 신뢰감, 애착형성
> ㄴ. 청소년기(13~19세) – 생산성, 서열화
> ㄷ. 노년기(65세 이상) – 자아통합, 죽음수용

① ㄱ   ② ㄴ
③ ㄱ, ㄴ   ④ ㄱ, ㄷ
⑤ ㄴ, ㄷ

> **기출회독 키워드 > 023**
>
> 청소년기

인간행동과 사회환경

청년기

해답 & 오답노트 360-361쪽 ○

○1 기출번호 23-01-22

청년기(20~39세)의 발달에 관한 설명으로 옳은 것은?

① 자아통합이 완성되는 시기로 삶 전체에 대한 평가를 시도한다.

② 전환적 추론이 가능해진다.

③ 부모로부터의 독립에 대한 양가감정에서 해방된다.

④ 피아제(J. Piaget)는 구체적 조작 사고가 발달한다고 보았다.

⑤ 에릭슨(E. Erikson)은 친밀감 대 고립의 심리사회적 위기가 발생한다고 보았다.

기출회독 키워드 > 024

청년기

○2 기출번호 22-01-20

청년기(20~39세)에 관한 설명으로 옳은 것은?

① 에릭슨(E. Erikson)은 근면성의 발달을 중요한 과업으로 보았다.

② 다른 시기에 비하여 경제적으로 안정되어 있고 직업에서도 높은 지위와 책임을 갖게 된다.

③ 빈둥지 증후군을 경험하는 시기이다.

④ 또래와의 상호작용을 통하여 자아개념이 발달하기 시작한다.

⑤ 직업 준비와 직업선택에 대한 의사결정을 하는 시기이다.

기출회독 키워드 > 024

청년기

3

기출번호 20-01-22

청년기(20~35세)에 관한 설명으로 옳지 않은 것은?

① 자기부양 능력을 갖추어야 하는 시기이다.

② 자아정체감 형성이 주요 발달과제인 시기이다.

③ 부모로부터 심리적, 경제적으로 독립하여 자율성을 성취하는 시기이다.

④ 개인적 욕구와 사회적 욕구 사이에 균형을 찾아 직업을 선택하는 시기이다.

⑤ 타인과의 관계에서 친밀감을 형성하면서 결혼과 부모됨을 고려하는 시기이다.

기출회독 키워드 > 024

청년기

4

기출번호 19-01-21

하비거스트(R. Havighurst)의 청년기(20~35세) 발달과업으로 옳지 않은 것은?

① 배우자 선택

② 직장생활 시작

③ 경제적 수입 감소에 따른 적응

④ 사회적 집단 형성

⑤ 직업의 준비와 선택

기출회독 키워드 > 024

청년기

인간행동과 사회환경

장년기

해답 & 오답노트 361쪽 ○

○1 기출번호 23-01-23

중년기(40~64세)에 관한 설명으로 옳은 것은?

① 에릭슨(E. Erikson)의 정체성 대 침체 단계에 해당한다.
② 갱년기는 남성에게는 나타나지 않는다.
③ 여성은 에스트로겐 분비가 증가하고, 남성은 테스토스테론 분비가 감소한다.
④ 시각, 청각, 미각, 후각 등의 감각기능이 가장 좋은 시기이다.
⑤ 결정성(crystallized) 지능은 계속 발달한다.

> **기출회독 키워드 > 025**
>
> 장년기

○2 기출번호 22-01-23

중년기(40~64세)의 설명으로 옳은 것은?

① 에릭슨(E. Erikson)에 의하면 "생산성 대 침체"라는 심리사회적 위기를 극복하게 되면 돌봄(care)의 덕목을 갖추게 된다.
② 유동성 지능(fluid intelligence)은 높아지며 문제해결능력도 향상될 수 있다.
③ 자아통합이 완성되는 시기로 자신의 삶에 대한 평가를 시도한다.
④ 갱년기 증상은 여성에게 나타나고 남성은 경험하지 않는다.
⑤ 융(C. Jung)에 의하면 남성에게는 아니무스가, 여성에게는 아니마가 드러나는 시기이다.

> **기출회독 키워드 > 025**
>
> 장년기

●3

기출번호 21-01-10

중년기(40~64세)에 관한 설명으로 옳은 것은?

① 여성만이 우울, 무기력감 등 심리적 증상을 경험한다.
② 여성은 에스트로겐의 분비가 감소되고 남성은 테스토스테론의 분비가 증가된다.
③ 인지적 반응속도가 최고조에 달한다.
④ 외부세계에 쏟았던 에너지가 자신의 내부로 향한다.
⑤ 친밀감 형성이 주요 과업이며 사회관계망이 축소된다.

기출회독 키워드 > 025

장년기

●5

기출번호 19-01-22

중년기(40~64세)에 관한 설명으로 옳지 않은 것은?

① 혼(J. Horn)은 유동적 지능은 증가하는 반면, 결정적 지능은 감소한다고 하였다.
② 레빈슨(D. Levinson)은 성인 초기의 생애구조에 대한 평가, 중년기에 대한 가능성 탐구, 새로운 생애구조 설계를 위한 선택 등을 과업으로 제시하였다.
③ 굴드(R. Gould)는 46세 이후에 그릇된 가정을 모두 극복하고 진정한 자아를 찾는 시기라고 하였다.
④ 에릭슨(E. Erikson)은 생산성 대 침체성의 시기라고 하였다.
⑤ 융(C. Jung)은 중년기에 관한 구체적인 개념을 발전시킨 학자이다.

기출회독 키워드 > 025

장년기

인간행동과 사회환경

●4

기출번호 20-01-23

중년기(40~64세)에 관한 설명으로 옳은 것은?

① 펙(R. Peck)은 신체 중시로부터 신체 초월을 중년기의 중요한 발달과제로 보았다.
② 결정성(crystallized) 지능은 감소하고 유동성(fluid) 지능은 증가한다.
③ 융(C. Jung)에 따르면, 외부세계에 쏟았던 에너지를 자신의 내부에 초점을 두며 개성화의 과정을 경험한다.
④ 여성은 에스트로겐의 분비가 감소되고 남성은 테스토스테론의 분비가 증가된다.
⑤ 갱년기는 여성만이 경험하는 것으로 신체적 변화와 동시에 우울, 무기력감 등 심리적 증상을 동반한다.

기출회독 키워드 > 025

장년기

해답 & 오답노트 362쪽 ◐

◯1 기출번호 23-01-24

노년기(65세 이상)에 관한 설명으로 옳지 않은 것은?

① 외향성이 증가한다.

② 노년기 사회적 역할과 관계망의 축소는 고독과 소외를 초래할 수도 있다.

③ 친근한 사물에 대한 애착이 증가한다.

④ 생에 대한 회상경향이 증가한다.

⑤ 에릭슨(E. Erikson)은 심리사회적 위기를 극복하면 지혜라는 능력을 얻게 된다고 보았다.

기출회독 키워드 > 026

노년기

◯2 기출번호 21-01-20

노년기(65세 이상)에 관한 설명으로 옳지 않은 것은?

① 주요 과업은 이제까지의 자신의 삶을 수용하는 것이다.

② 생에 대한 회상이 증가하고 사고의 융통성이 증가한다.

③ 친근한 사물에 대한 애착이 많아진다.

④ 치매의 발병 가능성이 다른 연령대에 비해 높아진다.

⑤ 내향성이 증가한다.

기출회독 키워드 > 026

노년기

◯3 기출번호 19-01-15

다음이 설명하는 큐블러-로스(E. Kübler-Ross)의 죽음과 상실에 대한 심리적 단계는?

> 요양병원에 입원하고 있는 A씨는 간암 말기 진단을 받았다. 그는 자신이 죽는다는 것을 인정하고, 가족들이 받게 될 충격을 최소화하기 위해 만남과 헤어짐, 죽음, 추억 등의 이야기를 나누며 시간을 보내고 있다.

① 부정(Denial) ② 분노(Rage and Anger)

③ 타협(Bargaining) ④ 우울(Depression)

⑤ 수용(Acceptance)

기출회독 키워드 > 026

노년기

4
기출번호 19-01-23

노년기(65세 이상)에 관한 설명으로 옳지 않은 것은?

① 분리이론은 노년기를 노인 개인과 사회가 동시에 상호분리를 시작하는 시기로 보는 이론이다.

② 활동이론은 노년기를 잘 보내기 위해서는 은퇴와 같은 종결되는 역할들을 대치할 수 있는 활동을 발견하는 것이 중요하다는 이론이다.

③ 에릭슨(E. Erikson)은 노년기의 발달과제로 자아통합이 중요하다고 주장하였다.

④ 큐블러-로스(E. Kübler-Ross)는 죽음과 상실에 대한 심리적 5단계를 제시하였다.

⑤ 펙(R. Peck)의 발달과업이론은 생애주기를 중년기와 노년기로 구분하여 설명하였다.

기출회독 키워드 > 026

노년기

5
기출번호 19-01-25

인생주기별 특징에 관한 설명으로 옳지 않은 것은?

① 영아기(0~2세)에는 주 양육자와의 안정된 정서적 신뢰관계가 다른 사람이나 사물과의 관계를 형성하는 데 영향을 미치고 이후의 사회적 발달의 밑바탕이 된다.

② 유아기(3~6세)는 사물을 정신적으로 표상할 수 있는 능력이 발달하여 가장놀이를 즐기며, 이는 사회정서 발달에 영향을 미친다.

③ 아동기(7~12세)는 또래 친구들과 함께 많은 시간을 보내면서 정서 및 사회적 발달에 영향을 받아 도당기라고도 한다.

④ 청소년기(13~19세)는 또래집단의 지지를 더 선호함으로써 부모로부터 독립하려는 경향을 보인다.

⑤ 노년기(65세 이상)는 생물학적으로 노화를 경험하는 시기이면서 경제적으로 안정된 시기이므로 심리적 위기를 경험하지 않는다.

기출회독 키워드 > 026

노년기

인간행동과 사회환경

I'MPASS
장별 기출강의

2영역

사회복지조사론

5개년도(19~23회) 출제분포표

		19회	20회	21회	22회	23회	평균 문항수
1장	과학적 방법과 조사연구	2	3	2	3	2	2.4
2장	조사의 유형과 절차	2	3	2	2	3	2.4
3장	조사문제와 가설	1	2	2	2	3	2.0
4장	조사설계와 인과관계	2	1	2	2	1	1.6
5장	조사설계의 유형	2	2	1	2	3	2.0
6장	단일사례설계	1	-	2	1	1	1.0
7장	측정	3	5	5	4	3	4.0
8장	척도	2	1	1	1	1	1.2
9장	표집(표본추출)	3	3	3	4	3	3.2
10장	자료수집방법 I : 서베이(설문조사)	2	2	1	1	2	1.6
11장	자료수집방법 II : 관찰과 내용분석법	1	-	1	1	1	0.8
12장	욕구조사와 평가조사	1	1	1	-	1	0.8
13장	질적 연구방법론	3	2	2	2	1	2.0
14장	조사계획서 및 조사보고서	-	-	-	-	-	-

1장 과학적 방법과 조사연구

해답 & 오답노트 363-364쪽 ◗

◯1

기출번호 23-02-01

사회복지실천을 위한 조사연구의 필요성으로 옳지 않은 것은?

① 문제해결을 위한 사회복지 개입방법의 타당성을 검증할 수 있다.
② 사회복지 서비스를 위한 지식과 기술을 제공할 수 있다.
③ 문제의 원인을 설명함으로써 사회복지사의 직관에 의한 실천지식을 강화할 수 있다.
④ 프로그램의 지속여부를 결정하는 객관적 근거를 제공할 수 있다.
⑤ 클라이언트의 욕구를 파악하여 문제해결의 방향을 제시할 수 있다.

> **기출회독 키워드 › 031**
> 사회복지조사

◯2

기출번호 23-02-02

사회복지 조사연구에서 과학적 연구방법으로 옳은 것은?

① 기술(description)연구에서 문제발생의 원인을 설명하고자 하였다.
② 연구결과의 일반화를 위해 모집단의 속성이 반영된 충분한 표본을 조사하였다.
③ 가설 검증 결과가 연구자의 기대와 달라서 가설을 연구결과에 맞추어 수정하였다.
④ 연구자의 주관적 판단에 입각하여 연구결과를 해석하였다.
⑤ 조사를 통해 검증된 인과관계에 입각하여 문제의 발생을 단정적 결정론으로 예측하였다.

> **기출회독 키워드 › 027**
> 과학적 방법의 특징 및 필요성

03

기출번호 22-02-01

과학철학에 관한 설명으로 옳지 않은 것은?

① 쿤(T. Kuhn)은 과학적 혁명에서 패러다임 전환을 제시하였다.

② 쿤(T. Kuhn)은 당대의 지배적 패러다임에서 벗어나지 않는 것을 정상과학이라고 지칭하였다.

③ 포퍼(K. Popper)는 쿤의 과학적 인식에 내재된 문제점을 극복하기 위하여 반증주의를 제시하였다.

④ 포퍼(K. Popper)의 반증주의는 연역법에 의존한다.

⑤ 포퍼(K. Popper)는 이론이란 증명되는 것이 아니라 반증되는 것이라고 하였다.

> **기출회독 키워드 > 029**
>
> 과학철학 및 패러다임

05

기출번호 22-02-03

과학적 지식의 특성에 관한 설명으로 옳은 것을 모두 고른 것은?

ㄱ. 경험적으로 검증 가능하여야 한다.

ㄴ. 연구결과는 잠정적이며 수정될 수 있다.

ㄷ. 연구자의 주관적 가치 판단이 연구과정이나 결론에 작용하지 않도록 객관성을 추구한다.

ㄹ. 같은 절차를 다른 대상에 반복적으로 적용하여 같은 결과가 나오는지 검토할 수 있다.

---

① ㄱ, ㄷ   ② ㄴ, ㄹ

③ ㄱ, ㄴ, ㄷ   ④ ㄴ, ㄷ, ㄹ

⑤ ㄱ, ㄴ, ㄷ, ㄹ

> **기출회독 키워드 > 027**
>
> 과학적 방법의 특징 및 필요성

04

기출번호 22-02-02

과학적 탐구에서 제기되는 윤리적 문제에 관한 설명으로 옳지 않은 것은?

① 어떤 경우라도 연구참여자 속이기는 허용되지 않는다.

② 고지된 동의는 조사대상자의 판단능력을 고려하여야 한다.

③ 연구자는 기대했던 연구결과와 다르더라도 그 결과를 사실대로 보고해야 한다.

④ 사회복지조사에서는 비밀유지가 엄격히 지켜질 수 없는 상황이 발생할 수 있다.

⑤ 연구자는 개인정보 유출 등으로 인해 연구참여자에게 피해를 주지 않도록 신중을 기해야 한다.

> **기출회독 키워드 > 028**
>
> 사회과학에서의 윤리

06

기출번호 21-02-01

사회조사과정에서 준수해야 할 연구윤리로 옳지 않은 것은?

① 참여자의 익명성과 비밀을 보장한다.

② 참여자가 원할 경우 언제든지 참여를 중단할 수 있음을 사전에 고지한다.

③ 일반적으로 연구의 공익적 가치가 연구윤리보다 우선해야 한다.

④ 참여자가 연구에 참여하여 얻을 수 있는 혜택은 사전에 고지한다.

⑤ 참여자의 연구 참여는 자발적이어야 한다.

> **기출회독 키워드 > 028**
>
> 사회과학에서의 윤리

7

기출번호 21-02-02

사회과학의 패러다임에 관한 설명으로 옳지 않은 것은?

① 실증주의는 연구결과를 해석할 때 정치적 가치나 이데올로기의 영향을 적극적으로 고려한다.
② 해석주의는 삶에 관한 심층적이고 주관적인 이해를 얻고자 한다.
③ 비판주의는 사회변화를 목적으로 사회의 본질적이고 구조적 측면의 파악에 주목한다.
④ 후기실증주의는 객관적인 지식에 대한 직접적 확증은 불가능하다고 본다.
⑤ 포스트모더니즘은 객관적 실재와 진리의 보편적 기준을 거부한다.

기출회독 키워드 > 029

과학철학 및 패러다임

8

기출번호 20-02-02

과학철학에 관한 설명으로 옳은 것은?

① 논리적 실증주의에 가장 큰 영향을 미친 사람은 영국의 철학자 흄(D. Hume)이다.
② 상대론적인 입장에서는 경험에 의한 지식의 객관성을 추구한다.
③ 쿤(T. Kuhn)에 의하면 과학은 기존의 이론과 상충되는 현상을 관찰하는 데서 출발하여 기존의 이론에 엄격한 검증을 행한다.
④ 반증주의는 누적적인 진보를 부정하면서 역사적 사실들과 더 잘 부합하는 새로운 패러다임을 제시하였다.
⑤ 논리적 경험주의는 과학의 이론들이 확률적으로 검증되는 관찰에 의해서만 정당화될 수 있다고 주장한다.

기출회독 키워드 > 029

과학철학 및 패러다임

9

기출번호 20-02-03

실증주의의 특징과 가장 거리가 먼 것은?

① 이론의 재검증
② 객관적 조사
③ 사회현상의 주관적 의미에 대한 해석
④ 보편적이고 적용가능한 통계적 분석도구
⑤ 연구결과의 일반화

기출회독 키워드 > 029

과학철학 및 패러다임

10

기출번호 20-02-05

사회복지조사에 관한 설명으로 옳은 것을 모두 고른 것은?

ㄱ. 사회복지 관련 이론 개발에 사용된다.
ㄴ. 여론조사나 인구센서스 조사는 전형적인 탐색 목적의 조사연구이다.
ㄷ. 연구의 전 과정에서 결정주의적 성향을 지양해야 한다.
ㄹ. 조사범위에 따라 횡단연구와 종단연구로 나눠진다.

① ㄱ, ㄷ
② ㄴ, ㄹ
③ ㄱ, ㄴ, ㄷ
④ ㄴ, ㄷ, ㄹ
⑤ ㄱ, ㄴ, ㄷ, ㄹ

기출회독 키워드 > 031

사회복지조사

11

기출번호 19-02-01

사회과학의 특성에 관한 설명으로 옳지 않은 것은?

① 자연과학에 비해 인과관계에 대한 명확한 결론을 내리기 어렵다.
② 끊임없이 변화하는 사회현상을 규명한다.
③ 관찰대상물과 관찰자가 분명히 구분된다.
④ 인간의 행위를 연구대상으로 한다.
⑤ 사회문화적 특성의 영향을 받는다.

기출회독 키워드 > 027

과학적 방법의 특징 및 필요성

12

기출번호 19-02-02

사회과학과 사회복지학에 관한 설명으로 옳은 것을 모두 고른 것은?

> ㄱ. 사회복지학은 사회문제에 대처하기 위한 학문이다.
> ㄴ. 사회과학은 사회복지의 실천적 지식의 제공 및 이론적 발전에 기여할 수 있다.
> ㄷ. 사회복지학은 응용과학이 아닌 순수과학에 속한다.
> ㄹ. 사회복지학은 사회과학에 의해 발전된 개념들을 활용할 수 있다.

① ㄴ, ㄷ   ② ㄷ, ㄹ
③ ㄱ, ㄴ, ㄷ   ④ ㄱ, ㄴ, ㄹ
⑤ ㄱ, ㄷ, ㄹ

기출회독 키워드 > 031

사회복지조사

사회복지조사론

해답 & 오답노트 365쪽 ○

○1 기출번호 23-02-03

"여성가족부는 2022년 전국가정폭력실태조사 결과를 이전에 실시한 동일한 조사내용과 비교하여 보고하였다. 2025년 조사에서도 전국의 가구 중 일부를 선정하여 동일한 조사항목에서 어떠한 변화가 있는지를 보고할 것이다." 이에 관한 조사유형에 해당하는 것으로 모두 묶인 것은?

> ㄱ. 종단조사
> ㄴ. 표본조사
> ㄷ. 패널조사
> ㄹ. 경향조사

① ㄷ ② ㄱ, ㄴ
③ ㄴ, ㄷ ④ ㄱ, ㄴ, ㄹ
⑤ ㄱ, ㄴ, ㄷ, ㄹ

기출회독 키워드 > 032

조사의 유형

○2 기출번호 23-02-04

사회복지조사 과정을 순서대로 나열한 것은?

> ㄱ. 표집방법을 수립하였다.
> ㄴ. 연구문제의 잠정적 결론으로 가설을 설정하였다.
> ㄷ. 연구가 필요한 주제를 선정하였다.
> ㄹ. 검증된 측정도구로 자료를 수집하였다.
> ㅁ. 자료를 분석하고 가설의 지지여부를 결정하였다.

① ㄱ → ㄴ → ㅁ → ㄷ → ㄹ
② ㄴ → ㄱ → ㄷ → ㄹ → ㅁ
③ ㄴ → ㄷ → ㄱ → ㅁ → ㄹ
④ ㄷ → ㄱ → ㄹ → ㅁ → ㄴ
⑤ ㄷ → ㄴ → ㄱ → ㄹ → ㅁ

기출회독 키워드 > 033

조사의 절차

○3 기출번호 23-02-21

양적 연구방법에 관한 설명으로 옳지 않은 것은?

① 논리실증주의에 기반한다.
② 주관적이며 직관적인 관점에서 접근한다.
③ 구조화된 조사표에 대한 활용 빈도가 높다.
④ 변인에 대한 통제와 측정이 가능하다.
⑤ 질적 연구보다 일반화의 가능성이 높다.

기출회독 키워드 > 032

조사의 유형

4

다음에서 설명하는 조사유형을 바르게 짝지은 것은?

> ㄱ. 동일한 표본을 대상으로 시간을 달리하여 추적 관찰하는 연구
> ㄴ. 일정 연령이나 일정 연령 범위 내 사람들의 집단이 조사대상인 종단연구

① ㄱ: 경향조사, ㄴ: 코호트(cohort)조사
② ㄱ: 경향조사, ㄴ: 패널조사
③ ㄱ: 코호트(cohort)조사, ㄴ: 경향조사
④ ㄱ: 패널조사, ㄴ: 경향조사
⑤ ㄱ: 패널조사, ㄴ: 코호트(cohort)조사

기출회독 키워드 > 032

조사의 유형

6

종단연구(longitudinal study)에 관한 설명으로 옳은 것은?

① 베이비붐 세대를 시간변화에 따라 연구하는 것은 추이연구(trend study)이다.
② 일정 기간 센서스 자료를 비교하여 전국 인구의 성장을 추적하는 것은 동류집단연구(cohort study)이다.
③ 매번 동일한 집단을 관찰하는 연구는 패널연구(panel study)이다.
④ 시간에 따른 변화를 가장 정확하게 알려주는 것은 동류집단연구(cohort study)이다.
⑤ 일반 모집단의 변화를 시간변화에 따라 연구하는 것은 동류집단연구(cohort study)이다.

기출회독 키워드 > 032

조사의 유형

5

분석단위에 관한 설명으로 옳은 것을 모두 고른 것은?

> ㄱ. 이혼, 폭력, 범죄 등과 같은 분석단위는 사회적 가공물(social artifacts)에 해당한다.
> ㄴ. 생태학적 오류는 집단에 대한 조사를 기초로 하여 개인을 분석단위로 주장하는 오류이다.
> ㄷ. 환원주의는 특정 분석단위 또는 변수가 다른 분석단위 또는 변수에 비해 관련성이 높다고 설명하는 경향이 있다.

① ㄴ   ② ㄱ, ㄴ
③ ㄱ, ㄷ   ④ ㄴ, ㄷ
⑤ ㄱ, ㄴ, ㄷ

기출회독 키워드 > 034

분석단위

7

사회조사의 목적에 관한 설명으로 옳지 않은 것은?

① 지난해 발생한 데이트폭력 사건의 빈도와 유형을 자세히 보고하는 것은 기술적 연구이다.
② 외상 후 스트레스로 퇴역한 군인을 위한 서비스 개발의 가능성을 파악하기 위한 초기면접은 설명적 연구이다.
③ 사회복지협의회가 매년 실시하는 사회복지기관 통계조사는 기술적 연구이다.
④ 지방도시에 비해 대도시의 아동학대 비율이 높은 이유를 보고하는 것은 설명적 연구이다.
⑤ 지역사회 대상 설문조사를 통해 사회복지서비스의 만족도를 조사하는 것은 기술적 연구이다.

기출회독 키워드 > 032

조사의 유형

8

기출번호 20-02-06

다음에서 설명하는 조사유형에 해당하는 것은?

- 둘 이상의 시점에서 조사가 이루어진다.
- 동일대상 반복측정을 원칙으로 하지 않는다.

① 추세연구, 횡단연구
② 패널연구, 추세연구
③ 횡단연구, 동년배(cohort)연구
④ 추세연구, 동년배(cohort)연구
⑤ 패널연구, 동년배(cohort)연구

기출회독 키워드 > 032

조사의 유형

10

기출번호 20-02-09

양적 조사방법에 관한 설명으로 옳은 것은?

① 자료수집을 완료한 후 가설을 설정해야 한다.
② 자료수집 방법은 조사설계에 포함할 수 없다.
③ 연구가설은 독립변수와 종속변수는 관계가 없다고 설정한다.
④ 개념적 정의는 측정가능성을 전제로 하지 않는다.
⑤ 사회과학에서 이론은 직접검증을 원칙으로 한다.

기출회독 키워드 > 032

조사의 유형

9

기출번호 20-02-07

17개 시·도의 69개 사회복지기관에서 근무하는 사회복지사 396명을 대상으로 근무기관의 규모별 직무만족도를 설문조사할 때 독립변수와 종속변수의 관찰단위를 순서대로 옳게 짝지은 것은?

① 개인 – 개인
② 기관 – 개인
③ 지역사회 – 개인
④ 지역사회 – 기관
⑤ 개인 – 지역사회

기출회독 키워드 > 034

분석단위

11

기출번호 19-02-04

사회복지조사를 위한 수행단계로 옳은 것은?

① 문제설정 → 가설설정 → 조사설계 → 자료수집 → 자료분석 → 보고서 작성
② 문제설정 → 가설설정 → 자료수집 → 자료분석 → 조사설계 → 보고서 작성
③ 가설설정 → 문제설정 → 자료수집 → 조사설계 → 자료분석 → 보고서 작성
④ 가설설정 → 문제설정 → 자료수집 → 자료분석 → 조사설계 → 보고서 작성
⑤ 가설설정 → 문제설정 → 조사설계 → 자료수집 → 자료분석 → 보고서 작성

기출회독 키워드 > 033

조사의 절차

12

기출번호 19-02-06

다음 (   )에 알맞은 조사유형을 모두 나열한 것은?

> 일정한 시간간격을 두고 연구대상을 표본추출하여 반복적으로 조사하는 방법에는 (   ), (   ), 동년배조사 등이 있다.

① 패널조사, 경향조사
② 패널조사, 문헌조사
③ 전수조사, 경향조사
④ 전수조사, 표본조사
⑤ 문헌조사, 전문가조사

기출회독 키워드 > 032

조사의 유형

3장 조사문제와 가설

해답 & 오답노트 367쪽 ○

1

기출번호 23-02-05

통계적 가설검증에 관한 설명으로 옳은 것은?

① 가설의 지지여부는 연구가설을 직접 검증하여 반증한다.

② 신뢰수준을 95%에서 99%로 높이면 제1종 오류의 가능성이 높아진다.

③ 연구가설은 두 변수 간의 관계가 오류에 의해 발생하였음을 가정한다.

④ 유의확률(p)이 설정한 유의수준(α)보다 낮으면 영가설을 기각한다.

⑤ 신뢰수준을 낮추면 제2종 오류의 가능성은 높아진다.

기출회독 키워드 > 036

가설

2

기출번호 23-02-06

다음 가설에 포함된 변수에 관한 설명으로 옳은 것은?

> 사회복지사가 느끼는 업무부담에 따른 소진정도는 동료와의 친밀도에 따라 달라질 것이다.

① 소진정도: 통제변수

② 업무부담: 매개변수

③ 소진정도: 독립변수

④ 업무부담: 종속변수

⑤ 동료와의 친밀도: 조절변수

기출회독 키워드 > 037

변수

3

기출번호 23-02-10

측정의 개념적 정의와 조작적 정의에 관한 설명으로 옳은 것은?

① 조작적 정의는 개념적 정의에 비해 주관적 해석의 수준이 낮다.

② 조작적 정의는 양적 조사에 비해 질적 조사에서 더욱 중요하다.

③ 측정하고자 하는 개념의 의미는 조작적 정의를 통해 확장된다.

④ '조작적 정의 → 개념적 정의 → 측정'의 순서로 이루어진다.

⑤ 개념적 정의를 통해 변수를 직접 측정할 수 있다.

기출회독 키워드 ⟩ 035

조사문제

5

기출번호 22-02-07

영가설(null hypothesis)과 연구가설(research hypothesis)에 관한 설명으로 옳은 것은?

① 연구가설은 연구의 개념적 틀 혹은 연구모형으로부터 도출될 수 있다.

② 연구가설은 그 자체를 직접 검증할 수 있다.

③ 영가설은 연구가설의 검정 결과에 따라 채택되거나 기각된다.

④ 연구가설은 수집된 자료에서 나타난 차이나 관계가 표본추출에서 오는 우연에 의한 것으로 진술된다.

⑤ 연구가설은 영가설에 대한 반증의 목적으로 설정된다.

기출회독 키워드 ⟩ 036

가설

4

기출번호 22-02-06

변수에 관한 설명으로 옳지 않은 것은?

① 매개변수(mediating variable)는 독립변수의 영향을 받아 종속변수에 영향을 미치는 변수이다.

② 통제변수(control variable)는 독립변수와 종속변수의 관계에 영향을 줄 수 있기 때문에 통제대상이 되는 변수이다.

③ 독립변수는 결과변수이고, 종속변수는 설명변수이다.

④ 조절변수(moderating variable)는 독립변수와 종속변수 간의 관계의 강도에 영향을 미칠 수 있다.

⑤ 변수들 간의 관계는 그 속성에 따라 직선이 아닌 곡선의 형태로도 나타날 수 있다.

기출회독 키워드 ⟩ 037

변수

6

기출번호 21-02-04

영가설에 관한 설명으로 옳은 것을 모두 고른 것은?

ㄱ. 연구가설에 대한 반증가설이 영가설이다.
ㄴ. 영가설은 변수 간에 관계가 없음을 뜻한다.
ㄷ. 대안가설을 검증하여 채택하는 가설이다.
ㄹ. 변수 간의 관계가 우연이 아님을 증명한다.

① ㄱ, ㄴ   ② ㄱ, ㄹ

③ ㄴ, ㄷ   ④ ㄱ, ㄷ, ㄹ

⑤ ㄴ, ㄷ, ㄹ

기출회독 키워드 ⟩ 036

가설

사회복지조사론

7

기출번호 21-02-18

변수의 조작적 정의에 관한 설명으로 옳은 것을 모두 고른 것은?

ㄱ. 개념적 정의를 실제로 관찰할 수 있는 수준으로 전환시키는 것이다.
ㄴ. 조작적 정의를 하면 개념의 의미가 다양하고 풍부해진다.
ㄷ. 조작적 정의를 통해 개념이 더욱 추상화된다.
ㄹ. 조작적 정의가 없어도 가설검증이 가능하다.

① ㄱ
② ㄱ, ㄴ
③ ㄴ, ㄷ
④ ㄱ, ㄴ, ㄷ
⑤ ㄱ, ㄷ, ㄹ

기출회독 키워드 ▶ 035

조사문제

8

기출번호 20-02-08

다음 사례에서 부모의 재산은 어떤 변수인가?

한 연구에서 부모의 학력이 자녀의 대학 진학률에 영향을 미치는 것으로 나타났다. 그러나 부모의 재산이 비슷한 조사대상에 한정하여 다시 분석해 본 결과, 부모의 학력과 자녀의 대학 진학률 사이에는 통계적으로 유의미한 관계가 없는 것으로 나타났다.

① 독립변수
② 종속변수
③ 조절변수
④ 억제변수
⑤ 통제변수

기출회독 키워드 ▶ 037

변수

9

기출번호 20-02-19

통계적 가설검증에 관한 설명으로 옳지 않은 것은?

① 영가설을 기각하면 연구가설이 잠정적으로 채택된다.
② 영가설은 연구가설과 대조되는 가설이다.
③ 통계치에 대한 확률(p)이 유의수준(α)보다 낮으면 영가설이 기각된다.
④ 연구가설은 표본의 통계치에 대한 가정이다.
⑤ 연구가설은 경험적으로 검증이 가능하여야 한다.

기출회독 키워드 ▶ 036

가설

10

기출번호 19-02-05

다음 (   )에 알맞은 내용으로 옳은 것은?

- 독립변수 앞에서 독립변수에 영향을 주는 변수를 (ㄱ)라고 한다.
- 독립변수의 결과인 동시에 종속변수의 원인이 되는 변수를 (ㄴ)라고 한다.
- 다른 변수에 의존하지만 다른 변수에 영향을 미칠 수 없는 변수를 (ㄷ)라고 한다.
- 독립변수와 종속변수 모두에 영향을 미치는 제3의 변수를 (ㄹ)라고 한다.

① ㄱ: 외생변수, ㄴ: 더미변수, ㄷ: 종속변수, ㄹ: 조절변수
② ㄱ: 외생변수, ㄴ: 매개변수, ㄷ: 종속변수, ㄹ: 더미변수
③ ㄱ: 선행변수, ㄴ: 조절변수, ㄷ: 종속변수, ㄹ: 외생변수
④ ㄱ: 선행변수, ㄴ: 매개변수, ㄷ: 외생변수, ㄹ: 조절변수
⑤ ㄱ: 선행변수, ㄴ: 매개변수, ㄷ: 종속변수, ㄹ: 외생변수

기출회독 키워드 ▶ 037

변수

4장 조사설계와 인과관계

해답 & 오답노트 368-369쪽 ○

●1 기출번호 23-02-17

실험설계에서의 내적 타당도 저해요인으로 옳지 않은 것은?

① 실험집단과 통제집단의 참여자 간 프로그램 내용에 대해 소통하면서 상호작용이 이루어졌다.

② 프로그램 진행과정에서 일부 대상자가 참여를 중단하였다.

③ 사전검사 결과 학교 부적응 학생들이 실험집단에 과도하게 모인 것이 확인되었다.

④ 사전검사와 사후검사 척도가 동일하기 때문에 참여자의 학습효과가 발생하였다.

⑤ 일부 참여자들이 프로그램에 참여하고 있다는 것을 의식해서 평소와는 다르게 행동하였다.

기출회독 키워드 > 038

조사설계의 타당도

●2 기출번호 22-02-08

인과관계 추론에 관한 설명으로 옳은 것은?

① 독립변수들 사이의 상관관계는 인과관계 추론의 일차적 조건이다.

② 독립변수와 종속변수 간의 관계는 두 변수 모두의 원인이 되는 제3의 변수로 설명되어서는 안 된다.

③ 종속변수가 독립변수를 시간적으로 앞서야 한다.

④ 횡단적 연구는 종단적 연구에 비해 인과관계 추론에 더 적합하다.

⑤ 독립변수의 변화는 종속변수의 변화와 관련성이 없어야 한다.

기출회독 키워드 > 039

인과관계의 논리

◔3

기출번호 22-02-24

내적 타당도 저해 요인 중 통계적 회귀에 관한 설명으로 옳은 것은?

① 프로그램의 개입 후 측정치가 기초선으로 돌아가려는 경향

② 프로그램 개입의 효과가 완전한 선형관계로 나타나는 경향

③ 프로그램의 개입과 관계없이 사후검사 측정치가 평균값에 근접하려는 경향

④ 프로그램 개입 전부터 이미 이질적인 두 집단이 사후조사 결과에서도 차이가 나타나는 경향

⑤ 프로그램의 개입 전후에 각각 다른 측정도구로 측정함으로써 차이가 나타나는 경향

기출회독 키워드 > 038

조사설계의 타당도

◔5

기출번호 21-02-14

연구의 외적 타당도를 저해하는 상황으로 옳은 것은?

① 연구대상의 건강 상태가 시간 경과에 따라 회복되는 상황

② 자아존중감을 동일한 측정도구로 사전-사후 검사하는 상황

③ 사회적 지지를 다른 측정도구로 사전-사후 검사하는 상황

④ 실험집단과 통제집단 간 연령 분포의 차이가 크게 발생하는 상황

⑤ 자발적 참여자만을 대상으로 연구표본을 구성하게 되는 상황

기출회독 키워드 > 038

조사설계의 타당도

◔4

기출번호 21-02-07

조사설계의 내적 타당도와 외적 타당도에 관한 설명으로 옳은 것은?

① 어떤 변수가 다른 변수의 원인임을 정확하게 기술하는 것이 외적 타당도이다.

② 연구결과를 연구조건을 넘어서는 상황이나 모집단으로 일반화하는 정도가 내적 타당도이다.

③ 내적 타당도는 외적 타당도의 필요조건이지만 충분조건은 아니다.

④ 실험대상의 탈락이나 우연한 사건은 외적 타당도 저해요인이다.

⑤ 외적 타당도가 낮은 경우 내적 타당도 역시 낮다.

기출회독 키워드 > 038

조사설계의 타당도

◔6

기출번호 20-02-22

다음 조사에서 연구대상을 배정한 방법은?

> 사회복지사협회에서 회보 발송 여부에 따라 회비 납부율에 차이가 있는지 알아보고자 한다. 이를 위해 전체 회원을 연령과 성별로 구성된 할당행렬의 각 칸에 배치하고, 절반에게는 회보를 보내고 나머지 절반은 회보를 보내지 않았다.

① 무작위 표집(random sampling)

② 할당표집(quota sampling)

③ 매칭(matching)

④ 소시오매트릭스(sociomatrix)

⑤ 다중특질-다중방법(MultiTrait-MultiMethod)

기출회독 키워드 > 038

조사설계의 타당도

⊖7

기출번호 19-02-07

다음 (　)에 알맞은 내용으로 옳은 것은?

> • 내적 타당도를 높이기 위해서는 (ㄱ) 이외의 다른 변
>   수가 (ㄴ)에 개입할 조건을 통제하여야 한다.
> • 외적 타당도를 높이기 위해서는 (ㄷ)으로 연구대상을
>   선정하거나 표본크기를 (ㄹ)하여야 한다.

① ㄱ: 원인변수, ㄴ: 결과변수, ㄷ: 확률표집방법, ㄹ: 크게
② ㄱ: 원인변수, ㄴ: 결과변수, ㄷ: 무작위할당, ㄹ: 작게
③ ㄱ: 원인변수, ㄴ: 결과변수, ㄷ: 확률표집방법, ㄹ: 작게
④ ㄱ: 결과변수, ㄴ: 원인변수, ㄷ: 확률표집방법, ㄹ: 크게
⑤ ㄱ: 결과변수, ㄴ: 원인변수, ㄷ: 무작위할당, ㄹ: 작게

기출회독 키워드 > 038

조사설계의 타당도

⊖8

기출번호 19-02-18

외적 타당도를 저해하는 요인으로 옳은 것은?

① 실험대상의 탈락
② 외부사건(history)
③ 통계적 회귀
④ 개입의 확산 또는 모방
⑤ 연구 참여자의 반응성

기출회독 키워드 > 038

조사설계의 타당도

사회복지조사론

5장 조사설계의 유형

해답 & 오답노트 370쪽 ○

1

기출번호 23-02-15

다음에서 활용된 조사설계로 옳은 것은?

> 부모를 대상으로 한 아동학대 예방 프로그램의 효과성을 평가하기 위해 연구 참여자의 아동양육 태도 등을 여러 차례 측정하였다. 프로그램 개입 이후에도 여러 차례 측정하여 프로그램 개입 전후비교를 실시하였다.

① 비동일 비교집단 설계(nonequivalent comparison group design)
② 분리표본 사전사후검사 설계(separate-sample pretest-posttest design)
③ 솔로몬 4집단 설계(Solomon four-group design)
④ 단순시계열 설계(simple time-series design)
⑤ 단일집단 사전사후검사 설계(one-group pretest-posttest design)

기출회독 키워드 > 040

실험설계의 유형별 특징

2

기출번호 23-02-18

솔로몬 4집단 설계에 관한 설명으로 옳지 않은 것은?

① 사회복지 현장에서 실제 활용하기에 용이하다.
② 외부사건을 통제할 수 있다.
③ 내적 타당도가 매우 높은 설계 유형이다.
④ 통제집단 사전사후검사 설계와 통제집단 사후검사 설계를 병행하는 방식이다.
⑤ 순수실험설계 유형이다.

기출회독 키워드 > 040

실험설계의 유형별 특징

3

기출번호 23-02-19

다음의 조사설계에 관한 설명으로 옳은 것은?

> A기관에서는 사회복지 프로그램의 효과성을 측정하기 위한 조사설계를 진행하였다. 이를 위해 참여자를 실험집단과 통제집단에 무작위로 배정하여 종속변수의 변화를 측정하였다.

① 인과적 추론 정도가 무작위 배정을 하지 않은 실험설계보다 낮다.
② 외생변수 통제, 독립변수 조작, 종속변수의 비교 등에 한계가 있을 때 주로 활용한다.
③ 개입 전에 두 집단의 동질성을 가정할 수 없다.
④ 정태적 집단비교 설계(static-group comparison design)에 해당된다.
⑤ 전실험설계(pre-experimental design)보다 내적 타당도가 높다.

기출회독 키워드 > 040

실험설계의 유형별 특징

4

기출번호 22-02-18

다음 사례에 관한 설명으로 옳지 않은 것은?

> 다문화 교육이 청소년들의 다문화 수용성에 미치는 영향을 알아보기 위해 청소년 100명을 무작위로 두 집단으로 나누었다. 교육 실시 전 두 집단의 다문화 수용성을 측정하고, 한 집단에만 다문화 교육을 실시한 후 다시 두 집단 모두 다문화 수용성을 측정하였다.

① 전형적인 실험설계이다.
② 교육에 참여한 집단이 실험집단이다.
③ 외적 요인의 통제를 시도하지 않았다.
④ 내적 타당도의 저해요인이 발생할 수 있다.
⑤ 두 집단 간의 사전, 사후 측정치를 비교하여 효과를 판단할 수 있다.

기출회독 키워드 > 040

실험설계의 유형별 특징

5

기출번호 22-02-22

다음에서 설명하는 설계에 해당하는 것은?

> 심리상담 프로그램이 시설입소노인의 정서적 안정감에 미치는 영향을 알아보기 위해 사전조사 없이 A요양원의 노인들을 대상으로 프로그램을 실시하였다. 프로그램 종료 후, 인구사회학적 배경이 유사한 B요양원 노인들을 비교집단으로 하여 두 집단의 정서적 안정감을 측정하였다.

① 비동일 통제집단 설계
② 정태적 집단비교 설계
③ 다중시계열 설계
④ 통제집단 사후검사 설계
⑤ 플라시보 통제집단 설계

기출회독 키워드 > 040

실험설계의 유형별 특징

6

기출번호 21-02-13

다음의 연구에서 활용한 연구설계에 관한 설명으로 옳은 것은?

> 청소년의 자원봉사의식 향상 프로그램의 효과성을 검증하기 위하여 청소년 200명을 무작위로 두 개의 집단으로 나눈 후 A측정도구를 활용하여 사전검사를 실시하였다. 하나의 집단에만 프로그램을 실시한 후 두 개의 집단 모두를 대상으로 A측정도구를 활용하여 사후검사를 실시하였다.

① 테스트효과의 발생 가능성이 낮다.
② 집단 간 동질성의 확인 가능성이 낮다.
③ 사전검사와 프로그램의 상호작용효과의 통제가 가능하다.
④ 자연적 성숙에 따른 효과의 통제가 가능하다.
⑤ 실험집단의 개입효과가 통제집단으로 전이된다.

기출회독 키워드 ▶ 040

실험설계의 유형별 특징

7

기출번호 20-02-23

순수실험설계에서 인과성 검증에 관한 설명으로 옳지 않은 것은?

① 사회복지 프로그램의 실행 여부가 독립변수로 설정될 수 있다.
② 사전조사에서 실험집단과 통제집단의 종속변수 측정치는 통계적으로 유의미한 차이가 없어야 한다.
③ 사전조사와 사후조사에서 통제집단의 종속변수 측정치는 통계적으로 유의미한 차이가 있어야 한다.
④ 실험집단과 통제집단의 동질성 확보가 필요하다.
⑤ 실험집단과 통제집단의 차이는 독립변수의 개입 유무이다.

기출회독 키워드 ▶ 040

실험설계의 유형별 특징

8

기출번호 20-02-24

다음과 같은 절차로 진행된 유사(준)실험설계의 특징으로 옳지 않은 것은?

> • 우울예방 프로그램에 참여할 하나의 집단을 모집함
> • 우울검사를 일정한 간격으로 여러 차례 실시함
> • 우울예방 프로그램을 진행함
> • 우울검사를 동일한 측정도구를 이용해 일정한 간격으로 여러 차례 실시함

① 통제집단을 두기 어려울 때 사용할 수 있다.
② 검사효과가 발생할 수 없다.
③ 정태적 집단비교설계(static-group comparison design)보다 내적 타당도가 높다.
④ 개입효과는 사전검사와 사후검사 측정치의 평균을 비교해서 측정할 수 있다.
⑤ 사전검사와 개입의 상호작용효과가 발생할 수 있다.

기출회독 키워드 ▶ 040

실험설계의 유형별 특징

9

기출번호 19-02-16

외부사건(history)을 통제할 수 있는 실험설계를 모두 고른 것은?

> ㄱ. 솔로몬 4집단 설계(Solomon four-group design)
> ㄴ. 단일집단 사전사후검사 설계(one-group pretest-posttest design)
> ㄷ. 단일집단 사후검사 설계(one-group posttest-only design)
> ㄹ. 통제집단 사후검사 설계(posttest-only control group design)

① ㄹ
② ㄱ, ㄹ
③ ㄴ, ㄷ
④ ㄱ, ㄴ, ㄹ
⑤ ㄴ, ㄷ, ㄹ

기출회독 키워드 ▶ 040

실험설계의 유형별 특징

10

기출번호 19-02-24

실험설계의 유형에 관한 설명으로 옳지 않은 것은?

① 다중시계열 설계(multiple time-series design)는 통제집단을 설정하지 않는다.

② 단일집단 사전사후검사 설계(one-group pretest-posttest design)는 검사효과를 통제하기 어렵다.

③ 통제집단 사후검사 설계(posttest-only control group design)는 사전검사의 영향을 배제할 수 있다.

④ 시계열 설계(time-series design)는 검사효과와 외부 사건을 통제하기 어렵다.

⑤ 정태적 집단비교 설계(static group design)는 두 집단의 본래의 차이를 확인하기 어렵다.

기출회독 키워드 > 040

실험설계의 유형별 특징

사회복지조사론

해답 & 오답노트 **371-372쪽** ◐

01
기출번호 23-02-22

사회복지실천현장에서 단일사례설계에 관한 설명으로 옳은 것을 모두 고른 것은?

> ㄱ. AB설계는 기초선단계(A)와 개입단계(B)로 구성된다.
> ㄴ. 복수기초선설계는 AB설계를 다양한 대상이나 상황 등에 적용하여 동일한 효과를 보이는지를 확인하는 설계방법이다.
> ㄷ. 사례가 집단일 경우 개별 구성원의 정보들은 평균이나 전체 빈도 등으로 요약되어 단일사례로 취급될 수 있다.
> ㄹ. 외적 타당도가 높아 일반화의 가능성이 높다.

① ㄱ
② ㄴ, ㄷ
③ ㄴ, ㄹ
④ ㄱ, ㄴ, ㄷ
⑤ ㄱ, ㄴ, ㄷ, ㄹ

기출회독 키워드 ▷ 042

단일사례설계의 특성

02
기출번호 22-02-20

단일사례연구에 관한 설명으로 옳지 않은 것은?

① 복수의 각기 다른 개입방법을 연속적으로 도입할 수 없다.
② 시계열 설계의 논리를 개별사례에 적용한 것이다.
③ 윤리적인 문제가 발생할 수 있다.
④ 실천 과정과 조사연구 과정이 통합될 수 있다.
⑤ 다중기초선 설계의 적용이 가능하다.

기출회독 키워드 ▷ 042

단일사례설계의 특성

03

기출번호 21-02-15

단일사례설계에 관한 설명으로 옳은 것을 모두 고른 것은?

ㄱ. BA설계는 개입의 긴급성이 있는 상황에 적합하다.
ㄴ. ABAC설계는 선행효과의 통제가 가능하다.
ㄷ. ABAB설계는 AB설계에 비해 외부사건의 영향력에 대한 통제력이 크다.
ㄹ. 복수기초선디자인은 AB설계에 비해 외부사건의 영향력에 대한 통제력이 크다.

① ㄱ, ㄴ
② ㄴ, ㄹ
③ ㄷ, ㄹ
④ ㄱ, ㄴ, ㄷ
⑤ ㄱ, ㄷ, ㄹ

기출회독 키워드 > 043

단일사례설계의 유형별 특징

04

기출번호 21-02-16

단일사례설계의 결과분석 방법에 관한 설명으로 옳지 않은 것은?

① 시각적 분석은 변화의 수준, 파동, 경향을 고려해야 한다.
② 통계적 분석을 할 때 기초선이 불안정한 경우 평균비교가 적합하다.
③ 평균비교에서는 평균과 표준편차를 함께 고려해야 한다.
④ 경향선 분석에서는 기초선의 측정값을 두 영역으로 나누어 경향선을 구한다.
⑤ 임상적 분석은 결과 판단에 주관적 요소의 개입 가능성이 크다.

기출회독 키워드 > 042

단일사례설계의 특성

05

기출번호 19-02-17

단일사례설계방법에 관한 설명으로 옳은 것은?

① ABCD설계는 여러 개의 개입효과를 개별적으로 증명하기 위한 설계이다.
② AB설계는 외부요인을 충분히 통제할 수 있기 때문에 여러 유형의 문제에 적용가능하다.
③ 복수기초선설계는 기초선단계 이후 여러 개의 다른 개입방법을 순차적으로 적용한다.
④ ABAB설계는 외부요인을 통제할 수 있어 개입의 효과를 확인할 수 있다.
⑤ 평균비교는 기초선이 불안정할 때 기초선의 변화의 폭과 기울기까지 고려하여 결과를 분석하는 방법이다.

기출회독 키워드 > 043

단일사례설계의 유형별 특징

사회복지조사론

7장 측정

해답 & 오답노트 372쪽 ⬤

01

다음의 사례에서 확인하고 있는 타당도로 옳은 것은?

A사회복지사는 종합사회복지관 이용만족에 관한 측정도구의 타당도를 확인하고자 한다. 이를 위해 전문가들을 대상으로 프로그램, 사회복지사의 전문성 등의 요소가 측정문항에 충분히 포함되어 있는지에 대한 의견을 확인하였다.

① 내용타당도
② 판별타당도
③ 예측타당도
④ 동시타당도
⑤ 수렴타당도

> **기출회독 키워드 > 045**
>
> 측정의 신뢰도와 타당도

02

측정도구의 타당도와 신뢰도에 관한 설명으로 옳지 않은 것은?

① 신뢰도는 측정값의 일관성 정도를 의미한다.
② 타당도는 측정하고자 하는 바를 반영하는 정도를 의미한다.
③ 측정항목의 수가 적어지면 신뢰도가 낮아지는 경향이 있다.
④ 신뢰도는 타당도의 필요충분조건이 된다.
⑤ 타당도가 높으면 신뢰도는 높은 경우가 많다.

> **기출회독 키워드 > 045**
>
> 측정의 신뢰도와 타당도

⊘3

기출번호 23-02-12

다음의 변수 중 산술평균의 산출이 적합한 변수를 모두 고른 것은?

> ㄱ. 만원 단위로 측정한 청소년의 월평균 용돈
> ㄴ. 상·중·하 등급으로 평가한 국어 교과목의 성적
> ㄷ. 연 단위로 측정한 청소년의 총 재학 기간
> ㄹ. 가출 횟수로 측정한 청소년의 가출 경험

① ㄴ
② ㄱ, ㄷ
③ ㄴ, ㄹ
④ ㄱ, ㄷ, ㄹ
⑤ ㄱ, ㄴ, ㄷ, ㄹ

기출회독 키워드 > 044

측정수준

⊘5

기출번호 22-02-10

측정의 수준이 서로 다른 변수로 묶인 것은?

① 대학 전공, 아르바이트 경험 유무
② 복지비 지출 증가율, 월평균 소득(만원)
③ 온도(℃), 지능지수(IQ)
④ 생활수준(상, 중, 하), 혈액형
⑤ 성별, 현재 흡연여부

기출회독 키워드 > 044

측정수준

⊘4

기출번호 22-02-09

척도의 종류가 올바르게 짝지어진 것은?

> ㄱ. 종교 - 기독교, 불교, 천주교, 기타
> ㄴ. 교육연수 - 정규 학교 교육을 받은 기간(년)
> ㄷ. 학점 - A, B, C, D, F

① ㄱ: 명목척도, ㄴ: 서열척도, ㄷ: 비율척도
② ㄱ: 명목척도, ㄴ: 비율척도, ㄷ: 서열척도
③ ㄱ: 비율척도, ㄴ: 등간척도, ㄷ: 서열척도
④ ㄱ: 서열척도, ㄴ: 등간척도, ㄷ: 비율척도
⑤ ㄱ: 서열척도, ㄴ: 비율척도, ㄷ: 명목척도

기출회독 키워드 > 044

측정수준

⊘6

기출번호 22-02-12

내적 일관성 방법에 근거하여 신뢰도를 측정하는 방법으로 옳은 것을 모두 고른 것은?

> ㄱ. 검사-재검사법
> ㄴ. 조사자 간 신뢰도
> ㄷ. 알파계수
> ㄹ. 대안법

① ㄱ
② ㄷ
③ ㄴ, ㄷ
④ ㄱ, ㄷ, ㄹ
⑤ ㄴ, ㄷ, ㄹ

기출회독 키워드 > 045

측정의 신뢰도와 타당도

사회복지조사론

7

기출번호 22-02-13

신뢰도와 타당도에 관한 설명으로 옳은 것은?

① 타당도가 있다면 어느 정도 신뢰도가 있다고 볼 수 있다.

② 신뢰도가 높을 경우 타당도도 높다고 할 수 있다.

③ 요인분석법은 신뢰도를 측정하는 방법이다.

④ 신뢰도는 측정하려고 의도된 개념을 얼마나 정확하게 측정하는가를 나타내는 것이다.

⑤ 주어진 척도가 측정하고자 하는 내용을 담고 있다고 일련의 전문가가 판단할 때 판별타당도가 있다고 한다.

기출회독 키워드 > 045

측정의 신뢰도와 타당도

8

기출번호 21-02-06

다음 연구과제의 변수들을 측정할 때 ㄱ~ㄹ의 척도 유형을 바르게 짝지은 것은?

> 장애인의 성별(ㄱ)과 임금수준의 관계를 정확하게 파악하기 위해서는 장애 유형(ㄴ), 거주지역(ㄷ), 직업 종류(ㄹ)와 같은 변수들의 영향력을 적절히 통제해야 한다.

① ㄱ: 명목, ㄴ: 명목, ㄷ: 명목, ㄹ: 명목

② ㄱ: 명목, ㄴ: 서열, ㄷ: 서열, ㄹ: 명목

③ ㄱ: 명목, ㄴ: 서열, ㄷ: 명목, ㄹ: 비율

④ ㄱ: 명목, ㄴ: 등간, ㄷ: 명목, ㄹ: 명목

⑤ ㄱ: 명목, ㄴ: 등간, ㄷ: 서열, ㄹ: 비율

기출회독 키워드 > 044

측정수준

9

기출번호 21-02-09

다음 변수의 측정수준에 따른 분석방법이 옳지 않은 것은?

> ㄱ. 출신지역: 도시, 도농복합, 농어촌, 기타
> ㄴ. 교육수준: 무학, 초등학교 졸업, 중학교 졸업, 고등학교 졸업, 대졸 이상
> ㄷ. 가출경험: 유, 무
> ㄹ. 연간 기부금액: ( )만 원
> ㅁ. 연령: 10대, 20대, 30대, 40대, 50대, 60대 이상

① ㄱ: 최빈값

② ㄴ: 중위수

③ ㄷ: 백분율

④ ㄹ: 범위

⑤ ㅁ: 산술평균

기출회독 키워드 > 044

측정수준

10

기출번호 21-02-17

측정의 오류에 관한 설명으로 옳지 않은 것은?

① 연구자의 의도가 포함된 질문은 체계적 오류를 발생시킨다.

② 사회적으로 바람직한 응답은 체계적 오류를 발생시킨다.

③ 측정의 오류는 연구의 타당도를 낮춘다.

④ 타당도가 낮은 척도의 사용은 무작위 오류를 발생시킨다.

⑤ 측정의 다각화는 측정의 오류를 줄여 객관성을 높인다.

기출회독 키워드 > 046

측정의 오류

11

기출번호 21-02-23

타당도에 관한 설명으로 옳은 것을 모두 고른 것은?

> ㄱ. 특정 개념에 포함되어 있는 의미를 포괄하는 정도는 내용타당도(content validity)이다.
> ㄴ. 개발된 측정도구의 측정값을 현재 사용되고 있는 측정도구와 비교하는 것은 동시타당도(concurrent validity)이다.
> ㄷ. 예측타당도(predict validity)의 하위타당도는 기준 관련 타당도(criterion-related validity)와 동시타당도이다.
> ㄹ. 측정하려는 개념이 포함된 이론체계 안에서 다른 변수와 관련된 방식에 기초한 타당도는 구성타당도(construct validity)이다.

① ㄱ, ㄴ   ② ㄴ, ㄷ
③ ㄷ, ㄹ   ④ ㄱ, ㄴ, ㄹ
⑤ ㄱ, ㄴ, ㄷ, ㄹ

기출회독 키워드 045

측정의 신뢰도와 타당도

12

기출번호 21-02-24

신뢰도를 측정하는 방법으로 옳지 않은 것은?

① 동일한 상황에서 동일한 측정도구로 동일한 대상을 다시 측정하는 방법
② 측정도구를 반으로 나누어 두 개의 독립된 척도로 구성한 후 동일한 대상을 측정하는 방법
③ 상관관계가 높은 문항들을 범주화하여 하위요인을 구성하는 방법
④ 동질성이 있는 두 개의 측정도구를 동일한 대상에게 측정하는 방법
⑤ 전체 척도와 척도의 개별항목이 얼마나 상호연관성이 있는지 분석하는 방법

기출회독 키워드 045

측정의 신뢰도와 타당도

13

기출번호 20-02-10

측정수준이 서로 다른 변수로 묶인 것은?

① 연령, 백신 접종률
② 학년, 이수과목의 수
③ 섭씨(℃), 화씨(℉)
④ 강우량, 산불발생 건 수
⑤ 거주 지역, 혈액형

기출회독 키워드 044

측정수준

14

기출번호 20-02-12

측정에 관한 설명으로 옳지 않은 것은?

① 측정은 연구대상에 대해 일정한 규칙에 따라 숫자나 기호를 부여하는 과정이다.
② 지표는 개념 속에 내재된 속성들이 표출되어 나타난 결과를 말한다.
③ 측정의 체계적 오류는 타당도와 관련이 없다.
④ 리커트 척도는 각 항목의 단순합산을 통해 서열성을 산출한다.
⑤ 조작적 정의는 실질적으로 측정하게 되는 연구대상의 세부적 속성이다.

기출회독 키워드 046

측정의 오류

15

기출번호 20-02-13

척도의 타당도를 평가하는 기준이 아닌 것은?

① 하나의 개념을 측정하는 개별 항목들 간의 일관성
② 이론적으로 관련성이 없는 두 개념을 측정한 두 척도 간의 상관관계
③ 어떤 척도와 기준이 되는 척도 간의 상관관계
④ 개념 안에 포함된 포괄적인 의미를 척도가 포함하는 정도
⑤ 개별 항목들이 연구자가 의도한 개념을 구성하는 요인으로 모이는 정도

기출회독 키워드 > 045

측정의 신뢰도와 타당도

16

기출번호 20-02-14

신뢰도를 높이는 방법에 관한 설명으로 옳은 것은?

① 측정 항목 수를 가능한 줄여야 한다.
② 유사한 질문을 2회 이상 하지 않는다.
③ 측정자에게 측정도구에 대한 교육을 사후에 실시한다.
④ 측정자들이 측정방식을 대상자에 맞게 유연하게 바꾸어야 한다.
⑤ 조사대상자가 알지 못하는 내용에 대해서는 측정하지 않는 것이 좋다.

기출회독 키워드 > 045

측정의 신뢰도와 타당도

17

기출번호 20-02-15

신뢰도에 관한 설명으로 옳은 것을 모두 고른 것은?

> ㄱ. 재검사법, 반분법은 신뢰도를 평가하는 방법이다.
> ㄴ. 신뢰도는 타당도의 필요충분조건이다.
> ㄷ. 측정할 때마다 실제보다 5g 더 높게 측정되는 저울은 신뢰도가 있다.

① ㄱ   ② ㄴ
③ ㄱ, ㄴ   ④ ㄱ, ㄷ
⑤ ㄱ, ㄴ, ㄷ

기출회독 키워드 > 045

측정의 신뢰도와 타당도

18

기출번호 19-02-08

측정에 관한 설명으로 옳지 않은 것은?

① 일정한 규칙에 따라 측정대상에 값을 부여하는 과정이다.
② 이론적 모델과 사건이나 현상을 연결하는 방법이다.
③ 사건이나 현상을 세분화하고 통계적 분석에 활용할 수 있는 정보를 제공한다.
④ 측정도구의 신뢰도를 높이기 위해서는 설문문항 수가 적을수록 좋다.
⑤ 측정의 수준에 따라 명목, 서열, 등간, 비율의 4가지 유형으로 분류한다.

기출회독 키워드 > 045

측정의 신뢰도와 타당도

19

기출번호 19-02-10

다음 사례에서 측정하고자 하는 타당도로 옳은 것은?

> 연구자는 새로 개발한 우울척도 A의 타당도를 확인하기
> 위하여 자아존중감 척도 B와의 상관계수를 산출하였다.
> 그 결과, A와 B의 상관관계가 매우 낮은 것을 확인하였다.

① 동시타당도(concurrent validity)

② 판별타당도(discriminant validity)

③ 내용타당도(content validity)

④ 수렴타당도(convergent validity)

⑤ 예측타당도(predictive validity)

기출회독 키워드 045

측정의 신뢰도와 타당도

20

기출번호 19-02-11

신뢰도를 측정하는 방법으로 옳은 것을 모두 고른 것은?

> ㄱ. 재검사법
> ㄴ. 대안법
> ㄷ. 반분법
> ㄹ. 내적 일관성 분석법

① ㄴ   ② ㄱ, ㄷ

③ ㄴ, ㄹ   ④ ㄱ, ㄷ, ㄹ

⑤ ㄱ, ㄴ, ㄷ, ㄹ

기출회독 키워드 045

측정의 신뢰도와 타당도

해답 & 오답노트 375쪽 ●

01 기출번호 23-02-08

○○고등학교에서는 전교생을 대상으로 취약 청소년 집단(A, B, C)에 대한 사회적 거리감을 조사하고자 한다. 아래에서 제시되는 척도로 옳은 것은?

※ 각 대상에 관한 귀하의 생각에 해당 되는 칸에 "○"표 하십시오.

문항	A집단 청소년	B집단 청소년	C집단 청소년
1. 친밀한 동아리 구성원으로 받아들임			
2. 같은 학교의 구성원으로 받아들임			
3. 일시적인 방문객으로 받아 들임			

① 리커트 척도(Likert scale)
② 어의적 분화 척도(semantic differential scale)
③ 보가더스 척도(Bogardus scale)
④ 소시오매트릭스(sociomatrix)
⑤ 써스톤 척도(Thurstone scale)

기출회독 키워드 > 047

척도화의 유형

02 기출번호 22-02-11

측정에 관한 설명으로 옳지 않은 것은?

① 측정은 연구대상의 속성에 대하여 일정한 규칙에 따라 숫자나 기호를 부여하는 과정이다.
② 사회과학에서는 개념을 측정하기 위해 특질 자체를 측정하기 보다는 특질을 나타내는 지표를 사용하여 간접적으로 측정하는 경우가 많다.
③ 보가더스(Bogardus)의 사회적 거리 척도는 등간척도의 한 종류이다.
④ 리커트(Likert) 척도는 각 문항의 점수를 합산하여 전체적인 경향이나 특성을 측정하는 방법이다.
⑤ 측정항목의 수를 많게 하면 신뢰도가 높아지는 경향이 있다.

기출회독 키워드 > 047

척도화의 유형

3

기출번호 21-02-22

척도에 관한 설명으로 옳은 것은?

① 리커트(Likert) 척도는 개별문항의 중요도를 차등화한다.

② 보가더스(Bogardus)의 사회적 거리 척도는 누적 척도이다.

③ 평정(rating) 척도는 문항의 적절성 평가가 용이하다.

④ 거트만(Guttman) 척도는 다차원적 내용을 분석할 때 사용된다.

⑤ 의미차별(semantic differential) 척도는 느낌이나 감정을 나타내는 한 쌍의 유사한 형용사를 사용한다.

> 기출회독 키워드 > 047
>
> 척도화의 유형

5

기출번호 19-02-09

척도에 관한 설명으로 옳은 것을 모두 고른 것은?

> ㄱ. 명목척도는 응답범주의 서열이 없는 척도이다.
> ㄴ. 비율척도의 대표적인 유형은 리커트 척도이다.
> ㄷ. 비율척도는 절대 0점이 존재하는 척도이다.
> ㄹ. 서열척도는 변수의 속성에 따라 일정한 범주로 분류한다.

① ㄱ, ㄴ   ② ㄴ, ㄹ

③ ㄷ, ㄹ   ④ ㄱ, ㄴ, ㄷ

⑤ ㄱ, ㄷ, ㄹ

> 기출회독 키워드 > 047
>
> 척도화의 유형

4

기출번호 20-02-11

척도 유형에 관한 설명으로 옳지 않은 것은?

① 리커트 척도(Likert scale)는 문항 간 내적 일관성이 중요하다.

② 거트만 척도(Guttman scale)는 누적 척도이다.

③ 써스톤 척도(Thurstone scale)의 장점은 개발의 용이성이다.

④ 보가더스 척도(Borgadus scale)는 사회집단 간의 심리적 거리감을 측정하는 데 적절하다.

⑤ 의미분화 척도(semantic differential scale)의 문항은 한 쌍의 대조되는 형용사를 사용한다.

> 기출회독 키워드 > 047
>
> 척도화의 유형

6

기출번호 19-02-12

다음이 설명하는 척도로 옳은 것은?

> • 사회복지사에 대해 느끼는 감정에 대해 해당 점수에 체크하시오.
>
>   1점 2점 3점 4점 5점 6점 7점 8점
>
> 1. 친절한 ├─┼─┼─┼─┼─┼─┼─┤ 불친절한
>
> 2. 행복한 ├─┼─┼─┼─┼─┼─┼─┤ 불행한

① 리커트 척도(Likert scale)

② 거트만 척도(Guttman scale)

③ 보가더스 척도(Borgadus scale)

④ 어의적 분화 척도(Semantic differential scale)

⑤ 써스톤 척도(Thurstone scale)

> 기출회독 키워드 > 047
>
> 척도화의 유형

9장 표집(표본추출)

해답 & 오답노트 376쪽 ○

1

기출번호 23-02-11

표본연구에 관한 설명으로 옳지 않은 것은?

① 표본연구는 전수연구에 비해 시간과 비용 측면에서 효율적이다.
② 모집단이 큰 경우에는 표본연구가 적합하다.
③ 표본연구는 전수연구에 비해 비표본오차가 크다.
④ 전수연구에서 모수와 통계치의 구분은 필요하지 않다.
⑤ 확률표집은 비확률표집에 비해 정확한 표집틀이 필요하다.

기출회독 키워드 > 048

표집방법

2

기출번호 23-02-13

다음의 연구에서 활용한 표집방법에 관한 설명으로 옳은 것은?

> 노인복지관 만족도 조사를 위해 지역 내 전체 노인복지관별 등록자명단에서 등록인원수에 비례해서 난수표를 활용하여 표본을 선정하였다.

① 최종적인 표본 선정은 비확률표집방법을 활용하여 이루어진다.
② 군집표집에 의한 조사에 비해 표집오차를 줄일 수 있다.
③ 표집단계에서의 편향성을 해결하기 위해 분석단계에서 가중치를 활용한다.
④ 표집틀의 부재로 상위군집에서 하위군집으로 이동하여 최종 표본을 추출한다.
⑤ 표본의 집단별 분포를 미리 정하고 할당된 수만큼의 표본을 임의로 선정한다.

기출회독 키워드 > 048

표집방법

○3

표본의 크기에 관한 설명으로 옳은 것은?

① 추정치가 모수에 근접할 확률은 표본의 크기에 반비례한다.
② 모집단 내 편차가 클수록 표본의 크기를 늘려야 한다.
③ 조사비용과 시간의 한계는 표본의 크기와 관련이 없다.
④ 표본의 크기와 표본오차는 비례한다.
⑤ 통계분석방법은 표본의 크기와 관련이 없다.

> **기출회독 키워드 > 049**
>
> 표본의 크기와 표본오차

○4

다음 사례에 해당하는 표집용어와 관련한 내용으로 옳은 것은?

> A종합사회복지관을 이용하는 노인들을 대상으로 노인맞춤돌봄서비스에 관한 설문조사를 위하여 노인 이용자 명단에서 300명을 무작위 표본추출하였다.

① 모집단: 표본추출된 300명
② 표집방법: 할당표집
③ 관찰단위: 집단
④ 표집틀: 노인 이용자 명단
⑤ 분석단위: 집단

○5

표집에 관한 설명으로 옳지 않은 것은?

① 의도적 표집(purposive sampling)은 비확률표집이다.
② 할당표집(quota sampling)은 동일추출확률에 근거한다.
③ 눈덩이표집(snowball sampling)은 질적 연구나 현장연구에서 많이 사용된다.
④ 집락표집(cluster sampling)은 모집단에 대한 표집틀이 갖추어지지 않더라도 사용가능하다.
⑤ 체계적 표집(systematic sampling)은 주기성(periodicity)이 문제가 될 수 있다.

> **기출회독 키워드 > 048**
>
> 표집방법

○6

표집오차(sampling error)에 관한 설명으로 옳지 않은 것은?

① 표본의 선정과정에서 발생하는 오차이다.
② 표집방법에 따라 달라질 수 있다.
③ 동일한 조건이라면 표본크기가 클수록 감소한다.
④ 모집단의 크기와 표본크기의 차이를 말한다.
⑤ 동일한 조건이라면 이질적 집단보다 동질적 집단에서 추출한 표본의 표집오차가 작다.

> **기출회독 키워드 > 049**
>
> 표본의 크기와 표본오차

해답 & 오답노트 377쪽 ◐

07

기출번호 22-02-17

질적 연구에서 일반적으로 사용되는 표집방법이 아닌 것은?

① 판단(judgemental) 표집
② 체계적(systematic) 표집
③ 결정적 사례(critical case) 표집
④ 극단적 사례(extreme case) 표집
⑤ 최대변이(maximum variation) 표집

기출회독 키워드 > 048

표집방법

09

기출번호 21-02-21

표본추출에 관한 설명으로 옳은 것은?

① 모집단을 가장 잘 대표하는 표본추출방법은 유의표집이다.
② 모집단이 이질적인 경우에는 표본의 크기를 줄여야 한다.
③ 전수조사에서는 모수와 통계치의 구분이 필요하다.
④ 표집오류를 줄이기 위해 층화표집방법(stratified sampling)을 사용할 수 있다.
⑤ 체계적 표집방법(systematic sampling)은 모집단에서 유의표집을 실시한 후 일정한 표본추출 간격으로 표본을 선정한다.

기출회독 키워드 > 048

표집방법

08

기출번호 21-02-19

표집오차(sampling error)에 관한 설명으로 옳지 않은 것은?

① 신뢰수준을 높이면 표집오차는 감소한다.
② 모집단의 모수와 표본의 통계치 간의 차이이다.
③ 표본의 크기가 커지면 표집오차는 커진다.
④ 모집단의 동질성에 영향을 받는다.
⑤ 표본으로 추출될 기회가 동등하면 표집오차는 감소한다.

기출회독 키워드 > 049

표본의 크기와 표본오차

10

기출번호 21-02-25

할당표집방법에 관한 설명으로 옳지 않은 것은?

① 모집단의 주요 특성에 대한 정보를 활용한다.
② 모집단을 구성하는 주요 변수별로 표본을 할당한 후 확률표집을 실시한다.
③ 지역주민 조사에서 전체 주민의 연령대별 구성 비율에 따라 표본을 선정한다.
④ 표본추출 시 할당틀을 만들어 사용한다.
⑤ 우발적 표집보다 표본의 대표성이 높다.

기출회독 키워드 > 048

표집방법

11

기출번호 20-02-16

다른 조건이 같다면, 확률표집에서 표집오차(sampling error)에 관한 설명으로 옳지 않은 것은?

① 표준오차(standard error)가 커지면 표집오차도 커진다.
② 신뢰수준(confidence level)을 높이면 표집오차가 감소한다.
③ 표본의 수가 증가하면 표집오차가 감소한다.
④ 이질적인 모집단보다 동질적인 모집단에서 추출한 표본의 표집오차가 작다.
⑤ 층화를 통해 단순무작위추출의 표집오차를 줄일 수 있다.

기출회독 키워드 > 049

표본의 크기와 표본오차

13

기출번호 20-02-18

표집에 관한 설명으로 옳은 것은?

① 할당표집(quota sampling)은 무작위 표집을 전제로 한다.
② 유의표집(purposive sampling)은 확률표집이다.
③ 눈덩이표집(snowball sampling)은 모집단의 규모를 알아야만 사용할 수 있다.
④ 단순무작위표집(simple random sampling)은 모집단으로부터 표본으로 추출될 확률을 알 수 있다.
⑤ 임의표집(convenience sampling)은 모집단의 대표성이 높은 표본을 추출한다.

기출회독 키워드 > 048

표집방법

12

기출번호 20-02-17

다음 사례의 표집에 관한 설명으로 옳은 것은?

> 400명의 명단에서 80명의 표본을 선정하는 경우, 그 명단에서 최초의 다섯 사람 중에서 무작위로 한 사람을 뽑는다. 그 후 표집간격 만큼을 더한 번호에 해당하는 사람을 표본으로 선택한다.

① 단순무작위 표집이다.
② 표집틀이 있어야 한다.
③ 모집단의 배열에 일정한 주기성을 가지고 있어야 한다.
④ 비확률표집법을 사용하였다.
⑤ 모집단에 대한 대표성이 부족하다.

기출회독 키워드 > 048

표집방법

14

기출번호 19-02-13

표본크기에 관한 설명으로 옳지 않은 것은?

① 표본의 크기가 클수록 시간과 비용이 많이 든다.
② 신뢰수준을 높이려면 표본의 크기도 커져야 한다.
③ 표본의 크기가 증가하면 표본오차(sampling error)도 커진다.
④ 모집단이 이질적인 경우에는 표본의 크기를 늘려야 한다.
⑤ 같은 표본추출방법을 사용한다면 표본의 크기가 클수록 대표성은 커진다.

기출회독 키워드 > 049

표본의 크기와 표본오차

15

기출번호 19-02-14

질적 조사에서 일반적으로 사용되는 표본추출방법으로 옳지 않은 것은?

① 이론적(theoretical) 표본추출
② 집락(cluster) 표본추출
③ 눈덩이(snowball) 표본추출
④ 극단적 사례(extreme case) 표본추출
⑤ 최대변이(maximum variation) 표본추출

기출회독 키워드 > 048

표집방법

16

기출번호 19-02-20

다음 사례에서 설명하는 표본추출방법은?

> 사회복지사들의 감정노동 정도를 조사하기 위하여 설문조사를 실시하였다. 표본은 전국 사회복지관에 근무하는 사회복지사를 대상으로 연령(30세 미만, 30세 이상 50세 미만, 50세 이상)을 고려하여 연령 집단별 각각 100명씩 총 300명을 임의 추출하였다.

① 비례층화 표본추출
② 할당 표본추출
③ 체계적 표본추출
④ 눈덩이 표본추출
⑤ 집락 표본추출

기출회독 키워드 > 048

표집방법

10장 자료수집방법 I : 서베이(설문조사)

해답 & 오답노트 378-379쪽 ●

●1

기출번호 23-02-16

온라인 설문에 관한 설명으로 옳은 것은?

① 표적집단 확인이 대면면접에 비해 제한적이다.
② 인터넷 접근에 상관없이 표집을 광범위하게 할 수 있다.
③ 대면설문보다 비용은 저렴하지만 시간이 더 많이 소요된다.
④ 복잡하거나 문항수가 많은 경우에 적합하다.
⑤ 동일인의 중복응답에 대한 통제가 용이하다.

기출회독 키워드 ＞ 051

서베이의 유형

●2

기출번호 23-02-23

자료수집방법에 관한 설명으로 옳은 것은?

① 관찰법은 참여자가 면접에 비협조적인 경우에도 활용이 가능하다.
② 우편조사법은 대면면접법에 비해 조사자의 편견을 배제하기 힘들다.
③ 전화면접법은 대면면접법에 비해 익명성 보장이 어렵다.
④ 대면면접법은 복잡한 질문의 사용을 배제해야 한다.
⑤ 대면면접법 중 반구조화된 면접은 질문의 순서, 질문 문항 등을 명확하게 제시해야 한다.

기출회독 키워드 ＞ 051

서베이의 유형

사회복지조사론

해답 & 오답노트 379쪽 ○

3
기출번호 22-02-23

질문 내용 및 방법의 표준화 정도가 낮은 자료수집 유형끼리 바르게 묶인 것은?

ㄱ. 스케줄—구조화 면접
ㄴ. 설문지를 이용한 면접조사
ㄷ. 심층면접
ㄹ. 비구조화 면접

① ㄱ, ㄴ
② ㄱ, ㄹ
③ ㄴ, ㄷ
④ ㄴ, ㄹ
⑤ ㄷ, ㄹ

기출회독 키워드 > 051

서베이의 유형

5
기출번호 20-02-20

다음에서 설문조사 결과를 해석할 때 유의해야 할 사항을 모두 고른 것은?

ㄱ. 표집방법이 확률표집인가 비확률표집인가?
ㄴ. 표본의 크기는 모집단을 대표하기에 적절한가?
ㄷ. 설문조사는 언제 이루어졌는가?
ㄹ. 측정도구가 신뢰할 만한 것인가?

① ㄱ, ㄴ
② ㄷ, ㄹ
③ ㄱ, ㄴ, ㄷ
④ ㄱ, ㄴ, ㄹ
⑤ ㄱ, ㄴ, ㄷ, ㄹ

기출회독 키워드 > 050

서베이 방법의 특징

4
기출번호 21-02-08

피면접자를 직접 대면하는 면접조사가 우편설문에 비해 갖는 장점이 아닌 것은?

① 응답자의 익명성 보장 수준이 높다.
② 보충적 자료수집이 가능하다.
③ 대리 응답의 방지가 가능하다.
④ 높은 응답률을 기대할 수 있다.
⑤ 조사 내용에 대한 심층적 이해가 가능하다.

기출회독 키워드 > 051

서베이의 유형

6
기출번호 20-02-21

자료수집방법에 관한 설명으로 옳은 것은?

① 질문의 유형과 형태를 결정할 때 조사대상자의 응답능력을 고려할 필요가 있다.
② 설문문항 작성 시 이중질문(double-barreled question)을 넣어야 한다.
③ 비참여관찰법은 연구자가 관찰대상과 상호작용을 유지하는 것이 중요하다.
④ 설문지에서 질문 순서는 무작위 배치를 원칙으로 한다.
⑤ 우편조사는 프로빙(probing) 기술이 중요하다.

기출회독 키워드 > 050

서베이 방법의 특징

7

기출번호 19-02-23

설문지 작성방법에 관한 설명으로 옳은 것은?

① 개방형 질문은 미리 유형화된 응답범주들을 제시해
놓은 질문 유형이다.
② 행렬식(matrix) 질문은 한 주제의 응답에 따라 부가
질문을 연결해서 사용하는 질문이다.
③ 많은 정보가 필요할 경우 이중질문을 사용한다.
④ 신뢰도 측정을 위해 짝(pair)으로 된 문항들을 이어
서 배치한다.
⑤ 다항선택식(multiple choice) 질문은 응답범주들 중에
서 하나 또는 그 이상을 선택하도록 하는 질문이다.

기출회독 키워드 > 050

서베이 방법의 특징

8

기출번호 19-02-25

**서베이(survey) 조사에 관한 설명으로 옳은 것을 모두
고른 것은?**

ㄱ. 전화조사는 무작위 표본추출이 가능하다.
ㄴ. 우편조사는 심층규명이 쉽다.
ㄷ. 배포조사는 응답 환경을 통제하기 쉽다.
ㄹ. 면접조사는 우편조사에 비해 비용이 많이 든다.

① ㄱ, ㄴ ② ㄱ, ㄹ
③ ㄴ, ㄷ ④ ㄱ, ㄷ, ㄹ
⑤ ㄴ, ㄷ, ㄹ

기출회독 키워드 > 051

서베이의 유형

사회복지조사론

11장 자료수집방법 II : 관찰과 내용분석법

해답 & 오답노트 380쪽 ◐

1

기출번호 23-02-25

내용분석과 내러티브 탐구에 관한 비교로 옳지 않은 것은?

① 내용분석은 2차적 자료를 분석하고, 내러티브 탐구는 1차적 자료를 분석한다.
② 모두 비관여적 혹은 비반응성 연구이다.
③ 내용분석에 비해 내러티브 탐구는 과정중심적으로 접근할 수 있다.
④ 내용분석은 내러티브 탐구에 비해 보다 많은 사례를 분석할 수 있다.
⑤ 모두 자료를 해석하고 구조화하는데 연구자의 객관성 유지가 필요하다.

기출회독 키워드 > 052

내용분석법

2

기출번호 22-02-19

내용분석에 관한 설명으로 옳지 않은 것은?

① 반응적(reactive) 연구방법이다.
② 서베이(survey) 조사에서 사용하는 표본 추출방법을 사용할 수 있다.
③ 연구과정에서 실수를 하더라도 재조사가 가능하다.
④ 숨은 내용(latent content)의 분석이 가능하다.
⑤ 양적 분석과 질적 분석 모두 적용 가능하다.

기출회독 키워드 > 052

내용분석법

3

기출번호 21-02-11

관찰을 통한 자료수집에 관한 설명으로 옳은 것은?

① 피관찰자에 의해 자료가 생성된다.
② 비언어적 상황의 자료수집이 용이하다.
③ 자료수집 상황에 대한 통제가 용이하다.
④ 내면적 의식의 파악이 용이하다.
⑤ 수집된 자료를 객관화하는 최적의 방법이다.

기출회독 키워드 > 053

관찰법

4

기출번호 19-02-15

내용분석(content analysis)에 관한 설명으로 옳지 않은 것을 모두 고른 것은?

ㄱ. 기존자료에 의존하기 때문에 연구의 범위가 무제한적이다.
ㄴ. 선정편향(selection bias)이 발생할 수 있다.
ㄷ. 연구대상자의 반응성을 배제할 수 있다.
ㄹ. 기존자료를 활용하는 질적 조사이기 때문에 가설검증은 필요하지 않다.

① ㄴ
② ㄱ, ㄴ
③ ㄱ, ㄹ
④ ㄷ, ㄹ
⑤ ㄱ, ㄴ, ㄹ

기출회독 키워드 > 052

내용분석법

1 〔기출번호 23-02-20〕

델파이기법에 관한 설명으로 옳지 않은 것은?

① 참여자의 다양한 아이디어를 수집할 수 있다.
② 기명으로 진행되기 때문에 참여자들의 책임성을 높일 수 있다.
③ 결과 도출을 위해 반복해서 진행할 수 있다.
④ 비대면을 원칙으로 한다.
⑤ 전문가들의 합의점을 찾는 데 목표를 둔다.

〔기출회독 키워드 > 054〕

욕구조사

2 〔기출번호 21-02-10〕

델파이조사에 관한 설명으로 옳지 않은 것은?

① 전문가 패널을 대상으로 견해를 파악한다.
② 되풀이 되는 조사과정을 통해 합의를 도출한다.
③ 반대 의견에 대한 패널 참가자들의 감정적 충돌을 줄일 수 있다.
④ 패널 참가자의 익명성 보장에 어려움이 있다.
⑤ 조사자료의 정리에 연구자의 편향이 발생할 수 있다.

〔기출회독 키워드 > 054〕

욕구조사

3 〔기출번호 20-02-04〕

평가연구에 관한 설명으로 옳지 않은 것은?

① 보고서의 형식은 의뢰기관의 요청에 따를 수 있다.
② 목표달성에 대한 해석이 다양한 이해관계에 영향을 받을 수 있다.
③ 질적 연구방법을 적용할 수 있다.
④ 프로그램의 실행과정도 평가할 수 있다.
⑤ 과학적 객관성을 저해하더라도 의뢰기관의 요구를 수용하여 평가결과를 조정할 수 있다.

〔기출회독 키워드 > 055〕

평가조사

4 〔기출번호 19-02-22〕

초점집단(focus group) 조사에 관한 설명으로 옳지 않은 것은?

① 집단을 활용한 자료수집방법이다.
② 익명의 전문가들을 패널로 활용한다.
③ 욕구조사에서 활용된다.
④ 직접적인 자료수집 방법이다.
⑤ 연구자의 개입에 의해 편향이 발생할 수 있다.

〔기출회독 키워드 > 054〕

욕구조사

13장 질적 연구방법론

해답 & 오답노트 381쪽 ●

1

다음의 사회복지 연구방법에서 성격이 다른 것은?

① 근거이론(grounded theory) 연구
② 참여행동(participatory action) 연구
③ 서베이(survey) 연구
④ 민속학적(ethnographic) 연구
⑤ 현상학적(phenomenological) 연구

기출회독 키워드 > 057

질적 연구의 유형과 방법

3

완전 참여자(complete participant)에 관한 설명으로 옳은 것은?

① 연구대상이 관찰된다는 사실을 알기에 자연적인 상태에서의 관찰이 불가능하다.
② 관찰대상과 상호작용 없이 연구대상을 관찰할 수 있다.
③ 관찰대상의 승인을 받고 관찰대상과 어울리면서도 객관성을 유지할 수 있다.
④ 관찰대상의 승인을 받지 않고 관찰한다는 점에서 연구윤리 문제가 제기될 수 있다.
⑤ 관찰 상황을 인위적으로 통제한 상황에서 관찰을 진행할 수 있다.

기출회독 키워드 > 057

질적 연구의 유형과 방법

2

질적 연구에 관한 설명으로 옳은 것은?

① 변수 중심의 분석이 이루어진다.
② 논리실증주의적 관점을 견지한다.
③ 인간행동의 규칙성과 보편성을 중시한다.
④ 모집단을 대표할 수 있는 표본을 추출한다.
⑤ 관찰로부터 이론을 도출하는 귀납적 방법을 활용한다.

기출회독 키워드 > 056

질적 연구의 특성

⊖4

기출번호 21-02-12

다음의 연구에서 활용한 질적 연구방법에 관한 설명으로 옳은 것은?

> A사회복지사는 가정 밖 청소년들의 범죄피해와 정신건강의 문제를 당사자의 관점에서 이해하고 주체적으로 해결하기 위해 연구를 시작하였다. 연구에 참여한 가정 밖 청소년들은 A사회복지사와 함께 범죄피해와 정신건강과 관련된 사회구조적인 문제를 해결하기 위한 다양한 방안들을 스스로 만들고 수행하였다.

① 개방코딩—축코딩—선택코딩의 방법을 활용한다.
② 범죄피해와 정신건강을 설명하는 이론 개발에 초점을 둔다.
③ 단일사례에 대한 깊이 있는 분석에 초점을 둔다.
④ 관찰대상의 개인적 설화(narrative)를 만드는 것에 초점을 둔다.
⑤ 사회변화와 임파워먼트에 초점을 둔다.

기출회독 키워드 > 057

질적 연구의 유형과 방법

⊖5

기출번호 21-02-20

「마을만들기 사업 참여경험에 관한 연구」의 엄격성을 높이는 방법으로 옳은 것을 모두 고른 것은?

> ㄱ. 삼각측정(triangulation)
> ㄴ. 예외 사례 표본추출
> ㄷ. 장기적 관찰
> ㄹ. 연구윤리 강화

① ㄱ, ㄴ   ② ㄷ, ㄹ
③ ㄱ, ㄴ, ㄷ   ④ ㄱ, ㄴ, ㄹ
⑤ ㄱ, ㄴ, ㄷ, ㄹ

기출회독 키워드 > 056

질적 연구의 특성

⊖6

기출번호 20-02-01

다음 중 질적 연구와 가장 거리가 먼 것은?

① 문화기술지(ethnography) 연구
② 심층사례연구
③ 사회지표조사
④ 근거이론연구
⑤ 내러티브(narrative) 연구

기출회독 키워드 > 057

질적 연구의 유형과 방법

해답 & 오답노트 382쪽 ○

7
기출번호 20-02-25

근거이론의 분석방법에서 축코딩(axial coding)에 관한 설명으로 옳은 것은?

① 추상화시킨 구절에 번호를 부여한다.
② 개념으로 도출된 내용을 가지고 하위범주를 만든다.
③ 발견된 범주의 속성과 차원을 고려하여 유형화를 시도한다.
④ 이론개발을 위해 핵심범주를 중심으로 다른 범주와의 통합과 정교화를 만드는 과정을 진행한다.
⑤ 발견된 범주를 가지고 중심현상을 중심으로 인과적 조건을 만든다.

> **기출회독 키워드 ▶ 057**
>
> 질적 연구의 유형과 방법

9
기출번호 19-02-19

다음에서 설명하는 근거이론의 분석방법은?

> 수집된 자료에서 나타난 범주들 간의 관계를 파악하기 위해 범주들을 특정한 구조적 틀에 맞추어 연결하는 과정이다. 중심현상을 설명하는 전략들, 전략을 형성하는 맥락과 중재조건, 그리고 전략을 수행한 결과를 설정하여 찾아내는 과정이다.

① 조건 매트릭스 ② 개방코딩
③ 축코딩 ④ 괄호치기
⑤ 선택코딩

> **기출회독 키워드 ▶ 057**
>
> 질적 연구의 유형과 방법

8
기출번호 19-02-03

양적 조사와 질적 조사의 비교로 옳지 않은 것은?

① 질적 조사에 비하여 양적 조사의 표본크기가 상대적으로 크다.
② 질적 조사에 비하여 양적 조사에서는 귀납법을 주로 사용한다.
③ 양적 조사에 비하여 질적 조사는 사회 현상의 주관적 의미에 관심을 갖는다.
④ 양적 조사는 가설검증을 지향하고, 질적 조사는 탐색, 발견을 지향한다.
⑤ 양적 조사에 비하여 질적 조사는 조사결과의 일반화가 어렵다.

> **기출회독 키워드 ▶ 056**
>
> 질적 연구의 특성

10
기출번호 19-02-21

질적 조사의 엄격성(rigor)을 높이는 방법으로 옳은 것을 모두 고른 것은?

> ㄱ. 장기간 관찰
> ㄴ. 표준화된 척도의 사용
> ㄷ. 부정적 사례(negative cases) 분석
> ㄹ. 다각화(triangulation)

① ㄱ, ㄴ ② ㄱ, ㄷ
③ ㄴ, ㄹ ④ ㄱ, ㄷ, ㄹ
⑤ ㄱ, ㄴ, ㄷ, ㄹ

> **기출회독 키워드 ▶ 056**
>
> 질적 연구의 특성

14장 조사계획서 및 조사보고서

※ 최근 5개년(19~23회) 시험에서는 출제되지 않았다. 최근 5개년 이전의 기출문제 중 대표적인 유형의 문제를 수록하였다. 　　해답 & 오답노트 382쪽 ▸

01 　　기출번호 06-02-28

다음 중 조사보고서에 반드시 들어갈 기본 구조에 해당하지 않는 것은?

① 표제와 목차
② 개요
③ 결론 및 제언
④ 참고문헌
⑤ 연구비 결산내역

02 　　기출번호 05-02-28

조사보고서 작성에 있어서 옳지 않은 것은?

① 정확하고 체계적으로 기술해야 한다.
② 독자들이 충분히 이해할 수 있는 수준으로 기술해야 한다.
③ 서론에는 연구목적, 연구결과의 함의를 기술해야 한다.
④ 본론에는 이론적 배경, 연구방법, 연구결과를 제시해야 한다.
⑤ 결론에는 본문의 핵심내용, 후속 연구에의 제언을 제시해야 한다.

사회복지조사론

3영역

사회복지실천론

5개년도(19~23회) 출제분포표

		19회	20회	21회	22회	23회	평균 문항수
1장	사회복지실천의 개념 및 정의	2	-	2	1	2	1.4
2장	사회복지실천의 가치와 윤리	3	3	1	4	2	2.6
3장	사회복지실천의 역사적 발달과정	1	3	2	3	1	2.0
4장	사회복지실천현장에 대한 이해	1	1	2	1	2	1.4
5장	사회복지실천의 주요 관점 및 이론	5	4	3	4	5	4.2
6장	사례관리	3	2	4	2	4	3.0
7장	관계형성에 대한 이해	4	3	5	4	3	3.8
8장	면접의 방법과 기술	1	3	2	2	1	1.8
9장	접수 및 자료수집 과정	2	2	1	1	1	1.4
10장	사정과정	1	1	1	1	2	1.2
11장	계획수립과정	-	1	-	1	-	0.4
12장	개입과정	1	1	2	1	2	1.4
13장	종결 및 평가	1	1	-	-	-	0.4

사회복지실천의 개념 및 정의

해답 & 오답노트 383쪽 ▶

1
기출번호 23-03-03

핀커스와 미나한(A. Pincus & A. Minahan)이 제시한 사회복지실천의 목적을 설명한 것으로 옳지 않은 것은?

① 개인의 문제해결과 대처능력을 향상한다.

② 개인을 사회자원, 서비스, 기회를 제공해주는 환경체계와 연결한다.

③ 다양한 사회복지기관이나 조직의 효과적이고 효율적인 운영을 촉진한다.

④ 개인과 환경 간 불균형 발생 시 문제를 극대화하도록 돕는다.

⑤ 사회정책의 개발과 향상에 기여한다.

기출회독 키워드 ▶ 060

사회복지실천의 목적 및 기능

2
기출번호 23-03-08

인도주의와 박애사상이 사회복지실천에 미친 영향으로 옳은 것을 모두 고른 것은?

ㄱ. 빈민에 대한 인도주의적 서비스 제공
ㄴ. 수혜자격의 축소
ㄷ. 타인을 위하여 봉사하는 정신으로 실천

① ㄱ   ② ㄴ
③ ㄱ, ㄷ   ④ ㄴ, ㄷ
⑤ ㄱ, ㄴ, ㄷ

기출회독 키워드 ▶ 061

사회복지실천의 이념과 철학적 배경

3
기출번호 22-03-01

사회복지실천의 사회통제적 측면과 관련성이 가장 높은 이념은?

① 인도주의
② 민주주의
③ 박애사상
④ 사회진화론
⑤ 다양화

기출회독 키워드 ▶ 061

사회복지실천의 이념과 철학적 배경

4
기출번호 21-03-09

개인주의가 사회복지실천에 미친 영향으로 옳은 것을 모두 고른 것은?

ㄱ. 개별화
ㄴ. 개인의 권리와 의무 강조
ㄷ. 최소한의 수혜자격 원칙
ㄹ. 사회적 책임 중시

① ㄱ, ㄴ, ㄷ   ② ㄱ, ㄴ, ㄹ
③ ㄱ, ㄷ, ㄹ   ④ ㄴ, ㄷ, ㄹ
⑤ ㄱ, ㄴ, ㄷ, ㄹ

기출회독 키워드 ▶ 061

사회복지실천의 이념과 철학적 배경

5

기출번호 21-03-10

거시 수준의 사회복지실천에 관한 내용으로 옳지 않은 것은?

① 다문화 청소년을 위한 조례 제정을 추진한다.

② 부모와 자녀의 관계증진을 위한 소집단프로그램을 진행한다.

③ 피학대 노인 보호를 위한 제도 개선을 제안한다.

④ 장애인복지에 필요한 정부 예산 증액을 촉구한다.

⑤ 고독사 문제 해결을 위해 정책 토론회를 개최한다.

기출회독 키워드 ▶ 059

사회복지실천방법의 분류

6

기출번호 19-03-02

그린우드(E. Greenwood)가 제시한 전문직의 속성 중 다음 설명에 해당하는 것은?

- 자기규제를 통해 클라이언트를 보호한다.
- 전문가가 지켜야 할 전문적 행동기준과 원칙을 기술해 놓은 것이다.

① 윤리강령

② 전문직 문화

③ 사회적인 인가

④ 전문적인 권위

⑤ 체계적인 이론

기출회독 키워드 ▶ 058

사회복지 전문직의 정체성 논란

7

기출번호 19-03-03

사회복지실천의 이념적 배경을 모두 고른 것은?

ㄱ. 인도주의
ㄴ. 민주주의
ㄷ. 개인주의
ㄹ. 문화 다양성

① ㄱ, ㄴ   ② ㄴ, ㄷ

③ ㄷ, ㄹ   ④ ㄱ, ㄴ, ㄹ

⑤ ㄱ, ㄴ, ㄷ, ㄹ

기출회독 키워드 ▶ 061

사회복지실천의 이념과 철학적 배경

사회복지실천론

2장 사회복지실천의 가치와 윤리

해답 & 오답노트 384쪽 ⊙

1 〔기출번호 23-03-12〕

한국 사회복지사 윤리강령에서 '클라이언트에 대한 윤리기준'에 해당하지 않는 것은?

① 서비스의 종결
② 클라이언트의 자기 결정권 존중
③ 클라이언트의 권익옹호
④ 인간 존엄성 존중
⑤ 기록 · 정보 관리

〔기출회독 키워드 > 062〕

한국사회복지사 윤리강령

3 〔기출번호 22-03-03〕

특정 문제에 대해 어떠한 서비스를 제공할 것인가 결정할 때, 클라이언트의 의사를 존중해 주는 것을 의미하는 윤리적 쟁점은?

① 비밀보장
② 진실성 고수와 알 권리
③ 제한된 자원의 공정한 분배
④ 전문적 관계 유지
⑤ 클라이언트의 자기결정권

〔기출회독 키워드 > 063〕

사회복지실천현장에서의 갈등

2 〔기출번호 23-03-14〕

인권에 관한 설명으로 옳지 않은 것은?

① 평등권은 국가의 적극적 책임과 의무를 강조하는 것으로 사회보장의 권리를 의미한다.
② 자유권은 국가의 통치와 간섭으로부터 자유를 보장하기 위한 권리이다.
③ 평화권은 국가들 간의 연대와 단결의 권리이다.
④ 자유권은 국가가 반드시 보호해 주어야 하는 권리이다.
⑤ 평등권은 구속 및 인신매매로부터의 보호를 의미한다.

〔기출회독 키워드 > 065〕

사회복지실천의 가치 기반

4 〔기출번호 22-03-04〕

인권에 관한 설명으로 옳지 않은 것은?

① 천부성은 인간이 세상에 태어나면서부터 존엄성을 가지고 태어났다는 의미이다.
② 자유권은 시민적, 정치적 권리이다.
③ 평화권은 국가들 간의 연대와 단결의 권리이다.
④ 보편성은 자기의 인권은 자기만이 소유할 수 있다는 의미이다.
⑤ 평등권은 경제적, 사회적, 문화적 권리이다.

〔기출회독 키워드 > 065〕

사회복지실천의 가치 기반

⏱5

기출번호 22-03-05

로웬버그와 돌고프(F. Loewenberg & R. Dolgoff)의 윤리적 원칙 중 다음 사례에서 아동학대전담공무원이 결정을 할 때 최우선적으로 고려해야 할 원칙은?

> 아동학대가 발생한 가정의 학대피해아동을 원가정에서 생활하도록 할 것인가 또는 학대피해아동쉼터에서 생활하도록 할 것인가에 대해 1차 결정을 해야 한다.

① 평등과 불평등의 원칙
② 최소 손실의 원칙
③ 사회정의 실현의 원칙
④ 진실성과 정보 개방의 원칙
⑤ 사생활보호와 비밀보장의 원칙

기출회독 키워드 **064**

윤리원칙의 우선순위

⏱6

기출번호 22-03-15

한국 사회복지사 윤리강령에서 '사회복지사의 윤리기준' 중 '클라이언트에 대한 윤리기준' 영역에 해당하지 않는 것은?

① 서비스의 종결
② 기록 · 정보 관리
③ 직업적 경계 유지
④ 정보에 입각한 동의
⑤ 이해 충돌에 대한 대처

기출회독 키워드 **062**

한국사회복지사 윤리강령

⏱7

기출번호 21-03-20

레비(C. Levy)가 제시한 사회복지전문직의 가치 중 결과우선가치에 해당하는 것은?

① 자기 결정권 존중
② 인간 존엄성에 대한 믿음
③ 비심판적 태도
④ 동등한 사회 참여 기회 제공
⑤ 개별성에 대한 인정

기출회독 키워드 **065**

사회복지실천의 가치 기반

⏱8

기출번호 20-03-04

로웬버그와 돌고프(F. Loewenberg & R. Dolgoff)의 윤리적 원칙 심사표에서 '도움을 요청해 온 클라이언트의 의사를 존중해 주는 것'에 해당하는 윤리적 원칙은?

① 자율성과 자유의 원칙
② 평등과 불평등의 원칙
③ 최소 손실의 원칙
④ 사생활과 비밀보장의 원칙
⑤ 진실성과 정보개방의 원칙

기출회독 키워드 **064**

윤리원칙의 우선순위

⏰9

기출번호 20-03-06

한국사회복지사 윤리강령의 목적으로 옳은 것을 모두 고른 것은?

> ㄱ. 사회복지의 전문성을 확보하고 외부 통제로부터 전문직을 보호할 수 있는 기준을 제공한다.
> ㄴ. 윤리적 갈등 상황에서 의사결정에 필요한 사항을 확인하고 판단하는 데 필요한 윤리 기준을 제시한다.
> ㄷ. 사회복지사가 전문가로서 품위와 자질을 유지하고, 자기관리를 통해 클라이언트를 보호할 수 있도록 안내한다.
> ㄹ. 시민에게 전문가로서 사회복지사의 역할과 태도를 알리는 수단으로 작용한다.

① ㄱ, ㄷ
② ㄱ, ㄹ
③ ㄱ, ㄴ, ㄹ
④ ㄴ, ㄷ, ㄹ
⑤ ㄱ, ㄴ, ㄷ, ㄹ

기출회독 키워드 ▶ 062

한국사회복지사 윤리강령

10

기출번호 20-03-19

'양로시설에서 생활하는 노인의 의사결정을 사회복지사가 대신할 수 없다'는 의미의 인권 특성은?

① 천부성
② 불가양성 · 불가분성
③ 보편성
④ 사회성 · 문화성
⑤ 환경성 · 평화성

기출회독 키워드 ▶ 065

사회복지실천의 가치 기반

11

기출번호 19-03-06

소속기관의 예산 절감 요구로 클라이언트에게 필요한 서비스를 제공하지 못할 때, 사회복지사가 겪게 되는 가치갈등은?

① 가치상충
② 의무상충
③ 결과의 모호성
④ 힘 또는 권력의 불균형
⑤ 클라이언트 체계의 다중성

기출회독 키워드 ▶ 063

사회복지실천현장에서의 갈등

12

기출번호 19-03-07

한국사회복지사 윤리강령 중 다음 내용이 제시되어 있는 윤리기준은?

> 동료의 클라이언트를 의뢰받을 때는 기관 및 슈퍼바이저와 논의하는 과정을 거쳐야 하며, 클라이언트에게 설명하고 동의를 얻은 후 서비스를 제공한다.

① 기본적 윤리기준
② 클라이언트에 대한 윤리기준
③ 사회복지사의 동료에 대한 윤리기준
④ 사회에 대한 윤리기준
⑤ 기관에 대한 윤리기준

기출회독 키워드 ▶ 062

한국사회복지사 윤리강령

13

기출번호 19-03-11

인권의 특성으로 옳은 것을 모두 고른 것은?

> ㄱ. 모든 인간에게 해당되는 보편적인 권리이다.
> ㄴ. 개인, 집단, 국가가 상호 간에 책임을 동반하는 권리
>   이다.
> ㄷ. 사회적 약자를 위하여 지켜지고 확보되어야 하는 권
>   리이다.
> ㄹ. 법이 보장하고 있지 않다 해도 인간의 존엄성 보장에
>   필요한 권리이다.

① ㄱ, ㄴ   ② ㄱ, ㄷ

③ ㄴ, ㄷ   ④ ㄴ, ㄷ, ㄹ

⑤ ㄱ, ㄴ, ㄷ, ㄹ

기출회독 키워드 > 065

사회복지실천의 가치 기반

해답 & 오답노트 386쪽 ◐

1

기출번호 23-03-05

사회복지실천의 역사적 발달과정을 발생한 순서대로 옳게 나열한 것은?

ㄱ. 기능주의 학파와 진단주의 학파의 갈등
ㄴ. 밀포드(Milford)회의에서 개별사회사업방법론을 기본으로 하는 사회복지실천의 공통 요소 제시
ㄷ. 사회복지실천에 관한 이론과 방법을 최초로 체계화한 「사회진단」 출간
ㄹ. 사회복지실천방법으로 통합적 방법론 등장

① ㄱ - ㄴ - ㄷ - ㄹ
② ㄴ - ㄱ - ㄹ - ㄷ
③ ㄴ - ㄷ - ㄹ - ㄱ
④ ㄷ - ㄱ - ㄴ - ㄹ
⑤ ㄷ - ㄴ - ㄱ - ㄹ

기출회독 키워드 > 066

서구 사회복지실천의 역사

2

기출번호 22-03-02

기능주의(functionalism)에서 강조한 내용으로 옳은 것을 모두 고른 것은?

ㄱ. 개인의 의지
ㄴ. 개인에 대한 심리 내적 진단
ㄷ. 전문가와 클라이언트 사이의 원조관계
ㄹ. 기관의 기능

① ㄱ, ㄴ
② ㄷ, ㄹ
③ ㄱ, ㄷ, ㄹ
④ ㄴ, ㄷ, ㄹ
⑤ ㄱ, ㄴ, ㄷ, ㄹ

기출회독 키워드 > 066

서구 사회복지실천의 역사

3

기출번호 22-03-06

1960년대와 1970년대 외원단체 활동이 우리나라 사회복지발달에 미친 영향으로 옳지 않은 것은?

① 사회복지가 종교와 밀접한 관련 하에 전개되도록 하였다.

② 전문 사회복지의 시작을 촉발하였다.

③ 시설 중심보다 지역사회 중심의 사회복지가 발전하는 계기를 만들었다.

④ 사회복지가 거시적인 사회정책보다는 미시적인 사회사업 위주로 발전하게 하였다.

⑤ 사람들이 사회복지를 구호사업 또는 자선사업과 같은 것으로 인식하게 하였다.

> **기출회독 키워드 > 067**
>
> 우리나라 사회복지실천의 역사

5

기출번호 21-03-01

사회복지실천의 역사적 발달과정을 발생한 순서대로 옳게 나열한 것은?

> ㄱ. 밀포드(Milford) 회의에서 사회복지실천의 공통요소를 발표하였다.
> ㄴ. 사회복지사업법에 따라 국내에서 사회복지사 명칭을 사용하기 시작하였다.
> ㄷ. 태화여자관이 설립되었다.
> ㄹ. 사회복지전문요원이 국내 행정기관에 배치되었다.

① ㄱ - ㄴ - ㄷ - ㄹ

② ㄱ - ㄷ - ㄴ - ㄹ

③ ㄱ - ㄷ - ㄹ - ㄴ

④ ㄷ - ㄱ - ㄴ - ㄹ

⑤ ㄷ - ㄱ - ㄹ - ㄴ

> **기출회독 키워드 > 067**
>
> 우리나라 사회복지실천의 역사

4

기출번호 22-03-07

1929년 밀포드(Milford) 회의에서 발표한 사회복지사가 갖추어야 할 기본적인 지식 및 방법론에 관한 공통요소에 해당하지 않는 것은?

① 사회에서 받아들여지는 규범적 행동에서 벗어난 행동에 관한 지식

② 인간관계 규범의 활용도

③ 클라이언트 사회력(social history)의 중요성

④ 사회치료(social treatment)에 지역사회자원 활용

⑤ 집단사회사업의 목적, 윤리, 의무를 결정하는 철학적 배경 이해

> **기출회독 키워드 > 066**
>
> 서구 사회복지실천의 역사

6

기출번호 21-03-08

자선조직협회(COS) 활동에 관한 설명으로 옳지 않은 것은?

① 민간 사회복지기관의 활동을 체계적으로 조정하기 위해 등장하였다.

② 적자생존에 기반한 사회진화론을 구빈의 이론적 기반으로 삼았다.

③ 빈민지역에 거주하며 지역사회 문제에 대한 집합적이고 개혁적인 해결을 강조하였다.

④ 과학적이고 적절한 자선활동을 수행하기 위해 클라이언트 등록체계를 실시하였다.

⑤ 자선조직협회 활동은 개별사회사업의 초석이 되었다.

> **기출회독 키워드 > 066**
>
> 서구 사회복지실천의 역사

07

기출번호 20-03-01

인보관운동에 관한 내용으로 옳지 않은 것은?

① 빈민을 통제하는 사회통제적 기능을 담당함
② 인보관에서 일하는 사람은 지역사회에서 함께 살면서 활동함
③ 지역사회 문제에 관한 연구와 조사를 실시함
④ 빈민지역의 주택 개선, 공중보건 향상 등에 관심을 둠
⑤ 사회문제에 대한 집합적이고 개혁적인 해결을 강조함

기출회독 키워드 > 066

서구 사회복지실천의 역사

09

기출번호 20-03-03

자선조직협회 우애방문자의 활동에 해당하는 사회복지실천의 이념을 모두 고른 것은?

ㄱ. 인도주의	ㄴ. 이타주의
ㄷ. 사회개혁	ㄹ. 사회진화론

① ㄱ
② ㄴ, ㄷ
③ ㄷ, ㄹ
④ ㄱ, ㄴ, ㄹ
⑤ ㄱ, ㄴ, ㄷ, ㄹ

기출회독 키워드 > 066

서구 사회복지실천의 역사

08

기출번호 20-03-02

기능주의학파(functional school)에 관한 내용으로 옳지 않은 것은?

① 개인의 의지 강조
② 인간의 성장가능성 중시
③ '지금-이곳'에 초점
④ 인간과 환경의 관계 분석
⑤ 과거 경험 중심적 접근

기출회독 키워드 > 066

서구 사회복지실천의 역사

10

기출번호 19-03-01

한국 사회복지실천의 역사적 발달과정을 발생한 순서대로 나열한 것은?

ㄱ. 대학교에서 사회복지 전문 인력의 양성교육을 시작하였다.
ㄴ. 사회복지사업법에 따라 사회복지사 명칭을 사용하기 시작하였다.
ㄷ. 사회복지전문요원(이후 전담공무원)을 행정기관에 배치하기 시작하였다.
ㄹ. 정신건강증진 및 정신질환자 복지서비스 지원에 관한 법률에 따라 정신건강사회복지사 명칭을 사용하기 시작하였다.

① ㄱ - ㄴ - ㄷ - ㄹ
② ㄴ - ㄱ - ㄹ - ㄷ
③ ㄴ - ㄹ - ㄱ - ㄷ
④ ㄷ - ㄴ - ㄹ - ㄱ
⑤ ㄹ - ㄷ - ㄴ - ㄱ

기출회독 키워드 > 067

우리나라 사회복지실천의 역사

사회복지실천현장에 대한 이해

해답 & 오답노트 387-388쪽 ◐

1

기출번호 23-03-07

사회복지 실천현장의 예와 분류의 연결로 옳은 것은?

① 지역아동센터 – 1차 현장, 이용시설
② 행정복지센터 – 1차 현장, 생활시설
③ 노인요양공동생활가정 – 1차 현장, 이용시설
④ 아동보호전문기관 – 2차 현장, 생활시설
⑤ 지역자활센터 – 2차 현장, 이용시설

기출회독 키워드 ▶ 068

실천현장의 분류

2

기출번호 23-03-13

사회복지사의 역할에 관한 설명으로 옳은 것은?

① 협상가(negotiator): 갈등상황에 있는 사람들 간의 합의를 이끌어내기 위해 어느 한쪽과 동맹을 맺고 타협하는 역할
② 중개자(broker): 불이익을 받는 집단을 위해 특정 제도를 변화, 개선하는 역할
③ 중재자(mediator): 흩어져 있는 서비스들을 조직적인 형태로 정리하는 역할
④ 조력자(enabler): 관심을 끌어오지 못한 문제에 대중이 관심을 갖도록 집중시키는 역할
⑤ 교육자(educator): 권리침해나 불평등 이슈에 관심을 갖고 연대를 통해 변화를 이끄는 역할

기출회독 키워드 ▶ 069

사회복지사의 역할

3

기출번호 22-03-08

사회복지실천현장 분류의 예로 옳지 않은 것은?

① 1차 현장: 노인복지관
② 이용시설: 아동보호치료시설
③ 생활시설: 장애인거주시설
④ 2차 현장: 교정시설
⑤ 생활시설: 노인요양원

기출회독 키워드 ▶ 068

실천현장의 분류

4

기출번호 21-03-02

양자 간의 논쟁에 개입하여 중립을 지키면서 상호합의를 이끌어내는 사회복지사의 역할은?

① 중개자
② 조정자
③ 중재자
④ 옹호자
⑤ 교육자

기출회독 키워드 ▶ 069

사회복지사의 역할

해답 & 오답노트 388쪽

5

기출번호 21-03-13

사회복지 실천현장과 분류의 연결로 옳지 않은 것은?

① 사회복지관 − 1차 현장
② 종합병원 − 2차 현장
③ 발달장애인지원센터 − 이용시설
④ 노인보호전문기관 − 생활시설
⑤ 사회복지공동모금회 − 비영리기관

기출회독 키워드 > 068

실천현장의 분류

7

기출번호 19-03-05

이용시설에 해당하지 않는 것은?

① 재가복지센터
② 아동상담소
③ 주간보호센터
④ 아동양육시설
⑤ 지역사회복지관

기출회독 키워드 > 068

실천현장의 분류

6

기출번호 20-03-07

사회복지실천현장의 기능과 목적에 따른 분류에서 1차 현장에 해당하지 않는 것은?

① 양로시설
② 교정시설
③ 사회복지관
④ 지역아동센터
⑤ 장애인 거주시설

기출회독 키워드 > 068

실천현장의 분류

5장

사회복지실천의 주요 관점 및 이론

해답 & 오답노트 389쪽 ◐

○1 　　　　　　　기출번호 23-03-01

임파워먼트모델에서 클라이언트와 사회복지사에 관한 설명으로 옳지 않은 것은?

① 클라이언트가 원하는 변화를 위해 양자 간 협력적 관계를 형성한다.

② 클라이언트를 서비스에 대한 권리를 가진 소비자로 본다.

③ 클라이언트를 경험과 역량을 가진 원조과정의 파트너로 본다.

④ 클라이언트의 참여를 중시하고 자기결정권을 강조한다.

⑤ 사회복지사는 치료자이고, 클라이언트는 서비스의 수동적 수혜자로 여긴다.

기출회독 키워드 ＞ 071

강점관점 및 역량강화모델

○2 　　　　　　　기출번호 23-03-04

임파워먼트모델의 각 단계와 실천과업을 연결한 것으로 옳은 것을 모두 고른 것은?

> ㄱ. 대화(dialogue)단계 – 성공의 확인
> ㄴ. 발견(discovery)단계 – 자원역량 사정
> ㄷ. 발달(development)단계 – 파트너십 형성
> ㄹ. 발달(development)단계 – 강점의 확인

① ㄴ 　　　　　　② ㄹ

③ ㄴ, ㄷ 　　　　④ ㄱ, ㄷ, ㄹ

⑤ ㄴ, ㄷ, ㄹ

기출회독 키워드 ＞ 071

강점관점 및 역량강화모델

○3 　　　　　　　기출번호 23-03-06

개인의 적응 욕구와 환경 또는 사회적 요구 사이의 조화와 균형의 정도를 의미하는 생태체계관점의 개념은?

① 경계

② 엔트로피

③ 상호교류

④ 적합성

⑤ 대처

기출회독 키워드 ＞ 074

생태체계관점

○4

기출번호 23-03-15

통합적 접근방법의 등장배경에 관한 설명으로 옳은 것을 모두 고른 것은?

ㄱ. 전통적 방법이 지나치게 분화되어 서비스의 파편화를 초래하였다.
ㄴ. 전통적 방법이 공통기반을 전제하지 않아 정체성 확립에 어려움이 발생하였다.
ㄷ. 전통적 방법이 복잡한 문제에 포괄적으로 개입하여 전문성이 부족하였다.
ㄹ. 전통적 방법이 전문화 중심으로 교육되어 사회복지사의 분야별 이동을 어렵게 하였다.

① ㄱ, ㄴ, ㄷ ② ㄱ, ㄴ, ㄹ
③ ㄱ, ㄷ, ㄹ ④ ㄴ, ㄷ, ㄹ
⑤ ㄱ, ㄴ, ㄷ, ㄹ

기출회독 키워드 > 070

통합적 접근의 등장배경 및 특징

○5

기출번호 23-03-16

다음 사례에서 콤튼과 갤러웨이(B. Compton & B. Galaway)의 사회복지실천대상과 체계의 연결로 옳은 것은?

학교사회복지사 A는 학교 징계위원회로부터 상담명령을 받은 학교폭력 가해자인 학생 B를 만났다. B는 비밀보장을 요청하며 상담을 해달라고 하였다. 그러나 담임교사와 학교는 학생과의 면담을 모두 보고하도록 요구하였다. 결국 A는 이 문제를 학교사회복지사협회와 의논하여 학교에 사회복지사의 비밀보장 의무에 대한 공문을 요청하였다. A는 가해자로 지목된 다른 학생 C, D와 B를 대상으로 집단 프로그램을 운영하였다.

① 학교 징계위원회 – 응답체계
② 학교사회복지사협회 – 전문가체계
③ 학교사회복지사 A – 행동체계
④ 담임교사 – 표적체계
⑤ 가해자 학생 C, D – 변화매개체계

기출회독 키워드 > 072

4체계모델 및 6체계모델

○6

기출번호 22-03-09

강점관점에 관한 설명으로 옳은 것을 모두 고른 것은?

ㄱ. 개입의 핵심은 개인과 가족, 지역사회의 참여이다.
ㄴ. 클라이언트의 능력보다 전문가의 지식이 우선시 된다.
ㄷ. 사회복지사는 클라이언트의 진술을 긍정적으로 재해석하여 활용한다.
ㄹ. 현재 강점을 갖게 된 어린 시절의 원인 사건에 치료의 초점을 맞춘다.

① ㄱ ② ㄱ, ㄹ
③ ㄴ, ㄷ ④ ㄱ, ㄷ, ㄹ
⑤ ㄱ, ㄴ, ㄷ, ㄹ

기출회독 키워드 > 071

강점관점 및 역량강화모델

07

핀커스와 미나한(A. Pincus & A. Minahan)의 4체계 모델을 다음 사례에 적용할 때 대상과 체계의 연결로 옳은 것은?

가족센터의 교육 강좌를 수강 중인 결혼이민자 A는 최근 결석이 잦아졌다. A의 이웃에 살며 자매처럼 친하게 지내는 변호사 B에게서 A의 근황을 전해들은 가족센터 소속의 사회복지사 C는 A와 연락 후 가정방문을 하여 A와 남편 D, 시어머니 E를 만나 이야기를 나누었다. C는 가족센터를 이용하면 '바람이 난다'라고 여긴 E가 A를 통제하고 있는 것을 알게 되었다. 또한 D는 A를 지지하고 싶지만 E의 눈치를 보느라 소극적으로 행동하는 것도 파악하였다. A의 도움 요청을 받은 C는 우선 E의 변화를 통해 상황을 개선해보고자 한다.

① 결혼이민자(A): 행동체계
② 변호사(B): 전문가체계
③ 사회복지사(C): 의뢰—응답체계
④ 남편(D): 변화매개체계
⑤ 시어머니(E): 표적체계

기출회독 키워드 > 072

4체계모델 및 6체계모델

08

임파워먼트 모델에 관한 설명으로 옳은 것은?

① 병리적 관점에 기초를 둔다.
② 어떤 경우에도 환경의 변화를 추구하지 않는다.
③ 클라이언트의 적극적인 참여를 강조한다.
④ 전문성을 기반으로 사회복지사는 클라이언트를 통제한다.
⑤ 클라이언트에 대한 정확한 진단을 최우선으로 한다.

기출회독 키워드 > 071

강점관점 및 역량강화모델

09

통합적 접근 방법에 관한 설명으로 옳지 않은 것은?

① 클라이언트의 참여와 개별성을 강조한다.
② 광범위하고 포괄적으로 문제를 규정한다.
③ 클라이언트의 잠재력에 대해 미래지향적 관점을 갖는다.
④ 전통적 접근 방법인 개별사회사업과 집단사회사업을 지역사회조직으로 통합하였다.
⑤ 사회복지실천 과정에서 공통적으로 적용 가능한 개념이나 원리 등이 있음을 전제한다.

기출회독 키워드 > 070

통합적 접근의 등장배경 및 특징

10

다음에서 설명하고 있는 사회복지실천모델은?

• 비장애인이 대부분인 사회에서 장애인 클라이언트의 취약한 권리에 주목하였다.
• 사회복지사와 클라이언트 집단은 장애인의 권익을 옹호하는데 협력하였다.
• 대화, 발견, 발전의 단계를 통해 클라이언트 집단은 주도적으로 불평등한 사회제도를 개선하였다.

① 의료모델
② 임파워먼트모델
③ 사례관리모델
④ 생활모델
⑤ 문제해결모델

기출회독 키워드 > 071

강점관점 및 역량강화모델

11

기출번호 21-03-12

통합적 접근의 특징에 관한 내용으로 옳지 않은 것은?

① 생태체계 관점에서 인간과 환경 체계를 고려한다.

② 미시 수준에서 거시 수준에 이르는 다차원적 접근을 한다.

③ 개입에 적합한 이론과 방법을 폭넓게 활용한다.

④ 다양하고 복합적인 원인으로 발생하는 문제를 해결하기 위한 접근이다.

⑤ 서비스 영역별로 분화되고 전문화된 접근이다.

기출회독 키워드 ▶ 070

통합적 접근의 등장배경 및 특징

12

기출번호 21-03-14

콤튼과 갤러웨이(B. Compton & B. Galaway)의 사회복지실천 구성체계 중 '사회복지사협회'가 해당되는 체계는?

① 변화매개체계

② 클라이언트체계

③ 표적체계

④ 행동체계

⑤ 전문가체계

기출회독 키워드 ▶ 072

4체계모델 및 6체계모델

13

기출번호 20-03-08

강점관점에 관한 설명으로 옳지 않은 것은?

① 개입의 초점은 가능성에 있다.

② 클라이언트를 재능과 자원을 가진 사람으로 규정한다.

③ 개입의 핵심은 개인, 가족, 지역사회의 참여이다.

④ 사회복지사는 클라이언트의 진술에 대해 회의적이기 때문에 재해석하여 진단에 활용한다.

⑤ 돕는 목적은 클라이언트의 삶에 함께 하며 가치를 확고히 하도록 지원하는 것이다.

기출회독 키워드 ▶ 071

강점관점 및 역량강화모델

14

기출번호 20-03-09

사회복지실천에서 통합적 접근 방법에 관한 내용으로 옳지 않은 것은?

① 전통적인 방법론의 한계로 인해 등장

② 클라이언트의 참여와 자기결정권 강조

③ 인간의 행동은 환경과 연결되어 있음을 전제

④ 이론이 아닌 상상력에 근거를 둔 해결방법 지향

⑤ 궁극적으로 클라이언트의 삶의 질 향상을 돕고자 함

기출회독 키워드 ▶ 070

통합적 접근의 등장배경 및 특징

15

기출번호 20-03-13

일반체계이론에서 체계의 작용 과정을 순서대로 옳게 나열한 것은?

> ㄱ. 투입
> ㄴ. 산출
> ㄷ. 환류
> ㄹ. 전환

① ㄱ - ㄴ - ㄷ - ㄹ
② ㄱ - ㄴ - ㄹ - ㄷ
③ ㄱ - ㄹ - ㄴ - ㄷ
④ ㄹ - ㄱ - ㄴ - ㄷ
⑤ ㄹ - ㄷ - ㄱ - ㄴ

기출회독 키워드 > 073

체계이론 및 사회체계이론

16

기출번호 20-03-16

펄만(H. Perlman)이 사회복지실천을 구성하는 요소로 제시한 4P에 관한 내용으로 옳은 것을 모두 고른 것은?

> ㄱ. 문제(Problem) - 해결하고자 하는 문제나 욕구
> ㄴ. 프로그램(Program) - 문제해결을 위해 시행되는 프로그램
> ㄷ. 장소(Place) - 문제해결을 위한 서비스가 제공되는 물리적 공간
> ㄹ. 전문가(Professional) - 문제해결을 위해 개입하는 전문가

① ㄱ, ㄴ
② ㄱ, ㄷ
③ ㄴ, ㄹ
④ ㄴ, ㄷ, ㄹ
⑤ ㄱ, ㄴ, ㄷ, ㄹ

기출회독 키워드 > 076

문제해결모델

17

기출번호 19-03-04

임파워먼트모델의 실천단계를 대화단계, 발견단계, 발전단계로 나눌 때, 대화단계에서 실천해야 할 과정을 모두 고른 것은?

> ㄱ. 방향 설정
> ㄴ. 자원 활성화
> ㄷ. 강점의 확인
> ㄹ. 기회의 확대
> ㅁ. 파트너십 형성
> ㅂ. 현재 상황의 명확화

① ㄱ, ㄴ, ㄷ
② ㄱ, ㄷ, ㄹ
③ ㄱ, ㅁ, ㅂ
④ ㄴ, ㄷ, ㄹ
⑤ ㄴ, ㄷ, ㄹ, ㅁ, ㅂ

기출회독 키워드 > 071

강점관점 및 역량강화모델

18

기출번호 19-03-08

사회복지사가 현장에서 활용할 수 있는 강점관점 실천의 원리에 해당하지 않는 것은?

① 모든 환경은 자원으로 가득 차 있다.
② 모든 개인 · 집단 · 가족 · 지역사회는 강점을 가지고 있다.
③ 클라이언트와 협동 작업이 이루어질 때 최선의 도움을 줄 수 있다.
④ 클라이언트의 성장과 변화는 제한적이다.
⑤ 클라이언트의 고난은 상처가 될 수 있지만, 동시에 도전과 기회가 될 수 있다.

기출회독 키워드 > 071

강점관점 및 역량강화모델

사회복지실천론

19

기출번호 19-03-09

다문화사회복지실천에서 사회복지사에게 요구되는 문화적 역량으로 옳지 않은 것은?

① 문화적 상이성에 대한 수용과 존중

② 주류문화에 대한 동화주의적 실천 지향

③ 자신의 문화적 정체성과 편견에 대한 성찰적 분석

④ 다문화 배경의 클라이언트에 관한 지식의 필요성 인식

⑤ 다문화 배경의 클라이언트에게 개입하고 의사소통할 수 있는 능력

기출회독 키워드 > 075

다문화 사회복지실천

20

기출번호 19-03-10

콤튼과 갤러웨이(B. Compton & B. Galaway)의 6체계모델을 다음 사례에 적용할 때 구성체계의 연결이 옳은 것은?

> 사회복지사 A는 중학생 B가 동급생들로부터 상습적으로 집단폭력을 당하는 것을 알게 되었다. A는 이 문제를 해결하기 위하여 B가 다니는 학교의 학교사회복지사 C와 경찰서의 학교폭력담당자 D에게도 사건내용을 알려, C와 D는 가해학생에게 개입하고 있다. A는 학교사회복지사협회(E)의 학교폭력관련 워크숍에 참가하면서, C와 D를 만나 정기적으로 사례회의를 하고 있다.

① A(사회복지사) − 변화매개체계

② B(학생) − 행동체계

③ C(학교사회복지사) − 클라이언트체계

④ D(경찰) − 전문가체계

⑤ E(학교사회복지사협회) − 표적체계

기출회독 키워드 > 072

4체계모델 및 6체계모델

21

기출번호 19-03-12

통합적 접근에 관한 사회복지실천의 특징이 아닌 것은?

① 생태체계관점을 토대로 한다.

② 클라이언트의 자기결정을 최소화한다.

③ 문제에 대해 광범위하고 포괄적으로 접근한다.

④ 체계와 체계를 둘러싼 환경 간의 관계를 중시한다.

⑤ 사회복지실천과정을 점진적 문제해결과정으로 본다.

기출회독 키워드 > 070

통합적 접근의 등장배경 및 특징

6 장

사례관리

해답 & 오답노트 392쪽 ○

01
기출번호 23-03-02

사례관리과정에서 사정영역에 관한 내용으로 옳은 것을 모두 고른 것은?

> ㄱ. 욕구에 대한 클라이언트의 능력
> ㄴ. 클라이언트의 욕구 및 문제
> ㄷ. 클라이언트 지원체계의 능력
> ㄹ. 지원체계 활용의 장애

① ㄱ, ㄴ, ㄷ ② ㄱ, ㄴ, ㄹ
③ ㄱ, ㄷ, ㄹ ④ ㄴ, ㄷ, ㄹ
⑤ ㄱ, ㄴ, ㄷ, ㄹ

기출회독 키워드 > 078

사례관리의 과정

02
기출번호 23-03-20

사례관리 과정과 수행업무의 연결로 옳은 것은?

① 인테이크 – 상담, 교육, 자원 제공
② 사정 – 사례관리 대상자의 적격성 판정
③ 서비스 계획 – 클라이언트의 욕구와 자원에 관한 정보수집
④ 점검 – 서비스가 계획대로 제공되고 있는지 확인
⑤ 평가 – 서비스가 필요한 클라이언트의 욕구 확인

기출회독 키워드 > 078

사례관리의 과정

03
기출번호 23-03-23

사례관리의 등장배경으로 옳지 않은 것은?

① 복합적인 서비스를 필요로 하는 대상자가 증가하였다.
② 복지국가 재정위기로 정책방향을 저비용·고효율로 전환하였다.
③ 시설 중심의 통합적 서비스 제공에 대한 요구가 증가하였다.
④ 지역사회에서 서비스 조정이 필요하게 되었다.
⑤ 서비스 공급주체가 중앙정부에서 지방정부로 변화하였다.

기출회독 키워드 > 077

사례관리의 등장배경 및 주요 특징

04
기출번호 23-03-24

사례관리자가 수행하는 직접실천기술은?

① 클라이언트를 서비스나 자원에 연결한다.
② 클라이언트의 권리를 보호하고 클라이언트에게 서비스에 대한 자격이 주어지도록 옹호한다.
③ 클라이언트에게 제공되는 서비스와 자원의 전달상황을 점검한다.
④ 다양한 전문가들의 협력과 조정을 수행한다.
⑤ 클라이언트와 가족 간의 문제해결을 위해 가족상담을 진행한다.

기출회독 키워드 > 079

사례관리자의 역할

5

기출번호 22-03-19

사례관리자의 역할에 관한 예로 옳은 것은?

① 중개자: 독거노인의 식사지원을 위해 지역사회 내 무료급식소 연계
② 상담가: 욕구사정을 통해 클라이언트에 대한 체계적인 개입 계획을 세움
③ 조정자: 사례회의에서 시청각장애인의 입장을 대변하여 이야기함
④ 옹호자: 지역사회 기관 담당자들이 모여 난방비 지원사업에 중복 지원되는 대상자가 없도록 사례회의를 실시함
⑤ 평가자: 청소년기 자녀와 갈등을 겪고 있는 부모와 자녀 사이에 개입하여 상호 만족스러운 합의점을 도출함

기출회독 키워드 > 079

사례관리자의 역할

6

기출번호 22-03-21

사례관리의 원칙에 해당하지 않는 것은?

① 서비스의 개별화
② 서비스의 접근성
③ 서비스의 연계성
④ 서비스의 분절성
⑤ 서비스의 체계성

기출회독 키워드 > 077

사례관리의 등장배경 및 주요 특징

7

기출번호 21-03-17

다음에서 설명하고 있는 사례관리 개입 원칙은?

- 변화하는 클라이언트 욕구에 반응하여 장기적으로 서비스를 제공해야 한다.
- 클라이언트에게 필요한 서비스를 중단하지 않고 제공해야 한다.

① 서비스의 체계성
② 서비스의 접근성
③ 서비스의 개별화
④ 서비스의 연계성
⑤ 서비스의 지속성

기출회독 키워드 > 077

사례관리의 등장배경 및 주요 특징

8

기출번호 21-03-24

다음에서 설명하고 있는 사례관리 과정은?

- 계획 수정 여부 논의
- 클라이언트 욕구변화 검토
- 서비스 계획의 목표달성 정도 파악
- 서비스가 효과적으로 제공되고 있는지 확인

① 점검
② 계획
③ 사후관리
④ 아웃리치
⑤ 사정

기출회독 키워드 > 078

사례관리의 과정

9

기출번호 21-03-22

사례관리 등장 배경에 관한 설명으로 옳지 않은 것은?

① 탈 시설화로 인해 많은 정신 장애인이 지역사회 내에서 생활하게 되었다.

② 지역사회 내 서비스 간 조정이 필요하게 되었다.

③ 복지비용 절감에 관심이 커지면서 저비용 고효율을 지향하게 되었다.

④ 인구 · 사회적 변화에 따라 다양하고, 복합적이며 만성적인 욕구를 가진 클라이언트가 증가하였다.

⑤ 사회복지서비스 공급주체가 지방정부에서 중앙정부로 변화하였다.

> **기출회독 키워드 ▶ 077**
>
> 사례관리의 등장배경 및 주요 특징

11

기출번호 20-03-22

사례관리의 목적에 해당하는 것을 모두 고른 것은?

> ㄱ. 서비스의 통합성 확보
> ㄴ. 서비스의 접근성 강화
> ㄷ. 보호의 연속성 보장
> ㄹ. 사회적 책임성 제고

① ㄱ, ㄴ   ② ㄴ, ㄹ

③ ㄱ, ㄷ, ㄹ   ④ ㄴ, ㄷ, ㄹ

⑤ ㄱ, ㄴ, ㄷ, ㄹ

> **기출회독 키워드 ▶ 077**
>
> 사례관리의 등장배경 및 주요 특징

10

기출번호 21-03-25

사례관리자 역할과 그 예의 연결로 옳지 않은 것은?

① 조정자(coordinator): 사례회의를 통해 독거노인지원서비스가 중복 제공되지 않도록 하였다.

② 옹호자(advocate): 사례회의에서 장애아동의 입장을 대변하였다.

③ 협상가(negotiator): 사례회의를 통해 생활 형편이 어려운 가정의 아동에게 재정 후원자를 연결해주었다.

④ 평가자(evaluator): 사례 종결 여부를 결정하기 위해 목표 달성 여부를 확인하였다.

⑤ 기획가(planner): 욕구사정을 통해 클라이언트에게 필요한 자원을 설계하고 체계적인 개입 계획을 세웠다.

> **기출회독 키워드 ▶ 079**
>
> 사례관리자의 역할

12

기출번호 20-03-23

사례관리자의 역할에 관한 내용으로 옳지 않은 것은?

① 중개자: 지역사회 자원이나 서비스 체계를 연계

② 옹호자: 클라이언트의 권리를 대변하는 활동 수행

③ 정보제공자: 개인이나 집단의 갈등 파악과 조정

④ 위기개입자: 위기 사정, 계획 수립, 위기 해결

⑤ 교육자: 교육, 역할 연습 등을 통한 클라이언트 역량 강화

> **기출회독 키워드 ▶ 079**
>
> 사례관리자의 역할

13

기출번호 19-03-13

사례관리의 원칙에 해당되지 않는 것은?

① 다양한 욕구를 포괄

② 개별화된 서비스 제공

③ 클라이언트의 자율성 극대화

④ 충분하고 연속성 있는 서비스 제공

⑤ 임상적인 치료에 집중된 서비스 제공

기출회독 키워드 > 077

사례관리의 등장배경 및 주요 특징

15

기출번호 19-03-24

다음 설명에서 사례관리자가 수행한 역할은?

> 클라이언트는 경제적 지원과 건강 지원을 요구하지만, 현재 종합사회복지관, 노인복지관, 경로당, 무료 급식소에서 중복적으로 급식 지원을 제공받고 있으며, 정서 지원도 중복되고 있다. 사례관리자는 사례회의를 통해서 평일 중식은 경로당에서, 주말 중식은 무료 급식소를 이용하고, 종합사회복지관은 경제적 지원을, 노인복지관은 건강 지원을 제공하는 데 합의하였다.

① 중개자   ② 훈련가

③ 중재자   ④ 조정자

⑤ 옹호자

기출회독 키워드 > 079

사례관리자의 역할

14

기출번호 19-03-20

사례관리의 등장 배경으로 옳지 않은 것은?

① 가족의 보호 부담 증가

② 장기보호에서 단기개입 중심으로 전환

③ 통합적 서비스 지원의 필요성 증가

④ 복합적인 욕구를 가진 클라이언트 증가

⑤ 시설보호에서 지역사회보호로 전환

기출회독 키워드 > 077

사례관리의 등장배경 및 주요 특징

관계형성에 대한 이해

해답 & 오답노트 394쪽 ◑

01

기출번호 23-03-10

클라이언트와의 관계형성을 위해 사회복지사가 자신의 생각이나 경험을 공유하는 면담기술은?

① 직면
② 경청
③ 자기노출
④ 해석
⑤ 질문

기출회독 키워드 ▶ 081

전문적 관계형성의 요소

02

기출번호 23-03-11

비스텍(F. Biestek)의 관계원칙에 관한 내용으로 옳은 것을 모두 고른 것은?

ㄱ. 수용: 클라이언트를 있는 그대로 인정해야 한다.
ㄴ. 비심판적 태도: 클라이언트를 비난하지 않아야 한다.
ㄷ. 통제된 정서적 관여: 클라이언트가 자신의 감정을 자유롭게 표현하도록 해야 한다.
ㄹ. 개별화: 클라이언트의 감정에 민감성과 이해로서 반응해야 한다.

① ㄹ
② ㄱ, ㄴ
③ ㄴ, ㄷ
④ ㄱ, ㄷ, ㄹ
⑤ ㄱ, ㄴ, ㄷ, ㄹ

기출회독 키워드 ▶ 080

관계형성의 7대 원칙

03

기출번호 23-03-17

다음에서 설명하는 전문적 관계의 기본 요소는?

• 사회복지사가 클라이언트의 입장에서 이해하는 것
• 반영 등의 기법을 사용하여 이해하고 있다는 것을 표현하는 것

① 공감
② 진실성
③ 문화적 민감성
④ 자기를 관찰하는 능력
⑤ 헌신

기출회독 키워드 ▶ 081

전문적 관계형성의 요소

4

기출번호 22-03-10

전문적 원조관계에 관한 설명으로 옳은 것은?

① 클라이언트의 문제와 욕구가 중심이 된다.
② 시간적 제한을 두지 않는 관계이다.
③ 전문가의 권위는 부정적 작용을 한다.
④ 전문가가 자신과 원조 방법에 대해 통제해서는 안 된다.
⑤ 클라이언트는 전문가의 지시에 무조건 따라야 한다.

기출회독 키워드 ▶ 082

전문적 관계의 특징

5

기출번호 22-03-14

사회복지실천 관계의 요소인 헌신과 의무에 관한 설명으로 옳은 것을 모두 고른 것은?

ㄱ. 일관성을 포함하는 개념이다.
ㄴ. 원조관계에서 책임감과 관련이 있다.
ㄷ. 원조관계의 목적을 달성하기 위해 필요하다.
ㄹ. 클라이언트는 헌신을 해야 하나 의무를 갖지는 않는다.

① ㄴ
② ㄱ, ㄴ, ㄷ
③ ㄱ, ㄷ, ㄹ
④ ㄴ, ㄷ, ㄹ
⑤ ㄱ, ㄴ, ㄷ, ㄹ

기출회독 키워드 ▶ 081

전문적 관계형성의 요소

6

기출번호 22-03-16

전문적 원조관계 형성의 장애요인이 아닌 것은?

① 전문가의 권위
② 변화에 대한 저항
③ 클라이언트의 전문가에 대한 부정적 전이
④ 전문가의 클라이언트에 대한 역전이
⑤ 클라이언트의 불신

기출회독 키워드 ▶ 083

관계형성의 장애요인 및 사회복지사의 대처

7

기출번호 22-03-17

사회복지실천 관계의 요소인 수용에 관한 설명으로 옳지 않은 것은?

① 클라이언트를 있는 그대로 이해한다.
② 클라이언트의 부정적인 감정도 받아들인다.
③ 사회규범에서 벗어난 행동도 허용할 수 있다.
④ 편견이나 선입관을 줄여나가면 수용에 도움이 된다.
⑤ 클라이언트가 안도감을 갖게 하여 현실적인 방법으로 문제 대처를 할 수 있도록 돕는다.

기출회독 키워드 ▶ 080

관계형성의 7대 원칙

⊘8

기출번호 21-03-03

다음에서 설명하고 있는 것은?

사회복지사가 자신의 가치, 신념, 행동습관, 편견 등이 사회복지실천에 어떤 영향을 미치는지 정확하게 이해하는 것이다.

① 자기지시   ② 자기규제
③ 자기노출   ④ 자기인식
⑤ 자기결정

기출회독 키워드 > 081

전문적 관계형성의 요소

⊘9

기출번호 21-03-07

다음에서 설명하고 있는 사회복지사의 자질은?

- 클라이언트의 감정을 잘 관찰하는 것과 경청하는 과정에서 비롯된다.
- 클라이언트가 언어적으로 표현한 것뿐만 아니라 표현하지 않은 비언어적 내용들도 파악한다.

① 민감성   ② 진실성
③ 헌신   ④ 수용
⑤ 일치성

기출회독 키워드 > 081

전문적 관계형성의 요소

10

기출번호 21-03-15

사회복지실천의 전문적 관계에 관한 설명으로 옳지 않은 것은?

① 사회복지사와 클라이언트가 합의하여 목적을 설정한다.
② 사회복지사는 소속된 기관의 특성에 영향을 받는다.
③ 사회복지사의 이익과 욕구 충족을 위한 일방적 관계이다.
④ 사회복지사는 전문성에 바탕을 둔 권위를 가진다.
⑤ 계약에 의해 이루어지는 시간제한적인 특징을 갖는다.

기출회독 키워드 > 082

전문적 관계의 특징

11

기출번호 21-03-16

비스텍(F. Biestek)의 관계의 원칙 중 '의도적 감정표현'에 해당하는 것은?

① 클라이언트의 부정적 감정을 자유롭게 표현할 수 있도록 지지한다.
② 클라이언트의 감정이나 태도를 있는 그대로 받아들이고 존중한다.
③ 목적달성을 위한 방안들의 장·단점을 설명하고 클라이언트가 스스로 선택하도록 한다.
④ 공감을 받고 싶어 하는 클라이언트의 욕구에 따라 클라이언트에게 공감하는 반응을 표현한다.
⑤ 사회복지사 자신의 생각과 느낌, 개인적인 경험을 이야기 한다.

기출회독 키워드 > 080

관계형성의 7대 원칙

12

기출번호 21-03-18

원조관계에서 사회복지사의 태도에 관한 내용으로 옳은 것은?

① 개선의 여지가 있다고 판단된 경우에 한해서 클라이언트와 전문적 관계를 형성하였다.

② 클라이언트의 감정에 이입되어 면담을 지속할 수 없었다.

③ 자신의 생각과 다른 클라이언트의 의견은 관계형성을 위해 즉시 수정하도록 지시하였다.

④ 법정으로부터 정보공개 명령을 받고 관련된 클라이언트 정보를 제공하였다.

⑤ 클라이언트 특성이나 상황이 일반적인 경우와 다르지만 획일화된 서비스를 그대로 제공하였다.

> **기출회독 키워드 > 083**
>
> 관계형성의 장애요인 및 사회복지사의 대처

14

기출번호 20-03-12

사회복지실천에서 전문적 관계의 특성으로 옳은 것은?

① 사회복지사는 자신의 반응을 통제하면 안 된다.

② 클라이언트는 전문성에서 비롯된 권위를 가진다.

③ 사회복지사와 클라이언트 사이에 합의된 목적이 있다.

④ 문제가 해결되어야만 종결되는 관계이기 때문에 시간의 제한이 없다.

⑤ 사회복지사와 클라이언트는 반드시 상호 간의 이익에 헌신하는 관계이다.

> **기출회독 키워드 > 082**
>
> 전문적 관계의 특징

13

기출번호 20-03-10

비스텍(F. Biestek)이 제시한 사회복지실천의 관계 원칙에 해당하지 않는 것은?

① 클라이언트의 비밀을 보장해야 한다.

② 클라이언트의 욕구를 범주화해야 한다.

③ 클라이언트를 비난하거나 심판하지 않아야 한다.

④ 클라이언트의 감정을 자유롭게 표현하도록 해야 한다.

⑤ 클라이언트를 있는 그대로 인정하고 받아들여야 한다.

> **기출회독 키워드 > 080**
>
> 관계형성의 7대 원칙

15

기출번호 20-03-14

사회복지실천에서 관계에 관한 설명으로 옳은 것은?

① 비자발적인 클라이언트는 원천적으로 배제한다.

② 사회복지사는 전문성에 바탕을 둔 권위라도 가져서는 안 된다.

③ 클라이언트는 사회복지사와의 문화적 차이를 수용해야만 한다.

④ 사회복지사와 클라이언트 모두에게 요구되는 의무와 책임감이 있다.

⑤ 선한 목적을 위해 클라이언트에게 진실을 감추는 것은 필수적으로 허용된다.

> **기출회독 키워드 > 081**
>
> 전문적 관계형성의 요소

해답 & 오답노트 396–397쪽 ○

16

기출번호 19-03-17

초기단계에서 사용하는 면접 기술에 관한 설명으로 옳은 것을 모두 고른 것은?

> ㄱ. 공감적 태도와 적극적 반응으로 경청한다.
> ㄴ. 표정, 눈 맞춤 등 비언어적 표현을 관찰한다.
> ㄷ. 가벼운 대화로 시작하여 분위기를 조성한다.
> ㄹ. 침묵을 허용하지 않고 그 이유에 대해 질문한다.

① ㄱ, ㄴ
② ㄴ, ㄹ
③ ㄱ, ㄴ, ㄷ
④ ㄴ, ㄷ, ㄹ
⑤ ㄱ, ㄴ, ㄷ, ㄹ

기출회독 키워드 > 083

관계형성의 장애요인 및 사회복지사의 대처

17

기출번호 19-03-21

다음에서 설명하는 전문적 관계의 기본 원칙은?

> • 클라이언트는 문제에 대한 공감적 반응을 얻고자 하는 욕구가 있다.
> • 사회복지사는 클라이언트 감정에 대해 민감성, 공감적 이해로 의도적이고 적절한 반응을 한다.

① 수용
② 개별화
③ 비심판적 태도
④ 의도적인 감정표현
⑤ 통제된 정서적 관여

기출회독 키워드 > 080

관계형성의 7대 원칙

18

기출번호 19-03-23

원조 관계에서 책임감을 갖고 절차상의 조건을 따르는 관계형성의 기본요소는?

① 구체성
② 헌신과 의무
③ 감정이입
④ 자아노출
⑤ 수용과 기대

기출회독 키워드 > 081

전문적 관계형성의 요소

19

기출번호 19-03-25

전문적 관계의 특성으로 옳은 것은?

① 전문가 윤리강령에 따른다.
② 기관의 입장에서 출발한다.
③ 시간에 제한을 두지 않는다.
④ 전문가 권위와 권한이 없다.
⑤ 클라이언트 동의가 필요 없다.

기출회독 키워드 > 082

전문적 관계의 특징

8장 면접의 방법과 기술

해답 & 오답노트 397쪽 ●

●1 기출번호 23-03-09

관찰기술에 관한 내용으로 옳지 않은 것은?

① 클라이언트의 행동과 외모, 몸짓, 태도 등에 주의를 기울이는 기술

② 클라이언트가 자신에 대해 미처 알지 못한 것을 깨달을 수 있도록 설명해 주는 기술

③ 클라이언트의 언어적, 비언어적 메시지의 차이를 파악할 수 있는 기술

④ 사회복지사의 편견에 의해 판단하지 않도록 주의를 기울여야 하는 기술

⑤ 클라이언트의 침묵이 언제, 어떤 이야기 도중 발생하였는지를 파악하는 기술

> **기출회독 키워드 > 084**
>
> 다양한 면접 기술 및 유의할 점

●2 기출번호 22-03-23

경청에 관한 내용으로 옳지 않은 것은?

① 클라이언트와 시선을 맞추어야 한다.

② 클라이언트의 이야기에 반응하지 않아야 한다.

③ 클라이언트의 언어적·비언어적 표현을 함께 파악해야 한다.

④ 클라이언트의 감정과 사고를 이해하고 파악하는 것이다.

⑤ 클라이언트에 대한 열린 마음과 수용적인 태도가 필요하다.

> **기출회독 키워드 > 084**
>
> 다양한 면접 기술 및 유의할 점

3

기출번호 22-03-25

면접의 유형에 관한 예로 옳은 것을 모두 고른 것은?

> ㄱ. 정보수집면접: 갈등을 겪고 있는 부부를 대상으로 문제에 대한 과거력, 개인력, 가족력을 파악하는 면접을 진행함
> ㄴ. 사정면접: 클라이언트의 사회적응을 위해 환경변화를 목적으로 클라이언트와 관련 있는 중요한 사람과 면접을 진행함
> ㄷ. 치료면접: 학교폭력 피해학생의 자존감 향상을 위해 심리적 지지를 제공하는 면접을 진행함

① ㄱ
② ㄱ, ㄴ
③ ㄱ, ㄷ
④ ㄴ, ㄷ
⑤ ㄱ, ㄴ, ㄷ

기출회독 키워드 > 085

면접의 특징 및 유형

4

기출번호 21-03-04

사회복지실천 면접의 질문기술에 관한 내용으로 옳은 것은?

① 클라이언트가 방어적인 태도를 취할 수 있기에 '왜'라는 질문은 피한다.
② 클라이언트가 자유롭게 대답할 수 있도록 폐쇄형 질문을 활용한다.
③ 사회복지사가 의도하는 특정방향으로 이끌기 위해 유도형 질문을 사용한다.
④ 클라이언트에게 이중 또는 삼중 질문을 한다.
⑤ 클라이언트가 개인적으로 궁금해 하는 사적인 질문은 거짓으로 답한다.

기출회독 키워드 > 084

다양한 면접 기술 및 유의할 점

5

기출번호 21-03-06

다음에서 설명하고 있는 면접 기술은?

> • 클라이언트가 말하는 것만으로도 치료효과를 얻을 수 있다.
> • 클라이언트의 억압된 또는 부정적인 감정이 문제해결을 방해하거나 감정자체에 문제가 있는 경우 이를 표출하게 하여 감정을 해소시키려 할 때 활용한다.

① 해석
② 환기
③ 직면
④ 반영
⑤ 재보증

기출회독 키워드 > 084

다양한 면접 기술 및 유의할 점

6

기출번호 20-03-15

사회복지실천 면접에 관한 설명으로 옳지 않은 것은?

① 개입에 필요한 자료를 수집하기 위한 도구가 될 수 있다.
② 사회복지사와 클라이언트 사이의 특정한 역할 관계가 있다.
③ 특정 상황이나 맥락에 관련하여 이루어진다.
④ 목적은 클라이언트의 삶의 질 향상을 위한 것이어야 한다.
⑤ 목적이 옳으면 기간이나 내용이 제한되지 않는 활동이다.

기출회독 키워드 > 085

면접의 특징 및 유형

○7 기출번호 20-03-17

사회복지실천 면접에서 경청에 관한 설명으로 옳지 않은 것은?

① 클라이언트의 진술을 즉각적으로 교정해주는 것이 핵심이다.

② 클라이언트에 관한 중요한 정보를 얻는 방법 중 하나이다.

③ 클라이언트의 표정이나 몸짓도 관찰하여 의미를 파악한다.

④ 클라이언트의 사고와 감정을 이해하려는 적극적인 활동이기도 하다.

⑤ 클라이언트와 사회복지사 사이의 신뢰 관계 형성에 도움이 된다.

기출회독 키워드 > 084

다양한 면접 기술 및 유의할 점

○8 기출번호 20-03-20

클라이언트와의 면접 중 질문에 관한 설명으로 옳은 것은?

① 폐쇄형 질문은 클라이언트의 상세한 설명과 느낌을 듣기 위해 사용한다.

② 유도형 질문은 비심판적 태도로 상대방을 존중하기 위해 사용한다.

③ '왜'로 시작하는 질문은 클라이언트의 가장 개방적 태도를 이끌어 낼 수 있다.

④ 개방형 질문은 '예', '아니오' 또는 단답형으로 한정하여 대답한다.

⑤ 중첩형 질문(stacking question)은 클라이언트를 혼란스럽게 만들 수 있다.

기출회독 키워드 > 084

다양한 면접 기술 및 유의할 점

○9 기출번호 19-03-15

면접에서 피해야 할 질문 기술이 아닌 것은?

① 개방형 질문

② 모호한 질문

③ 유도 질문

④ '왜?'라는 질문

⑤ 복합 질문

기출회독 키워드 > 084

다양한 면접 기술 및 유의할 점

9장

접수 및 자료수집 과정

해답 & 오답노트 398-399쪽 ◉

1 기출번호 23-03-21

접수단계에서 수행할 수 있는 과업이 아닌 것은?

① 의뢰
② 관계형성
③ 서비스 동의
④ 목표설정
⑤ 문제 확인

기출회독 키워드 > 086

접수단계의 주요 과업

2 기출번호 22-03-22

다음 사례에서 사회복지사가 자료수집과정에서 사용한 정보의 출처가 아닌 것은?

> 사회복지사는 결석이 잦은 학생 A에 대한 상담을 하기 전 담임선생님으로부터 A와 반 학생들 사이에 갈등관계가 있음을 들었다. 이후 상담을 통해 A가 반 학생들로부터 따돌림 당하고 있음을 알게 되었다. 상담 과정에서 A는 사회복지사와 눈을 맞추지 못하고 본인의 이야기를 하는 것에 주저하는 모습을 보이며 상담 내내 매우 위축된 모습이었다. 어머니와의 전화 상담을 통해 A가 집에서 가족들과 대화를 하지 않고 방안에서만 지내고 있다는 것을 알게 되었다.

① 클라이언트의 이야기
② 클라이언트의 비언어적 행동
③ 상호작용의 직접적 관찰
④ 주변인으로부터 정보 획득
⑤ 클라이언트와의 직접적 상호작용 경험

기출회독 키워드 > 087

자료수집

해답 & 오답노트 399쪽 ○

⊖3   기출번호 21-03-19

자료 수집을 위한 자료 출처에 해당하는 것을 모두 고른 것은?

> ㄱ. 문제, 사건, 기분, 생각 등에 관한 클라이언트 진술
> ㄴ. 클라이언트와 직접 상호작용한 사회복지사의 경험
> ㄷ. 심리검사, 지능검사, 적성검사 등의 검사 결과
> ㄹ. 친구, 이웃 등 클라이언트의 중요한 타인으로부터 수집한 정보

① ㄱ, ㄴ, ㄷ   ② ㄱ, ㄴ, ㄹ
③ ㄱ, ㄷ, ㄹ   ④ ㄴ, ㄷ, ㄹ
⑤ ㄱ, ㄴ, ㄷ, ㄹ

기출회독 키워드 ▷ 087

자료수집

⊖4   기출번호 20-03-05

접수단계의 주요 과업에 해당하지 않는 것은?

① 관계형성을 통한 클라이언트의 참여 유도
② 클라이언트의 드러난 문제 확인
③ 서비스의 효율성과 효과성 측정
④ 서비스에 대한 클라이언트의 동의 확인
⑤ 클라이언트의 문제가 기관의 자원과 정책에 부합되는지 판단

기출회독 키워드 ▷ 086

접수단계의 주요 과업

⊖5   기출번호 20-03-11

자료수집단계에 관한 설명으로 옳은 것은?

① 클라이언트 개인에게만 초점을 두어 정보를 모은다.
② 다양한 정보원으로부터 자료를 수집하므로 검사 도구를 사용하면 안 된다.
③ 초기면접은 비구조화된 양식만을 사용하여 기본적인 정보를 수집해야 한다.
④ 객관적인 자료뿐만 아니라 클라이언트의 주관적인 인식이 담긴 자료도 포함하여 수집한다.
⑤ 클라이언트로부터 얻은 정보가 가장 중요하므로 클라이언트가 직접 작성한 자료에만 의존한다.

기출회독 키워드 ▷ 087

자료수집

⊖6   기출번호 19-03-16

접수단계에서 사회복지사가 수행해야 할 과제를 모두 고른 것은?

> ㄱ. 개입 목표의 우선순위 합의
> ㄴ. 클라이언트의 강점과 자원 조사
> ㄷ. 욕구에 적합한 기관으로 의뢰
> ㄹ. 기관에서 제공하는 서비스 적격 여부 확인

① ㄱ, ㄷ   ② ㄴ, ㄹ
③ ㄷ, ㄹ   ④ ㄱ, ㄴ, ㄷ
⑤ ㄱ, ㄴ, ㄷ, ㄹ

기출회독 키워드 ▷ 086

접수단계의 주요 과업

7 기출번호 19-03-19

자료 수집에 관한 설명으로 옳지 않은 것은?

① 클라이언트의 참여가 필요하다.

② 실천의 전 과정을 통해 이루어진다.

③ 상반된 정보를 제공하는 자료는 폐기한다.

④ 문제와 욕구, 강점과 자원을 모두 포함한다.

⑤ 가정방문으로 자연스러운 상호작용을 관찰할 수 있다.

기출회독 키워드 > 087

자료수집

해답 & 오답노트 399~400쪽 ○

01 기출번호 23-03-22

사정의 특성으로 옳지 않은 것은?

① 클라이언트의 생활 속에서 욕구를 발견하고 문제를 정의한다.
② 클라이언트와 사회복지사 양자가 참여하는 상호과정이다.
③ 환경 속의 클라이언트를 이해하고 계획의 근거를 마련하는 이중초점을 지닌다.
④ 클라이언트의 독특한 상황과 관련하여 개별화되어야 한다.
⑤ 클라이언트에 대한 서비스 제공여부를 판단한다.

기출회독 키워드 > 089

사정의 특징 및 내용

02 기출번호 23-03-25

생태도를 통하여 파악할 수 없는 것은?

① 클라이언트 가족의 세대 간 반복되는 정서적 유형
② 클라이언트에게 스트레스가 되는 체계
③ 클라이언트와 환경 간 자원교환의 정도
④ 클라이언트가 이용하는 서비스 기관
⑤ 클라이언트에게 유용한 자원이나 환경

기출회독 키워드 > 088

사정도구

03 기출번호 22-03-18

사정(assessment)의 특성으로 옳지 않은 것은?

① 클라이언트의 강점을 포함해야 한다.
② 사회복지사의 지식적 근거가 필요하다.
③ 사회복지사와 클라이언트의 상호작용 과정이다.
④ 클라이언트를 완전히 이해하는 것은 한계가 있다.
⑤ 사회복지실천의 초기 단계에서만 이루어진다.

기출회독 키워드 > 089

사정의 특징 및 내용

04 기출번호 21-03-05

생태도 작성에 관한 내용으로 옳은 것을 모두 고른 것은?

ㄱ. 용지의 중앙에 가족 또는 클라이언트체계를 나타내는 원을 그린다.
ㄴ. 중심원 내부에 클라이언트 또는 동거가족을 그린다.
ㄷ. 중심원 외부에 클라이언트 또는 가족과 상호작용하는 외부체계를 작은 원으로 그린다.
ㄹ. 자원의 양은 '선'으로, 관계의 속성은 '원'으로 표시한다.

① ㄹ
② ㄱ, ㄷ
③ ㄴ, ㄹ
④ ㄱ, ㄴ, ㄷ
⑤ ㄱ, ㄴ, ㄷ, ㄹ

기출회독 키워드 > 088

사정도구

5

세대 간 반복된 가족 특성을 파악하기 위한 사정도구는?

① 가계도
② 생태도
③ 소시오그램
④ 생활력 도표
⑤ 사회적 관계망 그리드

기출회독 키워드 ▶ 088

사정도구

 6

사정도구와 파악할 수 있는 정보의 연결이 옳지 않은 것은?

① 생태도 – 개인과 가족에 영향을 미치는 주요 환경체계 확인
② 생활력도표 – 개인의 과거 주요한 생애 사건
③ DSM-Ⅴ 분류체계 – 클라이언트의 정신장애 증상에 대한 진단
④ 소시오그램 – 집단성원 간 상호작용 및 하위집단 형성 여부
⑤ PIE 분류체계 – 주변인과의 접촉 빈도 및 사회적 지지의 강도와 유형

기출회독 키워드 ▶ 088

사정도구

사회복지실천론

11장 계획수립과정

해답 & 오답노트 400쪽 ●

●1 기출번호 22-03-24

사회복지실천과정 중 계획수립단계에서 수행해야 하는 사회복지사의 과업은?

① 서비스 효과 점검
② 실천활동에 대한 동료 검토
③ 개입효과의 유지와 강화
④ 개입 목표 설정
⑤ 평가 후 개입 계획 수정

기출회독 키워드 > 091

계획수립의 과정 및 과업

●2 기출번호 20-03-25

사회복지서비스 계획수립단계에 관한 설명으로 옳지 않은 것은?

① 계획의 목표는 기관의 기능과 일치해야 한다.
② 목표설정은 미시적 수준과 거시적 수준에서 클라이언트의 변화를 고려한다.
③ 계약서는 클라이언트만 작성하여 과업과 의무를 공식화한다.
④ 목표는 클라이언트가 원하는 결과를 포함하여 클라이언트의 적극적인 참여를 유도한다.
⑤ 계획단계의 목표는 클라이언트와 사회복지사가 함께 합의하여 결정한다.

기출회독 키워드 > 091

계획수립의 과정 및 과업

12장 개입과정

해답 & 오답노트 401쪽 ●

1　　기출번호 23-03-18

다음에서 설명하는 의사소통기술은?

- 클라이언트 혼자만이 겪는 문제가 아니라는 것을 인식하게 하는 기법
- 클라이언트의 생각과 느낌이 다른 사람과 비슷하다고 말해줌으로써 클라이언트의 소외감을 감소시켜 주는 기술

① 재명명
② 초점화
③ 직면
④ 일반화
⑤ 조언

기출회독 키워드 ＞ 092

다양한 개입기법

2　　기출번호 23-03-19

사회복지실천과정의 간접개입기법 중 환경조정이 필요한 상황에 해당하지 않는 것은?

① 아동이 가정에서 성적 학대를 받을 때
② 화재로 장애청소년의 부모가 사망했을 때
③ 직장에서 성폭력 예방을 위한 교육프로그램을 제공할 때
④ 자연재해로 집을 잃었을 때
⑤ 고령의 노인이 가정에서 학대를 받을 때

기출회독 키워드 ＞ 092

다양한 개입기법

3　　기출번호 22-03-20

클라이언트가 타인이 하는 바람직한 행동을 보고 모방함으로써 행동의 변화를 가져오는 개입 기술은?

① 초점화　　　　② 모델링
③ 환기　　　　　④ 직면
⑤ 격려

기출회독 키워드 ＞ 092

다양한 개입기법

04

기출번호 21-03-21

사회복지실천 개입기술에 관한 설명으로 옳은 것을 모두 고른 것은?

> ㄱ. 재보증은 어떤 문제에 대해 클라이언트가 부여하는 의미를 수정해 줌으로써 클라이언트의 시각을 긍정적인 방향으로 변화시키려는 전략이다.
> ㄴ. 모델링은 실제 다른 사람의 행동을 직접 관찰함으로써만 시행 가능하다.
> ㄷ. 격려기법은 주로 클라이언트 행동이 변화에 장애가 되거나 타인에게 위험이 될 때, 이를 인식하도록 하기 위한 목적으로 사용한다.
> ㄹ. 일반화란 클라이언트 혼자만이 겪는 문제가 아니라는 것을 인식하게 하는 기법이다.

① ㄱ
② ㄹ
③ ㄱ, ㄹ
④ ㄱ, ㄴ, ㄷ
⑤ ㄴ, ㄷ, ㄹ

기출회독 키워드 ▶ 092

다양한 개입기법

05

기출번호 21-03-23

사회복지실천의 간접적 개입에 해당하는 것은?

① 의사소통 교육
② 프로그램 개발
③ 부모교육
④ 가족상담
⑤ 사회기술훈련

기출회독 키워드 ▶ 092

다양한 개입기법

06

기출번호 20-03-24

사회복지사의 직접적인 개입 활동으로 옳은 것은?

① 아동학대 예방 캠페인 진행
② 다른 기관과 협력체계 구축
③ 지역사회 전달체계 재정립
④ 가출청소년 보호 네트워크 형성
⑤ 역기능적 가족 규칙 재구성

기출회독 키워드 ▶ 092

다양한 개입기법

07

기출번호 19-03-14

사회복지사의 옹호 활동으로 옳지 않은 것은?

① 자신의 권리를 주장할 수 없는 영유아를 대변한다.
② 무국적 아동의 교육 평등권을 위한 법안을 제안한다.
③ 사회복지사가 클라이언트 집단의 대표로 나서서 협상을 주도한다.
④ 이주 노동자에게 최저 임금을 받을 권리를 교육한다.
⑤ 철거민들의 자체 회의를 위해 종합사회복지관의 공간을 제공한다.

기출회독 키워드 ▶ 092

다양한 개입기법

해답 & 오답노트 402쪽 ➡

1 기출번호 20-03-21

종결단계에서 사회복지사의 과업으로 옳지 않은 것은?

① 사후관리 계획 수립

② 목표달성을 위한 서비스 제공

③ 클라이언트 변화결과에 대한 최종 확인

④ 다른 기관 또는 외부 자원 연결

⑤ 종결에 대한 클라이언트 반응 처리

기출회독 키워드 > 094

종결단계에서 사회복지사의 과업

2 기출번호 19-03-22

클라이언트의 혼합된 정서적 반응을 정리하고 사후관리를 계획하는 단계는?

① 접수

② 사정

③ 계획

④ 개입

⑤ 종결

기출회독 키워드 > 094

종결단계에서 사회복지사의 과업

장별 기출강의

4영역

사회복지실천기술론

5개년도(19~23회) 출제분포표

		19회	20회	21회	22회	23회	평균 문항수
1장	사회복지사의 전문성	2	2	3	2	2	2.2
2장	정신역동모델	2	-	1	1	1	1.0
3장	심리사회모델	-	1	1	2	1	1.0
4장	인지행동모델	1	3	4	2	1	2.2
5장	과제중심모델	1	1	-	1	1	0.8
6장	기타 실천모델	2	2	2	1	4	2.2
7장	가족에 대한 이해	1	1	1	2	1	1.2
8장	가족문제 사정	2	1	2	-	1	1.2
9장	가족 대상 실천기법	6	6	4	5	6	5.4
10장	집단 대상 실천기법	5	3	2	3	3	3.2
11장	집단발달단계	2	3	3	4	2	2.8
12장	사회복지실천 기록	1	1	1	1	1	1.0
13장	사회복지실천 평가	-	1	1	1	1	0.8

해답 & 오답노트 403쪽 ○

1

기출번호 23-04-01

실천지혜(practice wisdom)에 관한 설명으로 옳지 않은 것은?

① 암묵적 지식과 같은 의미이다.
② 사회복지사의 직관에 영향을 받는다.
③ 실천 활동을 조작화하고 구조화한 것이다.
④ 개인의 가치체계와 경험으로부터 만들어진다.
⑤ 현장에서 유용하나 공인된 지식은 아니다.

기출회독 키워드 > 096

사회복지실천의 전문적 기반

2

기출번호 23-04-11

실천과정에서 '환류하기'에 관한 설명으로 옳은 것은?

① 개입단계에서 그간의 문제해결 과정을 점검하는 활동이다.
② 사회복지사와 클라이언트 간 합의된 목표의 달성도를 측정하는 것이다.
③ 클라이언트의 문제해결에 필요한 자원을 적극적으로 끌어들이기 위한 전략이다.
④ 욕구를 재확인하여 서비스 계획이나 개입전략을 수정하는 과정이다.
⑤ 클라이언트의 주변체계에 문제의 심각성을 알리고 적극적으로 옹호하는 활동이다.

기출회독 키워드 > 095

사회복지실천기술에 대한 이해

3

기출번호 22-04-01

사회복지사가 가져야 할 지식의 내용으로 옳은 것을 모두 고른 것은?

> ㄱ. 인간행동과 발달
> ㄴ. 인간관계와 상호작용
> ㄷ. 사회복지정책과 서비스
> ㄹ. 사회복지사 자신에 관한 지식

① ㄱ
② ㄱ, ㄴ
③ ㄴ, ㄷ
④ ㄱ, ㄷ, ㄹ
⑤ ㄱ, ㄴ, ㄷ, ㄹ

기출회독 키워드 > 096

사회복지실천의 전문적 기반

●4

기출번호 22-04-10

사회복지사가 비자발적 클라이언트와 공감하는 기술로 옳은 것을 모두 고른 것은?

> ㄱ. 원하지 않는 면담이 클라이언트에게 힘들다는 것을 이해한다.
> ㄴ. 클라이언트의 행동을 사회복지사의 가치관에 맞추어 평가한다.
> ㄷ. 클라이언트의 어려움을 사회복지사가 도울 수 있다는 것을 알려준다.
> ㄹ. 클라이언트의 저항을 온화한 태도로 수용한다.

① ㄱ, ㄷ   ② ㄴ, ㄹ
③ ㄱ, ㄴ, ㄹ   ④ ㄱ, ㄷ, ㄹ
⑤ ㄴ, ㄷ, ㄹ

기출회독 키워드 > 095

사회복지실천기술에 대한 이해

●5

기출번호 21-04-01

사회복지실천현장의 지식 유형에 관한 설명으로 옳지 않은 것은?

① 이론은 현상을 설명하기 위한 가설이나 개념의 집합체이다.
② 관점은 개인과 사회에 관한 주관적 인식의 차이를 보여주는 사고체계이다.
③ 실천지혜는 실천 활동의 원칙과 방식을 구조화한 것이다.
④ 패러다임은 역사와 사상의 흐름에 영향을 받는 추상적 개념 틀이다.
⑤ 모델은 실천과정에 직접적으로 필요한 기술적 적용 방법을 제시한 것이다.

기출회독 키워드 > 096

사회복지실천의 전문적 기반

●6

기출번호 21-04-11

클라이언트와의 면접 중에 주제를 전환하기 위한 목적으로 사용하는 실천기술은?

① 반영
② 요약
③ 해석
④ 직면
⑤ 초점화

기출회독 키워드 > 095

사회복지실천기술에 대한 이해

●7

기출번호 21-04-14

다음 사례에서 사회복지사가 우선적으로 개입해야 하는 것은?

> A씨는 25세로 알코올 중독진단을 받았으나 문제에 대한 본인의 의식은 부족한 상황이다. 현재 A씨는 부모와 함께 살고 있으나 몇 년 전부터 대화가 단절되어 있다. A씨가 술을 마실 때면 아버지로부터 학대도 발생하고 있는 상황이다.

① 경직된 가족경계를 재구조화한다.
② 단절된 의사소통의 문제를 해결한다.
③ 알코올 중독 문제에 관여한다.
④ 술 문제의 원인으로 보이는 부모를 대상으로 상담한다.
⑤ 부모 간 갈등으로부터 벗어나도록 자아분화를 촉진한다.

기출회독 키워드 > 095

사회복지실천기술에 대한 이해

⏱8

기출번호 20-04-01

사회복지실천에 관한 설명으로 옳지 않은 것은?

① 과학성과 예술성을 통합적으로 활용한다.

② 사회복지의 관점과 이론을 토대로 한다.

③ 심리학, 사회학 등 타 학문과 배타적 관계에 있다.

④ 클라이언트의 특성을 반영한다.

⑤ 사회복지 가치와 윤리를 반영한다.

> **기출회독 키워드 > 096**
>
> 사회복지실천의 전문적 기반

⏱9

기출번호 20-04-14

다음 사례에 대한 초기 접근으로 옳은 것은?

> 같은 반 친구를 때린 중학생 B는 학교폭력대책심의위원회의 결정에 따라 사회복지사가 진행하는 학교폭력가해자 프로그램에 의뢰되었다. 그러나 B는 억울함을 호소하며 비협조적인 태도를 보이고 있다.

① 클라이언트보다 의뢰자의 견해에 초점을 맞춰 개입한다.

② 비협조적 태도는 저항에서 비롯된 것으로 그 원인까지 탐색할 필요는 없다.

③ 원치 않는 의뢰과정에서 생긴 억눌린 감정을 표현할 수 있는 기회를 제공한다.

④ 비협조적 태도를 바꾸려고 시간을 소모하지 말고 곧바로 개입한다.

⑤ 비밀보장원칙이나 학교에 보고해야 할 사항에 대해 설명하지 않는다.

> **기출회독 키워드 > 095**
>
> 사회복지실천기술에 대한 이해

10

기출번호 19-04-02

사회복지실천기술의 전문적 기반에 관한 설명으로 옳지 않은 것은?

① 이론과 실천의 준거틀을 적절하게 이용하는 것은 예술적 기반에 해당된다.

② 연구자료를 수집하고 분석하는 것은 과학적 기반에 해당된다.

③ 사회복지 전문가로서 가지는 가치관은 예술적 기반에 해당된다.

④ 감정이입적 의사소통, 진실성, 융통성은 예술적 기반에 해당된다.

⑤ 사회복지사에게는 과학성과 예술성의 상호보완적이고 통합적인 실천역량이 요구된다.

> **기출회독 키워드 > 096**
>
> 사회복지실천의 전문적 기반

11

기출번호 19-04-06

다음 예시에서 사회복지사가 활용한 실천기술은?

> • 클라이언트: "저는 정말 나쁜 엄마예요. 저는 피곤하기도 하지만 성질이 나빠서 항상 아이들한테 소리를 지르고……"
> • 사회복지사: "선생님이 자녀에게 어떻게 하는지를 저에게 이야기할 수 있다는 사실은 자녀들과 더 좋은 관계를 가지고 싶다는 뜻이지요."

① 명료화하기   ② 초점화하기

③ 재명명하기   ④ 재보증하기

⑤ 해석하기

> **기출회독 키워드 > 095**
>
> 사회복지실천기술에 대한 이해

2장 정신역동모델

해답 & 오답노트 404-405쪽 ◐

●1 기출번호 23-04-02

정신역동모델의 개입기술에 관한 설명으로 옳은 것은?

① 전이는 현재의 인물에게 느끼는 사랑이나 증오의 감정을 과거의 인물에게 전치하는 것을 말한다.

② 훈습은 경험적 확신을 갖도록 전이와 저항에 대한 분석과 해석을 반복적으로 진행하는 것이다.

③ 직면은 클라이언트의 말과 행동 사이의 불일치나 모순이 있을 때 우회적 방법으로 알리는 것이다.

④ 해석은 클라이언트의 공감능력을 키우는 효과가 있다.

⑤ 자유연상은 클라이언트가 수치스럽게 생각하거나 도움이 안 되는 내용을 선택할 수 있다.

기출회독 키워드 > 098

정신역동모델의 개입기법

●2 기출번호 22-04-09

정신역동모델 개입과정을 순서대로 옳게 나열한 것은?

> ㄱ. 동일시를 위한 자아구축 단계
> ㄴ. 클라이언트의 자기이해를 원조하는 단계
> ㄷ. 관계형성 단계
> ㄹ. 클라이언트가 독립된 자아정체감을 형성하도록 원조하는 단계

① ㄱ → ㄷ → ㄹ → ㄴ

② ㄴ → ㄷ → ㄱ → ㄹ

③ ㄴ → ㄹ → ㄷ → ㄱ

④ ㄷ → ㄱ → ㄹ → ㄴ

⑤ ㄷ → ㄴ → ㄱ → ㄹ

기출회독 키워드 > 097

정신역동모델의 주요 특징

사회복지실천기술론

3

기출번호 21-04-10

정신역동모델의 개입기법에 관한 설명으로 옳은 것을 모두 고른 것은?

ㄱ. 직면: 클라이언트의 이야기와 행동 간 불일치를 보일 때 자기모순을 직시하게 한다.
ㄴ. 해석: 치료적 관계에서 나타나는 클라이언트의 특정 생각이나 행동의 의미를 설명한다.
ㄷ. 전이분석: 클라이언트가 과거의 중요한 인물에 대해 느꼈던 감정을 치료사에게 재현하는 현상을 분석하여 과거 문제를 해석하고 통찰하도록 한다.
ㄹ. 명료화: 저항이나 전이에 대한 이해를 심화 · 확장하여 통합적으로 이해하도록 한다.

① ㄱ
② ㄴ, ㄹ
③ ㄷ, ㄹ
④ ㄱ, ㄴ, ㄷ
⑤ ㄱ, ㄴ, ㄷ, ㄹ

기출회독 키워드 ▶ 098

정신역동모델의 개입기법

5

기출번호 19-04-11

정신역동모델의 개념과 개입기법에 관한 설명으로 옳은 것을 모두 고른 것은?

ㄱ. 전이는 정신역동 치료에 방해가 되므로 이를 이용해서는 안 된다.
ㄴ. 무의식적 갈등이나 불안을 표현하도록 하여 자신의 문제에 대해 이해하고 통찰할 수 있도록 한다.
ㄷ. 클라이언트와 라포가 형성되기 전에 해석을 제공하는 것이 관계형성에 도움이 된다.
ㄹ. 훈습을 통해 클라이언트의 불안은 최소화되고 적합한 방법으로 자신의 문제를 이해할 수 있는 능력을 기르게 된다.

① ㄱ, ㄷ
② ㄴ, ㄹ
③ ㄱ, ㄴ, ㄷ
④ ㄴ, ㄷ, ㄹ
⑤ ㄱ, ㄴ, ㄷ, ㄹ

기출회독 키워드 ▶ 098

정신역동모델의 개입기법

4

기출번호 19-04-08

단기개입을 특징으로 하는 사회복지실천모델을 모두 고른 것은?

ㄱ. 과제중심모델
ㄴ. 위기개입모델
ㄷ. 해결중심모델
ㄹ. 정신역동모델

① ㄱ, ㄷ
② ㄴ, ㄹ
③ ㄱ, ㄴ, ㄷ
④ ㄴ, ㄷ, ㄹ
⑤ ㄱ, ㄴ, ㄷ, ㄹ

기출회독 키워드 ▶ 097

정신역동모델의 주요 특징

심리사회모델

해답 & 오답노트 405-406쪽 ◆

01 　　　　　　　　기출번호 23-04-03

다음 사례에서 활용한 심리사회모델의 개입기법은?

> 가까워지기 어려운 사람들과 친밀감을 높이기 위해 당신이 자주 사용하는 행동 패턴이 있다고 생각하십니까?

① 직접적 영향 주기
② 탐색-기술(묘사)-환기
③ 지지하기
④ 유형-역동성 고찰
⑤ 발달적 고찰

기출회독 키워드 > 099

심리사회모델의 개입기법

03 　　　　　　　　기출번호 22-04-06

심리사회모델에 관한 설명으로 옳은 것을 모두 고른 것은?

> ㄱ. 심리사회모델을 체계화 하는데 홀리스(F. Hollis)가 공헌하였다.
> ㄴ. "직접적 영향주기"는 언제나 사용 가능한 기법이다.
> ㄷ. "환기"는 클라이언트의 긍정적 감정을 표출시킨다.
> ㄹ. 간접적 개입기법으로 "환경조정"을 사용한다.

① ㄱ, ㄹ　　　　　　　② ㄴ, ㄷ
③ ㄷ, ㄹ　　　　　　　④ ㄴ, ㄷ, ㄹ
⑤ ㄱ, ㄴ, ㄷ, ㄹ

기출회독 키워드 > 099

심리사회모델의 개입기법

02 　　　　　　　　기출번호 22-04-05

사회복지실천모델과 기법으로 옳지 않은 것은?

① 행동주의모델: 소거
② 해결중심모델: 대처질문
③ 과제중심모델: 유형-역동에 관한 고찰
④ 인지행동모델: 소크라테스식 문답법
⑤ 위기개입모델: 자살의 위험성 평가

기출회독 키워드 > 099

심리사회모델의 개입기법

4

기출번호 21-04-09

다음 사례에서 활용한 심리사회모델의 개입기법은?

> "지금까지의 방법이 효과적이지 않다면 다른 방법을 시도해 보면 어떨까요? 제 생각에는 지금쯤 변화가 필요하니 가족상담에 참여해 보시면 어떨까 합니다."

① 지지하기
② 직접적 영향주기
③ 탐색—기술—환기
④ 인간—환경에 관한 고찰
⑤ 유형—역동성 고찰

기출회독 키워드 > 099

심리사회모델의 개입기법

5

기출번호 20-04-08

심리사회모델의 개입기법에 관한 설명으로 옳지 않은 것은?

① 직접적 개입과 간접적 개입으로 구분된다.
② 직접적 영향은 주변인에게 영향력을 행사하여 환경을 변화시키는 기법이다.
③ 탐색—기술(묘사)—환기는 자기 상황과 감정을 말로 표현하게 함으로써 감정전환을 도모하는 기법이다.
④ 지지는 이해, 격려, 확신감을 표현하는 기법이다.
⑤ 유형의 역동 성찰은 성격, 행동, 감정의 주요 경향에 관한 자기이해를 돕는다.

기출회독 키워드 > 099

심리사회모델의 개입기법

해답 & 오답노트 406-407쪽 ◐

◎1 기출번호 23-04-04

다음 사례에 해당하는 인지적 오류는?

> 입사시험 면접을 잘 마쳤음에도 불구하고 K씨는 부모님께 시험에 떨어질 것이라고 말씀드렸다.

① 이분법적 사고
② 개인화
③ 과잉일반화
④ 재앙화
⑤ 임의적 추론

기출회독 키워드 ▶ 102

인지행동모델의 개입기법

◎2 기출번호 22-04-07

인지행동모델 개입 기법에 관한 설명으로 옳은 것은?

① 행동시연: 관찰학습 과정을 통해 클라이언트가 시행착오를 거치지 않고 행동할 수 있도록 한다.
② 유머사용: 인지적 기법의 하나로서 비합리적인 신념에서 오는 불안을 감소시키는데 유용하다.
③ 내적 의사소통 명료화: 클라이언트 스스로 자신에 대해 독백하고 사고하는 과정이다.
④ 역설적 의도(paradoxical intention): 클라이언트의 역기능적 사고를 인식하고 이를 현실적인 사고로 대치한다.
⑤ 이완훈련: 클라이언트가 가장 덜 위협적인 상황에서 가장 위협적인 상황까지 순서대로 제시한다.

기출회독 키워드 ▶ 102

인지행동모델의 개입기법

사회복지실천기술론

3

기출번호 22-04-08

사회복지실천모델에 관한 설명으로 옳지 않은 것은?

① 역량강화모델의 발견단계에서는 사정, 분석, 계획하기를 수행한다.

② 클라이언트중심모델은 문제해결에 대한 클라이언트의 책임을 강조한다.

③ 행동주의모델에서는 인간을 병리적인 관점에서 바라본다.

④ 위기개입모델에서 위기는 사건 자체보다 사건에 대한 개인의 주관적 현실에 기반을 두고 있다.

⑤ 해결중심모델은 사회구성주의 시각을 가진다.

기출회독 키워드 > 103

행동주의이론, 행동수정모델

4

기출번호 21-04-04

인지적 오류(왜곡)에 관한 예로 옳지 않은 것은?

① 임의적 추론: 내가 뚱뚱해서 지나가는 사람들이 나만 쳐다봐.

② 개인화: 그때 내가 전화만 받았다면 동생이 사고를 당하지 않았을 텐데. 나 때문이야.

③ 이분법적 사고: 이 일을 완벽하게 하지 못하면 실패한 것이야.

④ 과잉일반화: 시험보는 날인데 아침에 미역국을 먹었으니 나는 떨어질거야.

⑤ 선택적 요약: 지난번 과제에서 나쁜 점수를 받았어. 이건 내가 꼴찌라는 것을 의미해.

기출회독 키워드 > 102

인지행동모델의 개입기법

5

기출번호 21-04-05

인지행동모델에 관한 설명으로 옳지 않은 것은?

① 개인의 주관적 경험의 독특성을 중시한다.

② 클라이언트의 강점과 자원이 문제해결의 주요 요소이다.

③ 제한된 시간 내에 특정 문제에 초점을 두고 접근한다.

④ 과제 활용과 교육적인 접근으로 자기 치료가 가능하도록 한다.

⑤ 클라이언트의 적극적 참여와 협조적 태도를 중시한다.

기출회독 키워드 > 101

인지행동모델의 주요 특징

6

기출번호 21-04-06

사회복지실천의 개입기법에 관한 설명으로 옳지 않은 것은?

① 소거: 부적 처벌의 원리를 이용하여 바람직하지 않은 행동을 중단시키는 것

② 시연: 클라이언트가 힘들어하는 행동에 대해 실생활에서 실행 전에 반복적으로 연습하는 것

③ 행동조성: 특정 행동 수준까지 끌어올리기 위해 작은 단위의 행동으로 나누어 과제를 주는 것

④ 체계적 둔감법: 두려움이 적은 상황부터 큰 상황까지 단계적으로 노출시켜 문제를 극복하도록 하는 것

⑤ 내적 의사소통의 명료화: 클라이언트가 자신의 생각을 말로 표현하고, 피드백을 통해 사고의 명료화를 돕는 것

기출회독 키워드 > 103

행동주의이론, 행동수정모델

07

기출번호 21-04-21

사회기술훈련의 단계를 순서대로 옳게 나열한 것은?

> ㄱ. 역할극
> ㄴ. 적용
> ㄷ. 시연
> ㄹ. 평가

① ㄱ → ㄷ → ㄴ → ㄹ
② ㄱ → ㄷ → ㄹ → ㄴ
③ ㄴ → ㄷ → ㄹ → ㄱ
④ ㄷ → ㄱ → ㄴ → ㄹ
⑤ ㄷ → ㄱ → ㄹ → ㄴ

기출회독 키워드 > 102

인지행동모델의 개입기법

09

기출번호 20-04-13

인지행동모델에서 비합리적인 사고에 대해 '실용성에 관한 논박기법'을 사용한 질문은?

① 그 생각이 옳다는 것을 어떻게 아세요?
② 지금 느끼는 감정을 명확하게 설명할 수 있으세요?
③ 그 일이 실제로 일어날 가능성이 얼마나 될까요?
④ 그 생각이 문제해결에 얼마나 도움이 될까요?
⑤ 그 생각의 논리적 근거는 무엇입니까?

기출회독 키워드 > 102

인지행동모델의 개입기법

08

기출번호 20-04-09

인지행동모델의 개입방법에 해당되는 것을 모두 고른 것은?

> ㄱ. 내적 의사소통의 명료화
> ㄴ. 모델링
> ㄷ. 기록과제
> ㄹ. 자기지시

① ㄱ, ㄴ
② ㄷ, ㄹ
③ ㄱ, ㄴ, ㄷ
④ ㄴ, ㄷ, ㄹ
⑤ ㄱ, ㄴ, ㄷ, ㄹ

기출회독 키워드 > 102

인지행동모델의 개입기법

10

기출번호 20-04-15

사회기술훈련에서 사용되는 행동주의모델기법을 모두 고른 것은?

> ㄱ. 정적 강화
> ㄴ. 역할 연습
> ㄷ. 직면
> ㄹ. 과제를 통한 연습

① ㄱ, ㄴ
② ㄱ, ㄷ
③ ㄱ, ㄴ, ㄹ
④ ㄴ, ㄷ, ㄹ
⑤ ㄱ, ㄴ, ㄷ, ㄹ

기출회독 키워드 > 102

인지행동모델의 개입기법

11

인지행동모델에 관한 설명으로 옳지 않은 것은?

① 구조화된 접근을 한다.

② 클라이언트의 무의식적 행동에 관심을 둔다.

③ 교육적 접근을 강조한다.

④ 클라이언트의 주관적 경험, 문제 및 관련 상황에 대한 인식을 중시한다.

⑤ 클라이언트와 사회복지사의 협조적인 노력을 중시하고, 클라이언트의 능동적인 참여를 권장한다.

기출회독 키워드 > 101

인지행동모델의 주요 특징

과제중심모델

해답 & 오답노트 408쪽 ◐

1
기출번호 23-04-06

과제중심모델에 관한 설명으로 옳은 것은?

① 개인의 신념체계의 변화를 강조한다.
② 특정 이론보다는 경험적 자료를 통해 개입의 기초를 마련한다.
③ 인간의 신념이나 생각은 정서와 행동에 영향을 미친다고 가정한다.
④ 클라이언트가 무력한 상태에서 힘을 가진 상태로 이동하는 것을 목표로 한다.
⑤ 변화는 항상 일어나며 불가피한 것으로 본다.

기출회독 키워드 ▶ 104

과제중심모델의 주요 특징 및 개념

2
기출번호 22-04-02

다음 설명에 해당하는 모델로 옳은 것은?

- 구조화된 개입
- 개입의 책임성 강조
- 클라이언트의 자기결정권 강조
- 클라이언트의 환경에 대한 개입

① 심리사회모델　　② 위기개입모델
③ 해결중심모델　　④ 인지행동모델
⑤ 과제중심모델

기출회독 키워드 ▶ 104

과제중심모델의 주요 특징 및 개념

3
기출번호 20-04-10

과제중심모델에서 과제에 관한 설명으로 옳지 않은 것은?

① 사회복지사보다 클라이언트가 제시하는 문제나 욕구를 고려하여 선정한다.
② 조작적 과제는 일반적 과제에 비해 구체적이다.
③ 과거보다 현재에 초점을 둔다.
④ 과제 수는 가급적 3개를 넘지 않게 한다.
⑤ 과제달성 정도는 최종평가 시 결정되므로 과제 수행 도중에는 점검하지 않는다.

기출회독 키워드 ▶ 104

과제중심모델의 주요 특징 및 개념

4
기출번호 19-04-07

과제중심모델에 관한 설명으로 옳지 않은 것은?

① 개입 초기에 빠른 사정을 한다.
② 구조화된 접근을 한다.
③ 다양한 이론과 모델을 절충적으로 활용한다.
④ 조사에 근거한 경험적 자료를 중심으로 진행한다.
⑤ 사회복지사는 적극적으로 개입하지 않고 클라이언트가 주체적인 역할을 하도록 한다.

기출회독 키워드 ▶ 104

과제중심모델의 주요 특징 및 개념

해답 & 오답노트 409쪽 ○

01 기출번호 23-04-05

클라이언트중심모델의 주요 개념으로 옳지 않은 것은?

① 실현화 경향
② 자아실현 욕구
③ 인지적 개입
④ 조건부 가치
⑤ 긍정적 관심

02 기출번호 23-04-08

밀러와 롤닉(W. Miller & S. Rollnick)의 동기강화모델의 원리로 옳지 않은 것은?

① 불일치감 인식하기
② 자기효능감 지지하기
③ 저항과 함께하기
④ 내적 의사소통 명료화하기
⑤ 공감 표현하기

03 기출번호 23-04-09

임파워먼트모델의 실천기법으로 옳은 것을 모두 고른 것은?

> ㄱ. 강점 사정하기
> ㄴ. 자원 확보하기
> ㄷ. 촉진적 개입하기
> ㄹ. 합류하기

① ㄱ, ㄴ
② ㄴ, ㄷ
③ ㄱ, ㄴ, ㄷ
④ ㄱ, ㄷ, ㄹ
⑤ ㄱ, ㄴ, ㄷ, ㄹ

기출회독 키워드 > 106

역량강화모델

04

기출번호 23-04-10

골란(N. Golan)의 위기발달 단계로 옳은 것은?

① 위험사건 – 촉발요인 – 취약단계 – 위기단계 – 재
통합

② 취약단계 – 위험사건 – 촉발요인 – 위기단계 – 재
통합

③ 취약단계 – 위험사건 – 위기단계 – 촉발요인 – 재
통합

④ 위험사건 – 취약단계 – 위기단계 – 촉발요인 – 재
통합

⑤ 위험사건 – 취약단계 – 촉발요인 – 위기단계 – 재
통합

기출회독 키워드 › 107

위기개입모델

05

기출번호 22-04-04

위기개입모델의 중간단계 활동으로 옳지 않은 것은?

① 위기상황에 대한 초기사정을 실시한다.

② 클라이언트의 일상생활에 활용할 수 있는 자원과 지
지체계를 찾아낸다.

③ 목표달성을 위한 구체적인 과제들에 대해 작업한다.

④ 위기사건 이후 상황과 관련된 자료를 보충한다.

⑤ 현재 위기와 관련된 과거 경험을 탐색한다.

기출회독 키워드 › 107

위기개입모델

06

기출번호 21-04-02

위기개입모델에 관한 설명으로 옳지 않은 것은?

① 클라이언트에게 실용적 정보를 제공하고 지지체계
를 개발하도록 한다.

② 단기개입 서비스를 제공한다.

③ 구체적이고 관찰 가능한 문제에 초점을 둔다.

④ 위기 발달은 촉발요인이 발생한 후에 취약단계로 넘
어간다.

⑤ 사회복지사는 다른 개입모델에 비해 적극적이고 직
접적인 역할을 수행한다.

기출회독 키워드 › 107

위기개입모델

07

기출번호 21-04-07

**사회복지실천모델에 관한 설명으로 옳은 것을 모두 고
른 것은?**

> ㄱ. 위기개입모델에서는 사건에 대한 클라이언트의 주관
> 적인 인식보다 사건 자체를 중시한다.
> ㄴ. 클라이언트중심모델에서는 현재 직면한 문제와 앞으
> 로의 문제를 극복할 수 있도록 성장 과정을 도와준다.
> ㄷ. 임파워먼트모델에서는 클라이언트가 자신의 삶을 스
> 스로 통제할 수 있도록 원조한다.
> ㄹ. 과제중심모델에서는 클라이언트가 인식한 문제에 초
> 점을 두고, 클라이언트의 욕구를 최대한 반영한다.

① ㄱ   ② ㄴ, ㄷ
③ ㄱ, ㄴ, ㄷ   ④ ㄴ, ㄷ, ㄹ
⑤ ㄱ, ㄴ, ㄷ, ㄹ

기출회독 키워드 › 107

위기개입모델

8

기출번호 20-04-12

다음 사례에 대한 위기개입으로 옳은 것은?

> 20대인 A씨는 최근 코로나19에 감염되어 실직한 이후 경제적 어려움과 신체적 후유증으로 인해 일상을 유지하기 힘들 정도로 우울감을 경험하며 때때로 자살까지 생각하곤 한다.

① A씨의 문제를 발달적 위기로 사정한다.
② 코로나19 감염 이전 기능수준으로 회복하는 것을 목표로 잡는다.
③ 적절한 감정표현행동을 습득하고 장기교육 프로그램을 실시한다.
④ A씨 스스로 도움을 요청할 때까지 개입을 유보한다.
⑤ 보다 긍정적인 인생관을 갖도록 삶의 태도를 근본적으로 재조직한다.

기출회독 키워드 **107**

위기개입모델

9

기출번호 20-04-16

사회복지실천모델에 관한 설명으로 옳지 않은 것은?

① 행정수정모델은 선행요인, 행동, 강화요소에 의해 인간행동을 예측하고 통제할 수 있다고 본다.
② 심리사회모델은 상황 속 인간을 고려하되 환경보다 개인의 내적변화를 중시한다.
③ 인지행동모델은 왜곡된 사고에 의한 정서적 문제의 개입에 효과적이다.
④ 과제중심모델은 여러 모델들을 절충적으로 활용하며 개입의 책임성을 강조한다.
⑤ 위기개입모델은 위기에 의한 병리적 반응과 영구적 손상의 치료에 초점을 둔다.

기출회독 키워드 **107**

위기개입모델

10

기출번호 19-04-05

역량강화모델(Empowerment model)에 관한 설명으로 옳은 것을 모두 고른 것은?

> ㄱ. 클라이언트를 자신 문제의 전문가로 인정한다.
> ㄴ. 사회복지사와 클라이언트 간의 상호 협력적 파트너십을 강조한다.
> ㄷ. 클라이언트를 개입의 개체가 아닌 주체로 보기 때문에 자기결정권이 잘 보호될 수 있다.
> ㄹ. 클라이언트가 가진 문제의 원인에 초점을 두고 개입한다.

① ㄱ, ㄷ
② ㄴ, ㄹ
③ ㄱ, ㄴ, ㄷ
④ ㄱ, ㄷ, ㄹ
⑤ ㄴ, ㄷ, ㄹ

기출회독 키워드 **106**

역량강화모델

11

기출번호 19-04-10

위기개입모델의 개입 원칙에 관한 설명으로 옳은 것은?

① 장기적인 개입방법을 사용한다.
② 개입목표는 가능한 한 포괄적으로 설정한다.
③ 사회복지사는 비지시적인 역할을 수행한다.
④ 위기 이전의 기능수준으로 회복하도록 돕는다.
⑤ 문제의 원인에 대한 이해를 위해 클라이언트의 과거 탐색에 초점을 둔다.

기출회독 키워드 **107**

위기개입모델

가족에 대한 이해

해답 & 오답노트 410쪽 ▸

1

기출번호 23-04-17

체계론적 관점에서 가족에 관한 설명으로 옳은 것은?

① 가족의 항상성은 어떤 행동이 허용되는가를 결정하는 가족규칙을 통해 공고해진다.

② 일탈행동이나 갈등상황에 대해 부적 환류를 적용하면 최초의 일탈이나 갈등을 증폭시키는 작용을 한다.

③ 가족은 상위체계와는 독립적으로 존재하며 그 안에 다양한 하위체계를 포함한다.

④ 경직된 경계를 가진 가족은 독립성과 자율성이 결여되어 있다.

⑤ 부모-자녀 하위체계는 가족을 이끄는 책임을 지는 하위체계로 권위를 갖는 것이 중요하다.

기출회독 키워드 ▶ 108

가족 관련 개념 및 특성

2

기출번호 22-04-11

생태체계적 관점에서 보는 가족에 관한 설명으로 옳지 않은 것은?

① 항상성: 가족구성원들이 현재 상태를 유지

② 경직된 경계: 가족이 다수의 복지서비스를 이용

③ 하위체계: 가족구성원들이 경계를 가지고 각자의 기능을 수행

④ 피드백: 가족이 사회환경과 환류를 주고 받으며 변화를 도모

⑤ 순환적 인과관계: 가족 한 사람의 행동이 다른 구성원에게 영향을 주어 가족 전체를 변화

기출회독 키워드 ▶ 108

가족 관련 개념 및 특성

사회복지실천기술론

03

기출번호 22-04-15

사회변화에 따라 달라지는 가족에 관한 설명으로 옳지 않은 것은?

① 가족 형태가 다양해지는 경향이 있다.
② 저출산 시대에는 무자녀 부부가 증가한다.
③ 세대구성이 단순화되면서 확대가족의 의미가 약화된다.
④ 단독으로 생계를 유지하는 경우는 가구의 범위에 속하지 않는다.
⑤ 양육, 보호, 교육, 부양 등에서 사회 이슈가 발생한다.

기출회독 키워드 108

가족 관련 개념 및 특성

04

기출번호 21-04-12

가족개입을 위한 전제조건에 관한 설명으로 옳지 않은 것은?

① 한 사람의 문제는 가족성원 모두에게 영향을 미친다.
② 한 가족성원의 개입노력은 가족 전체에 영향을 준다.
③ 가족성원의 행동은 순환적 인과성의 특성을 갖는다.
④ 가족문제의 원인은 단선적 관점으로 파악한다.
⑤ 한 가족성원이 보이는 증상은 가족의 문제를 대신해서 호소하는 것으로 본다.

기출회독 키워드 108

가족 관련 개념 및 특성

05

기출번호 20-04-17

가족에 관한 체계론적 관점의 기술로 옳지 않은 것은?

① 가족은 하위체계이면서 상위체계이다.
② 가족 규칙은 가족 항상성에 영향을 준다.
③ 가족 내 하위체계의 경계유형은 투과성 정도에 따라 나뉠 수 있다.
④ 가족문제의 원인을 구성원 간 상호작용에서 찾는 것을 순환적 인과관계라고 한다.
⑤ 가족이 처한 상황을 구성원의 인식과 언어체계로 표현하면서 가족 스스로 문제해결의 단서를 찾도록 한다.

기출회독 키워드 108

가족 관련 개념 및 특성

06

기출번호 19-04-23

가족대상 사회복지실천에 관한 설명으로 옳은 것은?

① 누가 가족문제를 일으키는 원인제공자인지 확인하기 위해 순환적 인과관계를 적용한다.
② 동귀결성을 적용하여 어떤 결과에 어떤 하나의 원인이 작용하였는지를 밝힌다.
③ 가족은 사회환경의 하위체계이나 그 내부는 하위체계가 없는 체계이다.
④ 가족체계는 성장과 발전을 추구하면서도 지나친 변화는 제어하며 일정한 안정성을 유지하고자 한다.
⑤ 일차적 사이버네틱스에서 가족은 스스로 창조하고 독립된 실제이며 사회복지사를 가족과 완전 분리된 사람으로 보지 않는다.

기출회독 키워드 108

가족 관련 개념 및 특성

해답 & 오답노트 411쪽 ◐

01 기출번호 23-04-18

가족의 구조와 기능에 관한 설명으로 옳은 것을 모두 고른 것은?

> ㄱ. 기능적인 가족은 가족규칙을 융통성 있게 적용한다.
> ㄴ. 부모와 자녀 간의 밀착된 관계는 하위체계 간 균형을 유지하게 한다.
> ㄷ. 밀착된 가족은 경계의 투과성이 높아 체계 간 구분이 어렵다.
> ㄹ. 기능적 가족은 가족성원에게 고정된 역할을 부여하여 혼란을 감소시킨다.

① ㄱ, ㄴ
② ㄱ, ㄷ
③ ㄴ, ㄷ
④ ㄴ, ㄷ, ㄹ
⑤ ㄱ, ㄴ, ㄷ, ㄹ

기출회독 키워드 ▶ 110

가족사정의 요소들

02 기출번호 21-04-15

가족경계(boundary)에 관한 설명으로 옳은 것은?

① 하위체계의 경계가 경직된 경우에는 지나친 간섭이 증가한다.
② 하위체계의 경계가 희미한 경우에는 감정의 합일현상이 증가한다.
③ 하위체계의 경계가 경직된 경우에는 가족의 보호 기능이 강화된다.
④ 하위체계의 경계가 희미한 경우에는 가족 간 의사소통이 감소한다.
⑤ 하위체계의 경계가 경직된 경우에는 가족구성원이 독립적으로 행동하기 어렵다.

기출회독 키워드 ▶ 110

가족사정의 요소들

해답 & 오답노트 411-412쪽 ◐

3

기출번호 21-04-16

가족사정에 관한 설명으로 옳은 것을 모두 고른 것은?

> ㄱ. 가족체계가 어떻게 기능하는지 발견하는 것이 목적
> 이다.
> ㄴ. 가족상호작용 유형에 적합한 방법을 찾는 것이다.
> ㄷ. 가족사정과 개입과정은 상호작용적이며 순환적이다.
> ㄹ. 가족이 제시하는 문제, 생태학적 사정, 세대 간 사정,
> 가족내부 간 사정으로 이루어진다.

① ㄱ, ㄴ   ② ㄷ, ㄹ
③ ㄱ, ㄴ, ㄷ   ④ ㄱ, ㄴ, ㄹ
⑤ ㄱ, ㄴ, ㄷ, ㄹ

기출회독 키워드 > 110

가족사정의 요소들

4

기출번호 20-04-18

자녀양육의 어려움을 호소하는 가족의 사정도구에 관한 설명으로 옳지 않은 것은?

① 가계도를 활용하여 구성원 간 관계를 파악한다.
② 생태도를 통해 회복탄력성과 문제해결능력을 확인한다.
③ 양육태도척도를 활용하여 문제가 되는 부분을 탐색한다.
④ 자녀 입장의 가족조각으로 자녀가 인식하는 가족관계를 탐색한다.
⑤ 생활력표를 활용하여 현재 어려움에 영향을 주는 발달단계 상의 경험을 이해한다.

기출회독 키워드 > 109

가족사정도구

5

기출번호 19-04-15

어느 시점에서의 인간관계, 타인에 대한 느낌과 감정을 동작과 공간을 사용하여 표현하는 비언어적 기법은?

① 연합
② 은유
③ 외현화
④ 가족조각
⑤ 원가족 도표

기출회독 키워드 > 109

가족사정도구

6

기출번호 19-04-19

가계도를 통한 분석 내용으로 옳은 것을 모두 고른 것은?

> ㄱ. 가족 내 삼각관계
> ㄴ. 지배적인 주제와 가족구조의 변화
> ㄷ. 가족이 위치한 지역사회의 안정성과 쾌적성
> ㄹ. 가족 내 반복적으로 나타나고 있는 사건의 연결성

① ㄴ   ② ㄱ, ㄴ
③ ㄱ, ㄹ   ④ ㄱ, ㄴ, ㄹ
⑤ ㄱ, ㄴ, ㄷ, ㄹ

기출회독 키워드 > 109

가족사정도구

9장 가족 대상 실천기법

해답 & 오답노트 412~413쪽 ○

01
기출번호 23-04-07

해결중심모델의 주요 원리로 옳지 않은 것은?

① 건강한 것에 초점을 둔다.
② 개입의 목적을 증상 감소에 둔다.
③ 현재에 초점을 맞추며 미래지향적이다.
④ 클라이언트와의 협력관계를 중요시한다.
⑤ 탈이론적이며 비규범적이다.

기출회독 키워드 > 115

해결중심 가족치료

02
기출번호 23-04-12

가족치료모델의 개입 목표에 관한 설명으로 옳지 않은 것은?

① 해결중심 가족치료: 가족이 문제 중심에서 벗어나 해결방안을 모색하고 실행하도록 돕는다.
② 다세대 가족치료: 가족구성원의 불안 감소 및 미분화된 원가족과의 관계에서 자아분화를 증진시킨다.
③ 구조적 가족치료: 역기능적 가족구조를 재구조화한다.
④ 경험적 가족치료: 자아존중감 향상과 의사소통 방식의 변화를 통해 대처능력을 향상시킨다.
⑤ 전략적 가족치료: 다양한 전략을 활용하여 제시된 문제의 원인을 찾도록 돕는다.

기출회독 키워드 > 114

전략적 가족치료

03
기출번호 23-04-13

미누친(S. Minuchin)의 구조적 가족치료의 대표적 기법을 옳게 나열한 것은?

① 합류하기, 균형 깨뜨리기, 실연
② 합류하기, 경계 만들기, 가족그림
③ 경계 만들기, 탈삼각화, 과제부여
④ 과제부여, 균형 깨뜨리기, 역설적 지시
⑤ 균형 깨뜨리기, 경계 만들기, 순환적 질문

기출회독 키워드 > 112

구조적 가족치료

04
기출번호 23-04-14

다음 사례에 해당하는 가족개입 기법은?

> 끊임없는 잔소리로 말다툼이 잦아 갈등을 겪고 있는 부부에게 매일 1회 시간을 정해서 30분 동안 부부싸움을 하도록 하였다.

① 실연
② 재구성
③ 역설적 지시
④ 순환적 질문하기
⑤ 긍정적 의미부여

기출회독 키워드 > 114

전략적 가족치료

사회복지실천기술론

○5

기출번호 23-04-15

보웬(M. Bowen)의 다세대 가족치료의 주요 개념과 기법에 관한 설명으로 옳은 것을 모두 고른 것은?

> ㄱ. 자아분화 수준이 더 낮은 성원이 가족투사의 대상이 된다.
> ㄴ. 가계도를 작성하고 해석하면서 가족의 정서적 과정을 이해한다.
> ㄷ. 성공적인 치료를 위해 사회복지사는 치료적 삼각관계를 형성하여 개입한다.
> ㄹ. 자아분화 수준이 낮을수록 가족원의 자율성이 증가하여 독립적으로 행동한다.

① ㄱ, ㄴ   ② ㄴ, ㄷ
③ ㄱ, ㄴ, ㄷ   ④ ㄱ, ㄷ, ㄹ
⑤ ㄱ, ㄴ, ㄷ, ㄹ

기출회독 키워드 ▶ 111

다세대 가족치료

○6

기출번호 23-04-16

경험적 가족치료에 관한 설명으로 옳지 않은 것은?

① 자아존중감을 높이는 것이 중요한 치료목표이다.
② 역기능적 의사소통 유형을 일치형으로 바꾸도록 돕는다.
③ 가족규칙을 합리적으로 바꾸고, 자기 인생에 대한 선택권을 스스로 갖도록 한다.
④ 역기능적인 상호작용의 개선이나 증상 제거보다 개인의 성장에 더 초점을 둔다.
⑤ 가족의 상호작용 유형을 확인하고 문제를 외현화한다.

기출회독 키워드 ▶ 113

경험적 가족치료

○7

기출번호 22-04-03

해결중심모델의 개입목표 설정 원칙에 관한 설명으로 옳지 않은 것은?

① 클라이언트에게 중요한 것을 목표로 하기
② 작은 것을 목표로 하기
③ 목표를 종료보다는 시작으로 간주하기
④ 있는 것 보다 없는 것에 관심두기
⑤ 목표수행은 힘든 일이라고 인식하기

기출회독 키워드 ▶ 115

해결중심 가족치료

○8

기출번호 22-04-12

알코올 의존을 겪는 가장과 그 자녀의 상황에 사티어(V. Satir)의 의사소통 유형을 적용한 것으로 옳은 것은?

① 회유형: 모든 것이 자녀 때문이라며 자신이 외롭다고 함
② 초이성형: 스트레스가 유해하다는 연구를 인용하며 술이라도 마셔서 스트레스를 풀겠다고 침착하게 말함
③ 비난형: 어려서 고생을 많이 해서 그렇다며 벌떡 일어나 방 안을 왔다갔다 함
④ 산만형: 살기 힘들어 술을 마신다며 자신의 술 문제가 자녀 학업을 방해했다고 인정함
⑤ 일치형: 다른 사람들 말이 다 옳고 자신은 아무것도 아니라고 술 문제에 대한 벌을 달게 받겠다고 함

기출회독 키워드 ▶ 113

경험적 가족치료

9

기출번호 22-04-13

가족치료모델의 개입 목표에 관한 설명으로 옳지 않은 것은?

① 이야기 가족치료: 문제중심 이야기에서 벗어나 새롭고 건설적인 가족 이야기 작성
② 구조적 가족치료: 가족관계 역기능을 유발하는 가족 위계와 경계의 변화 도모
③ 경험적 가족치료: 가족이 미분화에서 벗어나 가족체계의 변화를 달성
④ 전략적 가족치료: 의사소통과 행동 문제의 순환 고리를 끊고 연쇄작용 변화
⑤ 해결중심 가족치료: 문제가 일어나지 않는 예외상황을 찾아서 확대

기출회독 키워드 > 113

경험적 가족치료

10

기출번호 22-04-14

보웬(M. Bowen)의 다세대 가족치료의 기법이 적용된 사례에 관한 설명으로 옳지 않은 것은?

① 자아분화: 가족의 빈곤한 상황에서도 아동 자녀가 자율적으로 생각하고 행동함
② 삼각관계: 아동 자녀가 부모와의 갈등을 피하기 위해 경찰에 신고함
③ 정서적 체계: 부모의 긴장관계가 아동 자녀에게 주는 정서적 영향을 파악함
④ 가족투사 과정: 핵가족의 부부체계가 자신들의 불안을 아동 자녀에게 투영하는 과정을 검토함
⑤ 다세대 전이: 가족의 관계 형성이나 정서, 증상이 여러 세대에 걸쳐 전수되는 것을 파악함

기출회독 키워드 > 111

다세대 가족치료

11

기출번호 22-04-16

다음과 같은 기법을 사용하는 가족치료모델은?

- 가족구성원들 사이 힘의 우위에 따라 대칭적이거나 보완적 관계가 형성된다.
- 비언어적 의사소통이 가족의 욕구를 나타내므로 메타 의사소통이 중요하다.
- 가족이 문제행동을 유지하도록 지시함으로써 클라이언트가 통제력을 발휘한다.

① 전략적 가족치료모델
② 해결중심 가족치료모델
③ 구조적 가족치료모델
④ 다세대 가족치료모델
⑤ 경험적 가족치료모델

기출회독 키워드 > 114

전략적 가족치료

12

기출번호 21-04-03

해결중심모델에 관한 설명으로 옳은 것은?

① 클라이언트에게 대처행동을 가르치고 훈련함으로써 부적응을 해소하도록 한다.
② 탈이론적이고 비규범적이며 클라이언트의 견해를 존중한다.
③ 문제의 원인을 클라이언트의 심리 내적 요인에서 찾는다.
④ 클라이언트의 문제를 자원 혹은 기술 부족으로 본다.
⑤ 문제와 관련이 있는 환경과 자원을 사정하고 개입 방안을 강조한다.

기출회독 키워드 > 115

해결중심 가족치료

사회복지실천기술론

13

해결중심모델에서 사용하는 질문기법과 그에 관한 예로 옳은 것은?

① 관계성 질문: 재혼하신 아버지는 이 문제를 어떻게 생각하실까요?

② 기적질문: 처음 상담했을 때와 지금의 스트레스 수준을 비교한다면 지금은 몇 점인가요?

③ 대처질문: 어떻게 하면 그 문제가 발생하지 않을 것 같나요?

④ 예외질문: 당신은 그 어려운 상황에서 어떻게 견딜 수 있었나요?

⑤ 척도질문: 처음 상담을 약속했을 때와 지금은 무엇이 어떻게 달라졌는지 말씀해 주세요.

기출회독 키워드 > 115

해결중심 가족치료

14

다음 가족사례에 적용된 실천기법은?

- 클라이언트: "저희 딸은 제 말을 안 들어요. 저희 남편이 뭐든 대신 다 해주거든요. 아이가 남편 말만 들어요. 결국 아이문제로 인해 부부싸움으로 번지거든요."
- 사회복지사: "아버지가 아이를 대신해서 다 해주시는군요. 어머니는 그 사이에서 소외된다고 느끼시네요. 자녀가 스스로 할 수 있도록 아버지는 기다려주고 어머니와 함께 지켜보는 것이 어떨까요?"

① 합류   ② 역설적 지시

③ 경계선 만들기   ④ 증상처방

⑤ 가족조각

기출회독 키워드 > 112

구조적 가족치료

15

가족실천 모델과 주요개념, 기법의 연결로 옳지 않은 것은?

① 보웬모델 – 자아분화 – 탈삼각화

② 구조적모델 – 하위체계 – 균형깨뜨리기

③ 경험적모델 – 자기대상 – 외현화

④ 전략적모델 – 환류고리 – 재구성

⑤ 해결중심모델 – 강점과 자원 – 예외질문

기출회독 키워드 > 113

경험적 가족치료

16

다음 전제에 해당되는 사회복지실천모델은?

- 삶에서 변화는 불가피하며 작은 변화가 더 큰 변화로 이어진다.
- 모든 문제에는 예외가 존재한다.
- 클라이언트는 자기 삶의 주체이며, 자신에게 중요한 사람과 일에 대해 가장 잘 아는 전문가이다.

① 클라이언트중심모델   ② 해결중심모델

③ 문제해결모델   ④ 정신역동모델

⑤ 동기상담모델

기출회독 키워드 > 115

해결중심 가족치료

17

기출번호 20-04-19

사티어(V. Satir)의 의사소통유형에 관한 설명으로 옳은 것은?

① 회유형은 자신을 무시하고 타인을 떠받든다.
② 일치형은 자신을 보호하기 위해 타인을 비난한다.
③ 산만형은 자신과 타인을 무시하고 상황을 중요시한다.
④ 초이성형은 자신과 상황을 중시하고 상대를 과소평가한다.
⑤ 비난형은 자기 생각을 관철시키려고 어려운 말로 장황하게 설명한다.

> **기출회독 키워드** ▸ **113**
>
> 경험적 가족치료

18

기출번호 20-04-20

보웬(M. Bowen)이 제시한 개념 중 다음 설명에 해당하는 것은?

- 여러 세대에 거쳐 전수될 수 있다.
- 정신내적 개념이면서 대인관계적 개념이다.
- 정신내적 개념은 자신의 지적 측면과 정서적 측면의 구분을 의미한다.
- 대인관계적 개념은 타인과 친밀하면서도 독립성을 유지하는 능력을 말한다.

① 가족투사   ② 삼각관계
③ 자아분화   ④ 핵가족 정서
⑤ 다세대 전수

> **기출회독 키워드** ▸ **111**
>
> 다세대 가족치료

19

기출번호 20-04-21

다음 사례에 대해 미누친(S. Minuchin)의 구조적 모델을 적용한 개입방법이 아닌 것은?

> 자녀교육 문제로 시어머니와 대립하는 며느리가 가족상담을 요청했다. 며느리는 남편이 모든 것을 어머니한테 맞추라고 한다며 섭섭함을 토로했다.

① 가족을 이해하고 수용하면서 합류한다.
② 가족문제를 더 정확히 이해하기 위해 실연을 요청한다.
③ 가족지도를 통해 가족구조와 가족역동을 이해하도록 돕는다.
④ 남편이 시어머니의 영향권에서 벗어나도록 탈삼각화를 진행한다.
⑤ 부부가 함께 부모역할을 수행하도록 하위체계의 경계를 명확하게 한다.

> **기출회독 키워드** ▸ **112**
>
> 구조적 가족치료

20

기출번호 20-04-22

해결중심모델의 질문기법 예시로 옳지 않은 것은?

① 관계성질문: 두 분이 싸우지 않을 때는 어떠세요?
② 예외질문: 매일 싸운다고 하셨는데, 안 싸운 날은 없었나요?
③ 대처질문: 자녀에게 잔소리하는 횟수를 어떻게 줄일 수 있었나요?
④ 첫 상담 이전의 변화에 대한 질문: 상담신청 후 지금까지 어떤 변화가 있었나요?
⑤ 기적질문: 밤새 기적이 일어나서 문제가 다 해결됐는데, 자느라고 기적이 일어난 걸 몰라요. 아침에 뭘 보면 기적이 일어났다는 걸 알 수 있을까요?

> **기출회독 키워드** ▸ **115**
>
> 해결중심 가족치료

21

기출번호 20-04-23

가족개입의 전략적 모델에 관한 설명으로 옳은 것은?

① 역기능적인 구조의 재구조화를 개입목표로 한다.

② 증상처방이나 고된 체험기법을 비지시적으로 활용한다.

③ 가족문제가 왜 일어났는지 파악하여 원인 제거에 필요한 전략을 사용한다.

④ 가족 내 편중된 권력으로 인해 고착된 불평등한 위계구조를 재배치한다.

⑤ 문제를 보는 시각을 변화시키고 새로운 의미를 발견하는 재명명기법을 사용한다.

> 기출회독 키워드 ▶ 114
>
> 전략적 가족치료

22

기출번호 19-04-09

해결중심모델에 관한 설명으로 옳지 않은 것은?

① 사회복지사는 클라이언트를 변화시키는 전문가가 아니라 변화에 도움을 주는 자문가 역할을 한다.

② 문제의 원인과 발전과정에 관심을 두기보다 문제해결 방안을 모색하는 것이 더 효과적이라고 본다.

③ 모든 사람은 강점과 자원, 능력을 가지고 있다고 가정한다.

④ 클라이언트의 견해를 존중한다.

⑤ 클라이언트의 과거에 관해 깊이 탐색하여 현재와 미래에 적용하도록 돕는데 관심을 둔다.

> 기출회독 키워드 ▶ 115
>
> 해결중심 가족치료

23

기출번호 19-04-12

해결중심모델에서 사용하는 질문 기법과 이에 관한 예로 옳은 것은?

① 예외질문: 그 어려운 상황 속에서도 견딜 수 있었던 것은 무엇이라 생각합니까?

② 관계성 질문: 남편이 여기 있다면 당신이 어떻게 하는 것이 문제 해결에 도움이 된다고 할까요?

③ 기적질문: 잠이 안 와서 힘들다고 하셨는데, 잠을 잘 잤다고 느낄 때는 언제일까요?

④ 대처질문: 지난 1주일간 어떤 변화가 있었나요?

⑤ 척도질문: 문제가 발생하지 않았던 때는 언제인가요?

> 기출회독 키워드 ▶ 115
>
> 해결중심 가족치료

24

기출번호 19-04-14

아무리해도 말이 안 통한다고 하는 부부에게 "여기서 직접 한 번 서로 말씀해 보도록 하겠습니까?"라고 하는 것은 어떤 기법을 활용한 것인가?

① 실연

② 추적하기

③ 빙산치료

④ 치료 삼각관계

⑤ 경계선 만들기

> 기출회독 키워드 ▶ 112
>
> 구조적 가족치료

25

기출번호 19-04-20

가족대상 사회복지실천의 과정에 관한 설명으로 옳은 것을 모두 고른 것은?

> ㄱ. 가족과 함께 문제의 우선순위를 설정한다.
> ㄴ. 사회복지사는 한 단계 낮은 자세를 취하여 가족의 정보를 얻는다.
> ㄷ. 가족과의 관계형성을 위해 가족이 있는 곳으로 합류할 필요가 있다.
> ㄹ. 문제가 가족 모두에게 영향을 미치고 있고 가족구성원이 그 문제의 발생과 유지에 영향을 주고 있을 경우 가족단위의 개입을 고려한다.

① ㄹ
② ㄱ, ㄷ
③ ㄴ, ㄹ
④ ㄱ, ㄴ, ㄷ
⑤ ㄱ, ㄴ, ㄷ, ㄹ

26

기출번호 19-04-21

가족의 문제가 개선될 때 체계의 항상성 균형이 위험하다고 판단되어 사용하는 전략으로, 변화의 속도가 빠르다고 지적하며 조금 천천히 변화하라고 하는 기법은?

① 시련
② 제지
③ 재정의
④ 재구조화
⑤ 가족옹호

기출회독 키워드 > 114

전략적 가족치료

27

기출번호 19-04-25

사티어(V. Satir)의 의사소통 유형에 관한 설명으로 옳은 것을 모두 고른 것은?

> ㄱ. 일치형 의사소통 유형이 치료의 목표다.
> ㄴ. 의사소통 유형은 자존감과 연관하여 설명한다.
> ㄷ. 가족생활주기는 역기능적 의사소통 유형에 영향을 미친다.
> ㄹ. 역기능적 의사소통 유형에서 공통적으로 발견되는 것은 언어적 메시지와 비언어적 메시지의 불일치다.

① ㄱ, ㄴ
② ㄷ, ㄹ
③ ㄱ, ㄴ, ㄷ
④ ㄱ, ㄴ, ㄹ
⑤ ㄱ, ㄷ, ㄹ

기출회독 키워드 > 113

경험적 가족치료

사회복지실천기술론

해답 & 오답노트 416쪽 ◐

01 기출번호 23-04-19

집단문화에 관한 설명으로 옳지 않은 것은?

① 집단 고유의 스타일이나 독특성을 만들어낸다.
② 집단응집력은 집단문화 형성에 영향을 미치는 요인이다.
③ 성원들의 가치가 혼합되면서 타 집단과 구분되는 특성이 만들어진다.
④ 다양한 성원들이 참여하는 개방형 집단에서 빠르게 형성된다.
⑤ 고정관념이나 편견이 많은 성원들은 집단문화 형성에 방해가 된다.

기출회독 키워드 > 118

집단역동성(집단역학)

02 기출번호 23-04-20

자조집단이 갖는 특징으로 옳은 것을 모두 고른 것은?

> ㄱ. 동병상련의 경험에 기반을 둔다.
> ㄴ. 집단사회복지사의 주요 역할은 변화매개인이다.
> ㄷ. 집단 내 원활한 의사소통과 상호작용을 위해 공동지도자를 둔다.
> ㄹ. 노아방주의 원칙(Noah's ark principle)에 따라 성원을 모집한다.

① ㄱ
② ㄴ, ㄷ
③ ㄴ, ㄹ
④ ㄴ, ㄷ, ㄹ
⑤ ㄱ, ㄴ, ㄷ, ㄹ

기출회독 키워드 > 117

집단의 유형

03 기출번호 23-04-21

집단대상 실천의 치료적 효과에 해당하는 것을 모두 고른 것은?

> ㄱ. 정보습득
> ㄴ. 보편성
> ㄷ. 이타심
> ㄹ. 정화

① ㄱ
② ㄴ, ㄷ
③ ㄴ, ㄹ
④ ㄴ, ㄷ, ㄹ
⑤ ㄱ, ㄴ, ㄷ, ㄹ

기출회독 키워드 > 119

집단의 치료적 효과

4

기출번호 22-04-17

토스랜드와 리바스(R. Toseland & R. Rivas)가 분류한 집단 모델에 관한 설명으로 옳은 것은?

① 치료모델은 집단의 사회적 목표를 강조한다.
② 상호작용모델은 개인 치료를 위한 수단으로 집단을 강조한다.
③ 상호작용모델은 개인의 역기능 변화가 목적이다.
④ 사회적 목표모델은 민주시민의 역량 개발에 초점을 둔다.
⑤ 사회적 목표모델은 집단성원 간 투사를 활용한다.

6

기출번호 22-04-23

집단 사회복지실천의 장점에 관한 설명으로 옳지 않은 것은?

① 모방행동: 기존의 행동을 고수한다.
② 희망의 고취: 문제가 개선될 수 있다는 희망을 갖게 한다.
③ 이타심: 위로, 지지 등으로 서로 도움을 주고 받는다.
④ 사회기술의 발달: 대인관계에 관한 사회기술을 습득한다.
⑤ 보편성: 다른 사람들도 비슷한 경험을 하는 것으로 위로를 받는다.

기출회독 키워드 > 119

집단의 치료적 효과

5

기출번호 22-04-22

역기능적 집단의 특성으로 옳은 것은?

① 자발적인 자기표출
② 문제 해결 노력의 부족
③ 모든 집단성원의 토론 참여
④ 집단성원 간 직접적인 의사소통
⑤ 집단 사회복지사를 존중

기출회독 키워드 > 118

집단역동성(집단역학)

7

기출번호 21-04-18

집단 대상 실천의 장점으로 옳지 않은 것은?

① 타인의 문제에 관심을 갖고 공감하면서 이타심이 커진다.
② 유사 경험을 가진 사람들을 만나면서 문제의 보편성을 경험한다.
③ 다양한 성원들로부터 새로운 행동을 학습하면서 정화 효과를 얻는다.
④ 사회복지사나 성원의 행동을 모방하면서 사회기술이 향상된다.
⑤ 성원간 관계를 통해 원가족과의 갈등을 탐색하는 기회를 갖는다.

기출회독 키워드 > 119

집단의 치료적 효과

사회복지실천기술론

8
기출번호 21-04-23

사회목표모델에 관한 내용에 해당하지 않는 것은?

① 자원 개발의 과제
② 민주적 의사결정 방식
③ 인본주의이론에 근거
④ 사회복지사의 촉진자 역할
⑤ 성원간 소속감과 결속력 강조

10
기출번호 20-04-06

집단 응집력에 관한 설명으로 옳은 것을 모두 고른 것은?

> ㄱ. 구성원 간 신뢰감이 높을수록 응집력이 높다.
> ㄴ. 응집력이 높은 집단에서는 자기노출을 억제한다.
> ㄷ. 구성원이 소속감을 가지면 응집력이 강화된다.
> ㄹ. 응집력이 높은 집단이 낮은 집단보다 생산적인 작업에 더 유리하다.

① ㄱ
② ㄱ, ㄷ
③ ㄴ, ㄹ
④ ㄱ, ㄷ, ㄹ
⑤ ㄱ, ㄴ, ㄷ, ㄹ

기출회독 키워드 > 118

집단 역동성

9
기출번호 20-04-02

지지집단의 주요 목적으로 옳은 것은?

① 구성원의 자기인식 증진
② 클라이언트의 병리적 행동 치료
③ 구성원에게 기술과 정보 제공
④ 사회적응 지원
⑤ 동병상련의 경험으로 해결책 모색

기출회독 키워드 > 117

집단의 유형

11
기출번호 20-04-07

집단목표에 관한 설명으로 옳은 것은?

① 목표는 구체적으로 수립한다.
② 한 번 정한 목표는 혼란 방지를 위해 수정하지 않는다.
③ 집단 크기나 기간을 정할 때 목표는 고려하지 않는다.
④ 집단목표는 구성원의 목표와 관련 없다.
⑤ 목표는 집단과정에서 자연스럽게 형성되므로 의도적인 노력은 필요 없다.

기출회독 키워드 > 118

집단 역동성

12

기출번호 19-04-01

다음에서 설명하는 집단의 치료적 효과는?

> 집단 내 상호작용 과정에서 그동안 해결되지 않은 원가족과의 갈등에 대해 탐색하고 행동패턴을 수정할 기회를 갖게 된다.

① 정화
② 일반화
③ 희망증진
④ 이타성 향상
⑤ 재경험의 기회 제공

기출회독 키워드 > 119

집단의 치료적 효과

13

기출번호 19-04-03

집단유형별 특성에 관한 설명으로 옳지 않은 것은?

① 지지집단은 유사한 문제와 욕구를 가진 사람들로 구성하여 유대가 빨리 형성된다.
② 성장집단은 집단 참여자의 자기인식을 증가시켜 개인의 잠재력을 최대화하는 데 초점을 둔다.
③ 치료집단은 성원의 병리적 행동과 외상 후 상실된 기능을 회복하는 데 초점을 둔다.
④ 교육집단은 지도자가 집단 성원의 문제와 욕구를 해결하기 위해 필요한 기술과 정보를 제공한다.
⑤ 자조집단에서는 전문가가 의도적으로 집단을 구성하여 정서적 지지와 문제 해결을 지원한다.

기출회독 키워드 > 117

집단의 유형

14

기출번호 19-04-04

집단역동에 관한 설명으로 옳지 않은 것은?

① 하위집단은 집단에 부정적인 영향을 미치기 때문에 사회복지사가 개입하여 만들어지지 않도록 한다.
② 집단성원 간 직접적 의사소통을 격려하여 집단역동을 발달시킨다.
③ 집단응집력이 강할 경우, 집단성원들 사이에 상호 의존하려는 경향이 강해진다.
④ 개별성원의 목적과 집단 전체의 목적의 일치 여부에 따라 집단역동은 달라진다.
⑤ 긴장과 갈등을 적절하고 건설적인 방법으로 해결할 때 집단은 더욱 성장할 수 있다.

기출회독 키워드 > 118

집단 역동성

15

기출번호 19-04-17

집단응집력을 향상하는 요인이 아닌 것은?

① 이질적 집단으로 구성
② 집단에 대한 자부심 고취
③ 집단성원간의 다른 인식과 관점의 인정
④ 집단성원간 공개적이고 활발한 상호작용
⑤ 집단의 참여를 통해 얻게 되는 보상, 자원 제공

기출회독 키워드 > 118

집단 역동성

16

기출번호 19-04-24

집단과정을 촉진하기 위한 직면하기에 관한 설명으로 옳은 것을 모두 고른 것은?

> ㄱ. 시작단계에서 가장 많이 쓰는 기법이다.
> ㄴ. 집단성원이 아직 인식하지 못했던 부분을 볼 수 있도록 한다.
> ㄷ. 말과 행동의 불일치를 밝히고 이를 해결할 수 있도록 원조한다.
> ㄹ. 행동을 구체적으로 지적하고 집단에 미치는 영향을 설명한다.

① ㄱ, ㄴ

② ㄴ, ㄹ

③ ㄱ, ㄷ, ㄹ

④ ㄴ, ㄷ, ㄹ

⑤ ㄱ, ㄴ, ㄷ, ㄹ

기출회독 키워드 ▶ 120

집단 지도자의 역할 및 기술

11장 집단발달단계

해답 & 오답노트 418-419쪽 ◐

1 기출번호 23-04-22

집단 사정도구의 활용 목적으로 옳은 것은?

① 소시오메트리: 개별 성원의 행동패턴 분석
② 소시오그램: 성원 간 상호작용 빈도 측정
③ 사회적 관계망표: 집단성원 활동에 대한 상호 평가
④ 상호작용차트: 성원의 집단참여 수준 분석
⑤ 의의차별척도: 하위집단의 구성여부 파악

기출회독 키워드 > 122

집단 사정단계

2 기출번호 23-04-23

집단의 종결단계에서 수행하는 과업으로 옳은 것을 모두 고른 것은?

> ㄱ. 성원 간의 이해를 돕기 위해 자기노출의 기회를 갖는다.
> ㄴ. 집단경험을 통해 학습한 내용의 활용계획을 세운다.
> ㄷ. 공통의 관심사를 찾기 위해 개방적 토론 시간을 늘린다.
> ㄹ. 측정도구를 통해 성원 개인별 변화를 평가한다.

① ㄱ
② ㄴ, ㄷ
③ ㄴ, ㄹ
④ ㄴ, ㄷ, ㄹ
⑤ ㄱ, ㄴ, ㄷ, ㄹ

기출회독 키워드 > 125

집단 종결단계

3 기출번호 22-04-18

집단 사회복지실천 사정에 활용되는 것을 모두 고른 것은?

> ㄱ. 집단 사회복지사의 관찰
> ㄴ. 외부 전문가의 보고
> ㄷ. 표준화된 사정도구
> ㄹ. 집단성원의 자기관찰

① ㄱ, ㄴ
② ㄱ, ㄹ
③ ㄴ, ㄷ
④ ㄱ, ㄷ, ㄹ
⑤ ㄱ, ㄴ, ㄷ, ㄹ

기출회독 키워드 > 122

집단 사정단계

사회복지실천기술론

●4

기출번호 22-04-19

집단에 관한 설명으로 옳은 것은?

① 개방형 집단은 폐쇄형 집단에 비해 집단 성원의 중도 가입이 어렵다.

② 개방형 집단은 폐쇄형 집단에 비해 응집력이 강하다.

③ 개방형 집단은 폐쇄형 집단에 비해 집단 성원의 역할이 안정적이다.

④ 폐쇄형 집단은 개방형 집단에 비해 집단 발달단계를 예측하기 어렵다.

⑤ 폐쇄형 집단은 개방형 집단에 비해 집단 규범이 안정적이다.

> **기출회독 키워드 ▶ 121**
>
> 집단 준비단계

●6

기출번호 22-04-21

집단 종결단계에서 사회복지사의 역할로 옳은 것을 모두 고른 것은?

> ㄱ. 집단과정에서 성취한 변화를 지속적으로 유지하도록 돕는다.
> ㄴ. 집단성원의 개별 목표를 설정한다.
> ㄷ. 종결을 앞두고 나타나는 다양한 감정을 토론하도록 격려한다.
> ㄹ. 집단에 대한 의존성을 서서히 감소시켜 나간다.

① ㄱ, ㄴ   ② ㄷ, ㄹ

③ ㄱ, ㄴ, ㄹ   ④ ㄱ, ㄷ, ㄹ

⑤ ㄴ, ㄷ, ㄹ

> **기출회독 키워드 ▶ 125**
>
> 집단 종결단계

●5

기출번호 22-04-20

집단 중간단계의 개입기술에 관한 설명으로 옳지 않은 것은?

① 집단성원 간 상호작용을 향상시킨다.

② 집단성원을 사후관리 한다.

③ 집단의 목표를 달성하도록 원조한다.

④ 집단의 응집력을 향상시킨다.

⑤ 집단성원이 집단과정에 적극 활동하도록 촉진한다.

> **기출회독 키워드 ▶ 124**
>
> 집단 중간단계

●7

기출번호 21-04-19

집단을 준비 또는 계획하는 단계에서 고려할 사항으로 옳은 것을 모두 고른 것은?

> ㄱ. 집단성원의 참여 자격
> ㄴ. 공동지도자 참여 여부
> ㄷ. 집단성원 모집방식과 절차
> ㄹ. 집단의 회기별 주제

① ㄱ   ② ㄱ, ㄷ

③ ㄴ, ㄹ   ④ ㄱ, ㄷ, ㄹ

⑤ ㄱ, ㄴ, ㄷ, ㄹ

> **기출회독 키워드 ▶ 121**
>
> 집단 준비단계

8

기출번호 21-04-20

집단의 성과를 평가하는 방법으로 옳지 않은 것은?

① 사전사후 검사
② 개별인터뷰
③ 단일사례설계
④ 델파이조사
⑤ 초점집단면접

> **기출회독 키워드** > 125
>
> 집단 종결단계

9

기출번호 21-04-22

집단발달의 초기단계에 적합한 실천기술에 해당하는 것을 모두 고른 것은?

> ㄱ. 집단성원이 신뢰감을 갖고 참여할 수 있는 분위기를 조성한다.
> ㄴ. 집단성원이 수행한 과제에 대해 솔직하고 구체적인 피드백을 준다.
> ㄷ. 집단역동을 촉진하기 위해 사회복지사가 의도적인 자기노출을 한다.
> ㄹ. 집단성원의 행동과 태도가 불일치하는 경우에 직면을 통해 지적한다.

① ㄱ
② ㄱ, ㄷ
③ ㄴ, ㄹ
④ ㄱ, ㄷ, ㄹ
⑤ ㄱ, ㄴ, ㄷ, ㄹ

> **기출회독 키워드** > 123
>
> 집단 초기단계

10

기출번호 20-04-03

집단 초기단계에서 사회복지사의 역할을 모두 고른 것은?

> ㄱ. 집단과 구성원의 목표를 설정한다.
> ㄴ. 지도자인 사회복지사를 소개하며 신뢰감을 형성한다.
> ㄷ. 구성원 간 유사성을 토대로 응집력을 형성한다.
> ㄹ. 구성원이 집단에 의존하는 정도를 감소시킨다.

① ㄱ, ㄴ
② ㄴ, ㄷ
③ ㄷ, ㄹ
④ ㄱ, ㄴ, ㄷ
⑤ ㄱ, ㄴ, ㄷ, ㄹ

> **기출회독 키워드** > 123
>
> 집단 초기단계

11

기출번호 20-04-04

집단활동 중 발생하는 저항에 관한 설명으로 옳지 않은 것은?

① 구성원이 피하고 싶은 주제가 논의될 때 일어날 수 있다.
② 사회복지사가 제안한 과업의 실행방법을 모를 때 발생할 수 있다.
③ 목표 달성을 위해서는 저항 이유를 무시해야 한다.
④ 효과적으로 해결하면 집단활동이 촉진될 수 있다.
⑤ 다른 구성원의 의견을 통해 해결방안을 찾을 수 있다.

> **기출회독 키워드** > 124
>
> 집단 중간단계

해답 & 오답노트 420쪽 ○

12

기출번호 20-04-05

집단 사정을 위한 소시오그램에 관한 설명으로 옳은 것은?

① 구성원 간 호감도 질문은 하위집단을 형성하므로 피한다.

② 구성원 모두가 관심을 갖는 주제를 발견하는 데 목적이 있다.

③ 소시오메트리 질문을 활용하여 정보를 파악한다.

④ 구성원 간 상호작용을 문장으로 표현한다.

⑤ 특정 구성원에 대한 상반된 입장 중 하나를 선택하는 것이다.

> **기출회독 키워드 > 122**
>
> 집단 사정단계

13

기출번호 19-04-16

집단 초기단계에 나타나는 특성으로 옳은 것을 모두 고른 것은?

> ㄱ. 집단성원의 불안감과 저항이 높다.
> ㄴ. 집단에 대한 오리엔테이션이 필요하다.
> ㄷ. 사회복지사보다는 다른 집단성원과 대화하려고 시도한다.
> ㄹ. 문제해결과정에서 나타나는 갈등과 차이점을 적극적으로 표현한다.

① ㄹ
② ㄱ, ㄴ
③ ㄴ, ㄹ
④ ㄷ, ㄹ
⑤ ㄱ, ㄷ, ㄹ

> **기출회독 키워드 > 123**
>
> 집단 초기단계

14

기출번호 19-04-22

집단구성에 관한 설명으로 옳지 않은 것은?

① 집단이 커질수록 구성원의 참여의식이 증가하고 통제와 개입이 쉽다.

② 집단상담을 위해 가능하면 원형으로 서로 잘 볼 수 있는 공간을 만들 수 있는 장소가 바람직하다.

③ 집단성원의 유사함은 집단소속감을 증가시킨다.

④ 개방집단은 새로운 정보와 자원의 유입을 허용한다.

⑤ 비구조화된 집단에서는 집단성원의 자발성이 더욱 요구된다.

> **기출회독 키워드 > 121**
>
> 집단 준비단계

12장 사회복지실천 기록

해답 & 오답노트 420쪽 ◐

01 기출번호 23-04-25

클라이언트의 개인정보 보호를 위한 기록 방법으로 옳지 않은 것은?

① 정확한 정보를 기록하고, 부정확한 것으로 확인되면 삭제나 수정할 수 있다.
② 서비스 신청에 필요하더라도 민감한 사적 정보는 제외한다.
③ 개인정보가 담긴 사례기록을 방치하는 것은 위법 행위이다.
④ 클라이언트의 사생활이나 비밀스러운 내용은 일반적인 용어로 바꾸어 기록한다.
⑤ 전산화된 기록에 대한 접근 권한을 제한하기 위해 암호화한다.

> **기출회독 키워드 > 127**
>
> 기록의 특징, 목적 및 용도

02 기출번호 22-04-24

사회복지실천 과정의 개입단계 기록에 포함될 내용으로 옳지 않은 것은?

① 클라이언트와의 활동
② 개입과정의 진전 상황
③ 클라이언트의 문제에 관한 추가 정보
④ 클라이언트에게 제공한 자원들
⑤ 클라이언트에 관한 사후지도 결과

> **기출회독 키워드 > 127**
>
> 기록의 특징, 목적 및 용도

03 기출번호 21-04-24

다음에 해당되는 기록방법은?

- 교육과 훈련의 중요한 수단이며, 자문의 근거자료로 유용
- 면담전개 과정을 시간의 흐름에 따라 기술하는 방식
- 사회복지사 자신의 행동분석을 통해 사례에 대한 개입 능력 향상에 도움

① 과정기록
② 문제중심기록
③ 이야기체기록
④ 정보시스템을 이용한 기록
⑤ 요약기록

> **기출회독 키워드 > 126**
>
> 기록의 유형

사회복지실천기술론

4

기출번호 20-04-24

다음 설명에 해당하는 기록방법은?

- 날짜와 클라이언트의 기본사항을 기입하고 개입 내용과 변화를 간단히 기록함
- 시간 흐름에 따라 변화된 상황, 개입 활동, 주요 정보 등의 요점을 기록함

① 과정기록
② 요약기록
③ 이야기체기록
④ 문제중심기록
⑤ 최소기본기록

기출회독 키워드 ▶ 126

기록의 유형

5

기출번호 19-04-18

기록의 목적과 용도에 관한 설명으로 옳은 것을 모두 고른 것은?

ㄱ. 사회복지사의 전문적 활동을 입증하는 자료로 활용한다.
ㄴ. 기관 내에서만 활용하고 다른 전문직과는 공유하지 않는다.
ㄷ. 기관의 프로그램 수행 자료로 보고하며 기금을 조성하는 근거로 활용한다.
ㄹ. 클라이언트와 정보를 공유하고 의사소통하는 도구로 활용한다.

① ㄷ
② ㄱ, ㄹ
③ ㄱ, ㄷ, ㄹ
④ ㄴ, ㄷ, ㄹ
⑤ ㄱ, ㄴ, ㄷ, ㄹ

기출회독 키워드 ▶ 127

기록의 특징, 목적 및 용도

13장

사회복지실천 평가

해답 & 오답노트 421쪽 ○

01 기출번호 23-04-24

단일사례설계에 관한 설명으로 옳지 않은 것은?

① 동시에 여러 문제의 변화를 측정하는 것이 불가능하다.
② 개입의 효과성을 파악하기 위해 반복측정을 한다.
③ 기초선 자료수집은 개입 이전이나 이후에도 가능하다.
④ 개입과정에서 개입의 강도나 방식을 바꿀 수 있다.
⑤ 조사대상은 개인뿐 아니라 가족, 집단, 기관도 가능하다.

기출회독 키워드 > 128

단일사례설계

02 기출번호 22-04-25

다음에 해당하는 단일사례설계유형에 관한 설명으로 옳지 않은 것은?

> 김모씨는 대인관계에 어려움이 있어서 지역사회복지관에서 실시하는 사회기술훈련프로그램에 참여하였다. 개입전 4주간(주2회) 조사를 실시하고 4주간(주2회) 개입의 변화를 기록한 후 개입을 멈추고 다시 4주간(주2회)의 변화를 기록하였다.

① 기초선을 두 번 설정한다.
② 통제집단을 활용한다.
③ 개입효과성에 대한 파악이 가능하다.
④ 표본이 하나다.
⑤ 조사기간이 길어진다.

기출회독 키워드 > 128

단일사례설계

3

기출번호 21-04-25

다음에 해당하는 단일사례설계의 유형은?

> 친구를 사귀는데 어려움을 갖고 있는 여름이와 겨울이는 사회복지기관을 찾아가 대인관계향상 프로그램에 참여하게 되었다. 먼저 두 사람은 대인관계 수준을 측정하였으며, 여름이는 곧바로 대인관계 훈련을 시작하여 변화정도를 측정하고 있다. 3주간 시간차를 두고 겨울이의 대인관계 훈련을 시작하고 그 변화를 관찰하였다.

① AB
② BAB
③ ABC
④ ABAB
⑤ 다중기초선설계

기출회독 키워드 > 128

단일사례설계

4

기출번호 20-04-25

다음 사례에 해당되는 단일사례설계의 유형은?

> 독거노인의 우울감 해소를 위해 5주간의 전화상담(주1회)에 이어 5주간의 집단활동(주1회)을 진행했다. 참가자 5명을 대상으로 프로그램 시작 3주 전부터 매주 1회 우울증 검사를 실시했고, 프로그램 시작 전, 5주 후, 10주 후에 삶의 만족도를 조사했다.

① AB설계
② ABC설계
③ ABAB설계
④ ABAC설계
⑤ 다중(복수)기초선설계

기출회독 키워드 > 128

단일사례설계

2과목 **사회복지실천**

5영역

지역사회복지론

장별 기출강의

5개년도(19~23회) 출제분포표

		19회	20회	21회	22회	23회	평균 문항수
1장	지역사회의 개념과 유형	2	2	1	1	2	1.6
2장	지역사회복지와 지역사회복지실천	-	1	2	3	1	1.4
3장	지역사회복지의 역사	2	2	2	2	2	2.0
4장	지역사회복지의 주요 이론	1	2	3	2	2	2.0
5장	지역사회복지 실천모델의 이해	2	3	3	2	4	2.8
6장	지역사회복지 실천과정	1	3	2	2	2	2.0
7장	지역사회복지실천에서의 사회복지사의 역할	-	-	1	2	2	1.0
8장	지역사회복지 실천기술 Ⅰ	4	1	2	2	2	2.2
9장	지역사회복지 실천기술 Ⅱ	2	1	-	1	-	0.8
10장	지역사회보장계획	3	3	2	1	2	2.2
11장	지역사회복지실천의 추진체계 Ⅰ	3	2	2	2	2	2.2
12장	지역사회복지실천의 추진체계 Ⅱ	3	3	3	4	3	3.2
13장	지역사회복지운동	2	2	2	1	1	1.6

해답 & 오답노트 422쪽 ●

01 `기출번호` 23-05-02

다음에서 설명하는 길버트와 스펙트(N. Gilbert & H. Specht)의 지역사회 기능은?

> 지역사회가 공유하는 지식, 사회적 가치, 행동양식을 지역사회 구성원들에게 전달하는 것

① 상부상조 기능　　② 생산·분배·소비 기능
③ 사회화 기능　　　④ 사회통합 기능
⑤ 사회통제 기능

`기출회독 키워드` 129

지역사회의 개념 등

02 `기출번호` 23-05-03

던햄(A. Dunham)의 지역사회유형에 따른 예시로 옳은 것을 모두 고른 것은?

> ㄱ. 인구 크기 – 대도시, 중·소도시
> ㄴ. 인구구성의 사회적 특수성 – 외국인촌, 저소득층 지역
> ㄷ. 경제적 기반 – 농촌, 어촌, 광산촌
> ㄹ. 행정구역 – 특별시, 광역시·도, 시·군·구, 읍·면·동

① ㄱ, ㄴ　　　　　② ㄱ, ㄷ
③ ㄴ, ㄹ　　　　　④ ㄱ, ㄷ, ㄹ
⑤ ㄱ, ㄴ, ㄷ, ㄹ

`기출회독 키워드` 129

지역사회의 개념 등

03 `기출번호` 22-05-02

길버트와 스펙트(N. Gilbert & H. Specht, 1974)가 제시한 지역사회의 기능은?

> 사회적 위험으로부터 어려움에 직면하게 되었을 때 구성원들 간에 서로 돕는 것

① 생산·분배·소비의 기능
② 사회화의 기능
③ 상부상조의 기능
④ 사회통합의 기능
⑤ 사회통제의 기능

`기출회독 키워드` 129

지역사회의 개념 등

04 `기출번호` 21-05-01

다음은 길버트와 스펙트(N. Gilbert & H. Specht)의 지역사회 기능 중 무엇에 해당되는가?

> 구성원들이 지역사회의 다양한 사회적 규범을 준수하고 순응하게 하는 것

① 생산·분배·소비 기능　② 의사소통 기능
③ 사회치료 기능　　　　④ 상부상조 기능
⑤ 사회통제 기능

`기출회독 키워드` 129

지역사회의 개념 등

5

기출번호 20-05-01

다음은 워렌(R. Warren)이 제시한 지역사회 비교척도 중 어느 것에 해당하는가?

> 지역사회 내 상이한 단위 조직들 간의 구조적·기능적 관련 정도

① 지역적 자치성
② 서비스 영역의 일치성
③ 수평적 유형
④ 심리적 동일성
⑤ 시민통제

기출회독 키워드 > 129

지역사회의 개념 등

6

기출번호 20-05-02

길버트와 스펙트(N. Gilbert & H. Specht)가 제시한 지역사회의 기능으로 옳은 것은?

> • (ㄱ) 기능: 지역주민들이 필요한 재화와 서비스를 어느 정도 제공받을 수 있느냐를 결정하는 것
> • (ㄴ) 기능: 구성원들이 사회의 규범에 순응하게 하는 것

① ㄱ: 생산·분배·소비　ㄴ: 사회통제
② ㄱ: 사회통합　　　　ㄴ: 상부상조
③ ㄱ: 사회통제　　　　ㄴ: 사회통합
④ ㄱ: 생산·분배·소비　ㄴ: 상부상조
⑤ ㄱ: 상부상조　　　　ㄴ: 생산·분배·소비

기출회독 키워드 > 129

지역사회의 개념 등

7

기출번호 19-05-01

기능적 공동체에 관한 설명으로 옳은 것을 모두 고른 것은?

> ㄱ. 멤버십(membership) 공동체 개념을 말한다.
> ㄴ. 외국인근로자 공동체의 사례가 포함된다.
> ㄷ. 가상공동체인 온라인 커뮤니티도 포함된다.
> ㄹ. 사회문화적 동질성이 기반이 된다.

① ㄱ　　　　　　② ㄴ, ㄹ
③ ㄷ, ㄹ　　　　④ ㄱ, ㄴ, ㄹ
⑤ ㄱ, ㄴ, ㄷ, ㄹ

기출회독 키워드 > 129

지역사회의 개념 등

8

기출번호 19-05-06

던햄(A. Dunham)의 지역사회유형 구분과 예시의 연결로 옳지 않은 것은?

① 인구 크기 – 대도시, 중·소도시 등
② 산업구조 및 경제적 기반 – 농촌, 어촌, 산업단지 등
③ 연대성 수준 – 기계적연대 지역, 유기적연대 지역 등
④ 행정구역 – 특별시, 광역시·도, 시·군·구 등
⑤ 인구 구성의 사회적 특수성 – 쪽방촌, 외국인 밀집 지역 등

기출회독 키워드 > 129

지역사회의 개념 등

2장 지역사회복지와 지역사회복지실천

해답 & 오답노트 **423쪽 ➡**

●1 기출번호 23-05-01

다음에서 설명하는 지역사회복지 이념은?

- 지역주민은 지역사회복지의 이용자인 동시에 제공자라는 관점을 강조한다.
- 지역주민의 욕구 및 문제를 해결하기 위한 주민의 주체성에 초점을 둔다.

① 전문화
② 정상화
③ 탈시설화
④ 주민참여
⑤ 사회통합

기출회독 키워드 ▶ 132

지역사회복지의 이념

●2 기출번호 22-05-01

다음이 설명하는 것은?

1950년대 영국의 정신장애인과 지적장애인 시설수용보호에 대한 문제제기로 등장하였으며, 지역사회복지의 가치인 정상화(normalization)와 관련이 있다.

① 지역사회보호
② 지역사회 사회·경제적 개발
③ 자원개발
④ 정치·사회행동
⑤ 주민조직

기출회독 키워드 ▶ 131

지역사회복지 관련 개념

●3 기출번호 22-05-08

다음 (   )에 들어갈 내용은?

사회복지사는 자신이 가지고 있는 가치와 신념, 행동과 관습 등이 참여자보다 상위에 있는 전문가라고 생각할 수 있기 때문에 (   )을/를 통하여 참여자들의 문화적 배경에 대해 배우고자 하는 자세가 필요하다.

① 상호학습
② 의사통제
③ 우월의식
④ 지역의 자치성
⑤ 서비스 영역의 일치성

기출회독 키워드 ▶ 130

지역사회복지실천의 원칙 및 가치 등

04

지역사회복지실천 원칙으로 옳은 것을 모두 고른 것은?

> ㄱ. 지역사회 욕구 변화에 따른 유연한 대응
> ㄴ. 지역사회 주민을 중심으로 개입 목표 설정과 평가
> ㄷ. 지역사회 특성의 일반화
> ㄹ. 지역사회의 자기결정권 강조

① ㄱ, ㄴ
② ㄷ, ㄹ
③ ㄱ, ㄴ, ㄷ
④ ㄱ, ㄴ, ㄹ
⑤ ㄱ, ㄴ, ㄷ, ㄹ

기출회독 키워드 > 130

지역사회복지실천의 원칙 및 가치 등

06

지역사회복지실천의 원칙으로 옳지 않은 것은?

① 지역사회 기관 간 협력관계 구축
② 지역사회 특성을 반영한 계획 수립
③ 지역사회 문제 인식의 획일화
④ 욕구 가변성에 따른 실천과정의 변화 이해
⑤ 지역사회 변화에 초점을 둔 개입

기출회독 키워드 > 130

지역사회복지실천의 원칙 및 가치 등

05

다음의 설명에 해당하는 지역사회복지 이념은?

> • 개인의 자유와 권리 증진의 순기능이 있다.
> • 의견수렴 과정을 통해 합리적 의사결정을 할 수 있다.
> • 지역주민의 공동체 의식을 강화한다.

① 정상화
② 주민참여
③ 네트워크
④ 전문화
⑤ 탈시설화

기출회독 키워드 > 132

지역사회복지의 이념

07

지역사회복지실천의 원칙으로 옳지 않은 것은?

① 지역사회 특성과 문제의 일반화
② 지역주민 간의 상생협력화
③ 지역사회 특징을 반영한 실천
④ 지역사회 구성원 관점의 목표 형성
⑤ 지역사회 문제의 구조적 요인을 고려한 개입

기출회독 키워드 > 130

지역사회복지실천의 원칙 및 가치 등

지역사회복지의 역사

해답 & 오답노트 424쪽 ▶

⊸1

기출번호 23-05-04

한국의 지역사회복지 역사에 관한 설명으로 옳지 않은 것은?

① 1950년대 – 외국민간원조한국연합회(KAVA) 결성
② 1980년대 – 사회복지관 운영 · 건립 국고보조사업 지침 마련
③ 1990년대 – 재가복지봉사센터 설치 · 운영
④ 2010년대 – 읍 · 면 · 동 복지허브화사업 실시
⑤ 2020년대 – 시 · 군 · 구 희망복지지원단 설치 · 운영

기출회독 키워드 ▶ 134

우리나라 지역사회복지의 발달

⊸2

기출번호 23-05-05

영국의 지역사회복지 역사에 영향을 준 사건을 과거부터 시대순으로 옳게 나열한 것은?

> ㄱ. 토인비홀(Toynbee Hall) 설립
> ㄴ. 시봄(Seebohm) 보고서
> ㄷ. 정신보건법(Mental Health Act) 제정
> ㄹ. 바클레이(Barclay) 보고서
> ㅁ. 하버트(Harbert) 보고서

① ㄱ → ㄴ → ㄹ → ㅁ → ㄷ
② ㄱ → ㄷ → ㄴ → ㅁ → ㄹ
③ ㄱ → ㄷ → ㄹ → ㅁ → ㄴ
④ ㄴ → ㄷ → ㅁ → ㄹ → ㄱ
⑤ ㄷ → ㄱ → ㅁ → ㄹ → ㄴ

기출회독 키워드 ▶ 135

영국 지역사회복지의 발달

●3

기출번호 22-05-03

우리나라의 지역사회복지 역사에 관한 설명으로 옳지 않은 것은?

① 향약은 주민 교화 등을 목적으로 한 지식인 간의 자치적인 협동조직이다.

② 오가통 제도는 일제강점기 최초의 인보제도이다.

③ 메리 놀스(M. Knowles)에 의해 반열방이 설립되었다.

④ 태화여자관은 메리 마이어스(M. D. Myers)에 의해 설립되었다.

⑤ 농촌 새마을운동에서 도시 새마을운동으로 확대되었다.

기출회독 키워드 > 134

우리나라 지역사회복지의 발달

●5

기출번호 21-05-03

한국의 지역사회복지 역사에 관한 설명으로 옳은 것은?

① 1960년대 - 지역자활센터 설치·운영

② 1970년대 - 사회복지관 운영 국고보조금 지원

③ 1980년대 - 희망복지지원단 설치·운영

④ 1990년대 - 재가복지봉사센터 설치·운영

⑤ 2010년대 - 사회복지사무소 시범 설치·운영

기출회독 키워드 > 134

우리나라 지역사회복지의 발달

●4

기출번호 22-05-04

영국의 지역사회복지 역사에 해당하지 않는 것은?

① 자선조직협회(COS)는 사회진화론에 영향을 받았다.

② 토인비홀은 사무엘 바네트(S. Barnett) 목사가 설립한 인보관이다.

③ 헐하우스는 제인 아담스(J. Adams)에 의해 설립되었다.

④ 시봄(Seebohm)보고서는 사회서비스의 협력과 통합을 제안하였다.

⑤ 그리피스(Griffiths)보고서는 지방정부의 책임을 강조하였다.

기출회독 키워드 > 135

영국 지역사회복지의 발달

●6

기출번호 21-05-04

영국의 지역사회복지 역사에 관한 설명으로 옳지 않은 것은?

① 중복구호 방지를 위해 자선조직협회가 설립되었다.

② 1884년에 토인비홀(Toynbee Hall)이 설립되었다.

③ 정신보건법 제정에 따라 지역사회보호가 법률적으로 규정되었다.

④ 하버트(Harbert) 보고서는 헐하우스(Hull House) 건립의 기초가 되었다.

⑤ 그리피스(Griffiths) 보고서는 지역사회보호의 일차적 책임주체가 지방정부임을 강조하였다.

기출회독 키워드 > 135

영국 지역사회복지의 발달

7

기출번호 20-05-03

우리나라 지역사회복지 역사를 과거부터 순서대로 옳게 나열한 것은?

> ㄱ. 영구임대주택단지 내에 사회복지관 건립이 의무화되었다.
> ㄴ. 지역사회복지협의체가 지역사회보장협의체로 명칭이 변경되었다.
> ㄷ. 국민기초생활보장법 제정으로 공공의 책임성이 강화되었다.

① ㄱ → ㄴ → ㄷ
② ㄱ → ㄷ → ㄴ
③ ㄴ → ㄱ → ㄷ
④ ㄴ → ㄷ → ㄱ
⑤ ㄷ → ㄴ → ㄱ

기출회독 키워드 ▶ 134

우리나라 지역사회복지의 발달

8

기출번호 20-05-04

영국의 지역사회복지 역사에 관한 설명으로 옳지 않은 것은?

① 시설보호로부터 지역사회보호로 전환이 이루어졌다.
② 자선조직협회는 사회진화론의 영향을 받았다.
③ 지역사회보호가 강조되면서 민간서비스, 비공식 서비스의 역할은 점차 감소하였다.
④ 1959년 정신보건법(Mental Health Act) 제정으로 지역사회보호가 법률적으로 규정되었다.
⑤ 그리피스 보고서(Griffiths Report)에서 지역사회보호의 권한과 재정을 지방정부로 이양할 것을 권고하였다.

기출회독 키워드 ▶ 135

영국 지역사회복지의 발달

9

기출번호 19-05-03

한국의 지역사회복지 역사에 관한 설명으로 옳지 않은 것은?

① 새마을 운동은 정부 주도적 지역사회 개발이었다.
② 사회복지관 운영은 지역사회 기반의 복지서비스를 촉진시켰다.
③ 복지사각지대 발굴의 효과를 제고하고자 읍·면·동 복지허브화를 추진하였다.
④ 시·군·구 지역사회보장협의체는 지역사회복지협의체로 대체되었다.
⑤ 국민기초생활보장제도의 시행은 지역사회 중심의 자활사업을 촉진시켰다.

기출회독 키워드 ▶ 134

우리나라 지역사회복지의 발달

10

기출번호 19-05-07

영국의 지역사회복지 역사에 관한 설명으로 옳은 것은?

① 헐하우스(Hull House)는 빈민들의 도덕성 향상을 위해 노력하였다.
② 우애방문단은 기존 사회질서를 비판하고 개혁을 주장하였다.
③ 인보관 이념은 우애방문단 활동의 기반이 되었다.
④ 1960년대 존슨행정부는 '빈곤과의 전쟁'을 선포하고 다양한 지역사회 개혁을 단행하였다.
⑤ 1980년대 그리피스(E. Griffiths) 보고서는 복지 주체의 다원화에 영향을 미쳤다.

기출회독 키워드 ▶ 135

영국 지역사회복지의 발달

4장

지역사회복지의 주요 이론

해답 & 오답노트 425-426쪽 ○

01 기출번호 23-05-06

다음 사례에 해당하는 지역사회복지이론은?

A사회복지기관은 지방정부로부터 보조금을 지원받은 후 지방정부의 요구와 통제를 수용하였다.

① 갈등이론
② 엘리트주의이론
③ 사회체계이론
④ 권력의존이론
⑤ 사회자본이론

기출회독 키워드 > 138

지역사회복지실천 이론들

02 기출번호 23-05-07

지역사회복지이론에 관한 설명으로 옳은 것을 모두 고른 것은?

ㄱ. 사회체계이론 – 지역사회 내 갈등이 변화의 원동력이다.
ㄴ. 갈등이론 – 자원의 불평등한 분배로 인해 이해관계의 대립이 발생한다.
ㄷ. 자원동원이론 – 인간행동은 타인이나 사회환경과 상호작용하는 동안에 학습된다.
ㄹ. 사회자본이론 – 신뢰와 네트워크를 통해 지역사회 문제 해결을 위한 규범 등이 형성된다.

① ㄱ, ㄷ   ② ㄴ, ㄹ
③ ㄷ, ㄹ   ④ ㄴ, ㄷ, ㄹ
⑤ ㄱ, ㄴ, ㄷ, ㄹ

기출회독 키워드 > 138

지역사회복지실천 이론들

지역사회복지론

해답 & 오답노트 426쪽 ◐

◐3

기출번호 22-05-05

지역사회복지 이론에 관한 설명으로 옳은 것은?

① 교환이론 – 자원의 교환을 통한 지역사회 발전 강조

② 자원동원이론 – 이익집단들 간의 갈등과 타협 강조

③ 다원주의이론 – 소수 엘리트에 의한 지역사회 발전 강조

④ 기능주의이론 – 지역사회 변화의 원동력을 갈등으로 간주

⑤ 사회자본이론 – 지역사회 하위체계의 기능과 역할 강조

기출회독 키워드 > 138

지역사회복지실천 이론들

◐5

기출번호 21-05-05

갈등이론에 관한 설명으로 옳은 것은?

① 이익과 보상으로 사회적 관계가 유지된다.

② 특정 집단이 지닌 문화의 의미를 해석한다.

③ 지역사회는 상호의존적인 부분들로 구성되어 있다.

④ 조직구조 개발에 자원동원 과정을 중요하게 여긴다.

⑤ 이해관계의 대립을 불평등한 분배로 설명한다.

기출회독 키워드 > 138

지역사회복지실천 이론들

◐4

기출번호 22-05-07

다음을 설명하고 있는 이론은?

> 최근 A지방자치단체와 B지방자치단체는 중앙정부로부터 각각 100억 원의 복지 예산을 지원받았다. 노인복지단체가 많은 A지방자치단체는 지역 노인회의 요구로 노인복지 예산 편성 비율이 전체 예산의 50%를 차지하게 되었고, 상대적으로 젊은 층이 많이 거주하고 있는 B지방자치단체는 노인복지 예산의 편성비율이 20% 수준에 그쳤다.

① 교환이론

② 갈등주의이론

③ 사회체계이론

④ 사회자본이론

⑤ 다원주의이론

기출회독 키워드 > 138

지역사회복지실천 이론들

◐6

기출번호 21-05-06

다음 A지역의 변화를 분석하기 위한 지역사회복지 실천이론은?

> A지역은 외국인 노동자의 유입으로 특정 국적의 외국인 주거 공동체가 형성되기 시작하면서 주민 간 갈등이 발생하였다.

① 생태학이론

② 사회학습이론

③ 엘리트주의이론

④ 교환이론

⑤ 다원주의이론

기출회독 키워드 > 138

지역사회복지실천 이론들

7

기출번호 21-05-07

지역사회복지를 권력의존이론의 관점에서 설명한 것을 모두 고른 것은?

> ㄱ. 장애인 편의시설 설치를 위해 다양한 장애인 단체가 의사결정에 참여하도록 한다.
> ㄴ. 노인복지관은 은퇴노인의 재능을 활용한 봉사활동을 기획한다.
> ㄷ. 사회복지관은 지방정부로부터 보조금 집행에 대한 지도점검을 받았다.

① ㄱ   ② ㄷ
③ ㄱ, ㄴ   ④ ㄱ, ㄷ
⑤ ㄱ, ㄴ, ㄷ

기출회독 키워드 > 138

지역사회복지실천 이론들

8

기출번호 20-05-05

이론과 주요 개념의 연결이 옳지 않은 것은?

① 사회체계이론 - 체계와 경계
② 생태학적 관점 - 분리(segregation), 경쟁, 침입, 계승
③ 사회자본이론 - 네트워크, 일반화된 호혜성 규범
④ 갈등이론 - 갈등전술, 내부결속
⑤ 사회교환이론 - 자기효능감, 집단효능감

기출회독 키워드 > 138

지역사회복지실천 이론들

9

기출번호 20-05-07

이론과 관련 내용의 연결이 옳은 것은?

① 지역사회상실이론 - 전통사회가 가지고 있는 지역사회의 사회적 기능을 보존할 수 있다.
② 사회구성(주의)이론 - 가치나 규범, 신념, 태도 등은 다양한 문화적 집단에 따라 다르게 구성된다.
③ 자원동원이론 - 자원이 집단행동의 성패에 영향을 미치지 않는다.
④ 다원주의이론 - 집단 간 발생하는 갈등을 활용한다.
⑤ 권력의존이론 - 사회의 주류 이데올로기가 어떻게 만들어지고 있는지에 관심을 갖는다.

기출회독 키워드 > 138

지역사회복지실천 이론들

10

기출번호 19-05-02

지역사회복지 관련 이론과 내용의 연결로 옳은 것은?

① 다원주의이론: 인간과 환경과의 상호작용에 초점을 둔다.
② 구조기능론: 지역사회 내 갈등이 변화의 원동력이다.
③ 사회구성주의이론: 지역사회 문제를 객관적 사실로 인정하지 않고, 특정 집단에 의해 규정된다고 본다.
④ 권력관계이론: 지역사회는 구성 부분들의 조화와 협력으로 발전된다.
⑤ 사회자본이론: 지역사회 내 소수의 엘리트 집단의 권력이 정책을 좌우한다.

기출회독 키워드 > 138

지역사회복지실천 이론들

지역사회복지론

해답 & 오답노트 **427-428쪽** ●

01

기출번호 23-05-08

포플(K. Popple, 1996)의 지역사회복지 실천모델로 옳지 않은 것은?

① 지역사회연계
② 지역사회교육
③ 지역사회개발
④ 지역사회행동
⑤ 인종차별철폐 지역사회사업

02

기출번호 23-05-09

로스만(J. Rothman)의 지역사회복지 실천모델에 관한 설명으로 옳은 것을 모두 고른 것은?

> ㄱ. 지역사회개발모델은 지역사회 역량강화, 통합, 자조를 활동 목표로 둔다.
> ㄴ. 사회계획모델에서는 변화의 매개체로 과업지향적인 소집단을 활용한다.
> ㄷ. 사회행동모델에서 사회복지사의 핵심 역할은 옹호자, 선동가, 협상가이다.
> ㄹ. 지역사회개발모델은 지역사회 문제해결을 위해 전문가의 주도적 개입을 강조한다.

① ㄱ, ㄷ
② ㄴ, ㄷ
③ ㄴ, ㄹ
④ ㄱ, ㄴ, ㄷ
⑤ ㄱ, ㄴ, ㄹ

기출회독 키워드 ▶ 139

로스만의 모델

03

기출번호 23-05-10

웨일과 갬블(M. Weil & D. Gamble)의 근린지역사회 조직모델에 관한 설명으로 옳지 않은 것은?

① 조직화를 위한 구성원의 능력개발에 초점을 둔다.
② 일차적 구성원은 지역사회 이웃주민이다.
③ 사회복지사의 주요 역할은 조직가, 교육자, 촉진자, 코치이다.
④ 지방정부, 외부개발자, 지역주민을 변화의 표적체계로 본다.
⑤ 관심영역은 공통 관심사나 특정 이슈에 대한 정책, 행위, 인식의 변화이다.

기출회독 키워드 ▶ 140

웨일과 갬블의 모델

04

기출번호 23-05-11

다음에서 설명하는 테일러와 로버츠(S. Taylor & R. Roberts)의 지역사회복지 실천모델은?

- 지역사회의 문제해결을 위해 관계망을 형성하거나 조정
- 사회복지사, 자원봉사자, 행정가 등 다양한 구성원이 참여
- 지역사회복지 실천 과정에서 클라이언트와 후원자의 영향력이 동등

① 계획모델
② 지역사회연계모델
③ 지역사회개발모델
④ 정치적 역량강화모델
⑤ 프로그램 개발 및 조정모델

기출회독 키워드 > 141

테일러와 로버츠의 모델

05

기출번호 22-05-10

포플(K. Popple, 1996)의 지역사회복지실천 모델을 모두 고른 것은?

ㄱ. 지역사회개발
ㄴ. 지역사회보호
ㄷ. 지역사회조직
ㄹ. 지역사회연계

① ㄱ, ㄴ   ② ㄷ, ㄹ
③ ㄱ, ㄴ, ㄷ   ④ ㄱ, ㄴ, ㄹ
⑤ ㄱ, ㄴ, ㄷ, ㄹ

06

기출번호 22-05-16

로스만(J. Rothman)의 사회행동 모델에 해당하지 않는 것은?

① 클라이언트 집단을 소비자로 본다.
② 변화를 위한 기본 전략은 '억압자에 대항하기 위한 규합'을 추구한다.
③ 지역사회 내 불평등한 권력구조의 변화를 지향한다.
④ 변화 매개체로 대중조직을 활용한다.
⑤ 여성운동, 빈민운동, 환경운동 등 시민운동에도 활용될 수 있다.

기출회독 키워드 > 139

로스만의 모델

07

기출번호 21-05-09

다음에서 설명하는 웨일과 갬블(M. Weil & D. Gamble)의 지역사회복지 실천모델은?

- 공통 관심사나 특정 이슈에 대한 정책, 행위, 인식의 변화에 초점
- 일반 대중 및 정부기관을 변화의 표적체계로 파악
- 조직가, 촉진자, 옹호자, 정보전달자를 사회복지사의 주요 역할로 인식

① 사회계획
② 기능적 지역사회조직
③ 프로그램 개발과 지역사회 연계
④ 연합
⑤ 정치사회행동

기출회독 키워드 > 140

웨일과 갬블의 모델

지역사회복지론

●8

로스만(J. Rothman)의 지역사회복지 실천모델에 관한 설명으로 옳은 것을 모두 고른 것은?

> ㄱ. 지역사회개발모델은 지역사회 구성원의 조직화를 주요 실천과정으로 본다.
> ㄴ. 지역사회개발모델의 변화 매개체는 공식적 조직과 객관적 자료이다.
> ㄷ. 사회계획모델에서 사회복지사의 핵심 역할은 협상가, 옹호자이다.
> ㄹ. 사회행동모델에서는 지역사회 내 집단들이 갈등관계로 인해 타협과 조정이 어렵다고 본다.

① ㄱ, ㄷ
② ㄱ, ㄹ
③ ㄴ, ㄷ
④ ㄱ, ㄴ, ㄹ
⑤ ㄱ, ㄷ, ㄹ

기출회독 키워드 ▶ 139

로스만의 모델

●9

테일러와 로버츠(S. Taylor & R. Roberts)의 지역사회복지 실천모델에 관한 설명으로 옳지 않은 것은?

① 프로그램 개발과 조정: 지역주민의 역량강화 및 지도력 개발에 관심
② 계획: 구체적 조사전략 및 기술 강조
③ 지역사회연계: 지역사회 문제해결을 위한 관계망 구축 강조
④ 지역사회개발: 지역주민의 참여와 자조 중시
⑤ 정치적 역량강화: 상대적으로 권력이 약한 시민의 권한 강화에 관심

기출회독 키워드 ▶ 141

테일러와 로버츠의 모델

10

테일러와 로버츠(S. Taylor & R. Roberts) 모델에 해당되는 것을 모두 고른 것은?

> ㄱ. 프로그램 개발 및 조정
> ㄴ. 지역사회개발
> ㄷ. 정치적 권력(역량)강화
> ㄹ. 연합
> ㅁ. 지역사회연계

① ㄱ, ㄴ
② ㄴ, ㄷ
③ ㄱ, ㄹ, ㅁ
④ ㄱ, ㄴ, ㄷ, ㅁ
⑤ ㄱ, ㄷ, ㄹ, ㅁ

기출회독 키워드 ▶ 141

테일러와 로버츠의 모델

11

로스만(J. Rothman)의 지역사회조직 모델 중 지역사회개발에 관한 설명으로 옳지 않은 것은?

① 지역사회 변화를 위한 전술로 합의방법을 사용한다.
② 변화의 매개체는 과업지향의 소집단이다.
③ 지역사회의 아노미 상황에 사용할 수 있다.
④ 정부조직을 경쟁자로 인식한다.
⑤ 변화를 위한 전략으로 문제해결에 다수의 사람을 참여시킨다.

기출회독 키워드 ▶ 139

로스만의 모델

12

다음의 설명에 해당되는 웨일과 갬블(M. Weil & D. Gamble)의 실천모델은?

- 기회를 제한하는 불평등에 도전
- 사회적 · 정치적 · 경제적 정의를 위한 행동
- 표적체계에 선출직 공무원도 해당

① 근린 · 지역사회 조직화 모델
② 지역사회 사회 · 경제개발 모델
③ 프로그램 개발과 지역사회연계 모델
④ 정치 · 사회행동 모델
⑤ 사회계획 모델

기출회독 키워드 > 140

웨일과 갬블의 모델

13

다음에서 설명하는 웨일과 갬블(M. Weil & D. Gamble)의 지역사회복지 실천모형에 해당하는 것은?

- 대면접촉이 이루어지는 가까운 지역사회에 초점을 둔다.
- 조직화를 위한 구성원의 능력개발, 지역주민의 삶의 질 증진을 목표로 한다.
- 사회복지사의 역할은 조직가, 촉진자, 교육자, 코치 등이다.

① 근린지역사회조직 모형
② 프로그램개발 모형
③ 정치사회적행동 모형
④ 연합 모형
⑤ 사회운동 모형

기출회독 키워드 > 140

웨일과 갬블의 모델

14

다음 사례에 해당하는 지역사회복지 실천모형은?

행복사회복지관은 지역 내 노인, 장애인, 아동을 위해 주민 스스로 돌봄과 자원봉사 활동을 활성화하도록 자조모임 지원 등 사회적 관계망을 확충하였다.

① M. Weil & D. Gamble의 연합 모형
② J. Rothman의 합리적 계획 모형
③ K. Popple의 커뮤니티케어 모형
④ J. Rothman의 연대조직 모형
⑤ M. Weil & D. Gamble의 기능적 지역조직 모형

해답 & 오답노트 430쪽 ○

01

기출번호 23-05-13

지역사회복지 실천과정에 관한 설명으로 옳지 않은 것은?

① 지역사회문제 해결과정으로 볼 수 있다.
② 지역사회 사정은 지역사회의 욕구와 자원을 파악하는 단계이다.
③ 지역사회 문제나 욕구는 지역사회 상황에 따라 다양한 형태로 나타날 수 있다.
④ 자원동원, 재정집행, 네트워크는 실행단계에서 수행된다.
⑤ 총괄평가는 수행과정 중에 실시되어 실천과정의 문제점을 수정하는 데 유용하다.

기출회독 키워드 > 145

평가 단계

02

기출번호 23-05-14

다음에서 설명하는 지역사회 욕구사정 방법에 관한 설명으로 옳은 것을 모두 고른 것은?

> ㄱ. 서베이 – 지역주민으로부터 설문조사를 통해 직접적으로 자료를 수집하는 방법
> ㄴ. 초점집단기법 – 전문가 패널을 대상으로 반복된 설문을 통해 합의에 이를 때까지 의견을 수렴하는 방법
> ㄷ. 사회지표분석 – 정부기관이나 사회복지관련 조직에 의해 수집된 기존 자료를 활용하는 방법
> ㄹ. 명목집단기법 – 지역사회 내 다양한 의견을 수렴하여 욕구의 우선순위를 결정하는 방법

① ㄱ, ㄷ
② ㄱ, ㄹ
③ ㄱ, ㄴ, ㄷ
④ ㄱ, ㄷ, ㄹ
⑤ ㄴ, ㄷ, ㄹ

기출회독 키워드 > 142

사정 단계

▶3

지역사회 사정에 해당하지 않은 것은?

① 지역사회의 욕구를 파악한다.

② 협력·조정을 위한 네트워크를 구축한다.

③ 지역 공청회를 통해 주민 의견을 수렴한다.

④ 명목집단 등을 활용한 욕구의 우선순위를 결정할 수 있다.

⑤ 서베이, 델파이기법 등을 활용하여 자료를 수집한다.

> 기출회독 키워드 > 142
>
> 사정 단계

▶5

지역사회복지 실천과정에서 다음 과업이 수행되는 단계는?

- 재정자원의 집행
- 추진인력의 확보 및 활용
- 협력과 조정을 위한 네트워크 구축

① 문제발견 및 분석 단계

② 사정 및 욕구 파악 단계

③ 계획 단계

④ 실행 단계

⑤ 점검 및 평가 단계

> 기출회독 키워드 > 144
>
> 계획 및 실행 단계

▶4

지역사회복지실천 과정의 순서로 옳은 것은?

- ㄱ. 지역사회 사정
- ㄴ. 실행
- ㄷ. 성과평가
- ㄹ. 실행계획 수립

① ㄱ → ㄴ → ㄷ → ㄹ

② ㄱ → ㄹ → ㄴ → ㄷ

③ ㄹ → ㄱ → ㄴ → ㄷ

④ ㄹ → ㄱ → ㄷ → ㄴ

⑤ ㄹ → ㄴ → ㄷ → ㄱ

> 기출회독 키워드 > 142
>
> 사정 단계

▶6

지역사회 욕구사정 방법에 관한 설명으로 옳은 것은?

① 명목집단기법: 지역주민으로부터 설문조사를 통해 직접적으로 자료를 획득

② 초점집단기법: 전문가 패널을 대상으로 반복된 설문을 통해 합의에 이를 때까지 의견을 수렴

③ 델파이기법: 정부기관이나 사회복지 관련 조직에 의해 수집된 기존 자료를 활용

④ 지역사회포럼: 지역주민이 참여할 수 있는 공개 모임을 개최하여 구성원의 의견을 모색

⑤ 사회지표분석: 지역사회 문제를 잘 파악하고 있는 사람들을 대상으로 정보를 확보

> 기출회독 키워드 > 142
>
> 사정 단계

07

기출번호 20-05-11

다음의 설명에 해당하는 지역사회복지실천 단계는?

- 이슈의 개념화
- 이슈와 관련된 다양한 가치관 고려
- 이슈와 관련된 이론과 자료 분석

① 문제확인 단계
② 자원동원 단계
③ 실행 단계
④ 모니터링 단계
⑤ 평가 단계

기출회독 키워드 > 143

문제확인 단계

09

기출번호 20-05-15

다음에서 설명하는 지역사회 욕구사정 방법은?

- 전문가 패널의 의견을 수렴하는 방법
- 합의에 이르기까지 여러 번 설문 실시
- 반복되는 설문을 통하여 패널의 의견 수정 가능

① 명목집단기법
② 2차자료 분석
③ 델파이기법
④ 지역사회포럼
⑤ 초점집단기법

기출회독 키워드 > 142

사정 단계

08

기출번호 20-05-12

지역사회복지 실천의 '실행 단계'에 해당하지 않는 것은?

① 재정자원 집행
② 참여자 간의 갈등 관리
③ 클라이언트의 적응 촉진
④ 실천계획의 목표 설정
⑤ 협력과 조정을 위한 네트워크 구축

기출회독 키워드 > 144

계획 및 실행 단계

10

기출번호 19-05-10

다음 자료를 활용한 지역사회 사정(assessment) 유형에 해당하는 것은?

- 사회복지시설 및 기관의 자원봉사자 수
- 관할 지방자치단체의 사회복지분야 예산 규모
- 기업의 사회공헌 프로그램 유형과 이용자 수

① 하위체계 사정
② 포괄적 사정
③ 자원 사정
④ 문제중심 사정
⑤ 협력적 사정

기출회독 키워드 > 142

사정 단계

7장 지역사회복지실천에서의 사회복지사의 역할

해답 & 오답노트 **431–432**쪽 ○

1

기출번호 23-05-12

지역사회개발모델에서 사회복지사의 핵심 역할이 아닌 것은?

① 치료자
② 조력자
③ 촉진자
④ 안내자
⑤ 교육자

기출회독 키워드 > 146

사회복지사의 역할

2

기출번호 23-05-17

다음 사례에 제시된 사회복지사의 핵심 역할은?

> A사회복지사는 지역 내 복합적인 욕구를 가진 가구에 대한 사례관리 계획을 수립하였다. 이를 위해 지역사회의 다양한 기관들과 함께 서비스의 중복과 누락을 방지하기 위한 효율적인 개입 방안을 논의하였다.

① 옹호자
② 교육자
③ 조정자
④ 자원개발자
⑤ 협상가

기출회독 키워드 > 146

사회복지사의 역할

지역사회복지론

3

기출번호 22-05-14

지역사회개발 모델 중 조력자로서의 사회복지사 역할이 아닌 것은?

① 좋은 대인관계를 조성하는 일
② 지역사회를 진단하는 일
③ 불만을 집약하는 일
④ 공동의 목표를 강조하는 일
⑤ 조직화를 격려하는 일

기출회독 키워드 > 146

사회복지사의 역할

4

기출번호 22-05-15

사회계획 모델에서 샌더스(I. T. Sanders)가 주장한 사회복지사의 역할이 아닌 것은?

① 분석가
② 조직가
③ 계획가
④ 옹호자
⑤ 행정가

기출회독 키워드 > 146

사회복지사의 역할

5

기출번호 21-05-14

다음에서 제시된 사회복지사의 핵심 역할은?

A지역은 저소득가구 밀집지역으로 방임, 결식 등 취약계층 아동 비율이 높은 곳이다. 사회복지사는 지역사회 아동의 안전한 보호와 부모의 양육부담 완화를 위해 아동돌봄시설 확충을 위한 서명운동 및 조례제정 입법 활동을 하였다.

① 옹호자
② 교육자
③ 중재자
④ 자원연결자
⑤ 조정자

기출회독 키워드 > 146

사회복지사의 역할

8장 지역사회복지 실천기술 Ⅰ

해답 & 오답노트 **432-433**쪽 ➡

1

기출번호 23-05-15

지역사회복지 실천기술 중 조직화 기술에 해당하지 않는 것은?

① 주민의 효율적 통제 기술
② 주민회의, 토론 등을 통한 의사소통
③ 구성원 간 갈등조율을 위한 대인관계 기술
④ 주민지도력 발굴 및 향상 교육
⑤ 지역사회 문제와 이슈에 대한 정보수집 및 분석

기출회독 키워드 ▶ 147

조직화 기술

2

기출번호 23-05-16

다음 지역사회복지 실천과정에서 사회복지사가 활용한 기술은?

> A사회복지사는 사회적 고립가구 지원을 위해 ○○복지재단에 신청서를 제출하여 사업에 필요한 예산을 확보하였으며 지역 대학교에 봉사자를 요청하였다.

① 협상
② 자원개발 및 동원
③ 옹호
④ 조직화
⑤ 지역사회 교육

기출회독 키워드 ▶ 149

자원동원 기술

3

기출번호 22-05-06

사회자본이론과 관련된 개념을 모두 고른 것은?

ㄱ. 신뢰	ㄴ. 호혜성
ㄷ. 경계	ㄹ. 네트워크

① ㄱ, ㄴ
② ㄷ, ㄹ
③ ㄱ, ㄴ, ㄷ
④ ㄱ, ㄴ, ㄹ
⑤ ㄱ, ㄴ, ㄷ, ㄹ

기출회독 키워드 ▶ 148

네트워크 기술

4

기출번호 22-05-17

연계기술에 해당하지 않는 것은?

① 클라이언트 중심의 사회적 관계망을 강화시킬 수 있다.
② 이용자 중심의 통합적 서비스를 제공할 수 있다.
③ 새로운 인프라 구축에 필요한 시간과 비용을 줄일 수 있다.
④ 사회복지시설의 서비스 중복·누락을 방지할 수 있다.
⑤ 지역사회 공공의제를 개발하고 주민 의식화를 강화할 수 있다.

기출회독 키워드 ▶ 148

네트워크 기술

지역사회복지론

◔5

기출번호 21-05-15

지역사회복지 실천기술 중 연계에 관한 내용으로 옳지 않은 것은?

① 인적·물적 자원의 효율적 관리
② 사회복지사의 자원 네트워크 확장
③ 지역의 사회적 자본 확대
④ 클라이언트 중심의 통합적 서비스 제공
⑤ 지역주민 권익향상을 위한 사회행동

기출회독 키워드 ▶ 148

네트워크 기술

◔6

기출번호 21-05-16

다음 사례에서 사회복지사가 활용한 기술은?

> A사회복지사는 독거노인이 따뜻한 겨울을 보낼 수 있도록 지역 내 종교단체에 예산과 자원봉사자를 지원해 줄 것을 요청하였다.

① 조직화
② 옹호
③ 자원개발 및 동원
④ 협상
⑤ 교육

기출회독 키워드 ▶ 149

자원동원 기술

◔7

기출번호 20-05-14

조직화 기술에 관한 설명으로 옳은 것을 모두 고른 것은?

> ㄱ. 지역주민이 주체가 되어 사회복지조직의 목표를 성취하도록 운영한다.
> ㄴ. 지역주민이 자신들의 문제를 함께 풀어나가는 과정을 포함한다.
> ㄷ. 지역사회 역량강화를 위해 지역사회복지 거버넌스 구조와 기능을 축소시킨다.

① ㄴ
② ㄱ, ㄴ
③ ㄱ, ㄷ
④ ㄴ, ㄷ
⑤ ㄱ, ㄴ, ㄷ

기출회독 키워드 ▶ 147

조직화 기술

◔8

기출번호 19-05-04

사회적 자본에 관한 설명으로 옳지 않은 것은?

① 지역사회 문제해결 능력과는 무관하다.
② 네트워크는 사회적 자본의 전제가 된다.
③ 지역사회의 집합적 자산으로서 의미를 가진다.
④ 한 번 형성된 후에도 소멸될 수 있다.
⑤ 신뢰는 공동체의 문제를 해결할 수 있는 자원이다.

기출회독 키워드 ▶ 148

네트워크 기술

09
기출번호 19-05-08

공식 사회복지조직과 주민조직을 네 가지 차원에서 비교 · 제시하였다. 다음에서 옳은 것을 모두 고른 것은?

	차원	공식 사회복지조직	주민조직
ㄱ	목표	조직의 미션달성	지역사회 문제해결
ㄴ	지역사회 개입모델	사회행동모델이 주로 쓰임	사회계획모델이 주로 쓰임
ㄷ	정부통제로부터의 자율성	상대적으로 높음	상대적으로 낮음
ㄹ	주요 참여자	사회복지사 등의 전문직	일반주민

① ㄱ, ㄴ   ② ㄱ, ㄷ
③ ㄱ, ㄹ   ④ ㄴ, ㄹ
⑤ ㄴ, ㄷ, ㄹ

기출회독 키워드 > 147

조직화 기술

11
기출번호 19-05-14

지역사회복지 실천 과정에서 사회복지사가 활용한 기술은?

> 사회복지사 A는 가족캠핑을 희망하는 한부모 가족 10세대를 대상으로 프로그램을 계획하고 있다. A는 개인적으로 참여하고 있는 수영 클럽을 통해 프로그램 운영에 필요한 예산과 자원봉사자를 확보하고자 운영진에게 모임 개최를 요청하였고, 성공적인 결과를 얻었다.

① 옹호
② 조직화
③ 임파워먼트
④ 지역사회교육
⑤ 자원개발 및 동원

기출회독 키워드 > 149

자원동원 기술

10
기출번호 19-05-13

네트워크 기술의 특성으로 옳지 않은 것은?

① 자원의 효율적 관리
② 사회정의 준수 및 유지
③ 서비스의 중복과 누락 방지
④ 참여를 통한 시민 연대의식 강화
⑤ 지역주민에게 필요한 자원이나 서비스 연결

기출회독 키워드 > 148

네트워크 기술

해답 & 오답노트 **434쪽** ○➡

01

기출번호 22-05-11

다음 사례에서 사회복지사가 활용한 기술은?

> 행복시(市)에 근무하는 A사회복지사는 무력화 되어 있는 클라이언트의 잠재 역량 및 자원을 인정하고 삶을 스스로 결정할 수 있도록 북돋아주었다.

① 자원동원 기술 ② 자원개발 기술
③ 임파워먼트 기술 ④ 조직화 기술
⑤ 네트워크 기술

기출회독 키워드 > **151**

역량강화 기술

02

기출번호 20-05-13

다음에 제시된 지역사회복지 실천기술은?

> • 소외되고, 억압된 집단의 입장을 주장한다.
> • 보이콧, 피케팅 등의 방법으로 표적을 난처하게 한다.
> • 지역주민이 정당한 처우나 서비스를 받지 못하는 경우에 활용된다.

① 프로그램 개발 기술 ② 기획 기술
③ 자원동원 기술 ④ 옹호 기술
⑤ 지역사회 사정 기술

기출회독 키워드 > **150**

옹호 기술

03

기출번호 19-05-09

지역사회복지실천에서 옹호(advocacy)활동에 해당하지 않는 것은?

① 지역사회 내 복지자원을 조정하고 연계한다.
② 시의원 등에게 정치적 압력을 행사한다.
③ 피케팅으로 해당 기관을 난처하게 한다.
④ 행정기관에 증언 청취를 요청한다.
⑤ 지역주민으로부터 탄원서에 서명을 받는다.

기출회독 키워드 > **150**

옹호 기술

04

기출번호 19-05-12

다음에서 설명하고 있는 지역사회복지실천 기술은?

> 지역주민의 강점을 인정하고 스스로 삶을 결정할 수 있도록 역량을 강화하며, 지역구성원의 능력에 대한 신념을 중요시 한다.

① 임파워먼트 ② 자원개발과 동원
③ 조직화 ④ 네트워크
⑤ 지역사회연계

기출회독 키워드 > **151**

역량강화 기술

해답 & 오답노트 **434쪽** ◑

⊝1

기출번호 23-05-20

지역사회보장협의체의 구성 및 역할에 관한 설명으로 옳은 것은?

① 대표협의체는 사회보장급여 제공과 관련된 조례를 제정한다.
② 대표협의체 위원에는 공무원이 포함되지 않는다.
③ 실무협의체는 사회보장급여 제공에 관한 사항을 심의·자문한다.
④ 실무협의체 위원은 10명 이상 40명 이하로 구성한다.
⑤ 읍·면·동 지역사회보장협의체는 지역사회보장계획의 시행결과를 평가한다.

기출회독 키워드 > 153

지역사회보장협의체

⊝2

기출번호 23-05-21

시·군·구 지역사회보장계획 수립 및 시행절차에 관한 설명으로 옳은 것을 모두 고른 것은?

> ㄱ. 시·군·구는 4년마다 지역사회보장계획을 수립하여야 한다.
> ㄴ. 사회보장위원회의 심의와 지방의회 보고를 거쳐 시·도지사에게 제출한다.
> ㄷ. 지역사회보장계획에는 사회보험에 필요한 재원 규모와 조달방안이 포함된다.
> ㄹ. 지역사회보장조사는 지역사회보장 욕구조사와 자원조사로 구성된다.

① ㄱ, ㄴ　　　　② ㄱ, ㄷ
③ ㄱ, ㄹ　　　　④ ㄴ, ㄷ
⑤ ㄴ, ㄹ

기출회독 키워드 > 152

지역사회보장계획

지역사회복지론

해답 & 오답노트 434-435쪽 ⊙

3

기출번호 22-05-19

지역사회보장에 관한 계획(이하 '지역사회보장계획'이라 한다)에 관한 설명으로 옳은 것은?

① 시장·군수·구청장은 4년마다 지역사회보장계획을 수립한 후 보건복지부장관에게 제출한다.

② 시·군·구의 지역사회보장계획은 시·도사회보장위원회의 심의를 거친다.

③ 지역사회보장계획은 사회복지사업법에 의거 매년 연차별 시행계획을 수립한다.

④ 시·도의 지역사회보장계획은 지역사회보장협의체의 심의를 거친다.

⑤ 지역사회보장계획의 수립 및 지역사회보장조사의 시기·방법 등에 필요한 사항은 대통령령으로 정한다.

기출회독 키워드 > 152

지역사회보장계획

4

기출번호 21-05-18

시·군·구 지역사회보장계획에 관한 설명으로 옳은 것을 모두 고른 것은?

ㄱ. 시·군·구 지역사회보장협의체의 보고와 의회의 심의를 거쳐야 한다.
ㄴ. 사회보장급여의 이용·제공 및 수급권자 발굴에 관한 법률에 의거한다.
ㄷ. 시행연도의 전년도 11월 30일까지 수립하여 제출하여야 한다.
ㄹ. 4년마다 수립하고 매년 연차별 시행계획을 수립해야 한다.

① ㄱ, ㄴ
② ㄱ, ㄷ
③ ㄴ, ㄹ
④ ㄱ, ㄴ, ㄹ
⑤ ㄴ, ㄷ, ㄹ

기출회독 키워드 > 152

지역사회보장계획

5

기출번호 21-05-19

지역사회보장협의체의 실무협의체 운영에 관한 설명으로 옳은 것은?

① 사회보장업무를 담당하는 공무원은 제외된다.

② 위원장 1명을 포함하여 10명 미만의 위원으로 구성한다.

③ 지역사회보장계획과 관련된 조례를 제정한다.

④ 시·군·구의 사회보장급여 제공에 관한 사항을 심의·자문한다.

⑤ 전문성 원칙에 따라 현장 전문가를 중심으로 구성한다.

기출회독 키워드 > 153

지역사회보장협의체

6

기출번호 20-05-17

시·군·구 지역사회보장계획에 포함되어야 하는 사항을 모두 고른 것은?

ㄱ. 지역사회보장 전달체계의 조직과 운영
ㄴ. 사회보장급여의 사각지대 발굴 및 지원 방안
ㄷ. 지역사회보장에 관련한 통계 수집 및 관리 방안
ㄹ. 지역사회보장에 필요한 재원의 규모와 조달 방안

① ㄱ, ㄴ
② ㄱ, ㄷ
③ ㄴ, ㄷ
④ ㄱ, ㄴ, ㄹ
⑤ ㄱ, ㄴ, ㄷ, ㄹ

기출회독 키워드 > 152

지역사회보장계획

7

기출번호 20-05-18

시 · 군 · 구 지역사회보장협의체의 심의 · 자문 사항이 아닌 것은?

① 시 · 군 · 구의 지역사회보장계획 수립 · 시행 및 평가에 관한 사항

② 시 · 군 · 구의 사회보장급여 제공에 관한 사항

③ 시 · 군 · 구의 사회보장 추진에 관한 사항

④ 읍 · 면 · 동 단위 지역사회보장협의체의 구성 및 운영에 관한 사항

⑤ 읍 · 면 · 동의 지역사회보장조사 및 지역사회보장지표에 관한 사항

기출회독 키워드 > 153

지역사회보장협의체

9

기출번호 19-05-17

지역사회보장계획에 관한 설명으로 옳은 것은?

① 시 · 군 · 구 지역사회보장계획은 변경할 수 없다.

② 사회보장에 관한 기본계획과 연계되도록 하여야 한다.

③ 3년마다 수립하고, 매년 연차별 시행계획을 수립하여야 한다.

④ 시 · 군 · 구 지역사회보장계획은 사회보장위원회의 심의를 거쳐야 한다.

⑤ 지역사회보장계획의 평가, 지원 등을 위한 지역사회보장지원센터를 설치 · 운영할 수 있다.

기출회독 키워드 > 152

지역사회보장계획

8

기출번호 20-05-21

한국사회복지협의회의 주요 사업이 아닌 것은?

① 사회복지에 관한 교육훈련

② 사회복지에 관한 계몽 및 홍보

③ 자원봉사활동의 진흥

④ 사회복지사업에 관한 기부문화의 조성

⑤ 읍 · 면 · 동이 위탁하는 사회복지에 관한 업무

기출회독 키워드 > 154

사회복지협의회

10

기출번호 19-05-18

지역사회보장협의체에 관한 설명으로 옳은 것은?

① 사회복지사업법에 법적 근거를 두고 있다.

② 10명 이상 25명 이하의 위원으로 구성하고, 임기는 2년이다.

③ 관할 지역의 사회복지사업에 관한 중요사항을 심의 · 건의한다.

④ 민 · 관 네트워크를 통한 지역복지 거버넌스 구조와 기능을 축소시킨다.

⑤ 실무협의체, 실무분과, 읍 · 면 · 동 협의체 간 수평적 네트워크 관계를 형성한다.

기출회독 키워드 > 153

지역사회보장협의체

11

기출번호 19-05-20

사회복지협의회에 관한 설명으로 옳지 않은 것은?

① 사회복지사업법에 근거를 둔 법정단체이다.

② 민·관 협력을 위해 시·군·구에 설치된 공공기관
  이다.

③ 한국사회복지협의회는 기타 공공기관으로 지정되
  었다.

④ 사회복지기관 간 연계·협력·조정 등의 업무를 수
  행한다.

⑤ 광역 및 지역 단위 사회복지협의회는 독립적인 사회
  복지법인이다.

기출회독 키워드 > 154

사회복지협의회

11장

지역사회복지실천의 추진체계 Ⅰ

해답 & 오답노트 436쪽 ●

01 기출번호 23-05-18

지방자치제도에 관한 설명으로 옳지 않은 것은?

① 지역복지 활성화의 토대가 될 수 있다.
② 복지예산의 중앙집중화로 정책 효과성이 강화된다.
③ 우리나라는 지방자치법의 제정으로 도입되었다.
④ 지역복지 실현을 위해 중앙정부와 분담적 관계를 추구한다.
⑤ 사회복지서비스의 책임과 권한이 지방에 이양된다.

기출회독 키워드 > 155

지방분권화

02 기출번호 23-05-19

지방분권화가 지역사회복지에 미치는 영향으로 옳지 않은 것은?

① 지역 간의 경쟁이 심화되어 지역 이기주의가 나타날 수 있다.
② 지역사회복지에 대한 자기통치 원리가 중요시된다.
③ 지역주민의 의사를 반영한 행정서비스가 강화된다.
④ 지역 간 상대적 박탈감으로 사회적 형평성 문제가 발생된다.
⑤ 지방의회의 사회적 책임성이 약화된다.

기출회독 키워드 > 155

지방분권화

03 기출번호 22-05-18

지방자치제에 관한 설명으로 옳은 것을 모두 고른 것은?

> ㄱ. 지방자치제는 자기통치원리를 담고 있다.
> ㄴ. 지방자치는 주민자치와 단체자치를 일컫는다.
> ㄷ. 지방자치단체는 사회복지시설을 평가할 수 있다.
> ㄹ. 지방자치법을 제정함으로써 지방 분권을 위한 법적 장치가 만들어졌다.

① ㄱ, ㄴ
② ㄷ, ㄹ
③ ㄱ, ㄴ, ㄷ
④ ㄱ, ㄴ, ㄹ
⑤ ㄱ, ㄴ, ㄷ, ㄹ

기출회독 키워드 > 155

지방분권화

지역사회복지론

04
기출번호 22-05-25

우리나라 지역사회복지 환경 변화의 순서로 옳은 것은?

> ㄱ. 희망복지지원단 설치·운영
> ㄴ. 사회복지통합관리망(행복e음) 구축
> ㄷ. 지역사회통합돌봄(커뮤니티케어) 선도사업 시행
> ㄹ. '읍·면·동 복지 허브화' 사업 시행

① ㄱ → ㄴ → ㄷ → ㄹ
② ㄱ → ㄴ → ㄹ → ㄷ
③ ㄴ → ㄱ → ㄷ → ㄹ
④ ㄴ → ㄱ → ㄹ → ㄷ
⑤ ㄴ → ㄷ → ㄱ → ㄹ

기출회독 키워드 > 156

지역사회복지 관련 동향 및 향후 과제

06
기출번호 21-05-25

최근 복지전달체계의 동향으로 옳지 않은 것은?

① 사회복지 전담인력의 확충
② 수요자 중심 복지서비스 제공
③ 통합사례관리의 축소
④ 민·관 협력의 활성화
⑤ 보건과 연계한 서비스의 통합성 강화

기출회독 키워드 > 156

지역사회복지 관련 동향 및 향후 과제

05
기출번호 21-05-17

지방분권에 관한 설명으로 옳은 것은?

① 사회보험제도의 지방분권이 확대되고 있다.
② 주민참여로 권력의 재분배가 이루어진다.
③ 지역주민의 욕구에 대한 민감성이 약화된다.
④ 복지수준의 지역 간 균형이 이루어진다.
⑤ 중앙정부의 사회적 책임성이 강화된다.

기출회독 키워드 > 155

지방분권화

07
기출번호 20-05-16

지방자치제도에 관한 설명으로 옳은 것은?

① 지방정부에 비해 중앙정부의 책임을 강조하고 있다.
② 지역 간 복지수준의 격차가 발생하지 않는다.
③ 복지예산의 지방이양으로 지방정부의 책임이 강화된다.
④ 지방자치단체장은 중앙정부가 임명한다.
⑤ 지방정부의 복지예산 확대로 민간의 참여가 약화된다.

기출회독 키워드 > 155

지방분권화

8

기출번호 20-05-25

최근 지역사회복지 동향으로 옳지 않은 것은?

① '찾아가는 동주민센터' 사업 실시
② 읍·면·동 맞춤형 복지 전담팀 설치
③ 지역사회통합돌봄사업의 축소
④ 행정복지센터로의 행정조직 재구조화
⑤ 지역사회복지계획이 지역사회보장계획으로 변경

> **기출회독 키워드 > 156**
>
> 지역사회복지 관련 동향 및 향후 과제

10

기출번호 19-05-16

지방자치제에 관한 설명으로 옳지 않은 것은?

① 민주주의 사상에 기초를 두고 있다.
② 지방자치단체의 장은 선거로 선출한다.
③ 지역문제에 대한 자기통치 원리를 담고 있다.
④ 우리나라에서는 1990년에 처음으로 실시되었다.
⑤ 지방자치단체의 행정사무가 주민참여에 의해 이루어져야 한다.

> **기출회독 키워드 > 155**
>
> 지방분권화

11

기출번호 19-05-25

최근 지역사회복지의 변화과정을 순서대로 옳게 나열한 것은?

> ㄱ. 사회서비스원 시범사업
> ㄴ. 희망복지지원단 운영
> ㄷ. 사회복지통합관리망(행복e음) 구축
> ㄹ. 찾아가는 보건복지서비스

① ㄱ - ㄴ - ㄴ - ㄷ - ㄹ
② ㄴ - ㄷ - ㄱ - ㄹ
③ ㄴ - ㄷ - ㄹ - ㄱ
④ ㄷ - ㄴ - ㄹ - ㄱ
⑤ ㄷ - ㄹ - ㄴ - ㄱ

> **기출회독 키워드 > 156**
>
> 지역사회복지 관련 동향 및 향후 과제

9

기출번호 19-05-15

지방분권에 관한 설명으로 옳지 않은 것은?

① 주민참여 기회가 확대된다.
② 중앙정부의 책임성이 강화된다.
③ 지역 특성에 맞는 정책을 수립할 수 있다.
④ 지역 간 복지수준의 격차가 발생할 수 있다.
⑤ 지방자치단체의 역할과 책임을 강화시킬 수 있다.

> **기출회독 키워드 > 155**
>
> 지방분권화

해답 & 오답노트 **438쪽** ●

▬1

기출번호 23-05-22

지역사회 복지기관의 역할로 옳지 않은 것은?

① 사회복지협의회: 사회복지기관 간의 연계 · 협력 · 조정

② 자원봉사센터: 자원봉사 프로그램 개발 · 보급

③ 지역자활센터: 자활기금 설치 · 운영

④ 사회복지공동모금회: 모금 및 배분의 운용 · 관리

⑤ 사회복지관: 지역사회 복지문제 예방 · 해결

기출회독 키워드 > 160

기타: 지역자활센터, 자원봉사센터

▬3

기출번호 23-05-24

사회적 경제에 관한 설명으로 옳은 것을 모두 고른 것은?

> ㄱ. 사회적 경제주체는 정부와 시장이다.
> ㄴ. 사회통합과 공동체의식 증진에 기여할 수 있다.
> ㄷ. 호혜와 연대에 기초한 사회적 자본으로 시장경제의 대안이 된다.
> ㄹ. 사회적 경제조직의 유형에는 협동조합, 마을기업, 자활기업 등이 있다.

① ㄱ

② ㄱ, ㄴ

③ ㄴ, ㄷ

④ ㄱ, ㄷ, ㄹ

⑤ ㄴ, ㄷ, ㄹ

기출회독 키워드 > 158

사회적 경제의 주체

▬2

기출번호 23-05-23

사회복지관 사업 내용 중 서비스 제공 기능에 해당하는 것은?

① 지역욕구조사 실시

② 자원봉사자 개발 및 관리

③ 사회복지현장실습 교육 및 지도

④ 독거노인을 위한 일상생활 지원

⑤ 후원자 개발을 위한 기관 소식지 제작

기출회독 키워드 > 157

사회복지관

●4

기출번호 22-05-20

사회복지사업법상 (   )에 들어갈 내용으로 옳은 것은?

> 제34조의5(사회복지관의 설치 등) ① 제34조제1항과 제2항에 따른 시설 중 사회복지관은 지역복지증진을 위하여 다음 각 호의 사업을 실시할 수 있다.
> 1. 지역사회의 특성과 지역주민의 복지욕구를 고려한 (ㄱ) 사업
> 2. 국가 · 지방자치단체 및 민간 부문의 사회복지서비스를 연계 · 제공하는 (ㄴ) 사업
> 3. 지역사회 복지공동체 활성화를 위한 복지자원 관리, 주민교육 및 (ㄷ) 사업

① ㄱ: 서비스 제공, ㄴ: 사례관리, ㄷ: 조직화
② ㄱ: 서비스 제공, ㄴ: 조직화, ㄷ: 사례관리
③ ㄱ: 사례관리, ㄴ: 서비스 제공, ㄷ: 조직화
④ ㄱ: 조직화, ㄴ: 사례관리, ㄷ: 재가복지
⑤ ㄱ: 조직화, ㄴ: 지역사회보호, ㄷ: 사례관리

기출회독 키워드 > 157

사회복지관

●5

기출번호 22-05-21

사회복지관의 사업내용 중 기능이 다른 것은?

① 지역 내 보호가 필요한 대상자 및 위기 개입 대상자 발굴
② 개입 대상자의 문제와 욕구에 맞는 맞춤형 서비스 제공을 위한 사례 개입
③ 지역 내 민간 및 공공자원 연계 및 의뢰
④ 발굴한 사례에 대한 개입계획 수립
⑤ 주민 협력 강화를 위한 주민의식 교육

기출회독 키워드 > 157

사회복지관

●6

기출번호 22-05-22

사회복지공동모금회법상 사회복지공동모금회에 관한 설명으로 옳지 않은 것은?

① 사회복지공동모금회는 사회복지법인이다.
② 특별시 · 광역시 · 특별자치시 · 도 · 특별자치도 단위 사회복지공동모금지회를 둔다.
③ 임원의 임기는 2년으로 하며, 한 차례만 연임할 수 있다.
④ 모금회가 아닌 자는 사회복지공동모금 또는 이와 유사한 명칭을 사용하지 못한다.
⑤ 사회복지활동 등을 지원하기 위한 재원을 조성하기 위하여 복권을 발행할 수 있다.

기출회독 키워드 > 159

사회복지공동모금

●7

기출번호 22-05-23

다음 설명을 모두 충족하는 것은?

> • 지역공동체에 기반하여 활동한다.
> • 도시재생 활성화 및 지원에 관한 특별법에 근거를 두고 있다.
> • 주민이 지역자원을 활용한 수익사업을 통해 지역공동체를 활성화한다.

① 사회적 기업
② 마을기업
③ 자활기업
④ 협동조합
⑤ 자선단체

기출회독 키워드 > 158

사회적 경제의 주체

08 기출번호 21-05-20

자원봉사활동 추진체계의 역할로 옳지 않은 것은?

① 보건복지부: 자원봉사활동의 진흥을 위한 국가기본
계획 수립
② 지방자치단체: 자원봉사센터 운영을 위한 예산 지원
③ 중앙자원봉사센터: 자원봉사센터 정책 개발 및 연구
④ 시·도 자원봉사센터: 자원봉사 프로그램 개발 및
보급
⑤ 시·군·구 자원봉사센터: 지역 자원봉사 거점역할
수행

기출회독 키워드 ▶ 160

기타: 지역자활센터, 자원봉사센터

10 기출번호 21-05-22

사회적 기업에 관한 설명으로 옳은 것을 모두 고른 것은?

> ㄱ. 유급근로자를 고용하여 영업활동을 해야 사회적 기업
> 으로 인증받을 수 있다.
> ㄴ. 조직형태는 민법에 따른 조합, 상법에 따른 회사, 특별
> 법에 따른 법인 등이 있다.
> ㄷ. 보건복지부로부터 사회적 기업으로 인증을 받아야 활
> 동할 수 있다.
> ㄹ. 서비스 수혜자, 근로자 등 이해관계자가 참여하는 의
> 사결정 구조를 갖추어야 한다.

① ㄱ, ㄴ   ② ㄱ, ㄷ
③ ㄴ, ㄷ   ④ ㄱ, ㄴ, ㄹ
⑤ ㄱ, ㄷ, ㄹ

기출회독 키워드 ▶ 158

사회적 경제의 주체

09 기출번호 21-05-21

사회복지관 사업 내용 중 지역사회 조직화 기능에 해당하는 것은?

① 독거노인을 위한 도시락 배달
② 한부모 가정 아동을 위한 문화 프로그램 제공
③ 아동 자립생활 지원을 위한 후원자 개발
④ 학교 밖 청소년을 위한 직업기능 교육
⑤ 장애인 일상생활 지원을 위한 서비스 제공

기출회독 키워드 ▶ 157

사회복지관

11 기출번호 20-05-19

사회복지공동모금회법상 사회복지공동모금회에 관한 설명으로 옳지 않은 것은?

① 회장, 부회장 및 이사의 임기는 3년으로 하며, 한 차
례만 연임할 수 있다.
② 사회복지공동모금사업을 수행한다.
③ 모금회의 업무를 처리하기 위하여 사무총장 1명과
필요한 직원 및 기구를 둔다.
④ 특별시·광역시·특별자치시·도·특별자치도 단
위 사회복지공동모금지회를 둔다.
⑤ 사회복지사업이나 그 밖의 사회복지활동 등을 지원
하기 위한 재원을 조성하기 위하여 기획재정부장관
의 승인을 받아 복권을 발행할 수 있다.

기출회독 키워드 ▶ 159

사회복지공동모금

12

기출번호 20-05-20

사회복지관 사업내용 중 서비스 제공 기능에 해당하지 않는 것은?

① 지역사회 보호
② 사례관리
③ 교육문화
④ 자활지원
⑤ 가족기능 강화

기출회독 키워드 > 157

사회복지관

13

기출번호 20-05-22

사회적 경제에 관한 설명으로 옳은 것을 모두 고른 것은?

> ㄱ. 사회적 기업은 경제적 이익을 추구한다.
> ㄴ. 사회적 경제는 자본주의 시장경제의 대안모델이다.
> ㄷ. 사회적 협동조합의 목적은 취약계층에게 사회서비스 또는 일자리를 제공하는 것이다.

① ㄱ   ② ㄴ
③ ㄱ, ㄴ   ④ ㄴ, ㄷ
⑤ ㄱ, ㄴ, ㄷ

기출회독 키워드 > 158

사회적 경제의 주체

14

기출번호 19-05-19

다음 사회복지관에 관한 설명으로 옳지 않은 것은?

> 행복시(市)에서 직영하고 있는 A사회복지관은 노인, 장애인 등 취약계층의 욕구 충족과 사회적 지지체계 구축을 위한 자원봉사 프로그램을 개발하였고, 이를 심의하기 위해 운영위원회를 개최하였다.

① 운영위원회는 프로그램 개발, 평가에 관한 사항을 심의한다.
② 자원봉사자 개발·관리는 지역조직화 기능에 해당한다.
③ 취약계층 주민에게 우선적인 서비스를 제공하여야 한다.
④ 운영위원회는 5명 이상 15명 이하의 위원으로 구성한다.
⑤ 사회복지법인, 기타 비영리법인에 한하여 설치·운영할 수 있다.

기출회독 키워드 > 157

사회복지관

15

기출번호 19-05-21

사회복지공동모금회에 관한 설명으로 옳지 않은 것은?

① 기획, 홍보, 모금, 배분 업무를 수행한다.
② 사회복지사업법에 의한 사회복지법인이다.
③ 지정기부금 모금단체이다.
④ 사회복지 프로그램의 전문성 제고에 기여할 수 있다.
⑤ 지역사회의 자원을 동원하는 민간운동적인 특성이 있다.

기출회독 키워드 > 159

사회복지공동모금

해답 & 오답노트 439–440쪽 ◑

16

기출번호 19-05-22

사회적 경제 주체에 해당하는 것을 모두 고른 것은?

ㄱ. 사회적 기업
ㄴ. 마을기업
ㄷ. 사회적 협동조합
ㄹ. 자활기업

---

① ㄱ, ㄴ   ② ㄱ, ㄷ

③ ㄴ, ㄷ   ④ ㄱ, ㄷ, ㄹ

⑤ ㄱ, ㄴ, ㄷ, ㄹ

기출회독 키워드 > 158

사회적 경제의 주체

해답 & 오답노트 **440쪽** ⊙

01

기출번호 23-05-25

지역사회복지운동에 관한 설명으로 옳지 않은 것은?

① 지역사회의 부당한 권력구조를 변화시키기 위해 노력한다.
② 지역주민 참여를 위한 수요자 중심의 활동이 이루어진다.
③ 지역사회복지운동의 주체로 사회복지 실무자도 포함된다.
④ 특정 계층에 국한된 수단지향적인 활동이다.
⑤ 조례제정운동과 같은 제도변화과정을 예로 들 수 있다.

기출회독 키워드 > **162**

지역사회복지운동

02

기출번호 22-05-24

아른스테인(S. Arnstein)이 분류한 주민참여단계에 해당하지 않는 것은?

① 협동관계
② 정보제공
③ 주민회유
④ 주민동원
⑤ 권한위임

기출회독 키워드 > **161**

주민참여 8단계

03

기출번호 21-05-23

지역사회복지실천에서 지역주민 참여수준이 높은 것에서부터 낮은 것의 순서로 옳게 나열한 것은?

> ㄱ. 계획단계에 참여
> ㄴ. 조직대상자
> ㄷ. 단순 정보 수혜자
> ㄹ. 의사결정권 행사

① ㄴ － ㄷ － ㄹ － ㄱ
② ㄷ － ㄱ － ㄴ － ㄹ
③ ㄷ － ㄴ － ㄱ － ㄹ
④ ㄹ － ㄱ － ㄴ － ㄷ
⑤ ㄹ － ㄴ － ㄱ － ㄷ

기출회독 키워드 > **161**

주민참여 8단계

04

기출번호 21-05-24

지역사회복지운동에 관한 설명으로 옳은 것은?

① 사회복지 전문가 중심의 활동으로 이루어진다.
② 목적지향적인 조직적 활동이다.
③ 운동의 초점은 정치권력의 장악이다.
④ 지역사회의 구조적 문제는 배제된다.
⑤ 지역사회복지운동단체는 서비스제공 활동을 하지 않는다.

기출회독 키워드 > **162**

지역사회복지운동

○5
기출번호 20-05-23

지역사회복지운동에 관한 설명으로 옳지 않은 것은?

① 지역사회복지운동의 계층적 기반은 노동운동이나 여성운동과 같이 뚜렷하다.

② 지역사회복지운동의 주된 관심사는 주민 삶의 질과 관련된 생활영역에 있다.

③ 지역사회의 다양한 자원 활용 및 조직 간 유기적 협력이 이루어진다.

④ 지역사회복지운동에는 다양한 이념이 사용될 수 있다.

⑤ 지역사회복지운동의 주체는 사회복지 전문가, 지역 활동가, 지역사회복지 이용자 등 다양하다.

> **기출회독 키워드 > 162**
>
> 지역사회복지운동

○6
기출번호 20-05-24

주민참여와 관련이 없는 것은?

① 지방자치제도의 발달

② 마을만들기 사업(운동)

③ 지역사회복지 정책결정과정

④ 공무원 중심의 복지정책 결정권한 강화

⑤ 아른스테인(S. Arnstein)의 주장

> **기출회독 키워드 > 161**
>
> 주민참여 8단계

○7
기출번호 19-05-23

지역사회복지운동에 관한 설명으로 옳은 것은?

① 계획되지 않은 조직적 활동이다.

② 사회복지 전문가 중심의 활동이다.

③ 개인의 성장과 변화에 우선적인 초점을 둔다.

④ 노동자, 장애인 등 일부 주민을 대상으로 한다.

⑤ 복지권리 · 시민의식을 배양하는 사회권 확립운동이다.

> **기출회독 키워드 > 162**
>
> 지역사회복지운동

○8
기출번호 19-05-24

다음 사례에서 설명하는 아른스테인(S. Arnstein)의 주민참여 수준은?

> A시(市)는 도시재생사업과 관련하여 주민들과 갈등을 겪고 있다. B씨는 A시의 추천으로 도시재생사업 추진위원회에 주민대표로 참여하였다. 하지만 회의는 B씨의 기대와는 달리 A시가 의도한 방향대로 최종 결정되었다.

① 조작

② 회유

③ 주민통제

④ 권한위임

⑤ 정보제공

> **기출회독 키워드 > 161**
>
> 주민참여 8단계

6영역

사회복지정책론

5개년도(19~23회) 출제분포표

	19회	20회	21회	22회	23회	평균 문항수
1장 사회복지정책 개요	4	2	5	1	5	3.4
2장 사회복지정책의 역사적 전개	1	1	2	1	2	1.4
3장 사회복지정책 관련 이론과 사상	3	4	3	3	2	3.0
4장 사회복지정책 형성과정	1	1	2	-	1	1.0
5장 사회복지정책의 분석틀	8	5	4	8	6	6.2
6장 사회보장론 일반	2	3	3	5	4	3.4
7장 공적 연금의 이해	1	1	1	-	1	0.8
8장 국민건강보장제도의 이해	1	2	1	-	2	1.2
9장 산업재해보상보험제도의 이해	-	1	1	-	1	0.6
10장 고용보험제도의 이해	1	1	-	-	-	0.4
11장 빈곤과 공공부조제도	3	4	3	7	1	3.6

1장 사회복지정책 개요

해답 & 오답노트 **441-442**쪽 ○

1
기출번호 23-06-01

사회복지정책의 목적으로 옳지 않은 것은?

① 빈부 간 갈등 예방과 사회통합
② 개인의 자립과 성장
③ 소득재분배에 의한 평등 추구
④ 사회안전망 강화와 생존권 보장
⑤ 개인의 능력에 따른 분배구조 확대

기출회독 키워드 > 164

사회복지정책의 특성

2
기출번호 23-06-02

사회복지정책 가치인 연대에 관한 설명으로 옳지 않은 것은?

① 사람들이 서로 의무감과 책임감을 느끼고 함께 하려는 상태를 의미한다.
② 일반적으로 동질성과 동등성을 갖지 못한 대상에 대한 배타성을 갖게 된다.
③ 이질성과 개인화가 강조되는 상태에서 유지되는 연대를 유기적 연대라고 한다.
④ 최근 우리나라에서는 노동시장의 변화로 노동자들 간 동질성이 더욱 강화되었다.
⑤ 장애인의무고용은 연대를 제도화한 것이다.

기출회독 키워드 > 163

사회복지정책의 가치

3
기출번호 23-06-03

마이클 샌델(M. Sandel)의 정의에 관한 설명으로 옳지 않은 것은?

① 절차적 장치로써 무지의 베일 활용
② 도덕에 기초하는 정치
③ 불평등 해소방법, 연대, 시민의 미덕
④ 시장의 도덕적 한계를 인정
⑤ 시민의식, 희생, 봉사

4
기출번호 23-06-23

최저임금제에 관한 설명으로 옳지 않은 것은?

① 우리나라에서는 최저임금제가 2000년부터 실시되었다.
② 최저임금제는 정신장애로 근로능력이 현저히 낮은 사람에게는 적용되지 않는다.
③ 최저임금제는 근로자에게 최저한의 생계를 유지할 수 있는 수준의 임금을 보장하기 위한 제도이다.
④ 최저임금제는 저임금 근로자의 증가를 억제하는 장치로 작용할 수 있다.
⑤ 최저임금제는 사회보장 급여수준에 영향을 미칠 수 있다.

05

기출번호 23-06-24

도덕적 해이에 관한 설명으로 옳지 않은 것은?

① 도덕적 해이는 보험계약이 가입자들의 행동에 영향을 미치는 현상이다.
② 도덕적 해이는 보험가입 집단의 크기가 클수록 약화된다.
③ 도덕적 해이는 실업보험에서 발생할 가능성이 높다.
④ 도덕적 해이는 건강보험 진료비 본인부담을 정당화하는 논리로 사용된다.
⑤ 도덕적 해이가 심각해지면 민간보험사의 보험료 상승으로 이어질 수 있다.

기출회독 키워드 > 165

사회복지의 국가 개입

06

기출번호 22-06-14

국가가 주도적으로 사회복지를 제공해야 할 필요성으로 옳지 않은 것은?

① 역 선택
② 도덕적 해이
③ 규모의 경제
④ 능력에 따른 분배
⑤ 정보의 비대칭

기출회독 키워드 > 165

사회복지의 국가 개입

07

기출번호 21-06-03

롤스(J. Rawls)의 정의론(공정으로서의 정의)에 관한 설명으로 옳은 것은?

① 제1원칙은 기본적 자유에 대한 동등한 권리이다.
② 기회의 균등보다는 결과의 평등이 더 중요하다.
③ 사회경제적 불평등은 어떠한 경우라도 허용될 수 없다.
④ 최대 다수의 최대 행복을 추구한다.
⑤ 정당한 소유와 합법적인 이전은 정의로운 결과를 가져온다.

기출회독 키워드 > 163

사회복지정책의 가치

08

기출번호 21-06-04

다음 중 사회복지정책이 필요한 이유를 모두 고른 것은?

ㄱ. 국민의 생존권 보장
ㄴ. 사회통합의 증진
ㄷ. 개인의 자립성 증진
ㄹ. 능력에 따른 분배

① ㄱ, ㄴ   ② ㄴ, ㄷ
③ ㄴ, ㄹ   ④ ㄱ, ㄴ, ㄷ
⑤ ㄱ, ㄷ, ㄹ

기출회독 키워드 > 164

사회복지정책의 특성

☑9

기출번호 21-06-13

우리나라가 시행하고 있는 취약계층 취업지원제도에 관한 설명으로 옳은 것은?

① 노인일자리사업의 총괄 운영기관은 대한노인회이다.
② 장애인고용의무제도는 모든 사업체에 적용된다.
③ 맞춤형 취업지원서비스로 취업성공패키지가 운영되고 있다.
④ 모든 국민기초생활보장 수급자는 반드시 자활사업에 참여해야 한다.
⑤ 고령자를 채용하지 않는 기업은 정부에 부담금을 납부해야 한다.

10

기출번호 21-06-19

사회복지정책의 주체 및 그 역할에 관한 설명으로 옳지 않은 것은?

① 긍정적 외부효과가 큰 영역은 민간부문이 담당하는 것이 바람직하다.
② 사회복지정책의 주체는 국가, 지방자치단체, 공공복지기관 등 다양하다.
③ 공공재적 성격이 강한 재화나 서비스는 공공부문이 개입하는 것이 바람직하다.
④ 정보의 비대칭성이 강한 영역은 정부가 개입하는 것이 바람직하다.
⑤ 민간복지기관은 정부 및 공공기관에 의하여 권한을 위임받은 경우 사회복지정책의 주체가 될 수 있다.

> 기출회독 키워드 **165**

사회복지의 국가 개입

11

기출번호 21-06-23

사회복지정책 급여의 적절성에 관한 설명으로 옳지 않은 것은?

① 인간다운 생활을 할 수 있는 수준의 급여를 제공하는 것을 말한다.
② 기초연금 지급액 인상은 적절성 수준을 높여줄 수 있다.
③ 급여를 받는 사람의 삶의 질에 대한 관심의 표현이다.
④ 일정한 수준의 물질적, 정신적 복지를 제공해야 한다는 것과 관련된다.
⑤ 적절성에 대한 기준은 시간과 환경에 따라 변하지 않는다.

> 기출회독 키워드 **163**

사회복지정책의 가치

12

기출번호 20-06-02

사회복지정책의 가치에 관한 설명으로 옳지 않은 것은?

① 소극적 자유는 자신이 원하는 것을 할 수 있는 자유를 강조한다.
② 평등을 추구하는 사회복지정책은 선택의 자유를 제한한다는 비판이 있다.
③ 형평성이 신빈민법의 열등처우원칙에 적용되었다.
④ 적절성은 일정한 수준의 신체적·정신적 복리를 제공하는 것을 의미한다.
⑤ 기회의 평등의 예로 사회적으로 취약한 아동을 위한 적극적 교육지원을 들 수 있다.

> 기출회독 키워드 **163**

사회복지정책의 가치

13

기출번호 20-06-12

사회복지 재화나 서비스를 국가가 제공해야 하는 이유가 아닌 것은?

① 사회복지의 공공재적 성격
② 전염병에 대한 치료의 긍정적 외부효과 발생
③ 질병의 위험에 대한 보험방식의 역 선택 문제 해결
④ 경제성장의 낙수효과 발생
⑤ 의료서비스에 대한 정보의 비대칭 문제 해결

기출회독 키워드 > 165

사회복지의 국가 개입

14

기출번호 19-06-01

사회복지정책의 원칙과 기능에 관한 설명으로 옳지 않은 것은?

① 능력에 비례한 배분을 원칙으로 한다.
② 소득을 재분배하는 기능을 한다.
③ 경제의 자동안정화 기능을 한다.
④ 국민의 최저생활을 보장하는 기능을 한다.
⑤ 사회통합과 정치적 안정화 기능을 한다.

기출회독 키워드 > 164

사회복지정책의 특성

15

기출번호 19-06-02

다음 설명에 해당하는 것은?

비경합적이고 비배제적인 성격을 지니고 있기 때문에 구성원이 각각 생산에 기여했는지 여부에 관계없이 모든 구성원이 활용할 수 있는 재화를 말한다.

① 비대칭적 정보   ② 공공재
③ 외부효과   ④ 도덕적 해이
⑤ 역 선택

기출회독 키워드 > 165

사회복지의 국가 개입

16

기출번호 19-06-07

사회복지정책의 가치에 관한 설명으로 옳은 것은?

① 비례적 평등은 개인의 능력, 업적, 공헌에 따라 사회적 자원을 분배하는 것을 의미한다.
② 적극적 자유는 타인의 간섭 혹은 의지로부터의 자유를 의미한다.
③ 결과의 평등을 달성하기 위해 부자들의 소득을 재분배하더라도 소극적 자유를 침해하지 않는다.
④ 결과가 평등하다면 과정의 불평등은 상관없다는 것이 기회의 평등이다.
⑤ 기회의 평등은 적극적인 평등의 개념이다.

기출회독 키워드 > 163

사회복지정책의 가치

17

기출번호 19-06-17

아동학대의 예방 및 방지에 관한 설명으로 옳은 것을 모두 고른 것은?

ㄱ. 아동학대를 예방하고 수시로 신고를 받을 수 있도록 아동보호전문기관은 긴급전화를 설치하여야 한다.
ㄴ. 아동학대의 예방과 방지에 관한 관심을 높이기 위하여 아동학대 예방의 날을 지정하였다.
ㄷ. 시·도지사 또는 시장·군수·구청장은 아동학대 신고접수, 현장조사 및 응급보호 등의 역할을 한다.
ㄹ. 아동보호전문기관의 장은 피해아동의 가족에게 상담, 교육 및 의료적·심리적 치료 등의 필요한 지원을 제공하여야 한다.

① ㄱ, ㄹ   ② ㄴ, ㄷ
③ ㄱ, ㄴ, ㄷ   ④ ㄴ, ㄷ, ㄹ
⑤ ㄱ, ㄴ, ㄷ, ㄹ

해답 & 오답노트 **444-445**쪽 ◯

◯1 | 기출번호 23-06-04

사회복지정책의 역사를 세 단계로 나눌 때 (   )에 들어갈 내용을 순서대로 나열한 것은?

	대상자	사회복지 주체	권리수준
빈민법	걸인, 부랑인, 구제가치가 있는 빈민	(ㄱ)	무권리, 정책당국의 재량
사회보험	노동자 계급	국가, 노동조합	(ㄴ)
복지국가	(ㄷ)	국가, 시민단체	시민권

① ㄱ: 노동조합　　　ㄴ: 계약에 입각한 권리
　　ㄷ: 노동자 계급

② ㄱ: 국가, 노동조합　　ㄴ: 시민권
　　ㄷ: 노동자 계급

③ ㄱ: 국가, 교회, 영주　ㄴ: 계약에 입각한 권리
　　ㄷ: 시민, 개인

④ ㄱ: 노동조합　　　ㄴ: 정책 당국의 재량
　　ㄷ: 시민, 개인

⑤ ㄱ: 국가, 교회, 영주　ㄴ: 시민권
　　ㄷ: 노동자 계급

기출회독 키워드 > 166

영국 사회복지정책의 역사

◯2 | 기출번호 23-06-05

제2차 세계대전 이후 서구 복지국가의 전개과정에 관한 설명으로 옳은 것은?

① 노동과 자본의 극단적인 대립
② 대규모 재분배를 가능하게 하는 케인즈주의 경제정책
③ 자유방임 자본주의를 옹호하는 사상 확산
④ 공공부조 위주의 사회보장체계 구축
⑤ 가족과 시장의 책임강조

기출회독 키워드 > 168

복지국가의 전개

●3

기출번호 22-06-12

영국 사회복지정책의 역사에 관한 설명으로 옳은 것을 모두 고른 것은?

> ㄱ. 길버트법은 빈민의 비참한 생활과 착취를 개선하기 위해 원외구제를 허용했다.
> ㄴ. 스핀햄랜드법은 빈민의 임금을 보충하기 위해 가족 수에 따라 보조금을 지급할 수 있게 했다.
> ㄷ. 신빈민법은 열등처우의 원칙을 적용하였고 원내구제를 금지했다.
> ㄹ. 왕립빈민법위원회의 소수파보고서는 구빈법의 폐지보다는 개혁을 주장했다.
> ㅁ. 베버리지 보고서를 근거로 하여 가족수당법, 국민부조법 등이 제정되었다.

① ㄱ, ㄷ ② ㄷ, ㅁ
③ ㄱ, ㄴ, ㅁ ④ ㄴ, ㄷ, ㄹ
⑤ ㄴ, ㄹ, ㅁ

기출회독 키워드 > 166

영국 사회복지정책의 역사

●4

기출번호 21-06-01

1942년 베버리지 보고서에서 규정한 5대악에 해당되지 않는 것은?

① 무지
② 질병
③ 산업재해
④ 나태
⑤ 결핍(궁핍)

기출회독 키워드 > 166

영국 사회복지정책의 역사

●5

기출번호 21-06-06

영국 구빈제도의 역사에 관한 설명으로 옳지 않은 것은?

① 1601년 엘리자베스 빈민법은 빈민을 노동능력 있는 빈민, 노동능력 없는 빈민, 빈곤아동으로 분류하였다.
② 1662년 정주법은 부랑자들의 자유로운 이동을 금지하였다.
③ 1782년 길버트법은 원외구제를 허용하였다.
④ 1795년 스핀햄랜드법은 열등처우의 원칙을 명문화하였다.
⑤ 1834년 신빈민법은 노동능력이 있는 빈민에 대한 원외구제를 폐지하였다.

기출회독 키워드 > 166

영국 사회복지정책의 역사

●6

기출번호 20-06-14

사회복지역사에 관한 설명으로 옳은 것을 모두 고른 것은?

> ㄱ. 길버트법은 작업장 노동의 비인도적인 문제에 대응하여 원외구제를 실시하였다.
> ㄴ. 신빈민법은 특권적 지주계급을 위한 법으로 구빈업무를 전국적으로 통일하였다.
> ㄷ. 미국의 사회보장법(1935)은 연방정부의 책임을 축소하고 지방정부의 책임을 확대하였다.
> ㄹ. 비스마르크는 독일제국의 사회통합을 위해 사회보험을 도입하였다.

① ㄱ, ㄴ ② ㄱ, ㄷ
③ ㄱ, ㄹ ④ ㄴ, ㄷ
⑤ ㄷ, ㄹ

기출회독 키워드 > 166

영국 사회복지정책의 역사

7　　　　　　　　　기출번호 19-06-04

신빈민법(New Poor Law)에 관한 설명으로 옳지 않은 것은?

① 1832년 왕립위원회(Royal Commission)의 조사를 토대로 1834년에 제정되었다.
② 국가의 도움을 받는 사람의 처우는 스스로 벌어서 생활하는 최하위 노동자의 생활수준보다 높지 않아야 한다는 원칙을 내용으로 하고 있다.
③ 원외구제를 인정하였다.
④ 구빈행정체계를 통일시키고자 하였다.
⑤ 빈민을 가치 있는 빈민과 가치 없는 빈민으로 분류하였다.

기출회독 키워드 ▶ 166

영국 사회복지정책의 역사

3장 사회복지정책 관련 이론과 사상

◷1

기출번호 23-06-06

중상주의에 관한 설명으로 옳은 것을 모두 고른 것은?

ㄱ. 15세기 중반부터 18세기 중반까지 유럽대륙을 지배하였던 경제사상을 지칭하는 용어이다.
ㄴ. 국가유지에 필요한 비용을 마련하기 위해 식민지 개척과 무역 정책을 추진하였다.
ㄷ. 식량부족으로 인구증가 억제정책을 추진하였다.
ㄹ. 빈민들의 근면성을 위해 임금수준을 낮게 유지하고자 하였다.

① ㄱ
② ㄴ, ㄷ
③ ㄱ, ㄴ, ㄹ
④ ㄴ, ㄷ, ㄹ
⑤ ㄱ, ㄴ, ㄷ, ㄹ

◷2

기출번호 23-06-09

길버트(N. Gilbert)가 주장한 권능부여국가(enabling state)의 주요 요소에 해당하는 것은?

① 사회적 지원, 노동의 재상품화, 공공기관에 의한 제공, 권리의 공유를 통한 연대
② 사회적 포섭, 노동의 탈상품화, 민간기관에 의한 제공, 사회권으로서의 급여
③ 사회적 포섭, 노동의 재상품화, 민영화, 사회권으로서의 급여
④ 근로촉진, 선별적 표적화, 민영화, 사회적 의무와 연계된 급여
⑤ 근로촉진, 생활임금, 공적 운영, 사회적 의무와 연계된 급여

◷3

기출번호 22-06-0ㅣ

사회복지의 잔여적 개념과 제도적 개념에 관한 설명으로 옳은 것을 모두 고른 것은?

ㄱ. 잔여적 개념에 따르면 개인은 기본적으로 가족과 시장을 통해 욕구를 충족시킨다.
ㄴ. 제도적 개념에 따르면 가족과 시장에 의한 개인의 욕구충족이 실패했을 때 국가가 잠정적·일시적으로 그 기능을 대신한다.
ㄷ. 잔여적 개념은 작은 정부를 옹호하고 시장과 민간의 역할을 중시하는 보수주의자들의 선호와 맥락을 같이 한다.
ㄹ. 제도적 개념은 사회복지를 시혜나 자선으로 보지 않지만 국가에 의해 주어진 것이므로 권리성은 약하다.

① ㄱ
② ㄹ
③ ㄱ, ㄷ
④ ㄴ, ㄷ
⑤ ㄴ, ㄷ, ㄹ

기출회독 키워드 > **170**

복지국가 유형화이론

04

기출번호 22-06-09

사회복지정책의 발달을 설명하는 이론으로 옳은 것을 모두 고른 것은?

> ㄱ. 시민권이론은 정치권, 공민권, 사회권의 순서로 발달한 것으로 본다.
> ㄴ. 권력자원이론은 노동조합의 중앙집중화 정도, 좌파정당의 집권을 복지국가 발달의 변수로 본다.
> ㄷ. 이익집단이론은 다양한 이익집단들의 정치적 활동을 통해 복지국가가 발달한 것으로 본다.
> ㄹ. 국가중심이론은 국가 엘리트들과 고용주들의 의지와 능력에 의해 결정된다고 본다.
> ㅁ. 수렴이론은 그 사회의 기술수준과 산업화 정도에 따라 사회복지의 발달이 수렴된다고 본다.

① ㄱ, ㄴ, ㄹ   ② ㄱ, ㄷ, ㅁ
③ ㄴ, ㄷ, ㄹ   ④ ㄴ, ㄷ, ㅁ
⑤ ㄷ, ㄹ, ㅁ

기출회독 키워드 ▶ 169

사회복지정책 발달이론 및 복지국가 분석이론

05

기출번호 22-06-15

에스핑-앤더슨(G. Esping-Andersen)의 복지국가 유형에 관한 설명으로 옳은 것은?

① 복지국가 유형을 탈상품화, 계층화 등을 기준으로 분류하였다.
② 보수주의 복지국가는 탈가족주의와 통합적 사회보험을 강조한다.
③ 자유주의 복지국가는 공공부조의 비중과 탈상품화 수준이 낮은 편이다.
④ 사회민주주의 복지국가는 국가의 책임을 최소화하고 시장을 통해 문제해결을 한다.
⑤ 보수주의 복지국가의 예로는 프랑스, 영국, 미국을 들 수 있다.

기출회독 키워드 ▶ 170

복지국가 유형화이론

06

기출번호 21-06-05

사회복지정책의 발달이론 중 의회민주주의의 정착과 노동자계급의 조직화된 힘을 강조하는 이론은?

① 산업화론
② 권력자원이론
③ 확산이론
④ 사회양심이론
⑤ 국가중심이론

기출회독 키워드 ▶ 169

사회복지정책 발달이론 및 복지국가 분석이론

07

기출번호 21-06-07

조지(V. George)와 윌딩(P. Wilding)이 제시한 이념 중 소극적 집합주의에 관한 설명으로 옳은 것은?

① 시장에 대한 국가개입을 최소화하고 개인의 소극적 자유를 극대화하는 것이 바람직하다.
② 개인의 적극적 자유를 보장하기 위해서는 철저한 계획경제와 생산수단의 국유화가 필요하다.
③ 환경과 생태의 관점에서 자본주의의 성장과 복지국가의 확대는 지속가능하지 않다.
④ 복지국가는 노동의 성(gender) 분업과 자본주의 가부장제를 고착화시키는 역할을 한다.
⑤ 시장의 약점을 보완하고 불평등과 빈곤에 대응하기 위하여 실용적인 국가개입이 필요하다.

기출회독 키워드 ▶ 171

사회복지정책 이데올로기

8

기출번호 21-06-08

에스핑-앤더슨(G. Esping-Anderson)의 복지국가 유형에 관한 설명으로 옳지 않은 것은?

① 탈상품화 정도, 계층화 정도 등에 따라 복지국가를 3가지 유형으로 분류하였다.

② 탈상품화는 돌봄이나 서비스 부담을 가족에게 의존하지 않는 정도를 의미한다.

③ 사회민주주의 복지국가는 탈상품화 정도가 높고 보편적 사회서비스를 제공한다.

④ 보수주의 복지국가에서 사회보험은 직업집단 등에 따라 분절적으로 운영된다.

⑤ 자유주의 복지국가는 공공부조의 역할이 크고 탈상품화 정도는 낮다.

> **기출회독 키워드** ▷ **170**
>
> 복지국가 유형화이론

9

기출번호 20-06-01

조지와 윌딩(V. George & P. Wilding, 1976; 1994)의 사회복지모형에서 복지국가의 확대를 가장 지지하는 이념은?

① 신우파

② 반집합주의

③ 마르크스주의

④ 페이비언 사회주의

⑤ 녹색주의

> **기출회독 키워드** ▷ **171**
>
> 사회복지정책 이데올로기

10

기출번호 20-06-11

에스핑-앤더슨(G. Esping-Anderson)의 세 가지 복지체제에 관한 설명으로 옳지 않은 것은?

① 보수주의 복지체제 국가는 가족의 중요성을 강조한다.

② 자유주의 복지체제 국가에서 탈상품화 정도가 가장 높다.

③ 사회민주주의 복지체제 국가는 보편주의를 강조한다.

④ 보수주의 복지체제 국가의 예로 독일, 프랑스, 이탈리아가 있다.

⑤ 자유주의 복지체제 국가의 사회보장급여는 잔여적 특성이 강하다.

> **기출회독 키워드** ▷ **170**
>
> 복지국가 유형화이론

11

기출번호 20-06-23

사회복지정책의 발달이론에 관한 설명으로 옳지 않은 것은?

① 산업화론: 농경사회에서 산업사회로 변화하면서 사회문제가 발생하였고, 그 대책으로 사회복지정책이 발달하였다.

② 권력자원론: 복지국가 발전의 중요 변수들은 노동조합의 중앙집중화 정도, 노동자 정당의 영향력 등이다.

③ 수렴이론: 사회적 양심과 이타주의의 확대에 따라 모든 국가는 복지국가로 수렴한다.

④ 시민권론: 마샬(T. H. Marshall)에 따르면 시민권은 공민권, 참정권, 사회권 순서로 발전하였고, 사회복지정책은 사회권이 발달한 결과이다.

⑤ 국가중심적 이론: 적극적 행위자로서 국가를 강조하고 사회복지정책의 발전을 국가 관료제의 영향으로 설명한다.

> **기출회독 키워드** ▷ **169**
>
> 사회복지정책 발달이론 및 복지국가 분석이론

12

기출번호 20-06-25

사회투자전략에 관한 설명으로 옳은 것은?

① 인적 자원에 대한 투자는 결과의 평등을 목적으로 한다.
② 사회적 약자 집단에 대한 현금이전을 중시한다.
③ 현재 아동세대에 대한 선제적 투자를 중시한다.
④ 사회정책과 경제정책을 분리한 전략이다.
⑤ 소득재분배와 소비지원을 강조한다.

기출회독 키워드 > 171

사회복지정책 이데올로기

14

기출번호 19-06-05

에스핑-앤더슨(Esping-Anderson)의 복지국가 유형에 관한 설명으로 옳은 것을 모두 고른 것은?

> ㄱ. 복지국가 유형을 탈상품화, 계층화 등을 기준으로 분류하였다.
> ㄴ. 자유주의 복지국가는 자산조사에 의한 공공부조의 비중이 큰 국가이다.
> ㄷ. 보수주의 복지국가는 사회보험에 의존하지 않는다.
> ㄹ. 사회민주주의 복지국가는 보편적 원칙과 사회권을 통한 탈상품화 효과가 크다.

① ㄱ, ㄴ   ② ㄱ, ㄹ
③ ㄱ, ㄴ, ㄹ   ④ ㄴ, ㄷ, ㄹ
⑤ ㄱ, ㄴ, ㄷ, ㄹ

기출회독 키워드 > 170

복지국가 유형화이론

13

기출번호 19-06-03

사회복지정책 발달이론에 관한 설명으로 옳지 않은 것은?

① 사회양심론은 인도주의에 기초하고 있다.
② 음모이론은 사회복지정책을 사회안정과 질서유지를 위한 통제수단으로 보는 이론이다.
③ 확산이론은 한 지역의 사회복지정책이 다른 지역으로 전파되어 나간다는 이론이다.
④ 시민권론은 참정권, 공민권, 사회권 순으로 발전했다고 설명한다.
⑤ 산업화이론은 사회복지정책발달은 그 사회의 산업화 정도에 따라 결정된다고 보는 이론이다.

기출회독 키워드 > 169

사회복지정책 발달이론 및 복지국가 분석이론

15

기출번호 19-06-06

새로운 사회적 위험(new social risk)에 관한 설명이 아닌 것은?

① 여성들의 유급노동시장으로의 참여 증가로 일과 가정의 양립 문제가 확산되고 있다.
② 노인인구 증가로 인한 복지비용 증가와 노인돌봄이 중요한 문제로 대두되고 있다.
③ 노동시장의 불안정으로 근로빈곤층이 증가하고 있다.
④ 국가 간의 노동인구 이동이 줄어들고 있다.
⑤ 새로운 사회적 위험으로 인한 수요 증가에 필요한 복지재정의 부족현상이 심화되고 있다.

기출회독 키워드 > 171

사회복지정책 이데올로기

사회복지정책 형성과정

해답 & 오답노트 448쪽 ○

1 기출번호 23-06-10

다음에서 설명하고 있는 정책결정모형은?

- 큰 범위에서의 기본적인 결정은 합리적으로 이루어지지만, 세부적 결정은 기본적 결정을 보완·수정하여 점증적으로 이루어진다고 주장하는 정책결정모형이다.
- 기본적 결정은 전체적인 방향을 설정하기 위해 중요한 대안을 탐색한 후에 이루어진다.
- 두 개의 대립되는 극단의 모형들을 절충한 것에 지나지 않는다는 비판이 있다.

① 쓰레기통모형
② 점증모형
③ 혼합모형
④ 만족모형
⑤ 최적모형

기출회독 키워드 > 173

정책결정 이론모형

2 기출번호 21-06-02

사회복지정책 평가가 갖는 특징으로 옳지 않은 것은?

① 정치적이다.
② 실용적이다.
③ 종합 학문적이다.
④ 기술적이다.
⑤ 가치중립적이다.

기출회독 키워드 > 172

사회복지정책의 평가

03
기출번호 21-06-22

정책결정 모형 중 드로어(Y. Dror)가 제시한 최적모형에 관한 설명으로 옳은 것을 모두 고른 것은?

> ㄱ. 합리모형과 점증모형의 단순혼합이 아닌 정책성과를 최적화하려는 데 초점을 둔다.
> ㄴ. 합리적 요소와 초합리적 요소를 다 고려하는 질적 모형이다.
> ㄷ. 초합리성의 구체적인 달성 방법에 대한 명확한 설명이 제시되었다.
> ㄹ. 정책결정을 체계론적 시각에서 파악한다.
> ㅁ. 정책결정 과정에서 실현가능성이 낮다는 비판이 있다.

① ㄱ, ㄴ
② ㄱ, ㄷ, ㄹ
③ ㄱ, ㄴ, ㄹ, ㅁ
④ ㄱ, ㄷ, ㄹ, ㅁ
⑤ ㄴ, ㄷ, ㄹ, ㅁ

기출회독 키워드 > 173

정책결정 이론모형

04
기출번호 20-06-19

정책결정이론 모형에 관한 설명으로 옳은 것을 모두 고른 것은?

> ㄱ. 합리모형은 인간의 이성과 합리성을 믿고 주어진 상황에서 목표 달성을 극대화하는 최선의 정책대안을 찾아낼 수 있다고 본다.
> ㄴ. 점증모형은 조직화된 무정부 상태 속에서 점진적으로 질서를 찾아가는 과정을 정책결정 과정으로 설명한다.
> ㄷ. 쓰레기통모형은 문제의 흐름, 정책대안의 흐름, 정치의 흐름이 우연히 결합하여 정책의 창이 열릴 때 정책이 결정된다고 본다.
> ㄹ. 혼합모형은 합리모형과 최적모형을 혼합하여 최선의 정책결정에 도달하는 정책결정 모형이다.

① ㄱ, ㄷ
② ㄱ, ㄹ
③ ㄴ, ㄹ
④ ㄱ, ㄴ, ㄷ
⑤ ㄱ, ㄴ, ㄷ, ㄹ

기출회독 키워드 > 173

정책결정 이론모형

05
기출번호 19-06-25

사회복지정책 평가유형에 관한 설명으로 옳은 것은?

① 과정평가는 정책집행 후에 평가하는 활동을 말한다.
② 결과평가는 정책집행 중간의 평가로 전략 설계의 수정보완을 하지 못한다.
③ 총괄평가는 정책이 집행되고 난 후 정책이 사회에 미친 영향을 평가하는 것이다.
④ 효율성 평가는 정책집행의 결과에 따라 정책의 목적이 달성되었는지를 평가하는 것이다.
⑤ 효과성 평가는 정책의 투입된 자원과 대비하는 평가이다.

기출회독 키워드 > 172

사회복지정책의 평가

5장 사회복지정책의 분석틀

해답 & 오답노트 **449**쪽 ⦿

1 기출번호 23-06-11

사회복지 급여형태 중 운영효율성이 가장 높은 급여와 목표효율성이 가장 높은 급여를 순서대로 짝지은 것은?

> ㄱ. 현금
> ㄴ. 증서(바우처)
> ㄷ. 현물
> ㄹ. 기회

① ㄱ, ㄴ
② ㄱ, ㄷ
③ ㄴ, ㄷ
④ ㄷ, ㄹ
⑤ ㄹ, ㄷ

기출회독 키워드 > 176

사회복지정책의 급여

2 기출번호 23-06-12

사회복지 공공재원에 관한 설명으로 옳지 않은 것은?

① 조세는 다른 재원에 비해서 평등을 구현하는데 용이하다.
② 사회보험료는 소득세에 비해 상대적으로 조세저항이 약하다.
③ 사회보험료는 조세와 비교해 상대적으로 소득재분배 효과가 약하다.
④ 소득세 누진성이 낮을수록 재분배 효과가 크다.
⑤ 조세는 재원의 안정성과 지속성이 가장 강하다.

기출회독 키워드 > 177

사회복지정책의 재원

3

기출번호 23-06-13

사회복지서비스 공급주체로서 중앙정부에 관한 설명으로 옳은 것은?

① 서비스 수혜자의 정책 결정 과정 참여가 용이하다.
② 지역주민의 욕구에 신속하게 대응할 수 있다.
③ 서비스의 지속성과 안정성 확보에 유리하다.
④ 사회통합의 저해 우려가 있고 규모의 경제 실현이 어렵다.
⑤ 이용자의 다양한 선택권을 보장하는 데 유리하다.

기출회독 키워드 > 178

사회복지정책의 전달체계

4

기출번호 23-06-14

사회복지 전달체계에 관한 설명으로 옳은 것을 모두 고른 것은?

ㄱ. 사회복지서비스의 제공자들 사이 또는 공급자와 수급자 사이를 연결하기 위한 조직적·구조적·기능적 장치이다.
ㄴ. 사회복지 전달체계의 운영주체는 크게 공공과 민간으로 나눌 수 있다.
ㄷ. 사회복지 전달체계를 발전시키기 위해서는 서비스의 분열성, 불연속성, 무책임성, 비접근성을 배제해야 한다.
ㄹ. 비영리 민간 사회복지기관은 공공부문과 연계하여 서비스를 제공하기도 한다.

① ㄱ
② ㄱ, ㄹ
③ ㄴ, ㄷ
④ ㄴ, ㄷ, ㄹ
⑤ ㄱ, ㄴ, ㄷ, ㄹ

기출회독 키워드 > 178

사회복지정책의 전달체계

5

기출번호 23-06-15

현물급여를 모두 고른 것은?

ㄱ. 노인장기요양보험의 재가급여
ㄴ. 산업재해보상보험의 요양급여
ㄷ. 국민건강보험의 건강검진
ㄹ. 국민기초생활보장제도의 생계급여

① ㄱ
② ㄴ, ㄹ
③ ㄱ, ㄴ, ㄷ
④ ㄴ, ㄷ, ㄹ
⑤ ㄱ, ㄴ, ㄷ, ㄹ

기출회독 키워드 > 176

사회복지정책의 급여

6

기출번호 23-06-16

현재 우리나라의 사회복지제도 중 보편주의적 성격에 해당하지 않는 것은?

① 아동수당
② 기초연금
③ 의무교육
④ 무상급식
⑤ 건강보험

기출회독 키워드 > 175

사회복지정책의 대상

07
기출번호 22-06-02

복지다원주의 또는 복지혼합에 관한 설명으로 옳지 않은 것은?

① 국가는 복지의 주된 공급자로 인정하면서도 불평등을 야기하는 시장은 복지 공급자로 수용하지 않는다.

② 국가를 포함한 복지제공의 주체를 재구성하는 논리로 활용된다.

③ 비공식 부문은 제도적 복지의 발달에도 불구하고 존재하는 비복지 문제에 대응하는 복지주체이다.

④ 시민사회는 사회적 경제조직을 구성하여 지역사회에서 공급주체로 참여하는 역할을 한다.

⑤ 복지제공의 주체로 국가 외에 다른 주체를 수용한다는 점에서 복지국가를 비판하는 논리로 쓰인다.

기출회독 키워드 > 178

사회복지정책의 전달체계

08
기출번호 22-06-03

급여의 형태에 관한 설명으로 옳은 것을 모두 고른 것은?

ㄱ. 현금급여는 선택의 자유를 보장하지만 사회적 통제가 부과된다.

ㄴ. 현물급여는 집합적 선을 추구하고 용도 외 사용을 방지하지만 관리비용이 많이 든다.

ㄷ. 서비스는 클라이언트를 위한 제반 활동을 말하며 목적 외 다른 용도로 사용할 수 없다.

ㄹ. 증서는 일정한 범위 내에서만 교환가치를 가지기 때문에 개인주의자와 집합주의자 모두 선호한다.

ㅁ. 기회는 재화와 자원을 통제할 수 있는 영향력을 의미하며 정책에 관한 의사결정권을 갖는 것을 말한다.

① ㄱ, ㄹ   ② ㄴ, ㅁ

③ ㄱ, ㄴ, ㄷ   ④ ㄱ, ㄷ, ㅁ

⑤ ㄴ, ㄷ, ㄹ

기출회독 키워드 > 176

사회복지정책의 급여

09
기출번호 22-06-04

사회서비스 전자바우처에 관한 설명으로 옳지 않은 것은?

① 급여형태는 신용카드 또는 체크카드로 구현한 증서이다.

② 공급자 중심의 직접지원 또는 직접지불 방식이다.

③ 서비스 제공자의 도덕적 해이를 방지하기 위해 도입되었다.

④ 수요자의 선택권을 보장하기 위한 수단으로 활용되고 있다.

⑤ 금융기관 시스템을 활용하여 재정흐름의 투명성이 높아졌다.

기출회독 키워드 > 176

사회복지정책의 급여

10
기출번호 22-06-05

보편주의와 선별주의에 관한 설명으로 옳은 것을 모두 고른 것은?

ㄱ. 보편주의는 시민권에 입각해 권리로서 복지를 제공하므로 비납세자는 사회복지 대상에서 제외한다.

ㄴ. 보편주의는 기여자와 수혜자를 구별하지 않는다.

ㄷ. 선별주의는 수급자격이 제한된 급여를 제공하기 위해 자산조사 또는 소득조사를 한다.

ㄹ. 보편주의자와 선별주의자 모두 사회적 평등성 또는 사회적 효과성을 나름대로 추구한다.

① ㄷ   ② ㄱ, ㄷ

③ ㄴ, ㄹ   ④ ㄱ, ㄴ, ㄹ

⑤ ㄴ, ㄷ, ㄹ

기출회독 키워드 > 175

사회복지정책의 대상

11

기출번호 22-06-06

사회복지의 민간재원에 관한 설명으로 옳은 것은?

① 사회복지의 민간재원에는 조세지출, 기부금, 기업복지, 퇴직금 등이 포함된다.

② 기부금 규모는 국세청이 추산한 액수보다 더 적을 것으로 추정된다.

③ 이용료는 클라이언트가 직접 지불한 것을 제외하고 사회보장기관 등의 제3자가 서비스 비용을 지불한 것을 의미한다.

④ 기업복지는 기업이 그 피용자들에게 제공하는 임금과 임금 외 급여 또는 부가급여를 의미한다.

⑤ 기업복지의 규모가 커질수록 노동자들 사이의 불평등이 증가한다.

기출회독 키워드 ▶ 177

사회복지정책의 재원

12

기출번호 22-06-07

조세와 사회보험료에 관한 설명으로 옳은 것은?

① 조세는 사회보험료에 비해 소득역진적이다.

② 조세와 사회보험료는 공통적으로 빈곤 완화, 위험분산, 소득유지, 불평등 완화의 기능을 수행한다.

③ 조세와 사회보험료는 공통적으로 상한선이 있어서 고소득층에 유리하다.

④ 사회보험료를 조세로 보기는 하지만 임금으로 보지는 않는다.

⑤ 개인소득세는 누진성이 강하고 일반소비세는 역진성이 강하다.

기출회독 키워드 ▶ 177

사회복지정책의 재원

13

기출번호 22-06-08

길버트와 테렐(Gilbert & Terrell)이 주장한 전달체계의 개선전략 중 서비스에 대한 접근성 자체를 중요하게 간주하여 독자적인 서비스를 제공하려는 재구조화 전략은 무엇인가?

① 중앙집중화(centralization)

② 사례수준 협력(case-level cooperation)

③ 시민참여(citizen participation)

④ 전문화된 접근구조(specialized access structure)

⑤ 경쟁(competition)

기출회독 키워드 ▶ 178

사회복지정책의 전달체계

14

기출번호 22-06-24

사회보장 급여 중 현물급여가 아닌 것은?

① 산업재해보상보험의 요양급여

② 고용보험의 상병급여

③ 노인장기요양보험의 재가급여

④ 국민기초생활보장의 의료급여

⑤ 국민건강보험의 건강검진

기출회독 키워드 ▶ 176

사회복지정책의 급여

15

기출번호 21-06-18

길버트(N. Gilbert)와 테렐(P. Terrell)이 주장한 사회복지전달체계 재구조화 전략으로 옳지 않은 것은?

① 수급자 수요 강화
② 기관들의 동일 장소 배치
③ 사례별 협력
④ 관료적 구조로부터의 전문가 이탈
⑤ 시민참여

기출회독 키워드 > 178

사회복지정책의 전달체계

17

기출번호 21-06-21

길버트(N. Gilbert)와 테렐(P. Terrell)이 제시한 사회적 효과성에 관한 설명으로 옳은 것은?

① 수급자격을 얻기 위해 개인의 특수한 욕구가 선별적인 세밀한 조사에 노출될 수밖에 없다.
② 사람들이 사회의 평등한 구성원으로 어느 정도나 대우받는가에 따라 판단하는 것이다.
③ 시민권은 수급권을 얻을 수 있는 자격이 안 된다.
④ 급여를 신청할 때 까다로운 행정절차가 반드시 필요하다.
⑤ 사회적 효과성은 단기적 비용절감을 목표로 한다.

기출회독 키워드 > 174

사회복지정책의 분석틀

16

기출번호 21-06-20

사회복지정책분석에서 산물(product)분석의 한계에 관한 설명으로 옳은 것은?

① 정해진 틀에 따라 사회복지정책 내용을 분석함으로써 적용된 사회적 가치를 평가하기 쉽다.
② 사회복지정책의 방향성을 제시하기가 용이하다.
③ 현행 사회복지정책에서 배제되고 차별받는 사람들의 욕구를 파악하기 쉽다.
④ 산물분석 결과는 기존의 사회주류적 입장을 대변할 가능성이 높다.
⑤ 사회복지정책의 구체적인 대안을 담아내기 쉽다.

기출회독 키워드 > 174

사회복지정책의 분석틀

18

기출번호 21-06-24

사회복지운동에 관한 설명으로 옳은 것을 모두 고른 것은?

ㄱ. 민간이 사회복지에 대한 특정 견해를 가지고 이를 관철시키려는 실천이다.
ㄴ. 노동운동·시민운동·여성운동 단체 등 다양한 주체들이 관심과 역량을 투여하는 사회운동의 한 분야이다.
ㄷ. 사회복지종사자들이 갖고 있는 전문성을 실현하는 중요한 통로의 하나이다.
ㄹ. 우리나라의 사회복지역사에서 정부는 사회복지운동 단체의 의견을 모두 수용하였다.

① ㄱ, ㄷ
② ㄴ, ㄹ
③ ㄱ, ㄴ, ㄷ
④ ㄴ, ㄷ, ㄹ
⑤ ㄱ, ㄴ, ㄷ, ㄹ

기출회독 키워드 > 178

사회복지정책의 전달체계

19

기출번호 20-06-13

우리나라 사회복지제도의 급여자격 조건에 관한 설명으로 옳은 것은?

① 국민연금은 소득수준 하위 70%를 기준으로 급여자격이 부여되므로 자산조사 방식이 적용된다.

② 노인장기요양보험제도는 요양등급을 판정하여 급여를 제공하므로 진단적 구분이 적용된다.

③ 아동수당은 전체 아동이 적용대상이 아니므로 선별주의 제도이다.

④ 국민기초생활보장제도는 부양의무자 조건을 완화하였으므로 보편주의 제도이다.

⑤ 장애인연금은 모든 장애인에게 지급하는 보편주의 제도이다.

> **기출회독 키워드 > 175**
>
> 사회복지정책의 대상

20

기출번호 20-06-15

우리나라의 건강보험제도를 할당, 급여, 전달체계, 재정의 영역으로 구분한 것이다. 내용 연결이 옳은 것을 모두 고른 것은?

```
ㄱ. 할당 - 기여조건
ㄴ. 급여 - 현금급여, 현물급여
ㄷ. 전달체계 - 민간전달체계, 공공전달체계
ㄹ. 재정 - 보험료, 국고보조금, 이용료
```

① ㄱ, ㄴ
② ㄱ, ㄷ
③ ㄱ, ㄴ, ㄷ
④ ㄴ, ㄷ, ㄹ
⑤ ㄱ, ㄴ, ㄷ, ㄹ

> **기출회독 키워드 > 174**
>
> 사회복지정책의 분석틀

21

기출번호 20-06-17

기업복지의 장점에 해당하지 않는 것은?

① 조세방식보다 재분배효과가 크다.

② 노사관계의 안정화 기능을 수행한다.

③ 근로의욕을 고취하여 생산성이 향상하는 효과가 있다.

④ 기업에 대한 사회적 이미지를 제고하는 기능이 있다.

⑤ 기업의 입장에서 임금을 높여주는 것보다 조세부담의 측면에 유리하다.

> **기출회독 키워드 > 177**
>
> 사회복지정책의 재원

22

기출번호 20-06-18

사회복지 전달체계에서 민간 영리기관이 사회서비스를 전달하는 사례는?

① 지역자활센터가 사회적 기업을 창업하는 사례

② 지방자치단체가 장애인복지관을 설치하고 민간 위탁하는 사례

③ 광역지방자치단체가 사회서비스원을 설치하는 사례

④ 사회복지법인이 지역아동센터를 운영하는 사례

⑤ 개인 사업자가 노인요양시설을 운영하는 사례

> **기출회독 키워드 > 178**
>
> 사회복지정책의 전달체계

23

기출번호 20-06-22

사회복지 급여 형태에 관한 설명으로 옳은 것은?

① 현금급여는 사회적 통제를 강조한다.

② 현물급여는 자기결정권을 강조한다.

③ 바우처는 공급자에게 보조금을 직접 지원한다.

④ 기회를 제공하는 프로그램의 예로 장애인 의무고용 제를 들 수 있다.

⑤ 소비자 선택권은 현금급여, 바우처, 현물급여 순서로 높아진다.

> **기출회독 키워드 > 176**
>
> 사회복지정책의 급여

25

기출번호 19-06-10

사회보험제도의 급여와 급여형태에 관한 설명으로 옳지 않은 것은?

① 고용보험법상 구직급여는 현물급여이다.

② 산업재해보상보험법상 요양급여는 현물급여이다.

③ 노인장기요양보험법상 재가급여는 현물급여이다.

④ 국민연금법상 노령연금은 현금급여이다.

⑤ 국민건강보험법상 장애인 보조기기에 대한 보험급여는 현금급여이다.

> **기출회독 키워드 > 176**
>
> 사회복지정책의 급여

24

기출번호 19-06-09

길버트(N. Gilbert)와 스펙트(H. Specht) 등의 사회복지정책 분석에 관한 설명으로 옳지 않은 것은?

① 과정분석은 정책형성에 영향을 미치는 사회정치적·기술적·방법적 변수를 중심으로 분석하는 접근방법이다.

② 산물분석은 정책선택에 관련된 여러 가지 쟁점을 분석하는 접근방법이다.

③ 성과분석은 실행된 정책이 낳은 결과를 기술하고 분석하는 접근방법이다.

④ 산물분석은 할당, 급여, 전달체계, 재정 차원으로 구분하여 분석한다.

⑤ 과정분석은 연구자의 주관을 배제해야 한다.

> **기출회독 키워드 > 174**
>
> 사회복지정책의 분석틀

26

기출번호 19-06-11

선별주의에 근거한 제도에 해당하는 것을 모두 고른 것은?

ㄱ. 장애인연금	ㄴ. 아동수당
ㄷ. 기초연금	ㄹ. 의료급여

① ㄱ, ㄴ, ㄷ   ② ㄱ, ㄴ, ㄹ

③ ㄱ, ㄷ, ㄹ   ④ ㄴ, ㄷ, ㄹ

⑤ ㄱ, ㄴ, ㄷ, ㄹ

> **기출회독 키워드 > 175**
>
> 사회복지정책의 대상

27

기출번호 19-06-12

사회복지 전달체계에 관한 설명으로 옳은 것을 모두 고른 것은?

ㄱ. 공급자와 수요자가 가격기구를 매개로 상호작용하는 것을 원칙으로 한다.
ㄴ. 공급자와 수요자를 이어주는 매개체 역할을 한다.
ㄷ. 클라이언트에게 사회복지서비스를 제공하기 위한 조직 및 인력이다.
ㄹ. 공급자들을 공간적으로 분산배치하면 전달체계에 대한 접근성을 높일 수 있다.

① ㄱ, ㄴ
② ㄴ, ㄷ
③ ㄷ, ㄹ
④ ㄱ, ㄷ, ㄹ
⑤ ㄴ, ㄷ, ㄹ

기출회독 키워드 > 178

사회복지정책의 전달체계

28

기출번호 19-06-13

사회복지정책의 수급조건에 해당하지 않는 것은?

① 연령
② 자산조사
③ 기여 여부
④ 진단평가
⑤ 최종 학력

기출회독 키워드 > 175

사회복지정책의 대상

29

기출번호 19-06-14

사회복지정책의 재정에 관한 설명으로 옳은 것은?

① 한국의 사회복지정책 재원은 주로 민간 기부금에 의존한다.
② 사회복지재정이 수행하는 기능 가운데 하나는 소득 재분배이다.
③ 조세가 역진적일수록 소득재분배의 기능이 크다.
④ 한국의 조세부담률은 OECD 회원국가의 평균보다 높다.
⑤ 사회복지재원으로서 이용료는 연동제보다 정액제일 때 소득재분배 효과가 크다.

기출회독 키워드 > 177

사회복지정책의 재원

30✔

기출번호 19-06-15

사회복지 전달체계에서 제공되는 재화나 서비스의 속성 등에 관한 설명으로 옳은 것은?

① 사회복지 재화나 서비스는 단일한 전달체계에서 독점적으로 제공하는 것이 바람직하다.
② 공공재적인 성격이 강한 재화나 서비스는 민간에서 제공하는 것이 바람직하다.
③ 사회복지의 재화나 서비스는 정보의 불완전성으로 인해 소비자들의 합리적 선택에 차이가 난다.
④ 공공부문의 전달체계는 경쟁체제가 이루어지기 때문에 효율적이다.
⑤ 사회복지 재화나 서비스는 수급자들에 의한 오용과 남용의 문제가 발생하지 않는다.

기출회독 키워드 > 178

사회복지정책의 전달체계

31

기출번호 19-06-19

사회복지운동에 관한 설명으로 옳지 않은 것은?

① 민간이 사회복지정책의 방향·내용에 대해 특정한 견해를 가지고 이를 관철시키기 위한 실천이다.

② 여러 사회복지정책 실천 중의 하나라고 할 수 있다.

③ 사회복지시설 종사자는 사회복지운동의 주체가 될 수 없다.

④ 사회복지운동을 통해 특정 사회복지정책이 선거정 치의 의제가 되도록 촉구할 수 있다.

⑤ 1990년대 국민최저선확보운동, 사회복지입법청원 운동 등이 사회복지운동의 예이다.

기출회독 키워드 > 178

사회복지정책의 전달체계

6장 사회보장론 일반

해답 & 오답노트 454쪽 ○

01
기출번호 23-06-07

재분배에 관한 설명으로 옳은 것은?

① 건강보험은 건강한 사람으로부터 질병을 겪는 사람에게 자원을 재분배한다.

② 고용보험은 수직적 재분배 효과가 가장 크다.

③ 정부는 최소 극대화의 원칙에 따라 불평등을 완화하기 위해 모든 대상자에게 동일한 보험료를 부과한다.

④ 민간에서 이루어지는 자선활동에서는 파레토 개선 효과가 나타나지 않는다.

⑤ 사회민주주의에서는 개인의 효용 관점에서 재분배를 정당화한다.

> 기출회독 키워드 > 179
> 사회보장의 특징

02
기출번호 23-06-21

공공부조와 사회보험의 차이에 관한 설명으로 옳은 것은?

① 사회보험은 주로 보험료로 재정을 충당하며, 공공부조는 조세로 충당한다.

② 사회보험은 사후적인 성격이 강한 반면 공공부조는 예방적인 성격이 강하다.

③ 사회보험과 공공부조 모두 빈곤을 예방하는데 목적이 있다.

④ 공공부조가 사회보험보다 계약적 권리성이 강하다.

⑤ 사회보험은 중앙과 지방정부가, 공공부조는 정부가 위임한 관리운영기구가 운영주체이다.

> 기출회독 키워드 > 179
> 사회보장의 특징

03
기출번호 23-06-22

사회서비스에 관한 설명으로 옳은 것은?

① 수급자 등 빈곤층만을 대상으로 한다.

② 주로 바우처 방식으로 수요자를 지원한다.

③ 전액 국비로 지원한다.

④ 단일 기관이 독점하여 공급한다.

⑤ 주로 획일화된 서비스를 제공한다.

> 기출회독 키워드 > 179
> 사회보장의 특징

✓4
기출번호 23-06-25

사회보험과 민간보험에 관한 설명으로 옳은 것은?

① 사회보험은 조세를 주된 재원으로 한다.
② 민간보험은 사회보험보다 사회적 적절성이 중요하다.
③ 사회보험은 개인에게 발생할 수 있는 모든 위험을 대상으로 한다.
④ 민간보험은 물가상승에 따른 실질가치의 변동을 보장한다.
⑤ 사회보험 급여는 민간보험 급여보다 법적 권리성이 강하다.

기출회독 키워드 > 179

사회보장의 특징

✓6
기출번호 22-06-18

사회보장기본법상 사회서비스에 관한 설명으로 옳지 않은 것은?

① 주체는 민간부문을 제외한 국가와 지방자치단체이다.
② 대상은 도움이 필요한 모든 국민이다.
③ 분야는 복지, 보건, 의료, 교육, 고용, 주거, 문화, 환경 등이다.
④ 상담, 재활, 돌봄, 정보의 제공, 관련시설의 이용, 역량개발, 사회참여 지원 등을 내용으로 한다.
⑤ 인간다운 생활을 보장하고 국민의 삶의 질이 향상되도록 지원하는 제도이다.

기출회독 키워드 > 179

사회보장의 특징

✓5
기출번호 22-06-16

소득재분배에 관한 설명으로 옳은 것은?

① 수평적 재분배는 공공부조를 들 수 있다.
② 세대 간 재분배는 부과방식 공적 연금을 들 수 있다.
③ 수직적 재분배는 아동수당을 들 수 있다.
④ 단기적 재분배는 적립방식 공적 연금을 들 수 있다.
⑤ 소득재분배는 조세를 통해서만 발생한다.

기출회독 키워드 > 179

사회보장의 특징

✓7
기출번호 22-06-19

우리나라 사회보험 제도에 관한 설명으로 옳은 것은?

① 기여방식 공적 연금은 국민연금, 특수직역연금, 기초연금으로 구분하여 운영된다.
② 고용보험의 고용안정 및 직업능력개발사업 보험료는 노사가 1/2씩 부담한다.
③ 노인장기요양보험의 시설급여 제공기관에는 노인요양공동생활가정과 노인전문요양병원이 포함된다.
④ 국민건강보험의 직장가입자 보험료는 노사가 1/2씩 부담하지만 사립학교 교직원 중 교원은 국가가 20% 부담한다.
⑤ 산업재해보상보험의 급여에는 상병수당과 상병보상연금이 있다.

기출회독 키워드 > 179

사회보장의 특징

08

기출번호 22-06-22

사회보장의 특성에 관한 설명으로 옳은 것을 모두 고른 것은?

> ㄱ. 공공부조는 사회보험에 비해 권리성이 약하다.
> ㄴ. 사회보험과 비교할 때 공공부조는 비용효과성이 높다.
> ㄷ. 사회수당과 사회보험은 기여 여부를 급여 지급 요건으로 한다.
> ㄹ. 사회보험과 공공부조는 방빈제도이고 사회수당은 구빈제도이다.

① ㄱ ② ㄱ, ㄴ
③ ㄴ, ㄷ ④ ㄷ, ㄹ
⑤ ㄱ, ㄴ, ㄹ

기출회독 키워드 179

사회보장의 특징

09

기출번호 22-06-25

보건복지부장관이 관장하는 사회보험제도를 모두 고른 것은?

> ㄱ. 국민연금
> ㄴ. 국민건강보험
> ㄷ. 산업재해보상보험
> ㄹ. 고용보험
> ㅁ. 노인장기요양보험

① ㄱ, ㄴ ② ㄴ, ㄷ
③ ㄱ, ㄴ, ㅁ ④ ㄱ, ㄷ, ㄹ
⑤ ㄷ, ㄹ, ㅁ

기출회독 키워드 179

사회보장의 특징

10

기출번호 21-06-12

사회보험과 비교하여 공공부조제도의 장점으로 옳은 것은?

① 대상효율성이 높다.
② 가입률이 높다.
③ 수급자에 대한 낙인을 예방할 수 있다.
④ 행정비용이 발생하지 않는다.
⑤ 수평적 재분배 효과가 크다.

기출회독 키워드 179

사회보장의 특징

11

기출번호 21-06-16

우리나라 사회보험의 운영원리에 관한 설명으로 옳지 않은 것은?

① 수익자 부담 원칙을 전제로 하고 있다.
② 사회보험은 수평적 또는 수직적 재분배 기능이 있다.
③ 가입자의 보험료율은 사회보험 종류별로 다르다.
④ 사회보험 급여는 피보험자와 보험자 간의 계약에 의해 규정된 법적 권리이다.
⑤ 모든 사회보험 업무가 통합되어 1개 기관에서 운영된다.

기출회독 키워드 179

사회보장의 특징

12

기출번호 21-06-25

우리나라에서 시행 중인 소득보장제도에 관한 설명으로 옳지 않은 것은?

① 기초연금은 노인의 생활안정 지원을 목적으로 한다.

② 장애정도가 심하지 않은 장애인은 장애인연금을 받을 수 없다.

③ 장애수당은 장애로 인해 발생하는 추가비용을 보전하기 위해 도입되었다.

④ 만 10세 아동은 아동수당을 받을 수 있다.

⑤ 저소득 한부모가족에게는 아동양육비가 지급될 수 있다.

> **기출회독 키워드 > 179**
>
> 사회보장의 특징

13

기출번호 20-06-07

사회보험과 민영보험의 차이점에 관한 설명으로 옳지 않은 것은?

① 사회보험은 현금급여를 원칙으로 하고, 민영보험은 현물급여를 원칙으로 한다.

② 사회보험은 대부분 국가 또는 공법인이 운영하지만, 민영보험은 사기업이 운영한다.

③ 사회보험은 강제로 가입되지만, 민영보험은 임의로 가입한다.

④ 사회보험은 국가가 주로 독점하지만, 민영보험은 사기업들이 경쟁한다.

⑤ 사회보험은 사회적 적절성을 강조하지만, 민영보험은 개별 형평성을 강조한다.

> **기출회독 키워드 > 179**
>
> 사회보장의 특징

14

기출번호 20-06-16

우리나라의 사회보장기본법에 근거한 사회보장제도가 아닌 것은?

① 고용보험

② 국민연금

③ 최저임금제

④ 국민기초생활보장

⑤ 보육서비스

> **기출회독 키워드 > 179**
>
> 사회보장의 특징

15

기출번호 20-06-24

소득재분배에 관한 설명으로 옳은 것은?

① 소득재분배는 1차적으로 시장을 통해서 발생한다.

② 세대 내 재분배에서는 한 세대에서 다음 세대로 소득이 이전된다.

③ 수직적 재분배의 예로 공공부조제도를 들 수 있다.

④ 수평적 재분배는 누진적 재분배의 효과가 가장 크다.

⑤ 세대 간 재분배는 적립방식을 통해 운영된다.

> **기출회독 키워드 > 179**
>
> 사회보장의 특징

해답 & 오답노트 456쪽 ◐

16

기출번호 19-06-20

사회보험제도에 관한 설명으로 옳지 않은 것은?

① 사회보험제도는 위험의 분산이라는 보험기술을 사용한다.

② 사회보험 급여를 받을 권리 여부는 자산조사 결과에 근거하여 결정된다.

③ 한국의 사회보험제도는 의무가입 원칙을 적용한다.

④ 사회보험은 위험이전과 위험의 광범위한 공동분담에 기초하고 있다.

⑤ 사회보험은 피보험자의 욕구에 기초하지 않고 사전에 결정된 급여를 제공한다.

기출회독 키워드 > 179

사회보장의 특징

17

기출번호 19-06-23

소득재분배에 관한 설명으로 옳은 것을 모두 고른 것은?

ㄱ. 조세를 재원으로 하는 공공부조제도에서 일반적으로 나타난다.

ㄴ. 사회적 취약계층을 대상으로 하는 사회복지서비스는 수직적 재분배 효과가 있다.

ㄷ. 위험 미발생집단에서 위험 발생집단으로 소득이 이전되는 것은 수평적 소득재분배에 해당한다.

ㄹ. 재원조달 측면에서 부조방식이 보험방식보다 재분배 효과가 크다.

① ㄱ, ㄴ   ② ㄱ, ㄴ, ㄷ

③ ㄱ, ㄷ, ㄹ   ④ ㄴ, ㄷ, ㄹ

⑤ ㄱ, ㄴ, ㄷ, ㄹ

기출회독 키워드 > 179

사회보장의 특징

공적 연금의 이해

해답 & 오답노트 457쪽 ○

01

기출번호 23-06-18

국민연금제도에 관한 설명으로 옳은 것을 모두 고른 것은?

ㄱ. 국민연금공단은 관리운영과 보험료 징수를 담당한다.
ㄴ. 기본연금액의 균등부분은 연금수급 전 3년간 전체 가입자 평균소득월액의 평균액이다.
ㄷ. 기본연금액의 균등부분에서 소득재분배 효과가 나타난다.
ㄹ. 기본연금액의 소득비례부분은 전체 가입자의 기준소득월액의 평균액이다.
ㅁ. (2025년 제도 기준) 2028년 이후 국민연금의 소득대체율은 40년 가입 기준 40%이다.

① ㄱ, ㄷ
② ㄴ, ㄹ
③ ㄱ, ㄹ, ㅁ
④ ㄴ, ㄷ, ㅁ
⑤ ㄱ, ㄴ, ㄷ, ㄹ, ㅁ

기출회독 키워드 > 181

국민연금제도

02

기출번호 21-06-17

우리나라 사회보험방식의 공적 연금에 관한 설명으로 옳은 것을 모두 고른 것은?

ㄱ. 국민연금과 특수직역연금으로 구분하여 운영되고 있다.
ㄴ. 국민연금이 가장 먼저 시행되었다.
ㄷ. 2022년 12월말 기준 공적 연금 수급개시 연령은 동일하다.
ㄹ. 가입자의 노령(퇴직), 장애(재해), 사망으로 인한 소득중단 시 급여를 지급한다.

① ㄱ, ㄴ
② ㄱ, ㄹ
③ ㄱ, ㄴ, ㄹ
④ ㄱ, ㄷ, ㄹ
⑤ ㄴ, ㄷ, ㄹ

기출회독 키워드 > 180

공적 연금의 특징

3 기출번호 20-06-03

국민연금의 연금크레딧제도 중 가장 최근에 시행된 것은?

① 실업크레딧
② 고용크레딧
③ 양육크레딧
④ 군복무크레딧
⑤ 출산크레딧

기출회독 키워드 ▶ 181

국민연금제도

4 기출번호 19-06-21

연금제도의 적립방식과 부과방식에 관한 설명으로 옳은 것을 모두 고른 것은?

> ㄱ. 적립방식은 부과방식에 비해 세대 내 소득재분배 효과가 크다.
> ㄴ. 부과방식은 적립방식에 비해 자본축적 효과가 크다.
> ㄷ. 부과방식은 적립방식에 비해 기금확보가 더 용이하다.

① ㄱ　　　　　　　　② ㄴ
③ ㄷ　　　　　　　　④ ㄱ, ㄴ
⑤ ㄱ, ㄷ

기출회독 키워드 ▶ 180

공적 연금의 특징

8장

국민건강보장제도의 이해

해답 & 오답노트 457~458쪽 ◑

1

기출번호 23-06-19

건강보험 진료비 지불제도에 관한 설명으로 옳은 것은?

① 행위별 수가제는 질병 범주별로 구분하여 고정금액을 보수로 지불하는 방식이다.

② 포괄수가제는 의사가 담당하는 환자 수에 비례하여 일정 금액을 지급하는 방식이다.

③ 행위별 수가제는 행정절차가 간소하여 비용절감 효과가 있다.

④ 우리나라는 포괄수가제를 일부 질병군에 적용하고 있다.

⑤ 포괄수가제는 의료기관의 1년간 운영비를 포괄적으로 지불하는 제도이다.

기출회독 키워드 > 183

국민건강보험제도

2

기출번호 23-06-20

노인장기요양보험제도에 관한 설명으로 옳지 않은 것은?

① 가족요양비는 신체·정신 등의 사유로 인하여 가족에게 요양을 받아야 하는 자에게 지급할 수 있다.

② 재가급여로 분류되는 단기보호의 급여기간은 월 9일 이내를 원칙으로 하되 특별한 사유가 있는 경우 연장 가능하다.

③ 장기요양등급판정을 받은 65세 이상 노인은 소득수준과 상관없이 장기요양보험 급여를 받을 수 있다.

④ 일반 노인장기요양보험 가입자는 재가급여를 이용할 경우 15%의 본인부담금을 부담하여야 한다.

⑤ 노인요양공동생활가정은 5인 이상 15인 이하로 운영된다.

기출회독 키워드 > 184

노인장기요양보험제도

해답 & 오답노트 458쪽 ●

●3

기출번호 21-06-09

우리나라 의료보장제도(국민건강보험, 의료급여)에서 시행하고 있는 것 중 의료비 절감효과와 관련이 가장 적은 것은?

① 포괄수가제
② 의료급여 사례관리제도
③ 건강보험급여 심사평가제도
④ 행위별 수가제
⑤ 본인일부부담금

기출회독 키워드 > 183

국민건강보험제도

●5

기출번호 20-06-05

우리나라의 노인장기요양보험에 관한 설명으로 옳지 않은 것은?

① 가족의 부담을 덜어줌으로써 국민의 삶의 질을 향상하는 것을 목적으로 한다.
② 노인장기요양보험기금과 국민건강보험기금은 통합하여 관리한다.
③ 노인장기요양보험료는 국민건강보험료와 통합하여 징수한다.
④ 65세 이상의 노인은 소득수준과 상관없이 적용대상자이다.
⑤ 재가급여를 시설급여에 우선하여 제공하여야 한다.

기출회독 키워드 > 184

노인장기요양보험제도

●4

기출번호 20-06-04

진료비 지불방식 중 행위별 수가제와 포괄수가제에 관한 설명으로 옳은 것을 모두 고른 것은?

ㄱ. 행위별 수가제는 의료기관의 과잉진료를 유도할 수 있다.
ㄴ. 행위별 수가제에서는 의료진의 진료행위에 대한 자율성이 확보된다.
ㄷ. 포괄수가제는 주로 발생빈도가 높은 질병군에 적용한다.
ㄹ. 포괄수가제를 적용함으로써 환자의 본인부담금이 감소할 수 있다.

① ㄱ
② ㄱ, ㄷ
③ ㄱ, ㄴ, ㄷ
④ ㄴ, ㄷ, ㄹ
⑤ ㄱ, ㄴ, ㄷ, ㄹ

기출회독 키워드 > 183

국민건강보험제도

●6

기출번호 19-06-24

국민건강보험제도에 관한 설명으로 옳은 것은?

① 본인의 의사에 따라 임의가입할 수 있다.
② 조합방식 의료보험제도가 통합방식으로 전환되어 국민건강보험제도로 변경되었다.
③ 건강보험료는 수직적 소득재분배 기능을 하지 않는다.
④ 국민건강보험의 보험자는 보건복지부이다.
⑤ 직장가입자의 보험료는 평균보수월액에 보험료율을 곱하여 얻은 금액이다.

기출회독 키워드 > 183

국민건강보험제도

산업재해보상보험제도의 이해

해답 & 오답노트 458-459쪽 ▶

01 `기출번호 23-06-17`

산업재해보상보험에서 업무상 재해 인정기준에 해당하는 것을 모두 고른 것은?

ㄱ. 사업주가 주관한 행사준비 중에 발생한 사고
ㄴ. 휴게시간 중 사업주의 지배관리하에 있다고 볼 수 있는 행위로 발생한 사고
ㄷ. 통상적인 경로와 방법으로 출·퇴근하는 중 발생한 사고
ㄹ. 직장 내 괴롭힘으로 인한 업무상 정신적 스트레스가 원인이 되어 발생한 질병

① ㄱ, ㄴ
② ㄱ, ㄷ
③ ㄴ, ㄹ
④ ㄴ, ㄷ, ㄹ
⑤ ㄱ, ㄴ, ㄷ, ㄹ

기출회독 키워드 > 185

산업재해보상보험제도

02 `기출번호 21-06-14`

우리나라 고용보험과 산업재해보상보험에 관한 설명으로 옳은 것은?

① 소득활동 중 발생할 수 있는 소득상실 위험에 대한 사회안전망이라는 공통점을 가지고 있다.
② 구직급여는 구직활동 여부와 관계없이 지급된다.
③ 고용형태 및 근로시간에 관계없이 모든 근로자는 두 보험의 적용을 받는다.
④ 장해급여는 산업재해를 입은 모든 근로자에게 지급된다.
⑤ 두 보험의 가입자 보험료율은 동일하다.

기출회독 키워드 > 185

산업재해보상보험제도

03 `기출번호 20-06-09`

우리나라 산업재해보상보험의 급여가 아닌 것은?

① 요양급여
② 상병수당
③ 유족급여
④ 장례비
⑤ 직업재활급여

기출회독 키워드 > 185

산업재해보상보험제도

해답 & 오답노트 **459쪽** ➲

○1

기출번호 20-06-06

우리나라의 고용보험에 관한 설명으로 옳은 것을 모두 고른 것은?

> ㄱ. 직업능력개발 훈련을 실시하는 사업주를 지원할 수 있다.
> ㄴ. 예술인은 고용보험 가입대상이 아니다.
> ㄷ. 실업 신고를 한 이후에 질병·부상 또는 출산으로 취업이 불가능하여 구직활동을 할 수 없는 경우 상병급여를 지급할 수 있다.
> ㄹ. 고용안정 및 직업능력개발사업의 보험료는 사업주와 근로자가 공동으로 부담한다.

① ㄱ, ㄴ ② ㄱ, ㄷ
③ ㄷ, ㄹ ④ ㄴ, ㄷ, ㄹ
⑤ ㄱ, ㄴ, ㄷ, ㄹ

기출회독 키워드 ▷ 186

고용보험제도

○2

기출번호 19-06-22

고용보험제도에 관한 설명으로 옳은 것은?

① 고용보험료는 고용보험위원회에서 부과·징수한다.
② 고용보험의 가입대상은 모든 국민과 국내에 거주하는 외국인이다.
③ 고용보험 구직급여는 30일 동안의 구직기간에는 지급되지 않는다.
④ 보험가입자는 사업주와 근로자 모두 포함한다.
⑤ 고용보험의 재원은 사용자가 단독으로 부담한다.

기출회독 키워드 ▷ 186

고용보험제도

빈곤과 공공부조제도

해답 & 오답노트 459~460쪽 ▶

1

기출번호 23-06-08

사회적 배제에 관한 설명으로 옳지 않은 것은?

① 생활수준은 소득이나 재화뿐만 아니라 개인역량의 실현을 중심으로 판단되어야 한다.

② 사회적 배제의 범위에는 빈곤, 저학력, 열악한 주거환경 등 다양한 영역을 포괄한다.

③ 사회적 배제는 기본적으로 소득빈곤 개념의 협소성에 대한 비판으로 이해될 수 있다.

④ 사회적 배제 개념은 빈곤에 이르는 과정보다는 빈곤이라는 결과적인 상태에 초점을 둔다.

⑤ 불평등과 빈곤 개념은 소득의 차원을 넘어 다양한 차원으로 확대되어야 한다.

기출회독 키워드 > 187

빈곤과 소득불평등

2

기출번호 22-06-10

빈곤과 소득불평등의 측정에 관한 설명으로 옳은 것은?

① 반물량 방식은 엥겔계수를 활용하여 빈곤선을 추정한다.

② 상대적 빈곤은 생존에 필요한 생활수준이 최소한의 수준에 도달하지 못한 상태를 말한다.

③ 라이덴 방식은 객관적 평가에 기초하여 빈곤선을 측정한다.

④ 빈곤율은 빈곤층의 소득을 빈곤선 수준으로 끌어올리는 데 필요한 총소득을 나타낸다.

⑤ 지니계수가 1일 경우는 완전 평등한 분배상태를 의미한다.

기출회독 키워드 > 187

빈곤과 소득불평등

⏱3

기출번호 22-06-11

사회적 배제의 특성에 관한 설명으로 옳지 않은 것은?

① 문제의 초점을 소득의 결핍으로 제한한다.
② 빈곤에 대해 다차원적으로 접근하는 개념이다.
③ 빈곤의 역동성과 동태적 과정을 강조한다.
④ 개인과 집단의 박탈과 불평등을 유발하는 다양한 영역을 포괄한다.
⑤ 사회적 관계망으로부터의 단절 문제를 제기한다.

> **기출회독 키워드 › 187**
>
> 빈곤과 소득불평등

⏱4

기출번호 22-06-13

미국의 빈곤가족한시지원(TANF)에 관한 설명으로 옳지 않은 것은?

① 수급기간 제한
② 개인 책임 강조
③ 근로연계복지 강화
④ 요보호아동가족부조(AFDC)와 병행
⑤ 주 정부의 역할과 기능 강화

⏱5

기출번호 22-06-17

다음에서 ㄱ, ㄴ을 순서대로 옳게 나열한 것은?

> 2024년 국민기초생활보장제도 수급자 선정 소득기준은 다음과 같다. 생계급여는 기준 중위소득의 (ㄱ)% 이하, 주거급여는 기준 중위소득의 48% 이하, 의료급여는 기준 중위소득의 (ㄴ)% 이하, 교육급여는 기준 중위소득의 50% 이하이다.

① 30, 30   ② 30, 40
③ 32, 30   ④ 32, 40
⑤ 35, 40

> **기출회독 키워드 › 188**
>
> 공공부조제도

⏱6

기출번호 22-06-20

우리나라 공공부조제도에 관한 설명으로 옳지 않은 것은?

① 긴급복지지원제도는 현금급여와 민간기관 연계 등의 지원을 제공한다.
② 국민기초생활보장제도 부양의무자 기준은 복지사각지대 해소를 위해 단계적으로 완화되고 있다.
③ 긴급복지지원제도는 단기 지원의 원칙, 선심사 후지원의 원칙, 다른 법률 지원 우선의 원칙이 적용된다.
④ 의료급여 수급권자에는 「국내입양에 관한 특별법」에 따라 입양된 18세 미만의 아동이 포함된다.
⑤ 국민기초생활보장제도 급여 신청은 신청주의와 직권주의를 병행하고 있다.

> **기출회독 키워드 › 188**
>
> 공공부조제도

7

기출번호 22-06-21

다음에서 ㄱ, ㄴ을 합한 값은?

> 긴급복지지원제도의 생계급여 지원은 최대 (ㄱ)회, 의료급여 지원은 최대 (ㄴ)회, 주거급여는 최대 12회, 복지시설 이용은 최대 6회 지원된다.

① 4   ② 6
③ 8   ④ 10
⑤ 12

기출회독 키워드 > 188

공공부조제도

9

기출번호 21-06-10

조세특례제한법상의 '총급여액 등'을 기준으로 근로장려금 산정방식을 다음과 같이 설계하였다고 가정할 때, 총급여액 등에 따른 근로장려금 계산 결과로 옳지 않은 것은?

> • 총급여액 등 1,000만원 미만: 근로장려금 = 총급여액 등 ×100분의 20
> • 총급여액 등 1,000만원 이상 1,200만원 미만: 근로장려금 200만원
> • 총급여액 등 1,200만원 이상 3,200만원 미만: 근로장려금 = 200만원 − (총급여액 등 − 1,200만원) × 100분의 10
> ※ 재산, 가구원 수, 부양아동 수, 소득의 종류 등 다른 조건은 일체 고려하지 않음

① 총급여액 등이 500만원일 때, 근로장려금 100만원
② 총급여액 등이 1,100만원일 때, 근로장려금 200만원
③ 총급여액 등이 1,800만원일 때, 근로장려금 150만원
④ 총급여액 등이 2,200만원일 때, 근로장려금 100만원
⑤ 총급여액 등이 2,700만원일 때, 근로장려금 50만원

기출회독 키워드 > 188

공공부조제도

8

기출번호 22-06-23

우리나라 근로장려세제(EITC)에 관한 설명으로 옳지 않은 것은?

① 소득재분배 효과를 기대할 수 있다.
② 근로능력이 있는 저소득층의 근로유인을 제고한다.
③ 소득과 재산보유상태 등을 반영하여 지급한다.
④ 근로장려금 모형은 점증구간, 평탄구간, 점감구간으로 되어 있다.
⑤ 사업자는 근로장려금을 받을 수 없다.

기출회독 키워드 > 188

공공부조제도

10

기출번호 21-06-11

최근 10년간 국민기초생활보장제도의 변화에 관한 설명으로 옳은 것을 모두 고른 것은?

> ㄱ. 수급자격 중 부양의무자 기준은 완화되었다.
> ㄴ. 기준 중위소득은 2015년 이후 지속적으로 인상되었다.
> ㄷ. 교육급여가 신설되었다.
> ㄹ. 근로능력평가 방식이 변화되었다.

① ㄱ, ㄴ   ② ㄱ, ㄷ
③ ㄱ, ㄹ   ④ ㄴ, ㄹ
⑤ ㄱ, ㄴ, ㄹ

기출회독 키워드 > 188

공공부조제도

11

기출번호 21-06-15

다음 중 상대적 빈곤선을 설정(측정)하는 방식으로 옳은 것을 모두 고른 것은?

> ㄱ. 중위소득의 일정 비율
> ㄴ. 라이덴(Leyden) 방식
> ㄷ. 반물량 방식
> ㄹ. 라운트리(Rowntree) 방식
> ㅁ. 타운센드(Townsend) 방식

① ㄱ, ㄴ   ② ㄱ, ㅁ
③ ㄴ, ㅁ   ④ ㄷ, ㄹ
⑤ ㄱ, ㄷ, ㄹ

기출회독 키워드 > 187

빈곤과 소득불평등

12

기출번호 20-06-08

우리나라의 의료급여에 관한 설명으로 옳지 않은 것은?

① 의료급여 수급권자는 1종과 2종으로 구분한다.
② 의료급여기금에는 지방자치단체의 출연금도 포함된다.
③ 의료급여 수급권자의 1촌 직계혈족 및 그 배우자는 원칙적으로 부양의무가 있다.
④ 국민기초생활보장제도 수급자 중 보장시설에서 급여를 받는 자는 2종 수급자로 구분된다.
⑤ 「약사법」에 따라 개설등록된 약국은 의료급여를 실시하는 의료기관이다.

기출회독 키워드 > 188

공공부조제도

13

기출번호 20-06-10

우리나라의 국민기초생활보장제도에 관한 설명으로 옳은 것은?

① 의료급여 선정기준은 기준 중위소득의 100분의 50 이상으로 한다.
② 교육급여 선정기준은 기준 중위소득의 100분의 40 이상으로 한다.
③ "수급권자"란 「국민기초생활보장법」에 따른 급여를 받는 사람을 말한다.
④ 국민기초생활보장제도에서의 "보장기관"은 사회복지서비스를 제공하는 사회복지기관을 말한다.
⑤ 사회복지 전담공무원은 수급권자의 동의를 받아 수급권자에 대한 급여를 직권으로 신청할 수 있다.

기출회독 키워드 > 188

공공부조제도

14

기출번호 20-06-20

빈곤의 개념에 관한 설명으로 옳지 않은 것은?

① 상대적 빈곤은 한 사회의 평균적인 생활수준을 기준으로 정한다.

② 절대적 빈곤은 최소한의 생필품을 구입하는 데 필요한 비용으로 정한다.

③ 반물량 방식은 모든 항목의 생계비를 계산하지 않고 엥겔계수를 활용하여 생계비를 추정한다.

④ 중위소득의 50%를 빈곤선으로 책정할 경우, 사회구성원 99명을 소득액 순으로 나열하여 이 중 50번째 사람의 소득 50%를 빈곤선으로 한다.

⑤ 상대적 박탈은 인간의 기본적 욕구의 기준을 생물학적 요인에만 초점을 둔다.

> **기출회독 키워드 > 187**
>
> 빈곤과 소득불평등

15

기출번호 20-06-21

소득불평등과 빈곤 측정에 관한 설명으로 옳은 것을 모두 고른 것은?

> ㄱ. 로렌츠곡선의 가로축은 소득을 기준으로 하위에서 상위 순서로 모든 인구의 누적 분포를 표시한다.
> ㄴ. 지니계수는 불평등도가 증가할수록 수치가 커져 가장 불평등한 상태는 1이다.
> ㄷ. 빈곤율은 모든 빈곤층의 소득을 빈곤선 수준으로 끌어올리는 데에 필요한 총소득으로 빈곤의 심도를 나타낸다.
> ㄹ. 5분위 배율에서는 수치가 작을수록 평등한 상태를 나타낸다.

① ㄱ, ㄴ   ② ㄱ, ㄷ
③ ㄴ, ㄷ   ④ ㄱ, ㄴ, ㄹ
⑤ ㄱ, ㄷ, ㄹ

> **기출회독 키워드 > 187**
>
> 빈곤과 소득불평등

16

기출번호 19-06-08

빈곤의 기준을 정하는 방법에 관한 설명으로 옳은 것은?

① 전(全)물량 방식은 식료품비를 계산하고 엥겔수의 역을 곱해서 빈곤선을 기준으로 측정하는 방식이다.

② 기초생활보장제도의 수급자 선정기준은 상대적 빈곤 개념을 반영하고 있다.

③ 라이덴 방식은 상대적 빈곤 측정방식이다.

④ 반물량 방식은 소득분배 분포상에서 하위 10%나 20%를 빈곤한 사람들로 간주한다.

⑤ 중위소득 또는 평균소득을 근거로 빈곤선을 측정하는 것은 절대적 빈곤 측정방식이다.

> **기출회독 키워드 > 187**
>
> 빈곤과 소득불평등

17

기출번호 19-06-16

자활지원사업에 관한 설명으로 옳지 않은 것은?

① 자활급여는 근로능력이 있는 국민기초생활보장 수급자의 자활을 위한 각종 지원을 제공하는 급여이다.

② 자활기업은 조합 또는 「부가가치세법」상의 사업자로 한다.

③ 자활기관협의체의 구성 및 운영 등에 필요한 사항은 보건복지부령으로 정한다.

④ 자산형성지원으로 형성된 자산은 수급자의 소득환산액 산정 시 이를 포함한다.

⑤ 지역자활센터는 참여자의 자활의욕 고취를 위한 교육을 행한다.

> **기출회독 키워드 > 188**
>
> 공공부조제도

18

기출번호 19-06-18

긴급복지지원제도에 관한 설명으로 옳지 않은 것은?

① 주소득자가 사망, 가출, 행방불명, 구금시설에 수용되는 등의 사유로 소득을 상실한 경우 긴급지원대상자가 될 수 있다.

② 긴급지원은 위기상황에 처한 사람에게 일시적으로 신속하게 지원하는 것을 기본원칙으로 한다.

③ 긴급지원의 종류에는 금전 또는 현물 등의 직접지원과 민간기관·단체와의 연계 등의 지원이 있다.

④ 사회복지사업법에 따른 사회복지시설의 종사자는 긴급지원을 요청할 수 있다.

⑤ 국민기초생활보장법에 따른 지원을 받고 있는 경우에 긴급복지지원법을 우선 적용한다.

기출회독 키워드 > 188

공공부조제도

7영역

사회복지행정론

5개년도(19~23회) 출제분포표

		19회	20회	21회	22회	23회	평균 문항수
1장	사회복지행정의 개념과 특성	1	2	3	1	1	1.6
2장	사회복지행정의 역사	1	2	3	2	2	2.0
3장	사회복지행정의 이론적 배경	3	6	3	4	2	3.6
4장	사회복지조직의 구조와 조직화	2	1	3	2	3	2.2
5장	사회복지서비스 전달체계	3	1	1	2	2	1.8
6장	사회복지조직의 기획과 의사결정	1	1	1	2	2	1.4
7장	리더십과 조직문화	2	3	1	2	1	1.8
8장	인적자원관리	3	2	3	4	3	3.0
9장	재정관리/재무관리	2	2	1	2	3	2.0
10장	프로그램 개발과 평가	2	1	1	1	1	1.2
11장	사회복지조직의 책임성과 평가	1	2	-	-	1	0.8
12장	홍보와 마케팅	2	1	2	2	2	1.8
13장	환경관리와 정보관리	2	1	3	1	2	1.8

1장 사회복지행정의 개념과 특성

해답 & 오답노트 462-463쪽 ○

01

기출번호 23-07-01

사회복지행정의 개념에 관한 설명으로 옳은 것은?

① 정부조직만을 대상으로 한다.

② 조직의 효과성보다 효율성이 중요하다.

③ 정부재정 외에 민간자원 활용은 배제한다.

④ 사회문제 해결과정에서 가치판단을 배제한다.

⑤ 사회복지정책을 서비스로 전환하는 과정이다.

기출회독 키워드 > 189

사회복지행정의 특성

02

기출번호 22-07-01

사회복지조직의 특성에 관한 설명으로 옳지 않은 것은?

① 사회복지사의 전문성과 자율성을 인정한다.

② 클라이언트와 사회복지사의 관계에 따라 서비스의 효과성이 좌우된다.

③ 서비스의 효과성을 객관적으로 입증하기가 용이하다.

④ 다양한 상황에서 윤리적 딜레마와 가치 선택에 직면한다.

⑤ 조직의 목표가 명확하거나 구체적이기 어렵다.

기출회독 키워드 > 189

사회복지행정의 특성

03

기출번호 21-07-02

사회복지행정의 기능에 관한 설명으로 옳은 것을 모두 고른 것은?

> ㄱ. 기획(planning): 조직의 목적과 목표달성 방법을 설정하는 활동
> ㄴ. 조직화(organizing): 조직의 활동을 이사회와 행정기관 등에 보고하는 활동
> ㄷ. 평가(evaluating): 설정된 목표에 따라 성과를 평가하는 활동
> ㄹ. 인사(staffing): 직원 채용, 해고, 교육, 훈련 등의 활동

① ㄱ, ㄴ

② ㄱ, ㄷ

③ ㄱ, ㄷ, ㄹ

④ ㄴ, ㄷ, ㄹ

⑤ ㄱ, ㄴ, ㄷ, ㄹ

기출회독 키워드 > 190

사회복지행정의 과정 및 기능

04
기출번호 21-07-03

사회복지행정의 특징에 관한 설명으로 옳은 것은?

① 서비스 성과를 평가하기 어렵다.

② 사회복지행정가는 가치중립적이어야 한다.

③ 서비스 효율성은 고려하지 않는다.

④ 재정관리는 사회복지행정에 포함되지 않는다.

⑤ 직무환경에 관계없이 획일적으로 운영된다.

> **기출회독 키워드 > 189**
>
> 사회복지행정의 특성

06
기출번호 20-07-01

사회복지행정가가 가져야 할 능력이 아닌 것은?

① 배타적 사고

② 대안모색

③ 조직이론 이해

④ 우선순위 결정

⑤ 권한위임과 권한실행

05
기출번호 21-07-07

하센펠트(Y. Hasenfeld)가 제시한 휴먼서비스 조직의 특성으로 옳지 않은 것은?

① 인간을 원료(raw material)로 한다.

② 클라이언트와의 직접적 관계 속에서 활동한다.

③ 조직의 목표가 불확실하며 모호해지기 쉽다.

④ 조직의 업무과정에서 주로 전문가에 의존한다.

⑤ 목표 달성을 위해 명확한 지식과 기술을 사용한다.

> **기출회독 키워드 > 189**
>
> 사회복지행정의 특성

07
기출번호 20-07-02

사회복지행정의 실행 과정을 순서대로 나열한 것은?

ㄱ. 과업 평가	ㄴ. 과업 촉진
ㄷ. 과업 조직화	ㄹ. 과업 기획
ㅁ. 환류	

① ㄱ - ㄷ - ㄹ - ㅁ - ㄴ

② ㄷ - ㄱ - ㄹ - ㄴ - ㅁ

③ ㄷ - ㄹ - ㅁ - ㄴ - ㄱ

④ ㄹ - ㄴ - ㄷ - ㄱ - ㅁ

⑤ ㄹ - ㄷ - ㄴ - ㄱ - ㅁ

> **기출회독 키워드 > 190**
>
> 사회복지행정의 과정 및 기능

8

기출번호 19-07-01

사회복지행정에서 효과성(effectiveness)에 관한 설명으로 옳은 것은?

① 조직의 목표 달성 정도
② 투입에 대한 산출의 비율
③ 사회복지기관의 지역적 집중도
④ 서비스 이용의 편의성 정도
⑤ 서비스 자원의 활용가능성 정도

기출회독 키워드 > 189

사회복지행정의 특성

해답 & 오답노트 463-464쪽 ◉

○1 기출번호 23-07-02

한국 사회복지행정 역사에 관한 설명으로 옳지 않은 것은?

① 1950년대에는 긴급구호와 생활(수용)시설에서의 보호가 주를 이루었다.

② 1970년 「사회복지사업법」 제정으로 사회복지시설 운영에 관한 법적 근거가 마련되었다.

③ 1997년 「사회복지사업법」 개정을 통해 사회복지시설 평가가 법제화되었다.

④ 1998년 사회복지공동모금회가 설립되었다.

⑤ 2008년 노인장기요양보험제도 도입으로 민간기관의 서비스 제공이 금지되었다.

기출회독 키워드 > 191

한국 사회복지행정의 역사

○2 기출번호 23-07-04

신공공관리(New Public Management)에 관한 설명으로 옳지 않은 것은?

① 공공부문 조직운영에 시장원리를 적용한다.

② 조직규모 확장과 중앙집권화를 지향한다.

③ 행정 효율성과 고객에 대한 대응성을 중시한다.

④ 규제완화와 조직원 참여를 중시한다.

⑤ 시민과 고객을 중심으로 서비스의 질적 수준 제고에 중점을 둔다.

기출회독 키워드 > 192

미국 사회복지행정의 역사

사회복지행정론

⊘3

기출번호 22-07-02

한국 사회복지행정의 역사에 관한 설명으로 옳지 않은 것은?

① 6.25 전쟁 이후 외국원조기관을 중심으로 사회복지시설이 설립되었다.
② 1960년대 외국원조기관 철수 후 자생적 사회복지단체들이 성장했다.
③ 1980년대 후반부터 지역사회 이용시설 중심의 사회복지기관이 증가했다.
④ 1980년대 후반부터 사회복지전문요원이 배치되기 시작했다.
⑤ 1990년대 후반에 사회복지시설 설치기준이 허가제에서 신고제로 바뀌었다.

> **기출회독 키워드 > 191**
>
> 한국 사회복지행정의 역사

⊘4

기출번호 22-07-17

공공 사회복지전달체계에 관한 설명으로 옳은 것은?

① 사회복지전담공무원 제도 이후 사회복지전문요원 제도가 실시되었다.
② 보건복지사무소와 사회복지사무소 시범사업은 동시에 진행되었다.
③ 읍·면·동 복지허브화 사업 이후 읍·면·동사무소가 주민자치센터로 변경되었다.
④ 지역사회복지협의체가 지역사회보장협의체로 명칭이 변경되었다.
⑤ 사회서비스원 설치 후 전자바우처 방식의 사회서비스 사업이 시작되었다.

> **기출회독 키워드 > 191**
>
> 한국 사회복지행정의 역사

⊘5

기출번호 21-07-01

한국 사회복지행정의 역사에 관한 설명으로 옳지 않은 것은?

① 1950~1960년대 사회복지서비스는 주로 외국 원조단체들에 의해 제공되었다.
② 1970년대 사회복지사업법 제정으로 사회복지시설에 대한 제도적 지원과 감독의 근거가 마련되었다.
③ 1980년대에 사회복지전문요원제도가 도입되었다.
④ 1990년대에 사회복지시설 평가제도가 도입되었다.
⑤ 2000년대에 사회복지관에 대한 정부 보조금 지원이 제도화 되었다.

> **기출회독 키워드 > 191**
>
> 한국 사회복지행정의 역사

⊘6

기출번호 21-07-06

신공공관리론(New Public Management)에 관한 설명으로 옳지 않은 것은?

① 공공서비스 공급에 있어 정부실패를 해결하기 위해 대두하였다.
② 신자유주의에 이론적 기반을 둔다.
③ 시장의 경쟁원리를 공공행정에 도입하였다.
④ 민간이 공급하던 서비스를 정부가 직접 공급하도록 하였다.
⑤ 정부, 시장, 시민사회의 협치를 추구한다.

> **기출회독 키워드 > 192**
>
> 미국 사회복지행정의 역사

07

기출번호 21-07-17

한국의 사회복지전달체계 개편 순서를 올바르게 나열한 것은?

> ㄱ. 주민생활지원서비스 전달체계
> ㄴ. 사회복지통합관리망(행복e음) 개통
> ㄷ. 읍·면·동 복지허브화
> ㄹ. 지역사회 통합돌봄

① ㄱ - ㄴ - ㄷ - ㄹ
② ㄱ - ㄴ - ㄹ - ㄷ
③ ㄱ - ㄷ - ㄴ - ㄹ
④ ㄴ - ㄱ - ㄷ - ㄹ
⑤ ㄴ - ㄷ - ㄱ - ㄹ

기출회독 키워드 > 191

한국 사회복지행정의 역사

09

기출번호 20-07-23

사회복지서비스 전달체계 도입 순서가 올바르게 제시된 것은?

> ㄱ. 희망복지지원단 설치
> ㄴ. 지역사회복지협의체 설치
> ㄷ. 읍·면·동 복지허브화 사업 실행

① ㄱ - ㄴ - ㄷ
② ㄱ - ㄷ - ㄴ
③ ㄴ - ㄱ - ㄷ
④ ㄴ - ㄷ - ㄱ
⑤ ㄷ - ㄴ - ㄱ

기출회독 키워드 > 191

한국 사회복지행정의 역사

08

기출번호 20-07-08

다음에서 설명하는 사회복지정보시스템 명칭은?

> • 국가 및 지방자치단체의 사회보장 업무와 관련하여 사회복지사업 정보와 지원대상자의 자격정보, 수급이력정보 등을 통합관리하기 위한 시스템
> • 대상자의 소득, 재산, 인적자료, 수급이력정보 등을 연계하여 정확한 사회복지 대상자 선정 및 효율적 복지업무 처리 지원

① 복지로
② 사회보장정보시스템
③ 사회복지시설정보시스템
④ 사회서비스전자바우처시스템
⑤ 보건복지정보시스템

기출회독 키워드 > 191

한국 사회복지행정의 역사

10

기출번호 19-07-17

우리나라 사회복지전달체계의 변화 과정을 순서대로 나열한 것은?

> ㄱ. 사회복지사무소 시범사업
> ㄴ. 지역사회 통합돌봄
> ㄷ. 읍·면·동 복지허브화
> ㄹ. 사회복지통합관리망(행복e음) 개통
> ㅁ. 보건복지사무소 시범사업

① ㄱ - ㅁ - ㄷ - ㄹ - ㄴ
② ㄴ - ㄱ - ㄹ - ㅁ - ㄷ
③ ㄷ - ㄴ - ㅁ - ㄹ - ㄱ
④ ㄹ - ㅁ - ㄱ - ㄷ - ㄴ
⑤ ㅁ - ㄱ - ㄹ - ㄷ - ㄴ

기출회독 키워드 > 191

한국 사회복지행정의 역사

해답 & 오답노트 465쪽 ●

●1

기출번호 23-07-03

사회복지조직 이론에 관한 설명으로 옳은 것을 모두 고른 것은?

ㄱ. 과학적 관리론: 직무에 관한 과학적 연구와 분석
ㄴ. 관료제이론: 표준 운영 절차를 통한 합리성과 전문성 추구
ㄷ. 인간관계론: 조직 내 인간을 심리적, 사회적 욕구를 가진 전인격적 존재로 파악
ㄹ. 상황이론: 조직의 상황에 관계없이 효율성을 극대화할 수 있는 이상적 방법 추구

① ㄱ, ㄴ
② ㄷ, ㄹ
③ ㄱ, ㄴ, ㄷ
④ ㄴ, ㄷ, ㄹ
⑤ ㄱ, ㄴ, ㄷ, ㄹ

기출회독 키워드 〉 194

조직환경이론

●2

기출번호 23-07-15

패러슈라만 등(A. Parasuraman, V. A. Zeithaml & L. L. Berry)의 서비스 질 구성 차원 중 다음에 해당하는 것은?

• 직원의 지식수준과 정중함, 신뢰와 확신을 심어줄 수 있는 능력
• 긍정적 의사소통기법을 사용, 제품과 서비스를 정확히 설명

① 즉응성(responsiveness)
② 확신성(assurance)
③ 신뢰성(reliability)
④ 유형성(tangible)
⑤ 공감성(empathy)

기출회독 키워드 〉 193

현대조직이론

해답 & 오답노트 465-466쪽 ○

3

메이요(E. Mayo)가 제시한 인간관계이론에 관한 설명으로 옳은 것은?

① 생산성은 근로조건과 환경에 의해서만 좌우된다.
② 심리적 요인은 생산성 향상에 영향을 미친다.
③ 사회적 상호작용은 생산성 향상에 부정적인 영향을 미친다.
④ 공식적인 부서의 형성은 생산성 향상으로 이어진다.
⑤ 근로자는 집단 구성원이 아닌 개인으로서 행동하고 반응한다.

기출회독 키워드 > 196

인간관계이론

4

조직이론에 관한 설명으로 옳지 않은 것은?

① 학습조직이론: 개인 및 조직의 학습공유를 통해 역량강화
② 정치경제이론: 경제적 자원과 권력간 상호작용 강조
③ 상황이론: 조직을 폐쇄체계로 보며, 조직 내부의 상황에 초점
④ 총체적 품질관리론: 지속적이고 총체적인 서비스 질 향상을 통한 고객만족 극대화
⑤ X이론: 생산성 향상을 위해 조직 구성원에 대한 감독, 보상과 처벌, 지시 등이 필요

기출회독 키워드 > 194

조직환경이론

5

테일러(F. W. Taylor)의 과학적 관리론에 관한 설명으로 옳은 것을 모두 고른 것은?

> ㄱ. 직무의 과학적 분석: 업무시간과 동작의 체계적 분석
> ㄴ. 권위의 위계구조: 권리와 책임을 수반하는 권위의 위계
> ㄷ. 경제적 보상: 직무성과에 따른 인센티브 제공
> ㄹ. 사적 감정의 배제: 공식적인 원칙과 절차 중시

① ㄱ, ㄴ   ② ㄱ, ㄷ
③ ㄴ, ㄹ   ④ ㄱ, ㄴ, ㄷ
⑤ ㄱ, ㄷ, ㄹ

기출회독 키워드 > 195

고전이론

6

패러슈라만 등(A. Parasuraman, V. A. Zeithaml & L. L. Berry)의 SERVQUAL 구성차원에 해당하는 질문을 모두 고른 것은?

> ㄱ. 약속한 대로 서비스를 제공했는가?
> ㄴ. 안전하게 서비스를 제공했는가?
> ㄷ. 자신감을 가지고 정확하게 서비스를 제공했는가?
> ㄹ. 위생적이고 정돈된 시설에서 서비스를 제공했는가?

① ㄱ, ㄹ   ② ㄴ, ㄷ
③ ㄴ, ㄹ   ④ ㄱ, ㄴ, ㄷ
⑤ ㄱ, ㄷ, ㄹ

기출회독 키워드 > 193

현대조직이론

☑7
기출번호 21-07-04

다음에서 설명하는 조직이론은?

- 인간의 사회적, 심리적, 정서적 욕구 강조
- 조직 내 비공식 집단의 중요성 인식
- 조직 내 개인은 감정적이며 비물질적 보상에 민감하게 반응

① 과학적 관리론
② 관료제론
③ 인간관계론
④ 행정관리론
⑤ 자원의존론

기출회독 키워드 ▶ 196

인간관계이론

☑8
기출번호 21-07-05

베버(M. Weber)가 제시한 이상적 관료제형으로 옳지 않은 것은?

① 공식적 위계와 업무처리 구조
② 전문성에 근거한 분업구조
③ 전통적 권위에 의한 조직 통제
④ 직무 범위와 권한의 명확화
⑤ 조직의 기능은 규칙에 의해 제한

기출회독 키워드 ▶ 195

고전이론

☑9
기출번호 21-07-16

사회복지조직의 서비스 질 관리에 관한 설명으로 옳은 것은?

① 서비스 질 관리를 위하여 위험관리가 필요하다.
② 총체적 품질관리(TQM)는 기업의 소비자 만족을 극대화하기 위한 기법이므로 사회복지기관에 적용하기에는 적합하지 않다.
③ 총체적 품질관리는 지속적인 개선보다는 현상유지에 초점을 둔다.
④ 서브퀄(SERVQUAL)의 요소에 확신성(assurance)은 포함되지 않는다.
⑤ 서브퀄에서 유형성(tangible)은 고객 요청에 대한 즉각적 반응을 말한다.

기출회독 키워드 ▶ 193

현대조직이론

10
기출번호 20-07-24

패러슈라만 등(A. Parasuraman, V. A. Zeithaml & L. L. Berry)의 SERVQUAL 구성 차원에 관한 설명으로 옳은 것은?

① 신뢰성: 이용자의 요구에 선제적으로 응대할 수 있는 능력
② 유형성: 시설, 장비 및 서비스 제공자 용모 등의 적합성
③ 확신성: 이용자에 대한 관심이나 상황이해 능력
④ 공감성: 전문적 지식과 기술, 정중한 태도로 이용자를 대하는 능력
⑤ 대응성: 저렴한 비용으로 서비스를 제공할 수 있는 능력

기출회독 키워드 ▶ 193

현대조직이론

11

기출번호 20-07-25

총체적 품질관리(TQM)에 관한 설명으로 옳지 않은 것은?

① 지속적인 품질개선을 강조하는 일련의 과정이다.
② 자료와 사실에 기반한 의사결정을 중시한다.
③ 좋은 품질이 무엇인지는 고객이 결정한다.
④ 집단의 노력보다는 개인의 노력이 품질향상에 더 기여한다고 본다.
⑤ 조직구성원에 대한 훈련을 강조한다.

기출회독 키워드 193

현대조직이론

12

기출번호 20-07-03

다음의 (   )에 들어갈 내용으로 옳은 것은?

테일러(F. W. Taylor)가 개발한 과학적 관리론은 (ㄱ)에게만 조직의 목표를 설정할 수 있는 (ㄴ)을 부여하기 때문에 (ㄷ)의 의사결정 (ㄹ)을(를) 지향하는 사회복지조직에 적용하는 데는 한계가 있을 수 있다.

① ㄱ: 직원, ㄴ: 책임, ㄷ: 직원, ㄹ: 과업
② ㄱ: 관리자, ㄴ: 책임, ㄷ: 직원, ㄹ: 참여
③ ㄱ: 관리자, ㄴ: 과업, ㄷ: 관리자, ㄹ: 참여
④ ㄱ: 직원, ㄴ: 과업, ㄷ: 직원, ㄹ: 과업
⑤ ㄱ: 직원, ㄴ: 과업, ㄷ: 관리자, ㄹ: 참여

기출회독 키워드 195

고전이론

13

기출번호 20-07-04

사회복지조직관리자가 상황이론(contingency theory)을 활용할 경우 고려해야 할 것을 모두 고른 것은?

> ㄱ. 계층적 승진 제도를 통해서 직원의 성취 욕구를 고려한다.
> ㄴ. 시간과 동작 분석을 활용하여 표준시간과 표준동작을 정한다.
> ㄷ. 사회복지조직을 둘러싸고 있는 사회, 정치, 경제, 문화 변수 등을 고려한다.

① ㄱ
② ㄴ
③ ㄷ
④ ㄱ, ㄷ
⑤ ㄴ, ㄷ

기출회독 키워드 194

조직환경이론

14

기출번호 20-07-06

현대조직운영 기법에 관한 설명으로 옳지 않은 것은?

① 리스트럭처링(restructuring): 중복사업을 통합하여 조직 경쟁력 확보
② 리엔지니어링(re-engineering): 업무시간을 간소화시켜 서비스 시간 단축
③ 벤치마킹(Benchmarking): 특수분야에서 우수한 대상을 찾아 뛰어난 부분 모방
④ 아웃소싱(outsourcing): 계약을 통해 외부전문가에게 조직기능 일부 의뢰
⑤ 균형성과표(Balanced Score card): 공정한 직원채용을 위해서 만든 면접평가표

15

기출번호 20-07-07

학습조직 구축요인에 관한 설명으로 옳은 것은?

① 자기숙련(personal mastery): 명상 활동
② 공유비전 (shared vision): 개인적 비전 유지
③ 사고모형(mental model): 계층적 수직구조 이해
④ 팀학습(team learning): 최고관리자의 감독과 통제를 통한 학습
⑤ 시스템 사고(system thinking): 전체와 부분 간 역동적 관계 이해

> 기출회독 키워드 ▷ 193
>
> 현대조직이론

16

기출번호 19-07-04

과학적 관리론(scientific management)에 관한 설명으로 옳은 것을 모두 고른 것은?

> ㄱ. 조직 구성원의 업무를 과학적으로 분석하여 활용한다.
> ㄴ. 집권화를 통한 위계구조 설정이 조직 성과의 결정적 요인이다.
> ㄷ. 호손(Hawthorne) 공장에서의 실험결과를 적극 반영하였다.
> ㄹ. 경제적 보상을 통해 생산성을 극대화할 수 있다.

① ㄱ, ㄴ   ② ㄱ, ㄷ
③ ㄱ, ㄹ   ④ ㄴ, ㄷ
⑤ ㄷ, ㄹ

> 기출회독 키워드 ▷ 195
>
> 고전이론

17

기출번호 19-07-05

다음에서 설명하고 있는 조직이론은?

> • 효과적인 조직관리 방법은 조직이 처한 환경과 조건에 따라 달라진다.
> • 경직된 규칙과 구조를 가진 조직이 효과적일 경우도 있다.
> • 어느 경우에나 적용되는 최선의 조직관리 이론은 없다.

① 상황이론
② 관료제이론
③ 논리적합이론
④ 인지이론
⑤ 인간관계이론

> 기출회독 키워드 ▷ 194
>
> 조직환경이론

18

기출번호 19-07-16

사회복지기관의 서비스 질에 관한 설명으로 옳지 않은 것은?

① 서브퀄(SERVQUAL)에는 신뢰성과 확신성이 포함된다.
② 서비스 질은 사회복지평가의 기준이 될 수 없다.
③ 위험관리(Risk Management)는 이용자에 대한 서비스 관리 측면과 조직관리 측면을 모두 포함한다.
④ 총체적 품질관리(TQM)에서 서비스의 질은 고객의 결정에 의한다.
⑤ 서비스 이용자와 제공자 관점에서 질적 평가가 중요시 되고 있다.

> 기출회독 키워드 ▷ 193
>
> 현대조직이론

사회복지행정론

해답 & 오답노트 **467-468쪽** ⊙

1

기출번호 23-07-05

민간 비영리조직의 특성에 관한 설명으로 옳지 않은 것은?

① 이윤이 발생하면 구성원에게 균등하게 배당한다.
② 시장과 정부 실패를 보완할 수 있다.
③ 최소한의 조직 구조와 운영 공식성을 갖는다.
④ 지방자치단체 보조금을 받을 수 있다.
⑤ 비영리조직 회원은 자발적으로 가입한다.

기출회독 키워드 > 200

사회복지조직의 유형

3

기출번호 23-07-07

다음에서 설명하는 조직구조는?

- 특정 사업이나 활동수행을 위해 기존 부서에서 인력을 파견하여 구성함
- 조직구성원의 역량을 최대한 활용할 수 있음
- 임시적으로 활동하고 과업이 종료되면 해체됨

① 라인-스탭(line-staff)
② 태스크포스(task force)
③ 감사(audit) 조직
④ 거버넌스(governance) 조직
⑤ 위계(hierarchy) 조직

기출회독 키워드 > 199

조직구조의 유형

2

기출번호 23-07-06

조직 분권화의 특성에 관한 설명으로 옳지 않은 것은?

① 최고관리자의 업무와 책임을 감소시킬 수 있다.
② 직원들의 자발적 협조를 유도할 수 있다.
③ 부서 간 협조가 늘어날 수 있다.
④ 위기와 갈등을 신속하게 해결할 수 있다.
⑤ 하위부서 재량권을 강화하는 효과가 있다.

기출회독 키워드 > 198

조직의 구조적 요소

04

기출번호 22-07-06

조직 구성요소에 관한 설명으로 옳은 것은?

① 집권화 수준을 높이면 의사결정의 권한이 분산된다.

② 업무가 복잡할수록 공식화의 효과는 더 크다.

③ 공식화 수준을 높이면 직무의 사적 영향력이 높아진다.

④ 과업분화가 적을수록 수평적 분화가 더 이루어진다.

⑤ 수직적 분화가 많아질수록 의사소통의 절차가 복잡해진다.

> **기출회독 키워드 198**
>
> 조직의 구조적 요소

06

기출번호 21-07-08

조직구조에 관한 설명으로 옳은 것은?

① 조직규모가 커질수록 공식화 정도가 낮아진다.

② 공식화 정도가 높을수록 직원의 재량권이 줄어든다.

③ 과업의 종류가 많을수록 수직적 분화가 늘어난다.

④ 분권화 정도가 높을수록 최고관리자에게 조직 통제 권한이 집중된다.

⑤ 집권화 정도가 높을수록 직원의 권한과 책임의 범위가 모호해진다.

> **기출회독 키워드 198**
>
> 조직의 구조적 요소

05

기출번호 22-07-07

다음에서 설명하는 조직구조는?

> • 일상 업무수행기구와는 별도로 구성
> • 특별과업이나 문제해결을 위한 전문가 중심 조직
> • 낮은 수준의 수직적 분화와 공식화

① 기계적 관료제 구조

② 사업부제 구조

③ 전문적 관료제 구조

④ 단순구조

⑤ 위원회 구조

> **기출회독 키워드 199**
>
> 조직구조의 유형

07

기출번호 21-07-09

다음 사례에 해당하는 현상은?

> A사회복지기관은 프로그램 운영 성과를 높이기 위해 기부금 모금실적을 직원 직무평가에 반영하기로 했다. 직원들이 직무평가에서 높은 점수를 받기 위해 모금활동에 더 많은 시간과 노력을 기울이게 되면서 오히려 프로그램 운영 성과는 저조하게 되었다.

① 리스트럭처링(restructuring)

② 목적전치(goal displacement)

③ 크리밍(creaming)

④ 소진(burn out)

⑤ 다운사이징(downsizing)

> **기출회독 키워드 199**
>
> 조직구조의 유형

○8

비영리 사회복지조직에 관한 설명으로 옳지 않은 것은?

① 수익성과 서비스 질을 고려하지 않고 조직을 운영한다.

② 정부조직에 비해 관료화 정도가 낮다.

③ 국가와 시장이 공급하기 어려운 서비스를 제공할 수 있다.

④ 특정 이익집단을 위한 서비스를 제공할 수 있다.

⑤ 개입대상 선정과 개입방법을 특화할 수 있다.

> **기출회독 키워드 > 200**
>
> 사회복지조직의 유형

○9

조직의 유형 중 태스크포스(TF)에 관한 설명으로 옳은 것을 모두 고른 것은?

> ㄱ. 팀 형식으로 운영하는 조직이다.
> ㄴ. 특정 목표달성을 위한 업무에 전문가들을 배치한다.
> ㄷ. 환경의 변화에 대응하기 위해서 만든 조직의 성격이 강하다.

① ㄱ   ② ㄴ

③ ㄱ, ㄷ   ④ ㄴ, ㄷ

⑤ ㄱ, ㄴ, ㄷ

> **기출회독 키워드 > 199**
>
> 조직구조의 유형

10

비영리조직의 특성을 설명한 것으로 옳지 않은 것은?

① 사적 이익보다는 공동체의 이익을 우선적으로 추구한다.

② 필요에 따라 수익사업을 실시하기도 한다.

③ 회원 조직도 비영리조직에 포함된다.

④ 기부금이나 후원금이 조직의 중요한 재원이다.

⑤ 한국에는 비영리조직에 대한 세제혜택이 없다.

> **기출회독 키워드 > 200**
>
> 사회복지조직의 유형

11

다음에 해당하는 사회복지조직 구조의 변화는?

> A지방자치단체는 아동학대 문제에 적극 대처하기 위해 'A지역 아동보호네트워크'를 발족했다. 이 네트워크에는 지역 내 공공기관, 아동보호전문기관, 초등학교, 지역아동센터, 병원, 시민단체, 편의점 등이 참여하여 학대가 의심되는 아동을 발견했을 때 신속하게 신고, 접수 및 대응할 수 있도록 했다.

① 지역복지 거버넌스 구축

② 사업성과 평가체계 구축

③ 서비스 경쟁체계 도입

④ 복지시설 확충

⑤ 서비스 품질인증제 도입

5장 사회복지서비스 전달체계

해답 & 오답노트 469쪽 ◐

01

기출번호 23-07-16

다음에서 설명하는 사회복지 전달체계 구축 원칙은?

- 지역사회통합돌봄(커뮤니티 케어)
- 원스탑 서비스 제공
- 서비스 단편성과 비연속성 문제를 해결

① 책임성
② 접근성
③ 지속성
④ 통합성
⑤ 적절성

기출회독 키워드 ▶ 201

전달체계 구축의 원칙

02

기출번호 23-07-17

사회복지 전달체계에 관한 설명으로 옳지 않은 것은?

① 공공 전달체계, 민간 전달체계, 공공과 민간 혼합 전달체계로 구분한다.
② 집행체계는 수급자와 대면 관계를 통해 서비스를 제공한다.
③ 행정복지센터, 공단, 사회복지법인은 공공 전달체계이다.
④ 사회복지서비스 공급자와 소비자를 연결하는 조직적 · 체계적 장치이다.
⑤ 우리나라 사회복지서비스는 공공과 민간의 혼합 전달체계로 제공된다.

기출회독 키워드 ▶ 202

전달체계의 구분 및 역할

✓3

기출번호 22-07-18

사회복지전달체계 구축 원칙에 관한 설명으로 옳지 않은 것은?

① 서비스 비용 부담을 낮춤으로써 접근성을 높일 수 있다.

② 서비스 간 연계성을 강화함으로써 연속성을 높일 수 있다.

③ 양·질적으로 이용자 욕구에 부응함으로써 적절성을 높일 수 있다.

④ 최소 비용으로 최대 효과를 얻음으로써 전문성을 높일 수 있다.

⑤ 이용자의 요구나 불만을 파악함으로써 책임성을 높일 수 있다.

기출회독 키워드 ▶ 201

전달체계 구축의 원칙

✓4

기출번호 22-07-23

다음 설명에 해당되는 것은?

- 비(非)표적 인구가 서비스에 접근하여 나타나는 문제
- 사회적 자원의 낭비 유발

① 서비스 과활용

② 크리밍

③ 레드테이프

④ 기준행동

⑤ 매몰비용

기출회독 키워드 ▶ 201

전달체계 구축의 원칙

✓5

기출번호 21-07-15

한국 사회복지행정 체계에 관한 설명으로 옳지 않은 것은?

① 읍·면·동 중심의 서비스 제공에 노력하고 있다.

② 사회서비스는 단일한 공급주체에 의해 제공된다.

③ 위험관리는 위험의 사전예방과 사후관리를 모두 포함한다.

④ 지역사회 통합돌봄(커뮤니티 케어) 시행으로 지역사회 내 보건복지 서비스 제공이 확대되고 있다.

⑤ 사회서비스의 개념이 기존의 사회복지서비스를 포괄하고 있다.

기출회독 키워드 ▶ 202

전달체계의 구분 및 역할

✓6

기출번호 20-07-22

사회복지서비스 전달체계에 관한 설명으로 옳지 않은 것은?

① 구조·기능 차원에서 행정체계와 집행체계로 구분할 수 있다.

② 운영주체에 따라서 공공체계와 민간체계로 구분할 수 있다.

③ 전달체계의 접근성을 높이기 위해서는 서비스 이용의 장애요인을 줄여야 한다.

④ 사회복지서비스 급여의 유형과 전달체계 특성은 관련이 없다.

⑤ 서비스 제공기관을 의도적으로 중복해서 만드는 것이 전달체계를 개선해 줄 수도 있다.

기출회독 키워드 ▶ 202

전달체계의 구분 및 역할

⊙7

기출번호 19-07-02

사회복지관 운영에 관한 설명으로 옳은 것은?

① 기초 지방자치단체 마다 설치해야 한다.
② 사회복지전담공무원을 의무적으로 고용해야 한다.
③ 지역사회를 기반으로 운영되는 사회복지기관이다.
④ 중산층 주민은 이용할 수 없다.
⑤ 프로젝트 팀 구조를 활용할 수 없다.

> 기출회독 키워드 > 202
>
> 전달체계의 구분 및 역할

⊙9

기출번호 19-07-18

사회복지전달체계 구축 시 고려해야 할 사항으로 옳지 않은 것은?

① 통합성: 서비스의 중복과 누락을 방지하고 다양한 서비스를 통합적으로 제공해야 한다.
② 포괄성: 클라이언트의 다양한 욕구 중 한 가지 욕구를 해결하기 위하여 전문가 집단이 개입하는 방식이다.
③ 적절성: 사회복지서비스의 양과 질이 서비스 수요자의 욕구 충족과 서비스 목표 달성에 적합해야 한다.
④ 접근성: 서비스 이용자에게 공간, 시간, 정보, 재정 등의 제약이 없는 서비스 제공을 의미한다.
⑤ 전문성: 충분한 사회복지전문가의 확보가 필요하다.

> 기출회독 키워드 > 201
>
> 전달체계 구축의 원칙

⊙8

기출번호 19-07-03

한국의 사회복지 행정체계에 관한 설명으로 옳지 않은 것은?

① 공공 행정체계와 민간 행정체계로 구성된다.
② 중앙정부의 사회복지 담당 부처는 보건복지부이다.
③ 지방자치단체의 사회복지 행정체계는 일반 행정체계에 포함되어 있다.
④ 민간 사회복지기관은 국가나 지방자치단체의 보조금을 받지 않는다.
⑤ 사회복지 행정체계에는 영리 사업자도 참여하고 있다.

> 기출회독 키워드 > 202
>
> 전달체계의 구분 및 역할

─1

기출번호 23-07-18

기획에 활용되는 기법에 관한 설명으로 옳지 않은 것은?

① 간트 차트(Gantt Chart)는 사업을 계획할 때 쉽고 간단하게 작성할 수 있다.
② 간트 차트(Gantt Chart)는 일정계획 변경을 유연하게 수용하기 어렵다.
③ 프로그램 평가검토 기법(PERT)은 업무를 체계적으로 수행하는 데 도움이 된다.
④ 프로그램 평가검토 기법(PERT)은 일정 변경 등 유동적인 상황을 대처하는 데 어렵다.
⑤ 총괄진행표(Flow Chart)는 프로그램 제공과정을 시작부터 종료까지 한눈에 볼 수 있다.

기출회독 키워드 > 203

기획 기법

─2

기출번호 23-07-20

쓰레기통 모형(Garbage can Model)에 관한 설명으로 옳은 것은?

① 문제 진단과 의사결정 과정이 체계적이고 논리적으로 이루어진다.
② 결정자의 행동보다는 객관적인 상황적 조건에 더 많은 주의를 기울인다.
③ 가장 합리적인 대안을 선택하는 모형이다.
④ 합리성과 비합리성을 절충한 모형이다.
⑤ 조직화된 무질서 속에서 우연히 의사결정이 이루어진다.

기출회독 키워드 > 205

의사결정

─3

기출번호 22-07-19

다음 설명에 해당하는 의사결정 기법은?

- 대면하여 의사결정
- 집단적 상호작용의 최소화
- 민주적 방식으로 최종 의사결정

① 명목집단기법　　② 브레인스토밍
③ 델파이기법　　　④ SWOT기법
⑤ 초점집단면접

기출회독 키워드 > 205

의사결정

○4

기출번호 22-07-20

다음 설명에 해당하는 프로그램 관리기법은?

- 프로그램 진행 일정을 관리하는 목적으로 많이 활용됨
- 프로그램을 구성하는 활동들 간 상호관계와 연계성을 명확하게 보여줌
- 임계경로와 여유시간에 대한 정보를 파악할 수 있음

① 프로그램 평가검토 기법(PERT)
② 간트 차트(Gantt Chart)
③ 논리모델(Logic Model)
④ 임팩트모델(Impact Model)
⑤ 플로우 차트(Flow Chart)

기출회독 키워드 > 203

기획 기법

○5

기출번호 21-07-18

사회복지조직의 의사결정모형에 관한 설명으로 옳은 것은?

① 점증모형은 여러 대안을 평가하여 합리적 평가 순위를 정하는 모형이다.
② 연합모형은 경제적·시장 중심적 시각에서 이루어지는 모형이다.
③ 만족모형은 주로 해결해야 할 문제가 분명하고 단순한 의사결정에 적용된다.
④ 쓰레기통모형은 조직의 목표가 모호하고, 조직의 기술이 막연한 경우에 적용되는 모델이다.
⑤ 공공선택모형은 시민들을 공공재의 생산자로 규정하고 정부를 소비자로 규정한다.

기출회독 키워드 > 205

의사결정

○6

기출번호 20-07-09

스키드모어(R. A. Skidmore)의 기획과정을 순서대로 나열한 것은?

ㄱ. 대안 모색
ㄴ. 가용자원 검토
ㄷ. 대안 결과예측
ㄹ. 최종대안 선택
ㅁ. 구체적 목표 설정
ㅂ. 프로그램 실행계획 수립

① ㄱ — ㄴ — ㄷ — ㅁ — ㅂ — ㄹ
② ㄱ — ㄷ — ㄹ — ㄴ — ㅁ — ㅂ
③ ㄱ — ㄷ — ㅁ — ㄴ — ㅂ — ㄹ
④ ㅁ — ㄴ — ㄱ — ㄷ — ㄹ — ㅂ
⑤ ㅁ — ㅂ — ㄴ — ㄱ — ㄷ — ㄹ

기출회독 키워드 > 204

기획의 특징 및 과정 등

○7

기출번호 19-07-19

기획의 모델과 기법에 관한 설명으로 옳지 않은 것은?

① 논리모델은 투입−활동−산출−성과로 도식화하는 방법이다.
② 전략적 기획은 과정을 강조하므로 우선순위를 설정하고 단계적인 계획을 수립한다.
③ 방침관리기획(PDCA)은 체계이론을 적용한 모델이다.
④ 간트 도표(Gantt chart)는 사업별로 진행시간을 파악하여 각각 단계별로 분류한 시간을 단선적 활동으로 나타낸다.
⑤ 프로그램 평가검토 기법(PERT)은 일정한 기간에 추진해야 하는 행사에 필요한 복잡한 과업의 순서가 보이도록 하고 임계통로를 거친다.

기출회독 키워드 > 203

기획 기법

7 장

리더십과 조직문화

해답 & 오답노트 472쪽 ○

○1

기출번호 23-07-09

블레이크와 머튼(R. Blake & J. Mouton)의 관리격자 (Managerial Grid) 리더십 유형 분류에 관한 설명으로 옳은 것은?

① 효과성과 효율성에 대한 관심을 교차하여 유형화하였다.
② 이상적 유형은 컨트리클럽형(1.9)이다.
③ 팀형(9.9)은 과업성과보다는 구성원의 사기와 공동체의식을 중시한다.
④ 중도형(5.5)은 인간적 요소와 조직성과 간의 타협과 균형을 추구한다.
⑤ 무기력형(1.1)은 인간적 요소에 최대의 관심을 갖는다.

기출회독 키워드 ▶ 206

리더십 이론

○2

기출번호 22-07-08

조직문화에 관한 설명으로 옳지 않은 것은?

① 조직의 정체성을 결정하는 일련의 가치와 신념이다.
② 조직과 일체감을 갖게 함으로써 구성원의 정체감 형성에 기여한다.
③ 조직의 믿음과 가치가 깊게 공유될 때 조직문화는 더 강해진다.
④ 경직된 조직문화는 불확실한 환경에 대처하도록 돕는다.
⑤ 조직 내에서 자연적으로 생길 수 있다.

○3

기출번호 22-07-09

섬김 리더십(servant leadership)에 관한 설명으로 옳은 것을 모두 고른 것은?

ㄱ. 인간 존중, 정의, 정직성, 공동체적 윤리성 강조
ㄴ. 가치의 협상과 계약
ㄷ. 청지기(stewardship) 책무 활동
ㄹ. 지능, 사회적 지위, 교육 정도, 외모 강조

① ㄱ, ㄷ   ② ㄴ, ㄹ
③ ㄷ, ㄹ   ④ ㄱ, ㄴ, ㄷ
⑤ ㄱ, ㄴ, ㄷ, ㄹ

기출회독 키워드 ▶ 206

리더십 이론

04

기출번호 21-07-10

리더십 이론에 관한 설명으로 옳지 않은 것은?

① 상황이론에 의하면 상황에 따라 적합하게 대응하는 리더십이 효과적이다.

② 행동이론에서 컨트리클럽형(country club management)은 사람에 대한 관심과 일에 대한 관심이 모두 높은 리더이다.

③ 행동이론에서 과업형은 일에만 관심이 있고 사람에 대해서는 전혀 관심이 없는 리더이다.

④ 서번트 리더십(servant leadership)은 사회복지조직 관리에 적합한 리더십이 될 수 있다.

⑤ 생산성 측면에서 서번트 리더십은 자발적 행동의 정도를 중시한다.

기출회독 키워드 ▶ 206

리더십 이론

05

기출번호 20-07-18

변혁적 리더십에 관한 설명으로 옳은 것을 모두 고른 것은?

> ㄱ. 구성원들에게 봉사하는 것을 핵심적 가치로 한다.
> ㄴ. 구성원들에 대한 상벌체계를 강조한다.
> ㄷ. 구성원들 스스로 혁신할 수 있도록 비전을 제시해주는 것을 강조한다.

① ㄱ   ② ㄴ

③ ㄷ   ④ ㄱ, ㄴ

⑤ ㄴ, ㄷ

기출회독 키워드 ▶ 206

리더십 이론

06

기출번호 20-07-20

리더십 이론에 관한 설명으로 옳은 것은?

① 블레이크와 머튼(R. Blake & J. Mouton)의 관리격자 모형은 자질이론 중 하나이다.

② 블레이크와 머튼의 관리격자 모형에서 가장 바람직한 행동유형은 극단에 치우치지 않는 중도형이다.

③ 허시와 블랜차드(P. Hersey & K. H. Blanchard)의 상황적 리더십 모형에서는 구성원의 성숙도를 중요하게 고려한다.

④ 퀸(R. Quinn)의 경쟁가치 리더십 모형은 행동이론의 대표적 모형이다.

⑤ 퀸의 경쟁가치 리더십 모형에서는 조직환경의 변화에 따라 리더십이 달라져서는 안 된다는 것을 강조한다.

기출회독 키워드 ▶ 206

리더십 이론

07

기출번호 20-07-21

참여적 리더십에 관한 설명으로 옳지 않은 것은?

① 의사결정의 시간과 에너지가 절약될 수 있다.

② 하급자가 의사결정에 참여하는 것을 강조한다.

③ 동기부여 수준이 높은 업무자로 구성된 조직에서 효과적이다.

④ 책임성 소재가 모호해질 수 있다.

⑤ 사회복지의 가치와 부합한다.

기출회독 키워드 ▶ 207

리더십 유형

08 〔기출번호 19-07-09〕

관리격자(managerial grid) 이론에 따르면 다음에 해당하는 리더십 유형은?

> A사회복지관의 관장은 직원 개인의 문제와 상황에 관심을 갖고 적극적으로 지원한다. 관장은 조직 내 인간관계도 중요하게 여겨서 공식·비공식적 방식으로 직원들의 공동체 의식을 키우기 위해 노력한다. 사회복지관 사업관리는 서비스제공 팀장에게 일임하고 있으며, 자신은 화기애애한 조직 분위기를 조성하는 역할에 전념한다.

① 무력형(impoverished management)
② 과업형(task management)
③ 팀형(team management)
④ 중도형(middle of the road management)
⑤ 컨트리 클럽형(country club management)

기출회독 키워드 > 206

리더십 이론

09 〔기출번호 19-07-10〕

다음에 해당하는 리더십 유형은?

> • 조직의 목표에 대한 구성원의 참여동기가 증대될 수 있다.
> • 조직의 리더와 구성원 간 의사소통이 활발해질 수 있다.
> • 집단의 지식, 경험, 기술의 활용이 용이하다.

① 지시적 리더십
② 참여적 리더십
③ 방임적 리더십
④ 과업형 리더십
⑤ 위계적 리더십

기출회독 키워드 > 207

리더십 유형

8장 인적자원관리

해답 & 오답노트 473쪽 ◐

1 기출번호 23-07-08

허즈버그(F. Herzberg)의 동기-위생이론에 따른 동기유발요인에 해당하는 것은?

① 성취에 대한 인정(recognition)
② 기술적 감독(technical supervision)
③ 급여(salary)
④ 근로조건(working condition)
⑤ 인간관계(interpersonal relations)

기출회독 키워드 ▷ 209

동기부여 이론

2 기출번호 23-07-10

인적자원관리체계에 관한 설명으로 옳은 것은?

① 직무설계: 직무 내용, 수행방법, 직무간의 관계 등 설정
② 직무분석: 일의 종류, 난이도, 책임수준이 유사한 직급으로 묶음
③ 직무평가: 평가대상 직무에 종사하는 직원들 평가
④ 직무기술서: 직무수행자 자격요건 기술
⑤ 직무명세서: 직무성격, 내용, 수행방법 등 기술

기출회독 키워드 ▷ 208

사회복지조직에서의 인적자원관리

3 기출번호 23-07-11

사회복지조직에서 수행되는 슈퍼비전에 관한 설명으로 옳지 않은 것은?

① 조직구성원 훈련 및 개발에 유용한 도구이다.
② 교육적 기능은 직원의 정신적·심리적 부담을 완화한다.
③ 행정적 기능은 효율적으로 일하는 구조와 자원을 제공한다.
④ 슈퍼바이저는 관리자, 중재자, 멘토 역할을 한다.
⑤ 슈퍼비전 구성요소는 슈퍼바이지, 슈퍼바이저, 클라이언트, 조직 등이다.

기출회독 키워드 ▷ 210

슈퍼비전

04

기출번호 22-07-10

사회복지행정가 A는 직원의 불만족 요인을 낮추기 위하여 급여를 높이고, 업무환경 개선을 위한 사무실 리모델링을 진행하여 조직의 성과를 높이고자 하였다. 이때 적용한 이론은?

① 브룸(V. H. Vroom)의 기대이론
② 허즈버그(F. Herzberg)의 동기위생이론
③ 스위스(K. E. Swiss)의 TQM이론
④ 맥그리거(D. McGregor)의 XY이론
⑤ 아담스(J. S. Adams)의 형평성 이론

기출회독 키워드 > 209

동기부여 이론

05

기출번호 22-07-11

인적자원관리의 구성요소에 관한 설명으로 옳지 않은 것은?

① 확보: 직원모집, 심사, 채용
② 개발: 직원훈련, 지도, 감독
③ 보상: 임금, 복리후생
④ 정치: 승진, 근태관리
⑤ 유지: 인적자원 유지, 이직관리

기출회독 키워드 > 208

사회복지조직에서의 인적자원관리

06

기출번호 22-07-12

다음에서 설명하는 인적자원개발 방법은?

- 짧은 시간에 많은 사람을 대상으로 교육내용을 체계적으로 전달할 때 사용
- 직원들에게 사회복지시설 평가제도에 대한 이해를 높여서 기관평가에 좋은 결과를 얻도록 하기 위하여 사용

① 멘토링
② 감수성 훈련
③ 역할연기
④ 소시오 드라마
⑤ 강의

기출회독 키워드 > 208

사회복지조직에서의 인적자원관리

07

기출번호 22-07-13

직무수행평가 순서로 옳은 것은?

ㄱ. 실제 직무수행을 직무수행 평가기준과 비교
ㄴ. 직원과 평가결과 회의 진행
ㄷ. 평가도구를 사용하여 직원의 실제 직무수행을 측정
ㄹ. 직무수행 기준 확립
ㅁ. 직무수행 기대치를 직원에게 전달

① ㄷ - ㄹ - ㅁ - ㄱ - ㄴ
② ㄹ - ㄷ - ㄴ - ㅁ - ㄱ
③ ㄹ - ㅁ - ㄷ - ㄱ - ㄴ
④ ㅁ - ㄱ - ㄷ - ㄴ - ㄹ
⑤ ㅁ - ㄹ - ㄴ - ㄷ - ㄱ

●8
기출번호 **리-07-11**

사회복지조직의 인적자원관리에 관한 설명으로 옳지 않은 것은?

① 동기부여를 위한 보상관리는 해당되지 않는다.
② 직원채용, 직무수행 평가, 직원개발을 포함한다.
③ 목표관리법(MBO)으로 직원을 평가할 수 있다.
④ 직무수행 과정에서 경력을 개발해 나갈 수 있도록 한다.
⑤ 직무만족도 개선과 소진관리가 포함된다.

> **기출회독 키워드** ▶ **208**
> 사회복지조직에서의 인적자원관리

●9
기출번호 **리-07-12**

직무기술서에 관한 설명으로 옳은 것을 모두 고른 것은?

> ㄱ. 작업조건을 파악해서 작성한다.
> ㄴ. 직무수행을 위한 책임과 행동을 명시한다.
> ㄷ. 종사자의 교육수준, 기술, 능력 등을 포함한다.
> ㄹ. 직무의 성격, 내용, 수행 방법 등을 정리한 문서이다.

① ㄱ, ㄴ ② ㄱ, ㄷ
③ ㄱ, ㄴ, ㄹ ④ ㄴ, ㄷ, ㄹ
⑤ ㄱ, ㄴ, ㄷ, ㄹ

> **기출회독 키워드** ▶ **208**
> 사회복지조직에서의 인적자원관리

10
기출번호 **리-07-13**

사회복지 슈퍼비전에 관한 설명으로 옳지 않은 것은?

① 행정적 기능, 교육적 기능, 지지적 기능이 있다.
② 소진 발생 및 예방에 영향을 미친다.
③ 동료집단 간에는 슈퍼비전이 수행되지 않는다.
④ 슈퍼바이저는 직속상관이나 중간관리자가 주로 담당한다.
⑤ 직무를 수행하면서 훈련을 받을 수 있다는 장점이 있다.

> **기출회독 키워드** ▶ **210**
> 슈퍼비전

11
기출번호 **20-07-17**

동기부여 이론에 관한 설명으로 옳은 것은?

① 알더퍼(C. Alderfer)의 ERG이론은 고순위 욕구가 충족되지 못하면 저순위 욕구를 더욱 원하게 된다는 좌절퇴행(frustration regression) 개념을 제시한다.
② 맥그리거(D. McGregor)의 X·Y이론은 조직에 대한 기대와 현실 간 차이가 동기수준을 결정한다는 점을 강조한다.
③ 허즈버그(F. Herzberg)의 동기-위생요인 이론은 불만 초래 요인을 동기요인으로 규정한다.
④ 맥클리랜드(D. McClelland)의 성취동기이론은 조직 공정성을 성취동기 고취를 위한 핵심요소로 간주한다.
⑤ 매슬로우(A. Maslow)의 욕구단계 이론은 욕구가 존재, 관계, 성장욕구의 세 단계로 구성된다고 주장한다.

> **기출회독 키워드** ▶ **209**
> 동기부여 이론

12

기출번호 20-07-19

인적자원관리에 관한 설명으로 옳은 것을 모두 고른 것은?

> ㄱ. 직무분석은 직무명세 이후 가능하다.
> ㄴ. 직무명세는 특정 직무수행을 위해 필요한 지식과 기능, 능력 등을 작성하는 것이다.
> ㄷ. 직무평가에서는 조직목표 달성에 대한 구성원의 기여도를 고려한다.

① ㄴ   ② ㄱ, ㄴ
③ ㄱ, ㄷ   ④ ㄴ, ㄷ
⑤ ㄱ, ㄴ, ㄷ

기출회독 키워드 > 208

사회복지조직에서의 인적자원관리

14

기출번호 19-07-12

직무를 통한 연수(OJT)에 관한 설명으로 옳은 것을 모두 고른 것은?

> ㄱ. 직원이 지출한 자기개발 비용을 조직에서 지원한다.
> ㄴ. 일반적으로 조직의 상사나 선배를 통해 이루어진다.
> ㄷ. 일상적인 업무를 통해 이루어지는 경우가 많다.
> ㄹ. 조직 외부의 전문교육 기관에서 제공된다.

① ㄱ, ㄴ   ② ㄱ, ㄷ
③ ㄱ, ㄹ   ④ ㄴ, ㄷ
⑤ ㄷ, ㄹ

기출회독 키워드 > 208

사회복지조직에서의 인적자원관리

13

기출번호 19-07-11

인적자원관리의 영역에 해당하지 않는 것은?

① 채용
② 배치
③ 평가
④ 승진
⑤ 재무

기출회독 키워드 > 208

사회복지조직에서의 인적자원관리

15

기출번호 19-07-13

직무기술서에 포함되어야 할 내용으로 옳지 않은 것은?

① 급여 수준
② 직무 명칭
③ 직무 내용
④ 직무 수행방법
⑤ 핵심 과업

기출회독 키워드 > 208

사회복지조직에서의 인적자원관리

해답 & 오답노트 475쪽 ◐

9장 재정관리/재무관리

1 기출번호 23-07-12

예산 유형에 관한 설명으로 옳지 않은 것은?

① 품목별 예산은 수입과 지출목록마다 예상되는 금액을 명시한다.

② 영기준 예산은 전년도 예산을 고려하지 않고 편성한다.

③ 기획예산제도(PPBS)는 장기적 기획과 단기적 예산 편성을 프로그램 작성을 통해 결합한다.

④ 프로그램 예산은 사업 목적보다 지출품목을 강조한다.

⑤ 성과주의 예산은 '단위원가×업무량=예산액'으로 편성한다.

기출회독 키워드 > 211

예산모형

2 기출번호 23-07-13

사회복지조직의 재무·회계에 관한 설명으로 옳지 않은 것은?

① 보건복지부는 「국가재정법」을 적용한다.

② 사회복지시설은 「사회복지법인 및 사회복지시설 재무·회계규칙」을 적용한다.

③ 사회복지법인 회계는 법인회계, 시설회계, 수익사업회계로 구분한다.

④ 법인회계와 수익사업회계는 필요시 복식부기도 할 수 있다.

⑤ 사회복지법인 대표이사는 관·항·목간 예산을 전용할 수 없다.

기출회독 키워드 > 212

사회복지조직에서의 재정관리

03

기출번호 23-07-14

사회복지시설 예산 편성 및 결정 절차를 순서대로 나열한 것은?

> ㄱ. 시설운영위원회 보고
> ㄴ. 예산공고
> ㄷ. 예산편성
> ㄹ. 이사회 의결
> ㅁ. 지방자치단체 제출

① ㄱ ─ ㅁ ─ ㄹ ─ ㄴ ─ ㄷ
② ㄴ ─ ㄷ ─ ㄱ ─ ㄹ ─ ㅁ
③ ㄷ ─ ㄱ ─ ㄹ ─ ㅁ ─ ㄴ
④ ㄷ ─ ㄱ ─ ㅁ ─ ㄹ ─ ㄴ
⑤ ㅁ ─ ㄱ ─ ㄹ ─ ㄷ ─ ㄴ

기출회독 키워드 > 212

사회복지조직에서의 재정관리

04

기출번호 22-07-14

사회복지조직의 재정관리에 관한 설명으로 옳지 않은 것은?

① 「사회복지법인 및 사회복지시설 재무·회계 규칙」을 따른다.
② 사회복지법인과 시설은 매년 1회 이상 감사를 실시한다.
③ 시설운영 사회복지법인인 경우, 시설회계와 법인회계는 통합하여 관리한다.
④ 사회복지법인의 회계년도는 정부의 회계년도를 따른다.
⑤ 사회복지법인이 설치·운영하는 시설의 경우 시설 운영위원회에 보고하고 법인 이사회의 의결을 통해 예산편성을 확정한다.

기출회독 키워드 > 212

사회복지조직에서의 재정관리

05

기출번호 22-07-15

예산집행의 통제 기제에 관한 설명으로 옳지 않은 것은?

① 개별 기관의 제약조건, 요구사항 및 기대사항에 맞게 고안되어야 한다.
② 예외적 상황에 적용되는 규칙을 명시해야 한다.
③ 보고의 규정을 두어야 한다.
④ 강제성을 갖는 규정은 두지 않는다.
⑤ 필요할 경우 규칙은 새로 개정할 수 있다.

기출회독 키워드 > 212

사회복지조직에서의 재정관리

06

기출번호 21-07-14

예산에 관한 설명으로 옳은 것은?

① 영기준 예산(Zero Based Budgeting)은 전년도 예산 내역을 반영하여 수립한다.
② 계획 예산(Planning Programming Budgeting System)은 국가의 단기적 계획 수립을 위한 장기적 예산편성 방식이다.
③ 영기준 예산(Zero Based Budgeting)은 비용─편익 분석, 비용─효과분석을 거치지 않고 수립한다.
④ 성과주의 예산(Performance Budgeting)은 전년도 사업의 성과를 고려하지 않고 수립한다.
⑤ 품목별 예산(Line Item Budgeting)은 수입과 지출을 항목별로 명시하여 수립한다.

기출회독 키워드 > 211

예산모형

7

기출번호 20-07-10

예산 통제의 원칙으로 옳지 않은 것은?

① 강제의 원칙
② 개별화의 원칙
③ 접근성의 원칙
④ 효율성의 원칙
⑤ 예외의 원칙

> **기출회독 키워드 > 212**
>
> 사회복지조직에서의 재정관리

9

기출번호 19-07-14

예산에 관한 설명으로 옳지 않은 것은?

① 영기준 예산(Zero Based Budgeting)은 예산의 효율성을 중요시 한다.
② 영기준 예산(Zero Based Budgeting)은 전년도 예산을 고려하지 않는다.
③ 성과주의 예산(Performance Budgeting)은 업무에 중점을 두는 관리지향의 예산제도이다.
④ 기획예산제도(Planning programming Budgeting System)는 미래의 비용을 고려하지 않는다.
⑤ 품목별 예산(Line Item Budgeting)은 전년도 예산을 근거로 한다.

> **기출회독 키워드 > 211**
>
> 예산모형

8

기출번호 20-07-11

사회복지법인 및 시설 재무·회계 규칙상 사회복지관에서 예산서류를 제출할 때 첨부하는 서류가 아닌 것은?

① 예산총칙
② 세입·세출명세서
③ 사업수입 명세서
④ 임직원 보수 일람표
⑤ 예산을 의결한 이사회 회의록 또는 예산을 보고받은 시설운영위원회 회의록 사본

> **기출회독 키워드 > 212**
>
> 사회복지조직에서의 재정관리

10

기출번호 19-07-15

사회복지조직의 재원에 관한 설명으로 옳은 것은?

① 국가와 지방자치단체의 보조금은 포함되지 않는다.
② 후원금은 증가하거나 감소하는 유동적인 재원이다.
③ 서비스 이용료로 재정을 충당할 수 없다.
④ 별도의 재원 확보를 위한 모금 전략은 불필요하다.
⑤ 사회복지법인 등 비영리법인의 전입금은 공적 재원이다.

10장 프로그램 개발과 평가

해답 & 오답노트 476-477쪽 ●

1

기출번호 23-07-24

프로그램 평가에 관한 설명으로 옳은 것을 모두 고른 것은?

> ㄱ. 비용—편익분석은 효율성 평가이다.
> ㄴ. 비용—효과분석은 효과성 평가이다.
> ㄷ. 프로그램 종결 후 실시하는 성과평가는 총괄평가이다.
> ㄹ. 효과발생의 인과 경로를 밝히는 것은 형성평가이다.

① ㄱ, ㄴ
② ㄱ, ㄷ
③ ㄱ, ㄷ, ㄹ
④ ㄴ, ㄷ, ㄹ
⑤ ㄱ, ㄴ, ㄷ, ㄹ

기출회독 키워드 > 213

평가 유형 및 기준

2

기출번호 22-07-24

사회복지 프로그램 평가의 목적과 그 설명으로 옳은 것은?

① 정책개발: 사회복지실천 이념 개발
② 책임성 이행: 재무ㆍ회계적, 전문적 책임 이행
③ 이론 형성: 급여의 공평한 배분을 위한 여론 형성
④ 자료수집: 종사자의 기준행동 강화
⑤ 정보관리: 민간기관의 행정협상력 약화

기출회독 키워드 > 215

프로그램 설계 과정 등

사회복지행정론

3

기출번호 21-07-22

프로그램 평가에 관한 설명으로 옳은 것을 모두 고른 것은?

> ㄱ. 비용—효과분석은 프로그램의 비용과 결과의 금전적 가치를 고려하지 않는다.
> ㄴ. 비용—편익분석은 프로그램의 비용과 결과를 금전적 가치로 환산하여 평가한다.
> ㄷ. 노력성 평가는 프로그램 수행에 투입된 인적·물적 자원 등을 기준으로 평가한다.
> ㄹ. 효과성 평가는 프로그램의 목표 달성 정도를 평가한다.

① ㄱ, ㄴ   ② ㄱ, ㄷ
③ ㄴ, ㄹ   ④ ㄴ, ㄷ, ㄹ
⑤ ㄱ, ㄴ, ㄷ, ㄹ

> **기출회독 키워드 > 213**
>
> 평가 유형 및 기준

4

기출번호 20-07-14

다음에서 설명하는 프로그램 평가의 기준은?

> • 서비스를 받은 클라이언트 수
> • 목표달성을 위해 투입된 시간 및 자원의 양
> • 프로그램 담당자의 제반활동

① 노력
② 영향
③ 효과
④ 효율성
⑤ 서비스의 질

> **기출회독 키워드 > 213**
>
> 평가 유형 및 기준

5

기출번호 19-07-22

사회복지의 책임성 평가에 관한 설명으로 옳지 않은 것은?

① 효과성 평가를 위하여 비용편익분석을 실시한다.
② 형성평가는 과정을 파악하는 동태적 분석으로 프로그램 진행 중에 실시할 수 있다.
③ 사회복지 프로그램 평가를 통하여 프로그램 수정과 정책 개발 등에 활용한다.
④ 사회복지전달체계는 사회복지의 책임성을 이행할 수 있도록 구축되어야 한다.
⑤ 우리나라의 사회복지시설 평가는 사회복지사업법에 근거하여 실시한다.

> **기출회독 키워드 > 213**
>
> 평가 유형 및 기준

6

기출번호 19-07-24

사회복지평가의 기준이 되는 효율성에 관한 설명으로 옳지 않은 것은?

① 사회복지조직의 책임성 평가 방식이다.
② 투입한 자원과 산출된 결과의 비율을 측정한다.
③ 자금이나 시간의 투입과 서비스 제공 실적의 비율을 파악한다.
④ 비용 절감은 서비스 이용자의 욕구 충족을 위한 목표와 관련성이 없다.
⑤ 최소한의 비용으로 최대한의 효과를 거둘 수 있도록 한다.

> **기출회독 키워드 > 213**
>
> 평가 유형 및 기준

해답 & 오답노트 477-478쪽 ◐

◉1

기출번호 23-07-22

사회복지조직 책임성에 관한 설명으로 옳지 않은 것은?

① 획일적 기준으로 책임성을 규명하기 어렵다.
② 사회복지 공급주체가 다양해지면서 책임성 요구가 늘어나고 있다.
③ 사회복지시설 민간위탁으로 책임성 요구가 커졌다.
④ 「사회복지사업법」 개정으로 사회복지시설 평가는 법으로 제도화되었다.
⑤ 책임성 요구가 증가하면서 사회복지서비스에 대한 질적 평가는 제외되었다.

기출회독 키워드 ＞ 217

사회복지조직의 책임성

◉2

기출번호 20-07-16

사회복지관에서 제공해야 하는 서비스의 최저기준에 포함되지 않는 것은?

① 시설의 환경
② 시설의 규모
③ 시설의 안전관리
④ 시설의 인력관리
⑤ 시설 이용자의 인권

기출회독 키워드 ＞ 216

사회복지 시설평가

사회복지행정론

●3 기출번호 20-07-12

사회복지조직의 책임성에 관한 설명으로 옳지 않은 것은?

① 업무수행 결과에 대한 책임뿐만 아니라 업무과정에 대한 정당성을 의미한다.

② 책임성 이행측면에서 효율성을 배제하고 효과성을 극대화해야 한다.

③ 지역사회와의 관계뿐만 아니라 조직 내 상호작용에서도 정당성을 확보해야 한다.

④ 정부 및 재정자원제공자, 사회복지조직, 사회복지전문직, 클라이언트 등에게 책임성을 입증해야 한다.

⑤ 클라이언트 집단의 욕구를 충족시키고 당면한 사회문제를 해결하고 있다는 증거를 보여줘야 한다.

기출회독 키워드 ▶ 217

사회복지조직의 책임성

●4 기출번호 19-07-23

우리나라의 사회복지시설 평가제도에 관한 설명으로 옳은 것은?

> ㄱ. 3년마다 평가 실시
> ㄴ. 5년마다 평가 실시
> ㄷ. 평가 결과의 비공개원칙
> ㄹ. 평가 결과를 시설 지원에 반영

① ㄱ, ㄷ   ② ㄱ, ㄹ
③ ㄴ, ㄷ   ④ ㄴ, ㄹ
⑤ ㄷ, ㄹ

기출회독 키워드 ▶ 216

사회복지 시설평가

해답 & 오답노트 **478쪽** ⊙

1 기출번호 23-07-21

비영리조직 마케팅에 관한 설명으로 옳은 것은?

① 고객 욕구충족보다는 판매에 집중한다.

② 이윤을 남기는 것이 최우선 목표이다.

③ 비영리조직의 책임성과 효과성이 강조되면서 중요성이 커졌다.

④ 후원자에게만 초점이 맞춰져 있다.

⑤ 비영리조직 마케팅 목적은 프로그램을 알리는 것이지 재정 확충은 아니다.

기출회독 키워드 ▷ **219**

사회복지 마케팅의 특징 및 전략

2 기출번호 23-07-25

사회복지마케팅전략에 관한 설명으로 옳은 것은?

① 생산과 소비의 동시성을 고려한다.

② 세분화(segmentation)는 시장을 임의로 구분한다.

③ 클라이언트 집단은 마케팅 전략의 대상이 될 수 없다.

④ 시장조사를 하지 않는다.

⑤ 영리마케팅에 비하여 상품의 내구성을 고려한 전략을 수립한다.

기출회독 키워드 ▷ **219**

사회복지 마케팅의 특징 및 전략

사회복지행정론

●3

기출번호 22-07-21

사회복지서비스 마케팅 과정을 옳게 연결한 것은?

> ㄱ. STP 전략 설계
> ㄴ. 고객관계관리(CRM)
> ㄷ. 마케팅 믹스
> ㄹ. 고객 및 시장 조사

① ㄱ — ㄴ — ㄷ — ㄹ
② ㄱ — ㄹ — ㄴ — ㄷ
③ ㄷ — ㄹ — ㄱ — ㄴ
④ ㄹ — ㄱ — ㄴ — ㄷ
⑤ ㄹ — ㄱ — ㄷ — ㄴ

기출회독 키워드 > **219**

사회복지 마케팅의 특징 및 전략

●4

기출번호 22-07-22

사회복지 마케팅 기법에 관한 설명으로 옳지 않은 것은?

① 다이렉트 마케팅은 방송이나 잡지 등 대중매체를 활용하는 방식이다.
② 기업연계 마케팅은 명분마케팅이라고도 한다.
③ 데이터베이스 마케팅은 이용자에 대한 각종 정보를 수집, 분석하여 활용하는 방식이다.
④ 사회 마케팅은 대중에 대한 캠페인 등을 통해 행동 변화를 유도하는 방식이다.
⑤ 고객관계관리 마케팅은 개별 고객특성에 맞춘 서비스를 지속적으로 제공하는 방식이다.

기출회독 키워드 > **220**

마케팅 기법

●5

기출번호 21-07-20

비영리조직 마케팅의 특성으로 옳지 않은 것은?

① 이윤추구보다는 사회적 가치 실현에 주안점을 둔다.
② 마케팅에서 교환되는 것은 유형의 재화보다는 무형의 서비스가 대부분이다.
③ 영리조직에 비해 인간의 태도나 행동을 변화시키는 것이 어렵다.
④ 서비스의 생산과 소비의 동시성을 고려한다.
⑤ 조직의 목표달성과 측정이 용이하다.

기출회독 키워드 > **219**

사회복지 마케팅의 특징 및 전략

●6

기출번호 21-07-21

마케팅믹스 4P에 관한 설명으로 옳은 것을 모두 고른 것은?

> ㄱ. 유통(Place): 고객이 서비스를 쉽게 이용할 수 있도록 하는 조직적 활동
> ㄴ. 가격(Price): 판매자가 이윤 극대화를 위하여 임의로 설정하는 금액
> ㄷ. 제품(Product): 고객의 욕구를 충족시키기 위하여 제공하는 재화나 서비스
> ㄹ. 촉진(Promotion): 판매 실적에 따라 직원을 승진시키는 제도

① ㄱ, ㄴ
② ㄱ, ㄷ
③ ㄱ, ㄴ, ㄷ
④ ㄴ, ㄷ, ㄹ
⑤ ㄱ, ㄴ, ㄷ, ㄹ

기출회독 키워드 > **219**

사회복지 마케팅의 특징 및 전략

➖7

다음에서 설명하는 마케팅 방법은?

> A초등학교의 학부모들이 사회복지사에게 본인들의 자녀와 연령대가 비슷한 아이들을 돕고 싶다고 이야기하였다. 이에 사회복지사들은 월 1회 아동문화체험 프로그램을 기획하여 이들을 후원자로 참여할 수 있도록 요청하였다.

① 사회 마케팅
② 공익연계 마케팅
③ 다이렉트 마케팅
④ 데이터베이스 마케팅
⑤ 고객관계관리 마케팅

기출회독 키워드 ➤ 220

마케팅 기법

➖8

마케팅 믹스(Marketing mix)의 4P에 해당하지 않는 것은?

① 제품(Product)
② 가격(Price)
③ 판매촉진(Promotion)
④ 입지(Place)
⑤ 성과(Performance)

기출회독 키워드 ➤ 219

사회복지 마케팅의 특징 및 전략

➖9

비영리조직 마케팅에 관한 설명으로 옳은 것은?

① 영리추구의 목적으로로만 마케팅을 추진한다.
② 비영리조직 간의 경쟁에 대한 대응은 필요 없다.
③ 공익사업과 수익사업의 적절한 운영을 위하여 필요하다.
④ 사회복지조직이 제공하는 비물질적인 서비스는 마케팅 대상이 아니다.
⑤ 비영리조직의 재정자립은 마케팅의 목표가 될 수 없다.

기출회독 키워드 ➤ 219

사회복지 마케팅의 특징 및 전략

사회복지행정론

해답 & 오답노트 479~480쪽 ◐

1

기출번호 23-07-19

사회복지조직에서 정보관리가 중요하게 된 이유에 관한 설명으로 옳지 않은 것은?

① 사회복지조직의 책임성을 강화할 수 있기 때문이다.
② 사회복지조직에서 정보관리가 최우선이기 때문이다.
③ 업무수행을 위한 적절한 정보체계를 구축할 수 있기 때문이다.
④ 종사자의 전문성을 강화할 수 있기 때문이다.
⑤ 사회복지조직의 효과성을 높이기 때문이다.

기출회독 키워드 > 223

사회복지조직의 정보관리

2

기출번호 23-07-23

최근 사회복지행정환경 변화에 관한 설명으로 옳은 것은?

① 기업경영 방식 활용이 늘어나고 있다.
② 국가가 직접 제공하는 서비스가 늘어나고 있다.
③ 성과(outcome) 중심 평가에서 산출(output) 중심 평가로 전환되고 있다.
④ 사회복지행정의 이론적 준거틀이 필요 없게 되었다.
⑤ 사회복지서비스가 다양화되면서 전문가 활용이 감소하고 있다.

기출회독 키워드 > 221

환경변화의 흐름 및 대응

3

기출번호 22-07-25

사회복지조직 혁신의 방해 요인으로 옳지 않은 것은?

① 무사안일주의
② 비전의 영향력을 과소평가
③ 비전에 대한 불충분한 의사소통
④ 핵심리더의 변화노력에 대한 구성원의 공개 지지
⑤ 변화를 막는 조직구조나 보상체계의 유지

기출회독 키워드 > 221

환경변화의 흐름 및 대응

4

기출번호 21-07-19

사회복지정보화에 관한 설명으로 옳지 않은 것은?

① 조직의 업무효율성을 증대시킬 수 있다.
② 대상자 관리의 정확성, 객관성을 확보할 수 있다.
③ 클라이언트에 대한 사생활침해 가능성이 높아졌다.
④ 학습조직의 필요성이 감소하였다.
⑤ 사회복지행정가가 정보를 체계적으로 다룰 수 있다.

기출회독 키워드 > 223

사회복지조직의 정보관리

5

기출번호 21-07-23

사회복지조직의 혁신에 관한 설명으로 옳은 것은?

① 변혁적 리더십은 부하 직원의 변화를 필요로 하지 않는다.
② 혁신은 목표를 더 효과적으로 달성하기 위한 인위적이고 계획적인 활동이다.
③ 사회환경 변화와 조직 혁신은 무관하다.
④ 조직 내부환경을 고려하지 않고 변화를 추진할 때 혁신이 성공한다.
⑤ 변혁적 리더십은 조직보다는 개인의 사적 이익을 강조한다.

기출회독 키워드 > 221

환경변화의 흐름 및 대응

7

기출번호 20-07-15

최근 사회복지조직의 환경변화로 옳은 것을 모두 고른 것은?

> ㄱ. 사회복지 공급주체의 다양화
> ㄴ. 행정관리능력 향상으로 거주시설 대규모화
> ㄷ. 성과에 대한 강조와 마케팅 활성화
> ㄹ. 기업의 경영관리 기법 도입

① ㄱ, ㄴ   ② ㄱ, ㄷ
③ ㄴ, ㄹ   ④ ㄱ, ㄷ, ㄹ
⑤ ㄴ, ㄷ, ㄹ

기출회독 키워드 > 221

환경변화의 흐름 및 대응

6

기출번호 21-07-25

사회복지행정환경의 변화에 관한 설명으로 옳지 않은 것은?

① 책임성 요구가 높아지고 있다.
② 서비스 이용자의 소비자주권이 강해지고 있다.
③ 빅데이터 활용이 증가하고 있다.
④ 사회서비스 공급에 민간의 참여가 증가하고 있다.
⑤ 기업의 경영관리 기법 도입이 줄어들고 있다.

기출회독 키워드 > 221

환경변화의 흐름 및 대응

8

기출번호 19-07-08

사회복지조직의 환경에 관한 설명으로 옳지 않은 것은?

① 다른 기관과의 경쟁은 고려하지 않는다.
② 과학기술의 발전은 사회복지기관의 서비스에도 영향을 미친다.
③ 사회인구적 특성은 사회문제와 밀접한 관계가 있다.
④ 경제적 상황은 서비스 수요에 영향을 미친다.
⑤ 법적 규제가 많을수록 서비스에 대한 클라이언트의 접근이 제한된다.

기출회독 키워드 > 222

일반환경과 과업환경

9

기출번호 19-07-25

사회복지행정 환경의 동향에 관한 설명으로 옳지 않은 것은?

① 사회서비스 확대로 사회적 일자리가 창출되고 있다.

② 지방자치단체에서 주민참여를 활성화하고 있다.

③ 주민센터를 행정복지센터로 개편하는 추세이다.

④ 지역사회 통합돌봄 추진에 따라 생활시설 거주자의 퇴소를 금지하고 있다.

⑤ 지역사회 통합돌봄 도입으로 전문직종 간 서비스를 연계하여 제공한다.

기출회독 키워드 > 221

환경변화의 흐름 및 대응

8영역

사회복지법제론

5개년도(19~23회) 출제분포표

		19회	20회	21회	22회	23회	평균 문항수
1장	사회복지법의 개관	3	1	2	2	2	2.0
2장	사회복지법의 발달사	1	1	2	1	2	1.4
3장	사회복지의 권리성	-	1	-	-	-	0.2
4장	국제법과 사회복지	-	-	-	-	-	-
5장	사회보장기본법	2	3	3	3	5	3.2
6장	사회보장급여의 이용·제공 및 수급권자 발굴에 관한 법률	1	2	1	2	-	1.2
7장	사회복지사업법	3	3	4	4	3	3.4
8장	공공부조법	3	4	4	4	4	3.8
9장	사회보험법	5	5	3	5	4	4.4
10장	사회서비스법	6	5	5	4	5	5.0
11장	판례	1	-	1	-	-	0.4

1장 사회복지법의 개관

해답 & 오답노트 481쪽 ◐

01
기출번호 23-08-02

우리나라 사회복지법 체계와 법원에 관한 설명으로 옳은 것은?

① 성문법원의 종류로 관습법, 판례법, 조리가 있다.
② 시행령과 시행규칙은 국회의 의결을 거쳐 제정, 공포된 법원이다.
③ 시행령보다 시행규칙이 상위 법규범이다.
④ 대통령은 법률에서 구체적으로 위임받은 사항과 법률을 집행하기 위하여 필요한 사항에 관하여 대통령령을 발할 수 있다.
⑤ 정부는 법률안을 제출할 수 없다.

기출회독 키워드 > 224

법의 체계와 적용

02
기출번호 23-08-08

조례와 규칙에 관한 설명으로 옳지 않은 것은?

① 조례는 지방의회의 의결을 거쳐 제정한다.
② 규칙은 지방자치단체의 장이 제정한 법규범이다.
③ 지방자치단체는 법령의 범위에서 그 사무에 관하여 조례를 제정할 수 있다.
④ 시·군 및 자치구의 규칙은 시·도의 규칙보다 상위 법규범이다.
⑤ 조례는 규칙보다 상위 법규범이다.

기출회독 키워드 > 225

자치법규

03
기출번호 22-08-01

헌법 제10조의 일부이다. (   )에 들어갈 내용으로 옳은 것은?

> 모든 국민은 인간으로서의 존엄과 가치를 가지며, (   )을 추구할 권리를 가진다.

① 자유권   ② 생존권
③ 인간다운 생활   ④ 행복
⑤ 인권

기출회독 키워드 > 226

헌법상의 사회복지법원

4

기출번호 22-08-03

우리나라 사회복지법의 법원에 관한 설명으로 옳은 것은?

① 관습법은 사회복지법의 법원이 될 수 없다.
② 법률은 정부의 의결을 거쳐 제정·공포된 법을 말한다.
③ 지방자치단체의 조례는 성문법원이다.
④ 명령은 행정기관이 제정한 법규로 국회의 의결을 거쳐야 한다.
⑤ 일반적으로 승인된 국제법규는 사회복지법의 법원에 포함되지 않는다.

기출회독 키워드 > 224

법의 체계와 적용

6

기출번호 21-08-07

자치법규에 관한 설명으로 옳지 않은 것은?

① 지방의회는 규칙제정권을 갖고 지방자치단체의 장은 조례제정권을 갖는다.
② 시·군 및 자치구의 조례는 시·도의 조례를 위반해서는 아니 된다.
③ 사회복지시설의 설치·운영 및 관리는 주민의 복지 증진과 관련된 지방자치단체의 사무이다.
④ 지방자치단체는 법령의 범위 안에서 자치에 관한 규정을 제정할 수 있다.
⑤ 주민은 지방자치단체의 조례를 제정할 것을 청구할 수 있다.

기출회독 키워드 > 225

자치법규

5

기출번호 21-08-02

헌법 제34조 규정의 일부이다. ㄱ~ㄷ에 들어갈 내용으로 옳은 것은?

- 국가는 (ㄱ)·(ㄴ)의 증진에 노력할 의무를 진다.
- 신체장애자 및 질병·노령 기타의 사유로 생활능력이 없는 국민은 (ㄷ)이 정하는 바에 의하여 국가의 보호를 받는다.

① ㄱ: 사회보장, ㄴ: 사회복지, ㄷ: 법률
② ㄱ: 사회보장, ㄴ: 공공부조, ㄷ: 법률
③ ㄱ: 사회복지, ㄴ: 공공부조, ㄷ: 헌법
④ ㄱ: 사회복지, ㄴ: 사회복지서비스, ㄷ: 헌법
⑤ ㄱ: 공공부조, ㄴ: 사회복지서비스, ㄷ: 법률

기출회독 키워드 > 226

헌법상의 사회복지법원

7

기출번호 20-08-02

우리나라 사회복지법의 법원에 해당하는 것을 모두 고른 것은?

ㄱ. 대통령령
ㄴ. 조례
ㄷ. 일반적으로 승인된 국제법규
ㄹ. 규칙

① ㄱ
② ㄱ, ㄴ
③ ㄱ, ㄴ, ㄹ
④ ㄴ, ㄷ, ㄹ
⑤ ㄱ, ㄴ, ㄷ, ㄹ

기출회독 키워드 > 224

법의 체계와 적용

해답 & 오답노트 482쪽 ◯

◖8

기출번호 19-08-02

사회복지법의 성문법원에 해당하는 것끼리 묶은 것은?

① 관습법, 판례법
② 헌법, 판례법
③ 헌법, 명령
④ 관습법, 법률
⑤ 법률, 조리

기출회독 키워드 > 224

법의 체계와 적용

1◖

기출번호 19-08-04

우리나라 법체계에 관한 설명으로 옳지 않은 것은?

① 법규범 위계에서 최상위 법규범은 헌법이다.
② 법률은 법규범의 위계에서 헌법 다음 단계의 규범이다.
③ 법률은 국회에서 제정하거나 행정부에서 제출하여 국회의 의결을 거쳐 제정된다.
④ 시행령은 국무총리나 행정각부의 장이 발(發)하는 명령이다.
⑤ 명령에는 시행령과 시행규칙이 있다.

기출회독 키워드 > 224

법의 체계와 적용

◖9

기출번호 19-08-03

자치법규에 관한 설명으로 옳지 않은 것은?

① 조례는 지방의회에서 제정하는 자치법규이다.
② 지방자치단체는 법령의 범위와 무관하게 조례를 제정할 수 있다.
③ 규칙은 지방자치단체의 장이 법령이나 조례가 위임한 범위에서 그 권한에 속하는 사무에 관하여 제정할 수 있는 자치법규이다.
④ 시·군 및 자치구의 조례나 규칙은 시·도의 조례나 규칙을 위반하여서는 아니 된다.
⑤ 조례안이 지방의회에서 의결되면 의장은 의결된 날부터 5일 이내에 그 지방자치단체의 장에게 이를 이송하여야 한다.

기출회독 키워드 > 225

자치법규

해답 & 오답노트 482쪽 ●

01 기출번호 23-08-01

법률의 제정 연도가 가장 빠른 것은?

① 산업재해보상보험법
② 국민기초생활보장법
③ 고용보험법
④ 국민연금법
⑤ 국민건강보험법

> 기출회독 키워드 > 227
>
> 한국 사회복지법률의 역사

02 기출번호 23-08-03

우리나라 사회복지관련법의 입법 변천사에 관한 설명으로 옳은 것을 모두 고른 것은?

> ㄱ. 1981년 노인복지법이 제정되었다.
> ㄴ. 2007년 노인장기요양보험법이 제정되었다.
> ㄷ. 1961년 제정된 아동복리법은 1989년 아동복지법으로 개정되었다.
> ㄹ. 1981년 제정된 심신장애자복지법은 1989년 장애인복지법으로 개정되었다.

① ㄱ   ② ㄴ, ㄷ
③ ㄱ, ㄴ, ㄹ   ④ ㄴ, ㄷ, ㄹ
⑤ ㄱ, ㄴ, ㄷ, ㄹ

> 기출회독 키워드 > 227
>
> 한국 사회복지법률의 역사

03 기출번호 22-08-02

법률의 제정 연도가 가장 최근인 것은?

① 아동복지법
② 노인복지법
③ 장애인복지법
④ 한부모가족지원법
⑤ 다문화가족지원법

> 기출회독 키워드 > 227
>
> 한국 사회복지법률의 역사

04 기출번호 21-08-01

법률의 제정 연도가 빠른 순서대로 옳게 나열된 것은?

> ㄱ. 국민기초생활보장법
> ㄴ. 산업재해보상보험법
> ㄷ. 사회복지사업법
> ㄹ. 고용보험법
> ㅁ. 노인복지법

① ㄱ - ㄴ - ㄷ - ㄹ - ㅁ
② ㄴ - ㄱ - ㅁ - ㄷ - ㄹ
③ ㄴ - ㄷ - ㅁ - ㄹ - ㄱ
④ ㄷ - ㄱ - ㄹ - ㅁ - ㄴ
⑤ ㄷ - ㅁ - ㄴ - ㄹ - ㄱ

> 기출회독 키워드 > 227
>
> 한국 사회복지법률의 역사

⏱5

기출번호 21-08-03

사회복지법의 역사적 변천에 관한 설명으로 옳은 것을 모두 고른 것은?

> ㄱ. 2014년 기초노령연금법이 제정되면서 기초연금법은 폐지되었다.
> ㄴ. 1999년 제정된 국민의료보험법은 국민건강보험법을 대체한 것이다.
> ㄷ. 1973년 제정된 국민복지연금법은 1986년 국민연금법으로 전부개정되었다.

① ㄱ   ② ㄴ
③ ㄷ   ④ ㄱ, ㄴ
⑤ ㄴ, ㄷ

기출회독 키워드 ＞ 227

한국 사회복지법률의 역사

⏱7

기출번호 19-08-01

법률과 그 제정연대의 연결이 옳은 것은?

① 산업재해보상보험법, 장애인복지법 − 1970년대
② 사회복지사업법, 국민기초생활보장법 − 1980년대
③ 고용보험법, 사회복지공동모금회법 − 1990년대
④ 국민연금법, 노인복지법 − 2000년대
⑤ 아동복지법, 국민건강보험법 − 2010년대

기출회독 키워드 ＞ 227

한국 사회복지법률의 역사

⏱6

기출번호 20-08-03

법률의 제정연도가 가장 빠른 것은?

① 사회보장기본법
② 국민건강보험법
③ 고용보험법
④ 영유아보육법
⑤ 노인복지법

기출회독 키워드 ＞ 227

한국 사회복지법률의 역사

3장

사회복지의 권리성

※ 최근 5개년(19~23회) 시험에서의 출제빈도가 낮아 최근 5개년 이전의 기출문제도 수록하였다.

해답 & 오답노트 **483**쪽 ○

1 　　　　　　　 기출번호 20-08-01

헌법 규정의 사회적 기본권에 관한 설명으로 옳지 않은 것은?

① 국가는 근로자의 고용의 증진과 적정임금의 보장에 노력하여야 한다.
② 국가는 여자의 복지와 권익의 향상을 위하여 노력하여야 한다.
③ 국가는 모든 공무원인 근로자의 단결권 · 단체교섭권 및 단체행동권을 보장하여야 한다.
④ 국가는 평생교육을 진흥하여야 한다.
⑤ 국가는 모성의 보호를 위하여 노력하여야 한다.

2 　　　　　　　 기출번호 17-08-01

헌법 규정의 내용 중 사회적 기본권으로 보기 어려운 것은?

① 모든 국민은 신체의 자유를 가진다.
② 모든 국민은 근로의 권리를 가진다.
③ 모든 국민은 인간다운 생활을 할 권리를 가진다.
④ 모든 국민은 능력에 따라 균등하게 교육을 받을 권리를 가진다.
⑤ 모든 국민은 건강하고 쾌적한 환경에서 생활할 권리를 가진다.

국제법과 사회복지

※ 최근 5개년(19~23회) 시험에서는 출제되지 않았다. 최근 5개년 이전의 기출문제 중 대표적인 유형의 문제를 수록하였다. 해답 & 오답노트 **484쪽** ○

01 기출번호 12-08-11

외국과의 사회보장협정에 관한 규정을 두고 있는 법은?

① 국민연금법
② 고용보험법
③ 국민건강보험법
④ 노인장기요양보험법
⑤ 국민기초생활보장법

03 기출번호 07-08-22

경제적·사회적·문화적 권리에 관한 규약(국 제인권규약 A)에 포함되어 있는 권리는?

> ㄱ. 건강권
> ㄴ. 사회보장수급권
> ㄷ. 노동기본권
> ㄹ. 자결권

① ㄱ, ㄴ, ㄷ   ② ㄱ, ㄷ
③ ㄴ, ㄹ   ④ ㄹ
⑤ ㄱ, ㄴ, ㄷ, ㄹ

02 기출번호 10-08-03

국제노동기구(ILO)를 통해 채택된 것은?

① 대서양헌장(1941년)
② 사회보장최저기준조약(1952년)
③ 아동권리에 관한 협약(1989년)
④ 세계인권선언(1948년)
⑤ 사회보장헌장(1961년)

5장

사회보장기본법

해답 & 오답노트 **484**쪽 ◉

✓1 **기출번호 23-08-04**

사회보장기본법상 사회보장수급권의 보호와 포기에 관한 설명으로 옳지 않은 것은?

① 사회보장수급권은 다른 사람에게 양도할 수 없다.

② 사회보장수급권은 담보로 제공할 수 없다.

③ 사회보장수급권은 정당한 권한이 있는 기관에 서면으로 통지하여 포기할 수 있다.

④ 사회보장수급권의 포기는 취소할 수 없다.

⑤ 사회보장수급권을 포기하는 것이 다른 사람에게 피해를 주는 경우에는 이를 포기할 수 없다.

기출회독 키워드 > 228

사회보장기본법

✓2 **기출번호 23-08-05**

사회보장기본법과 사회보장급여의 이용·제공 및 수급권자 발굴에 관한 법률에 명시되어 있는 사회보장 관련 계획에 관한 설명으로 옳은 것은?

① 사회보장 기본계획은 7년 주기로 수립된다.

② 보건복지부장관은 관계 중앙행정기관의 장과 협의하여 사회보장 기본계획을 수립하여야 한다.

③ 사회보장 기본계획은 사회보장위원회의 심의사항이 아니다.

④ 지방자치단체의 장은 지역사회보장계획을 5년마다 수립해야 한다.

⑤ 시·도 지역사회보장협의체와 시·군·구의 사회보장위원회는 지역사회보장계획을 심의·의결한다.

기출회독 키워드 > 228

사회보장기본법

▶3

기출번호 23-08-06

사회보장기본법상 용어의 정의에 관한 설명이다. ㄱ, ㄴ에 들어갈 용어로 옳은 것은?

> • (ㄱ): 국민에게 발생하는 사회적 위험을 보험의 방식으로 대처함으로써 국민의 건강과 소득을 보장하는 제도
> • (ㄴ): 국가와 지방자치단체의 책임 하에 생활 유지 능력이 없거나 생활이 어려운 국민의 최저생활을 보장하고 자립을 지원하는 제도

① ㄱ: 사회보험, ㄴ: 사회서비스
② ㄱ: 사회보험, ㄴ: 공공부조
③ ㄱ: 공공부조, ㄴ: 사회보장
④ ㄱ: 사회보장, ㄴ: 사회서비스
⑤ ㄱ: 사회서비스, ㄴ: 공공부조

기출회독 키워드 ▶ 228

사회보장기본법

▶4

기출번호 23-08-07

사회보장기본법상 사회보장위원회에 관한 설명으로 옳지 않은 것은?

① 사회보장에 관한 주요시책을 심의·조정하기 위해 국무총리 소속으로 두고 있다.
② 실무위원회를 두며 실무위원회에 분야별 전문위원회를 둘 수 있다.
③ 위원은 30명 이내로 구성한다.
④ 위원의 임기는 4년이다.
⑤ 관계 중앙행정기관의 장과 지방자치단체의 장은 위원회의 심의·조정 사항을 반영하여 사회보장제도를 운영해야 한다.

기출회독 키워드 ▶ 228

사회보장기본법

▶5

기출번호 23-08-09

사회보장기본법상 사회보장 비용의 부담에 관한 설명으로 옳지 않은 것은?

① 사회보장 비용의 부담은 국가, 지방자치단체 및 민간부문 간에 합리적으로 조정되어야 한다.
② 공공부조에 드는 비용은 지방자치단체가 전부 부담한다.
③ 부담 능력이 있는 국민에 대한 사회서비스에 드는 비용은 그 수익자가 부담함을 원칙으로 한다.
④ 사회보험에 드는 비용은 사용자, 피용자 및 자영업자가 부담함을 원칙으로 한다.
⑤ 사회보험에 드는 비용의 일부를 관계 법령에서 정하는 바에 따라 국가가 부담할 수 있다.

기출회독 키워드 ▶ 228

사회보장기본법

▶6

기출번호 22-08-08

사회보장기본법상 사회보장에 관한 국민의 권리에 대한 설명으로 옳지 않은 것을 모두 고른 것은?

> ㄱ. 지방자치단체는 최저보장수준과 최저임금을 매년 공표하여야 한다.
> ㄴ. 사회보장수급권은 구두로 통지하여 포기할 수 있다.
> ㄷ. 사회보장수급권이 제한되는 경우에는 제한하는 목적에 필요한 최소한의 범위에 그쳐야 한다.
> ㄹ. 사회보장수급권을 포기하는 것이 다른 사람에게 피해를 주게 되는 경우 사회보장수급권을 포기할 수 없다.

① ㄱ, ㄴ
② ㄴ, ㄹ
③ ㄱ, ㄷ, ㄹ
④ ㄴ, ㄷ, ㄹ
⑤ ㄱ, ㄴ, ㄷ, ㄹ

기출회독 키워드 ▶ 228

사회보장기본법

07

사회보장기본법상 사회보장제도의 운영에 관한 설명으로 옳은 것은?

① 사회보험은 국가와 지방자치단체의 책임으로 시행한다.

② 국가는 사회보장 관계 법령에서 정하는 바에 따라 사회보장에 관한 상담에 응하여야 한다.

③ 일정 소득 수준 이하의 국민에 대한 사회서비스에 드는 비용은 수익자 부담을 원칙으로 한다.

④ 통계청장은 제출된 사회보장통계를 종합하여 사회보장위원회에 제출하여야 한다.

⑤ 지방자치단체의 장은 사회보장제도를 신설할 경우 보건복지부장관과 합의하여야 한다.

> **기출회독 키워드 > 228**
>
> 사회보장기본법

08

사회보장기본법의 내용으로 옳지 않은 것은?

① 사회보장위원회의 위원 임기는 3년으로 한다.

② 국가와 지방자치단체는 평생사회안전망을 구축하여야 한다.

③ 사회보장 기본계획에는 사회보장 관련 기금 운용방안이 포함되어야 한다.

④ 사회보장제도를 운영하는 자는 불법행위의 책임이 있는 자에 대하여 구상권을 행사할 수 있다.

⑤ 사회보장에 관한 다른 법률을 개정하는 경우에는 이 법에 부합되도록 하여야 한다.

> **기출회독 키워드 > 228**
>
> 사회보장기본법

09

사회보장기본법상 국가와 지방자치단체의 사회보장 운영원칙에 관한 설명으로 옳지 않은 것은?

① 사회보험은 지방자치단체의 책임으로 시행하는 것을 원칙으로 한다.

② 공공부조와 사회서비스는 국가와 지방자치단체의 책임으로 시행하는 것을 원칙으로 한다.

③ 사회보장제도의 급여수준과 비용부담 등에서 형평성을 유지하여야 한다.

④ 사회보장제도를 필요로 하는 모든 국민에게 적용하여야 한다.

⑤ 국민의 다양한 복지욕구를 효율적으로 충족시키기 위하여 연계성과 전문성을 높여야 한다.

> **기출회독 키워드 > 228**
>
> 사회보장기본법

10

사회보장기본법상 사회보장수급권에 관한 설명으로 옳지 않은 것은?

① 사회보장급여를 받으려는 사람은 국가나 지방자치단체에 신청하는 것을 원칙으로 하고 있다.

② 사회보장수급권은 다른 사람에게 양도하거나 담보로 제공할 수 없다.

③ 사회보장수급권은 원칙적으로 제한되거나 정지될 수 없다.

④ 사회보장수급권은 구두로 통지하여 포기할 수 있다.

⑤ 사회보장수급권의 포기는 취소할 수 있다.

> **기출회독 키워드 > 228**
>
> 사회보장기본법

11

기출번호 21-08-06

사회보장기본법상 사회보장위원회에 관한 설명으로 옳은 것은?

① 대통령 소속의 위원회이다.

② 위원장 1명, 부위원장 2명과 행정안전부장관, 고용노동부장관을 포함한 40명 이내의 위원으로 구성한다.

③ 위원의 임기는 3년으로 하되, 공무원인 위원의 임기는 그 재임 기간으로 한다.

④ 고용노동부에 사무국을 둔다.

⑤ 관계 중앙행정기관의 장은 위원회의 심의·조정 사항을 반영하여 사회보장제도를 운영 또는 개선하여야 한다.

> **기출회독 키워드** ▶ 228
>
> 사회보장기본법

12

기출번호 20-08-04

사회보장기본법상 사회보장제도의 운영원칙에 관한 사항이다. (　)에 들어갈 내용으로 옳은 것은?

> 사회보험은 (ㄱ)의 책임으로 시행하고, 공공부조와 사회서비스는 (ㄴ)의 책임으로 시행하는 것을 원칙으로 한다.

① ㄱ: 국가　　　　　　　ㄴ: 국가

② ㄱ: 지방자치단체　　　ㄴ: 지방자치단체

③ ㄱ: 국가와 지방자치단체　ㄴ: 국가

④ ㄱ: 국가　　　　　　　ㄴ: 국가와 지방자치단체

⑤ ㄱ: 국가와 지방자치단체　ㄴ: 국가와 지방자치단체

> **기출회독 키워드** ▶ 228
>
> 사회보장기본법

13

기출번호 20-08-05

사회보장기본법상 국가와 지방자치단체에 관한 설명으로 옳지 않은 것은?

① 국가와 지방자치단체는 모든 국민의 인간다운 생활을 유지·증진하는 책임을 가진다.

② 국가와 지방자치단체는 사회보장에 관한 책임과 역할을 합리적으로 분담하여야 한다.

③ 국가와 지방자치단체는 사회보장제도의 안정적인 운영을 위하여 중장기 사회보장 재정추계를 매년 실시하고 이를 공표하여야 한다.

④ 국가와 지방자치단체는 지속가능한 사회보장제도를 확립하고 매년 이에 필요한 재원을 조달하여야 한다.

⑤ 국가와 지방자치단체는 가정이 건전하게 유지되고 그 기능이 향상되도록 노력하여야 한다.

> **기출회독 키워드** ▶ 228
>
> 사회보장기본법

14

기출번호 20-08-06

사회보장기본법상 사회보장위원회 위원으로 포함되어야 하는 중앙행정기관의 장을 모두 고른 것은?

> ㄱ. 행정안전부장관
> ㄴ. 고용노동부장관
> ㄷ. 기획재정부장관
> ㄹ. 국토교통부장관

① ㄱ, ㄴ, ㄷ　　　　　② ㄱ, ㄴ, ㄹ

③ ㄱ, ㄷ, ㄹ　　　　　④ ㄴ, ㄷ, ㄹ

⑤ ㄱ, ㄴ, ㄷ, ㄹ

> **기출회독 키워드** ▶ 228
>
> 사회보장기본법

15

기출번호 19-08-05

사회보장기본법상 사회보장수급권에 관한 내용으로 옳은 것을 모두 고른 것은?

> ㄱ. 모든 국민은 사회보장 관계 법령에서 정하는 바에 따라 사회보장급여를 받을 권리인 사회보장수급권을 가진다.
> ㄴ. 사회보장수급권은 정당한 권한이 있는 기관에게 구두로 통지하여 포기할 수 있다.
> ㄷ. 사회보장수급권은 수급자 임의로 다른 사람에게 양도할 수 있다.
> ㄹ. 사회보장수급권의 포기는 취소할 수 없다.

① ㄱ
② ㄱ, ㄹ
③ ㄷ, ㄹ
④ ㄱ, ㄴ, ㄹ
⑤ ㄱ, ㄷ, ㄹ

기출회독 키워드 ▶ 228

사회보장기본법

16

기출번호 19-08-07

사회보장기본법상 용어의 정의에 관한 내용으로 옳은 것을 모두 고른 것은?

> ㄱ. "사회보험"이란 국민에게 발생하는 사회적 위험을 보험의 방식으로 대처함으로써 국민의 건강과 소득을 보장하는 제도를 말한다.
> ㄴ. "공공부조"(公共扶助)란 국가와 지방자치단체의 책임 하에 생활 유지 능력이 없거나 생활이 어려운 국민의 최저생활을 보장하고 자립을 지원하는 제도를 말한다.
> ㄷ. "평생사회안전망"이란 생애주기에 걸쳐 보편적으로 충족되어야 하는 기본욕구와 특정한 사회위험에 의하여 발생하는 특수욕구를 동시에 고려하여 소득·서비스를 보장하는 맞춤형 사회보장제도를 말한다.

① ㄱ
② ㄱ, ㄴ
③ ㄱ, ㄷ
④ ㄴ, ㄷ
⑤ ㄱ, ㄴ, ㄷ

기출회독 키워드 ▶ 228

사회보장기본법

해답 & 오답노트 486-487쪽 ◐

⊖1

사회보장급여의 이용·제공 및 수급권자 발굴에 관한 법률의 내용으로 옳지 않은 것은?

① 보장기관은 지역의 사회보장 수준이 균등하게 실현될 수 있도록 노력하여야 한다.

②「청소년 기본법」에 따른 청소년상담사는 지원대상자의 사회보장급여를 신청할 수 있다.

③ 보장기관의 장은 위기가구를 발굴하기 위하여 노력하여야 한다.

④ 정부는 한국사회보장정보원의 설립·운영에 필요한 비용을 출연할 수 없다.

⑤ 특별자치시 지역사회보장계획은 사회보장급여 담당 인력의 양성 및 전문성 제고 방안을 포함하여야 한다.

> **기출회독 키워드 > 229**
>
> 사회보장급여의 이용·제공 및 수급권자 발굴에 관한 법률

⊖2

사회보장급여의 이용·제공 및 수급권자 발굴에 관한 법률상 지원대상자의 발굴에 관한 설명으로 옳은 것은?

① "지원대상자"란 사회보장급여를 제공받을 권리를 가진 사람을 말한다.

② 사회복지시설의 장은 사회보장급여의 제공을 직권으로 신청할 수 있다.

③ 국민건강보험공단 이사장은 보험료를 7개월 이상 체납한 사람의 가구정보를 사회보장정보시스템을 통하여 처리할 수 있다.

④ 시·도지사는 지원대상자에 대한 발굴조사를 1년마다 정기적으로 실시하여야 한다.

⑤ 보장기관의 장은 지원대상자를 발굴하기 위하여 사회보장급여의 제공규모에 대한 정보의 제공과 홍보에 노력하여야 한다.

> **기출회독 키워드 > 229**
>
> 사회보장급여의 이용·제공 및 수급권자 발굴에 관한 법률

○3

사회보장급여의 이용 · 제공 및 수급권자 발굴에 관한 법률의 내용으로 옳은 것은?

① 시장 · 군수 · 구청장은 중앙생활보장위원회를 둔다.

② 보건복지부장관은 사회보장급여 부정수급 실태조사를 3년마다 실시하고 그 결과를 공개하여야 한다.

③ "수급권자"란 사회보장급여를 제공하는 국가기관과 지방자치단체를 말한다.

④ 보장기관의 업무담당자는 지원대상자가 심신미약 등 대통령령으로 정하는 경우에 해당하면 지원대상자의 동의하에서만 직권으로 사회보장급여의 제공을 신청할 수 있다.

⑤ 보장기관의 장은 지원대상자 발굴체계의 운영 실태를 3년마다 점검하고 개선방안을 마련하여야 한다.

기출회독 키워드 > 229

사회보장급여의 이용 · 제공 및 수급권자 발굴에 관한 법률

○4

사회보장급여의 이용 · 제공 및 수급권자 발굴에 관한 법률의 내용으로 옳지 않은 것은?

① 보장기관의 장은 「긴급복지지원법」 제7조의2에 따른 발굴조사를 실시한 경우를 제외하고 지원대상자에 대한 발굴조사를 1년마다 정기적으로 실시하여야 한다.

② 보장기관은 지역의 사회보장 수준이 균등하게 실현될 수 있도록 노력하여야 한다.

③ 누구든지 사회적 위험으로 인하여 사회보장급여를 필요로 하는 지원대상자를 발견하였을 때에는 보장기관에 알려야 한다.

④ 이의신청은 그 처분을 받은 날로부터 90일 이내에 처분을 결정한 보장기관의 장에게 할 수 있다.

⑤ 사회서비스 제공기관의 운영자는 위기가구의 발굴 지원업무 수행을 위해 사회서비스정보시스템을 이용할 수 있다.

기출회독 키워드 > 229

사회보장급여의 이용 · 제공 및 수급권자 발굴에 관한 법률

사회복지법제론

5

기출번호 20-08-08

사회보장급여의 이용 · 제공 및 수급권자 발굴에 관한 법률상 수급자격 확인을 위해 지원대상자와 그 부양의무자에 대하여 조사할 수 있는 사항을 모두 고른 것은?

> ㄱ. 인적사항 및 가족관계 확인에 관한 사항
> ㄴ. 소득 · 재산 · 근로능력 및 취업상태에 관한 사항
> ㄷ. 사회보장급여 수급이력에 관한 사항
> ㄹ. 수급권자를 선정하기 위하여 보장기관의 장이 필요하다고 인정하는 사항

① ㄱ, ㄴ

② ㄷ, ㄹ

③ ㄱ, ㄴ, ㄷ

④ ㄴ, ㄷ, ㄹ

⑤ ㄱ, ㄴ, ㄷ, ㄹ

기출회독 키워드 229

사회보장급여의 이용 · 제공 및 수급권자 발굴에 관한 법률

6

기출번호 19-08-08

사회보장급여의 이용 · 제공 및 수급권자 발굴에 관한 법률의 설명으로 옳은 것은?

① 2017년 12월 30일에 제정, 2018년 7월 1일부터 시행되었다.

② 지원대상자가 누락되지 않도록 하기 위해 보장기관의 업무담당자는 지원대상자의 동의를 받지 않고도 직권으로 사회보장급여의 제공을 신청할 수 있다.

③ 수급자란 사회보장급여를 받고 있는 사람을 말한다.

④ 보건복지부장관은 사회보장급여 부정수급 실태조사를 5년마다 실시하고 그 결과를 공개해야 한다.

⑤ 이 법에 따른 처분에 이의가 있는 수급권자등은 그 처분을 받은 날부터 30일 이내에 처분을 결정한 보장기관의 장에게 이의신청을 해야 한다.

기출회독 키워드 229

사회보장급여의 이용 · 제공 및 수급권자 발굴에 관한 법률

7장 사회복지사업법

해답 & 오답노트 **488**쪽 ○

01　기출번호 23-08-10

사회복지사업법상 사회복지사에 관한 설명으로 옳지 않은 것은?

① 피성년후견인 또는 피한정후견인은 사회복지사가 될 수 없다.

② 보건복지부장관은 사회복지사가 거짓이나 그 밖의 부정한 방법으로 자격을 취득한 경우 사회복지사 자격을 취소하여야 한다.

③ 보건복지부장관은 사회복지사가 자격정지 처분 기간에 자격증을 사용하여 자격 관련 업무를 수행한 경우 그 자격을 취소하거나 1년의 범위에서 정지시킬 수 있다.

④ 보건복지부장관은 자격이 취소된 사람에게는 그 취소된 날부터 2년 이내에 자격증을 재교부하지 못한다.

⑤ 사회복지법인에 종사하는 사회복지사는 정기적으로 인권에 관한 내용이 포함된 보수교육을 받아야 한다.

기출회독 키워드 > 230

사회복지사업법

02　기출번호 23-08-11

사회복지사업법상 사회복지법인 설립허가를 반드시 취소하여야 하는 경우를 모두 고른 것은?

> ㄱ. 설립허가 조건을 위반하였을 때
> ㄴ. 목적 달성이 불가능하게 되었을 때
> ㄷ. 거짓이나 그 밖의 부정한 방법으로 설립허가를 받았을 때
> ㄹ. 법인 설립 후 기본재산을 출연하지 아니한 때

① ㄱ, ㄴ　　　　② ㄱ, ㄷ
③ ㄴ, ㄷ　　　　④ ㄴ, ㄹ
⑤ ㄷ, ㄹ

기출회독 키워드 > 230

사회복지사업법

3

사회복지사업법상 사회복지시설(이하 '시설'이라고 한다)에 관한 설명으로 옳은 것은?

① 사회복지관은 사회복지서비스를 직업 및 취업 알선이 필요한 사람에게 우선 제공할 수 없다.

② 시설의 장은 시설의 운영에 관한 사항을 의결하기 위하여 시설에 운영위원회를 두어야 한다.

③ 국가 또는 지방자치단체 외의 자가 시설을 설치·운영하려는 경우에는 시장·군수·구청장에게 신고하여야 한다.

④ 대통령령으로 정하는 경우를 제외하고, 각 시설의 수용인원은 200명을 초과할 수 없다.

⑤ 시설의 장은 비상근 겸직할 수 있다.

기출회독 키워드 > 230

사회복지사업법

5

사회복지사업법상 사회복지법인(이하 '법인'으로 한다)에 관한 설명으로 옳지 않은 것은?

① 정관에는 회의에 관한 사항이 포함되어야 한다.

② 법인은 사회복지사업의 운영에 필요한 재산을 소유하여야 한다.

③ 감사 중에 결원이 생겼을 때 3개월 이내에 보충하여야 한다.

④ 법인은 임원을 임면하는 경우에 지체 없이 시·도지사에게 보고하여야 한다.

⑤ 법인이 목적사업 외의 사업을 하였을 때 설립허가가 취소될 수 있다.

기출회독 키워드 > 230

사회복지사업법

4

사회복지사업법상 사회복지사업 관련 법률을 모두 고른 것은?

ㄱ. 아동복지법
ㄴ. 장애인복지법
ㄷ. 국민기초생활보장법
ㄹ. 기초연금법

① ㄱ, ㄴ   ② ㄷ, ㄹ
③ ㄱ, ㄴ, ㄷ   ④ ㄱ, ㄴ, ㄹ
⑤ ㄱ, ㄴ, ㄷ, ㄹ

기출회독 키워드 > 230

사회복지사업법

6

사회복지사업법상 사회복지시설(이하 '시설'이라 한다)에 관한 설명으로 옳지 않은 것은?

① 사회복지관은 직업 및 취업 알선이 필요한 지역주민에게 사회복지서비스를 우선 제공하여야 한다.

② 지방자치단체는 시설의 책임보험 가입에 드는 비용의 전부를 보조할 수 없다.

③ 국가는 시설을 운영할 수 있다.

④ 시설 종사자의 근무환경 개선에 관한 사항은 운영위원회에서 심의한다.

⑤ 회계부정이 발견되었을 때 보건복지부장관은 시설의 폐쇄를 명할 수 있다.

기출회독 키워드 > 230

사회복지사업법

7

사회복지사업법의 내용으로 옳은 것은?

① 사회복지서비스는 현금과 현물로 제공하는 것을 원칙으로 한다.

② 국가는 사회복지 자원봉사활동을 지원·육성하기 위하여 자원봉사활동의 홍보 및 교육을 실시하여야 한다.

③ 사회복지에 관한 조사·연구 및 정책 건의를 위하여 한국사회복지사협회를 둔다.

④ 사회복지사 자격증을 다른 사람에게 빌려주거나 빌린 사람은 10년 이하의 징역 또는 1억원 이하의 벌금에 처한다.

⑤ 시·도지사는 사회복지에 관한 전문지식과 기술을 가진 사람에게 사회복지사 자격증을 발급할 수 있다.

기출회독 키워드 ▶ 230

사회복지사업법

8

사회복지사업법상 사회복지서비스 제공의 원칙에 관한 설명으로 옳지 않은 것은?

① 사회복지서비스는 현물로 제공하는 것이 원칙이다.

② 지방자치단체는 사회복지서비스의 품질향상을 위하여 필요한 시책을 마련하여야 한다.

③ 지방자치단체는 사회복지시설의 서비스 환경 등을 평가할 수 있다.

④ 시장·군수·구청장은 보호대상자에게 사회복지서비스 이용권을 지급할 수 있다.

⑤ 보건복지부장관은 사회복지서비스 품질 평가를 위한 전문기관을 직접 설치·운영해야 하며, 관계기관 등에 위탁하여서는 아니 된다.

기출회독 키워드 ▶ 230

사회복지사업법

9

사회복지사업법상 사회복지사에 관한 설명으로 옳지 않은 것은?

① 사회복지사의 등급은 1급·2급으로 한다.

② 보건복지부장관은 정신건강사회복지사·의료사회복지사·학교사회복지사의 자격을 부여할 수 있다.

③ 보건복지부장관은 사회복지사가 거짓이나 그 밖의 부정한 방법으로 자격을 취득한 경우 그 자격을 1년의 범위에서 정지할 수 있다.

④ 사회복지법인에 종사하는 사회복지사는 정기적으로 보수교육을 받아야 한다.

⑤ 자신의 사회복지사 자격증은 타인에게 빌려주어서는 아니 된다.

기출회독 키워드 ▶ 230

사회복지사업법

10

사회복지사업법상 사회복지시설에 관한 설명으로 옳은 것은?

① 사회복지시설 운영위원회는 심의·의결 기구이다.

② 사회복지시설은 손해배상책임의 면책사업자이다.

③ 사회복지시설의 장은 비상근으로 근무할 수 있다.

④ 사회복지시설은 둘 이상의 사회복지사업을 통합하여 수행할 수 있다.

⑤ 지방자치단체는 사회복지시설을 설치·운영하여서는 아니 된다.

기출회독 키워드 ▶ 230

사회복지사업법

11

기출번호 21-08-16

사회복지사업법령상 보건복지부장관이 시설에서 제공하는 서비스의 최저기준을 마련하지 않아도 되는 시설은?

① 사회복지관
② 자원봉사센터
③ 아동양육시설
④ 장애인 지역사회재활시설
⑤ 부자가족복지시설

기출회독 키워드 > 230

사회복지사업법

12

기출번호 20-08-09

사회복지사업법의 내용으로 옳지 않은 것은?

① 보건복지부장관은 사회복지사가 거짓으로 자격을 취득한 경우 그 자격을 취소하여야 한다.
② 사회복지법인을 설립하려는 자는 대통령령으로 정하는 바에 따라 시·도지사의 허가를 받아야 한다.
③ 사회복지법인이 설립 후 기본재산을 출연하지 아니한 때 시·도지사는 시정명령을 내릴 수 있다.
④ 누구든지 정당한 이유 없이 사회복지시설의 설치를 방해하여서는 아니 된다.
⑤ 사회복지를 필요로 하는 사람은 누구든지 자신의 의사에 따라 서비스를 신청하고 제공받을 수 있다.

기출회독 키워드 > 230

사회복지사업법

13

기출번호 20-08-10

사회복지사업법상 사회복지시설(이하 '시설'이라고 한다)에 관한 설명으로 옳은 것은?

① 지방자치단체가 시설을 설치·운영하려는 경우에는 보건복지부에 신고하여야 한다.
② 사회복지법인의 대표는 시설에 대하여 정기 및 수시 안전점검을 실시하여야 한다.
③ 시설을 설치·운영하는 자는 시설에 근무할 종사자를 채용할 수 있다.
④ 시설의 장은 시설의 운영에 관한 사항을 의결하기 위하여 시설에 운영위원회를 두어야 한다.
⑤ 지방자치단체는 시설의 책임보험 가입에 드는 비용의 전부를 보조하여야 한다.

기출회독 키워드 > 230

사회복지사업법

14

기출번호 20-08-11

사회복지사업법상 사회복지법인(이하 '법인'으로 한다)에 관한 설명으로 옳지 않은 것은?

① 법인이 설치한 사회복지시설의 장과 직원은 그 법인의 이사를 겸할 수 없다.
② 파산선고를 받고 복권되지 아니한 사람은 임원이 될 수 없다.
③ 법인은 대표이사를 포함한 이사 7명 이상과 감사 2명 이상을 두어야 한다.
④ 이사회는 안건, 표결수 등을 기재한 회의록을 작성하여야 한다.
⑤ 해산한 법인의 남은 재산은 정관으로 정하는 바에 따라 국가 또는 지방자치단체에 귀속된다.

기출회독 키워드 > 230

사회복지사업법

15

기출번호 19-08-09

사회복지사업법상 기본이념에 해당하는 것은?

① 사회통합과 행복한 복지사회의 실현
② 국민의 복지증진에 이바지
③ 어려운 사람의 자활을 지원
④ 사회 참여와 평등을 통한 사회통합
⑤ 사회복지서비스를 이용하는 사람의 선택권 보장

> **기출회독 키워드 > 230**
>
> 사회복지사업법

17

기출번호 19-08-11

사회복지사업법에 명시된 날에 해당하는 것은?

① 장애인의 날 4월 20일
② 노인의 날 10월 2일
③ 아동학대예방의 날 11월 19일
④ 사회복지의 날 9월 7일
⑤ 어버이의 날 5월 8일

> **기출회독 키워드 > 230**
>
> 사회복지사업법

16

기출번호 19-08-10

사회복지사업법의 내용으로 옳은 것은?

① 「사회보장기본법」상 사회서비스는 사회복지서비스의 범위에 포함되는 개념이다.
② 사회복지서비스 제공은 현물 제공이 원칙이다.
③ 사회복지사 자격은 1년을 초과하여 정지시킬 수 있다.
④ 사회복지법인은 보건복지부장관의 허가를 받아 설립한다.
⑤ 보건복지부장관은 시설에서 제공하는 서비스의 적정기준을 마련하여야 한다.

> **기출회독 키워드 > 230**
>
> 사회복지사업법

사회복지법제론

공공부조법

해답 & 오답노트 490-491쪽 ●

1 기출번호 23-08-18

국민기초생활보장법상 국내에 체류하고 있는 외국인에 대한 특례를 적용할 수 없는 자는?

① 대한민국 국민과 혼인하여 본인 또는 배우자가 임신 중인 자
② 대한민국 국적의 미성년 자녀를 양육하고 있는 자
③ 배우자의 대한민국 국적인 직계존속과 생계를 같이 하고 있는 자
④ 배우자의 대한민국 국적인 직계존속과 주거를 같이 하고 있는 자
⑤ 대한민국 국적의 성인 장애인과 함께 생활하고 있는 자

기출회독 키워드 > 231

국민기초생활보장법

2 기출번호 23-08-19

국민기초생활보장법상 자활지원사업 수행기관에게 요구되는 개인정보보호에 관한 설명으로 옳지 않은 것은?

① 보건복지부장관은 수행기관의 통합정보전산망 사용 요청에 대하여 특별한 사정이 없는 한 모든 정보를 제공하여야 한다.
② 수행기관은 보건복지부장관에게 통합정보전산망 사용을 요청하는 경우 보안교육 등 자활지원사업 참여자의 개인정보에 대한 보호대책을 마련하여야 한다.
③ 수행기관은 통합정보전산망을 이용하고자 하는 경우 사전에 정보주체의 동의를 받아야 한다.
④ 사회보장급여 수급이력 등 개인정보는 수행기관에서 자활지원사업을 담당하는 자 중 해당 기관의 장으로부터 개인정보 취급승인을 받은 자만 취급할 수 있다.
⑤ 자활지원사업 업무에 종사하였던 자는 자활지원사업 업무 수행과 관련하여 알게 된 개인·법인의 정보를 다른 용도로 사용해서는 아니 된다.

기출회독 키워드 > 231

국민기초생활보장법

☑3

기출번호 23-08-20

기초연금법상 기초연금 수급권을 상실하게 되는 경우가 아닌 것을 모두 고른 것은?

> ㄱ. 사망한 때
> ㄴ. 국적을 상실한 때
> ㄷ. 장기요양등급판정을 받은 때
> ㄹ. 국외로 이주한 때

① ㄴ ② ㄷ
③ ㄱ, ㄴ ④ ㄷ, ㄹ
⑤ ㄱ, ㄷ, ㄹ

기출회독 키워드 > 232

기초연금법

☑4

기출번호 23-08-21

의료급여법의 내용으로 옳은 것은?

① 「국내입양에 관한 특별법」에 따라 입양된 아동은 25세까지 수급권자로 특례 적용된다.
② 수급권자가 업무 또는 공무로 생긴 질병·부상·재해로 다른 법령에 따른 급여나 보상을 받게 되는 경우에는 이 법에 따른 의료급여를 하지 아니한다.
③ 의료급여에 관한 업무는 수급권자의 출생지를 관할하는 시장·군수·구청장이 한다.
④ 「지역보건법」에 따라 설치된 보건소는 의료급여기관이 될 수 없다.
⑤ 시장·군수·구청장은 수급권자가 정당한 이유 없이 의료급여기관의 진료에 관한 지시에 따르지 아니한 경우에도 의료급여를 제한해서는 아니 된다.

기출회독 키워드 > 233

의료급여법

☑5

기출번호 22-08-13

국민기초생활보장법상 급여의 종류와 방법에 관한 설명으로 옳은 것은?

① 생계급여는 물품으로는 지급할 수 없다.
② 생계급여는 수급자에게 주거 안정에 필요한 임차료, 수선유지비, 그 밖의 수급품을 지급하는 것으로 한다.
③ 장제급여는 자활급여를 받는 수급자가 사망한 경우 장제조치를 하는 것으로 한다.
④ 자활급여는 관련 비영리법인에 위탁하여 실시할 수 있다.
⑤ 교육급여는 보건복지부장관의 소관으로 한다.

기출회독 키워드 > 231

국민기초생활보장법

☑6

기출번호 22-08-14

국민기초생활보장법상 지역자활센터의 사업이 아닌 것은?

① 자활을 위한 사업자금 융자
② 자활을 위한 정보제공, 상담, 직업교육 및 취업알선
③ 생업을 위한 자금융자 알선
④ 자활기업의 설립·운영 지원
⑤ 자영창업 지원 및 기술·경영 지도

기출회독 키워드 > 231

국민기초생활보장법

사회복지법제론

7

기출번호 22-08-15

의료급여법의 내용으로 옳은 것은?

① 시·도지사는 의료급여증을 발급하여야 한다.

② 급여비용의 재원을 충당하기 위하여 보건복지부에 의료급여기금을 설치한다.

③ 보건복지부에 두는 의료급여심의위원회는 의료급여의 수가에 관한 사항을 심의한다.

④ 시·도지사는 상환받은 대지급금을 의료급여기금에 납입하여야 한다.

⑤ 수급권자가 의료급여를 거부한 경우 시·도지사는 의료급여를 중지해야 한다.

기출회독 키워드 > 233

의료급여법

8

기출번호 22-08-16

기초연금법의 내용으로 옳은 것을 모두 고른 것은?

ㄱ. 본인과 그 배우자가 모두 기초연금 수급권자인 경우에는 각각의 기초연금액에서 기초연금액의 100분의 20에 해당하는 금액을 감액한다.

ㄴ. 기초연금 수급권자의 권리는 3년간 행사하지 아니하면 시효의 완성으로 소멸한다.

ㄷ. 기초연금 수급자가 대통령령으로 정하는 바에 따라 사망한 것으로 추정되는 경우 수급권을 상실한다.

① ㄱ   ② ㄱ, ㄴ

③ ㄱ, ㄷ   ④ ㄴ, ㄷ

⑤ ㄱ, ㄴ, ㄷ

기출회독 키워드 > 232

기초연금법

9

기출번호 21-08-12

국민기초생활보장법상 급여의 종류와 방법에 관한 설명으로 옳은 것은?

① 부양의무자가 「병역법」에 따라 징집되거나 소집된 경우 부양능력이 있는 것으로 본다.

② 보장기관은 차상위자의 가구별 생활여건을 고려하여 예산의 범위에서 급여의 전부 또는 일부를 실시할 수 있다.

③ 생계급여 선정기준은 기준 중위소득의 100분의 50 이상으로 한다.

④ 생계급여는 상반기·하반기로 나누어 지급하여야 한다.

⑤ 주거급여는 주택 매입비, 수선유지비 등이 포함된다.

기출회독 키워드 > 231

국민기초생활보장법

10

기출번호 21-08-13

국민기초생활보장법상 급여의 기본원칙을 모두 고른 것은?

ㄱ. 근로능력 활용
ㄴ. 보충급여
ㄷ. 타법 우선
ㄹ. 수익자 부담

① ㄱ, ㄴ   ② ㄷ, ㄹ

③ ㄱ, ㄴ, ㄷ   ④ ㄴ, ㄷ, ㄹ

⑤ ㄱ, ㄴ, ㄷ, ㄹ

기출회독 키워드 > 231

국민기초생활보장법

11

기출번호 21-08-14

긴급복지지원법상 "위기상황"에 해당하는 사유를 모두 고른 것은?

> ㄱ. 주소득자가 사망, 가출, 행방불명 등으로 소득을 상실하여 생계유지가 어렵게 된 경우
> ㄴ. 본인이 중한 질병 또는 부상을 당하여 생계유지가 어렵게 된 경우
> ㄷ. 본인이 가구구성원으로부터 방임 등을 당하여 생계유지가 어렵게 된 경우
> ㄹ. 본인이 가구구성원으로부터 성폭력을 당하여 생계유지가 어렵게 된 경우

① ㄱ, ㄴ, ㄷ   ② ㄱ, ㄴ, ㄹ
③ ㄱ, ㄷ, ㄹ   ④ ㄴ, ㄷ, ㄹ
⑤ ㄱ, ㄴ, ㄷ, ㄹ

기출회독 키워드 **234**

긴급복지지원법

13

기출번호 20-08-12

국민기초생활보장법상 보장기관과 보장시설에 대한 예시이다. '보장기관 - 보장시설'을 순서대로 옳게 짝지은 것은?

> ㄱ. 「장애인복지법」 제58조 제1항 제1호의 장애인 거주시설
> ㄴ. 「사회복지사업법」 제2조 제4호의 사회복지시설 중 결핵 및 한센병요양시설
> ㄷ. 대전광역시장
> ㄹ. 전라남도지사
> ㅁ. 인천광역시 교육감

① ㄱ - ㄴ   ② ㄴ - ㅁ
③ ㄷ - ㄱ   ④ ㄹ - ㄷ
⑤ ㅁ - ㄹ

기출회독 키워드 **231**

국민기초생활보장법

12

기출번호 21-08-17

국민기초생활보장법상 보장기관에 관한 설명으로 옳은 것은?

① 교육급여 및 의료급여는 시·도교육감이 실시한다.
② 생계급여는 수급자의 거주지를 관할하는 시·도지사와 시장·군수·구청장이 실시한다.
③ 보장기관은 위기개입상담원을 배치하여야 한다.
④ 생활보장위원회는 자문기구이다.
⑤ 소관 중앙행정기관의 장은 5년마다 기초생활보장 시행계획을 수립하여야 한다.

기출회독 키워드 **231**

국민기초생활보장법

14

기출번호 20-08-13

의료급여법상 의료급여의 내용에 해당하지 않는 것은?

① 진찰·검사
② 예방·재활
③ 입원
④ 간호
⑤ 화장 또는 매장 등 장제 조치

기출회독 키워드 **233**

의료급여법

15

기출번호 20-08-14

기초연금법상 기초연금의 지급정지 사유에 해당하는 것을 모두 고른 것은?

> ㄱ. 기초연금 수급자가 금고 이상의 형을 선고받고 교정 시설 또는 치료감호시설에 수용되어 있는 경우
> ㄴ. 기초연금 수급자가 행방불명되거나 실종되는 등 대통령령으로 정하는 바에 따라 사망한 것으로 추정되는 경우
> ㄷ. 기초연금 수급권자가 국적을 상실한 때
> ㄹ. 기초연금 수급자의 국외 체류기간이 60일 이상 지속되는 경우

① ㄱ, ㄴ   ② ㄷ, ㄹ

③ ㄱ, ㄴ, ㄷ   ④ ㄱ, ㄴ, ㄹ

⑤ ㄱ, ㄴ, ㄷ, ㄹ

기출회독 키워드 > 232

기초연금법

16

기출번호 20-08-15

긴급복지지원법상 직무수행 과정에서 긴급지원대상자가 있음을 알게 된 경우 이를 신고하고, 긴급지원대상자가 신속하게 지원을 받을 수 있도록 노력하여야 하는 자에 해당하지 않는 것은?

① 「의료법」에 따른 의료기관의 종사자
② 「고등교육법」에 따른 직원
③ 「지방공무원법」에 따른 공무원
④ 「무형유산의 보전 및 진흥에 관한 법률」에 따라 지정된 국가무형유산의 보유자
⑤ 「사회복지사업법」에 따른 사회복지시설의 종사자

기출회독 키워드 > 234

긴급복지지원법

17

기출번호 19-08-12

국민기초생활보장법상 외국인에 대한 특례 규정이다. ( )에 들어갈 내용이 옳지 않은 것은?

> 국내에 체류하고 있는 외국인 중 (ㄱ)하여 본인 또는 배우자가 임신 중이거나 (ㄴ)하고 있거나 (ㄷ)과 (ㄹ)으로서 (ㅁ)으로 정하는 사람이 이 법에 따른 급여를 받을 수 있는 자격을 가진 경우에는 수급권자가 된다.

① ㄱ: 대한민국 국민과 혼인
② ㄴ: 대한민국 국적의 미성년 자녀를 양육
③ ㄷ: 배우자의 대한민국 국적인 직계비속
④ ㄹ: 생계나 주거를 같이하고 있는 사람
⑤ ㅁ: 대통령령

기출회독 키워드 > 231

국민기초생활보장법

18

기출번호 19-08-13

국민기초생활보장법상 5년 이하의 징역 또는 5천만원 이하의 벌금에 처해지는 경우는?

① 부정한 방법으로 급여를 받은 경우
② 수급권자의 금융정보를 사용·제공한 경우
③ 지급받은 급여를 용도 외로 사용한 경우
④ 직무상 알게 된 비밀을 누설한 경우
⑤ 종교상의 행위를 강제한 경우

기출회독 키워드 > 231

국민기초생활보장법

해답 & 오답노트 **493**쪽 ○

19

기초연금법상 수급권자의 범위에 관한 내용이다.
(　)에 들어갈 숫자가 옳은 것은?

> - 기초연금은 (ㄱ)세 이상인 사람으로서 소득인정액이
>   보건복지부장관이 정하여 고시하는 금액(이하 "선정기
>   준액"이라 한다) 이하인 사람에게 지급한다.
> - 보건복지부장관은 선정기준액을 정하는 경우 (ㄱ)세
>   이상인 사람 중 기초연금 수급자가 100분의 (ㄴ) 수준
>   이 되도록 한다.

① ㄱ: 60, ㄴ: 70　　　② ㄱ: 65, ㄴ: 70

③ ㄱ: 65, ㄴ: 80　　　④ ㄱ: 70, ㄴ: 70

⑤ ㄱ: 70, ㄴ: 80

기출회독 키워드 > 232

기초연금법

해답 & 오답노트 **494**쪽 ○

9장 사회보험법

○1 기출번호 23-08-22

국민건강보험법상 국민건강보험공단에 관한 설명으로 옳지 않은 것은?

① 요양급여 외에 임신·출산 진료비, 장제비, 상병수당, 그 밖의 급여를 실시할 수 있다.

② 가입자와 피부양자에 대하여 질병의 조기 발견과 그에 따른 요양급여를 하기 위하여 건강검진을 실시한다.

③ 회계연도마다 예산안을 독자적으로 편성하고 지출할 수 있다.

④ 고의 또는 중대한 과실로 인한 범죄행위에 그 원인이 있는 경우 보험급여를 하지 아니한다.

⑤ 보험료등의 납부의무자가 납부기한까지 보험료등을 내지 아니하면 그 납부기한이 지난 날부터 매 1일이 경과할 때마다 연체금을 징수한다.

기출회독 키워드 > 236

국민건강보험법

○2 기출번호 23-08-23

산업재해보상보험법상 보험급여의 종류가 아닌 것은?

① 요양급여

② 휴업급여

③ 예방·재활급여

④ 상병보상연금

⑤ 직업재활급여

기출회독 키워드 > 238

산업재해보상보험법

○3 기출번호 23-08-24

고용보험법상 명시되어 있는 고용보험사업을 모두 고른 것은?

ㄱ. 고용안정·직업능력개발 사업
ㄴ. 실업급여
ㄷ. 육아휴직 급여
ㄹ. 자활급여

① ㄱ, ㄴ
② ㄱ, ㄷ
③ ㄴ, ㄷ
④ ㄱ, ㄴ, ㄷ
⑤ ㄴ, ㄷ, ㄹ

기출회독 키워드 > 237

고용보험법

4

기출번호 23-08-25

노인장기요양보험법상 장기요양인정에 관한 설명으로 옳지 않은 것은?

① 장기요양기관은 수급자를 대리하여 장기요양인정을 신청한다.

② 대통령령으로 정하는 경우를 제외하고, 장기요양인정을 신청하는 자는 국민건강보험공단에 장기요양인정신청서에 의사 또는 한의사가 발급하는 소견서를 첨부하여 제출하여야 한다.

③ 국민건강보험공단은 장기요양인정 신청서를 접수한 때 소속 직원으로 하여금 신청인의 심신 상태, 신청인에게 필요한 장기요양급여의 종류 및 내용 등에 대하여 조사하게 하여야 한다.

④ 등급판정위원회는 신청인이 신청자격요건을 충족하고 6개월 이상 동안 혼자서 일상생활을 수행하기 어렵다고 인정하는 경우 등급판정기준에 따라 수급자로 판정한다.

⑤ 국민건강보험공단은 등급판정위원회가 장기요양인정 및 등급판정의 심의를 완료한 경우 지체 없이 장기요양인정서를 작성하여 수급자에게 송부하여야 한다.

기출회독 키워드 > 239

노인장기요양보험법

5

기출번호 22-08-17

국민건강보험법의 내용으로 옳지 않은 것은?

① 의료급여법에 따라 의료급여를 받는 사람은 건강보험의 가입자가 될 수 없다.

② 보건복지부장관은 국민건강보험종합계획에 따라 연도별 시행계획에 따른 추진실적을 매년 평가하여야 한다.

③ 건강보험 가입자는 국내에 거주하지 아니하게 된 날에 그 자격을 잃는다.

④ 건강보험정책에 관한 사항을 심의·의결하기 위하여 보건복지부장관 소속으로 건강보험정책심의위원회를 둔다.

⑤ 건강보험 지역가입자는 직장가입자와 그 피부양자를 제외한 가입자를 말한다.

기출회독 키워드 > 236

국민건강보험법

6

기출번호 22-08-18

노인장기요양보험법의 내용으로 옳지 않은 것은?

① "노인등"이란 65세 이상의 노인 또는 65세 미만의 자로서 치매·뇌혈관성질환 등 대통령령으로 정하는 노인성 질병을 가진 자를 말한다.

② 장기요양급여는 노인등이 가족과 함께 생활하면서 가정에서 장기요양을 받는 재가급여를 우선적으로 제공하여야 한다.

③ 장기요양보험사업은 보건복지부장관이 관장한다.

④ 장기요양급여를 받고 있는 수급자는 장기요양등급의 내용을 변경하여 장기요양급여를 받고자 하는 경우 국민건강보험공단에 변경 신청을 하여야 한다.

⑤ 재가급여에는 방문요양, 방문목욕, 특별현금급여가 포함된다.

기출회독 키워드 > 239

노인장기요양보험법

●7

기출번호 22-08-19

국민연금법의 내용으로 옳은 것은?

① 가입자의 가입 종류가 변동되면 그 가입자의 가입기간은 각 종류별 가입기간을 합산한 기간으로 한다.
② 국민연금사업은 기획재정부장관이 맡아 주관한다.
③ "수급권자"란 이 법에 따른 급여를 받을 권리를 말한다.
④ 국내에 거주하는 국민으로서 18세 이상 65세 미만인 자는 국민연금 가입 대상이 된다.
⑤ 「국민연금법」을 적용할 때 배우자에는 사실상의 혼인관계에 있는 자는 포함되지 않는다.

기출회독 키워드 > 235

국민연금법

●8

기출번호 22-08-20

고용보험법의 내용으로 옳은 것은?

① "실업의 인정"이란 근로의 의사와 능력이 있음에도 불구하고 취업하지 못한 상태에 있는 것을 말한다.
② "일용근로자"란 3개월 미만 동안 고용되는 사람을 말한다.
③ 지방자치단체는 매년 보험사업에 드는 비용의 일부를 일반회계에서 부담하여야 한다.
④ 고용보험기금은 고용노동부장관이 관리·운용한다.
⑤ 실업급여를 받을 권리는 양도 또는 압류하거나 담보로 제공할 수 있다.

기출회독 키워드 > 237

고용보험법

●9

기출번호 22-08-21

고용보험법상 실업급여의 종류로 취업촉진 수당에 해당하는 것을 모두 고른 것은?

> ㄱ. 이주비
> ㄴ. 광역 구직활동비
> ㄷ. 직업능력개발 수당
> ㄹ. 조기재취업 수당

① ㄱ, ㄴ, ㄷ   ② ㄱ, ㄴ, ㄹ
③ ㄱ, ㄷ, ㄹ   ④ ㄴ, ㄷ, ㄹ
⑤ ㄱ, ㄴ, ㄷ, ㄹ

기출회독 키워드 > 237

고용보험법

10

기출번호 21-08-18

고용보험법령상 중대한 귀책사유로 해고된 피보험자로서 구직급여 수급자격의 제한사유에 해당되는 것을 모두 고른 것은?

> ㄱ. 「형법」을 위반하여 금고 이상의 형을 선고받은 경우
> ㄴ. 정당한 사유 없이 근로계약을 위반하여 장기간 무단 결근한 경우
> ㄷ. 사업기밀을 경쟁 관계에 있는 사업자에게 제공한 경우

① ㄱ   ② ㄷ
③ ㄱ, ㄴ   ④ ㄴ, ㄷ
⑤ ㄱ, ㄴ, ㄷ

기출회독 키워드 > 237

고용보험법

11

기출번호 21-08-19

산업재해보상보험법상 유족급여에 관한 설명으로 옳지 않은 것은?

① 근로자가 업무상의 사유로 사망한 경우 유족에게 지급한다.

② 유족보상연금 수급권자가 2명 이상 있을 때 그 중 1명을 대표자로 선임할 수 있다.

③ 근로자와 「주민등록법」상 세대를 같이 하고 동거하던 유족으로서 근로자의 소득으로 생계의 상당 부분을 유지하고 있던 사람은 유족에 해당한다.

④ 근로자의 소득으로 생계의 전부를 유지하고 있던 유족으로서 학업으로 주민등록을 달리하였거나 동거하지 않았던 사람은 유족에 해당되지 않는다.

⑤ 유족보상연금 수급 권리는 배우자 · 자녀 · 부모 · 손자녀 · 조부모 및 형제자매의 순서로 한다.

> **기출회독 키워드 > 238**
>
> 산업재해보상보험법

12

기출번호 21-08-23

다음의 역할을 하는 노인장기요양보험법상 기구는?

> • 장기요양요원의 권리 침해에 관한 상담 및 지원
> • 장기요양요원의 역량강화를 위한 교육지원
> • 장기요양요원에 대한 건강검진 등 건강관리를 위한 사업

① 장기요양위원회

② 등급판정위원회

③ 장기요양심사위원회

④ 장기요양요원지원센터

⑤ 공표심의위원회

> **기출회독 키워드 > 239**
>
> 노인장기요양보험법

13

기출번호 20-08-16

국민건강보험법상 건강보험심사평가원의 업무에 해당하는 것은?

① 요양급여의 적정성 평가

② 가입자의 자격 관리

③ 보험급여의 관리

④ 보험급여 비용의 지급

⑤ 보험료의 부과 · 징수

> **기출회독 키워드 > 236**
>
> 국민건강보험법

14

기출번호 20-08-17

국민연금법상 급여의 종류에 해당하는 것을 모두 고른 것은?

ㄱ. 노령연금	ㄴ. 장애인연금
ㄷ. 장해급여	ㄹ. 장애연금
ㅁ. 반환일시금	

① ㄱ, ㄴ, ㄹ ② ㄱ, ㄴ, ㅁ

③ ㄱ, ㄷ, ㅁ ④ ㄱ, ㄹ, ㅁ

⑤ ㄴ, ㄷ, ㄹ

> **기출회독 키워드 > 235**
>
> 국민연금법

15

산업재해보상보험법의 내용으로 옳지 않은 것은?

① "업무상의 재해"란 업무상의 사유에 따른 근로자의 부상·질병·장해 또는 사망을 말한다.

② 보험급여에는 간병급여, 상병보상연금, 실업급여 등이 있다.

③ 근로복지공단은 법인으로 한다.

④ "출퇴근"이란 취업과 관련하여 주거와 취업장소 사이의 이동 또는 한 취업장소에서 다른 취업장소로의 이동을 말한다.

⑤ 요양급여는 근로자가 업무상의 사유로 부상을 당하거나 질병에 걸린 경우에 그 근로자에게 지급한다.

> **기출회독 키워드 > 238**
>
> 산업재해보상보험법

17

노인장기요양보험법의 내용으로 옳은 것은?

① 장기요양보험사업은 보건복지부장관이 관장한다.

② "장기요양급여"란 장기요양등급판정 결과에 따라 1개월 이상 동안 혼자서 일상생활을 수행하기 어렵다고 인정되는 자에게 신체활동·가사활동의 지원 또는 간병 등의 서비스를 말한다.

③ 장기요양기관은 수급자에게 재가급여 또는 시설급여를 제공한 경우 시·도지사에게 장기요양급여 비용을 청구하여야 한다.

④ "노인등"이란 60세 이상의 노인 또는 60세 미만의 자로서 치매·뇌혈관성질환 등 대통령령으로 정하는 노인성 질병을 가진 자를 말한다.

⑤ 재가급여에는 방문요양, 방문목욕, 특별현금 급여가 있다.

> **기출회독 키워드 > 239**
>
> 노인장기요양보험법

16

고용보험법의 내용으로 옳은 것은?

① 고용보험기금은 기획재정부장관이 관리·운용한다.

② 국가는 매년 보험사업에 드는 비용의 일부를 일반회계에서 부담하여야 한다.

③ 취업촉진 수당의 종류로는 구직급여, 직업능력개발 수당 등이 있다.

④ "실업"이란 근로의 의사와 능력이 없어 취업하지 못한 상태에 있는 것을 말한다.

⑤ "일용근로자"란 6개월 미만 동안 고용되는 사람을 말한다.

> **기출회독 키워드 > 237**
>
> 고용보험법

18

각 법률의 권리구제 절차 내용으로 옳은 것은?

① 국민연금법에 따르면 심사청구와 재심사청구의 순으로 진행된다.

② 국민건강보험법에 명시되어 있는 권리구제 절차는 심사청구이다.

③ 고용보험법에 명시되어 있는 권리구제 절차는 이의신청이다.

④ 한부모가족지원법에 따르면 이의신청과 심판청구의 순으로 진행된다.

⑤ 기초연금법에 명시되어 있는 권리구제 절차는 이의신청과 재심사청구이다.

> **기출회독 키워드 > 235**
>
> 국민연금법

19

기출번호 19-08-14

산업재해보상보험법상 '업무상 사고'에 해당하지 않는 것은?

① 근로자가 근로계약에 따른 업무나 그에 따르는 행위를 하던 중 발생한 사고

② 사업주가 제공한 시설물 등을 이용하던 중 그 시설물 등의 결함이나 관리소홀로 발생한 사고

③ 사업주가 주관하거나 사업주의 지시에 따라 참여한 행사나 행사준비 중에 발생한 사고

④ 비통상적인 경로와 방법으로 출퇴근하는 중 발생한 사고

⑤ 휴게시간 중 사업주의 지배관리하에 있다고 볼 수 있는 행위로 발생한 사고

기출회독 키워드 > 238

산업재해보상보험법

20

기출번호 19-08-16

국민연금법상 급여의 종류에 해당하는 것을 모두 고른 것은?

ㄱ. 노령연금	ㄴ. 장해급여
ㄷ. 유족연금	ㄹ. 반환일시금

① ㄱ, ㄴ, ㄷ   ② ㄱ, ㄴ, ㄹ

③ ㄱ, ㄷ, ㄹ   ④ ㄴ, ㄷ, ㄹ

⑤ ㄱ, ㄴ, ㄷ, ㄹ

기출회독 키워드 > 235

국민연금법

21

기출번호 19-08-17

고용보험법의 내용으로 옳은 것은?

① 구직급여를 지급받으려는 사람은 이직 후 지체없이 직업안정기관에 출석하여 실업을 신고하여야 한다.

② 가구 내 고용활동 및 달리 분류되지 아니한 자가소비 생산활동에 대하여 고용보험법은 적용된다.

③ 구직급여의 수급 요건으로서 기준기간은 피보험자의 이직일 이전 36개월로 한다.

④ 실업 신고일부터 계산하기 시작하여 14일간의 대기기간 중에는 구직급여를 지급하지 않는다.

⑤ 이주비는 구직급여의 종류에 해당한다.

기출회독 키워드 > 237

고용보험법

22

기출번호 19-08-18

국민건강보험법상 국민건강보험공단이 관장하는 업무에 해당하지 않는 것은?

① 가입자 및 피부양자의 자격관리

② 자산의 관리·운영 및 증식사업

③ 의료시설의 운영

④ 건강보험에 관한 교육훈련 및 홍보

⑤ 요양급여비용의 심사

기출회독 키워드 > 236

국민건강보험법

사회서비스법

해답 & 오답노트 497쪽 ▶

1

기출번호 23-08-13

아동복지법령상 아동보호전문기관의 업무가 아닌 것은?

① 아동학대 신고접수, 현장조사 및 응급보호
② 피해아동, 피해아동의 가족 및 아동학대행위자를 위한 상담·치료 및 교육
③ 아동학대예방 교육 및 홍보
④ 피해아동 및 피해아동 가정의 기능 회복 서비스 제공
⑤ 피해아동 가정의 사후관리

기출회독 키워드 > 241

아동복지법

2

기출번호 23-08-14

노인복지법상 금지행위에 해당하는 것을 모두 고른 것은?

ㄱ. 노인에게 성적 수치심을 주는 성폭행·성희롱 등의 행위
ㄴ. 노인에게 구걸을 하게 하거나 노인을 이용하여 구걸하는 행위
ㄷ. 노인을 위하여 증여 또는 급여된 금품을 그 목적 외의 용도에 사용하는 행위

① ㄱ
② ㄷ
③ ㄱ, ㄴ
④ ㄴ, ㄷ
⑤ ㄱ, ㄴ, ㄷ

기출회독 키워드 > 240

노인복지법

◢3

기출번호 23-08-15

장애인복지법의 내용으로 옳은 것은?

① 보건복지부장관 소속하에 장애인정책조정위원회를 둔다.

② 장애실태조사는 5년마다 실시하여야 한다.

③ 재외동포 및 외국인은 장애인 등록을 할 수 없다.

④ 장애인의 날은 매년 5월 20일이다.

⑤ 「장애인연금법」상의 중증장애인에게는 장애수당을 지급하지 아니한다.

> **기출회독 키워드 > 242**
>
> 장애인복지법

◢4

기출번호 23-08-16

한부모가족지원법의 내용으로 옳은 것은?

① 보건복지부장관은 한부모가족 지원을 위하여 한부모가족 정책에 관한 기본계획을 5년마다 수립하여야 한다.

② 청소년 한부모란 25세 이하의 모 또는 부를 말한다.

③ 아동이란 18세 미만의 자를 말하되, 병역 면제인 자가 취학 중인 경우에는 22세 미만을 말한다.

④ 혼인 관계에 있지 아니한 자로서 출산 전 임신부는 출산지원시설을 이용할 때에도 이 법에 따른 지원대상자가 될 수 없다.

⑤ 이 법에 따른 복지 급여는 생계비, 아동수당, 아동교육비, 아동양육비이다.

> **기출회독 키워드 > 243**
>
> 한부모가족지원법

◢5

기출번호 23-08-17

가정폭력방지 및 피해자보호 등에 관한 법률의 내용으로 옳지 않은 것은?

① 피해자란 가정폭력으로 인하여 직접적으로 피해를 입은 자를 말한다.

② 사회복지법인과 그 밖의 비영리법인은 시장 · 군수 · 구청장의 인가를 받아 보호시설을 설치 · 운영할 수 있다.

③ 국가나 지방자치단체는 피해자나 피해자가 동반한 가정구성원이 아동인 경우 주소지 외의 지역에서 취학할 필요가 있을 때에는 그 취학이 원활히 이루어지도록 지원하여야 한다.

④ 유치원의 장, 어린이집의 원장, 초 · 중등학교의 장은 가정폭력의 예방과 방지를 위하여 필요한 교육을 실시하고, 그 결과를 여성가족부장관에게 제출하여야 한다.

⑤ 단기보호시설은 피해자등을 6개월의 범위에서 보호하는 시설이다.

> **기출회독 키워드 > 248**
>
> 가정폭력방지 및 피해자보호 등에 관한 법률

사회복지법제론

6

기출번호 22-08-22

노인복지법의 내용으로 옳은 것은?

① 노인복지주택에 입소할 수 있는 자는 65세 이상의 노인으로 한다.

② 국가는 지역 간의 연계체계를 구축하고 노인학대를 예방하기 위하여 중앙노인보호전문기관을 설치·운영하여야 한다.

③ 노인복지관은 지역노인들이 자율적으로 친목도모·취미활동·공동작업장 운영 및 각종 정보교환과 기타 여가활동을 할 수 있도록 하는 장소를 제공함을 목적으로 하는 노인여가복지시설이다.

④ 노인요양공동생활가정은 노인들에게 일상생활에 필요한 편의를 제공함을 목적으로 하는 노인주거복지시설이다.

⑤ 지역노인보호전문기관은 시·군·구에 둔다.

> **기출회독 키워드 > 240**
>
> 노인복지법

7

기출번호 22-08-23

아동복지법의 내용으로 옳지 않은 것은?

① 지방자치단체는 아동이 항상 이용할 수 있는 아동전용시설을 설치하도록 노력하여야 한다.

② 시·도지사 또는 시장·군수·구청장은 보호조치 중인 보호대상아동의 양육상황을 분기별로 점검하여야 한다.

③ 아동정책조정위원회 위원장은 국무총리가 된다.

④ 아동위원은 명예직으로 하되, 아동위원에 대하여는 수당을 지급할 수 있다.

⑤ 보건복지부장관은 아동정책의 효율적인 추진을 위하여 5년마다 아동정책기본계획을 수립하여야 한다.

> **기출회독 키워드 > 241**
>
> 아동복지법

8

기출번호 22-08-24

한부모가족지원법의 내용으로 옳은 것은?

① 여성가족부장관은 5년마다 한부모가족에 대한 실태조사를 실시하고 그 결과를 공표하여야 한다.

② "청소년 한부모"란 18세 이하의 모 또는 부를 말한다.

③ 교육부장관은 청소년 한부모가 학업을 계속할 수 있도록 여성가족부장관에게 협조를 요청하여야 한다.

④ "모" 또는 "부"에는 아동인 자녀를 양육하는 미혼자(사실혼 관계에 있는 자는 제외한다)도 해당된다.

⑤ 한부모가족에 대한 국민의 이해와 관심을 제고하기 위하여 매년 9월 7일을 한부모가족의 날로 한다.

> **기출회독 키워드 > 243**
>
> 한부모가족지원법

9

기출번호 22-08-25

사회복지공동모금회법상 사회복지공동모금회(이하 '모금회'라 한다)에 관한 설명으로 옳지 않은 것은?

① 모금회는 사회복지사업을 지원하기 위하여 연중 기부금품을 모집할 수 있다.

② 지방자치단체는 모금회에 기부금품 모집에 필요한 비용을 보조할 수 있다.

③ 배분분과실행위원회는 20명 이상의 위원으로 구성된다.

④ 모금회는 정관을 작성하여 보건복지부장관의 허가를 받아 등기함으로써 설립된다.

⑤ 모금회는 매년 8월 31일까지 다음 회계연도의 공동모금재원 배분기준을 정하여 공고하여야 한다.

> **기출회독 키워드 > 245**
>
> 사회복지공동모금회법

10

기출번호 2l-08-l5

건강가정기본법에 관한 설명으로 옳지 않은 것은?

① "가족"이라 함은 혼인·혈연·입양으로 이루어진 사회의 기본단위를 말한다.

② 모든 국민은 혼인과 출산의 사회적 중요성을 인식하여야 한다.

③ "1인가구"라 함은 성인 1명 또는 그와 생계를 같이하는 미성년자녀로 구성된 생활단위를 말한다.

④ 국가는 양성이 평등한 육아휴직제 등의 정책을 적극적으로 확대 시행하여야 한다.

⑤ 국가는 생애주기에 따르는 가족구성원의 종합적인 건강증진대책을 마련하여야 한다.

11

기출번호 2l-08-20

정신건강증진 및 정신질환자 복지서비스 지원에 관한 법률상 정신질환자의 보호의무자가 될 수 있는 사람은?

① 후견인

② 파산선고를 받고 복권되지 아니한 사람

③ 해당 정신질환자를 상대로 소송 중인 사람

④ 행방불명자

⑤ 미성년자

12

기출번호 2l-08-2l

다음이 설명하는 한부모가족지원법상의 한부모가족복지시설은?

> 배우자(사실혼 관계에 있는 사람을 포함한다)가 있으나 배우자의 물리적·정신적 학대로 아동의 건전한 양육이나 모 또는 부의 건강에 지장을 초래할 우려가 있을 경우 일시적 또는 일정 기간 동안 모와 아동, 부와 아동, 모 또는 부에게 주거 등을 지원하는 시설

① 일시지원시설

② 출산지원시설

③ 양육지원시설

④ 생활지원시설

⑤ 한부모가족복지상담소

기출회독 키워드 > 243

한부모가족지원법

13

기출번호 2l-08-24

다음과 같은 역할을 하는 사회복지시설은?

> • 아동의 안전한 보호
> • 안전하고 균형 있는 급식 및 간식의 제공
> • 등·하교 전후, 야간 또는 긴급상황 발생 시 돌봄서비스 제공
> • 체험활동 등 교육·문화·예술·체육 프로그램의 연계·제공
> • 돌봄 상담, 관련 정보의 제공 및 서비스의 연계

① 장애인 지역사회재활시설

② 다함께돌봄센터

③ 아동보호전문기관

④ 지역장애아동지원센터

⑤ 노인공동생활가정

기출회독 키워드 > 24l

아동복지법

14

아동복지법상 보호가 필요한 아동을 발견하고 양육환경을 개선할 수 있도록 지원하기 위하여 이용할 수 있는 자료와 정보에 해당하는 것을 모두 고른 것은?

> ㄱ. 「국민건강보험법」 제41조 제1항 각 호에 따른 요양급여 실시 기록
> ㄴ. 「국민건강보험법」 제52조에 따른 영유아건강검진 실시 기록
> ㄷ. 「초·중등교육법」 제25조에 따른 학교생활기록 정보
> ㄹ. 「전기사업법」 제14조에 따른 단전 가구정보

① ㄱ, ㄴ, ㄷ   ② ㄱ, ㄴ, ㄹ
③ ㄱ, ㄷ, ㄹ   ④ ㄴ, ㄷ, ㄹ
⑤ ㄱ, ㄴ, ㄷ, ㄹ

기출회독 키워드 ＞ 241

아동복지법

16

노인복지법의 내용으로 옳지 않은 것은?

① 노인복지주택 입소자격자는 60세 이상의 노인이다.
② 보건복지부장관은 요양보호사가 거짓으로 자격증을 취득한 경우 그 자격을 취소하여야 한다.
③ 누구든지 노인학대를 알게 된 때에는 노인보호전문기관 또는 수사기관에 신고할 수 있다.
④ 노인일자리지원기관은 노인복지시설에 해당한다.
⑤ 지방자치단체는 65세 이상의 자에 대하여 건강진단과 보건교육을 실시할 수 있다.

기출회독 키워드 ＞ 240

노인복지법

15

한부모가족지원법의 내용으로 옳지 않은 것은?

① "청소년 한부모"란 24세 이하의 모 또는 부를 말한다.
② 한부모가족의 모 또는 부와 아동은 한부모가족 관련 정책결정과정에 참여할 권리가 있다.
③ 여성가족부장관은 자녀양육비 산정을 위한 자녀양육비 가이드라인을 마련하여 법원이 이혼 판결 시 적극 활용할 수 있도록 노력하여야 한다.
④ 국가와 지방자치단체는 청소년 한부모의 건강증진을 위하여 건강진단을 실시할 수 있다.
⑤ 국가나 지방자치단체는 아동양육비를 대여할 수 있다.

기출회독 키워드 ＞ 243

한부모가족지원법

17

장애인복지법의 내용으로 옳은 것은?

① 「난민법」 제2조 제2호에 따른 난민인정자는 장애인 등록을 할 수 있다.
② 보건복지부장관은 3년마다 장애인정책종합계획을 수립·시행하여야 한다.
③ 보건복지부장관은 5년마다 장애실태조사를 실시하여야 한다.
④ 보건복지부장관은 피해장애인의 임시 보호 및 사회복귀 지원을 위하여 장애인 쉼터를 설치·운영할 수 있다.
⑤ 장애인복지시설의 장은 장애인 거주시설에서 제공하여야 하는 서비스의 최저기준을 마련하여야 한다.

기출회독 키워드 ＞ 242

장애인복지법

18

기출번호 20-08-24

아동복지법의 내용으로 옳은 것은?

① 시장·군수·구청장은 보호조치 중인 보호대상아동의 양육상황을 3년마다 점검하여야 한다.

② 시·군·구에 두는 아동위원은 명예직으로 수당을 지급할 수 없다.

③ 보건복지부장관 소속으로 아동정책조정위원회를 둔다.

④ 아동권리보장원의 장은 아동학대가 종료된 이후에도 아동학대의 재발 여부를 확인하여야 한다.

⑤ 아동복지시설의 장은 보호하고 있는 12세 이상의 아동을 대상으로 자립지원계획을 수립하여야 한다.

기출회독 키워드 > 241

아동복지법

19

기출번호 20-08-25

사회복지공동모금회법의 내용으로 옳은 것은?

① 배분분과실행위원회는 위원장 1명을 포함하여 20명 이내의 위원으로 구성한다.

② 국가나 지방자치단체는 모금회의 관리·운영에 필요한 비용을 보조할 수 있다.

③ 기부금품의 기부자는 배분지역, 배분대상자 또는 사용 용도를 지정할 수 없다.

④ 사회복지공동모금회는 언론기관을 모금창구로 지정할 수 있으나 지정된 언론기관의 명의로 모금계좌를 개설할 수 없다.

⑤ 모금회의 정관으로 규정하지 아니한 사항은 「민법」 중 사단법인에 관한 규정을 준용한다.

기출회독 키워드 > 245

사회복지공동모금회법

20

기출번호 19-08-19

학대에 관한 설명으로 옳은 것을 모두 고른 것은?

> ㄱ. 장애인복지법상 장애인학대에 경제적 착취는 포함되지 않는다.
>
> ㄴ. 아동학대범죄의 처벌 등에 관한 특례법에 따른 아동학대범죄는 아동복지법상 아동학대 관련 범죄에 해당한다.
>
> ㄷ. 노인복지법상 노인학대라 함은 노인에 대하여 신체적·정신적·정서적·성적 폭력 및 경제적 착취 또는 가혹행위를 하거나 유기 또는 방임을 하는 것을 말한다.

① ㄷ   ② ㄱ, ㄴ

③ ㄱ, ㄷ   ④ ㄴ, ㄷ

⑤ ㄱ, ㄴ, ㄷ

기출회독 키워드 > 242

장애인복지법

21

기출번호 19-08-20

노인복지법상 노인복지시설의 종류에 해당하지 않는 것은?

① 노인주거복지시설

② 독거노인종합지원센터

③ 노인보호전문기관

④ 학대피해노인 전용쉼터

⑤ 노인일자리지원기관

기출회독 키워드 > 240

노인복지법

22

기출번호 19-08-21

사회복지법상 연령 규정이 옳지 않은 것은?

① 다문화가족지원법상 "아동 · 청소년"이란 24세 이하인 사람을 말한다.

② 아동복지법상 "아동"이란 18세 미만인 사람을 말한다.

③ 한부모가족지원법상 "청소년 한부모"란 24세 이하의 모 또는 부를 말한다.

④ 한부모가족지원법상 "취학 중인 경우의 아동"은 24세 미만인 사람을 말한다.

⑤ 노인복지법상 노인의 정의에 대한 연령 규정은 없다.

> **기출회독 키워드 > 243**
>
> 한부모가족지원법

24

기출번호 19-08-23

자원봉사활동의 기본방향에 관한 자원봉사활동기본법 제2조제2호 규정이다. (   )에 들어갈 내용이 아닌 하나는?

> 자원봉사활동은 무보수성, 자발성, (   ), (   ), (   ), (   )의 원칙 아래 수행될 수 있도록 하여야 한다.

① 공익성

② 비영리성

③ 비정파성(非政派性)

④ 비종파성(非宗派性)

⑤ 무차별성

> **기출회독 키워드 > 247**
>
> 자원봉사활동기본법

23

기출번호 19-08-22

사회복지공동모금회법의 내용으로 옳지 않은 것은?

① 기부하는 자의 의사에 반하여 기부금품을 모집하여서는 아니 된다.

② 공동모금재원은 지역 · 단체 · 대상자 및 사업별로 복지수요가 공정하게 충족되도록 배분하여야 한다.

③ 공동모금재원의 배분은 객관적인 기준에 따라 효율적으로 이루어지도록 하고, 그 결과를 공개하여야 한다.

④ 이 법 또는 모금회의 정관으로 규정하지 아니한 사항은 「민법」 중 사단법인에 관한 규정을 준용한다.

⑤ 국가나 지방자치단체는 모금회에 기부금품 모집에 필요한 비용과 모금회의 관리 · 운영에 필요한 비용을 보조할 수 있다.

> **기출회독 키워드 > 245**
>
> 사회복지공동모금회법

25

기출번호 19-08-24

성폭력방지 및 피해자보호 등에 관한 법률의 내용으로 옳지 않은 것은?

① 피해자의 의사에 반하여 피해자 상담을 할 수 있다.

② 보호시설의 장이나 종사자는 업무상 알게 된 비밀을 누설해서는 아니 된다.

③ 보호시설에 대한 보호비용의 지원 방법 및 절차 등에 필요한 사항은 여성가족부령으로 정한다.

④ 시장 · 군수 · 구청장은 민간의료시설을 피해자등의 치료를 위한 전담의료기관으로 지정할 수 있다.

⑤ 국가 또는 지방자치단체는 이 법 제27조제2항에 따른 치료 등 의료 지원에 필요한 경비의 전부 또는 일부를 지원할 수 있다.

> **기출회독 키워드 > 249**
>
> 성폭력방지 및 피해자보호 등에 관한 법률

11장

판례

해답 & 오답노트 501쪽 ⊙

01 기출번호 21-08-22

의족 파손에 따른 요양급여 청구사건 대법원 판례(2012두20991)의 내용으로 옳지 않은 것은?

> (개요) 의족을 착용하고 아파트 경비원으로 근무하던 갑이 제설작업 중 넘어져 의족이 파손되는 등의 재해를 입고 요양급여를 신청하였으나, 근로복지공단이 '의족 파손'은 요양급여 기준에 해당하지 않는다는 이유로 요양불승인처분을 한 사안에 대하여 요양불승인처분 취소

① 업무상 재해로 인한 부상의 대상인 신체를 반드시 생래적 신체에 한정할 필요는 없다.
② 의족 파손을 업무상 재해로 보지 않을 경우 장애인 근로자에 대한 보상과 재활에 상당한 공백을 초래한다.
③ 신체 탈부착 여부를 기준으로 요양급여 대상을 가르는 것이 합리적이라 할 수 없다.
④ 의족 파손을 업무상 재해에서 제외한다면, 사업자들로 하여금 의족 착용 장애인들의 고용을 소극적으로 만들 우려가 있다.
⑤ 업무상의 사유로 근로자가 장착한 의족이 파손된 경우는 「산업재해보상보험법」상 요양급여의 대상인 근로자의 부상에 포함되지 않는다.

기출회독 키워드 > 250

판례

02 기출번호 19-08-25

장애인고용부담금 부과처분과 관련한 헌법재판소 결정(2001헌바96)의 내용으로 옳지 않은 것은?

① 기업의 경제상 자유는 공공복리를 위해 법률로 제한할 수 있다.
② 국가는 경제주체 간의 조화를 통한 경제민주화를 위해 규제와 조정을 할 수 있다.
③ 고용부담금제도는 장애인고용의무제의 실효성을 확보하는 수단이므로 입법목적의 정당성이 인정된다.
④ 고용부담금제도는 그 자체가 고용의무를 성실히 이행하는 사업주와 그렇지 않은 사업주 간의 경제적 부담의 불균형을 조정하는 기능을 하기 때문에 고용부담금제도 자체의 차별성은 문제가 되지 않는다.
⑤ 대통령령이 정하는 일정수 이상의 근로자를 고용하는 사업주는 기준고용률 이상에 해당하는 장애인을 고용해야 한다고 규정한 구 장애인고용촉진등에관한법률 제35조 제1항 본문은 헌법에 불합치한다.

기출회독 키워드 > 250

판례

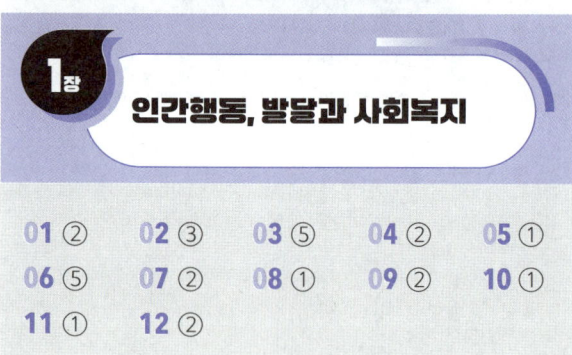

1과목 사회복지기초

1영역 인간행동과 사회환경

1장 인간행동, 발달과 사회복지

01 ②	02 ③	03 ⑤	04 ②	05 ①
06 ⑤	07 ②	08 ①	09 ②	10 ①
11 ①	12 ②			

01

답과해설 답 ②

마킹률	① 2%	② 95%	③ 1%	④ 0%	⑤ 2%

오답노트

① 인간발달이론은 사정단계에서만 유용한 것이 아니라 사회복지실천의 전 과정에서 유용하다.
③ 인간발달이론은 개인뿐만 아니라 환경의 영향력 및 양자의 상호작용을 함께 평가한다.
④ 인간발달이론은 생물학적 요소인 유전과 환경 양자 모두를 중시한다.
⑤ 사회복지실천에서는 다양한 클라이언트의 고유성을 인정하고 개별화하여 이해한다.

02

답과해설 답 ③

마킹률	① 4%	② 1%	③ 61%	④ 7%	⑤ 27%

오답노트

① 발달에는 최적의 시기가 존재하며 이를 결정적 시기 혹은 적기성이라고 한다.
② 인간발달은 일정한 순서와 방향이 있으며 이에 따라 예측이

가능하다.
④ 발달은 대근육 중심부위에서 소근육 말초부위로 진행된다.
⑤ 성장은 신체의 크기가 커지거나 근육의 힘이 더 세지는 양적 증가와 확대를 말한다. 유전적으로 미리 정해진 정도까지 도달하는 생물학적 변화는 성숙의 개념이다.

03

답과해설 답 ⑤

마킹률	① 4%	② 1%	③ 2%	④ 12%	⑤ 81%

무의식을 강조하는 것은 프로이트의 정신분석이론이다. 행동주의이론은 구체적으로 관찰할 수 있는 행동에 초점을 두는 이론이다.

04

답과해설 답 ②

마킹률	① 2%	② 86%	③ 1%	④ 10%	⑤ 1%

오답노트

① 발달은 긍정적·상승적 변화와 부정적·퇴행적 변화를 모두 포함한다.
③ 인간발달은 보편적 과정이 있지만 개인차도 존재한다.
④ 발달은 양적 변화와 질적 변화를 모두 포함한다. 키·몸무게 등은 양적 변화에 해당하며, 인지특성·정서 등은 질적 변화에 해당한다.
⑤ 각 발달단계에서의 발달 속도는 일정하지 않다. 발달이 빠르게 일어나는 시기도 있고 더디게 진행되는 시기도 있다.

05

답과해설 답 ①

마킹률	① 64%	② 13%	③ 14%	④ 6%	⑤ 3%

① 발달은 태내 수정 또는 출생에서부터 사망에 이르기까지 신체적·인지적·정서적·사회적 측면 등 전인적인 측면에서 전 생애에 걸쳐 일어나는 변화 양상과 과정을 말한다.

06

답과해설 답 ⑤

마킹률	① 1%	② 1%	③ 1%	④ 2%	⑤ 95%

⑤ 인간발달이론은 클라이언트의 문제를 파악하고 분석함에 있어 준거틀이 되기도 하며, 목표를 설정하기 위한 기준이 되기도 하며, 개입과정에서 클라이언트의 행동과 변화과정을 이해하는 기반이 되기도 한다.

7

답과해설 답 ②

마킹률	① 7%	② 55%	③ 28%	④ 7%	⑤ 3%

② 정신질환 진단 및 통계편람(DSM)은 미국 정신의학회에서 각종 정신질환의 정의 및 증상을 판단하는 기준을 제시하기 위해 1952년 첫 출간하여 2013년 5번째 개정판이 출간되었다. 가장 많이 쓰이기는 하지만 유일한 것은 아니다. WHO에서 발행하는 국제질병분류(ICD)나 이를 기반으로 우리나라에 맞게 정리한 한국표준질병·사인분류(KCD) 등도 있다.

8

답과해설 답 ①

마킹률	① 94%	② 1%	③ 3%	④ 1%	⑤ 1%

① 인간의 발달에는 신체 및 심리발달이 가장 용이하게 이루어지는 결정적 시기 혹은 최적의 시기가 존재한다. 이 시기를 놓치면 발달과업 획득의 효율성이 떨어질 수 있다.

9

답과해설 답 ②

마킹률	① 7%	② 75%	③ 6%	④ 4%	⑤ 8%

② 성숙은 유전적 기제의 작용에 의해 나타나는 체계적·규칙적으로 진행되는 변화를 말한다. 부모에게 받은 유전인자 정보에 따라 변화하므로 경험이나 훈련과는 관계가 없다.

10

답과해설 답 ①

마킹률	① 94%	② 1%	③ 1%	④ 4%	⑤ 0%

사례에서 A, B, C 모두 50세로 동갑이지만, A는 노안이 왔고, B는 노안이 오진 않았으나 흰머리가 많아졌고, C는 노안도 왔고 흰머리도 많고 기억력도 좋지 않다. 이처럼 같은 연령이어도 인간의 발달에는 개인차가 있음을 보여주고 있다.

11

답과해설 답 ①

마킹률	① 62%	② 13%	③ 1%	④ 21%	⑤ 3%

오답노트

② 피아제 이론은 발달단계에 있어서 각 단계에 도달하는 개인 간 연령의 차이는 있을 수 있으나 발달단계의 순서는 뒤바뀌지 않는다고 보았다.

③ 모방학습의 중요성을 강조한 것은 반두라 이론이다. 반두라 이론은 인간의 행동 또는 성격의 결정요인으로 사회적 요소를 중요하게 생각하며, 대부분의 학습은 다른 사람의 행동을 관찰하고 모방한 결과로 이루어진다고 보았다.

④ 스키너 이론은 다른 성격이론들과 달리 내적인 동기와 욕구, 지각에 초점을 두기보다는 구체적으로 관찰할 수 있는 행동에 초점을 둔다. 즉, 인간행동은 내적 충동보다 외적 자극에 의해 동기화된다고 본다.

⑤ 로저스 이론은 성격발달 그 자체에 특별한 주의를 기울이지 않았기 때문에 발달단계에 대한 구체적인 시기를 언급하지는 않았다.

12

답과해설 답 ②

마킹률	① 1%	② 95%	③ 3%	④ 1%	⑤ 0%

오답노트

① 인간발달은 일정한 순서대로 진행되는 경향이 있기 때문에 체계적이고 예측이 가능하다.

③ 발달과정에는 안정적 속성과 변화의 속성이 서로 공존하여 나타난다.

④ 인간발달은 신체의 상부에서 하부로, 중심부위에서 말초부위로 진행된다.

⑤ 발달의 순서는 일정하지만 발달의 속도가 일정한 것은 아니다.

2장 정신역동이론

01 ④	02 ④	03 ③	04 ⑤	05 ②
06 ④	07 ⑤	08 ⑤	09 ③	10 ③
11 ③	12 ①	13 ⑤	14 ⑤	15 ⑤
16 ①	17 ⑤	18 ⑤	19 ②	

1

답과해설 답 ④

마킹률	① 4%	② 2%	③ 11%	④ 80%	⑤ 3%

오답노트

① 융의 이론은 분석심리이론이며, 동화는 피아제의 인지발달

이론의 주요 개념이다.
② 매슬로우의 이론은 욕구이론이며, 열등감은 아들러의 개인 심리이론의 주요 개념이다.
③ 피아제의 이론은 인지발달이론이 맞지만, 결핍동기는 매슬로우의 욕구이론의 주요 개념이다.
⑤ 로저스의 이론은 현상학이론이며, 아니마는 융의 분석심리이론의 주요 개념이다.

02

답과해설 답 ④

마킹률	① 5%	② 7%	③ 17%	④ 56%	⑤ 15%

성격유형을 자아의 태도와 정신기능으로 구분한 학자는 융이다. 융은 자아의 태도를 외향형(E)과 내향형(I)으로 나누었고, 자아의 정신기능을 비합리적 기능인 감각형(S)과 직관형(N), 합리적 기능인 사고형(T)과 감정형(F)으로 나누었다.

03

답과해설 답 ③

마킹률	① 6%	② 17%	③ 68%	④ 7%	⑤ 2%

심리적 갈등이 근육계통의 증상으로 나타나는 방어기제는 전환(conversion)이다. 전환은 심리적 갈등이 감각기관이나 수의근계통의 증상으로 나타나는 것이다. 내면화는 개인이 외부의 대상을 자신의 내면으로 흡수하거나 동화시키는 심리적 과정으로서 무의식적으로 이루어지며, 자아를 보호하거나 정체성을 형성하기 위해 사용된다.

04

답과해설 답 ⑤

마킹률	① 15%	② 3%	③ 4%	④ 3%	⑤ 75%

오답노트

① 점성원리는 에릭슨 심리사회이론의 특징이다.
② 아들러는 인간을 창조적인 존재로 보았다(창조적 자기).
③ 아들러는 인간행동의 동기를 무의식이 아닌 열등감으로 보았다.
④ 아들러는 열등감 및 생활양식 등과 관련하여 유전적·환경적 요인을 중요하게 고려하였다.

05

답과해설 답 ②

마킹률	① 41%	② 50%	③ 3%	④ 4%	⑤ 2%

에릭슨의 발달단계 위기와 성취 덕목

• 유아기: 신뢰감 대 불신감 → 희망
• 초기아동기: 자율성 대 수치심(의심) → 의지
• 학령전기: 주도성 대 죄의식 → 목적
• 학령기: 근면성 대 열등감 → 유능성
• 청소년기: 자아정체감 대 정체감 혼란 → 성실
• 성인초기: 친밀성 대 고립(소외) → 사랑
• 성인기: 생산성 대 침체 → 배려, 돌봄
• 노년기: 자아통합 대 절망 → 지혜

06

답과해설 답 ④

마킹률	① 8%	② 5%	③ 10%	④ 72%	⑤ 5%

오답노트

① 융의 이론은 분석심리이론으로 불린다.
② 사회적 관심과 활동수준을 기준으로 생활양식 유형을 4가지(사회적으로 유용한 형, 지배형, 획득형, 회피형)로 나눈 것은 아들러이다. 융은 인간의 심리적 유형(성격유형)을 자아성향(외향형, 내향형)과 정신기능(사고, 감정, 직관, 감각)이라는 2가지 기준을 근거로 분류하였다.
③ 융은 성격발달을 아동기, 청년기 및 성인초기, 중년기, 노년기의 4단계로 기술하였다.
⑤ 창조적 자기(creative self)는 아들러의 개념이다.

07

답과해설 답 ⑤

마킹률	① 2%	② 24%	③ 22%	④ 2%	⑤ 50%

⑤ 전치는 실제 어떤 대상에 대한 감정을 다른 대상(덜 위험한 대상)을 상대로 표출하는 것이다. 대표적인 예로 '종로에서 뺨 맞고 한강에서 화풀이 한다'라는 속담이 해당한다. '낮은 성적을 받은 이유를 교수가 중요치 않은 문제만 출제한 탓이라 여긴다'는 합리화 중 투사형 합리화에 해당한다. 중요치 않은 문제만 출제한 점을 원인으로 두어 자신의 낮은 점수에 대해 합리화를 시도한 것이며, 특히 자신이 공부를 열심히 하지 않은 것을 인정하는 것이 어려워 성적이 낮은 원인을 출제자인 교수한테 돌렸다는 점은 투사로 볼 수 있기 때문에 투사형 합리화이다.

08

답과해설 답 ⑤

마킹률	① 3%	② 2%	③ 2%	④ 5%	⑤ 88%

⑤ 학령기(아동기, 6~12세)는 근면 대 열등의 심리사회적 위기를 겪는다. 자율성 대 수치와 의심의 심리사회적 위기를 경

험하는 단계는 초기아동기(18개월~3세)에 해당한다.

09

답과 해설 답 ③

마킹률	① 4%	② 7%	③ 83%	④ 4%	⑤ 2%

오답노트

① 정신분석이론에서는 인간을 수동적인 존재로 보았다. 인간의 행동은 무의식적 본능에 의해 결정된다고 보면서, 인간의 자유의지, 자발성, 책임성, 자기결정 능력 등에 대해 부정적 입장을 취했다.
② 거세불안과 남근선망은 남근기(phallic stage, 3~6세)에 해당하는 특징이다.
④ 현실원리, 성격의 실행자는 자아이다.
⑤ 성격구조(구조적 모형)를 원초아, 자아, 초자아로 구분하였다. 구강기 → 항문기 → 남근기 → 잠복기 → 생식기 등 5단계의 심리성적 발달단계를 제시하였다.

10

답과 해설 답 ③

마킹률	① 12%	② 2%	③ 78%	④ 3%	⑤ 5%

오답노트

ㄹ. 남성의 여성적 면은 아니마(anima), 여성의 남성적 면은 아니무스(animus)이다.

11

답과 해설 답 ③

마킹률	① 3%	② 5%	③ 36%	④ 27%	⑤ 29%

오답노트

ㄱ. 일차적 사고과정을 따르는 것은 원초아(id)이다. 일차적 사고는 비합리적 사고방식으로서 긴장을 감소시키고 본능적 충동의 만족에 필요한 대상의 표상을 만들어내며, 어떤 것이 현실인지 아닌지를 구별하지 못하는 사고를 말한다.
ㄷ. 신경증적 불안은 원초아의 욕구, 즉 성적 본능이나 공격적 본능이 표출되는 것에 대해 자아가 조절할 수 없을 것이라는 위험을 느낄 때 발생하는 불안이다. 원초아와 자아 사이의 충돌이나 갈등으로 발생하는 불안이다.

12

답과 해설 답 ①

마킹률	① 89%	② 3%	③ 2%	④ 3%	⑤ 3%

오답노트

② 융은 리비도를 프로이트가 말한 성적 에너지에 국한하지 않고, 인생 전반에 걸쳐 작동하는 생활에너지 혹은 모든 지각, 사고, 감정, 충동의 원천이 되는 에너지로 간주한다.
③ 개인의 의식 속에 존재하는 유일한 정신기관은 자아(ego)이다.
④ 남성이 억압시킨 여성성을 아니마(anima)라고 하고, 여성이 억압시킨 남성성을 아니무스(animus)라고 한다.
⑤ 자아의 정신기능에서 판단이나 평가를 필요로 하는 기능인 '사고'와 '감정'은 합리적 기능으로, 이성적 판단을 필요로 하지 않는 지각의 두 형태인 '감각'과 '직관'은 비합리적 기능으로 분류된다.

13

답과 해설 답 ⑤

마킹률	① 6%	② 10%	③ 3%	④ 6%	⑤ 75%

⑤ 사회적 관심은 각 개인이 이상적인 공동사회의 목표를 달성하고자 할 때 사회에 공헌하려는 성향을 말한다. 가족관계 및 다른 아동기 경험에서 발달하며, 어머니가 사회적 관심의 발달에 가장 큰 영향을 준다. 심리적 성숙의 주요 기준이 되며, 선천적이지만 의식적으로 개발하는 것도 필요하다. 적절한 지도와 훈련으로 사회적 관심을 달성해야 한다.

14

답과 해설 답 ⑤

마킹률	① 2%	② 8%	③ 4%	④ 3%	⑤ 83%

⑤ 에릭슨의 심리사회발달 8단계에서 아동기(학령기)에는 근면성 대 열등감의 심리사회적 위기를 겪는다. 이 시기를 훌륭하게 보낸 아동은 사회환경에 적극적인 영향력을 발휘할 수 있는 자신감과 능력을 갖게 되고, 이 단계의 과업을 성공적으로 달성하지 못하면 열등감이 형성되어 계속적 실패를 경험할 수 있다.

15

답과 해설 답 ⑤

마킹률	① 13%	② 5%	③ 7%	④ 4%	⑤ 71%

⑤ 프로이트 이론의 자유연상은 클라이언트 스스로 일상생활의 상념과 선입견을 제거하고 어떤 감정이나 생각도 억압하지 않고, 마음에 떠오르는 생각이나 느낌을 무엇이든 자유롭게 말하도록 하는 방법이다. 자유연상 기법을 통해 자기 꿈 저변에 깔려 있는 의미에 도달하게 되며, 무의식 혹은 무의식적 갈등에 접근할 수 있다고 보았다. 프로이트는 자유연상이 차단되거나 저항이 발생하는 것은 개인이 민감한 영역들을 무의식적으로 통제하기 때문에 초래된 결과라고 가

정하고, 치료를 위해서 바로 이 민감한 영역들을 파헤쳐 밝혀내야 한다고 믿었다.

16

답과해설 답 ①

마킹률	① 67%	② 18%	③ 4%	④ 9%	⑤ 2%

오답노트

② 양육자와의 상호작용과정에서 최초로 갈등을 경험하는 시기는 구강기이다.
③ 자율성과 수치심을 주로 경험하는 시기는 항문기이다.
④ 오이디푸스 · 엘렉트라 콤플렉스가 강해지는 시기는 남근기이다.
⑤ 리비도(libido)가 항문부위로 집중되는 시기는 항문기이다.

17

답과해설 답 ⑤

마킹률	① 17%	② 8%	③ 11%	④ 12%	⑤ 52%

오답노트

① 에릭슨 이론은 인간발달에 있어서 유전적 · 생물학적 요인도 영향을 미친다고 보았다.
② 에릭슨 이론은 사회적 · 문화적 요인을 배경으로 인간발달을 이해하게 함으로써 정신분석학을 확대, 발전시켰다.
③ 에릭슨 이론은 유아기부터 노년기까지 8단계로 이루어진 발달단계를 제시했다.
④ 에릭슨 이론은 인간행동의 기초로서 원초아(id)보다 자아(ego)를 더 강조한다. 에릭슨은 자아를 성격의 자율적 구조로 보았으며, 자아는 원초아로부터 분화된 것이 아니라 그 자체로 형성되며 환경에 대해 적극적이고 창조적으로 대응한다고 보았다.

18

답과해설 답 ⑤

마킹률	① 3%	② 4%	③ 35%	④ 24%	⑤ 34%

ㄱ. 자기는 의식과 무의식의 세계를 모두 포괄하는 진정한 나를 의미하며 통합성을 추구하는 원형이다. 개성화를 통해 성격이 충분히 발달될 때까지, 즉 중년기 때까지는 거의 드러나지 않는다.
ㄴ. 인간의 행동과 성격은 과거 사건에 의해 일정 부분 결정되지만, 미래의 목표와 가능성에 따라 조정된다고 보았다.
ㄷ. 리비도는 정신이 작용하는 데 사용되는 에너지, 즉 정신에너지를 일컫는다. 프로이트가 말한 성적 에너지에 국한되지 않고, 인생 전반에 걸쳐 작동하는 생활에너지 혹은 모든 지각, 사고, 감정, 충동의 원천이 되는 에너지로 간주한다.

ㄹ. 융은 성격 발달을 개성화의 과정을 통한 자기실현과정이라고 본다. 개성화는 자아를 외적 · 물질적 차원으로부터 내적 · 정신적 차원으로 전환시키는 것을 의미한다.

19

답과해설 답 ②

마킹률	① 2%	② 23%	③ 3%	④ 31%	⑤ 41%

② 생활양식은 개인의 독특한 특징을 포괄하는 개념이며, 개인의 생활양식은 생각하고 느끼고 행동하는 모든 것의 기초가 된다. 아들러는 생활양식을 사회적 관심과 활동수준에 따라 지배형, 획득형, 회피형, 사회적으로 유용한 유형 등 4가지 유형으로 구분하였다.

3장 인지행동이론

01 ④	02 ①	03 ①	04 ④	05 ①
06 ④	07 ③	08 ④	09 ④	10 ④
11 ⑤	12 ③	13 ⑤	14 ⑤	15 ②
16 ④	17 ①	18 ②		

01

답과해설 답 ④

마킹률	① 8%	② 9%	③ 6%	④ 54%	⑤ 23%

오답노트

ㄱ. 행동주의이론은 인간을 보상과 처벌에 따라 유지되는 기계적 존재로 본다.
ㄴ. 행동주의이론은 인간행동이 자유의지의 결과가 아니라 외적 자극에 의해 동기화된다고 본다.

02

답과해설 답 ①

마킹률	① 84%	② 5%	③ 3%	④ 4%	⑤ 4%

부적 강화는 혐오스러운 결과를 제거함으로써 바람직한 행동의 빈도를 증가시킨다.

03

답과해설 답 ①

마킹률	① 68%	② 14%	③ 5%	④ 2%	⑤ 11%

물활론적 사고를 하는 시기는 전조작기이다. 물활론적 사고란 어린아이들이 생명이 없는 대상에게 자신의 감정과 의식을 부여하여 생명이 있다고 믿는 사고방식을 의미한다.

04

답과해설 답 ④

마킹률	① 16%	② 15%	③ 9%	④ 43%	⑤ 17%

오답노트

① 사회적인 인정에 관심을 가지고 착한 행동을 함으로써 타인의 인정을 받고자 하는 단계는 인습적 수준 중 3단계 개인 상호 간의 규준적 도덕성이다.

② 개인의 양심에 비추어 옳고 그름을 판단하는 단계는 후인습적 수준 중 6단계 보편적 원리에 의한 도덕성이다.

③ 행동의 결과가 가져오는 보상이나 처벌에 의해 옳고 그름을 판단하는 단계는 전인습적 수준의 1단계와 2단계이다. 처벌이 두려워서 복종하는 단계는 1단계 타율적 도덕성이고, 보상이나 개인의 욕구충족 수단으로서의 도덕성은 2단계 개인적·도구적 도덕성이다.

⑤ 규칙을 준수하고 사회질서를 유지하는 것이 도덕적 행동이라 생각하는 단계는 인습적 수준 중 4단계 사회체계 도덕성이다.

05

답과해설 답 ①

마킹률	① 72%	② 17%	③ 7%	④ 3%	⑤ 1%

① 스키너는 인간의 행동은 환경적 자극에 따라 동기화되고 행동의 결과에 따라 결정된다고 보았다. 스키너의 행동주의이론은 학습을 통해 행동이 형성된다는 관점을 제공하였다.

06

답과해설 답 ④

마킹률	① 7%	② 4%	③ 5%	④ 72%	⑤ 12%

④ 스키너는 인간에 대해 보상과 처벌에 따라 유지되는 기계적 존재로 보면서 환경적 자극에 의해 동기화되고 학습에 의해 행동이 결정된다고 보았다. 인간이 창조성을 가지며 자아실현을 위한 욕구를 갖는다고 본 학자는 매슬로우이다.

07

답과해설 답 ③

마킹률	① 7%	② 13%	③ 22%	④ 23%	⑤ 35%

오답노트

ㄷ. 반두라는 자기효능감 지표로서 실제수행, 대리경험, 언어적 설득, 생리적 단서 등 4가지를 제시하였다. 실제수행을 통한 성공경험이 가장 영향력 있는 자기효능감의 원천이라고 보았다.

ㄹ. 자기강화는 자신이 통제할 수 있는 보상을 자기 자신에게 줌으로써 자기 행동을 개선 또는 유지하는 과정이다.

08

답과해설 답 ④

마킹률	① 7%	② 19%	③ 11%	④ 56%	⑤ 7%

④ 구체적 조작기에는 객관적·논리적 사고가 가능해지지만 추상적 사고까지 획득하지는 못한다. 추상적 사고는 형식적 조작기의 특징이다.

09

답과해설 답 ④

마킹률	① 10%	② 11%	③ 4%	④ 68%	⑤ 7%

④ 조작적 조건화는 유기체가 원하는 결과를 얻기 위해 자발적인 반응으로서 행동함을 설명하는 개념으로, 스키너는 쥐실험을 통해 조작적 조건화의 개념을 제시하였다.

10

답과해설 답 ④

마킹률	① 7%	② 3%	③ 9%	④ 66%	⑤ 15%

오답노트

① 피아제가 제시한 인지발달단계는 감각운동기(0~2세) → 전조작기(2~7세) → 구체적 조작기(7~11/12세) → 형식적 조작기(12세~성인)이다.

② 문화적·사회경제적·인종적 차이를 고려하여 인지발달단계를 제시한 것은 아니다.

③ 추상적 사고의 확립은 형식적 조작기의 특징이다.

⑤ 보존개념은 전조작기부터 어렴풋하게 이해하기 시작하며 구체적 조작기에서야 획득된다.

11

답과해설 답 ⑤

마킹률	① 15%	② 7%	③ 24%	④ 7%	⑤ 47%

ㄹ. 정해진 수의 반응이 일어난 후 강화를 주는 것은 고정비율 강화계획이다. 고정간격 강화계획은 일정한 시간간격에 따라 강화를 주는 것이다.

12

답과해설 답 ③

마킹률	① 11%	② 8%	③ 44%	④ 10%	⑤ 27%

ㄱ. 시간의 원리: 무조건 자극보다 조건 자극이 먼저 또는 동시에 제공되어야 조건형성이 이루어진다.

ㄴ. 강도의 원리: 무조건 자극에 대한 반응이 조건 자극에 대한 반응보다 강해야 한다.

13

답과해설 답 ⑤

마킹률	① 3%	② 9%	③ 30%	④ 10%	⑤ 48%

가변간격 강화계획은 강화들 사이의 시간 간격이 일정하지 않은 강화계획을 말한다. 강화 시행의 간격이 다르며, 평균적으로 확인할 수 있는 시간 간격이 지난 후 강화한다. ⑤의 사례는 1년에 6회 자체 소방안전 점검을 실시하되, 시간 간격이 일정하지 않게 불시에 실시하여 소방안전 관리를 강화하므로 가변간격 강화계획에 해당한다.

14

답과해설 답 ⑤

마킹률	① 4%	② 6%	③ 3%	④ 8%	⑤ 79%

전조작기는 상징적 사고가 본격화되면서 가상놀이(상상놀이)를 즐긴다. 감각운동기에 형성되기 시작한 대상영속성이 확립되며, 관계의 또 다른 면을 상상하지 않고 한 방향에서만 생각하는 비가역성을 갖는다. 전조작기 사고를 나타내는 대표적인 예는 상징놀이와 물활론, 자아중심성이다. 보존개념을 어렴풋이 이해하기 시작하지만 아직 획득하지 못한 단계이다.

⑤ 다중 유목화의 논리를 이해하는 시기는 구체적 조작기에 해당한다.

15

답과해설 답 ②

마킹률	① 13%	② 40%	③ 18%	④ 15%	⑤ 14%

② 콜버그는 피아제 학파의 전통을 이은 대표적 연구자로서 피아제의 도덕추론연구를 청소년기와 성인기까지 확장했다.

16

답과해설 답 ④

마킹률	① 3%	② 11%	③ 25%	④ 47%	⑤ 14%

관찰학습의 과정

1. 주의집중과정: 모방할 행동에서 중요한 특징에 관심을 기울이고, 정확하게 지각하기 위해 노력한다.
2. 보존과정: 모방한 행동을 상징적인 형태로 기억 속에 담는다.
3. 운동재생과정: 모델을 모방하기 위해 심상 및 언어로 기호화된 표상을 외형적인 행동으로 전환한다.
4. 동기화과정: 관찰한 것을 적절하게 수행하도록 동기유발을 시켜 행동을 통제한다.

17

답과해설 답 ①

마킹률	① 48%	② 9%	③ 17%	④ 9%	⑤ 17%

② 스키너 이론은 행동의 학습은 어떤 강화가 없으면 일어나지 않는다고 보면서 조작적 조건화의 개념을 강조한다. 반응적 행동을 강조하는 반응적 조건형성은 파블로프의 고전적 조건형성이다.

③ 평균적으로 일정한 수의 반응이 일어난 후에 강화물을 제공하는 것은 가변비율 강화계획이다. 변동간격 강화계획은 강화들 사이의 시간 간격이 일정하지 않은 강화계획이다.

④ 스키너 이론에 의하면 인간행동이나 성격은 인간이 지닌 자유의지가 아닌 환경적 자극에 반응하는 과정을 통해 형성된 결과물이다. 인간은 보상과 처벌에 따라 유지되는 기계적 존재로, 모든 인간행동은 법칙적으로 결정되고 예측 가능하므로 통제할 수 있다고 보았다.

⑤ 특정 행동의 빈도를 감소시키는 효과를 지니는 것은 처벌에 해당한다. 강화는 보상을 제공하여 행동에 대한 반응을 강력하게 하는 것을 말하며, 정적 강화와 부적 강화로 구분할 수 있다. 정적 강화는 즐거운 결과를 부여하여 행동 재현을 가져오게 하는 것이고, 부적 강화는 혐오스러운 결과를 제거함으로써 바람직한 행동 재현을 가져오는 것이다.

18

답과해설 답 ②

마킹률	① 16%	② 18%	③ 45%	④ 18%	⑤ 3%

피아제는 인지발달 촉진요인으로 성숙, 물리적 경험, 사회적

상호작용, 평형화를 제시했다.
- 성숙은 우리가 세상을 이해하고 알아가는 데 가장 많은 영향을 미치는 요인으로서 유전적 프로그램에 의해 생물학적 변화가 전개되는 것이다.
- 물리적 경험은 신체적으로 성숙하며 환경에 대응하고 학습하는 능력의 증가로 다양한 경험을 통해 지식을 구성해 나가는 것이다.
- 사회적 상호작용은 또래나 주변 사람과의 상호작용을 통해 습득하는 것을 말한다.
- 평형화는 조직화, 동화, 조절의 행위로 이루어지며, 사고가 균형을 찾으려는 행위 과정으로 평형화가 깨질 때 학습이 일어난다.

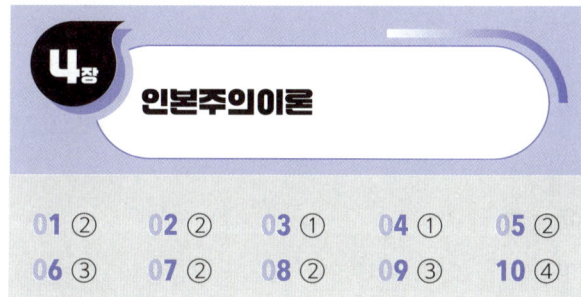

4장 인본주의이론

| 01 ② | 02 ② | 03 ① | 04 ① | 05 ② |
| 06 ③ | 07 ② | 08 ② | 09 ③ | 10 ④ |

1
답과 해설 답 ②

| 마킹률 | ① 2% | ② 92% | ③ 1% | ④ 2% | ⑤ 3% |

로저스는 인본주의자로서 발달단계를 제시하지 않았다. 아울러 같은 인본주의자인 매슬로우 역시 연령에 따른 발달적 접근은 제시하지 않았다. 매슬로우가 제시한 것은 엄밀히 말해 '욕구발달단계'가 아니라 '욕구단계'이며, 따라서 매슬로우의 이론을 욕구단계이론이라고 칭한다.

2
답과 해설 답 ②

| 마킹률 | ① 4% | ② 65% | ③ 16% | ④ 12% | ⑤ 3% |

오답노트
① 인간의 무의식을 강조한 것은 정신분석이론의 프로이트이다.
③ 인간행동에 대한 환경결정론을 강조한 것은 행동주의 이론의 스키너이다.
④ 자기완성의 필수 요인으로 열등감 극복을 강조한 것은 개인심리이론의 아들러이다.
⑤ 모방학습의 중요성을 강조한 것은 사회학습이론의 반두라이다.

3
답과 해설 답 ①

| 마킹률 | ① 32% | ② 26% | ③ 5% | ④ 30% | ⑤ 7% |

오답노트
ㄴ. 비합리적인 신념은 엘리스의 합리적 정서행동치료에 해당한다.
ㄷ. 행동조성은 스키너 이론에 해당한다.
ㄹ. 집단무의식은 융이 제시한 개념이다.

4
답과 해설 답 ①

| 마킹률 | ① 68% | ② 4% | ③ 4% | ④ 20% | ⑤ 4% |

① 로저스는 인간은 누구나 사랑받고 존중받아야 한다고 보면서, 조건적 긍정적 관심이 아닌 무조건적 긍정적 관심을 강조하였다.

5
답과 해설 답 ②

| 마킹률 | ① 6% | ② 65% | ③ 19% | ④ 8% | ⑤ 2% |

② 매슬로우의 욕구위계에서 가장 높은 단계는 자아실현의 욕구이다.

매슬로우의 욕구 5단계
- 1단계: 생리적 욕구
- 2단계: 안전 욕구
- 3단계: 사랑과 소속감에 대한 욕구
- 4단계: 자기존중 욕구
- 5단계: 자기실현 욕구

6
답과 해설 답 ③

| 마킹률 | ① 12% | ② 2% | ③ 78% | ④ 3% | ⑤ 5% |

오답노트
ㄷ. 인간의 욕구발달단계를 제시한 사람은 매슬로우이다. 로저스는 인간행동의 동기는 자기실현의 욕구라고 보면서, 인간은 자기실현 경향성으로 인해 자신을 유지하고 성장하기 위해 노력한다고 보았다. 이러한 맥락에서 인간이 갖는 다양한 욕구는 자기실현을 위한 부분적인 것일 뿐이라고 보았기 때문에 욕구를 단계에 따라 제시하지 않았다.

07

답과해설 답 ②

마킹률	① 12%	② 76%	③ 2%	④ 3%	⑤ 7%

오답노트

ㄴ. 공감과 비지시적인 상담을 강조하였다. 로저스 이론은 개인의 존엄성과 가치, 자기결정권, 사회적 책임과 상호성을 강조하며, 치료적 관계의 구성요소로서 비위협적인 환경, 비심판적 태도, 공감과 진실성, 무조건적 긍정적 관심, 문제 해결자로서의 클라이언트를 강조하였다.

ㄹ. 로저스는 인간의 성격발달단계, 욕구발달단계 등을 제시하지 않았다. 로저스의 현상학이론에서는 성격발달 그 자체에 특별한 주의를 기울이지 않았기 때문에 발달단계에 대한 구체적인 시기를 언급하지 않았다.

08

답과해설 답 ②

마킹률	① 3%	② 86%	③ 2%	④ 2%	⑤ 7%

오답노트

① 소수의 사람만이 자기실현에 완전히 도달한다. 따라서 대부분의 사람들은 자신의 욕구를 충족시키고자 하는 갈망을 항상 간직하고 있다.

③ 인간본성에 대해 낙관적인 태도를 갖고 있다. 인간의 본성은 선하며, 더불어 자기실현을 긍정적인 과정으로 갈망한다.

④ 인간의 성격이 환경에 의해 수동적으로 결정된다고 본 학자는 스키너이다.

⑤ 무조건적인 긍정적 관심을 강조한 학자는 로저스이다.

09

답과해설 답 ③

마킹률	① 12%	② 5%	③ 69%	④ 10%	⑤ 4%

③ 로저스 이론은 개인이 현상을 어떻게 경험하고 느끼는지, 즉 개인이 현실을 지각하는 방식에 초점을 두었다. 개인의 주관적 경험의 중요성을 강조하였으며 경험들에 대한 개방성과 민감성이 필요하다고 믿었다.

10

답과해설 답 ④

마킹률	① 2%	② 17%	③ 0%	④ 55%	⑤ 26%

④ 매슬로우의 욕구단계 이론은 낮은 단계의 욕구가 어느 정도 충족되어야 더 높은 단계의 욕구를 의식하거나 동기가 부여된다고 가정한다. 다만, 여기서 주의할 점은 하위 욕구가 100% 완전히 충족되어야 상위 욕구가 나타나는 것은 아니라는 점이다.

5장 사회체계이론

01 ⑤	02 ②	03 ③	04 ②	05 ①
06 ①	07 ⑤	08 ②	09 ④	10 ⑤
11 ④	12 ③	13 ①	14 ②	15 ③
16 ④	17 ③	18 ③	19 ③	20 ②

01

답과해설 답 ⑤

마킹률	① 1%	② 1%	③ 1%	④ 1%	⑤ 96%

생태체계이론은 단선적 인과관계로 설명하지 않고 원인과 결과가 서로 맞물려 연결된 상호적 관계이자 순환적 인과관계임을 강조한다.

02

답과해설 답 ②

마킹률	① 3%	② 83%	③ 2%	④ 10%	⑤ 2%

오답노트

ㄴ. 체계의 혼란과 무질서가 증가하는 것은 엔트로피 상태이다. 항상성은 체계가 균형을 위협받을 때 이를 회복하고자 하는 체계의 경향성이다.

ㄹ. 균형은 폐쇄체계에서 나타난다. 균형은 체계의 구조 변화가 거의 없는 고정된 평형상태이므로 변화보다는 현상을 유지하며 외부와 교류하지 않는다.

03

답과해설 답 ③

마킹률	① 2%	② 3%	③ 82%	④ 13%	⑤ 0%

거시체계는 개인이 속한 사회의 이념이나 제도 혹은 개인에게 영향을 미치는 환경요소로서 광범위한 사회적 맥락이다. 개인의 생활에 직접적으로 개입하지는 않지만 간접적으로 강한 영

향력을 발휘하며, 하위체계에 대한 지지기반과 가치 준거틀을 제공한다.

오답노트

① 미시체계: 개인 혹은 인간이 속한 가장 직접적인 사회적·물리적 환경이다. 직접적이고 대면적인 상호작용을 함으로써 인간에게 영향력을 미친다.
② 중간체계: 두 가지 이상의 미시체계들 간의 관계 혹은 특정한 시점에서 미시체계들 간의 상호작용을 의미한다.
④ 외체계: 개인과 직접 상호작용은 하지 않으나 미시체계에 영향을 주는 사회적 환경들을 말한다.
⑤ 시간체계: 개인의 전 생애에 걸쳐 일어나는 변화와 역사적인 환경을 포함한다.

4

답과해설 답 ②

마킹률	① 19%	② 64%	③ 5%	④ 12%	⑤ 0%

오답노트

① 가족, 친구, 학교, 종교단체 등은 인간과 직접적이고 대면적인 상호작용을 하는 미시체계이다.
③ 신념, 태도, 전통을 통해 개인에게 영향을 주는 것은 거시체계이다.
④ 아동의 발달에 영향을 주는 학교위원회는 아동과 직접 상호작용하지는 않지만 영향을 주는 사회환경이므로 외체계에 속한다.
⑤ 개인이 어느 시대에 출생했는지에 관심을 두는 것은 시간체계이다.

5

답과해설 답 ①

마킹률	① 74%	② 20%	③ 2%	④ 1%	⑤ 3%

오답노트

ㄴ. 전 생애에 걸쳐 일어나는 개인의 변화와 사회역사적 환경을 포함하는 것은 시간체계이다.
ㄷ. 개인이 직접 참여하지 않으나, 부모의 직장, 형제가 속한 학급 등을 포함하는 것은 외체계이다.

6

답과해설 답 ①

마킹률	① 77%	② 2%	③ 5%	④ 13%	⑤ 3%

오답노트

② 개인이 직접적으로 대면하는 체계는 미시체계이다.

③⑤ 신념, 태도, 전통 등을 통해 영향력을 행사하는 체계는 거시체계이다. 구체적으로 문화, 정치, 사회, 법, 종교 등이 해당된다.
④ 중간체계의 대표적인 예로 아동의 부모와 담임교사와의 관계를 들 수 있다.

7

답과해설 답 ⑤

마킹률	① 2%	② 4%	③ 15%	④ 4%	⑤ 75%

브론펜브레너의 생태체계 구성
- 미시체계: 개인이 직접 상호작용하는 체계
- 중간체계: 둘 이상의 미시체계 간 상호작용
- 외부체계: 부모의 직장과 같은 미시체계의 환경, 지역사회의 문화시설 등
- 거시체계: 경제, 제도, 문화 등의 환경
- 시간체계: 전 생애에 걸쳐 발생하는 변화와 사회역사적인 환경

8

답과해설 답 ②

마킹률	① 14%	② 46%	③ 12%	④ 23%	⑤ 5%

오답노트

① 균형(평형상태): 폐쇄체계에서 체계의 구조 변화가 거의 없는 현상 유지의 상태이다.
③ 안정상태: 역동적으로 체계를 변화시켜 체계의 안정을 추구하는 것으로 개방체계적 속성이다.
④ 항상성: 체계의 균형에 위협이 일어났을 때 안정적이고 지속적인 균형상태를 유지하기 위한 개방체계적 속성이다.
⑤ 적합성: 인간의 적응 욕구와 환경자원이 부합되는 정도이며, 개인적 욕구와 사회적 요구 사이의 조화와 균형 정도를 의미한다.

9

답과해설 답 ④

마킹률	① 22%	② 6%	③ 2%	④ 56%	⑤ 14%

④ 다중종결성은 시작의 조건과 수단이 같아도 다른 결과가 나타날 수 있다는 것이다. 서로 다른 경로와 방법을 통해 같은 결과에 도달할 수 있음은 동등결과성이다.

10

답과해설 답 ⑤

마킹률	① 4%	② 13%	③ 14%	④ 24%	⑤ 45%

⑤ 생태체계이론은 인간과 환경을 서로 분리되어 있는 것이 아니라 지속적인 상호교류 안에서 존재하는 하나의 체계로 본다. 이에 따라 개인의 문제에 대해 환경과의 상호작용을 살펴보는 것이지, 개인에게 적용하기 어렵다거나 개인을 둘러싼 환경에만 초점을 둔다는 것은 아니다.

11
답과 해설 답 ④

마킹률	① 11%	② 8%	③ 26%	④ 37%	⑤ 18%

오답노트

① 시너지는 체계 내부 간 혹은 외부와의 상호작용이 증가함으로써 체계 내 유용한 에너지의 양이 증가하는 현상으로, 개방체계의 속성이다.
② 엔트로피는 체계 구성요소 간의 상호작용이 감소함에 따라 유용한 에너지가 감소하는 상태를 말하며, 폐쇄체계에서 일어나는 현상이다.
③ 항상성은 개방체계에서 나타나는 균형상태로, 환경과 지속적으로 상호작용하면서 체계의 상태를 안정적으로 유지하려는 속성이다.
⑤ 적합성은 인간의 적응욕구와 환경자원의 부합정도를 말한다. 특정 발달단계에서 성취되는 것은 아니며, 인간은 환경과의 적응적인 상호교류를 통해 성장하고 발달하며 적합성이 높아진다.

12
답과 해설 답 ③

마킹률	① 6%	② 8%	③ 69%	④ 3%	⑤ 14%

오답노트

① 문화, 정치, 교육정책 등 거시체계는 개인의 삶에 직접적으로 개입하지 않으며, 간접적으로 강력한 영향을 미치는 환경요소이자 광범위한 사회적 맥락이다.
② 브론펜브레너는 인간을 둘러싼 사회환경을 미시체계, 중간체계, 외부체계, 거시체계로 구분하였다. 내부체계는 해당하지 않는다.
④ 개인이 직접 참여하거나 관여하지는 않으나 개인에게 영향을 미치는 체계로 부모의 직장 등이 포함되는 것은 내부체계가 아니라 외부체계이다.
⑤ 개인이 새로운 환경으로 이동할 때마다 형성되거나 확대되는 체계로 적절한 것은 미시체계가 아니고 중간체계이다.

13
답과 해설 답 ①

마킹률	① 79%	② 4%	③ 3%	④ 1%	⑤ 13%

① 폐쇄체계가 지속될 때 나타나는 현상은 엔트로피이다. 넥엔트로피는 체계 내에 질서, 형태, 분화가 있는 상태로 개방체계에서 나타나는 특성이다. 넥엔트로피가 증가하면 체계 내에 질서와 법칙이 유지되며, 정보의 필요성이 높아진다.

14
답과 해설 답 ②

마킹률	① 48%	② 22%	③ 24%	④ 5%	⑤ 1%

② 개인이 환경과 효과적으로 상호작용을 할 수 있는 능력은 유능성이다. 적합성은 인간의 적응 욕구와 환경자원이 부합되는 정도이며, 개인적 욕구와 사회적 요구 사이의 조화와 균형 정도를 의미한다.

15
답과 해설 답 ③

마킹률	① 2%	② 7%	③ 64%	④ 15%	⑤ 12%

미시체계는 개인 혹은 인간이 속한 가장 직접적인 사회적·물리적 환경이다. 인간과 직접적이고 대면적인 상호작용을 함으로써 인간에게 영향력을 미치며, 미시체계 내에서 아동과 부모, 또래, 교사와 같은 요인들 간에는 직접적인 상호작용이 이루어진다. 개인의 특성과 성장시기에 따라 미시체계는 달라진다. 예를 들어, 어릴 때는 가족이 미시체계이지만 청소년기에는 더 큰 영향을 미치는 또래집단이 미시체계가 될 수 있다.

16
답과 해설 답 ④

마킹률	① 1%	② 2%	③ 5%	④ 81%	⑤ 11%

거시체계는 개인이 속한 사회의 이념이나 제도의 일반적인 형태 혹은 개인에게 영향을 미치는 환경요소, 광범위한 사회적 맥락이다. 사회복지실천에서 거시적 접근은 사회 전반을 개선하고 바꾸는 일에 참여하는 것이다. 따라서 ④의 내용처럼 학교폭력 피해 청소년들이 다시 피해를 입지 않도록 법률 제정을 통해 학교폭력 문제를 개선하고자 하는 사례가 거시체계 수준의 개입에 해당한다.

17
답과 해설 답 ③

마킹률	① 9%	② 14%	③ 16%	④ 45%	⑤ 16%

생태학 이론은 '환경 속의 인간'이라는 전체적 인간관을 가지고 있다. 인간은 환경에 반응할 뿐만 아니라 스스로 환경을 창

조해 내는 주인이며, 환경과의 지속적인 상호작용과 상호교류를 통해 서로에게 영향을 미치고, 서로를 형성하며, 상호 적응하는 호혜적 관계를 유지한다고 본다.

18

답과해설 답 ③

마킹률	① 11%	② 3%	③ 68%	④ 10%	⑤ 8%

오답노트

ㄱ. 균형은 체계가 고정된 구조를 가지고 주위환경과 수직적인 상호작용을 하기보다 체계 내에서 수평적인 상호작용을 하면서 거의 교류를 하지 않는 상태이다.

ㄹ. 홀론은 중간체계가 갖고 있는 이중적인 성격을 나타내주는 말로서 하나의 체계는 상위체계에 속한 하위체계이면서 동시에 다른 것의 상위체계가 된다는 개념이다.

19

답과해설 답 ③

마킹률	① 3%	② 2%	③ 90%	④ 2%	⑤ 3%

ㄱ. 중간체계는 두 가지 이상의 미시체계들 간의 관계 혹은 특정한 시점에서 미시체계들 간의 상호작용을 의미한다. 가족, 직장, 여러 사교집단 등 소집단이나 가족과 같은 개인을 둘러싸고 있는 두 가지 이상의 환경에서 일어나는 과정과 연결성이다.

ㄴ. 외체계는 개인과 직접 상호작용하지는 않으나 미시체계에 영향을 주는 사회적 환경이다. 개인은 외체계에 직접 참여하지는 않지만 이러한 환경들은 인간행동에 여러 가지 영향을 미친다.

20

답과해설 답 ②

마킹률	① 1%	② 69%	③ 9%	④ 3%	⑤ 18%

거시체계는 개인이 속한 사회의 이념이나 제도의 일반적인 형태 혹은 개인에게 영향을 미치는 환경요소, 광범위한 사회적 맥락이다. 개인의 생활에 직접적으로 개입하지는 않지만 간접적으로도 강한 영향력을 발휘하며, 하위체계에 대한 지지기반과 가치 준거틀을 제공한다. 개별 미시체계(개인)는 사회환경 속에서 상호작용하는 거시체계의 영향을 지속적으로 받는다.

6장 가족체계, 집단체계

01 ⑤   02 ③   03 ④

01

답과해설 답 ⑤

마킹률	① 4%	② 10%	③ 4%	④ 6%	⑤ 76%

오답노트

① 2차집단은 목적달성을 위해 인위적으로 계약에 의해 만들어진 집단을 말한다.

② 개방집단은 가입과 탈퇴가 자유롭기 때문에 구성원에 대한 개별화나 일정 수준 이상의 심도 깊은 목적을 달성하는 데에는 한계가 있다.

③ 집단은 소속감, 공동의 목적이나 관심 및 상호작용 등을 통해 이루어지며, 2인으로도 집단이 될 수 있다.

④ 형성집단은 각종 위원회나 팀과 같이 일정한 목적에 따라 만들어지는 집단으로, 목적달성을 위한 과업 및 과업을 진행하기 위한 구조와 규칙을 갖는다.

02

답과해설 답 ③

마킹률	① 1%	② 1%	③ 98%	④ 1%	⑤ 0%

오답노트

① 외부체계와의 지속적인 상호작용이 이뤄진다.

② 체계 내의 가족기능이 원만하다.

④ 주변 환경과 다양한 상호작용이 이뤄진다.

⑤ 지역사회와의 교류가 활발하다.

03

답과해설 답 ④

마킹률	① 1%	② 1%	③ 1%	④ 97%	⑤ 0%

오답노트

① 목적달성을 위해 인위적으로 만들어진 집단은 이차집단이다.

② 혈연이나 지연을 바탕으로 자연발생적으로 이루어진 집단은 일차집단이다.

③ 위원회나 팀처럼 특정 목적을 갖는 것은 형성집단이다.

⑤ 개방집단은 집단이 진행되는 동안 새로운 구성원의 입회가 가능하다.

7장 조직체계, 지역사회체계, 문화체계

01 ③　　**02** ③　　**03** ④　　**04** ②　　**05** ①

01
답과해설 답 ③

| 마킹률 | ① 2% | ② 4% | ③ 87% | ④ 0% | ⑤ 7% |

③ 베리의 이론에서 동화는 고유문화를 포기하고 새로운 문화와 관계하려는 상태를 의미한다.

베리의 문화적응모형

주류문화와의 관계 \ 고유문화와의 관계	강	약
강	통합	동화
약	분리	주변화

02
답과해설 답 ③

| 마킹률 | ① 5% | ② 2% | ③ 79% | ④ 3% | ⑤ 11% |

오답노트

ㄹ. 지역사회는 외부와 상호작용하는 반투과적 경계인 개방체계로서 넥엔트로피 상태를 유지하는 것이 필요하다. 엔트로피는 외부와 상호작용이 없는 폐쇄체계에서 다른 체계로부터 유용한 에너지를 얻지 못하고 가지고 있던 에너지가 감소해가는 상태를 말한다.

03
답과해설 답 ④

| 마킹률 | ① 4% | ② 5% | ③ 2% | ④ 87% | ⑤ 2% |

오답노트

① 문화는 학습을 통해 후천적으로 습득된다.
② 문화는 규범이나 관습 등으로 개인 행동에 대한 규제와 사회악을 제거하는 사회통제의 기능을 한다.
③ 문화는 사회변화 및 다른 문화의 영향을 받아 끊임없이 수정·추가·변동되며, 구체적인 생활양식뿐만 아니라 추상적인 정신영역을 포함한다.
⑤ 다양성은 문화적 차이일 뿐이지 그 자체로 차별을 의미하는 것은 아니다.

04
답과해설 답 ②

| 마킹률 | ① 2% | ② 83% | ③ 4% | ④ 7% | ⑤ 4% |

② 다양한 문화를 수용하고 문화의 다양성을 인정한다.

05
답과해설 답 ①

| 마킹률 | ① 83% | ② 0% | ③ 6% | ④ 2% | ⑤ 9% |

① 문화는 개별 클라이언트에게 영향을 주는 주요 거시체계 중 하나이다. 개별 미시체계가 살고 있는 사회 관습이나 습관, 기술, 예술, 가치, 사상, 과학, 종교적·정치적 행동을 포괄한다.

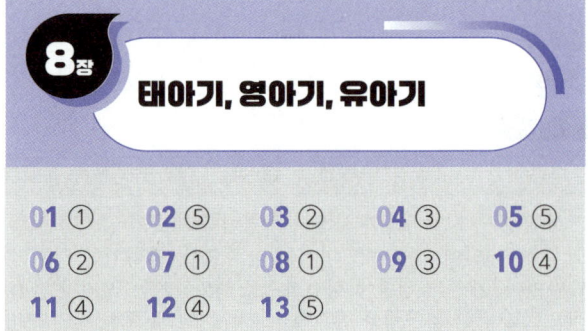

8장 태아기, 영아기, 유아기

01 ①　　**02** ⑤　　**03** ②　　**04** ③　　**05** ⑤
06 ②　　**07** ①　　**08** ①　　**09** ③　　**10** ④
11 ④　　**12** ④　　**13** ⑤

01
답과해설 답 ①

| 마킹률 | ① 97% | ② 0% | ③ 0% | ④ 1% | ⑤ 2% |

② 분류화 개념을 획득하는 시기는 구체적 조작기(7~12세)이다.
③ 서열화를 획득하는 시기는 구체적 조작기(7~12세)이다.
④ 오이디푸스 콤플렉스를 경험하는 시기는 프로이트의 발달 단계에서 남근기(3~6세)이다.
⑤ 상징적 사고가 활발한 시기는 전조작기(2~7세)이다.

2

답과해설 답 ⑤

마킹률	① 5%	② 6%	③ 6%	④ 6%	⑤ 77%

유아기(3~6세)는 피아제의 도덕성 발달에서 타율적 도덕성 단계에 해당한다. 피아제는 4~7세(전조작기 후기)까지를 타율적 도덕성 단계, 10세 이후(구체적 조작기 후기)를 자율적 도덕성 단계로 보았으며, 7~10세는 타율적 도덕성과 자율적 도덕성이 공존하는 과도기적 단계로 보았다.

3

답과해설 답 ②

마킹률	① 5%	② 90%	③ 1%	④ 3%	⑤ 1%

오답노트

① 콜버그의 전인습적 도덕기는 4~9세이다.
③ 피아제의 보존개념이 확립되는 시기는 구체적 조작기(7~11세)이다.
④ 프로이트의 거세불안을 경험하는 시기는 남근기(3~6세)이다.
⑤ 생활양식은 아들러의 개념이다. 아들러는 가족 내에서의 경험이 생활양식 형성에 중요한 영향을 미친다고 보았다.

4

답과해설 답 ③

마킹률	① 4%	② 2%	③ 86%	④ 2%	⑤ 6%

③ 유아기(3~6세)에도 꾸준히 신체적 성장이 이루어지지만 영아기(0~2세)보다 성장 속도는 감소한다.

5

답과해설 답 ⑤

마킹률	① 28%	② 16%	③ 3%	④ 2%	⑤ 51%

• 외배엽: 신경계로 분화하여 척추, 말초신경, 뇌 등 형성
• 중배엽: 근골격, 심혈관, 비뇨생식조직 등을 형성
• 내배엽: 폐, 간, 췌장 등 호흡 및 소화기관으로 분화

6

답과해설 답 ②

마킹률	① 46%	② 32%	③ 15%	④ 2%	⑤ 5%

② 영아기 초기에는 기쁨, 슬픔, 놀람, 공포 등 일차정서가 나타나고, 첫 돌이 지나서 수치, 부러움, 죄책감 같은 이차정서가 나타난다.

7

답과해설 답 ①

마킹률	① 84%	② 3%	③ 6%	④ 2%	⑤ 5%

오답노트

② 유아기는 콜버그의 도덕성 발달단계 중 전인습적 수준에 해당한다.
③ 유아기는 피아제의 전조작기에 해당한다. 상징적 사고가 발달하면서 상징놀이를 한다.
④ 사물을 일정한 속성에 따라 상위 개념과 하위 개념을 구분하여 분류하는 능력을 분류화(유목화)라고 하는데, 이는 아동기(피아제의 구체적 조작기, 7~12세)에 획득된다.
⑤ 영아기(출생~2세)는 제1성장 급등기라고 할 만큼 폭발적인 신체발달이 일어난다. 이후 유아기, 아동기에는 완만하게 신체성장이 이루어지다가 청소년기에 제2성장 급등기가 진행된다.

8

답과해설 답 ①

마킹률	① 53%	② 7%	③ 4%	④ 7%	⑤ 29%

① 바빈스키반사는 발바닥을 자극하면 엄지발가락은 위로 들어올리고 나머지 발가락은 부채꼴처럼 펼쳤다가 오므리는 반응이다.

9

답과해설 답 ③

마킹률	① 2%	② 11%	③ 73%	④ 10%	⑤ 4%

오답노트

① 다운증후군은 대부분 지능 저하를 동반한다.
② 헌팅톤병은 신경계에 영향을 미치는 유전성 뇌 질환이다. 4번 염색체의 유전자 돌연변이에 의한 상염색체 우성으로 유전되는 질환이며, 일반적인 증상으로는 불수의적 움직임, 비정상적인 걸음걸이, 늘어지는 말투, 음식물을 제대로 삼킬 수 없는 연하 곤란, 인지 장애, 성격 장애 등이 있다.
④ 터너 증후군은 XX 또는 XY의 형태로 정상적으로 존재해야

하는 성염색체가 X 단일 염색체(45, X) 또는 X 부분 단일 염색체로 변경되어 발생하는 질환이다. X염색체가 하나뿐이라서 외견상 여성으로 보이지만 2차 성징이 거의 없는 것이 특징이다.

⑤ 혈우병은 혈액이 응고되지 않는 선천적 장애이다. 일반적으로 혈우병 A와 혈우병 B 유형이 혈우병의 95%를 차지하는데, 두 유형 모두 성염색체인 X염색체의 혈액 응고 인자가 부족한 경우로서 X염색체가 하나인 남성에게서 발생한다(여성은 무증상의 보인자). 하지만 혈우병 C의 경우 성염색체가 아닌 상염색체의 이상이 원인이기 때문에 여성에게도 발생한다.

10

답과 해설 답 ④

마킹률	① 5%	② 4%	③ 3%	④ 79%	⑤ 9%

④ 유아기는 피아제 이론의 인지발달단계 중 전조작기에 해당한다.

11

답과 해설 답 ④

마킹률	① 11%	② 6%	③ 2%	④ 57%	⑤ 24%

④ 다운증후군은 염색체 이상으로 발생하는 질환이다. 인체의 세포에서 염색체 수는 46개인데, 1번부터 22번까지 22쌍의 상동 염색체와, XY(남자) 또는 XX(여자) 두 개의 성 염색체로 이루어져 있다. 다운증후군은 정상적으로는 한 쌍(2개)이 존재해야 하는 21번 염색체가 3개가 되어 47개의 염색체를 가짐으로 나타나는 증후군이다. 47개의 염색체를 가짐으로써 나타나는 증후군은 다운증후군만 있는 것이 아니라 클라인펠터 증후군도 있다. 클라인펠터 증후군은 성염색체 비분리에 의해 남자가 X 염색체를 두 개 이상 가지게 되는 유전병의 일종이다.

※ 실제 시험에서는 ④의 내용이 "다운증후군은 47개의 염색체를 가짐으로 나타나는 증후군이다."라고 출제되었는데, 가답안 발표 이후 이 내용도 옳은 내용으로 인정되어 최종 답안에서는 모든 선택지가 정답처리 되었다. 엄밀히 말하면 "다운증후군은 한 쌍(2개)이 존재해야 하는 21번 염색체가 3개가 되어 47개의 염색체를 가짐으로 나타나는 증후군이다."라는 것이 더 정확한 설명이다. 우리 교재에는 ④번 선택지를 옳지 않은 내용으로 수정하여 수록하였다.

12

답과 해설 답 ④

마킹률	① 1%	② 3%	③ 2%	④ 86%	⑤ 8%

④ 영아기는 에릭슨의 신뢰감 대 불신감의 단계에 해당한다.

13

답과 해설 답 ⑤

마킹률	① 3%	② 4%	③ 9%	④ 10%	⑤ 74%

⑤ 영아기는 제1성장 급등기로서 유아기보다 성장속도가 더 빠르다. 유아기는 영아기에 비하여 성장속도는 감소되지만 그래도 꾸준히 성장한다.

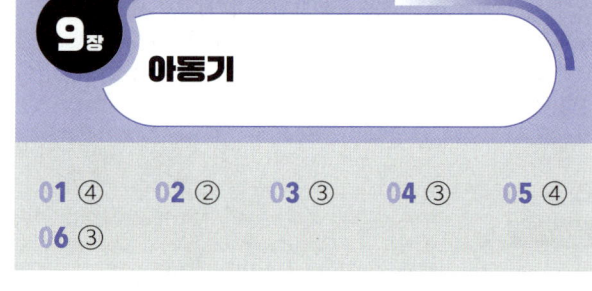

9장 아동기

01 ④ 02 ② 03 ③ 04 ③ 05 ④
06 ③

1

답과 해설 답 ④

마킹률	① 6%	② 3%	③ 5%	④ 80%	⑤ 6%

피아제의 인지발달단계는 '감각운동기 → 전조작기 → 구체적 조작기 → 형식적 조작기'의 순으로 진행된다. 아동기는 구체적 조작기에 해당하며, 청소년기가 되어야 형식적 조작기로 전환되므로 형식적 조작사고에서 구체적 조작사고로 전환된다는 내용은 옳지 않다.

2

답과 해설 답 ②

마킹률	① 1%	② 84%	③ 1%	④ 8%	⑤ 6%

② 자아정체감 확립은 청소년기(13~19세)의 주요 발달과업이다.

3

답과 해설 답 ③

마킹률	① 6%	② 1%	③ 65%	④ 12%	⑤ 16%

ㄹ. 에릭슨의 심리사회 발달단계에서 주도성 대 죄의식에 해당하는 시기는 학령전기(3~6세)이다. 아동기(7~12세)는 근면성 대 열등감의 심리사회적 위기를 겪는다.

04

답과 해설 답 ③

마킹률	① 19%	② 16%	③ 56%	④ 3%	⑤ 6%

오답노트

ㄱ. 제1의 반항기는 유아기에 해당한다. 부모와 자신이 분리된 존재라는 사실을 인식하면서 자기만의 방식대로 행동하려고 한다. 이러한 자기주장적이고 반항적인 행동은 3~4세에 절정에 달한다. 제2 반항기는 청소년기에 나타난다.

ㅁ. 피아제의 발달단계 중 구체적 조작기에 해당하는 아동기에는 전조작기의 자기중심성에서 벗어나 타인의 입장, 감정, 인지 등을 추론하고 이해할 수 있는 조망수용 능력을 습득하게 된다.

05

답과 해설 답 ④

마킹률	① 7%	② 7%	③ 9%	④ 64%	⑤ 13%

오답노트

ㄴ. 아동기(7~12세)는 자기중심성을 극복하여 다른 사람의 시각에서 사물을 보는 능력이 발달한다.

06

답과 해설 답 ③

마킹률	① 23%	② 15%	③ 51%	④ 5%	⑤ 6%

오답노트

ㄹ. 자아정체감을 형성하고 확립하는 시기는 청소년기이다.

※ 해당 문제는 가답안 발표 당시 정답이 ③이었으나, 최종답안으로 모두 정답 처리되었다. 실제 시험에서는 ㄷ의 내용이 "가설연역적 추리가 가능하다."라고 출제되었는데, 이를 이의제기한 입장에서는 ㄷ의 내용이 아동기에 관한 설명으로 옳지 않다고 본 것이다. 엄밀히 말하면 피아제의 인지발달단계에서 가설연역적 추리가 확립되는 시기는 청소년기(형식적 조작기)이지만, '발달'이라는 개념이 가지는 연속적 특성 때문에 구체적 조작기(7~11/12세)의 마지막 단계인 11/12세가 되면 가설연역적 추리가 가능하기 시작하고, 형식적 조작기(11/12세~성인기)에는 가설연역적 추리가 획득될 수 있다. 우리 교재에는 학습하는 데 혼란이 없도록 ㄷ의

지문을 아동기의 발달특징에 맞는 '역조작 사고가 가능하다'로 내용을 수정하여 정답표기와의 일치성을 갖도록 하였다.

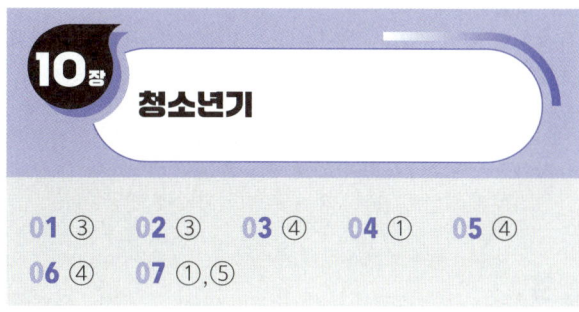

10장 청소년기

01 ③	02 ③	03 ④	04 ①	05 ④
06 ④	07 ①,⑤			

01

답과 해설 답 ③

마킹률	① 3%	② 4%	③ 42%	④ 47%	⑤ 4%

마샤(마르시아)는 청소년기의 자아정체감 유형을 4가지 범주(정체감 성취, 정체감 유실, 정체감 유예, 정체감 혼란)로 구분하였다.

오답노트

① 조합기술이란 수를 다루는 능력으로 구체적 조작기(7~12세)에 획득한다.

② 경험귀납적 사고에서 가설연역적 사고로 전환된다. 경험귀납적 사고는 경험과 관찰을 통해 구체적 사례에서 일반적인 결론을 도출하는 사고방식으로서 구체적 조작기(아동기)에 나타나고, 가설연역적 사고는 특정 가설을 설정한 후 이를 검증하기 위해 논리적으로 결론을 도출하거나 실험으로 확인하는 사고방식으로서 형식적 조작기(청소년기)에 나타나는 특징이다.

④ 직접적인 생식기능과 관련된 성적 성숙은 1차 성징을 의미하며, 2차 성징은 간접적인 성적 성숙을 의미한다. 2차 성징은 청소년기(사춘기)에 새롭게 발달하는 특징으로서 성호르몬의 변화로 인해 나타난다. 신체적 특징으로 남성은 목소리의 변화, 근육의 발달, 체모의 증가 등이 나타나고, 여성은 유방의 발달, 골반의 확대, 체모의 증가 등이 나타난다.

⑤ 피아제가 말하는 전조작기(2~7세)의 자아중심성은 아동기인 구체적 조작기(7~12세)에는 극복한다. 그러나 엘킨드(Elkind)는 상상적 청중과 개인적 우화라는 개념으로 청소년기 특유의 자기중심성을 설명한다. 상상적 청중이란 자신은 무대 위의 배우이고, 타인은 자신에게 집중하는 관중이라는 자기중심성을 말하며, 개인적 우화는 자신을 독특하고 예외적인 존재로 인식하는 자기중심성을 말한다. 따라서 청소년기에 자아중심성에서 벗어난다는 표현을 옳지 않다.

2

답과 해설 답 ③

마킹률	① 1%	② 5%	③ 87%	④ 6%	⑤ 1%

오답노트

① 성역할 인식 확립은 청년기의 특징에 해당한다. 청년기의 성역할 정체감이 확고해지는 과정을 성적 사회화라고 한다.
② 대상영속성의 형성이 시작되는 시기는 감각운동기(출생~2세)이고, 확립되는 것은 전조작기(3~6세)이다.
④ 자아통합의 완성은 노년기의 주요 과업에 해당한다.
⑤ 친밀감의 형성은 청년기의 주요 발달과업에 해당한다.

3

답과 해설 답 ④

마킹률	① 1%	② 6%	③ 4%	④ 76%	⑤ 13%

④ 피아제는 전조작기(2~7세)에는 비가역적 사고의 특징이 나타나며 구체적 조작기(7~11세)에 가역적 사고가 가능해지면서 사물을 다양한 측면에서 이해하고 뒤집어 해석할 수도 있다고 설명하였다.

4

답과 해설 답 ①

마킹률	① 89%	② 1%	③ 4%	④ 2%	⑤ 4%

① 친밀감 형성은 성인초기(청년기)의 주요 발달과업이다.

5

답과 해설 답 ④

마킹률	① 5%	② 4%	③ 1%	④ 88%	⑤ 2%

④ 청소년기에는 자신과 타인에 대해 자기중심적으로 이해하고 판단한다. 급격한 신체적·정서적 변화로 자신의 외모와 행동에 너무 몰두해 있으므로 다른 사람들도 자기만큼 자신에게 관심이 있다고 생각해 자신의 관심사와 타인의 관심사를 구분하지 못하게 되는데, 이를 청소년기의 자기중심성이라고 한다.

6

답과 해설 답 ④

마킹률	① 4%	② 0%	③ 3%	④ 91%	⑤ 2%

오답노트

ㄴ. 생산성은 장년기의 과업이고, 서열화는 아동기의 과업이

다. 청소년기(13~19세)는 자아정체감 확립을 주요 발달과업으로 한다.

7

답과 해설 답 ①, ⑤

마킹률	① 61%	② 12%	③ 3%	④ 6%	⑤ 18%

오답노트

②③ 남녀의 성적 성숙과정의 순서가 바르게 제시되지 않았다. 성적 성숙에는 개인 차이가 있지만 성숙이 진행되는 순서는 어느 정도 일정한 경향을 보인다. 여성의 성적 성숙은 가슴 발달, 생식기관 성장, 음모 발생, 월경 시작, 겨드랑이 털과 여드름의 순서로 진행된다. 남성의 성적 성숙은 고환(정소)의 발달, 음모 발생, 음경 발달, 사정 경험, 겨드랑이 털과 수염, 여드름의 순서로 진행된다.
④ 성적 성숙의 생리적 징후로서 여성의 가슴 발달과 남성의 넓은 어깨를 비롯하여 변성, 근육 발달 등의 변화가 나타나는 것은 2차 성징에 해당한다. 1차 성징은 사람이 처음 태어났을 때 생식기(생식기관)만으로 남자와 여자를 구분짓는 것을 말하며 특별한 몸의 변화는 없다.

※ 해당 문제는 가답안 발표 당시 정답이 ①이었으나, 최종답안으로 ①, ⑤가 정답 처리되었다. 즉, ⑤의 내용에서 '생식을 위해 필요한 기관의 발달'을 2차 성징으로 본 것이다. 성징(性徵)은 말 그대로 남녀를 구별하는 성적 특징을 의미한다. 출생 시부터 명백히 남녀를 구분할 수 있게 해주는 생식기(생식기관)의 차이는 1차 성징에 해당하지만, 생식기(생식기관) 이외의 남녀를 구분하게 해주는 특징의 변화를 2차 성징으로 본 것이다.

11장 청년기

01 ⑤	02 ⑤	03 ②	04 ③

1

답과 해설 답 ⑤

마킹률	① 2%	② 6%	③ 13%	④ 2%	⑤ 77%

오답노트

① 자아통합이 완성되는 시기로 삶 전체에 대한 평가를 시도하

는 단계는 노년기이다.
② 전환적 추론이란 전조작기 유아의 특성으로서 귀납적 · 연역적 추론을 하지 못하고 두 현상 간에 아무런 관계가 없는데도 특정 사건으로부터 다른 특정 사건을 비약적으로 추론하는 전개념적 사고단계의 특징이다.
③ 청년기는 제2의 양가감정이 나타나는 시기이다. 즉, 부모로부터 독립하고자 하는 갈망과 분리에 대한 불안이라는 감정을 동시에 갖는 시기이다.
④ 청년기는 피아제의 형식적 조작기의 사고가 발달하는 시기이다.

2

답과 해설 답 ⑤

마킹률	① 2%	② 3%	③ 2%	④ 1%	⑤ 92%

오답노트

① 에릭슨은 친밀성의 발달을 중요한 과업으로 보았다. 근면성의 발달은 학령기에 해당한다.
② 청년기는 아직 직업을 찾고 자신의 위치를 만들어가는 시기이다.
③ 빈둥지 증후군을 경험하는 시기는 중년기에 해당한다.
④ 또래와의 상호작용을 통하여 자아개념이 발달하기 시작하는 시기는 유아기(3~6세)에 해당한다.

3

답과 해설 답 ②

마킹률	① 3%	② 93%	③ 2%	④ 1%	⑤ 1%

② 자아정체감 형성이 주요 발달과제인 시기는 청소년기이다. 청소년기에 자아정체감을 형성하지 못하여 자신이 누구인지, 인생에서 무엇을 원하는지, 어떤 사람이 되기를 원하는지에 대한 답을 얻지 못한다면, 이후 직업의 선택, 결혼과 관련된 다양한 선택, 주거지, 여가에 대한 결정 같은 주요한 선택의 순간에 판단을 내리기 어렵다.

4

답과 해설 답 ③

마킹률	① 0%	② 0%	③ 98%	④ 1%	⑤ 1%

하비거스트의 청년기 발달과업
• 배우자를 선택하고, 가정을 꾸민다.
• 배우자와 함께 생활하는 방법을 학습한다.
• 자녀를 양육하고 가정을 관리한다.
• 직업생활을 시작한다.
• 시민의 의무를 완수한다.
• 마음이 맞는 사람들과 사회적 집단을 형성한다.

12장 장년기

01 ⑤	**02** ①	**03** ④	**04** ③	**05** ①

1

답과 해설 답 ⑤

마킹률	① 18%	② 0%	③ 6%	④ 1%	⑤ 75%

혼(Horn)의 지능분류에 따르면 유동적 지능은 타고난 지능으로서 나이가 들면서 뇌세포의 손상 등으로 감퇴된다. 결정성 지능은 학습경험에 의존하는 지능이므로 연습과 반복으로 꾸준히 노력하면 계속 발달하는 지능이다.

오답노트

① 중년기는 에릭슨의 생산성 대 침체의 단계에 해당한다.
② 갱년기는 여성과 남성 모두에게서 나타난다.
③ 여성은 에스트로겐의 분비가, 남성은 테스토스테론의 분비가 감소한다. 즉, 여성과 남성 모두 호르몬의 분비가 감소한다.
④ 감각기능과 더불어 최상의 신체적 상태를 갖는 시기는 청년기이다.

2

답과 해설 답 ①

마킹률	① 59%	② 14%	③ 17%	④ 2%	⑤ 8%

오답노트

② 유동성 지능은 떨어지지만, 결정성 지능은 더 좋아진다.
③ 자아통합은 노년기의 발달과업이다.
④ 갱년기 증상은 성별을 불문하고 나타난다.
⑤ 남성이 억압시킨 여성성을 아니마(anima)라고 하고, 여성이 억압시킨 남성성을 아니무스(animus)라고 한다. 중년기 개성화 과정에서 억압했던 남성의 아니마와 여성의 아니무스가 중년기에 드러나게 된다.

3

답과 해설 답 ④

마킹률	① 1%	② 4%	③ 5%	④ 85%	⑤ 5%

① 중년기 남녀 모두 심리적 증상을 경험할 수 있다.
② 중년기 여성은 에스트로겐의 분비가 감소되고 남성은 테스토스테론의 분비가 감소된다.
③ 중년기에는 신체적 능력의 감소와 더불어 인지적 능력이 감소된다는 견해와 인지적 능력은 감소되지 않으며 오히려 특정 측면의 인지능력은 강화된다는 견해가 대립되고 있다.
⑤ 친밀감 형성은 에릭슨의 발달단계 중 성인초기(청년기)에 해당한다.

04

답과해설 답 ③

마킹률	① 4%	② 5%	③ 80%	④ 6%	⑤ 5%

① 펙은 신체 중시로부터 신체 초월을 노년기의 중요한 발달과제로 보았다.
② 유동성 지능은 떨어지지만, 결정성 지능은 더 좋아진다.
④ 여성은 에스트로겐의 분비가, 남성은 테스토스테론의 분비가 감소하면서 성적 능력이 감소한다.
⑤ 갱년기는 남성도 경험한다. 남성의 경우 생리적인 변화보다는 심리적이고 정서적인 변화를 통해 갱년기 증상이 나타난다.

05

답과해설 답 ①

마킹률	① 76%	② 5%	③ 10%	④ 2%	⑤ 7%

① 혼(J. Horn)의 지능 분류에 따르면 지능은 유동성 지능과 결정성 지능으로 나눌 수 있다. 결정성 지능은 장년기에도 증가하나, 유동성 지능은 점차 감소한다.

지능의 분류

• 유동성 지능: 타고난 지능으로서 모든 유형의 문제해결에 동원되는 지능을 말한다. 생물학적으로 결정되며 경험이나 학습과는 무관하다. 새로운 정보를 처리하는 능력으로서 사전지식이나 학습이 필요하지 않으며, 공간지각, 추상적 추론, 지각속도와 같은 검사를 통해 측정한다. 뇌세포가 손상·쇠퇴하면 유동성 지능 또한 감퇴된다.
• 결정성 지능: 학교교육과 일상생활에서의 학습경험에 의존하는 지능이다. 연습과 반복의 결과로 획득된 능력으로서, 상당 기간 동안 개선 가능성이 있는 능력이다. 어휘력, 일반상식, 단어연상, 사회적 상황이나 갈등에 대한 반응을 통해 결정성 지능을 측정하며, 후천적 경험이나 반복된 학습에 의해 습득·발달하는 지능이다.

13장 노년기

01 ①	02 ②	03 ⑤	04 ⑤	05 ⑤

01

답과해설 답 ①

마킹률	① 96%	② 0%	③ 2%	④ 0%	⑤ 2%

노년기에는 외향성이 증가하는 것이 아니라 내향성이 증가한다. 노년기에는 조심성의 증가, 경직성의 증가, 우울 성향의 증가, 생에 대한 회상경험, 친근한 사물에 대한 애착 증가, 성역할 지각의 변화, 의존성의 증가, 시간 전망의 변화 등의 특성이 있다.

02

답과해설 답 ②

마킹률	① 6%	② 68%	③ 16%	④ 2%	⑤ 8%

② 노년기에는 융통성이 아닌 경직성이 증가하여 습관에 따라 행동하고 익숙한 방식으로 문제를 해결하는 경향이 크다.

03

답과해설 답 ⑤

마킹률	① 0%	② 0%	③ 2%	④ 0%	⑤ 98%

큐블러-로스는 죽음에 이르는 과정을 5개의 심리적 단계 '부정 → 격노와 분노 → 타협 → 우울 → 수용'의 단계로 제시했다. 주어진 사례에서 A씨는 간암 말기 진단을 받은 후 자신이 죽는다는 것을 인정하면서 가족들과 함께 시간을 보내고 있으므로 이는 수용의 단계에 해당한다.

04

답과해설 답 ⑤

마킹률	① 33%	② 4%	③ 7%	④ 2%	⑤ 54%

⑤ 펙은 에릭슨의 자아통합 대 절망을 노년기의 주요 발달과업으로 인정하면서 에릭슨 이론의 발달단계 중 7단계와 8단계를 통합하여 7단계 모델을 제시하였다.

05

마킹률	① 0%	② 1%	③ 1%	④ 3%	⑤ 95%

⑤ 노년기는 소득감소와 경제적 의존으로 인해 어려움을 겪는 시기이다. 조심성, 경직성, 수동성, 내향성이 증가하며, 사회적 역할의 축소는 고독과 소외를 초래하기도 한다. 노년기의 과업은 자신의 삶을 수용하는 것이며, 자아통합 대 절망의 심리사회적 위기를 경험한다.

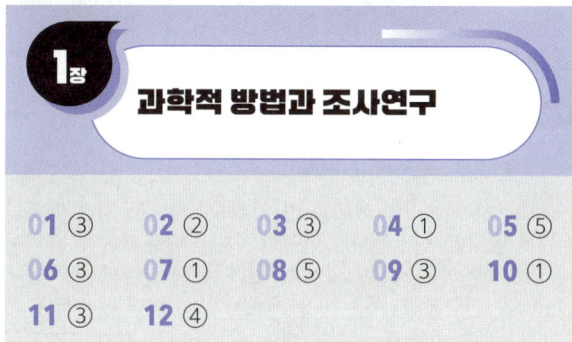

1과목 사회복지기초

2영역 사회복지조사론

1장 과학적 방법과 조사연구

01 ③	02 ②	03 ③	04 ①	05 ⑤
06 ③	07 ①	08 ⑤	09 ③	10 ①
11 ③	12 ④			

01

답과 해설 답 ③

마킹률	① 1%	② 2%	③ 90%	④ 4%	⑤ 3%

사회복지실천을 위한 조사연구는 문제의 원인을 설명함으로써 사회복지사의 직관에 의한 실천지식이 아닌 과학적이고 논리적인 실천지식을 강화할 수 있다.

02

답과 해설 답 ②

마킹률	① 17%	② 76%	③ 2%	④ 2%	⑤ 3%

오답노트

① 기술적 연구는 조사대상의 현황을 전체적으로 나타내고, 영향요인 간에 어떠한 관계가 있는지를 파악하기 위해 실시하는 조사로서 현상의 모양이나 분포, 크기, 비율 등 단순 통계적인 것에 대한 조사이다.

③ 연구자가 미리 생각하고 있었던 결론에 맞추어 자료를 가감, 조작한다거나 연구자의 의도와 다른 결과가 나왔다고 해서 이 부분을 고의적으로 제외하고 결과를 발표해서는 안 된다.

④ 연구결과는 객관적이고 논리적으로 해석되어야 한다.

⑤ 연구에서 결정론적이라는 것은 어떤 현상의 원인을 A라고 단정 짓는 단정적 결정론이 아니라 개연성을 가지고 A가 원인일 확률이 높다고 보는 확률적 결정론을 의미한다.

3

답과 해설 답 ③

| 마킹률 | ① 4% | ② 43% | ③ 23% | ④ 27% | ⑤ 3% |

포퍼의 반증주의가 쿤의 과학적 혁명론(패러다임론)보다 시대적으로 먼저 제시되었으며, 쿤이 포퍼의 반증주의에 대하여 문제점을 제시하였다.

4

답과 해설 답 ①

| 마킹률 | ① 38% | ② 30% | ③ 2% | ④ 29% | ⑤ 1% |

연구대상자를 속이는 행위가 바람직하지 않다는 것은 반론의 여지가 없지만, 연구목적상 연구의 자세한 내용을 모두 밝히지 않고 숨겨야 하는 경우도 있을 수 있다. 특히 실험의 경우 연구대상자가 연구목적, 내용 등을 자세히 알게 되면 반응성 문제가 나타날 수 있어 어느 정도 대상자를 속이는 것이 불가피할 때가 많다. 관찰의 경우도 누군가가 자신을 관찰하고 있다는 사실을 알면 평소와 다른 행동을 보일 가능성이 있다.

5

답과 해설 답 ⑤

| 마킹률 | ① 6% | ② 2% | ③ 4% | ④ 7% | ⑤ 81% |

ㄱ. 과학적 지식은 경험적으로 검증 가능해야 한다. 즉, 과학은 이론적 논리나 가정의 현실적 타당성을 경험적으로 입증할 수 있을 때 성립한다.
ㄴ. 과학적 지식은 잠정적이며, 새롭게 교체될 수 있고, 끊임없는 검증과 재평가를 통해 오류를 수정하면서 발전하는 과정을 거치게 된다.
ㄷ. 과학적 지식은 이해관계, 선입견이나 편견의 영향을 최소화할 수 있도록 객관성을 추구하는 것을 강조한다.
ㄹ. 동일한 근거를 바탕으로 동일한 결과가 산출되는지를 확인하기 위해 연구를 반복하는 재현가능성이 있어야 한다.

6

답과 해설 답 ③

| 마킹률 | ① 1% | ② 2% | ③ 93% | ④ 3% | ⑤ 1% |

공익적 가치가 높은 연구이더라도 연구윤리는 반드시 준수해야 한다. 따라서 연구의 공익적 가치가 연구윤리보다 우선해야 한다고 볼 수 없다.

7

답과 해설 답 ①

| 마킹률 | ① 42% | ② 4% | ③ 7% | ④ 37% | ⑤ 10% |

실증주의는 관찰자의 존재나 인식과는 무관하게 객관적 실재가 독립적으로 존재한다고 보며, 객관성, 정확성, 일반화(혹은 법칙화) 등을 강조한다.

8

답과 해설 답 ⑤

| 마킹률 | ① 8% | ② 12% | ③ 17% | ④ 17% | ⑤ 46% |

오답노트

① 영국의 철학자 흄(D. Hume)은 경험주의 철학을 대표하는 인물이다.
② 경험에 의한 지식의 객관성을 추구하는 것은 절대론적인 입장에 해당한다. 상대론적인 입장에서는 지식의 변화가능성, 지식의 개방허용성 등을 추구한다.
③ 과학은 기존의 이론과 상충되는 현상을 관찰하는 데서 출발하여 기존의 이론에 엄격한 검증을 행한다고 본 것은 포퍼의 반증주의이다.
④ 누적적인 진보를 부정하면서 역사적 사실들과 더 잘 부합하는 새로운 패러다임을 제시한 것은 쿤의 과학적 혁명론이다.

9

답과 해설 답 ③

| 마킹률 | ① 3% | ② 4% | ③ 84% | ④ 5% | ⑤ 4% |

사회현상의 주관적 의미에 대한 해석은 해석주의의 특징이다. 실증주의는 경험적 관찰을 통해 이론을 재검증하며, 객관성, 정확성, 일반화(혹은 법칙화) 등을 강조한다. 또한 보편적으로 적용가능한 분석도구가 존재한다고 보며, 표준화된 과학적 절차가 활용되어야 한다고 주장한다.

10

답과 해설 답 ①

| 마킹률 | ① 18% | ② 8% | ③ 23% | ④ 6% | ⑤ 45% |

오답노트

ㄴ. 여론조사나 인구센서스 조사는 기술적 조사이다. 기술적 조사는 현상의 모양이나 분포, 크기, 비율 등 단순 통계적인 것에 대한 조사이다.
ㄹ. 시간적 차원에 따라 횡단연구와 종단연구로 나뉘진다. 횡단연구는 일정 시점에서 특정 표본이 가지고 있는 특성을 파악하기 때문에 주로 표본조사를 행하며 측정이 반복해

서 이루어지지 않는다. 반면, 종단연구는 시간의 흐름에 따라 조사대상이나 상황의 변화를 측정하는 것으로 일정한 시간 간격을 두고 반복적으로 측정하여 자료를 수집하는 조사방법이다.

11

답 ③

| 마킹률 | ① 18% | ② 1% | ③ 74% | ④ 6% | ⑤ 1% |

자연과학에서는 관찰대상물과 관찰자가 분명히 구별될 수 있지만, 사회과학에서는 이들 양자가 대부분 혼연일체가 되는 경우가 많다. 이를 피란델로효과(pirandello effect)라고 한다. 사회과학에서는 관찰의 대상이 관찰자 자신이 되기도 하므로, 사회현상을 분석하는 과정에서 객관성이 결여될 가능성이 그만큼 크다.

12

답 ④

| 마킹률 | ① 2% | ② 1% | ③ 4% | ④ 89% | ⑤ 4% |

ㄷ. 사회복지학은 인간의 욕구를 충족시키기 위해 과학적인 지식을 사용하며, 복잡한 인간체계를 연구하기 위해 개발된 지식과 기술을 사용하는 응용과학이다. 즉, 종합 과학적이고 학제적인 특징이 있다.

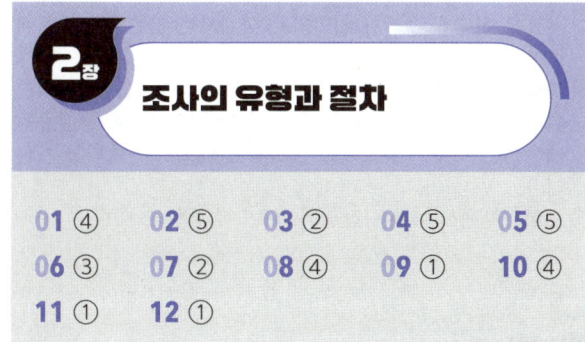

2장 조사의 유형과 절차

01 ④	02 ⑤	03 ②	04 ⑤	05 ⑤
06 ③	07 ②	08 ④	09 ①	10 ④
11 ①	12 ①			

1

답 ④

| 마킹률 | ① 3% | ② 14% | ③ 7% | ④ 65% | ⑤ 11% |

ㄱ. 2022년과 2025년이라는 시간의 흐름에 따른 조사항목의 변화를 측정하였으므로 종단조사에 해당한다.

ㄴ. 전국의 가구 중 일부를 표본으로 선정하였으므로 표본조사에 해당한다.

ㄹ. 시간의 흐름에 따라 나타나는 일반적인 대상집단의 변화를 조사하였으므로 경향조사에 해당한다.

ㄷ. 패널조사는 매 조사시점마다 동일인을 대상으로 조사하는 것이 특징이다. 주어진 사례에서는 동일인을 대상으로 조사하였는지에 대한 사항은 언급되지 않았다.

2

답 ⑤

| 마킹률 | ① 1% | ② 4% | ③ 1% | ④ 12% | ⑤ 82% |

사회복지조사의 과학적 수행과정은 'ㄷ. 문제형성(주제선정, 문제설정) → ㄴ. 가설형성 → ㄱ. 조사설계 → ㄹ. 자료수집 → ㅁ. 자료분석 및 해석 → 보고서 작성'의 순으로 진행된다.

3

답 ②

| 마킹률 | ① 7% | ② 81% | ③ 3% | ④ 4% | ⑤ 5% |

주관적이며 직관적인 관점에서 접근하는 것은 질적 연구방법에 해당한다. 양적 연구방법은 대상의 속성을 계량적으로 표현하고 그들의 관계를 통계분석을 통해 밝혀내는 연구방법으로서 객관적이고 정밀한 연구 결과를 얻을 수 있고 법칙의 발견이나 일반화의 정립에 유리하다.

4

답 ⑤

| 마킹률 | ① 7% | ② 7% | ③ 5% | ④ 40% | ⑤ 41% |

ㄱ. 동일한 표본을 대상으로 시간을 달리하여 추적 관찰하는 연구는 패널조사이다. 장기간 반복적으로 조사를 실시하는데, 매 조사시점마다 동일인을 대상(동일한 표본)으로 조사하는 것이 특징이다. 다만, 비용이 많이 들며 시간이 지나면서 조사대상(패널)이 중도에 탈락하는 문제가 있다.

ㄴ. 일정 연령이나 일정 연령 범위 내 사람들의 집단이 조사대상인 종단연구는 코호트조사(동년배조사)이다. 코호트조사는 시간의 변화에 따른 특정 동년배집단(일정 연령이나 일정 연령 범위 내 사람들의 집단)의 변화를 조사하는 것이다.

5

답 ⑤

ㄱ. 분석단위 유형 중 사회적 가공물이란 신문의 사설, 도서, 그림, 대중음악, 인터넷 등 사회적 존재에 의해 가공된 행위나 결과를 분석하는 것을 말한다.

ㄴ. 생태학적 오류는 집단을 분석단위로 한 조사결과에 기초해 개인(들)에 대한 결론을 내리는 오류이다. 즉, 집단을 대상으로 한 조사결과에 근거해서 개인에 대해서도 똑같을 것이라고 가정할 때 발생하는 오류이다.

ㄷ. 환원주의(축소주의)는 사회현상의 원인은 다양한 것이 있을 수 있는데도 불구하고 인간과 사회에 대한 현상들의 원인으로 생각되는 개념이나 변수를 지나치게 제한하거나 한 가지로 환원시킴으로써 지나친 단순화로 잘못을 범하는 오류, 즉 복합적 현상을 단 하나 혹은 몇 개의 개념으로 협소하게 설명해 버리는 오류를 말한다.

06

답과해설 답 ③

| 마킹률 | ① 12% | ② 3% | ③ 71% | ④ 6% | ⑤ 8% |

종단연구 중 패널연구만이 동일인을 반복적으로 조사하기 때문에 일정 기간에 걸쳐 나타나는 변화에 대해 가장 포괄적인 자료를 제공할 수 있으며, 세 가지 종단연구 중 가장 정확하고 신뢰할 만한 연구라고 할 수 있다.

오답노트

① 베이비붐 세대를 시간변화에 따라 연구하는 것은 동류집단연구이다.

② 일정 기간 센서스 자료를 비교하여 전국 인구의 성장을 추적하는 것은 패널연구이다.

④ 시간에 따른 변화를 가장 정확하게 알려주는 것은 패널연구이다.

⑤ 일반 모집단의 변화를 시간변화에 따라 연구하는 것은 추이연구이다.

07

답과해설 답 ②

| 마킹률 | ① 20% | ② 44% | ③ 5% | ④ 17% | ⑤ 14% |

서비스 개발이 가능한지를 파악하기 위한 연구는 탐색적 연구이다. 즉, 기존에 연구되지 않았거나 혹은 사전 지식이 부족한 경우 등 어떠한 내용을 탐색하기 위한 목적으로 수행하는 조사이다.

08

답과해설 답 ④

| 마킹률 | ① 13% | ② 6% | ③ 9% | ④ 63% | ⑤ 9% |

둘 이상의 시점에서 조사가 이루어졌다는 것은 반복 측정이 이루어진 것이므로 종단조사에 해당한다. 종단조사에는 패널연구, 추세연구(경향연구), 동년배연구가 있는데, 종단조사 중 패널연구만이 동일대상을 반복적으로 측정하기 때문에 동일대상 반복측정을 원칙으로 하지 않는 것은 추세연구(경향연구), 동년배연구가 해당된다.

09

답과해설 답 ①

| 마킹률 | ① 17% | ② 57% | ③ 5% | ④ 10% | ⑤ 11% |

관찰단위는 자료를 직접 수집하는 요소 또는 요소의 총합체를 말하는 것으로 자료수집 단위라고도 한다. 즉, 설문조사에서 실제적인 설문지를 직접 작성하는 단위를 말한다. 문제에서 독립변수는 근무기관의 규모, 종속변수는 직무만족도가 된다. 관찰단위는 실제 설문지를 작성하는 단위이므로 독립변수의 관찰단위는 근무기관에 속한 사회복지사(개인)가 되고, 종속변수의 관찰단위는 직무만족도에 응답하는 사회복지사(개인)가 된다.

10

답과해설 답 ④

| 마킹률 | ① 17% | ② 5% | ③ 9% | ④ 37% | ⑤ 32% |

오답노트

① 조사과정은 '조사문제 형성 → 가설설정 → 조사설계 → 자료수집 → 자료분석 및 해석 → 보고서 작성'의 순으로 진행된다.

② 자료를 어떻게 수집할 것인가를 설계하는 것도 조사설계에 포함된다.

③ 독립변수와 종속변수는 관계가 없다고 설정하는 것은 영가설이다. 연구가설은 이론으로부터 도출된 가설로서 검증될 때까지는 조사문제에 대한 잠정적 해답으로 간주되는 가설이다.

⑤ 사회과학에서 이론은 간접적으로도 검증할 수 있다.

11

답과해설 답 ①

| 마킹률 | ① 67% | ② 13% | ③ 6% | ④ 4% | ⑤ 10% |

사회복지조사의 과학적 수행과정은 '조사문제 형성(설정) → 가설형성(설정) → 조사설계 → 자료수집 → 자료분석 및 해석 → 보고서 작성'으로 진행된다.

12

답과해설 답 ①

마킹률	① 90%	② 2%	③ 3%	④ 4%	⑤ 1%

일정한 시간간격을 두고 연구대상을 표본추출하여 반복적으로 조사하는 방법을 종단조사라고 한다. 종단조사는 일정한 시간적 간격을 두고 측정하므로 동태적이고, 장기간에 걸쳐 조사대상자와 상황의 변화를 조사할 수 있다. 종단조사에는 패널조사, 경향조사, 동년배조사 등이 있다.

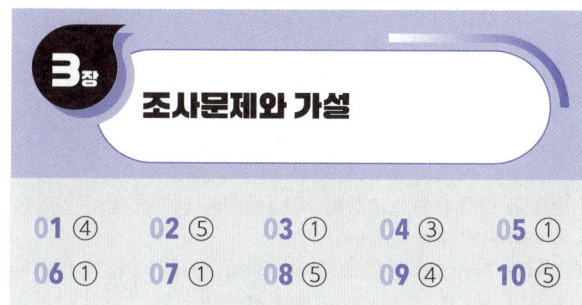

3장 조사문제와 가설

01 ④	02 ⑤	03 ①	04 ③	05 ①
06 ①	07 ①	08 ⑤	09 ④	10 ⑤

01

답과 해설 답 ④

마킹률	① 11%	② 9%	③ 11%	④ 54%	⑤ 15%

유의확률(p)이 유의수준(α)보다 낮다는 것은 관측된 결과가 우연히 일어날 확률이 낮음을 의미하므로, 영가설을 기각하고 연구가설을 지지하게 된다.

오답노트

① 통계적 가설검증에서는 영가설을 설정하여 이를 기각할 수 있는지를 검증한다. 연구가설은 직접 검증하지 않고, 영가설을 기각함으로써 간접적으로 지지하게 된다.
② 신뢰수준을 95%에서 99%로 높이면 유의수준(α)은 낮아지고, 그 결과 제1종 오류의 가능성이 낮아진다.
③ 두 변수 간의 관계가 오류에 의해 발생하였음을 가정하는 것은 영가설이다. 연구가설은 조사과정을 통해 연구자가 검증하고자 하는 가설로서, 검증될 때까지는 조사문제에 대한 잠정적 해답으로 간주된다.
⑤ 신뢰수준을 낮춘다는 것은 유의수준(α)을 높인다는 의미가 되고, 이 경우 제1종 오류의 가능성은 높아지며, 제2종 오류의 가능성은 낮아진다.

02

답과 해설 답 ⑤

마킹률	① 3%	② 9%	③ 7%	④ 4%	⑤ 77%

사회복지사가 느끼는 업무부담은 독립(원인)변수, 소진정도는 종속(결과)변수에 해당한다. 업무부담(독립변수)과 소진정도(종속변수) 간의 관계가 동료와의 친밀도에 따라 달라지므로 동료와의 친밀도는 조절변수에 해당한다. 조절변수는 독립변수와 종속변수 간의 관계를 강화시키거나 약화시키는 등 강도를 조절하거나 방향에 영향을 미치는 변수이다.

03

답과 해설 답 ①

마킹률	① 33%	② 23%	③ 35%	④ 5%	⑤ 4%

오답노트

② 조작적 정의는 추상적인 개념을 실증적·경험적으로 측정 가능하도록 구체화하는 것이기 때문에 양적 조사에서 더욱 중요하다.
③ 조작적 정의는 측정하고자 하는 개념을 측정 가능하도록 구체화하는 것이지 개념의 의미를 확장하는 것은 아니다. 즉, 측정하고자 하는 개념의 의미는 조작적 정의가 아닌 개념적 정의를 통해 확장된다. 개념적 정의는 연구대상인 사람, 사물의 속성, 사회적 현상 등의 변수를 개념적으로 정의하는 것으로써 사전적 정의와 마찬가지로 특정 용어가 의미하는 바가 무엇인지를 말로 서술해 놓은 것이다.
④ '개념 → 개념적 정의 → 조작적 정의 → 측정'의 순서로 이루어진다.
⑤ 개념적 정의는 사전적, 추상적, 일반적, 주관적일 수 있기 때문에 그 자체로는 측정이 어렵다. 따라서 조작적 정의를 통해 경험적으로 측정 가능한 실증적 지표로 변환해야 한다.

04

답과 해설 답 ③

마킹률	① 2%	② 5%	③ 86%	④ 3%	⑤ 4%

독립변수가 설명변수이고, 종속변수는 결과변수이다. 독립변수는 인과관계에서 다른 변수의 변화를 일으키는 변수로서 인과에서 '원인'을 나타내며, 원인변수, 설명변수, 예측변수라고도 부른다. 종속변수는 다른 변수에 영향을 받지만, 다른 변수에 영향을 미칠 수 없는 변수로서 인과관계에서 '결과'를 나타내며, 결과변수, 피설명변수, 피예측변수, 반응변수, 가설적 변수라고도 부른다.

05

답과 해설 답 ①

마킹률	① 50%	② 6%	③ 29%	④ 8%	⑤ 7%

오답노트

② 연구가설은 그 자체를 직접 검증할 수 없고, 영가설을 통해 간접적으로 검증된다.

③ 연구가설은 영가설의 검정 결과에 따라 채택되거나 기각된다.
④ 영가설은 수집된 자료에서 나타난 차이나 관계가 표본추출에서 오는 우연에 의한 것으로 진술된다.
⑤ 영가설은 연구가설에 대한 반증의 목적으로 설정된다.

06
답과해설 답 ①

| 마킹률 | ① 70% | ② 9% | ③ 5% | ④ 10% | ⑤ 6% |

오답노트

ㄷ. 영가설은 연구가설을 부정하거나 기각하기 위해 설정하는 가설이다. 대안가설은 영가설에 대립되는 가설, 즉 영가설이 거짓일 때 채택하기 위해 설정되는 가설이다.
ㄹ. 영가설은 변수 간의 관계가 우연임을 말하는 가설이다.

07
답과해설 답 ①

| 마킹률 | ① 47% | ② 24% | ③ 8% | ④ 12% | ⑤ 9% |

오답노트

ㄴ. 조작적 정의를 하면 개념의 의미가 다양하고 풍부해지는 것이 아니라 경험적으로 측정 가능하도록 구체화된다.
ㄷ. 조작적 정의는 추상적인 개념을 실증적·경험적으로 측정 가능하도록 하는 것이다.
ㄹ. 가설검증을 위해서는 조작적 정의가 필요하다. 따라서 양적 연구방법에서 사용되어 진다.

08
답과해설 답 ⑤

| 마킹률 | ① 7% | ② 5% | ③ 22% | ④ 28% | ⑤ 38% |

독립변수는 '부모의 학력'이 되고, 종속변수는 '자녀의 대학 진학률'이 된다. 사례에서 의도적으로 '부모의 재산'이 비슷한 조사대상을 한정시켜 다시 분석했다는 것은 '부모의 재산'을 통제시켰다는 의미이다. 즉, 외생변수인 '부모의 재산'을 의도적으로 통제시켜서(비슷한 수준의 조사대상을 한정시켜서) 다시 분석했다는 것이므로 '부모의 재산'은 통제변수가 된다.

09
답과해설 답 ④

| 마킹률 | ① 12% | ② 14% | ③ 36% | ④ 20% | ⑤ 18% |

연구가설은 이론으로부터 도출된 가설로서 검증될 때 까지는 조사문제에 대한 잠정적 해답으로 간주되는 가설이다.

10
답과해설 답 ⑤

| 마킹률 | ① 1% | ② 4% | ③ 5% | ④ 23% | ⑤ 67% |

• 독립변수 앞에서 독립변수에 영향을 주는 변수를 선행변수라고 한다. 선행변수를 통제해도 독립변수와 종속변수 사이의 관계는 사라지지 않지만, 독립변수를 통제하면 선행변수와 종속변수 사이의 관계는 사라진다.
• 독립변수의 결과인 동시에 종속변수의 원인이 되는 변수를 매개변수라고 한다. 독립변수와 종속변수를 중간에서 연결시켜 두 변수가 간접적으로 관계를 갖게 한다.
• 다른 변수에 의존하지만 다른 변수에 영향을 미칠 수 없는 변수를 종속변수라고 한다. 독립변수의 영향을 받아 일정한 결과를 나타내는 변수이다.
• 독립변수와 종속변수 모두에 영향을 미치는 제3의 변수를 외생변수라고 한다. 독립변수와 종속변수의 가식적 관계를 만드는 변수이다.

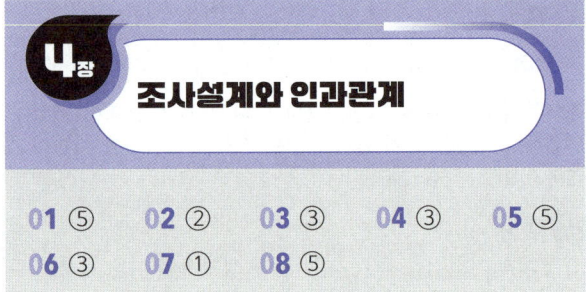

4장 조사설계와 인과관계

| 01 ⑤ | 02 ② | 03 ③ | 04 ③ | 05 ⑤ |
| 06 ③ | 07 ① | 08 ⑤ | | |

01
답과해설 답 ⑤

| 마킹률 | ① 11% | ② 14% | ③ 22% | ④ 15% | ⑤ 38% |

실험 참여자들이 프로그램에 참여하고 있다는 것을 의식해서 평소와 다르게 행동하는 것을 실험조사에 대한 반응성이라고 한다. 이러한 반응성은 실험설계의 외적 타당도 저해요인에 해당한다.

02
답과해설 답 ②

| 마킹률 | ① 40% | ② 36% | ③ 4% | ④ 14% | ⑤ 6% |

① 독립변수와 종속변수 사이의 상관관계는 인과관계 추론의 일차적 조건이다.

③ 독립변수가 종속변수를 시간적으로 앞서야 한다. 즉, 원인이 결과보다 시간적으로 우선해야 한다.

④ 일정 시간의 흐름에 따라 반복적으로 측정한 종단적 연구가 일정 시점에서만의 측정으로 연구한 횡단적 연구보다 인과관계 추론에 더 적합하다.

⑤ 독립변수의 변화는 종속변수의 변화와 관련성이 있어야 한다. 즉, 원인으로 추정되는 변수와 결과로 추정되는 변수가 동시에 존재하며, 상호연관성을 가지고 변화해야 한다.

3

답과 해설 답 ③

마킹률	① 28%	② 5%	③ 45%	④ 17%	⑤ 5%

통계적 회귀는 사전검사에서 매우 높거나 낮은 극단적인 점수를 나타냈다면 사후검사에서는 독립변수의 효과와 무관하게 평균값으로 수렴하는 경향을 의미한다. 따라서 극단적인 측정값을 보이는 대상자를 선정하지 않도록 해야 한다.

4

답과 해설 답 ③

마킹률	① 5%	② 5%	③ 67%	④ 11%	⑤ 12%

① 어떤 변수가 다른 변수의 원인임을 정확하게 기술하는 것은 내적 타당도이다. 즉, 내적 타당도는 어떤 연구결과 각 변수 사이의 인과관계를 추론해 보았을 때, 어느 한 쪽의 변수가 다른 쪽 변수의 원인이 되는지를 확신할 수 있는 정도를 말한다.

② 연구결과를 연구조건을 넘어서는 상황이나 모집단으로 일반화하는 정도가 외적 타당도이다. 즉, 외적 타당도는 어떤 연구결과에 기술된 인과관계가 그 연구의 조건을 넘어서서 일반화될 수 있는 정도를 의미한다.

④ 실험대상의 탈락이나 우연한 사건은 내적 타당도 저해요인이다.

⑤ 외적 타당도가 낮더라도 내적 타당도는 높을 수 있다.

5

답과 해설 답 ⑤

마킹률	① 7%	② 5%	③ 16%	④ 26%	⑤ 46%

외적 타당도란 어떤 연구결과에 기술된 인과관계가 그 연구의 조건을 넘어서서 일반화될 수 있는 정도를 의미한다. 자발적 참여자만을 대상으로 연구표본을 구성하게 되면 표본의 대표

성이 떨어지기 때문에 외적 타당도가 저해된다.

① 연구대상의 건강 상태가 시간 경과에 따라 회복되는 상황에서는 '시간적 경과/성숙'이라는 내적 타당도 저해요인이 발생할 수 있다.

② 자아존중감을 동일한 측정도구로 사전-사후 검사하는 상황에서는 '테스트효과/주시험효과/측정효과/검사효과'라는 내적 타당도 저해요인이 발생할 수 있다.

③ 사회적 지지를 다른 측정도구로 사전-사후 검사하는 상황에서는 '도구효과'라는 내적 타당도 저해요인이 발생할 수 있다.

④ 실험집단과 통제집단 간 연령 분포의 차이가 크게 발생하는 상황에서는 '편향된 선별/선택의 편의/선정상의 편견'이라는 내적 타당도 저해요인이 발생할 수 있다.

6

답과 해설 답 ③

마킹률	① 7%	② 68%	③ 8%	④ 5%	⑤ 12%

매칭은 배합, 짝짓기라고도 하며, 연구주제에 영향을 미칠 것이라고 여겨지는 속성을 실험집단과 통제집단에 동일하도록 만드는 방법이다. 정밀배합과 빈도분포 배합의 두 가지 방법이 있는데, 정밀배합은 한 가지 이상의 변수(특성)에 있어서 같은 값을 가지는 연구대상을 둘씩 골라서 하나는 실험집단에 다른 하나는 통제집단에 배치함으로써 특정 변수의 영향을 같게 하는 것이고, 빈도분포배합은 통제하려는 변수값의 평균치를 실험집단과 통제집단에 있어 동일하게 만드는 방법이다. 예를 들면, 평균연령, 평균학력, 평균소득, 남녀비율 등에 있어서 실험집단과 통제집단이 같도록 하는 것이다.

7

답과 해설 답 ①

마킹률	① 69%	② 9%	③ 11%	④ 9%	⑤ 2%

• 내적 타당도를 높이기 위해서는 원인변수(독립변수) 이외의 다른 변수가 결과변수(종속변수)에 개입할 조건을 통제하여야 한다. 내적 타당도는 어떤 연구결과가 각 변수 사이의 인과관계를 추론해 보았을 때, 어느 한 쪽의 변수가 다른 쪽 변수의 원인이 되는지를 확신할 수 있는 정도를 말한다. 내적 타당도를 높이기 위해서는 무작위할당, 배합/짝짓기, 통계적 통제 등의 방법으로 저해요인들이 실험과정에 개입되지 않도록 통제하여야 한다.

• 외적 타당도를 높이기 위해서는 확률표집방법으로 연구대상을 선정하거나 표본크기를 크게 하여야 한다. 외적 타당도는 어떤 연구결과에 기술된 인과관계가 그 연구의 조건을 넘어서서 일반화될 수 있는 정도를 의미한다. 외적 타당도를 높이기 위해서는 표본의 대표성을 높이거나 가실험 통제

집단 설계 등의 방법을 사용할 수 있다.

8

답과해설 답 ⑤

마킹률	① 8%	② 20%	③ 15%	④ 15%	⑤ 42%

외적 타당도의 저해요인으로는 표본의 대표성, 연구환경과 절차, 실험조사에 대한 반응성, 가실험효과 등이 있다. 실험대상의 탈락, 외부사건, 통계적 회귀, 개입의 확산 또는 모방은 모두 내적 타당도 저해요인에 해당한다.

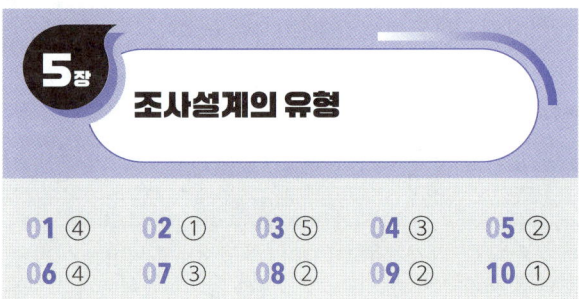

5장 조사설계의 유형

01 ④	02 ①	03 ⑤	04 ③	05 ②
06 ④	07 ③	08 ②	09 ②	10 ①

1

답과해설 답 ④

마킹률	① 2%	② 3%	③ 7%	④ 42%	⑤ 46%

부모를 대상으로 한 아동학대 예방 프로그램의 효과성을 평가하기 위해 프로그램 개입 전 연구 참여자의 아동양육 태도 등을 여러 차례 측정하였고, 프로그램을 개입한 이후에도 다시 여러 차례 측정하였으므로 단순시계열 설계에 해당한다. 단순시계열 설계는 독립변수를 노출시키기 전후에 일정 기간을 두고 정기적으로 몇 차례 종속변수를 측정하는 방법으로서 통제집단을 별도로 두지 않고 그 대신 실험처리로 인한 효과 확인을 위해 동일집단 내 여러 번에 걸쳐 실시된 사전검사 점수와 사후검사 점수를 비교한다.

2

답과해설 답 ①

마킹률	① 65%	② 10%	③ 7%	④ 7%	⑤ 11%

솔로몬 4집단 설계는 4개의 집단을 무작위로 선정하는 어려움과 복잡성, 비용적 문제 등으로 인해 사회복지 현장에서 실제 활용하기에는 어려움이 있다.

3

답과해설 답 ⑤

마킹률	① 5%	② 18%	③ 29%	④ 13%	⑤ 35%

사례의 조사설계는 종속변수의 비교(종속변수 변화 측정), 독립변수의 조작(사회복지 프로그램 실시), 외생변수의 통제(통제집단 설정), 무작위화(실험집단과 통제집단의 무작위 할당) 등 실험의 기본 요소를 모두 갖추고 있는 순수실험설계에 해당한다.

오답노트

① 순수실험설계는 인과적 추론 정도가 무작위 배정을 하지 않은 실험설계보다 높다.
② 순수실험설계는 외생변수 통제, 독립변수 조작, 종속변수의 비교 등 실험의 기본 요소를 갖추고 있다.
③ 순수실험설계는 실험대상의 무작위화를 통해 개입 전 두 집단(실험집단과 통제집단)의 동질성을 가정한다.
④ 정태적 집단비교 설계는 순수실험설계가 아닌 전실험설계에 해당한다.

4

답과해설 답 ③

마킹률	① 6%	② 9%	③ 61%	④ 19%	⑤ 5%

해당 사례는 통제집단 사전사후검사 설계에 해당한다. 무작위 할당으로 실험집단과 통제집단을 배치하고, 실험처치(다문화 교육)를 하기 전에 양 집단에 사전검사(다문화 수용성 측정)를 실시하였으며, 이후 실험집단에만 실험처치(다문화 교육)를 한 후 양 집단에 사후검사(다문화 수용성 측정)를 실시하여 두 집단의 변화를 비교하였다.
외적 요인은 실험연구 설계의 실행과정과 관계없이 발생하는 요인으로 실험을 시작하기 전 실험대상자를 실험집단과 통제집단으로 나눌 때 발생하는 내적 타당도 저해요인이다. 즉, 실험 실행 이전에 실험집단과 통제집단을 나눌 때 문제되는 요인을 말한다. 해당 사례에서는 무작위 할당을 통한 외적 요인의 통제를 시도하였다.

5

답과해설 답 ②

마킹률	① 26%	② 46%	③ 7%	④ 16%	⑤ 5%

해당 사례에서 무작위 할당이 아닌 임의적으로 유사한 A요양원 노인들과 B요양원 노인들로 집단을 구분하였으며, 두 집단 모두 사전조사는 실시하지 않았다. A요양원의 노인들(실험집단)에게만 실험처치(심리상담 프로그램)를 실시하였고, 실험처치를 하지 않은 B요양원의 노인들(통제집단)과 함께 두 집단 모두 사후검사를 실시하였다. 따라서 해당 사례는 정태적

집단비교 설계에 해당한다.

정태적 집단비교 설계는 실험집단과 통제집단을 임의적으로 선정하고 실험집단은 실험처치를 한 후 사후검사를, 통제집단은 실험처치를 하지 않고 사후검사를 실시한다. 이 방법은 통제집단 사후검사 설계에서 무작위 할당만 제외된 형태이다.

06

답과해설 답 ④

마킹률	① 4%	② 20%	③ 43%	④ 11%	⑤ 22%

프로그램의 효과성 검증을 위해 청소년 200명을 무작위로 두 개의 집단(실험집단과 통제집단)으로 나누었고, 양 집단에 사전검사를 실시한 후 하나의 집단(실험집단)에만 프로그램을 실시하고, 이후 다시 양 집단에 사후검사를 실시하였으므로 이 사례는 '통제집단 사전사후검사 설계'에 해당한다.

오답노트

① 사전검사에 의한 테스트효과가 발생할 수 있다.
② 실험집단과 통제집단을 무작위로 배치하였으므로 집단 간의 동질성을 확보한다.
③ 사전검사와 프로그램의 상호작용효과의 통제가 어렵다. 상호작용효과란 사전검사와 실험처치가 상호작용을 일으켜 생기는 것으로써 실험대상자가 사전검사를 실시한 후 실험처치를 받아들이는 강도가 달라지는 것을 말한다. 상호작용효과로 인해 실험결과를 다른 상황에 일반화시키기 어려운 외적 타당도상의 문제가 나타날 수 있다.
⑤ 실험집단의 개입효과가 통제집단으로 전이되는 것은 비동일 통제집단 설계에 해당한다.

07

답과해설 답 ③

마킹률	① 4%	② 30%	③ 43%	④ 10%	⑤ 13%

사전조사와 사후조사에서 통제집단의 종속변수 측정치는 통계적으로 유의미한 차이가 없어야 한다. 반면, 실험집단의 종속변수 측정치는 통계적으로 유의미한 차이가 있어야 한다.

08

답과해설 답 ②

마킹률	① 4%	② 73%	③ 13%	④ 4%	⑤ 6%

단순시계열 설계에 해당한다. 우울예방 프로그램 진행 전에 실시한 우울검사를 우울예방 프로그램 진행 후에도 실시하였기 때문에, 즉 프로그램 진행 전후에 동일한 측정도구를 이용하여 우울검사를 실시하였기 때문에 검사효과가 발생할 수 있다.

09

답과해설 답 ②

마킹률	① 6%	② 55%	③ 6%	④ 24%	⑤ 9%

외부사건은 사전검사와 사후검사 사이에 발생하는 통제 불가능한 사건을 의미한다. 통제집단 사후검사 설계(ㄹ)는 사전검사를 실시하지 않고 사후검사만을 통해 집단 간의 차이를 측정하므로 사전검사와 사후검사 사이에 발생하는 외부사건을 통제할 수 있다. 솔로몬 4집단 설계(ㄱ)는 통제집단 사전사후검사 설계와 통제집단 사후검사 설계를 결합한 형태이다. 즉, 사전검사로 인한 영향을 통제하기 위해 통제집단 사전사후검사 설계에 사전검사를 실시하지 않는 또 다른 실험집단과 통제집단을 추가한 설계이므로 외부사건을 통제할 수 있다.

10

답과해설 답 ①

마킹률	① 37%	② 16%	③ 15%	④ 12%	⑤ 20%

다중(복수)시계열 설계는 단순시계열 설계의 내적 타당도 저해요인에 의한 문제점을 개선하기 위해 단순시계열 설계에 통제집단을 추가한 것이다.

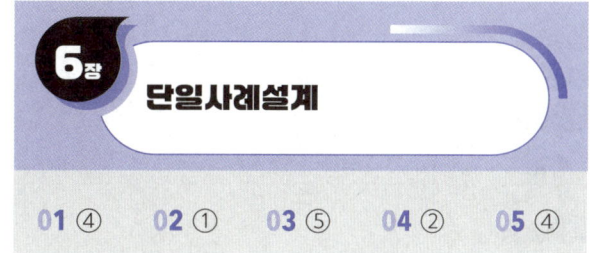

6장 단일사례설계

01 ④   02 ①   03 ⑤   04 ②   05 ④

01

답과해설 답 ④

마킹률	① 26%	② 2%	③ 3%	④ 47%	⑤ 22%

오답노트

ㄹ. 단일사례설계는 조사연구의 대상이 하나의 사례에 국한되기 때문에 그 결과를 일반화하는 데 제약이 따른다. 즉, 외적 타당도가 낮다.

02

답과해설 답 ①

| 마킹률 | ① 62% | ② 5% | ③ 10% | ④ 8% | ⑤ 15% |

복수의 각기 다른 개입방법을 연속적으로 도입할 수 있다. ABCD설계와 같이 하나의 기초선 자료에 대해서 여러 개의 각기 다른 방법(BCD)으로 개입할 수 있다.

03

답과해설 답 ⑤

| 마킹률 | ① 11% | ② 6% | ③ 9% | ④ 26% | ⑤ 48% |

오답노트

ㄴ. ABAC설계는 하나의 기초선 자료에 대해서 각기 다른 방법(BC)으로 개입하는 것으로써 선행된 개입의 효과와 혼재될 수 있다는 단점이 있다.

04

답과해설 답 ②

| 마킹률 | ① 5% | ② 53% | ③ 7% | ④ 19% | ⑤ 16% |

평균비교법은 기초선이 비교적 안정적이고 수치화하는 것이 가능할 경우에 기초선과 개입단계의 평균을 구하여 비교하는 방법이다. 기초선이 다소 불안정한 경우에 사용하는 방법은 경향선 접근법이다.

05

답과해설 답 ④

| 마킹률 | ① 31% | ② 4% | ③ 20% | ④ 31% | ⑤ 14% |

오답노트

① ABCD설계는 여러 개의 개입효과를 개별적으로 증명하는 것이 아닌 하나의 기초선 자료에 대해서 여러 개의 각기 다른 방법(BCD)으로 개입하는 것이다.
② AB설계는 하나의 기초선단계와 개입단계로 구성되어 있기 때문에 우연한 사건과 같은 내적 타당도를 저해하는 요인을 충분히 통제할 수 없다.
③ 복수기초선설계는 하나의 동일한 개입방법을 여러 문제, 대상, 상황에 적용하여 개입의 효과성을 파악하는 것이다. 여러 문제, 상황에 대하여 개입시점을 다르게 적용하여 같은 효과를 얻는다면, 표적문제의 변화가 외부사건에 의한 영향이 아닌 개입에 의한 변화임을 확인할 수 있다.
⑤ 평균비교는 기초선이 비교적 안정적이고 수치화하는 것이 가능할 경우, 기초선과 개입단계의 평균을 구하여 비교하는 방법이다.

7장 측정

01 ①	02 ④	03 ④	04 ②	05 ④
06 ②	07 ①	08 ①	09 ⑤	10 ④
11 ④	12 ③	13 ②	14 ③	15 ①
16 ⑤	17 ④	18 ④	19 ②	20 ⑤

01

답과해설 답 ①

| 마킹률 | ① 69% | ② 16% | ③ 3% | ④ 4% | ⑤ 8% |

사례에서 전문가들을 대상으로 프로그램, 사회복지사의 전문성 등의 요소가 측정문항에 충분히 포함되어 있는지에 대한 의견을 확인하였다고 했으므로 이는 내용타당도에 해당한다. 내용타당도는 측정도구에 포함된 설문문항들이나 관찰내용들이 측정하려고 하는 속성이나 개념을 얼마나 대표성 있게 포함하고 있는가에 대해 논리적으로 판단하는 것으로써 내용타당도를 판단하기 위해서는 측정대상이 되는 개념에 대한 전문가, 측정도구 개발에 대한 전문가, 혹은 예비 측정대상자들을 통해 측정 내용들이 타당하다고 볼 수 있는지를 확인한다.

02

답과해설 답 ④

| 마킹률 | ① 3% | ② 8% | ③ 6% | ④ 73% | ⑤ 10% |

신뢰도는 타당도의 필요조건이지만 충분조건은 아니다. 즉, 신뢰도는 타당도 확보를 위한 기본적 전제 조건이다.

03

답과해설 답 ④

| 마킹률 | ① 9% | ② 17% | ③ 7% | ④ 45% | ⑤ 22% |

산술평균은 등간수준의 측정(등간척도)과 비율수준의 측정(비율척도)에서 산출이 가능하다. ㄱ, ㄷ, ㄹ은 모두 비율수준의 측정(비율척도)에 해당하는 변수이다.

오답노트

ㄴ. 상·중·하 등급으로 평가한 국어 교과목의 성적은 서열수준의 측정(서열척도)에 해당하는 변수이다. 서열수준의 측정(서열척도)에서는 최빈값이나 중앙값을 산출할 수 있다.

04

답과 해설 답 ②

마킹률	① 8%	② 86%	③ 3%	④ 2%	⑤ 1%

ㄱ. 종교는 명목척도에 해당한다. 가장 낮은 수준의 측정으로 글자 그대로 이름을 부여하는 명목적인 것을 의미하며, 상호배타적인 특성을 갖는다. 성별, 계절, 인종, 종교, 지역, 혈액형 등이 명목척도에 해당한다.

ㄴ. 교육연수는 비율척도에 해당한다. 비율척도의 숫자는 속성의 실제 양을 나타내며, '0'이 실제적 의미를 가지고 있기 때문에 모든 사칙연산(±, ×, ÷)이 가능하다. 고용률, 자녀 수, 서비스 횟수, 체중, 연령 등이 비율척도에 해당한다.

ㄷ. 학점은 서열척도에 해당한다. 측정대상을 그 특징이나 속성에 따라 일정한 범주로 분류하고, 범주들 간의 상대적 순서관계를 밝힌다. 서열 간 간격이 동일하지 않고 절대량의 크기를 나타내지 않는다. 석차, 학점, 선호도, 노인장기요양등급 등이 서열척도에 해당한다.

05

답과 해설 답 ④

마킹률	① 10%	② 9%	③ 9%	④ 70%	⑤ 2%

① 대학 전공, 아르바이트 경험 유무: 명목수준의 측정
② 복지비 지출 증가율, 월평균 소득(만원): 비율수준의 측정
③ 온도(℃), 지능지수(IQ): 등간수준의 측정
④ 생활수준(상, 중, 하): 서열수준의 측정, 혈액형: 명목수준의 측정
⑤ 성별, 현재 흡연여부: 명목수준의 측정

06

답과 해설 답 ②

마킹률	① 10%	② 17%	③ 6%	④ 61%	⑤ 6%

내적 일관성 신뢰도법은 하나의 측정도구를 한 번에 적용하여 측정한 후 그 안에서 신뢰도를 평가하는 방법이며, 반분법과 크론바하의 알파계수가 내적 일관성 신뢰도법에 속한다.

07

답과 해설 답 ①

마킹률	① 68%	② 9%	③ 6%	④ 8%	⑤ 9%

오답노트

② 신뢰도가 높으면 타당도는 높을 수도 있고, 낮을 수도 있다.
③ 요인분석법은 연구하고자 하는 현상 또는 추상적인 개념이 몇 개의 요인들로 구성되어 있다고 가정하고, 그러한 요인들 각각을 측정할 수 있는 여러 개의 질문문항들을 만들어

조사를 실시한 후, 그 결과를 분석하여 타당도를 검증하는 방법이다.
④ 측정하려고 의도된 개념을 얼마나 정확하게 측정하는가를 나타내는 것은 타당도이다. 신뢰도는 같은 대상에 대해 반복적으로 측정할 때 어느 정도 동일한 측정값을 산출하는지의 정도를 말한다.
⑤ 주어진 척도가 측정하고자 하는 내용을 담고 있다고 일련의 전문가가 판단할 때 내용타당도가 있다고 한다. 내용타당도란 측정도구에 포함된 설문문항들이나 관찰내용들이 측정하려고 하는 속성이나 개념을 얼마나 대표성 있게 포함하고 있는가에 대해 논리적으로 판단하는 것이다. 내용타당도를 판단하기 위해서는 측정 대상이 되는 개념에 대한 전문가, 측정도구 개발에 대한 전문가, 혹은 예비 측정대상자들을 통해 측정 내용들이 타당하다고 볼 수 있는지를 확인한다.

08

답과 해설 답 ①

마킹률	① 60%	② 4%	③ 12%	④ 19%	⑤ 5%

명목척도는 가장 낮은 수준의 측정으로 글자 그대로 이름을 부여하는 명목적인 것을 의미한다. 주로 측정대상의 특성을 분류할 목적으로 쓰이며, 명목수준의 측정에서 사용되는 숫자는 양적인 크기를 갖지 못한다. 즉, 숫자의 크기는 아무런 의미가 없고 단지 부여된 숫자가 다르면 그 대상의 특성이 다르다는 것을 의미할 뿐이다. ㄱ. 장애인의 성별(남자, 여자), ㄴ. 장애유형(지체장애인, 시각장애인 등), ㄷ. 거주지역(서울, 인천 등), ㄹ. 직업 종류(회사원, 자영업 등)는 모두 명목척도에 해당한다.

09

답과 해설 답 ⑤

마킹률	① 20%	② 18%	③ 24%	④ 20%	⑤ 18%

ㄱ. 출신지역은 명목척도에 해당하며, 백분율, 최빈값 등을 사용할 수 있다.
ㄴ. 교육수준은 서열척도에 해당하며, 백분율, 최빈값, 중앙값(중위수) 등을 사용할 수 있다.
ㄷ. 가출경험은 명목척도에 해당하며, 백분율, 최빈값 등을 사용할 수 있다.
ㄹ. 연간 기부금액은 비율척도에 해당하며, 백분율, 최빈값, 중앙값(중위수), 산술평균, 기하평균 등 모든 분석방법을 사용할 수 있다.
ㅁ. 연령은 서열척도에 해당하며, 백분율, 최빈값, 중앙값(중위수) 등을 사용할 수 있다. 참고로 18세, 25세 등의 나이로 표현된 연령은 비율척도에 해당하지만, ㅁ은 10대, 20대 등의 범주로 표현된 연령이기에 서열척도에 해당한다.

10

답과 해설 답 ④

마킹률	① 10%	② 20%	③ 12%	④ 46%	⑤ 12%

측정오류는 변수를 측정하는 과정에서 나타나는 오류로서 본질적으로 신뢰도와 타당도의 문제이다. 타당도는 체계적 오류, 신뢰도는 비체계적 오류(무작위 오류)와 관련된 개념이다. 따라서 타당도가 낮은 척도의 사용은 체계적 오류를 발생시킨다.

11

답과 해설 답 ④

마킹률	① 13%	② 4%	③ 8%	④ 59%	⑤ 16%

오답노트

ㄷ. 기준 관련 타당도의 하위타당도가 예측타당도와 동시타당도이다. 기준 관련 타당도는 보다 객관적인 외부의 기준에 의거해 측정도구의 타당도를 따지는 타당도 평가방법을 말한다. 이미 타당도를 인정받은 기존의 측정도구와 새로운 측정도구에 의한 결과를 비교하여 새로운 측정도구의 타당성을 평가한다. 기준 관련 타당도에는 예측타당도와 동시타당도가 있는데, 예측타당도는 측정도구를 이용하여 측정한 결과가 미래의 사건이나 행위, 태도, 결과 등을 얼마나 잘 예측할 수 있는가를 통해서 타당도를 평가하는 방법이고, 동시타당도는 측정도구의 측정값을 외적인 기준과 동시적인 시점에서 비교하여 타당도를 평가하는 방법이다.

12

답과 해설 답 ③

마킹률	① 13%	② 13%	③ 30%	④ 16%	⑤ 28%

상관관계가 높은 문항들을 범주화하여 하위요인을 구성하는 방법을 요인분석이라고 한다. 요인분석은 연구하고자 하는 현상 또는 추상적인 개념이 몇 개의 요인들로 구성되어 있다고 가정하고, 그러한 요인들 각각을 측정할 수 있는 여러 개의 질문문항들을 만들어 조사를 실시한 후, 그 결과를 분석하여 원래 예상했던 요인들이 나타났는가, 또 나타난 요인들이 원래 작성했던 문항들로 구성되었는가를 검증하는 타당도 검증방법이다.

13

답과 해설 답 ②

마킹률	① 26%	② 33%	③ 6%	④ 19%	⑤ 16%

① 연령, 백신 접종률: 비율수준의 측정
② 학년: 서열수준의 측정, 이수과목의 수: 비율수준의 측정
③ 섭씨(℃), 화씨(℉): 등간수준의 측정
④ 강우량, 산불발생 건 수: 비율수준의 측정
⑤ 거주 지역, 혈액형: 명목수준의 측정

14

답과 해설 답 ③

마킹률	① 2%	② 2%	③ 85%	④ 6%	⑤ 5%

측정의 오류는 변수를 측정하는 과정에서 나타나는 오류로서 측정오차라고도 한다. 본질적으로 신뢰도와 타당도의 문제이며, 타당도는 체계적 오류, 신뢰도는 비체계적 오류와 관련이 있다.

15

답과 해설 답 ①

마킹률	① 48%	② 21%	③ 3%	④ 9%	⑤ 19%

하나의 개념을 측정하는 개별 항목들 간의 일관성은 신뢰도를 의미한다. 즉, 같은 대상에 대해 반복적으로 측정할 때 어느 정도 동일한 측정값을 산출하는지의 정도를 말한다. 반면, 타당도는 측정하고자 하는 개념을 얼마나 정확히 측정하였는가를 의미하는 것으로써 측정한 값과 대상의 진정한 값과의 일치 정도를 의미한다.

16

답과 해설 답 ⑤

마킹률	① 3%	② 9%	③ 8%	④ 21%	⑤ 59%

오답노트

① 측정 항목 수를 가능한 늘려야 한다.
② 유사한 질문을 통해 신뢰도를 검증할 수 있다.
③ 측정자에게 측정도구에 대한 교육을 사전에 실시한다.
④ 측정자들이 측정방식을 자주 바꾸는 것은 신뢰도를 저해시킬 수 있다.

17

답과 해설 답 ④

마킹률	① 7%	② 4%	③ 15%	④ 45%	⑤ 29%

오답노트

ㄴ. 신뢰도는 타당도의 필요조건이지만 충분조건은 아니다. 타당도가 높으면 신뢰도는 반드시 높지만, 신뢰도가 높다고 타당도가 반드시 높진 않다.

18

답과해설 답 ④

| 마킹률 | ① 2% | ② 6% | ③ 1% | ④ 90% | ⑤ 1% |

측정도구의 신뢰도를 높이기 위해서는 가능한 범위 안에서 설문문항 수를 늘리는 것이 좋다.

19

답과해설 답 ②

| 마킹률 | ① 28% | ② 45% | ③ 14% | ④ 7% | ⑤ 6% |

판별타당도는 A와 B라는 측정도구가 서로 다른 개념을 측정(혹은 이론적으로 연관성이 낮은 개념을 측정)하는 도구라면, 동일한 대상을 측정했을 때 얻은 측정 값들 간의 상관관계가 낮아야 함을 의미한다. 주어진 사례처럼 A와 B의 상관관계가 매우 낮게 나왔다면 판별타당도가 높다고 말할 수 있다.

20

답과해설 답 ⑤

| 마킹률 | ① 1% | ② 14% | ③ 3% | ④ 21% | ⑤ 61% |

모두 신뢰도를 측정하는 방법에 해당한다. 신뢰도를 측정하는 방법에는 재검사법, 대안법, 반분법, 내적 일관성 분석법 등이 있으며, 타당도를 측정하는 방법에는 내용타당도, 기준타당도(예측타당도, 동시타당도), 구성타당도(이해타당도, 집중타당도, 판별타당도) 등이 있다.

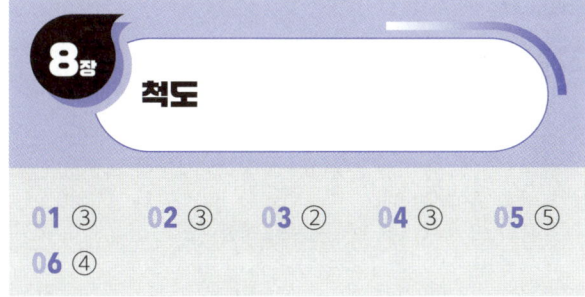

8장 척도

01 ③   02 ③   03 ②   04 ③   05 ⑤
06 ④

1

답과해설 답 ③

| 마킹률 | ① 17% | ② 6% | ③ 53% | ④ 13% | ⑤ 11% |

보가더스의 사회적 거리 척도에 해당한다. 개인 혹은 집단이 다른 인간이나 집단에 대하여 가지는 친밀감의 정도를 사회적

거리라는 개념으로 정의하고 이를 측정하기 위한 몇 개의 하위문항으로 구성된다. 서열척도에 해당하며, 거트만 척도와 같이 누적적인 문항으로 구성되는 척도이다.

2

답과해설 답 ③

| 마킹률 | ① 4% | ② 16% | ③ 54% | ④ 9% | ⑤ 17% |

보가더스의 사회적 거리 척도는 서열척도에 해당한다.

3

답과해설 답 ②

| 마킹률 | ① 12% | ② 49% | ③ 13% | ④ 10% | ⑤ 16% |

오답노트

① 리커트 척도는 하나의 개념을 측정하기 위해 여러 문항들을 이용하는 척도로서, 각 문항들은 동일한 응답범주를 사용하며 모두 동등한 가치를 부여받는다. 즉, 개별문항에 가중치를 부여하지 않는다.

③ 평정 척도는 문항의 적절성 평가가 어렵다. 평정 척도는 평가자가 측정대상의 연속성을 전제로 하여, 일정한 등급법에 따라 평가함으로써 대상의 속성을 구별하는 척도이다. 즉, 설정한 각 단계에 임의 수치를 부여하여 여기서 얻어진 수치의 합계 또는 평균을 측정대상이 가지는 척도점수로 가정하는 척도이다. 객관적 평가도구의 작성이 어려우며, 척도에 대한 주관적 판단을 요구하기 때문에 평가자의 주관, 편견 등이 작용할 가능성이 높다.

④ 거트만 척도는 단일한 개념을 측정하는 단일차원성을 특징으로 한다. 단일차원성이란 척도가 한 가지 혹은 단일한 개념, 차원만을 측정하고 있는 것을 의미한다. 따라서 둘 이상의 개념을 측정하는 다차원적인 척도로는 사용되기 어렵다.

⑤ 의미차별 척도는 느낌이나 감정을 나타내는 서로 상반되는 형용사를 사용한다. 즉, 어떤 개념에 대한 생각이나 느낌을 다양한 차원에서 평가하기 위해 그에 대한 형용사를 정하고 양 극단에 서로 상반되는 형용사를 배치하여 그 속성에 대한 평가를 내리도록 하는 척도이다.

4

답과해설 답 ③

| 마킹률 | ① 10% | ② 12% | ③ 60% | ④ 12% | ⑤ 6% |

써스톤 척도는 평가자에 의존하기 때문에 여러 평가자의 편견이 개입될 여지가 있으며, 척도 개발에 상당한 시간과 노력이 소요된다는 단점이 있다.

05

답과해설 답 ⑤

마킹률	① 7%	② 6%	③ 6%	④ 16%	⑤ 65%

오답노트

ㄴ. 리커트 척도는 서열척도에 해당한다.

06

답과해설 답 ④

마킹률	① 25%	② 13%	③ 5%	④ 44%	⑤ 13%

의미분화 척도라고도 한다. 어떤 개념에 대한 생각이나 느낌을 다양한 차원에서 평가하기 위해 그에 대한 형용사를 정하고 양 극단에서 서로 상반되는 형용사를 배치하여 그 속성에 대한 평가를 내리도록하는 척도이다. 다차원적인 개념을 측정하는 데 유용하다.

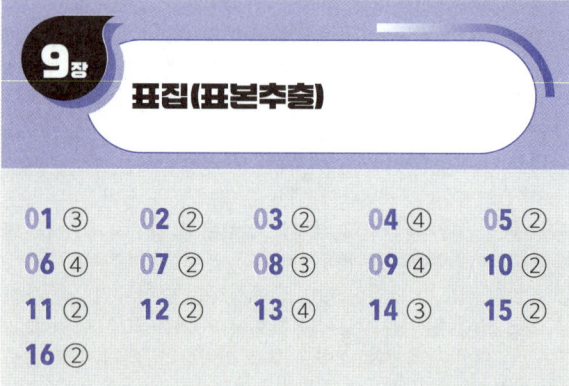

9장

표집(표본추출)

01 ③	02 ②	03 ②	04 ④	05 ②
06 ④	07 ②	08 ③	09 ④	10 ②
11 ②	12 ②	13 ④	14 ③	15 ②
16 ②				

01

답과해설 답 ③

마킹률	① 4%	② 5%	③ 41%	④ 40%	⑤ 10%

전수연구는 모집단 전체를 대상으로 조사하는 연구를 말하며, 표본연구는 전수연구가 어려운 경우 모집단의 일부만을 표본으로 추출하여 조사하는 연구를 말한다. 표본의 크기를 크게 하면 비표본오차의 발생가능성은 높아지므로 전수연구가 표본연구에 비해 비표본오차가 크다.

02

답과해설 답 ②

마킹률	① 12%	② 31%	③ 13%	④ 5%	⑤ 39%

지역 내 전체 노인복지관별 등록자명단에서 등록인원수에 비례하여 표본을 선정했다는 것은 층화된 각 집단에서 등록인원수에 비례하는 비율로 추출한 것이며, 난수표를 활용한 것은 단순무작위를 통한 확률표집방법을 사용한 것이므로 주어진 사례는 층화표집법 중 비례층화표집에 해당한다.

오답노트

① 난수표를 활용하여 단순무작위를 통한 확률표집방법을 사용하였다.

③ 사례에서는 비례적으로 표집했기 때문에 가중치가 불필요하다. 즉, 표집단계에서의 편향성을 해결하기 위해 분석단계에서 가중치를 활용하는 것은 비례층화표집이 아닌 비비례층화표집에 해당한다. 비비례층화표집은 각 하위집단에서 차등 비율로 표본을 추출하기 때문에 편향성이 발생될 수 있어 분석단계에서 가중치를 활용한다.

④ 지역 내 전체 노인복지관별 등록자명단이라는 표집틀이 존재한다.

⑤ 표본을 임의로 선정하지 않고 난수표를 활용하여 확률적으로 표본을 선정하였다.

03

답과해설 답 ②

마킹률	① 9%	② 73%	③ 1%	④ 15%	⑤ 2%

모집단 내 편차가 크다는 것은 집단을 구성하는 구성원의 차이(이질성)가 크다는 것을 나타내므로 대표성 있고 신뢰도가 높은 결과를 얻기 위해 더 많은 표본이 필요하므로 표본의 크기를 늘려야 한다.

오답노트

① 추정치가 모수에 근접할 확률은 표본의 크기에 비례한다. 즉, 표본의 크기가 클수록 추정치가 모수에 근접할 확률도 증가한다.

③ 조사비용과 시간의 한계는 표본의 크기와 관련이 있다. 현실적으로 조사비용이 많이 들고 시간 제약이 크면 표본의 크기를 줄이게 된다.

④ 표본의 크기와 표본오차는 반비례한다. 즉, 표본의 크기가 커지면 표본오차는 감소한다.

⑤ 통계분석방법은 표본의 크기에 따라 다르다.

04

답과해설 답 ④

마킹률	① 14%	② 9%	③ 3%	④ 71%	⑤ 3%

표집틀이란 표본을 추출하기 위한 모집단의 목록을 말한다. 해당 사례에서 표집틀은 A종합사회복지관을 이용하는 노인 이용자들의 명단이다.

① 모집단은 연구대상이 되는 집단 전체를 말한다. 해당 사례에서 모집단은 A종합사회복지관을 이용하는 노인들 전체이다.

② 해당 사례는 무작위 표본추출을 통한 확률표집방법을 사용하였다. 할당표집법은 무작위가 아닌 임의로 표본을 추출하는 비확률표본추출방법에 해당한다.

③ 관찰단위는 자료를 직접 수집하는 요소 또는 요소의 총합체를 말하는 것으로 자료수집 단위라고도 한다. 해당 사례에서 관찰단위는 노인 이용자 개인이다.

⑤ 분석단위란 보다 큰 집단의 특성을 기술하거나 또는 어떤 추상적인 현상을 설명하기 위해 맨 먼저 분석되고 기술되어야 하는 단위를 말한다. 해당 사례에서 관찰단위 역시 개인이다.

05

답과 해설 답 ②

마킹률	① 8%	② 29%	③ 12%	④ 45%	⑤ 6%

할당표집은 비확률표집방법에 해당한다. 비확률표집은 각 단위가 표본에 포함될 확률을 알 수 없고 표본오차를 산정할 수 없다. 즉, 동일추출확률에 근거하지 않고 어떤 사람이 선택될 확률이 알려지지 않기 때문에 표본이 모집단을 대표하고 있다고 말할 수 없고, 따라서 연구의 일반화에도 제한점이 있다.

06

답과 해설 답 ④

마킹률	① 11%	② 3%	③ 25%	④ 54%	⑤ 7%

표집오차란 모집단 값과 표본의 값 간의 차이를 말한다.

07

답과 해설 답 ②

마킹률	① 10%	② 71%	③ 2%	④ 9%	⑤ 8%

체계적 표집은 확률표집방법으로서 주로 양적 연구에서 많이 사용된다. 질적 연구에서는 일반적으로 연구자가 연구에 필요한 표본을 의도적으로 선택(의도적 표집)하는 표집방법을 사용한다.

08

답과 해설 답 ③

마킹률	① 16%	② 7%	③ 64%	④ 5%	⑤ 8%

표집오차는 표집을 잘못해서 발생하는 모집단 값과 표본의 값 간의 차이를 말한다. 표본의 크기가 커지면 표집오차는 작아진다.

09

답과 해설 답 ④

마킹률	① 5%	② 7%	③ 12%	④ 55%	⑤ 21%

① 모집단을 잘 대표하려면 모집단의 각 표집단위가 모두 추출될 기회를 가지고 있고, 각 단위가 추출될 확률을 정확히 알고 있어서 무작위 방법에 기초하여 표본이 추출되는 확률표집방법이어야 한다. 유의표집은 비확률표집방법에 해당한다.

② 모집단의 이질성이 크다면 표본의 크기는 커야 한다.

③ 모수는 모집단의 속성을 나타내는 값이고, 통계치는 표본의 속성을 나타내는 값이다. 전수조사는 조사대상이라고 생각되는 모든 부분, 즉 모집단 전체를 대상으로 조사하는 조사연구이므로 모수만 존재한다.

⑤ 체계적 표집방법은 표집틀인 모집단 목록에서 일정한 순서에 따라 매 k번째 요소를 무작위로 표본추출하는 방법이다.

10

답과 해설 답 ②

마킹률	① 10%	② 42%	③ 18%	④ 11%	⑤ 19%

할당표집방법은 비확률표집을 실시한다. 모집단의 속성 중 조사내용에 영향을 주는 요소를 정해서, 이를 기준으로 몇 개의 범주로 구분하고 각 범주에 해당하는 표본을 모집단에서 차지하는 범주의 비율에 따라 할당하고 각 범주로부터 할당된 수의 표본을 임의적으로 추출하는 것이다. 층화표집방법과 유사하지만 할당된 표본의 수를 무작위 표집이 아닌 임의표집한다는 점에서 층화표집방법과 다르다.

11

답과 해설 답 ②

마킹률	① 28%	② 25%	③ 20%	④ 8%	⑤ 19%

표집오차를 추정할 때 영향을 주는 요인은 표본의 크기, 신뢰구간 등이다. 신뢰수준을 높게 잡으면 표집오차가 커지고, 표본의 크기가 커지면 표집오차는 작아진다.

12

답과 해설 답 ②

마킹률	① 13%	② 30%	③ 37%	④ 9%	⑤ 11%

| 마킹률 | ① 30% | ② 47% | ③ 10% | ④ 2% | ⑤ 11% |

주어진 사례는 연령을 기준으로 범주를 구분하고 각 범주로부터 할당된 수의 표본을 임의적으로 추출하였으므로 할당 표본추출에 해당한다. 할당 표본추출은 층화 표본추출과 유사하지만 할당된 표본의 수를 무작위 표집이 아닌 임의표집한다는 점에서 층화표집과 다르다.

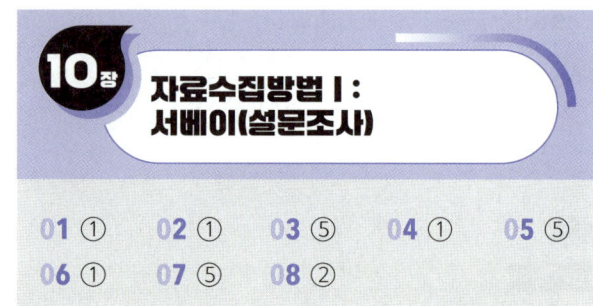

10장 자료수집방법 I : 서베이(설문조사)

| 01 ① | 02 ① | 03 ⑤ | 04 ① | 05 ⑤ |
| 06 ① | 07 ⑤ | 08 ② | | |

01
답과 해설 답 ①

| 마킹률 | ① 41% | ② 10% | ③ 11% | ④ 30% | ⑤ 8% |

온라인 설문은 표적집단(응답자)이 누구인지 자세하고 명확하게 확인하는 것이 어렵다. 반면, 대면면접은 표적집단(응답자)을 직접적으로 확인할 수 있다.

오답노트
② 온라인 설문은 네트워크, 인터넷 등에 접근이 가능해야 이뤄지는 조사이다.
③ 온라인 설문은 대면설문보다 비용적 · 시간적 절감의 효과가 있다.
④ 온라인 설문은 복잡하거나 문항수가 많은 경우에는 적합하지 않다.
⑤ 온라인 설문은 중복응답에 대한 통제가 어려워 이미 응답한 사람이 재응답을 하게 되는 오류가 발생할 수 있다.

02
답과 해설 답 ①

| 마킹률 | ① 50% | ② 11% | ③ 2% | ④ 23% | ⑤ 14% |

오답노트
② 직접 응답자를 대면하는 대면면접법이 우편조사법에 비해 조사자의 편견을 배제하기가 힘들다.
③ 대면면접법은 응답자를 대면하여 진행하므로 전화면접법에 비해 익명성 보장이 어렵다.

오답노트
① 체계적 표집법(계통표집법)에 해당한다. 표집틀인 모집단 목록에서 일정한 순서에 따라 매 k번째 요소를 표본으로 추출하는 방법이다.
③ 모집단의 배열에 일정한 주기성을 가지고 있으면 안 된다. 체계적 표집법은 주기성으로 인해 오차가 개입되어 대표성의 문제가 발생할 수 있다.
④ 확률표집방법을 사용하였다.
⑤ 확률표집방법은 비확률표집방법에 비해 모집단에 대한 대표성이 크다.

13
답과 해설 답 ④

| 마킹률 | ① 18% | ② 12% | ③ 8% | ④ 43% | ⑤ 19% |

오답노트
① 할당표집은 비확률표집방법이기 때문에 무작위 표집을 전제로 하지 않는다.
② 유의표집은 비확률표집방법이다.
③ 눈덩이표집은 모집단에 대한 지식 · 정보가 제한되어 있거나 모집단으로부터 선택될 확률이 미리 알려지지 않은 경우 사용하는 비확률표집방법이다.
⑤ 임의표집은 표본의 대표성 문제와 표집의 편의 문제가 발생할 수 있다.

14
답과 해설 답 ③

| 마킹률 | ① 1% | ② 8% | ③ 65% | ④ 18% | ⑤ 8% |

표본의 크기가 증가하면 표본오차는 작아진다.

15
답과 해설 답 ②

| 마킹률 | ① 20% | ② 43% | ③ 18% | ④ 10% | ⑤ 9% |

집락 표본추출은 확률표집방법에 해당한다. 질적 조사는 일반적으로 확률표집방법이 아닌 비확률표집방법을 사용하여 연구자가 연구에 필요한 표본을 의도적으로 선택하는 방법을 사용한다. 질적 조사의 표집방법에는 이론적 표본추출, 최대변이 표본추출, 동질적 표본추출, 결정적 사례 표본추출, 극단적 사례 표본추출, 예외사례 표본추출, 눈덩이 표본추출 등이 있다.

16
답과 해설 답 ②

④ 대면면접법은 질문이 모호하거나 복잡할 경우 면접자가 추가적인 설명을 제공하여 보다 적절한 응답이 가능하기 때문에 복잡한 질문을 사용할 수 있다는 장점이 있다.

⑤ 대면면접법 중 질문의 순서, 질문 문항 등을 명확하게 제시해야 하는 것은 구조화된 면접이다. 반구조화된 면접은 일정한 수의 주요한 질문은 구조화 면접으로 실시하고 나머지는 비구조화 면접으로 실시하는 것으로써 어느 정도 융통성을 발휘하며 면접하는 방법이다.

3

답과해설 답 ⑤

마킹률	① 4%	② 7%	③ 3%	④ 18%	⑤ 68%

오답노트

ㄱ. ㄴ. 구조화된 면접에 속한다. 질문 내용과 순서, 표현 등이 자세하고 구체적으로 규정된 면접계획표에 따라 면접을 진행하며, 모든 면접 조사자는 응답자들에게 이를 동일하게 적용한다. 대부분의 질문은 폐쇄형 질문으로 되어 있으며, 면접자가 임의로 질문을 변형해서 활용하는 것을 가능한 제한한다.

4

답과해설 답 ①

마킹률	① 92%	② 2%	③ 2%	④ 2%	⑤ 2%

응답자의 익명성 보장 수준은 면접조사보다 우편설문이 더 높다. 우편설문은 응답자가 자신의 신분이 직접적으로 노출되는 대면 상황이 없기 때문에 익명성이 보장되며 공개하기 어려운 응답도 가능하다.

5

답과해설 답 ⑤

마킹률	① 1%	② 2%	③ 3%	④ 26%	⑤ 68%

표집방법, 표본의 크기, 설문조사의 시기, 측정도구의 신뢰성 등 모두 설문조사 결과를 해석할 때 유의해야 할 사항에 해당한다.

6

답과해설 답 ①

마킹률	① 90%	② 3%	③ 3%	④ 2%	⑤ 2%

오답노트

② 설문문항 작성 시 이중질문은 피해야 한다.

③ 비참여관찰법은 연구자가 관찰대상 밖에서 제3자의 입장으로 관찰하는 것이다.

④ 무작위로 배치된 질문은 응답자에게 무질서하고 가치가 없다는 인상을 줄 수 있으며, 한 주제에서 다른 주제로 전환이 계속 이루어져 응답을 하는 데 어려움이 생길 수 있다.

⑤ 프로빙 기술, 즉 심층규명(probing)이 중요한 것은 면접조사이다. 면접조사를 진행하는 과정에서 면접원이 의견 교환을 활성화하고 보다 많은 정보를 획득하기 위해 사용하는 기법이다. 어떤 질문에 대해 응답자가 불충분하게 대답하거나 질문과 연관성이 없는 부적절한 대답을 할 수도 있는데, 이러한 경우에 추가적인 정보를 획득하기 위해 심층규명 기술을 활용한다.

7

답과해설 답 ⑤

마킹률	① 3%	② 19%	③ 3%	④ 5%	⑤ 70%

오답노트

① 개방형 질문은 미리 정해진 응답범주를 제공하는 것이 아니라 응답자의 생각, 느낌, 의견 등을 자유롭게 기록할 수 있는 형태이다.

② 행렬식 질문은 여러 개의 질문들이 동일한 응답범주를 가지고 있는 경우에 사용한다. 질문지를 효율적으로 사용할 수 있고 응답하는 데 걸리는 시간을 줄여주는 장점이 있지만, 유사한 질문들이 인접하여 배치되기 때문에 고정반응이 발생할 수 있는 단점이 있다.

③ 이중질문은 두 가지 이상의 질문을 포함하는 질문으로서 질문의 어구를 구성할 때는 이중질문을 피하는 것이 좋다.

④ 신뢰도 측정을 위해 짝(pair)으로 된 문항들은 서로 떨어지게 배치해야 한다.

8

답과해설 답 ②

마킹률	① 6%	② 77%	③ 1%	④ 14%	⑤ 2%

오답노트

ㄴ. 심층규명은 면접조사를 진행하는 과정에서 면접원이 의견 교환을 활성화하고 보다 많은 정보를 획득하기 위해 사용하는 기법이다.

ㄷ. 배포조사는 응답자에게 질문지를 배포한 후 진행되기 때문에 응답자의 응답 환경을 일일이 통제하기 어렵다.

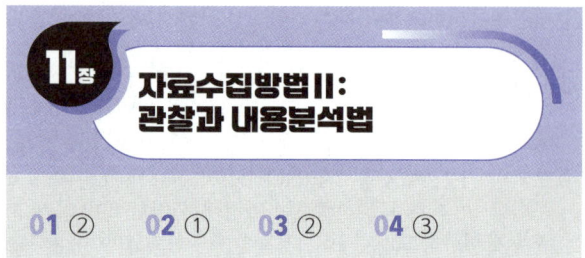

01 ②   02 ①   03 ②   04 ③

01

답과해설 답 ②

마킹률	① 22%	② 43%	③ 13%	④ 11%	⑤ 11%

내용분석은 인간과 사회의 의사소통 기록물을 분석하므로 연구조사자가 연구대상의 반응에 영향을 미치는 조사방법이 아니기 때문에 반응성이 생기지 않는다. 따라서 비관여적 혹은 비반응성 연구에 해당한다. 그러나 내러티브 탐구는 개인의 인생을 탐색하는 데 초점을 두는 질적 탐구전략으로, 한 명 이상의 개인들을 면접하거나 관련 문서들을 활용하여 자료를 수집하고 개인의 인생 이야기에 대한 내러티브를 전개해 나간다. 따라서 내러티브 탐구는 비관여적 혹은 비반응성 연구가 아니라, 참여자와의 반응적 상호작용을 기반으로 한 질적 접근이다.

02

답과해설 답 ①

마킹률	① 56%	② 16%	③ 12%	④ 10%	⑤ 6%

내용분석법은 인간과 사회의 의사소통 기록물을 체계적으로 분석하는 방법으로서 비반응성/비반응적/비관여적 연구방법에 해당한다. 즉, 연구조사자가 연구대상의 반응에 영향을 미치는 조사방법이 아니기 때문에 반응성이 생기지 않는다.

03

답과해설 답 ②

마킹률	① 4%	② 81%	③ 5%	④ 5%	⑤ 5%

오답노트

① 피관찰자를 관찰하는 관찰자에 의해 자료가 생성된다.
③ 자료수집 상황에 대한 통제가 어렵다.
④ 관찰을 통해 자료를 수집하므로 드러나지 않는 내면적 의식의 파악이 어렵다.
⑤ 관찰자의 추리나 주관이 개입될 가능성이 높기 때문에 수집된 자료를 객관화하는 최적의 방법이라고 볼 수 없다.

04

답과해설 답 ③

마킹률	① 11%	② 9%	③ 40%	④ 25%	⑤ 15%

ㄱ. 기존자료에 의존하기 때문에 연구의 범위가 제한적이다.
ㄹ. 내용분석법은 질적인 내용을 양적인 자료로 전환하는 과정이기 때문에 가설검증이 필요할 수도 있다.

01 ②   02 ④   03 ⑤   04 ②

01

답과해설 답 ②

마킹률	① 15%	② 65%	③ 3%	④ 10%	⑤ 7%

델파이기법은 전문가들에게 우편으로 의견이나 정보를 수집하여 분석한 결과를 다시 응답자들에게 보내 의견을 묻는 식으로 만족스러운 결과를 얻을 때까지 반복해서 진행하는 방법이다. 익명으로 진행되기 때문에 참가자의 영향력을 줄일 수 있다.

02

답과해설 답 ④

마킹률	① 1%	② 4%	③ 14%	④ 71%	⑤ 10%

델파이조사는 전문가들에게 우편으로 의견이나 정보를 수집하여 분석한 결과를 다시 응답자들에게 보내 의견을 묻는 식으로 만족스러운 결과를 얻을 때까지 계속하는 방법이다. 어떤 불확실한 사항에 대한 전문가들의 합의를 얻으려고 할 때 적용될 수 있다. 델파이조사는 익명성이 보장되어 참가자의 영향력을 줄일 수 있다.

03

답과해설 답 ⑤

마킹률	① 1%	② 1%	③ 3%	④ 3%	⑤ 92%

과학은 이해관계, 선입견이나 편견의 영향을 최소화할 수 있도록 객관성을 추구하는 것을 강조하기 때문에 평가결과 역시 객관적으로 해석되어야 한다. 의뢰기관의 요구에 따라 자료를

가감, 조작한다거나 연구자의 의도와 다른 결과가 나왔다고 해서 이 부분을 고의적으로 제외하고 결과를 발표해서는 안 된다. 또한 긍정적인 결과뿐만 아니라 부정적인 결과도 보고해야 한다.

04
답과해설 답 ②

마킹률	① 3%	② 70%	③ 9%	④ 5%	⑤ 13%

익명의 전문가들을 패널로 활용하는 것은 델파이 기법이다. 초점집단 조사는 조사대상 집단 중에서 중요한 정보를 얻을 수 있는 사람을 추출하여 심층적으로 면접하는 방법이다. 지역의 집단들을 대표해서 그들의 문제나 관심 또는 욕구를 가장 잘 나타낼 수 있는 대표들을 선출하여 하나의 초점집단을 형성한다.

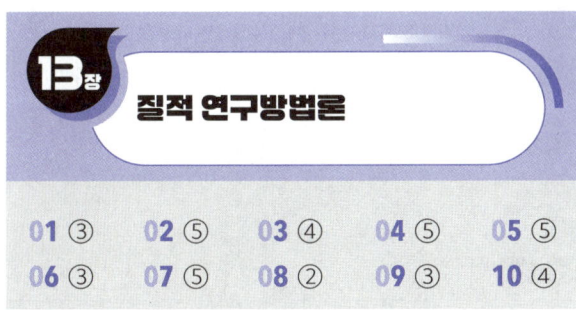

01 ③	02 ⑤	03 ④	04 ⑤	05 ⑤
06 ③	07 ③	08 ②	09 ③	10 ④

01
답과해설 답 ③

마킹률	① 10%	② 10%	③ 66%	④ 11%	⑤ 3%

① 근거이론 연구, ② 참여행동 연구, ④ 민속학적 연구, ⑤ 현상학적 연구는 모두 질적 연구방법에 해당한다. 반면, ③ 서베이 연구는 모집단의 특성을 파악하기 위해 일정 수의 표본을 추출하여 설문조사를 실시하는 양적 연구방법에 해당한다.

02
답과해설 답 ⑤

마킹률	① 5%	② 5%	③ 6%	④ 5%	⑤ 79%

질적 연구는 귀납적 방법을 주로 활용한다. 양적 연구에 비해 연구과정이 덜 구조화되어 있고, 과정에 보다 많은 관심을 두며, 주로 탐색적인 연구에 활용된다. 대상자의 삶의 현장에서 이루어지는 구체적인 일상에 대한 심층적인 이해와 파악을 추구하며, 심층적이고 풍부한 사실의 발견, 상황이나 맥락을 중

요시한다. 해석주의 관점을 견지하며, 연구자가 의도적으로 표본을 추출하기 때문에 대상자가 소규모일 경우가 많다. ①~④는 모두 양적 연구에 관한 설명이다.

03
답과해설 답 ④

마킹률	① 14%	② 7%	③ 25%	④ 48%	⑤ 6%

참여관찰자의 유형 중 완전 참여자는 연구대상자(관찰대상)의 활동에 완전히 참여하여 연구대상자와 자연스럽게 생활하고 상호작용하며, 연구대상자는 완전 참여자의 신분과 목적을 알 수 없다. 이러한 참여관찰 유형은 관찰대상의 승인 없이 관찰하는 것이기에 연구의 윤리적 문제가 제기될 수 있다.

04
답과해설 답 ⑤

마킹률	① 11%	② 6%	③ 15%	④ 5%	⑤ 63%

주어진 사례는 참여행동연구에 해당한다. 참여행동연구에서 연구자의 기능은 연구대상자가 자신의 이익을 위해 효과적으로 일할 수 있는 기회를 제공하는 것이다. 즉, 소외계층 참여자들은 그들의 문제를 정의하고 필요한 해결책을 찾으며, 그들의 목적을 실현시키는 데 도움이 될 만한 연구가 어떻게 설계되어야 하는지를 이끌어간다. 연구자와 연구대상자가 함께 집합적으로 토론과 상호작용을 통해 문제를 분석해나가는 교육과정이기도 하며, 급진적인 변화와 연구대상자의 임파워먼트를 목적으로 추구하기도 한다.

오답노트
①② 근거이론연구에 해당한다.
③ 단일사례연구에 해당한다.
④ 내러티브연구에 해당한다.

05
답과해설 답 ⑤

마킹률	① 4%	② 6%	③ 13%	④ 12%	⑤ 65%

질적 연구의 엄격성을 높이는 방법
- 연구자와 연구대상자가 장기간에 걸쳐 긍정적 관계를 형성한다.
- 다른 동료연구자들을 통해 자료수집과 해석에 있어서 편견이나 문제점이 있는지 점검받는다.
- 연구자가 연구대상자에게 관찰결과와 해석의 정확성에 대해 확인할 수 있도록 한다.
- 연구자의 해석에 적합하지 않은 예외사례를 충분히 찾아본다.
- 연구자뿐만 아니라 다른 사람들이 연구결과를 살펴볼 수 있

도록 자료수집 및 분석의 과정을 기록하고 공개한다.
- 다원측정/삼각측정/다원화/다각화(triangulation)와 같은 신뢰도와 타당도를 확보하기 위한 전략을 사용한다.

06

답과해설 답 ③

마킹률	① 7%	② 6%	③ 70%	④ 11%	⑤ 6%

문화기술지연구, 심층사례연구, 근거이론연구, 내러티브연구는 질적 연구의 유형에 해당한다. 사회지표조사는 정부기관이나 연구기관의 관련 전문가가 정기적 또는 비정기적으로 발표한 2차 자료를 활용하여 조사하는 방법이다.

07

답과해설 답 ⑤

마킹률	① 7%	② 21%	③ 22%	④ 28%	⑤ 22%

축코딩은 개방코딩을 통하여 도출된 각 범주와 하위 범주들 간의 관계를 연결시키고, 범주를 속성과 차원의 수준으로 계속 발전시키며, 범주 관련성을 패러다임 모형으로 파악하는 과정이다. 이 과정은 코딩 패러다임 혹은 논리적 다이어그램을 사용해서 제시되는데, 연구자는 중심현상, 인과적 조건, 상호작용 전략을 확인·구체화하고, 맥락적 조건, 중재적 조건을 확인하며 이 현상의 결과를 묘사한다.

08

답과해설 답 ②

마킹률	① 4%	② 78%	③ 4%	④ 9%	⑤ 5%

귀납법은 개별적인 사실들로부터 일반적인 원리나 이론으로 전개해 나가는 논리적 과정으로서 주로 질적 조사에서 사용한다. 연역법은 일반적 사실이나 법칙으로부터 특수한 사실이나 법칙을 추론해내는 방법으로서 주로 양적 조사에서 사용한다.

09

답과해설 답 ③

마킹률	① 28%	② 7%	③ 40%	④ 3%	⑤ 22%

축코딩은 범주를 하위범주와 연결시키는 과정이다. 축코딩 단계에서는 패러다임을 구성하고, 구조를 만들며, 과정을 발견한다.

10

답과해설 답 ④

마킹률	① 4%	② 3%	③ 10%	④ 26%	⑤ 57%

질적 조사의 엄격성을 높이기 위해서는 연구대상자를 장기간 충분히 관찰하고, 다른 연구자들의 점검을 통해 자료수집과 해석에 있어서 편견이나 문제점이 있는지 점검하며, 연구자의 해석에 적합하지 않은 예외 사례를 점검한다. 또한 연구대상자에게 관찰결과와 해석의 정확성에 대해 확인할 수 있도록 하며, 다른 사람들이 연구결과를 살펴볼 수 있도록 자료수집 및 분석 과정을 모두 기록하고 공개한다. 다각화는 질적 연구의 신뢰도와 타당도를 확보하기 위한 전략으로서 측정오류를 최소화하고 조사자나 조사대상자의 편견과 오류를 수정, 완화하고 자료수집의 객관성을 높이기 위한 방법이다.

14장 조사계획서 및 조사보고서

01 ⑤ **02** ③

01

답과해설 답 ⑤

마킹률	① 2%	② 0%	③ 0%	④ 2%	⑤ 96%

조사연구보고서의 기본 구조
- 표제와 목차
- 개요
- 서론: 조사의 취지, 필요성, 목적, 조사범위, 기존 연구와의 비교, 용어설명 등
- 본문: 문제와 가설, 이론적 배경, 조사설계 및 방법, 조사결과
- 결론 및 제언
- 참고문헌
- 부록: 설문지, 통계분포, 사회지표, 프로그램 소개 등

02

답과해설 답 ③

마킹률	① 1%	② 1%	③ 93%	④ 3%	⑤ 2%

연구결과의 함의는 결론에 기술한다.

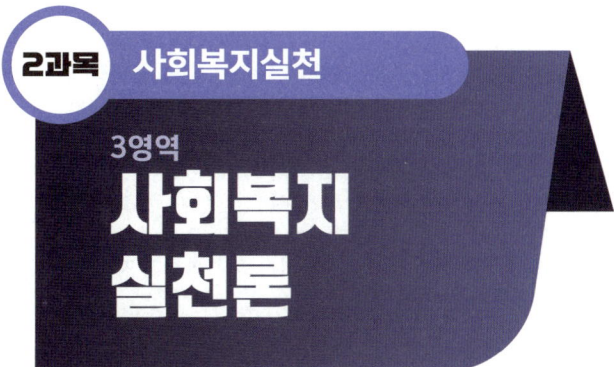

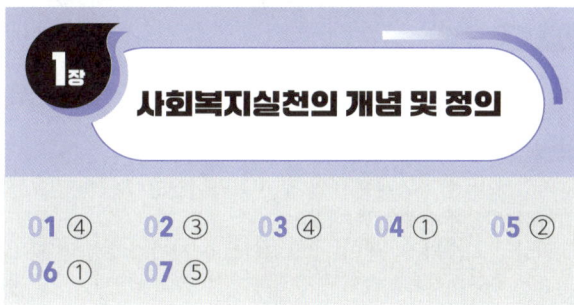

1장 사회복지실천의 개념 및 정의

01 ④   02 ③   03 ④   04 ①   05 ②
06 ①   07 ⑤

1

답과 해설 답 ④

| 마킹률 | ① 2% | ② 1% | ③ 4% | ④ 85% | ⑤ 8% |

④의 내용은 핀커스와 미나한이 사회복지실천의 목적으로 언급하지 않았다. 또한 사회복지실천은 개인과 환경 간 불균형 발생 시 양자의 긍정적 상호작용을 촉진하여 클라이언트의 사회적 기능화를 증진하는 데 초점을 두는 것이지 문제를 극대화하는 데 초점을 두는 것은 아니다.

2

답과 해설 답 ③

| 마킹률 | ① 2% | ② 1% | ③ 85% | ④ 1% | ⑤ 11% |

오답노트

ㄴ. 수혜자격의 축소는 개인주의 이념의 영향이다. 개인주의는 빈곤의 원인이 개인에게 있다고 보기 때문에 '최소 수혜자격의 원칙'과 '열등처우의 원칙'을 강조한다.

3

답과 해설 답 ④

| 마킹률 | ① 8% | ② 15% | ③ 5% | ④ 69% | ⑤ 3% |

④ 사회진화론의 사회통제적 측면은 사회진화론을 바탕으로 설립되었던 자선조직협회의 활동을 통해 알 수 있다. 자선조직협회는 수혜자격을 조사하여 원조를 제공할 대상자를 선별하는 방식으로 빈민을 통제하였다.

4

답과 해설 답 ①

| 마킹률 | ① 53% | ② 11% | ③ 2% | ④ 2% | ⑤ 32% |

오답노트

ㄹ. 개인주의는 빈곤에 대한 사회적 책임보다 개인의 책임을 강조한 이념으로, 최소한 수혜자격 원칙, 열등처우의 원칙 등으로 이어졌다. 개인의 존재와 가치를 중요시하여 사회복지실천에서는 개별화 원칙, 자기결정 원칙 등에 기여한 측면이 있다.

5

답과 해설 답 ②

| 마킹률 | ① 2% | ② 92% | ③ 2% | ④ 2% | ⑤ 2% |

② 집단 프로그램은 대체로 중시 수준의 실천으로 본다.

클라이언트 체계 수준에 따른 실천

- 미시 수준의 실천: 주로 클라이언트와 일대일로 접촉하면서 서비스를 직접 전달
- 중시 수준의 실천: 클라이언트를 둘러싼 이웃, 친구 등 등의 관계 및 집단활동 등을 통한 실천
- 거시 수준의 실천: 클라이언트의 삶에 영향을 미치는 지역사회 혹은 전체 사회 차원에서의 실천으로, 지역사회 자원개발, 정책 개발 및 법률안 제시 등

6

답과 해설 답 ①

| 마킹률 | ① 78% | ② 5% | ③ 1% | ④ 15% | ⑤ 1% |

전문직의 속성(그린우드)

- 체계적인 이론: 전문직만의 체계화된 지식기반과 기술
- 전문적인 권위: 클라이언트와의 관계에서 사회복지사에게 부여된 권위와 신뢰
- 사회적 인가: 사회적으로 전문직에게 부여된 권한과 특권
- 윤리강령: 전문직의 특권이 오용되는 것을 방지하고 규제하기 위한 윤리강령
- 전문직 문화: 전문적 가치와 규범의 공유

07

답과 해설 답 ⑤

마킹률	① 6%	② 1%	③ 1%	④ 63%	⑤ 29%

ㄱ. 인도주의: 모든 인간은 인간이라는 점에서 동등한 자격을 갖추고 있다고 생각하며, 인류의 공존을 꾀하고 복지를 실현시키려는 사상

ㄴ. 민주주의: 모든 인간은 평등하다는 것을 인정하기 때문에 클라이언트도 평등하게 인간적인 대우를 받을 권리가 있으며 클라이언트 역시 적극적으로 참여해야 한다는 관점. 인보관운동의 이념이기도 함

ㄷ. 개인주의: 빈곤에는 개인의 책임과 의무가 있다는 관점에서 '최소한의 수혜자격 원칙', '열등처우의 원칙'이 만들어진 한편, 개인의 특성을 고려하는 '개별화의 원칙', 개인의 자유와 권리를 인정하는 '자기결정의 원칙' 등에 영향을 주기도 함

ㄹ. 문화 다양성: 인종, 계층, 성별, 문화, 이념 등을 하나의 기준이나 관점에서만 보는 것이 아니라 여러 가지 상대적인 관점에서 바라보고 인정하는 것

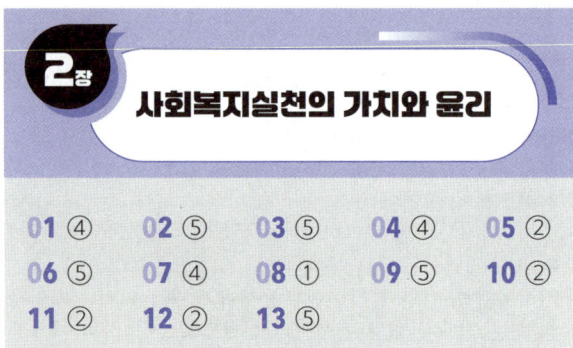

2장 사회복지실천의 가치와 윤리

01 ④	02 ⑤	03 ⑤	04 ④	05 ②
06 ⑤	07 ④	08 ①	09 ⑤	10 ②
11 ②	12 ②	13 ⑤		

01

답과 해설 답 ④

마킹률	① 31%	② 0%	③ 5%	④ 45%	⑤ 19%

한국사회복지사 윤리강령에서 '클라이언트에 대한 윤리기준'은 총 7개의 하위영역이 있다. 그 하위영역에는 1) 클라이언트의 권익옹호, 2) 클라이언트의 자기결정권 존중, 3) 클라이언트의 사생활 보호 및 비밀보장, 4) 정보에 입각한 동의, 5) 기록·정보 관리, 6) 직업적 경계 유지, 7) 서비스의 종결이다.

④에서 인간 존엄성 존중의 내용은 한국사회복지사 윤리강령에서 2가지 핵심가치(인간 존엄성, 사회정의) 중 하나이고, 기본적 윤리기준에서 전문가로서의 자세에 속하는 2가지 내용(인간 존엄성 존중, 사회정의 실현) 중 하나이다.

02

답과 해설 답 ⑤

마킹률	① 3%	② 5%	③ 4%	④ 8%	⑤ 80%

구속 및 인신매매로부터의 보호를 의미하는 것은 자유권에 속한 권리로서 부당한 구속, 감금, 납치, 인신매매 등으로부터의 보호를 말한다. 자유권은 개인이 국가나 타인의 간섭 없이 자유롭게 행동하고 생활할 수 있는 권리로서 신체의 자유, 정신의 자유, 생활의 자유 등이 있다.

03

답과 해설 답 ⑤

마킹률	① 1%	② 1%	③ 2%	④ 3%	⑤ 93%

오답노트

① 비밀보장: 원조관계에서 알게 된 클라이언트에 관한 정보를 다른 사람에게 누설하지 않는다.

② 진실성 고수와 알 권리: 클라이언트가 서비스와 관련된 정보를 충분히 알 수 있도록 정직하게 제공해야 한다.

③ 제한된 자원의 공정한 분배: 클라이언트들에게 공평하게 자원과 서비스 기회가 분배되도록 한다.

④ 전문적 관계 유지: 클라이언트가 사회복지사와의 관계를 사적인 관계로 오인하여 갈등이 발생하기도 한다.

04

답과 해설 답 ④

마킹률	① 1%	② 4%	③ 9%	④ 85%	⑤ 1%

④ 인권의 보편성은 모든 인간이 누리는 권리라는 의미이다. 자기의 인권은 자기만이 소유할 수 있다는 것은 불가양성에 해당한다.

05

답과 해설 답 ②

마킹률	① 16%	② 60%	③ 13%	④ 2%	⑤ 9%

② 제시된 사례는 원가정에서의 생활과 쉼터에서의 생활 중 어떤 결정이 학대피해아동에게 가장 덜 유해한 결과를 가져올 것인가가 주된 쟁점이 되기 때문에 최소 손실의 원칙에 해당한다.

로웬버그와 돌고프의 윤리적 원칙

1. 생명보호의 원칙: 인간의 생명보호가 모든 다른 것에 우선한다.
2. 평등과 불평등의 원칙: 능력이나 권력이 같은 사람들은 '똑같이 취급받을 권리'가 있고, 능력이나 권력이 다른 사람들

은 '다르게 취급받을 권리'가 있다.
3. 자율과 자유의 원칙(자기결정의 원칙): 클라이언트의 자율성과 독립성 그리고 자유는 중시되나 무제한적인 것은 아니라는 것이다.
4. 최소 해악의 원칙(최소 손실의 원칙): 선택 가능한 대안이다. 유해할 때 가장 최소한으로 유해한 것을 선택해야 한다.
5. 삶의 질 향상의 원칙: 지역사회는 물론이고 개인과 모든 사람의 삶의 질을 좀 더 증진시킬 수 있는 것을 선택해야 한다.
6. 사생활 보호와 비밀보장의 원칙: 사회복지사가 클라이언트에 대해서 알게 된 사실을 다른 사람에게 공개해서는 안 된다.
7. 성실의 원칙(진실성과 정보공개의 원칙): 클라이언트와 여타의 관련된 당사자에게 오직 진실만을 이야기하며 모든 관련 정보를 완전히 공개해야 한다.

06

답과해설 답 ⑤

마킹률	① 18%	② 19%	③ 28%	④ 4%	⑤ 31%

⑤ 이해 충돌에 대한 대처는 기본적 윤리기준 중 전문가로서의 실천에 해당한다.

07

답과해설 답 ④

마킹률	① 23%	② 9%	③ 9%	④ 54%	⑤ 5%

사회복지전문직의 가치(C. Levy)
• 사람우선가치: 사람 자체에 대해 전문직이 갖추고 있어야 할 기본적 가치
• 결과우선가치: 사람에 대해 서비스를 제공했을 때 초래되는 결과와 관련된 가치로 기본욕구 충족 및 사회문제 제거 등
• 수단우선가치: 서비스를 수행하는 방법, 수단, 도구 등과 관련된 가치

오답노트

②⑤ 사람우선가치에 해당한다.
①③ 수단우선가치에 해당한다.

08

답과해설 답 ①

마킹률	① 73%	② 6%	③ 2%	④ 12%	⑤ 7%

① 클라이언트의 자기결정권과 관련된 원칙은 자율성과 자유의 원칙이다.

오답노트

② 평등과 불평등의 원칙: 절대적 평등, 상대적 평등을 포괄
③ 최소 손실의 원칙: 선택할 수 있는 대안들이 모두 유해성을

가지고 있을 때 가장 덜 유해한 것을 선택해야 함
④ 사생활 보호와 비밀보장의 원칙: 사회복지사가 클라이언트에 대해 알게 된 사실을 다른 사람에게 말하지 말아야 함
⑤ 진실성과 정보개방의 원칙: 클라이언트를 진실로 대하며 관련 정보를 있는 그대로 공개해야 함

09

답과해설 답 ⑤

마킹률	① 1%	② 2%	③ 7%	④ 28%	⑤ 62%

한국사회복지사 윤리강령은 사회복지 전문직의 가치와 윤리적 실천을 위한 기준을 안내하고, 윤리적 이해가 충돌할 때 고려해야 할 사항을 제시하고자 한다. 한국사회복지사 윤리강령의 목적은 다음과 같다.
1. 윤리강령은 사회복지 전문직의 사명과 사회복지실천의 기반이 되는 핵심가치를 제시한다.
2. 윤리강령은 사회복지 전문직의 핵심가치를 실현하기 위한 윤리적 원칙을 제시하고, 사회복지실천의 지침으로 사용될 윤리기준을 제시한다.
3. 윤리강령은 사회복지 실천현장에서 발생하는 윤리적 갈등 상황에서 의사결정에 필요한 사항을 확인하고 판단하는 데 필요한 윤리기준을 제시한다.
4. 윤리강령은 사회복지사가 전문가로서 품위와 자질을 유지하고, 자기관리를 통해 클라이언트를 보호할 수 있도록 안내한다.
5. 윤리강령은 사회복지의 전문성을 확보하고 외부 통제로부터 전문직을 보호할 수 있는 기준을 제공한다.
6. 윤리강령은 시민에게 전문가로서 사회복지사의 역할과 태도를 알리는 수단으로 작용한다.

10

답과해설 답 ②

마킹률	① 30%	② 61%	③ 3%	④ 4%	⑤ 2%

② 불가양성은 다른 사람에게 양도할 수 없다는 것이고, 불가분성은 나눌 수 없다는 것이다. 즉 인간으로서 누려야 마땅한 권리인 인권은 인권의 일부 혹은 전부를 다른 사람에게 줄 수 없다는 것이며, 자유권, 사회권과 같이 나누어 볼 수 없다는 것이다.

11

답과해설 답 ②

마킹률	① 11%	② 71%	③ 3%	④ 14%	⑤ 1%

사회복지사가 경험할 수 있는 가치갈등의 유형
• 가치 상충: 둘 이상의 가치가 상충함에 따라 무엇을 우선시할 것인가에 대한 윤리적 갈등

- 의무 상충: 기관의 직원으로서의 의무와 클라이언트에 대한 의무 사이에서 느끼는 갈등
- 클라이언트 체계의 다중성: 클라이언트가 여러 명일 때 누구의 이익을 최우선할 것인가에 대한 갈등
- 결과의 모호성: 결과가 불투명할 때 어떤 결정이 최선일지 확신할 수 없기 때문에 느끼는 갈등
- 힘 또는 권력의 불균형: 클라이언트와 사회복지사는 똑같은 힘을 가질 수 없기 때문에 클라이언트가 사회복지사에게 의존하면서 자기결정권을 스스로 포기하는 상황이 발생할 수 있음

12

답과 해설 답 ②

마킹률	① 9%	② 49%	③ 39%	④ 0%	⑤ 3%

② 클라이언트에 대한 윤리기준은 클라이언트의 권익옹호, 클라이언트의 자기결정권 존중, 클라이언트의 사생활 보호 및 비밀보장, 정보에 입각한 동의, 기록·정보 관리, 직업적 경계 유지, 서비스의 종결 등에 관해 규정하고 있다. 문제에서 제시된 내용은 직업적 경계 유지에 속한다.

13

답과 해설 답 ⑤

마킹률	① 4%	② 2%	③ 0%	④ 1%	⑤ 93%

인권은 모든 인간이 누릴 수 있는 보편적인 권리이자 타고난 천부적 권리로서, 생명권, 인간의 존엄성, 자유, 평등, 연대책임, 사회적 책임 등의 가치를 바탕으로 한다.

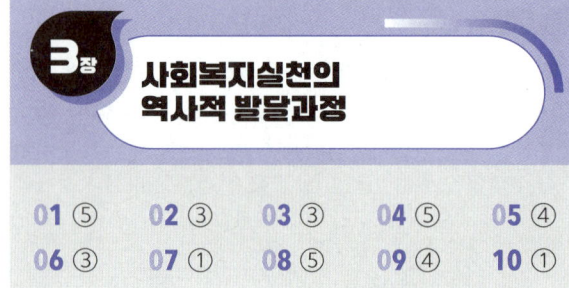

3장 사회복지실천의 역사적 발달과정

01 ⑤	02 ③	03 ③	04 ⑤	05 ④
06 ③	07 ①	08 ⑤	09 ④	10 ①

1

답과 해설 답 ⑤

마킹률	① 13%	② 6%	③ 3%	④ 31%	⑤ 47%

ㄷ. 1917년 리치몬드는 사회복지실천과정의 이론을 최초로 정

리한 사회진단을 출간하였다.
ㄴ. 1929년 밀포드회의에서는 특정 문제나 세부영역보다 우선하는 사회복지실천의 공통적 요소들이 존재한다고 보았고, 개별사회복지실천(casework)을 기본으로 8개 영역을 공통 요소로 정리하여 발표하였다.
ㄱ. 진단주의 학파는 1920년대에 등장하였고, 기능주의 학파는 진단주의를 비판하면서 1930년대 후반에 등장하였다. 1930년대에 시작된 두 학파 간의 갈등은 1957년 펄만의 문제해결모델(절충주의)이 나올 때까지 이어졌다.
ㄹ. 1950년 전후~1970년 전후에 사회복지사가 수행하는 공통적인 역할과 요소가 있다는 전제를 바탕으로 통합적 방법론이 등장하였다.

2

답과 해설 답 ③

마킹률	① 9%	② 14%	③ 53%	④ 4%	⑤ 20%

오답노트

ㄴ. 개인에 대한 심리 내적 진단은 프로이트의 정신분석학을 바탕으로 한 진단주의의 특징이다.

3

답과 해설 답 ③

마킹률	① 11%	② 4%	③ 61%	④ 16%	⑤ 8%

③ 1960년대와 1970년대 외원단체 활동은 한국전쟁 이후 선교적·구호적 활동으로, 물자지원 및 시설수용 등을 위주로 전개되었다. 우리나라의 경제 상황이 좋아지면서 외원기관의 비중이 감소하고 정부가 사회복지사업을 추진하기 시작했으며, 1970년 사회복지사업법 제정 이후 사회복지기관들의 증가 및 지역사회개발사업으로서 새마을운동 실시 등에 따라 지역사회 중심의 사회복지가 형성되기 시작하였다.

4

답과 해설 답 ⑤

마킹률	① 33%	② 17%	③ 19%	④ 15%	⑤ 16%

밀포드회의에서의 사회복지실천 공통요소
- 사회에서 받아들여지는 규범적 행동으로부터 벗어난 행동에 관한 지식
- 인간관계 규범의 활용도
- 클라이언트 사회력의 중요성
- 클라이언트 치료를 위한 방법론
- 사회치료(social treatment)에 지역사회 자원 활용
- 개별사회복지실천이 요구하는 과학적 지식과 경험 적용
- 개별사회복지실천의 목적, 윤리, 의무를 결정하는 철학적 배

경 이해
• 이상 모든 것을 사회치료에 융합

05

답과 해설 답 ④

마킹률	① 2%	② 36%	③ 11%	④ 38%	⑤ 13%

ㄷ. 태화여자관 설립: 1921년
ㄱ. 밀포드 회의: 1929년
ㄴ. 사회복지사 명칭 규정: 1983년 사회복지사업법 개정
ㄹ. 사회복지전문요원 배치: 1987년

06

답과 해설 답 ③

마킹률	① 3%	② 5%	③ 84%	④ 6%	⑤ 2%

③ 빈민지역에 거주하며 지역사회 문제에 대한 집합적이고 개혁적인 해결을 강조한 것은 인보관운동의 특징이다.

07

답과 해설 답 ①

마킹률	① 83%	② 5%	③ 4%	④ 2%	⑤ 6%

① 빈민을 통제하는 사회통제적 성격을 가진 것은 자선조직협회였다. 자선조직협회는 빈곤의 원인을 개인의 나태, 게으름 등과 같은 개인적 결함에 있다고 보았으며, 우애방문원은 이러한 빈민 개개인의 생활 방식이나 태도를 개조하고 교화하는 데에 초점을 두는 등 사회통제적 성격을 가졌다.

08

답과 해설 답 ⑤

마킹률	① 2%	② 3%	③ 4%	④ 5%	⑤ 86%

⑤ 기능주의학파는 정신분석이론을 중심으로 한 진단주의학파에 반대하며 등장했다. 이로 인해 진단주의학파가 과거 중심적 분석에 치중했던 것과 달리 기능주의학파는 현재, 지금-여기에 초점을 두었다.

09

답과 해설 답 ④

마킹률	① 9%	② 3%	③ 6%	④ 73%	⑤ 9%

사회진화론은 우월한 인종이 열등한 인종을 지배하는 것이 자연의 법칙이며, 자연은 발전 정도가 뒤떨어진 사람을 배제하는 방식으로 진화한다는 사상이다. 자선조직협회는 이러한 사상에 동조하면서 빈민을 도울 만한 가치가 있는 사람과 그렇지 않은 사람으로 구분하였다. 우애방문원은 빈민을 가가호호 방문하면서 문제의 원인을 판단하여 해결책을 가르치고 도울 만한 가치가 있는 빈민에 한정하여 인도주의와 이타주의를 바탕으로 도움을 제공하였다.

오답노트

ㄷ. 사회개혁은 인보관운동의 특징이다. 인보관운동의 활동가들은 빈민 지역에서 함께 거주하면서 동등한 관계형성을 바탕으로 빈민들이 스스로 문제를 해결해나가는 힘을 갖출 수 있도록 하는 데에 초점을 두었으며, 빈곤의 문제를 사회문제의 산물로 보아 사회구조적 문제를 바꿔야 한다는 사회개혁적 측면을 강조하였다.

10

답과 해설 답 ①

마킹률	① 72%	② 16%	③ 3%	④ 8%	⑤ 1%

ㄱ. 1947년 이화여자대학교에 기독교 사회사업학과가 최초로 설립되었다.
ㄴ. 1970년 사회복지사업법 제정 당시에는 사회복지사업종사자라는 명칭을 사용하였으며, 이후 1983년 개정에서 사회복지사라는 명칭을 사용하기 시작하였다.
ㄷ. 1987년부터 사회복지전문요원을 행정기관에 배치하기 시작하였다. 이후 2000년에는 사회복지전담공무원으로 전환되었다.
ㄹ. 정신건강사회복지사라는 명칭은 정신건강증진 및 정신질환자 복지서비스 지원에 관한 법률이 2016년 개정, 2017년 시행되면서 사용하기 시작하였다.

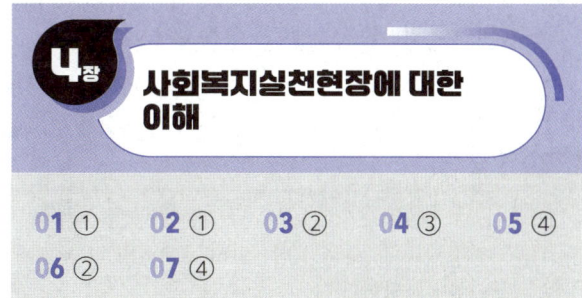

4장 사회복지실천현장에 대한 이해

01 ① 02 ① 03 ② 04 ③ 05 ④
06 ② 07 ④

01

답과 해설 답 ①

마킹률	① 82%	② 1%	③ 2%	④ 4%	⑤ 11%

② 행정복지센터는 2차 현장이며, 이용시설이다.

③ 노인요양공동생활가정은 2차 현장이며, 생활시설이다. 노인요양공동생활가정은 「노인복지법」에 의거한 노인의료복지시설로서, 치매 및 중풍 등 노인성 질환이 있는 노인을 대상으로 요양의 기능을 우선하므로 2차 현장이다.

④ 아동보호전문기관은 1차 현장이며, 이용시설이다. 아동보호전문기관은 「아동복지법」에 의거한 시설로서 학대받은 아동의 발견, 보호, 치료에 대한 신속처리 및 학대예방을 담당하는 1차 현장이다. 임상치료전문인력(「아동복지법」 시행령에 1명 배치 명시)도 근무하지만 주된 업무를 하는 다수의 종사인력은 사회복지사이므로 1차 현장이다.

⑤ 지역자활센터는 1차 현장이며, 이용시설이다. 지역자활센터는 「국민기초생활보장법」에 의한 1차 현장으로서 수급자 및 차상위자의 자활촉진에 필요한 교육, 정보제공, 취업알선, 자활기업 설립과 운영지원 등의 업무를 수행한다.

02

답과해설 답 ①

마킹률	① 73%	② 3%	③ 6%	④ 16%	⑤ 2%

② 불이익을 받는 집단을 위해 특정 제도를 변화, 개선하는 역할은 옹호자이며, 이는 집단옹호에 속한다.

③ 흩어져 있는 서비스들을 조직적인 형태로 정리하는 역할은 조정자이다.

④ 관심을 끌어오지 못한 문제에 대중이 관심을 갖도록 집중시키는 역할은 창시자이다.

⑤ 권리침해나 불평등 이슈에 관심을 갖고 연대를 통해 변화를 이끄는 역할은 행동가이다. 행동가는 사회적 불평등에 관심을 가지고 대중의 힘을 동원하기 위해 사람들을 조직하고 연대하여 제도 변화를 추구하는 역할을 한다.

03

답과해설 답 ②

마킹률	① 3%	② 79%	③ 3%	④ 8%	⑤ 7%

② 아동보호치료시설은 아동이 입소하여 서비스를 받는 시설로 생활시설에 해당한다.

04

답과해설 답 ③

마킹률	① 3%	② 7%	③ 87%	④ 2%	⑤ 1%

① 중개자: 도움을 필요로 하는 클라이언트와 자원 및 서비스를 연결하는 역할

② 조정자: 다양한 기관에서 산발적으로 주어지는 서비스들을 조직적인 형태로 정리하는 역할

④ 옹호자: 불이익을 받는 개인, 집단, 지역사회의 입장을 대변·보호·지지하는 활동

⑤ 교육자: 클라이언트의 사회적 기능이나 문제해결 능력이 향상될 수 있도록 정보·기술 제공

05

답과해설 답 ④

마킹률	① 1%	② 7%	③ 8%	④ 64%	⑤ 20%

④ 노인보호전문기관은 노인복지법에 따라 국가 및 지방자치단체가 노인학대 관련 문제에 관한 지역 간 연계체계를 구축하고 노인학대를 예방하기 위해 설치·운영하는 기관이다. 노인학대 신고전화 운영 및 사례접수, 현장조사, 상담 및 사례관리가 주된 사업이기 때문에 이용시설에 해당한다. 쉼터를 직접 운영하는 기관도 있지만 그렇지 않은 기관은 사례에 따라 쉼터 입소가 필요한 경우 네트워크를 통해 연계·의뢰한다.

06

답과해설 답 ②

마킹률	① 8%	② 80%	③ 4%	④ 2%	⑤ 6%

② 교정시설은 교도소, 구치소, 보호감호소, 소년원 등을 통칭한다. 교정시설에는 교정 사회복지사가 근무하면서 사회복지 차원의 서비스를 제공하기도 하지만 1차적 목적은 사회복지서비스의 제공이 아닌 교정에 있기 때문에 2차 현장에 해당한다.

07

답과해설 답 ④

마킹률	① 4%	② 3%	③ 1%	④ 91%	⑤ 1%

④ 주거서비스 제공 여부에 따라 이용시설과 생활시설로 구분되며, 아동양육시설은 생활시설에 해당한다.

<table>
<tr><td colspan="5">

5장 사회복지실천의 주요 관점 및 이론
</td></tr>
<tr><td>01 ⑤</td><td>02 ①</td><td>03 ④</td><td>04 ②</td><td>05 ②</td></tr>
<tr><td>06 ①</td><td>07 ⑤</td><td>08 ③</td><td>09 ④</td><td>10 ②</td></tr>
<tr><td>11 ⑤</td><td>12 ⑤</td><td>13 ④</td><td>14 ④</td><td>15 ③</td></tr>
<tr><td>16 ②</td><td>17 ③</td><td>18 ④</td><td>19 ②</td><td>20 ①</td></tr>
<tr><td>21 ②</td><td></td><td></td><td></td><td></td></tr>
</table>

01

답과 해설 답 ⑤

마킹률	① 1%	② 2%	③ 1%	④ 1%	⑤ 95%

임파워먼트(역량강화)모델에서 사회복지사는 협력적 동반자(파트너)이며, 클라이언트는 적극적 권리행사자, 소비자, 서비스 이용자로 인식한다.

02

답과 해설 답 ①

마킹률	① 58%	② 6%	③ 20%	④ 2%	⑤ 14%

임파워먼트(역량강화)모델은 '대화단계 → 발견단계 → 발전(발달)단계'의 과정을 거친다.

오답노트

ㄱ. 성공의 확인이라는 실천과업을 수행하는 단계는 발전(발달)단계이다.
ㄷ. 파트너십 형성이라는 실천과업을 수행하는 단계는 대화단계이다.
ㄹ. 강점의 확인이라는 실천과업을 수행하는 단계는 발견단계이다.

03

답과 해설 답 ④

마킹률	① 6%	② 6%	③ 21%	④ 66%	⑤ 1%

오답노트

① 경계: 체계 내부와 외부, 한 체계와 다른 체계를 구분할 수 있는 테두리이다.
② 엔트로피: 폐쇄체계에서 체계가 점차 쇠퇴되고 해체되는 경

향성이다.
③ 상호교류: 인간이 다른 환경의 사람과 의사소통하고 관계를 맺는 것이다.
⑤ 대처: 적응의 한 형태로 문제를 극복하기 위해 노력하는 것이다.

04

답과 해설 답 ②

마킹률	① 23%	② 46%	③ 6%	④ 5%	⑤ 20%

오답노트

ㄷ. 전통 3대 방법론이 클라이언트의 복합적 문제에 대해 개인, 집단, 지역사회 차원에서 각각 전문화하여 분절적으로 개입함으로써 서비스의 산재성 문제가 심화되었기 때문에 이러한 분절성과 산재성의 문제를 극복하기 위해 모든 실천의 공통기반에 근거하여 포괄적 개입을 하고자 통합적 접근법이 등장하였다.

05

답과 해설 답 ②

마킹률	① 4%	② 76%	③ 13%	④ 2%	⑤ 5%

콤튼과 갤러웨이의 6체계모델에는 '클라이언트체계, 변화매개체계, 표적체계, 행동체계, 의뢰-응답체계, 전문가체계'가 있다.

오답노트

① 학교 징계위원회는 서비스를 요청했기 때문에 응답체계가 아니고 의뢰체계이다. 의뢰체계는 서비스를 요청하는 사람이다. 또한 응답체계는 의뢰체계에 의해서 오게 된 사람이므로 이 사례에서 응답체계는 학교폭력 가해자 학생 B이다.
③ 학교사회복지사 A는 행동체계가 아니고 변화매개체계이다.
④ 표적체계는 변화가 필요한 대상이므로 이 사례에서 표적체계는 학교폭력 가해자 학생 B이다. 따라서 B는 응답체계이면서 동시에 표적체계이다.
⑤ 학교폭력 가해자 학생 C와 D는 B의 변화과정에서 사회복지사의 변화노력을 달성하기 위해 상호작용하는 사람들이므로 행동체계이고, 동시에 이들 역시 학교폭력 가해자이므로 변화가 필요한 표적체계이기도 하다.

06

답과 해설 답 ①

마킹률	① 60%	② 4%	③ 2%	④ 32%	⑤ 2%

오답노트

ㄴ, ㄷ, ㄹ은 병리관점에 해당한다.
ㄴ. 강점관점에서는 클라이언트가 이미 문제해결을 위한 힘과

강점을 가지고 있다고 인정하며 클라이언트를 자기 삶에 대한 전문가로 본다.
ㄷ. 강점관점에서는 클라이언트의 진술을 그 사람에 대해 알기 위한 과정으로 보며, 사회복지사의 관점에서 재해석하지 않는다.
ㄹ. 강점관점에서는 과거의 경험이 꼭 원인이 된다고 보지 않는다. 과거의 경험은 개인을 약하게도, 강하게도 할 수 있다고 보기 때문에 반드시 성인 병리와 연결되는 것은 아니라고 본다.

07

답과해설 답 ⑤

| 마킹률 | ① 3% | ② 3% | ③ 5% | ④ 9% | ⑤ 80% |

오답노트

4체계 모델은 클라이언트체계, 표적체계, 변화매개체계, 행동체계로 구성된다. ② 전문가체계와 ③ 의뢰-응답체계는 6체계 모델에 해당하므로 선택지 중 ②, ③은 답에서 제외된다.
① 결혼이민자(A): 도움을 필요로 하는 사람, 도움을 요청한 사람은 클라이언트체계에 해당한다.
② 변호사(B), ④ 남편(D): 변화과정에서 상호작용할 수 있는 이웃, 가족, 전문가 등은 행동체계에 해당한다.
③ 사회복지사(C): 원조를 제공하는 사회복지사 및 사회복지기관 등은 변화매개체계에 해당한다.

08

답과해설 답 ③

| 마킹률 | ① 3% | ② 2% | ③ 88% | ④ 2% | ⑤ 5% |

오답노트

①④⑤ 임파워먼트 모델은 강점관점을 기반으로 하기 때문에 사회복지사가 클라이언트를 진단하거나 통제하지 않는다.
② 클라이언트의 역량강화와 관련하여 환경변화를 추진한다.

09

답과해설 답 ④

| 마킹률 | ① 14% | ② 26% | ③ 9% | ④ 33% | ⑤ 18% |

④ 통합적 접근은 사회복지실천의 전통적 3대 방법론인 개별사회사업, 집단사회사업, 지역사회조직의 구분에서 벗어나 개인과 집단, 지역사회를 구분하지 않고 포괄적으로 개입할 수 있는 방법론으로서 등장하였다.

10

답과해설 답 ②

| 마킹률 | ① 1% | ② 62% | ③ 5% | ④ 1% | ⑤ 31% |

오답노트

① 의료모델: 정신분석학을 기반으로 한 병리관점의 모델
③ 사례관리모델: 지역사회의 다양한 자원을 연결하여 클라이언트의 복합적 문제에 포괄적으로 대응하는 모델
④ 생활모델: 인간과 환경의 상호작용에 초점을 두고 생활과정 안에서의 문제해결을 강조한 모델
⑤ 문제해결모델: 클라이언트의 문제해결 능력 회복에 초점을 둔 모델

11

답과해설 답 ⑤

| 마킹률 | ① 7% | ② 3% | ③ 4% | ④ 6% | ⑤ 80% |

⑤ 전통적 방법은 특정 문제를 중심으로 분화되고 전문화되었기 때문에 이로 인해 서비스가 파편화됨에 따라 다양한 문제가 뒤엉켜있는 클라이언트는 서비스를 받기 위해 여러 기관들을 찾아다녀야 하는 상황이 되었고 사회복지사는 다양한 문제에 적절히 개입하기 어려워졌다. 이러한 상황을 타개하기 위한 방안으로 사회복지실천의 공통기반을 정리하기 위한 시도와 통합적 방법론이 등장하게 되었다.

12

답과해설 답 ⑤

| 마킹률 | ① 25% | ② 1% | ③ 2% | ④ 4% | ⑤ 68% |

콤튼과 갤러웨이의 6체계모델
• 변화매개체계: 사회복지사, 사회복지조직 등
• 클라이언트체계: 서비스나 도움을 필요로 하는 사람
• 표적체계: 실제 변화시킬 필요가 있는 사람(클라이언트체계와 표적체계는 중복될 수 있음)
• 행동체계: 변화매개인이 변화노력 과정에서 상호작용하게 되는 이웃, 가족, 전문가들
• 전문체계: 전문가를 육성하는 교육체계, 전문가 단체 등
• 의뢰-응답체계
 - 의뢰체계: 서비스를 요청하는 기관 및 전문가
 - 응답체계: 의뢰체계에 의해 강제로 서비스를 받게 된 클라이언트

13

답과해설 답 ④

| 마킹률 | ① 1% | ② 2% | ③ 1% | ④ 93% | ⑤ 3% |

④ 사회복지사는 클라이언트의 진술에 대해 회의적이기 때문에 재해석하여 진단에 활용하는 것은 병리관점의 특징이

다. 이와 달리 강점관점에서는 클라이언트의 진술을 한 개인을 알기 위한 과정에서 필수적인 요소로 보며 이를 통해 클라이언트의 고유한 특성과 강점을 찾고자 한다.

14

답과 해설 답 ④

마킹률	① 3%	② 1%	③ 1%	④ 94%	⑤ 1%

④ 통합적 접근 방법에서는 다양한 이론과 개입 방법을 개방적으로 선택한다. 특정 이론에 얽매이지 않는다는 것뿐이지 이론을 배제한 채 해결방법을 찾는 것은 아니다.

15

답과 해설 답 ③

마킹률	① 15%	② 17%	③ 63%	④ 2%	⑤ 3%

ㄱ. 투입: 체계가 환경으로부터 에너지, 정보 등을 받아들이는 과정
ㄹ. 전환: 투입물이 체계의 기능 수행을 위해 활용되는 과정
ㄴ. 산출: 전환의 단계를 거쳐 결과물이 나오는 과정
ㄷ. 환류: 행동 체계에 행동의 결과를 알리는 과정

16

답과 해설 답 ②

마킹률	① 3%	② 42%	③ 2%	④ 3%	⑤ 50%

펄만이 제시한 4P는 사회복지실천을 통한 문제해결과정을 '문제(Problem)를 가진 사람(Person)이 문제와 관련된 도움을 얻기 위해 어떤 장소(Place)를 찾아오게 되며, 이때 사회복지사는 클라이언트와 문제해결기능에 관여하게 되며 나아가 필요한 자원을 보완해주는 과정(Process)'이라고 정의한 것이다.

17

답과 해설 답 ③

마킹률	① 4%	② 5%	③ 83%	④ 1%	⑤ 7%

역량강화의 단계
• 대화단계: 파트너십 형성, 현재 상황의 명확화, 방향 설정
• 발견단계: 강점 확인 및 사정, 해결방안 수립
• 발전단계: 자원 활성화, 기회의 확대, 성공의 확인, 성과의 집대성

18

답과 해설 답 ④

마킹률	① 2%	② 1%	③ 0%	④ 97%	⑤ 0%

④ 강점관점에서는 클라이언트의 성장과 변화, 발달 가능성은 열려 있다고 본다.

19

답과 해설 답 ②

마킹률	① 0%	② 95%	③ 3%	④ 0%	⑤ 2%

② 동화주의는 다른 문화의 클라이언트에게 주류 문화를 가르쳐 동화되도록 함으로써 사회의 일원으로 인정하는 것으로 다양성을 인정하지 않는다는 점에서 차별의 한 형태로 볼 수 있다. 따라서 다문화 사회복지실천에서는 동화주의적 실천을 지양해야 한다.

20

답과 해설 답 ①

마킹률	① 69%	② 2%	③ 2%	④ 26%	⑤ 1%

오답노트

② B(학생) – 클라이언트체계이며, 동시에 표적체계가 될 수 있다. 사정결과 학생 B에게 사회기술이나 자기주장 능력 향상 등의 서비스가 필요하다고 판단될 경우 표적체계가 될 수 있다.
③ C(학교사회복지사), ④ D(경찰) – 가해학생으로부터 학생 B를 안전하게 보호하고, 가해의 재발방지 및 관련 법적 조치 등이 진행되는 행동체계로 볼 수 있다.
⑤ E(학교사회복지사협회) – 전문체계에 해당한다.

21

답과 해설 답 ②

마킹률	① 1%	② 97%	③ 1%	④ 0%	⑤ 1%

② 통합적 접근에서는 클라이언트의 존엄성을 인정하며, 클라이언트의 참여와 자기결정, 개별화를 강조한다.

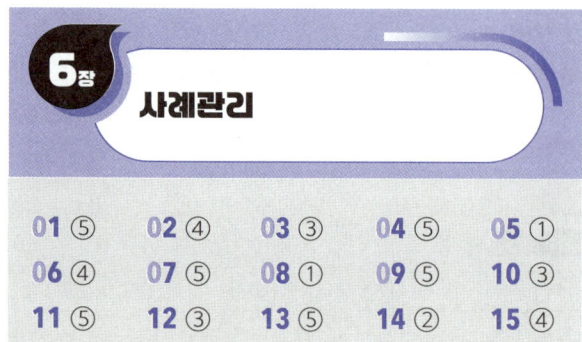

6장 사례관리

01 ⑤	02 ④	03 ③	04 ⑤	05 ①
06 ④	07 ⑤	08 ①	09 ⑤	10 ③
11 ⑤	12 ③	13 ⑤	14 ②	15 ④

01

답과해설 답 ⑤

마킹률	① 24%	② 4%	③ 6%	④ 5%	⑤ 61%

사례관리과정 중 사정단계의 사정영역은 1) 욕구와 문제 사정 영역, 2) 자원 사정영역, 3) 장애물 사정영역이 있다. ㄱ과 ㄴ은 욕구와 문제 사정영역, ㄷ은 자원 사정영역, ㄹ은 장애물 사정영역에 해당한다.

02

답과해설 답 ④

마킹률	① 2%	② 3%	③ 1%	④ 92%	⑤ 2%

오답노트

① 상담, 교육, 자원 제공은 개입단계의 업무이다.
② 사례관리 대상자의 적격성 판정은 접수단계(인테이크)의 업무이다.
③ 클라이언트의 욕구와 자원에 관한 정보수집은 자료수집이나 사정단계의 업무이다.
⑤ 서비스가 필요한 클라이언트 욕구 확인은 사정단계(욕구와 문제사정)의 업무이다.

03

답과해설 답 ③

마킹률	① 0%	② 15%	③ 74%	④ 4%	⑤ 7%

사례관리의 등장배경 중 중요한 요소는 탈시설화의 영향이다. 탈시설화는 거대 수용시설의 비인간화와 폐쇄성을 지적하면서 장애인들이 가정과 지역사회에서 거주하면서 서비스를 받을 수 있어야 한다는 정상화 이념에 기초하여 전개되었다. 따라서 사례관리의 등장배경에 있어 시설 중심의 서비스 제공에 대한 요구가 증가하였다는 것은 옳지 않다.

04

답과해설 답 ⑤

마킹률	① 7%	② 4%	③ 2%	④ 4%	⑤ 83%

①②③④의 내용은 간접실천기술이고, ⑤의 내용은 직접실천기술에 해당한다. 사례관리자는 직접실천기술과 간접실천기술 모두를 사용하여 개입한다. 직접실천기술은 사례관리자가 클라이언트(개인, 집단, 가족)를 대상으로 직접 대면접촉하여 활동을 수행하는 것이며, 간접실천기술은 클라이언트의 주변체계나 클라이언트와 체계 간의 관계를 변화시키기 위한 것이다.

05

답과해설 답 ①

마킹률	① 89%	② 6%	③ 1%	④ 3%	⑤ 1%

오답노트

② 욕구사정을 통해 클라이언트에 대한 체계적인 개입 계획을 세움 – 계획자로서의 역할
③ 사례회의에서 시청각장애인의 입장을 대변하여 이야기함 – 옹호자로서의 역할
④ 지역사회 기관 담당자들이 모여 난방비 지원사업에 중복 지원되는 대상자가 없도록 사례회의를 실시함 – 조정자로서의 역할
⑤ 청소년기 자녀와 갈등을 겪고 있는 부모와 자녀 사이에 개입하여 상호 만족스러운 합의점을 도출함 – 상담자 및 중재자로서의 역할

06

답과해설 답 ④

마킹률	① 1%	② 2%	③ 1%	④ 95%	⑤ 1%

사례관리의 주요 개입원칙
• 서비스의 개별화
• 서비스 제공의 포괄성
• 클라이언트의 자율성, 자기결정권 보장
• 서비스 지속성(연속성)
• 서비스의 연계성
• 서비스의 접근성
• 서비스의 체계성

07

답과해설 답 ⑤

마킹률	① 1%	② 2%	③ 1%	④ 4%	⑤ 92%

사례관리의 원칙
- 개별화: 개개인의 욕구에 대한 맞춤 서비스
- 서비스 제공의 포괄성: 다양한 욕구에 대한 포괄적 서비스
- 클라이언트의 자율성 극대화: 클라이언트의 자기결정권을 보장
- 서비스 지속성(연속성): 일회적, 단편적 서비스가 되지 않도록 해야 함
- 서비스 연계성: 분리된 전달체계의 연결
- 서비스의 접근성: 서비스 이용에 있어 물리적, 심리적 장애요소를 제거
- 서비스의 체계성: 서비스의 중복 방지 및 효율화를 위한 자원체계의 조정

8
답과 해설 답 ①

마킹률	① 87%	② 2%	③ 5%	④ 1%	⑤ 5%

사례관리 과정
1. 아웃리치 등을 통한 대상자 모집 및 선정
2. 사정을 통해 욕구, 강점, 자원 등을 파악
3. 우선순위를 고려하여 계획 수립
4. 계획에 따라 개입
5. 진행상황 및 욕구변화 등을 점검
6. 만족도, 효과성, 효율성 등을 평가

9
답과 해설 답 ⑤

마킹률	① 3%	② 1%	③ 6%	④ 1%	⑤ 89%

⑤ 사회복지서비스 전달체계가 중앙정부에서 지방정부로 이양되고 민영화가 진행됨에 따라 지역 내 다양한 서비스를 조정하고 연계할 수 있는 체계에 대한 필요성이 제기되었고 이러한 배경에서 사례관리가 등장하게 되었다.

10
답과 해설 답 ③

마킹률	① 3%	② 2%	③ 92%	④ 2%	⑤ 1%

③ 클라이언트와 자원을 연결해준 것은 중개자로서의 역할에 해당한다.

11
답과 해설 답 ⑤

마킹률	① 6%	② 2%	③ 7%	④ 3%	⑤ 82%

제시된 내용 모두 사례관리의 목적에 해당한다.

12
답과 해설 답 ③

마킹률	① 1%	② 2%	③ 95%	④ 1%	⑤ 1%

③ 정보제공자로서의 역할은 클라이언트에게 필요한 정보나 지식을 제공하는 데에 초점이 있다. 개인이나 집단의 갈등을 파악하여 조정하는 역할은 중재자로서의 역할이다.

13
답과 해설 답 ⑤

마킹률	① 1%	② 1%	③ 2%	④ 1%	⑤ 95%

⑤ 사례관리에서는 임상적 치료만 집중하는 것이 아니라 클라이언트에게 필요한 다양한 서비스를 연계하여 제공될 수 있도록 한다.

14
답과 해설 답 ②

마킹률	① 22%	② 73%	③ 1%	④ 1%	⑤ 3%

② 사례관리가 장기보호를 추구하는 것은 아니지만 그렇다고 해서 단기개입을 추구하는 것도 아니다. 사례에 따라 적절한 개입계획을 수립하는 것이 중요하다.

15
답과 해설 답 ④

마킹률	① 5%	② 0%	③ 6%	④ 88%	⑤ 1%

④ 클라이언트에게 불필요하게 중복하여 제공되는 서비스들을 조정하는 조정자로서의 역할이 중점적으로 진행되고 있다.

7장 관계형성에 대한 이해

01 ③	02 ②	03 ①	04 ①	05 ②
06 ①	07 ③	08 ④	09 ①	10 ③
11 ①	12 ④	13 ②	14 ③	15 ④
16 ③	17 ⑤	18 ②	19 ①	

1

답과해설 답 ③

마킹률	① 0%	② 2%	③ 97%	④ 1%	⑤ 0%

오답노트

① 직면: 클라이언트의 말과 행위 사이의 불일치, 표현한 가치와 실행 사이의 모순을 클라이언트 자신이 인식하도록 하는 기술이다.

② 경청: 클라이언트가 무엇을 표현하는지, 감정과 사고는 어떤 것인지를 이해하고 파악하면서 듣는 기술이다. 단순히 듣기만 하는 것이 아니라 클라이언트의 사고와 감정을 이해하기 위한 적극적 경청과 공감적 경청을 할 때 이를 전문적 경청이라고 한다.

④ 해석: 클라이언트의 표현과 행동 상황 저변의 단서를 발견하고 그 결정적 요인들을 이해하여 클라이언트가 깨닫도록 도와주는 기술이다.

⑤ 질문: 클라이언트로부터 필요한 정보를 얻기 위해 가장 많이 사용하는 면접기술로서 개방형 혹은 폐쇄형 질문을 상황에 맞게 적절히 사용하는 것이 중요하다. 유도형 질문, 폭탄형 질문, 모호한 질문, '왜'라는 질문 등은 피해야 한다.

2

답과해설 답 ②

마킹률	① 1%	② 75%	③ 2%	④ 3%	⑤ 19%

오답노트

ㄷ. 클라이언트가 자신의 감정을 자유롭게 표현하도록 해야 하는 것은 의도적 감정표현이다.

ㄹ. 클라이언트의 감정에 민감성과 이해로서 반응해야 하는 것은 통제된 정서적 관여이다.

3

답과해설 답 ①

마킹률	① 96%	② 2%	③ 0%	④ 1%	⑤ 1%

공감에는 감정이입과 의사소통 능력이 필요하다. 감정이입이란 클라이언트의 입장이 되어 이해하는 것이며, 의사소통이란 이해한 내용을 클라이언트에게 표현하고 전달하는 능력을 말한다.

오답노트

② 진실성: 클라이언트와의 관계 속에서 실제적이고 순수해질 수 있는 능력을 의미하는 것으로써 담보할 수 없는 약속을 하지 않으며 최대한 진실해지는 것이다.

③ 문화적 민감성: 다른 사람의 문화, 가치, 신념, 관습 등을 존중하고 이해하며, 차이를 수용하여 차별 없이 반응하는 태도와 능력을 말한다.

④ 자기를 관찰하는 능력: 자신의 생각, 감정, 행동, 가치관, 신념 등을 객관적으로 인식하고, 이러한 것들이 전문적 역할 수행에 미치는 영향을 바르게 이해하는 능력을 의미한다.

⑤ 헌신: 사회복지실천은 근본적으로 클라이언트를 위한 것으로 사회복지사는 자신의 이익이 아닌 클라이언트의 이익을 위해 일해야 한다는 것을 나타낸다.

4

답과해설 답 ①

마킹률	① 89%	② 2%	③ 3%	④ 5%	⑤ 1%

오답노트

② 시간적 제한을 갖고 맺는 관계이다.

③ 사회복지사는 전문성을 바탕으로 한 권위와 책임을 갖는다.

④ 전문가는 객관성을 유지하면서 자신과 원조 방법에 대해 통제해야 한다.

⑤ 클라이언트는 자기결정권을 갖기 때문에 전문가의 지시에 무조건 따라야 하는 것은 아니다.

5

답과해설 답 ②

마킹률	① 6%	② 83%	③ 1%	④ 5%	⑤ 5%

오답노트

ㄹ. 클라이언트 역시 실천과정에 성실히 임해야 할 의무를 갖는다.

6

답과해설 답 ①

마킹률	① 81%	② 7%	③ 4%	④ 5%	⑤ 3%

① 사회복지사는 사회복지에 대한 전문적 지식과 기술, 경험, 윤리강령, 기관 내에서의 지위 등에서 비롯된 전문가로서의 권위를 갖게 되며, 그 자체로 관계형성에 장애요인이 되는 것은 아니다. 다만, 이러한 권위를 잘못 사용하게 될 경우에는 장애요인이 될 수 있다.

07
답과해설 답 ③

마킹률	① 1%	② 2%	③ 91%	④ 2%	⑤ 4%

③ 수용은 사회복지사가 클라이언트의 행동에 대해 좋다, 나쁘다 등의 판단을 내리지 않으며, 있는 그대로 인정함을 의미한다. 하지만 이것이 사회규범에서 벗어난 행동을 허용함을 의미하는 것은 아니다.

08
답과해설 답 ④

마킹률	① 3%	② 9%	③ 2%	④ 85%	⑤ 1%

④ 자기인식: 사회복지사는 자신의 가치관, 삶에 대한 태도 및 자세 등이 클라이언트와의 관계에서 은연중에 나타날 수 있기 때문에 자신에 대해 정확히 알고 있어야 한다.

오답노트
① 자기지시: 자기주도적으로 계획을 세워 과정을 점검해가며 목표에 도달해가는 것을 말한다.
② 자기규제: 체계에 존재하는 규칙이나 규율 따위를 스스로 자신에게 적용하여 행동에 제약을 가하는 것을 말한다.
③ 자기노출: 자신이 경험한 사건과 그와 관련된 정서적 문제를 표현하는 것이다.
⑤ 자기결정: 삶의 주체자로서 외부적 영향과 간섭이 아닌 스스로 선택하고 결정하고 책임지는 능력을 말한다.

09
답과해설 답 ①

마킹률	① 74%	② 5%	③ 3%	④ 15%	⑤ 3%

오답노트
② 진실성, ⑤ 일치성: 클라이언트를 대함에 있어 솔직하고 언행이 일관적이어야 한다.
③ 헌신: 클라이언트와의 관계에 있어 책임감을 가지고 클라이언트의 이익을 위해 노력해야 한다.
④ 수용: 클라이언트를 있는 그대로 인정하고 이해해야 한다.

10
답과해설 답 ③

마킹률	① 1%	② 1%	③ 95%	④ 1%	⑤ 2%

③ 사회복지실천은 사회복지사가 클라이언트에게 서비스를 제공하는 것이기 때문에 클라이언트의 이익과 욕구 충족을 위한 관계이다. 클라이언트 역시 자신의 문제해결을 위한 노력을 다해야 한다는 의무를 가지며 사회복지사와 클라이언트는 쌍방적인, 상호적인 파트너십을 구축하는 것이 중요하다.

11
답과해설 답 ①

마킹률	① 59%	② 3%	③ 3%	④ 26%	⑤ 9%

오답노트
② 클라이언트의 감정이나 태도를 있는 그대로 받아들이고 존중하는 것은 '수용'에 해당한다.
③ 목적달성을 위한 방안들의 장·단점을 설명하고 클라이언트가 스스로 선택하도록 하는 것은 '자기결정'에 해당한다.
④ 공감을 받고 싶어 하는 클라이언트의 욕구에 따라 클라이언트에게 공감하는 반응을 표현하는 것은 '통제된 정서적 관여'에 해당한다.
⑤ 사회복지사 자신의 생각과 느낌, 개인적인 경험을 이야기하는 것은 '자기노출'이다. 사회복지사의 자기노출은 비스텍이 제시한 7대 원칙에 해당하는 것은 아니며, 클라이언트에게 공감을 표시하거나 클라이언트의 표현을 촉진하기 위한 목적 등으로 사용할 수 있다.

12
답과해설 답 ④

마킹률	① 14%	② 8%	③ 1%	④ 74%	⑤ 3%

④ 원조관계에서 클라이언트의 비밀보장은 지켜져야 할 원칙이지만, 사례회의, 관련 기관의 요청 등 전문적 치료 상황에서 필요한 경우는 예외상황으로 인정된다.

오답노트
① 사회복지서비스는 개선의 여지에 따라 제공되는 것은 아니다.
② 클라이언트에 대한 감정이입은 필요하지만 사회복지사 스스로 역전이 문제 등을 살펴보면서 과도한 감정이입을 경계해야 한다.
③ 사회복지사의 생각을 클라이언트에게 강요해서는 안 된다.
⑤ 사회복지서비스는 개별화의 원칙을 따른다.

13

답과해설 답 ②

마킹률	① 1%	② 94%	③ 1%	④ 1%	⑤ 3%

② 사회복지실천은 클라이언트의 욕구를 범주화하는 것이 아니라 클라이언트가 가진 독특한 특성을 이해하여 클라이언트마다 원조의 내용과 방법, 과정을 개별적으로 적용해야 한다. 이는 비스텍이 제시한 관계의 원칙 중 개별화의 원칙이다.

14

답과해설 답 ③

마킹률	① 1%	② 7%	③ 85%	④ 3%	⑤ 4%

오답노트

① 사회복지사는 자신의 반응을 통제해야 한다. 클라이언트에게 공감하면서도 객관성을 유지해야 하며, 적절히 반응할 수 있어야 한다.
② 전문성에서 비롯된 권위를 갖는 것은 클라이언트가 아닌 사회복지사이다.
④ 문제가 해결되어야만 종결되는 것은 아니다. 보통은 계약 시 종결일을 정하고 그 기간을 지키는 것을 우선으로 하여 계획에 따라 개입을 진행한다.
⑤ 사회복지사는 클라이언트의 이익을 위해 헌신한다. 클라이언트가 사회복지사의 이익을 위해 헌신하는 관계는 아니다.

15

답과해설 답 ④

마킹률	① 1%	② 2%	③ 4%	④ 92%	⑤ 1%

④ 사회복지사와 클라이언트 모두 시간 약속 지키기와 같은 절차상의 의무를 비롯해 적극적으로 임할 책임을 다해야 한다.

오답노트

① 비자발적인 클라이언트라고 해서 임의적으로 배제해서는 안 된다.
② 사회복지사는 자신의 전문지식과 경험을 바탕으로 스스로 갖고자 하지 않더라도 기관을 통해 사회복지 전문직으로서 공식적으로 권위를 갖게 되며 클라이언트에게서 권위를 인정받게 된다.
③ 사회복지사가 클라이언트의 문화적 특성을 수용해야 한다.
⑤ 사회복지사는 클라이언트에게 진실로 대해야 한다.

16

답과해설 답 ③

마킹률	① 1%	② %	③ 97%	④ 0%	⑤ 2%

ㄹ. 보통 초기단계라고 하면 접수 및 사정을 포함하는 단계를 말하며, 초기에는 클라이언트와의 관계형성이 주요 과업이다. 클라이언트의 침묵은 저항의 한 가지 유형일 수도 있지만 자신의 생각이나 감정을 잠시 정리하는 시간일 수도 있기 때문에 클라이언트가 보이는 침묵을 저항적 표현이라고 단정지어서는 안 된다. 따라서 너무 길지 않은 침묵은 클라이언트의 표정변화 등을 살펴보면서 침묵의 의미를 탐색하며 기다리는 것도 필요하다.

17

답과해설 답 ⑤

마킹률	① 9%	② 1%	③ 3%	④ 43%	⑤ 44%

오답노트

① 수용: 클라이언트의 장점과 약점, 혹은 단점 등을 포함하여 클라이언트의 모습을 있는 그대로 이해하고 받아들인다는 의미이다.
② 개별화: 클라이언트 개개인이 가진 독특한 특성을 인정하고 이해함으로써 그에 맞게 원조의 내용, 방법, 과정 등도 개별적으로 고려되어야 함을 의미한다.
③ 비심판적 태도: 문제가 클라이언트에게서 비롯된 것인지, 클라이언트가 어떤 책임이 있는지 등에 대해 표현하지 않고, 클라이언트의 행동이나 가치관 등에 대해 비난하지 않음을 의미한다.
④ 의도적인 감정표현: 문제에서 '의도적'이라는 표현이 있어 답을 헷갈린 수험생들이 더러 있었는데, 의도적인 감정표현은 클라이언트가 자신의 감정을 자유롭게 표현할 수 있도록 돕는 것을 말한다.

18

답과해설 답 ②

마킹률	① 5%	② 90%	③ 1%	④ 0%	⑤ 4%

② 헌신과 의무: 원조과정에서의 책임감을 의미하는 것으로, 사회복지사와 클라이언트 모두 시간 약속을 지키는 등 절차상의 의무를 다해야 함을 포함하는 개념이다.

오답노트

① 구체성: 클라이언트가 자신의 행동, 사고, 감정을 자신의 독자적인 방법으로 표현할 수 있도록 돕는 능력이다.
③ 감정이입: 다른 사람의 감정을 깊이 느낄 수 있는 능력이며 동시에 그 감정에서 분리되어 객관적 지식을 활용할 수 있는 능력이다.
④ 자아노출: 사회복지사가 원조과정에서 적절하다고 생각되는 자신의 경험을 클라이언트와 함께 나누는 것이다.
⑤ 수용과 기대: 수용은 클라이언트를 있는 그대로 받아들이고

인정하는 것을 의미하며, 기대는 클라이언트가 사회복지사에게 보이는 변화에 대한 기대와 사회복지사가 클라이언트에게서 느끼는 변화 의지에 대한 기대 등이 있다.

19

답과 해설 답 ①

마킹률	① 97%	② 1%	③ 1%	④ 0%	⑤ 1%

오답노트

② 사회복지사는 기관의 입장이 아닌 클라이언트의 입장을 고려하여 출발하며, 클라이언트의 이익을 위해 헌신해야 한다.
③ 클라이언트와 구체적으로 한정된 기간을 정하고 그 기간 동안에 관계를 맺는다.
④ 사회복지사는 특화된 지식과 기술 및 윤리강령에서 비롯된 권위를 갖는다.
⑤ 원조관계는 클라이언트와 사회복지사 간의 합의로 이루어져야 한다.

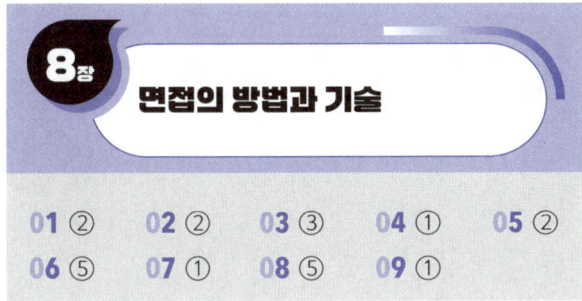

8장 면접의 방법과 기술

01 ②	02 ②	03 ③	04 ①	05 ②
06 ⑤	07 ①	08 ⑤	09 ①	

1

답과 해설 답 ②

마킹률	① 3%	② 79%	③ 2%	④ 9%	⑤ 7%

클라이언트가 자신에 대해 미처 알지 못한 것을 깨달을 수 있도록 설명해 주는 기술은 해석하기 기술이다. 해석하기는 클라이언트의 표현과 행동 저변의 단서를 근거로 클라이언트가 인식하지 못했던 생각, 감정, 행동의 동기를 깨닫도록 도와주는 기술이다. 이를 통해 무의식적 요소나 반복적 행동 패턴을 조명하여 자기이해를 확장한다. 직면도 클라이언트가 깨닫도록 도와주는 기술이긴 하지만 직면은 클라이언트가 자신의 불일치나 모순을 깨닫도록 하는 것에 국한된다.

2

답과 해설 답 ②

마킹률	① 0%	② 95%	③ 2%	④ 1%	⑤ 2%

② 클라이언트의 이야기에 적절히 반응해야 한다. 클라이언트의 이야기를 잘 듣고 잘 이해하고 있음을 보여주고, 클라이언트의 이야기에 관심을 가지고 집중하고 있음을 보여줄 수 있어야 한다. 다만, 잦은 반응, 불필요한 반응, 과한 반응은 오히려 클라이언트의 이야기 흐름을 깨뜨릴 수 있고 관계형성에 역효과가 날 수 있음에 주의해야 한다.

3

답과 해설 답 ③

마킹률	① 2%	② 6%	③ 41%	④ 2%	⑤ 49%

오답노트

ㄴ. 사정면접은 클라이언트가 현재 겪고 있는 문제상황을 살펴보는 과정으로, 목표설정 및 개입방법선정 등을 위한 자료를 구체화하기 위한 것이다. '클라이언트의 사회적응을 위해 환경변화를 목적으로 클라이언트와 관련 있는 중요한 사람과 면접을 진행'한 것은 치료면접으로 볼 수 있다.

4

답과 해설 답 ①

마킹률	① 92%	② 2%	③ 3%	④ 2%	⑤ 1%

오답노트

② 클라이언트가 자유롭게 대답할 수 있도록 하는 질문은 개방형 질문이다.
③ 사회복지사가 의도하는 특정방향으로 이끄는 유도형 질문은 피해야 한다.
④ 클라이언트에게 이중 또는 삼중 질문을 하는 폭탄형(중첩형) 질문은 피해야 한다.
⑤ 클라이언트가 개인적으로 궁금해 하는 사적인 질문은 진솔하게 답하되 간략히 답하여 면접의 초점이 클라이언트에게 유지될 수 있도록 해야 한다.

5

답과 해설 답 ②

마킹률	① 1%	② 80%	③ 10%	④ 5%	⑤ 4%

오답노트

① 해석: 클라이언트의 표현과 행동상황 저변의 단서를 발견하고 그 결정적 요인들을 이해하여 클라이언트가 깨닫도록 도와주는 기술이다.
③ 직면: 클라이언트의 말과 행위 사이의 불일치, 표현한 가치와 실행 사이의 모순을 클라이언트가 인식할 수 있도록 하

는 기술이다.

④ 반영: 클라이언트가 말한 내용과 감정 등을 이해하여 다시 표현하는 것으로 공감적, 적극적 경청을 위한 기술이다.

⑤ 재보증(안심): 클라이언트의 능력에 대해 사회복지사가 신뢰를 표현함으로써 클라이언트에게 불안과 불확실성을 제거하고 위안을 주는 것이다.

6

답과해설 답 ⑤

마킹률	① 1%	② 1%	③ 2%	④ 1%	⑤ 95%

⑤ 사회복지실천 면접은 기간과 내용이 제한되는 활동이다. 면접은 공식적으로 정해진 기간에 이루어지며, 목적지향적인 활동이기 때문에 개입목적에 관련된 내용으로 제한된다.

7

답과해설 답 ①

마킹률	① 96%	② 1%	③ 1%	④ 1%	⑤ 1%

① 경청은 클라이언트가 무엇을 표현하는지, 감정과 사고는 어떤 것인지를 이해하고 파악하면서 듣는 것이다. 클라이언트에 공감하면서 필요한 반응을 하면서 듣는 것으로, 클라이언트의 진술이 명확하지 않거나 혼란스러울 때에는 이를 확인하기 위한 질문을 하기도 하지만 기본적으로 클라이언트와 논쟁을 하거나 잘못을 바로잡기 위해 진행되는 것은 아니기 때문에 클라이언트가 이야기할 때 너무 자주 끼어드는 것은 좋지 않다.

8

답과해설 답 ⑤

마킹률	① 2%	② 3%	③ 4%	④ 1%	⑤ 90%

오답노트

① 폐쇄형 질문은 간단한 내용을 확인하기 위해 사용한다. 답변자가 '예', '아니오' 또는 단답형으로 한정하여 대답하게 되는 질문 방식이다. **예** 어제는 잘 주무셨나요?, 어떤 전공을 하고 계신가요?

② 유도형 질문은 사회복지사가 미리 답변의 내용을 정해두고 그 답변을 얻어내기 위한 것으로 피해야 할 질문 방식이다. **예** 그렇게 될 걸 알면서 일부러 그러신 거죠?

③ '왜'로 시작하는 질문은 클라이언트로 하여금 추궁받는다는 느낌이 들 수 있기 때문에 피해야 하는 질문 방식이다. **예** 그때 남편분한테 왜 그런 말씀을 하신 건가요?

④ 개방형 질문은 클라이언트가 자신의 이야기를 자유롭게 할 수 있도록 진행하는 질문 방식이다. **예** 당시에 어떤 상황이 었는지 자세히 얘기해주실 수 있을까요?

9

답과해설 답 ①

마킹률	① 93%	② 2%	③ 2%	④ 2%	⑤ 1%

① 개방형 질문은 클라이언트가 자신의 생각이나 감정을 자유롭게 표현할 수 있도록 하는 질문 방식이다.

오답노트

②③④⑤는 모두 피해야 하는 질문 기술이다.

② 모호한 질문: 질문의 초점이 명확하지 않거나 상황에서 벗어난 질문이다.

③ 유도 질문: 사회복지사가 클라이언트에게 원하는 답변을 끌어내는 질문이다.

④ '왜?'라는 질문: 클라이언트에게 이유를 따져 묻는 것 같은 인상을 줄 수 있다.

⑤ 복합 질문: 한꺼번에 여러 가지 질문을 하는 것으로, 클라이언트는 어디에 초점을 두어 답변을 해야 할지 혼란을 느낄 수 있다.

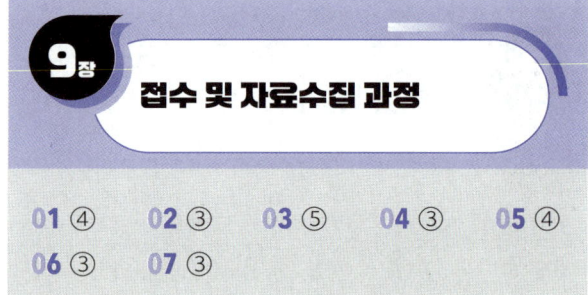

9장 접수 및 자료수집 과정

01 ④	02 ③	03 ⑤	04 ③	05 ④
06 ③	07 ③			

1

답과해설 답 ④

마킹률	① 6%	② 17%	③ 1%	④ 73%	⑤ 3%

목표설정은 계획단계에서 진행된다. 목표설정은 클라이언트가 현 상황에서 벗어나기 위한 바람직한 변화의 방향, 문제가 해결된 상태, 개입을 통해 일어나기를 바라는 변화를 의미하며 개입의 결과를 평가할 수 있는 근거가 되므로 접수단계가 아니라 계획단계에서 중요하다.

2

답과해설 답 ③

마킹률	① 30%	② 4%	③ 44%	④ 1%	⑤ 21%

① 클라이언트의 이야기 – 상담을 통해 A가 반 학생들로부터 따돌림 당하고 있음을 알게 되었다.

② 클라이언트의 비언어적 행동 – 상담 과정에서 A는 사회복지사와 눈을 맞추지 못하고 본인의 이야기를 하는 것에 주저하는 모습을 보이며…

④ 주변인으로부터 정보 획득 – 담임선생님으로부터 A와 반 학생들 사이에 갈등관계가 있음을 들었다. 어머니와의 전화 상담을 통해 A가 집에서 가족들과 대화를 하지 않고 방 안에서만 지내고 있다는 것을 알게 되었다.

⑤ 클라이언트와의 직접적 상호작용 경험 – 상담 내내 매우 위축된 모습이었다. → 이는 사회복지사가 상담이 진행되는 동안 클라이언트가 보이는 특별한 행동, 태도, 성격 등에 관한 주관적 경험이다. 클라이언트가 사회복지사가 관계를 맺는 방식을 통해 클라이언트가 다른 사람과 어떻게 관계를 맺는지 유추해볼 수 있다.

03

답과해설 답 ⑤

마킹률	① 2%	② 3%	③ 12%	④ 2%	⑤ 81%

제시된 사항 모두 자료의 출처가 된다.

04

답과해설 답 ③

마킹률	① 5%	② 3%	③ 89%	④ 1%	⑤ 2%

③ 서비스의 효율성 및 효과성 측정은 서비스 제공 이후 평가 과정에서 실시한다.

05

답과해설 답 ④

마킹률	① 1%	② 2%	③ 1%	④ 94%	⑤ 2%

①②⑤ 정보는 클라이언트 개인에게서 직접 얻은 자료뿐만 아니라 가족을 비롯한 주변인의 이야기나 객관적 자료, 심리검사 결과 등을 모두 포함한다.

③ 구조화된 양식은 미리 필요한 질문 사항들을 정해 일정한 작성 양식을 마련해놓은 것이다. 초기면접에서는 주로 구조화된 양식을 사용하지만, 피면접자의 특성이나 문제의 특성에 따라 비구조화된 면접이 이루어지기도 한다.

06

답과해설 답 ③

마킹률	① 1%	② 18%	③ 66%	④ 1%	⑤ 14%

ㄱ. 개입 목표의 우선순위 합의는 계획과정의 과업이다.

ㄴ. 클라이언트의 강점과 자원 조사는 사정과정의 과업이다.

07

답과해설 답 ③

마킹률	① 2%	② 3%	③ 93%	④ 0%	⑤ 2%

③ 상반된 정보를 제공하는 자료라고 해서 폐기할 필요는 없다. 예를 들어, 클라이언트가 자신의 성격에 대해 하는 말과 주변 사람들이 클라이언트의 성격에 대해 하는 말, 심리검사를 통해 나타난 성격 등이 다를 수 있다. 이렇게 상반된 내용은 그 자체로 유의미할 수도 있으며, 분석을 통해 어떤 내용이 맞는지를 확인하는 것도 필요하다.

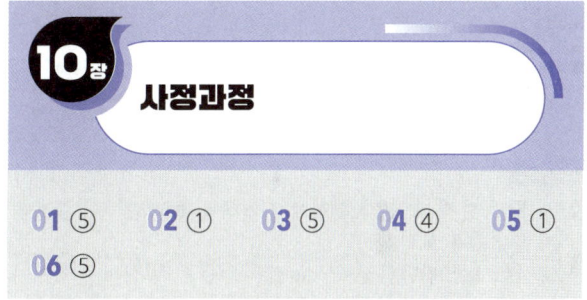

10장 사정과정

01 ⑤	02 ①	03 ⑤	04 ④	05 ①
06 ⑤				

01

답과해설 답 ⑤

마킹률	① 5%	② 6%	③ 18%	④ 7%	⑤ 64%

클라이언트에 대한 서비스 제공여부를 판단하는 것은 사정단계가 아닌 접수단계의 특성에 해당한다. 접수단계는 클라이언트의 문제와 욕구를 확인하고 기관에서 서비스를 제공할 수 있는지 여부를 판단하는 과정으로서 적격성 혹은 적격 여부 판단과정이라고도 한다.

02

답과해설 답 ①

마킹률	① 80%	② 3%	③ 5%	④ 10%	⑤ 2%

클라이언트 가족의 세대 간 반복되는 정서적 유형은 가계도를 통하여 파악할 수 있다.

03

답과 해설 답 ⑤

마킹률	① 2%	② 1%	③ 2%	④ 2%	⑤ 93%

⑤ 사정은 주로 본격적인 계획을 세우기에 앞서 실시되지만 개입 중에도 재사정을 실시할 수 있기 때문에 초기 단계에서만 이루어지는 것은 아니다.

04

답과 해설 답 ④

마킹률	① 1%	② 8%	③ 2%	④ 63%	⑤ 26%

오답노트

ㄹ. 생태도에서 관계의 속성은 선의 모양과 굵기로 나타낸다. 교류되는 자원의 양이 많은 강한 관계, 밀접한 관계일수록 선을 두껍게 강조하여 표시한다.

05

답과 해설 답 ①

마킹률	① 88%	② 5%	③ 2%	④ 4%	⑤ 1%

오답노트

② 생태도: 환경 속 인간 관점에서 가족을 둘러싼 환경체계의 자원 흐름을 도식화
③ 소시오그램: 집단사정도구로 집단 성원 간 관심의 유형이나 정도 등을 파악하여 상호작용을 도식화
④ 생활력 도표: 클라이언트가 생애 동안 겪은 사건이나 문제를 시기별로 도표화
⑤ 사회적 관계망 그리드: 개인의 사회적 관계망을 도표화한 것으로 어떤 인물이 어떤 영역에서 어떤 유형의 지지를 보이는지와 함께 접촉빈도, 개인이 느끼는 친밀도, 관계의 성격 등을 표시

06

답과 해설 답 ⑤

마킹률	① 2%	② 17%	③ 19%	④ 8%	⑤ 54%

⑤ 주변인과의 접촉 빈도 및 사회적 지지의 강도와 유형은 사회적 관계망 격자를 통해 파악할 수 있다. PIE(Person In Environment) 분류체계는 클라이언트의 문제상황을 파악함에 있어 '환경 속 인간' 관점에서 개인과 환경체계 모두에 초점을 두고 요소 1: 사회적 기능 수행상의 문제, 요소 2: 환경상의 문제, 요소 3: 정신건강 문제, 요소 4: 신체건강 문제 등 네 가지 요소로 분류하여 살펴본다.

오답노트

① 생태도는 클라이언트 및 그의 가족을 둘러싼 주요 환경체계를 도식화하여 가족에게 유용한 자원과 환경은 무엇인지, 가족에게 스트레스가 되는 체계는 무엇인지 등을 파악할 수 있다.
② 생활력도표는 클라이언트의 출생부터 현재까지의 삶 속에서 주요 생애사건들을 파악함으로써 클라이언트의 현재를 이해하기 위해 작성하는 사정도구이다.
③ DSM은 정신질환 진단 및 통계 편람(Diagnostic and Statistical manual of Mental disorders)의 약자이며, DSM-V는 DSM 5판을 의미한다. 우울장애, 양극성 장애, 정신분열 스펙트럼 장애, 신경발달장애(의사소통장애, 자폐스펙트럼 장애, 주의력 결핍 과잉행동장애 등) 등 정신장애 증상에 대한 진단기준으로서 활용된다.
④ 소시오그램은 성원 사이에 나타나는 수용과 거부를 살펴보면서 집단 내의 대인관계를 평가하는 사정도구로 집단성원 간 상호작용 및 하위집단의 형성 여부를 알 수 있다.

11장 계획수립과정

01 ④   **02** ③

01

답과 해설 답 ④

마킹률	① 1%	② 2%	③ 2%	④ 94%	⑤ 1%

오답노트

① 서비스 효과 점검은 개입단계에 해당한다.
② 실천활동에 대한 동료 검토는 평가단계에 해당한다.
③ 개입효과의 유지와 강화는 종결단계에 해당한다.
⑤ 평가 후 개입 계획을 수정하기 위해 실시되는 평가는 형성평가로 개입 중에 진행된다.

02

답과 해설 답 ③

마킹률	① 3%	② 2%	③ 93%	④ 1%	⑤ 1%

③ 계약은 사회복지사와 클라이언트 간에 합의에 따라 함께 작성한다.

12장 개입과정

| 01 ④ | 02 ③ | 03 ② | 04 ② | 05 ② |
| 06 ⑤ | 07 ③ | | | |

01

답과 해설 답 ④

마킹률	① 4%	② 2%	③ 2%	④ 90%	⑤ 2%

일반화는 정서적 안정을 돕는 개입기술로서 클라이언트의 생각과 느낌이 다른 사람과 비슷하다고 말해줌으로써 소외감을 해소하고 자신에 대한 신뢰감을 회복시키는 기법이다.

오답노트

① 재명명: 어떤 문제에 대해 클라이언트가 부여하는 의미를 수정해줌으로써 클라이언트의 시각을 긍정적으로 변화시키는 기술이다.
② 초점화: 제한된 시간 내에 최대의 효과를 추구해야 하는 전문적 관계에서 클라이언트가 두서없이 말할 때 사회복지사가 관련 있는 주제로 면담의 초점과 방향을 이끄는 기술이다.
③ 직면: 클라이언트의 말과 행위 사이의 불일치, 표현한 가치와 실행 사이의 모순을 클라이언트 자신이 인식하도록 하는 기술이다.
⑤ 조언: 사회복지사가 정확한 정보와 그에 따른 결과를 설명하고, 해야 할 것을 추천하면서 클라이언트가 스스로 결정을 내리도록 돕는 기술이다.

02

답과 해설 답 ③

마킹률	① 1%	② 1%	③ 92%	④ 5%	⑤ 1%

직접개입은 클라이언트와 직접 대면접촉하면서 변화를 추구하는 것이고, 간접개입은 클라이언트를 둘러싼 환경을 변화시킴으로써 클라이언트의 문제를 해결하는 것이다. 간접개입기법 중 환경조정이란 클라이언트의 사회적 기능을 강화하기 위해 환경에 변화를 가져오는 것이다. ③의 내용을 보면 직장에서 성폭력 예방을 위한 교육프로그램을 제공하는 것은 교육대상 집단을 직접 대면접촉하면서 교육을 진행하는 것이므로 직접개입기법에 속한다.

03

답과 해설 답 ②

마킹률	① 2%	② 94%	③ 2%	④ 1%	⑤ 1%

오답노트

① 초점화: 클라이언트가 두서없이 말을 장황하게 하거나 어떤 주제를 회피하고자 할 때 원래 주제로 돌아올 수 있도록 이끄는 기술
③ 환기: 클라이언트가 억압하고 있는 분노, 슬픔, 불안 등의 감정을 인식하고 드러낼 수 있도록 이끄는 기술
④ 직면: 클라이언트가 자신의 말과 행위 사이의 불일치, 표현한 가치와 실행 사이의 모순 등을 인식할 수 있도록 이끄는 기술
⑤ 격려: 클라이언트가 자존감이 낮거나 경험이 부족해 자신감이 없을 때 행동을 취할 수 있도록 도움을 주는 기술

04

답과 해설 답 ②

마킹률	① 4%	② 54%	③ 36%	④ 2%	⑤ 4%

오답노트

ㄱ. 재보증은 사회복지사가 자신감이 없는 클라이언트에게 그의 능력, 강점 등에 대해 인정과 신뢰를 줌으로써 클라이언트의 불안을 제거할 수 있도록 하는 것이다.
ㄴ. 모델링은 영화나 영상매체 등을 활용하여 진행할 수도 있기 때문에 꼭 실제 다른 사람의 행동을 직접 관찰해야 하는 것은 아니다.
ㄷ. 격려기법은 자존감이 낮은 클라이언트에게 그의 행동이나 태도를 인정하고 칭찬함으로써 문제해결 능력을 향상시키기 위한 것이다.

05

답과 해설 답 ②

마킹률	① 2%	② 85%	③ 5%	④ 2%	⑤ 6%

- 직접적 개입: 클라이언트와 직접 관계하면서 변화를 추구한다. 격려·재보증·재명명·초점화·직면·정보제공 등의 사소통기술, 모델링·행동조성 등 행동변화기술, 문제해결기술, 사회기술훈련 등
- 간접적 개입: 클라이언트를 둘러싼 환경을 변화시킴으로써 클라이언트의 문제를 해결한다. 옹호, 의뢰, 연계, 사례관리, 프로그램 계획 및 개발 등

06

답과 해설 답 ⑤

악하여 사후관리를 계획한다.

| 마킹률 | ① 13% | ② 4% | ③ 2% | ④ 5% | ⑤ 76% |

⑤ 역기능적 가족 규칙 재구성과 같이 개별 클라이언트 혹은 가족에 대해 직접 정보를 제공하거나 교육이나 상담을 제공함으로써 변화를 이끌어내고 문제해결을 원조하는 것은 직접적 개입에 해당한다.

오답노트

⑤를 제외한 선택지들처럼 클라이언트를 둘러싼 환경을 변화시키거나 지지체계를 개발하거나 프로그램 개발 같은 행정적 업무를 수행하거나 클라이언트의 문제와 관련된 사회행동을 하는 것 등은 모두 간접적 개입에 해당한다.

07

답과해설 답 ③

| 마킹률 | ① 7% | ② 3% | ③ 18% | ④ 38% | ⑤ 34% |

③ 옹호 활동은 사회복지사가 클라이언트의 입장을 표적체계에 대해 직접 대변하는 것이다. 다만, 협상을 언제 할 것인지, 어느 선에서 협상을 할 것인지에 대한 결정은 클라이언트에게 있다는 점에서 사회복지사가 클라이언트 집단의 대표로 나서서 협상을 주도한다는 것은 옳지 않다.

13장 종결 및 평가

01 ② 02 ⑤

01

답과해설 답 ②

| 마킹률 | ① 3% | ② 89% | ③ 1% | ④ 3% | ⑤ 4% |

② 서비스 제공은 개입단계에서의 과업이다.

02

답과해설 답 ⑤

| 마킹률 | ① 0% | ② 3% | ③ 5% | ④ 3% | ⑤ 89% |

⑤ 접수과정에서 미리 사후관리에 대해 설명기도 하지만 이때에는 제공되는 서비스 중 하나로서 소개하는 정도에 그칠 뿐이며, 대체로 종결단계에서 클라이언트의 변화 양상을 파

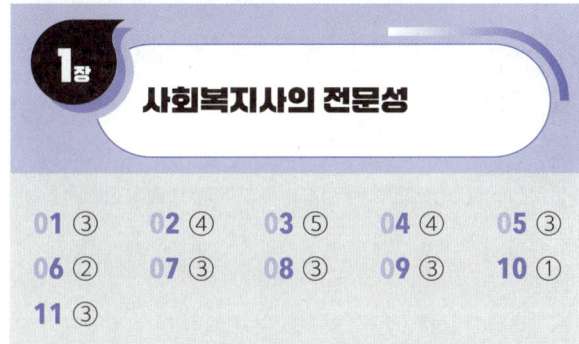

01 ③ 02 ④ 03 ⑤ 04 ④ 05 ③
06 ② 07 ③ 08 ③ 09 ③ 10 ①
11 ③

01

답과해설 답 ③

마킹률	① 6%	② 12%	③ 60%	④ 3%	⑤ 19%

사회복지실천지식의 구성 수준은 패러다임, 관점, 이론, 모델, 실천지혜가 있다. 이 중 실천지혜는 실천현장으로부터 얻은 경험적·귀납적 지식으로서 사회복지사의 직관에 따라 이루어진 비구조화된 지식, 암묵적 지식을 의미한다.
③에서 조작화란 일정한 기준과 절차를 설정하여 활동이 일관되도록 하는 것이며, 구조화란 활동이나 과정을 명확하게 체계화하여 목표달성의 효율을 높이고자 하는 것이므로 이 설명은 비구조화되고 암묵적인 실천지혜를 설명한 개념으로 볼 수 없다.

02

답과해설 답 ④

마킹률	① 10%	② 12%	③ 10%	④ 62%	⑤ 6%

오답노트

① 환류하기는 주로 종결단계에서 평가내용을 기반으로 되먹임 과정을 통해 욕구 재확인과 개입전략 수정을 위한 것이므로 개입단계 중에 이루어지는 점검과는 다르다.

② 사회복지사와 클라이언트 간 합의된 목표의 달성도를 측정하는 것은 평가의 개념을 설명하는 내용이다.
③ 클라이언트의 문제해결에 필요한 자원을 적극적으로 끌어들이기 위한 전략은 자원개발 및 네크워크를 형성하는 자원동원에 관한 내용이다.
⑤ 클라이언트의 주변체계에 문제의 심각성을 알리고 적극적으로 옹호하는 활동은 클라이언트를 대변하는 역할에 관한 설명이다.

03

답과해설 답 ⑤

마킹률	① 1%	② 1%	③ 4%	④ 2%	⑤ 92%

사회복지사는 사회복지실천을 위한 기술적 지식 외에 인간에 대한 이해, 인간관계에 대한 이해를 비롯해 사회현상, 사회구조적 문제 등에 관한 이해를 갖춰야 하며 사회복지사의 자기인식도 중요하게 요구된다.

04

답과해설 답 ④

마킹률	① 4%	② 2%	③ 2%	④ 91%	⑤ 1%

오답노트

ㄴ. 공감 기술은 사회복지사가 클라이언트의 감정을 느끼는 것이다. 동시에 사회복지사는 클라이언트의 문제 및 해결과 관련해 객관적으로 분석할 수 있어야 한다.

05

답과해설 답 ③

마킹률	① 11%	② 18%	③ 42%	④ 15%	⑤ 14%

③ 실천지혜는 실천현장에서 경험적, 귀납적으로 만들어진 지식으로, 사회복지사의 직관에 따른 비구조화된 지식이다.

06

답과해설 답 ②

마킹률	① 9%	② 23%	③ 5%	④ 7%	⑤ 56%

② 요약은 클라이언트의 생각, 행동, 감정들을 사회복지사의 언어로 정리하는 것이다. 한 회기가 끝날 때 혹은 회기가 시작할 때 지난 회기에서 나눴던 대화를 정리하기 위해 실시하며, 면담 중 다른 주제로 넘어가기 전에 이전의 내용을 정리하기 위해 실시한다.

07

답과해설 답 ③

마킹률	① 14%	② 12%	③ 52%	④ 15%	⑤ 7%

사례에서 A씨는 '알코올 중독진단을 받았으나 문제에 대한 본인의 의식은 부족한 상황'이기 때문에 이미 진단을 받은 알코올 중독 상황에 대한 개인 차원의 개입이 우선시 되어야 하며, 이후 가족 차원의 개입 여부를 고려해볼 수 있다. ①②④⑤는 가족 차원의 개입에 해당한다.

08

답과해설 답 ③

마킹률	① 3%	② 2%	③ 93%	④ 2%	⑤ 0%

③ 사회복지학은 사회학, 심리학, 정신의학, 정치학, 문화인류학 등 다양한 학문을 바탕으로 출발하였으며, 다양한 학문과 연관성을 유지하면서도 사회복지의 독자적인 이론을 구축해 나아가고 있다.

09

답과해설 답 ③

마킹률	① 1%	② 2%	③ 95%	④ 1%	⑤ 1%

오답노트

① 의뢰자의 견해도 중요하지만 클라이언트의 생각도 중요하다.
②④ 클라이언트가 보이는 비협조적인 태도의 원인이 무엇인가에 따라 개입의 방향과 내용이 달라질 수 있다. 또한 클라이언트의 태도가 비협조적인 상태에서 개입을 시작하게 되면 소모적인 활동에 그칠 가능성이 높기 때문에 클라이언트가 적극적으로 참여할 수 있도록 동기부여하는 것이 필요하다.
⑤ 보통 접수 과정에서 개인정보 등과 관련해 비밀보장의 원칙 및 비밀보장의 예외 상황 등에 대해 고지하고 동의를 구한다.

10

답과해설 답 ①

마킹률	① 82%	② 1%	③ 15%	④ 1%	⑤ 1%

① 이론과 실천의 준거틀을 적절하게 이용하는 것은 과학적 기반에 해당된다.

11

답과해설 답 ③

마킹률	① 6%	② 2%	③ 50%	④ 13%	⑤ 29%

오답노트

① 명료화: 클라이언트의 진술이나 표현이 혼란스럽거나 추상적일 때 구체화하기 위한 기술
② 초점화: 클라이언트의 말이 두서가 없을 때 다시 본래 주제로 돌아오게 하는 기술
④ 재보증(안심): 클라이언트의 능력에 대해 사회복지사가 신뢰를 표현함으로써 클라이언트가 보이는 불안과 불확실성을 제거하고 위안을 주는 것
⑤ 해석: 사회복지사가 클라이언트의 표현과 행동 등을 분석하여 설명하는 것

2장 정신역동모델

01 ②	02 ④	03 ④	04 ③	05 ②

01

답과해설 답 ②

마킹률	① 9%	② 63%	③ 10%	④ 6%	⑤ 12%

오답노트

① 전이는 과거의 인물에게 느끼는 감정을 현재의 인물에게 전치하는 것이다.
③ 직면은 클라이언트의 말과 행동 사이의 불일치나 모순이 있을 때 우회적인 방법으로 알리는 것이 아니라 신뢰를 바탕으로 클라이언트가 주목할 수 있도록 직접 전달하는 것이다.
④ 해석은 클라이언트의 표현과 행동 상황 등을 토대로 사회복지사가 이를 분석하여 설명하는 기법이다. 공감능력을 키우는 효과는 감정이입하기, 역할교환하기 등이 도움이 된다.
⑤ 자유연상은 클라이언트가 마음 속에 떠오르는 감정, 생각, 기억, 환상, 꿈 등을 자유롭게 말하도록 하는 기법이다. 판단을 중지함으로써 클라이언트가 억압이나 억제 없이 이야기하도록 하는 것이 중요하다.

02

답과해설 답 ④

마킹률	① 4%	② 7%	③ 3%	④ 16%	⑤ 70%

정신역동모델의 개입과정
ㄷ. 관계형성 단계 → ㄱ. 동일시를 위한 자아구축 단계 → ㄹ.

클라이언트가 독립된 자아정체감을 형성하도록 원조하는 단계 → ㄴ. 클라이언트의 자기이해를 원조하는 단계

- 관계형성 단계: 사회복지사와 클라이언트가 신뢰관계를 형성하는 단계
- 동일시를 위한 자아구축 단계: 클라이언트가 사회복지사를 동일시하기 시작하여 사회복지사의 생각과 태도 등을 받아들이는 단계
- 클라이언트가 독립된 자아정체감을 형성하도록 원조하는 단계: 클라이언트가 세상에 나아가기 전에 독립된 정체감을 확립할 수 있도록 원조하는 단계
- 클라이언트의 자기이해를 원조하는 단계: 클라이언트가 자신의 행동과 그 행동에 관한 과거의 뿌리를 이해할 수 있도록 원조하는 단계

03
답과 해설 답 ④

마킹률	① 6%	② 3%	③ 3%	④ 72%	⑤ 16%

오답노트

ㄹ. 명료화는 클라이언트의 말에 담긴 내용과 의미를 파악하여 함축된 의미를 구체화하고 분명하게 하는 것이다. 정신역동모델에서 명료화는 해석과정에서 클라이언트가 직면한 사실과 의미 등의 초점을 분명히 하기 위해 사용된다.

04
답과 해설 답 ③

마킹률	① 4%	② 3%	③ 84%	④ 5%	⑤ 4%

ㄱ. 과제중심모델은 계획된 과정을 통한 단기개입을 추구한다.
ㄴ. 위기개입모델은 클라이언트의 위기 상황에 대한 즉각적이고 단기적인 전문원조를 추구한다.
ㄷ. 해결중심모델은 문제가 무엇인지, 문제의 원인이 무엇인지를 밝히는 데에 시간을 들이지 않고 원하는 변화방향, 즉 해결에 초점을 두어 단기간에 경제적인 개입을 추구한다.

오답노트

ㄹ. 정신역동모델은 클라이언트의 과거 경험과 무의식을 탐색하는 과정이 오래 걸리기 때문에 장기개입으로 이루어지게 된다.

05
답과 해설 답 ②

마킹률	① 1%	② 92%	③ 1%	④ 4%	⑤ 2%

3장 심리사회모델

01 ④	02 ③	03 ①	04 ②	05 ②

01
답과 해설 답 ④

마킹률	① 6%	② 25%	③ 2%	④ 62%	⑤ 5%

사례에 제시된 질문은 클라이언트가 자주 사용하는 행동 패턴을 묻고 있기 때문에 유형-역동성 고찰 기법에 해당한다. 유형-역동성 고찰은 클라이언트의 특정 행동이나 사고방식을 이끄는 행동경향 혹은 사고와 감정유형이 무엇인지를 밝혀내는 개입기법이다.

오답노트

① 직접적 영향 주기: 사회복지사가 클라이언트에게 조언이나 지시 등을 함으로써 클라이언트의 행동을 향상시킨다.
② 탐색-기술(묘사)-환기: 사실 및 사실과 관련된 감정을 표출하고 이해하게 하여 긴장을 완화하고 감정을 정화한다.
③ 지지하기: 감정과 행동을 지지하여 클라이언트의 불안을 감소시키고 동기화를 촉진하여 원조관계를 수립한다.
⑤ 발달적 고찰: 과거의 경험이 현재의 문제에 어떤 영향을 미치는지 파악하는 기법으로서 과거 경험과 현재 문제의 인과관계를 자각하게 한다.

02
답과 해설 답 ③

| 마킹률 | ① 4% | ② 6% | ③ 64% | ④ 18% | ⑤ 8% |

③ 유형-역동에 관한 고찰은 심리사회모델의 개입기법이다.

03

답과해설 답 ①

| 마킹률 | ① 59% | ② 4% | ③ 22% | ④ 8% | ⑤ 7% |

오답노트

ㄴ. 직접적 영향주기: 클라이언트가 어떤 행동을 취할지에 대해 직접적으로 조언하고 제시하는 것을 말한다. 클라이언트와 신뢰관계가 구축되었을 때, 클라이언트에 대한 충분한 지식이 있다고 판단될 때 등에 사용된다.

ㄷ. 환기: 클라이언트가 억눌러온 부정적 감정을 표출시켜 감정의 정화를 경험할 수 있도록 원조한다. 심리사회모델에서는 탐색-기술-환기의 과정으로 연결하여 실시되며, 감정이 격해지기 쉬운 클라이언트에 대해서는 주의가 필요하다.

04

답과해설 답 ②

| 마킹률 | ① 2% | ② 55% | ③ 27% | ④ 4% | ⑤ 12% |

심리사회모델의 직접적 개입기법

- 지지하기: 재보증, 격려 등 클라이언트에 대한 사회복지사의 신뢰나 존중, 돕고자 하는 태도, 클라이언트의 문제해결 능력에 대한 확신 등을 표현
- 직접적 영향주기: 정보제공, 직접적인 조언, 행동제시 등
- 탐색-기술(묘사)-환기: 클라이언트가 자신의 상황과 그와 관련된 감정을 표현하여 환기를 경험할 수 있도록 함
- 인간-환경에 관한 고찰: 상황 속 인간 관점에서 클라이언트의 현재 혹은 최근 사건을 살펴봄
- 유형-역동성 고찰: 클라이언트의 성격과 행동, 심리 내적 역동을 고찰
- 발달적 고찰: 과거의 경험이 현재 클라이언트의 사회적 기능수행에 미치는 영향을 살펴봄

05

답과해설 답 ②

| 마킹률 | ① 4% | ② 76% | ③ 5% | ④ 5% | ⑤ 10% |

② 심리사회모델의 개입기법은 크게 직접적 개입기법과 간접적 개입기법으로 구분된다. 클라이언트와 관련된 주변 환경을 변화시키는 것은 간접적 개입기법에 해당한다. 직접적 영향주기는 직접적 개입기법의 하나로 사회복지사가 클라이언트에게 특정 행동에 대해 조언하거나 제안함으로써

행동의 변화가 일어날 수 있도록 하는 것이다.

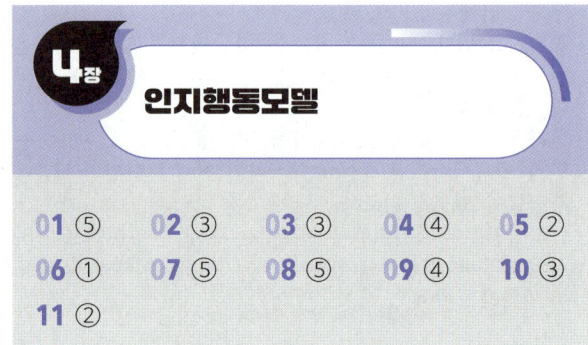

01 ⑤	02 ③	03 ③	04 ④	05 ②
06 ①	07 ⑤	08 ⑤	09 ④	10 ③
11 ②				

01

답과해설 답 ⑤

| 마킹률 | ① 12% | ② 2% | ③ 6% | ④ 20% | ⑤ 60% |

임의적 추론이란 충분하고 객관적인 증거 없이 결론에 도달하는 것이다. 사례의 내용을 보면 입사시험 면접을 잘 마쳤음에도 불구하고 객관적인 증거 없이 불안한 마음에 시험에 떨어질 것이라고 혼자 결론에 도달한 것이므로 임의적 추론에 해당한다.

오답노트

① 이분법적 사고: 모든 경험을 실패 또는 성공처럼 양극단의 흑백논리로 평가하는 것이다.

② 개인화: 관련된 적절한 원인 없이 부정적인 사건이나 상황을 개인에게 연결하는 것이다.

③ 과잉일반화: 하나의 경험을 다른 사건들에도 광범위하게 적용하는 것이다.

④ 재앙화: 미래에 대해 현실적인 어떤 고려도 없이 항상 최악의 시나리오로 비약하여 상상하는 것으로써 점쟁이 오류라고도 한다. 임의적 추론이 증거나 근거 없이 사실을 가정하거나 추측하는 것에 초점을 둔다면, 재앙화는 증거나 근거가 있는 상황에서도 미래를 항상 지나치게 비관적인 최악의 시나리오로 예견한다는 점에서 차이가 있다.

02

답과해설 답 ③

| 마킹률 | ① 13% | ② 12% | ③ 38% | ④ 22% | ⑤ 15% |

오답노트

① 행동시연의 과정에서 클라이언트는 얼마든지 시행착오를 겪을 수 있으며, 그 시행착오를 통해 실제 상황에서의 시행착오를 줄일 수 있다.

② 유머를 활용하는 것은 클라이언트가 불필요하게 진지해지거나 지나치게 심각해지지 않도록 막을 수 있다. 정서적 개입의 하나로, 인지적 개입과 달리 내담자의 비합리적 신념을 직접 다루는 것은 아니다.

④ 역설적 의도는 클라이언트가 변화하고자 하는 모습과는 정반대되는 행동을 해보도록 하는 것이다. 이를 통해 자신의 문제를 또다른 관점에서 바라볼 수 있게 된다.

⑤ 이완훈련은 근육이완, 호흡법 등을 훈련하여 불안감, 긴장감 등을 완화할 수 있도록 하는 것이다.

●3

답과 해설 답 ③

마킹률	① 6%	② 11%	③ 67%	④ 11%	⑤ 5%

③ 행동주의는 정신분석이론의 한계를 지적하고 이를 반대하면서 제시된 것으로 인간을 병리적 관점에서 바라보지 않는다.

●4

답과 해설 답 ④

마킹률	① 8%	② 17%	③ 8%	④ 38%	⑤ 29%

④ 미 역국이 시험 결과에 대한 적절한 증거가 아니라는 점에서 임의적 추론에 해당한다. 임의적 추론은 이처럼 제시된 증거가 결과를 도출하기에 부적절한 것을 말한다.
과잉일반화는 한두 번 있었던 사건을 유사한 모든 사건에 동일하게 적용하는 것으로, 면접에 한 번 떨어진 사람이 '나는 어느 회사에서 면접을 보든 항상 떨어질꺼야'라는 싹쓸이식 부정적 결론을 내리는 것을 말한다.

●5

답과 해설 답 ②

마킹률	① 5%	② 44%	③ 35%	④ 15%	⑤ 1%

② 인지행동모델은 개인이 가지고 있는 비합리적 신념, 인지적 오류 등 인지를 변화시킴으로써 행동을 수정한다.

●6

답과 해설 답 ①

마킹률	① 53%	② 23%	③ 14%	④ 4%	⑤ 6%

① 소거는 바람직하지 않은 행동에 대해 강화물을 주지 않음으로써 그 행동의 발생을 억제, 감소시키는 것이다. 예를 들면, 책을 읽지 않는 아이에게 책을 읽도록 하기 위해 칭찬과 용돈을 주며 강화시켰는데, 그 행동이 지나쳐 책을 읽느라 밤에 잠을 자지 않으려고 한다면 더 이상 강화물을 주지 않음으로써 감소시키는 것이 소거이다. 즉 그 행동에 대해 반

응하지 않고 무시하는 방식으로 그 행동이 소멸되도록 하는 전략이다.

●7

답과 해설 답 ⑤

마킹률	① 37%	② 14%	③ 2%	④ 31%	⑤ 16%

사회기술훈련의 단계
1. 사회기술훈련의 필요성에 대한 이해
2. 문제가 발생하는 상황 확인
3. 사회기술의 구성요소 확인
4. 사회기술의 시연
5. 역할극을 통한 연습
6. 긍정적 강화 및 평가
7. 반복적인 연습
8. 실제 상황에 적용

●8

답과 해설 답 ⑤

마킹률	① 19%	② 7%	③ 10%	④ 19%	⑤ 45%

인지행동모델에서는 다양한 인지적, 정서적, 행동적 측면의 개입기법을 두루 사용한다.

ㄱ. 내적 의사소통의 명료화: 클라이언트가 스스로 독백하면서 생각해보는 과정에서 숨어있던 인지적 오류와 비합리적 신념을 통찰하고 이해할 수 있도록 도움으로써 인지 변화를 꾀하는 기법이다.

ㄴ. 모델링: 모델이 되는 다른 누군가의 행동을 학습하도록 하는 행동적 차원의 기법이다.

ㄷ. 기록과제: 클라이언트가 자신의 정서에 대해 기록할 수 있는 양식(보통 엘리스의 ABC모델)을 제공한다.

ㄹ. 자기지시: 클라이언트가 목표의 선택부터 계획 세우기 및 실천하기 등의 과정을 스스로 선택하고 통제할 수 있도록 한다.

●9

답과 해설 답 ④

마킹률	① 6%	② 6%	③ 22%	④ 47%	⑤ 19%

비합리적 신념에 대한 논박
엘리스의 ABCDE모델 중 D의 과정에서는 클라이언트가 가지고 있는 비합리적 신념에 대한 논박이 이루어진다. 다음과 같은 3가지 기준에 비추어 반박하는 방식으로 진행된다.
- 논리성: 지금 하는 생각의 논리적 근거가 무엇인지를 생각할 수 있도록 질문한다.
- 현실성: 지금 하는 생각이 현실적인 것인지, 현실에서 일어

난 일인지에 대해 질문한다.
- 실용성(효용성): 지금 하는 생각이 클라이언트에게 어떤 유익을 주는지에 대해 질문한다.

10
답과 해설 답 ③

| 마킹률 | ① 9% | ② 3% | ③ 50% | ④ 17% | ⑤ 21% |

사회기술훈련에서는 모델링, 역할연습, 행동시연, 강화, 코칭, 문제해결기술에 대한 교육, 숙제부여 등 다양한 행동주의기법을 사용한다.

오답노트
ㄷ. 직면은 클라이언트가 자신의 말과 실제 행동 사이의 불일치에 대해 주목하고 검토할 수 있도록 하는 것으로 인지적 차원의 기법이다.

11
답과 해설 답 ②

| 마킹률 | ① 5% | ② 66% | ③ 24% | ④ 2% | ⑤ 3% |

② 인지행동모델에서는 클라이언트의 무의식적 행동에 관심을 두지는 않는다.

5장 과제중심모델

01 ② 　 02 ⑤ 　 03 ⑤ 　 04 ⑤

01
답과 해설 답 ②

| 마킹률 | ① 5% | ② 51% | ③ 10% | ④ 16% | ⑤ 18% |

오답노트
① 개인의 신념체계의 변화를 강조하는 것은 인지행동주의 학자인 엘리스의 합리정서치료이다. 엘리스는 비합리적 신념에서 합리적 신념으로의 변화를 강조하였다.
③ 인간의 신념이나 생각이 정서와 행동에 영향을 미친다고 가정하는 것은 인지행동주의 입장의 가정이다.
④ 클라이언트가 무력한 상태에서 힘을 가진 상태로 이동하는

것을 목표로 하는 것은 역량강화모델이다.
⑤ 변화는 항상 일어나며 불가피한 것으로 보는 것은 해결중심모델의 주요 입장이다.

02
답과 해설 답 ⑤

| 마킹률 | ① 20% | ② 8% | ③ 27% | ④ 14% | ⑤ 31% |

오답노트
① 심리사회모델은 상황 속 인간 관점에서 개인, 환경, 이 둘의 상호작용 등에 개입한다. 수용, 개별화, 클라이언트의 자기결정 등을 강조한다.
② 위기개입모델은 위기를 겪는 클라이언트에게 즉각적으로 개입하여 단기간에 전문적 원조를 제공한다.
③ 해결중심모델은 문제의 원인이 아닌 클라이언트가 원하는 변화와 미래에 초점을 두어 단기적 해결을 추구한다.
④ 인지행동모델은 비합리적 신념, 인지적 오류, 왜곡된 사고 등을 수정하는 데에 목표를 두고 인지적, 정서적, 행동적 차원의 전략들을 활용한다.

03
답과 해설 답 ⑤

| 마킹률 | ① 2% | ② 1% | ③ 2% | ④ 2% | ⑤ 93% |

⑤ 실행 중 점검을 통해 과제가 적절한지, 과제가 잘 수행되고 있는지, 과제가 제대로 이루어지지 않고 있다면 그 이유는 무엇인지 등을 살펴봐야 한다. 점검 결과, 클라이언트가 과제를 너무 어려워하거나 문제상황이 바뀌어 다른 과제가 필요할 때 등에는 과제를 변경할 수 있다.

04
답과 해설 답 ⑤

| 마킹률 | ① 27% | ② 8% | ③ 6% | ④ 11% | ⑤ 48% |

⑤ 과제중심모델이 클라이언트의 자기결정을 강조한다고 해서 사회복지사가 적극적으로 개입하지 않음을 의미하는 것은 아니다. 과제중심모델은 개입의 책임성을 중요시하며 개발된 것으로, 사회복지사의 적극적인 노력을 강조하는 동시에 사회복지사와 클라이언트 간의 협조적인 노력도 강조한다.

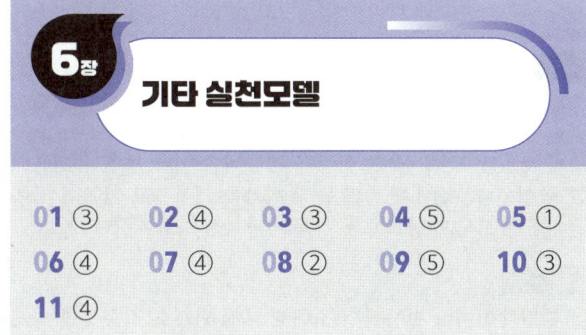

6장 기타 실천모델

01 ③	02 ④	03 ③	04 ⑤	05 ①
06 ④	07 ④	08 ②	09 ⑤	10 ③
11 ④

○1

답과해설 답 ③

마킹률	① 2%	② 2%	③ 14%	④ 81%	⑤ 1%

인지적 개입은 클라이언트의 비합리적 신념이나 인지적 왜곡을 합리적 신념과 현실적 사고로 변화시키는 사고와 해석의 변화에 초점을 맞춘 것으로써 인지행동주의의 개입기법이다. 칼로저스의 클라이언트중심모델은 클라이언트의 주관적 경험을 중심으로 한 인간의 자기실현과 성장에 초점을 맞춘 모델이다.

○2

답과해설 답 ④

마킹률	① 23%	② 2%	③ 40%	④ 27%	⑤ 8%

내적 의사소통의 명료화는 인지행동모델의 기법 중 하나이다. 치료자가 클라이언트의 독백과정에 그때그때 피드백을 함으로써 클라이언트는 자신이 가지고 있는 인지적 오류나 비합리적 신념을 이해하여 변화가 일어나도록 하는 것이다. 이를 통해 클라이언트가 자신의 내면에서 이루어지는 생각과 감정을 왜곡 없이 명확하게 이해하도록 돕는다.

○3

답과해설 답 ③

마킹률	① 31%	② 1%	③ 28%	④ 5%	⑤ 35%

오답노트

ㄹ. 합류하기는 구조적 가족치료의 기법이다. 사회복지사가 가족의 분위기를 파악하여 그에 맞추어 행동하거나 감정을 표현하는 것으로써 개입 초기단계에서 가족과 사회복지사의 거리를 좁혀주는 기능을 한다. 합류하기의 하위기법에는 추적, 적응, 모방이 있다.

○4

답과해설 답 ⑤

마킹률	① 15%	② 13%	③ 10%	④ 6%	⑤ 56%

골란의 위기발달 단계는 '사회적 위험(위험사건) → 취약단계 → 위기촉진요인 발생(촉발요인) → 실제 위기단계 → 재통합'의 순서이다. 골란은 위기가 순차적으로 일어나는 경향을 가진다고 제시하고 있으며, 이 단계 중 사회복지사의 개입이 필요한 단계는 실제 위기단계이다.

○5

답과해설 답 ①

마킹률	① 51%	② 4%	③ 10%	④ 3%	⑤ 32%

위기개입모델은 현재 위기상황에서 빠르게 균형상태를 회복하는 것에 주 목적이 있기 때문에 빠르게 초기사정을 하거나 간단히 문제만 파악한 후 즉각적으로 개입에 돌입한다. 위기개입모델의 개입과정은 학자마다 다르게 제시되지만, 초기–중간–종결 등 3단계로 구분할 때는 실제 개입이 진행되는 단계가 중간단계이며 초기사정은 초기단계에 해당한다.

○6

답과해설 답 ④

마킹률	① 24%	② 4%	③ 17%	④ 52%	⑤ 3%

④ 위기발달단계: 사회적 위험 → 취약 → 위기촉진요인 발생 → 실제 위기 → 재통합

○7

답과해설 답 ④

마킹률	① 5%	② 7%	③ 14%	④ 37%	⑤ 37%

오답노트

ㄱ. 같은 사건을 경험하더라도 그 사건을 위기로 인식하는가는 사람마다 다를 수 있기 때문에 위기개입모델에서는 사건에 대한 클라이언트의 주관적 인식을 중시한다.

○8

답과해설 답 ②

마킹률	① 4%	② 84%	③ 4%	④ 2%	⑤ 6%

② 위기개입모델의 핵심적인 목표는 위기상황에 따른 증상 완화 및 위기 이전 수준으로의 기능 회복에 있다.

09

답과 해설 답 ⑤

마킹률	① 3%	② 24%	③ 4%	④ 10%	⑤ 59%

⑤ 위기개입은 즉각적, 단기적 개입을 추구하기 때문에 위기요인의 발생이 심각한 병리 상태로 이어지지 않도록 방지하는 것에 그치며, 위기개입으로 다룰 수 없는 문제는 사후관리, 의뢰나 연계 등을 고려하게 된다.

10

답과 해설 답 ③

마킹률	① 2%	② 1%	③ 87%	④ 2%	⑤ 8%

오답노트

ㄹ. 클라이언트가 가진 문제의 원인에 초점을 두고 개입하는 것은 병리 관점이다. 역량강화모델은 병리 관점이 아닌 강점 관점을 기반으로 하기 때문에 문제의 원인을 탐색하고 치료하는 것보다 문제를 해결해나갈 수 있는 힘을 가질 수 있도록 하는 데에 초점을 둔다.

11

답과 해설 답 ④

마킹률	① 1%	② 1%	③ 4%	④ 91%	⑤ 3%

오답노트

① 위기개입은 단기모델이다.
② 위기개입의 목표는 위기 이전 상태로 돌아가기, 기능 회복 등 제한적이다.
③ 클라이언트의 정서, 행동, 인지 등의 영역을 살펴보아 불평형 및 비유동적 상태일수록 지시적 개입이 필요하며, 유동적 상태에 있으면 비지시적 개입을 한다.
⑤ 위기개입에서는 지금 당장 위기 상황에서 벗어나는 것이 중요하기 때문에 클라이언트의 과거 탐색에 초점을 두지 않는다.

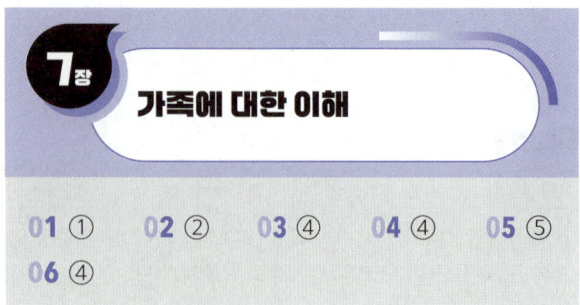

7장 가족에 대한 이해

01 ①　　02 ②　　03 ④　　04 ④　　05 ⑤
06 ④

01

답과 해설 답 ①

마킹률	① 31%	② 13%	③ 11%	④ 36%	⑤ 9%

가족항상성이란 가족의 구조와 기능에 있어 균형을 유지하려는 속성이다. 부적 환류를 통해 변화를 거부하고 기존의 가족규칙을 공고하게 함으로써 가족의 항상성을 유지한다.

오답노트

② 일탈행동이나 갈등상황에 대해 부적 환류를 적용하면 최초의 일탈이나 갈등을 증폭시키는 작용을 하는 것이 아니라 감소시키는 작용을 한다.
③ 가족 안에는 부부 하위체계, 부모–자녀 하위체계, 형제자매 하위체계 등 다양한 하위체계를 포함한다. 그러나 가족은 확대가족이나 지역사회 등 상위체계와 상호영향을 주고받기 때문에 상위체계와 독립적으로 존재한다는 것은 옳지 않다.
④ 가족의 독립성과 자율성이 결여되어 있는 경계는 경직된 경계가 아닌 혼돈된 경계(밀착된 경계)가 갖는 특성이다.
⑤ 가족을 이끄는 책임을 지는 하위체계로 권위를 갖는 것이 중요한 것은 부모-자녀 하위체계가 아니고 부모 하위체계이다.

02

답과 해설 답 ②

마킹률	① 2%	② 91%	③ 3%	④ 3%	⑤ 1%

② 가족이 다수의 복지서비스를 이용한다는 것은 외부환경과 상호작용한다는 것으로 개방적 경계이다.

03

답과 해설 답 ④

마킹률	① 1%	② 2%	③ 2%	④ 95%	⑤ 0%

④ 가구(家口)는 같은 공간에서 취사를 함께하고 있는 사람들이라는 의미이지만, 혼자 사는 사람이 증가하면서 1인 가구라는 표현도 사용되고 있다.

04

답과 해설 답 ④

마킹률	① 1%	② 1%	③ 2%	④ 91%	⑤ 5%

가족에 대한 개입에 있어서 순환적 인과성에 관한 개념을 확인하는 문제이다. 가족 성원 중 A의 행동은 다른 구성원 B, C, D에게 영향을 주고 그 결과로 나타난 B, C, D의 행동은 또 다시 A를 비롯한 다른 성원들에게 영향을 미치게 된다. 이렇듯 가족 간의 상호작용으로 인해 원인이 결과를 만들어내지만 그 결

과가 또 다른 원인이 되는 연쇄적인 순환관계를 설명하는 것이 순환적 인과성이다. 이러한 순환적 인과성으로 인해 문제의 원인보다 문제가 유지되는 가족 간의 상호작용에 초점을 두는 것이 필요하다.

05

답과해설 답 ⑤

마킹률	① 10%	② 7%	③ 23%	④ 17%	⑤ 43%

⑤ 사회구성론적 관점이다. 대표적인 사회구성론적 접근인 해결중심모델은 클라이언트의 표현을 전문가의 표현으로 바꾸어 말하는 것은 클라이언트에 대한 실례이자 클라이언트의 자신감을 저하시킬 수 있다고 보았다. 가족에게 다양한 질문을 하는 과정에서 가족원들의 표현을 되도록 있는 그대로 사용할 것을 권장하며 치료자는 가족들의 답변 속에서 가족이 스스로 문제해결 방법을 찾아갈 수 있도록 돕는 역할을 한다.

06

답과해설 답 ④

마킹률	① 17%	② 3%	③ 1%	④ 75%	⑤ 4%

오답노트

① 순환적 인과관계는 한 사람의 문제는 다른 사람에게, 가족 전체에게 영향을 주고 그 영향은 다시 그 사람에게 영향을 미치기 때문에 가족의 문제는 순환적으로 일어난다는 개념이다. 따라서 문제의 원인 혹은 원인제공자가 누구인지보다는 문제를 지속시키는 상호작용에 초점을 둔다.
② 동귀결성은 각기 다른 원인들이 같은 결과를 가져올 수 있음을 말한다.
③ 가족 내부에도 부부 체계, 부모 체계, 부모-자녀 체계, 형제-자매 체계 등 다양한 하위체계가 있다.
⑤ 일차적 사이버네틱스는 전문가가 가족 내부에서 발생하는 현상에 영향을 주지 않으면서 객관적 시각에서 관찰할 수 있다고 보는 입장이다. 이차적 사이버네틱스는 전문가는 관찰자로서 관찰을 당하는 가족체계와 상호작용이 일어난다고 보며, 이로 인해 동일한 가족을 관찰하더라도 관찰자에 따라 다르게 파악될 수 있다는 것이다.

8장 가족문제 사정

01 ② 02 ② 03 ⑤ 04 ② 05 ④
06 ④

01

답과해설 답 ②

마킹률	① 11%	② 70%	③ 3%	④ 2%	⑤ 14%

오답노트

ㄴ. 부모와 자녀 간의 밀착된 관계는 하위체계 간 균형을 어렵게 한다. 밀착된 관계는 체계 간에 독립성과 자율성이 결여되므로 건강한 균형을 유지하기 어렵다.
ㄹ. 기능적 가족은 가족성원의 역할분담에 있어 역할 고정화를 하지 않으며, 성원의 능력, 관심, 수행가능 시간 등을 고려하여 민주적으로 가족역할을 배분한다.

02

답과해설 답 ②

마킹률	① 11%	② 49%	③ 3%	④ 19%	⑤ 18%

가족 내부경계

• 희미한 경계: 하위체계 간 경계가 혼돈되어 밀착된 가족이다. 가족원의 독립심과 자율성이 결여되고, 가족원에게 속박감을 주며 희생이 강요되기도 한다. 가족응집력이 지나치게 높아 획일적인 생각과 감정을 강요한다.
• 명확한 경계: 하위체계 간 경계가 분명하면서도 투과성이 있는 이상적인 가족이다.
• 경직된 경계: 하위체계 간 경계가 너무 경직되어 유리된 가족이다. 가족원 사이에 의사소통과 상호작용이 원활하게 이루어지지 않기 때문에 가족원의 문제나 가족문제를 같이 고민하고 해결해나가기 어렵다. 가족원 간 응집력과 결속력이 낮아 정서적 욕구를 충족하기 어렵다.

03

답과해설 답 ⑤

마킹률	① 2%	② 4%	③ 7%	④ 5%	⑤ 82%

가족사정에 관한 설명으로 모두 옳은 내용이다.

04

답 ②

| 마킹률 | ① 3% | ② 61% | ③ 8% | ④ 10% | ⑤ 18% |

② 생태도는 가족을 둘러싼 환경체계를 살펴보기 위한 사정도구이다.

05

답 ④

| 마킹률 | ① 1% | ② 5% | ③ 25% | ④ 69% | ⑤ 0% |

④ 가족조각은 어떤 상황에 대해 말로 표현하는 것이 아니라 동작과 공간을 사용하여 표현하는 비언어적 기법이다.

06

답 ④

| 마킹률 | ① 5% | ② 12% | ③ 14% | ④ 66% | ⑤ 3% |

오답노트

ㄷ. 가계도는 3세대 이상의 가족에 대한 분석으로 가족을 둘러싼 환경체계에 대해서는 알 수 없다.

9장 가족 대상 실천기법

01 ②	02 ⑤	03 ①	04 ③	05 ③
06 ⑤	07 ④	08 ②	09 ③	10 ②
11 ①	12 ②	13 ①	14 ③	15 ③
16 ②	17 ①	18 ③	19 ④	20 ①
21 ⑤	22 ②	23 ②	24 ①	25 ⑤
26 ②	27 ④			

01

답 ②

| 마킹률 | ① 11% | ② 59% | ③ 6% | ④ 4% | ⑤ 20% |

개입의 목적을 증상 감소에 두는 것은 병리적 관점이다. 해결중심모델은 강점관점으로 문제 중심에서 벗어나 문제가 나타나지 않은 예외 상황을 발견하고, 이를 확대하여 해결로 나아가는 것을 개입의 목표와 방향으로 삼는다.

02

답 ⑤

| 마킹률 | ① 16% | ② 14% | ③ 7% | ④ 18% | ⑤ 45% |

전략적 가족치료는 문제의 원인 규명에 집중하는 단선적(직선적) 시각에서 벗어나 원인과 결과의 상호성과 문제의 순환성을 인식하는 것을 중시한다. 즉, 가족의 문제는 상호연결되어 있으므로 왜(why)라는 원인 규명보다는 악순환적 연쇄고리의 반복을 끊기 위해 지금부터 무엇을 할 것인가가 더 중요하다고 보는 입장이다.

03

답 ①

| 마킹률 | ① 44% | ② 14% | ③ 14% | ④ 9% | ⑤ 19% |

오답노트

② 가족그림은 경험적 가족치료의 기법이다.
③ 탈삼각화는 다세대 가족치료의 기법이다.
④ 역설적 지시는 전략적 가족치료의 기법이다.
⑤ 순환적 질문은 전략적 가족치료의 기법이다.

04

답 ③

| 마킹률 | ① 6% | ② 6% | ③ 87% | ④ 0% | ⑤ 1% |

끊임없는 잔소리로 말다툼이 잦아 갈등을 겪고 있는 부부에게 오히려 매일 1회 시간을 정해서 30분 동안 부부싸움을 하도록 했기 때문에 역설적 지시에 해당한다. 역설적 지시란 문제행동을 유지하거나 강화하는 행동을 계속 수행하도록 지시하는 기법이다. 이 사례는 증상행동을 계속하라는 지시와 과제를 주었기 때문에 역설적 지시 중에서도 증상처방에 해당한다.

오답노트

① 실연: 구조적 가족치료의 기법으로서 가족 간에 있었던 상황을 사회복지사 앞에서 재현하는 과정이다.
② 재구성: 전략적 가족치료의 기법이며, 가족성원이 문제를 다른 관점에서 보거나 다른 방법으로 이해하도록 돕는 기법으로서 재명명, 재정의라고도 한다.
④ 순환적 질문: 전략적 가족치료 기법으로서 가족성원들이 문제에 대한 단선적 시각에서 벗어나 문제의 순환성을 깨닫도록 돕기 위한 질문을 연속적으로 하는 것이다.
⑤ 긍정적 의미부여: 전략적 가족치료 중 밀란학파가 주로 사

용하는 기법으로서 가족이 치료에 대한 저항을 줄이기 위해 가족의 문제나 행동을 긍정적으로 재해석하는 것이다.

05
답과해설 답 ③

마킹률	① 33%	② 12%	③ 48%	④ 3%	⑤ 4%

ㄹ. 자아분화 수준이 높을수록 가족원의 자율성이 증가하여 독립적으로 행동한다. 낮은 자아분화 수준을 가진 부모는 가족투사를 통해 삼각관계를 형성할 가능성이 높으며, 이런 부모의 가족투사 대상이 된 자녀 역시 낮은 자아분화 수준을 가짐으로써 세대 간 전수가 이루어진다.

06
답과해설 답 ⑤

마킹률	① 4%	② 10%	③ 4%	④ 51%	⑤ 31%

문제를 외현화하는 것은 이야기 가족치료의 대표적 기법이다. 외현화란 문제와 자신을 동일시하지 않고, 문제를 분리(외현화)하여 문제만 문제로 보는 것이다. 이러한 외현화는 자신이나 가족을 문제와 동일시하여 병리적이라고 생각하는 것으로부터 자유롭게 하기 때문에 잠재력을 인정하고 강점을 개발할 수 있도록 촉진한다.

07
답과해설 답 ④

마킹률	① 0%	② 3%	③ 3%	④ 51%	⑤ 43%

해결중심모델에서 목표설정의 원칙
- 클라이언트에게 중요한 것을 목표로 한다.
- 쉽게 성취할 수 있는 작은 것을 목표로 한다.
- 구체적이고 명확하고 행동적인 것으로 설정한다.
- 문제를 없애는 것보다는 조금 더 나아지는 것에 관심을 둔다.
- 지금-여기에서 시작한다. 즉 원하는 결과를 성취하는 데에 초점을 두기보다는 현재 단계에서 필요한 것을 중심으로 한다.
- 실현가능하고 성취가능한 것을 목표로 한다.
- 목표를 수행하는 것이 힘든 일임을 인식한다. 목표를 수행하기 위한 노력 그 자체를 성공의 시작으로 본다.

08
답과해설 답 ②

마킹률	① 11%	② 71%	③ 7%	④ 3%	⑤ 8%

① 모든 것이 자녀 때문이라며 자신이 외롭다고 함 → 문제를 다른 사람의 탓으로 돌리는 것은 비난형에 해당한다.
③ 어려서 고생을 많이 해서 그렇다며 벌떡 일어나 방 안을 왔다갔다 함 → 타인의 말과 상황을 고려하지 못하는 것은 혼란형(산만형)에 해당한다.
④ 살기 힘들어 술을 마신다며 자신의 술 문제가 자녀 학업을 방해했다고 인정함 → 자신, 타인, 상황을 모두 고려하면서 진술한 의사소통을 하는 것은 일치형에 해당한다.
⑤ 다른 사람들 말이 다 옳고 자신은 아무것도 아니라고 술 문제에 대한 벌을 달게 받겠다고 함 → 상대방이 화를 내거나 자신이 비난받는 것을 회피하기 위해 자신의 내적 감정을 드러내지 않은 채 다른 사람의 비위에 맞추는 것은 회유형(아첨형)에 해당한다.

09
답과해설 답 ③

마킹률	① 10%	② 3%	③ 60%	④ 5%	⑤ 22%

③ 경험적 가족치료는 가족구성원간의 상호작용의 변화 및 가족이 성장할 수 있는 경험을 제공하는 데에 초점을 둔다. 가족이 미분화에서 벗어나 가족체계의 변화를 달성하는 것은 다세대 가족치료에 해당한다.

10
답과해설 답 ②

마킹률	① 9%	② 82%	③ 4%	④ 4%	⑤ 1%

② 다세대 가족치료에서 삼각관계는 두 사람 사이에서 스트레스나 긴장관계가 발생했을 때 제3자를 두 사람의 상호작용체계로 끌어들여 긴장의 수준을 완화하려는 것을 말한다. 부모의 갈등상황에 제3자인 자녀를 끌어들이는 것을 예로 들 수 있다.

11
답과해설 답 ①

마킹률	① 54%	② 5%	③ 24%	④ 3%	⑤ 14%

- 헤일리는 의사소통이론을 기반으로 전략적 가족치료모델을 발전시켜 나가면서 의사소통이 가진 내용과 관계라는 두 가지 측면을 살펴보았다.
  - 내용 면에서 표면적 메시지 외에 행간의 의미와 비언어적 내용, 말하는 방식이 중요함을 강조하면서 메시지의 질(=메타 의사소통)에 따라 역기능적 관계가 형성된다고 보았다.
  - 관계는 대칭적 관계와 보완적 관계가 있다. 대칭적 관계는 두 사람이 대등하게 소통하는 관계로 서로 비판이나 충고를 하지만 경쟁적이고 갈등적인 관계로 흐를 수 있

다. 보완적 관계는 한 사람이 우위에 있는 지배와 순종의 관계로 상호보완적인 측면도 있지만 역기능적 관계가 될 수 있다.
- 전략적 가족치료모델에서는 가족이 문제행동을 통제할 수 있도록 하기 위한 방법으로 문제행동을 유지 또는 강화하도록 지시하는 역설적 지시 기법을 사용한다. 구체적으로 제지, 증상처방, 시련 기법 등이 있다.

12
답과해설 답 ②

마킹률	① 20%	② 43%	③ 7%	④ 11%	⑤ 19%

오답노트

① 해결중심모델에서 사회복지사는 클라이언트에게 어떻게 할 것을 지시하고 가르치는 것보다 클라이언트 스스로 문제해결 방안을 찾아내고 사용할 수 있도록 돕는다.
③ 해결중심모델은 클라이언트의 문제에 대해 반복적으로 잘못 다룬 것이라고 볼 뿐이기 때문에 문제 및 문제의 원인을 밝힐 필요는 없다고 본다.
④ 해결중심모델은 클라이언트의 자원과 기술을 발견하여 치료에 활용하기는 하지만 자원과 기술의 부족을 문제로 보는 것은 아니다.
⑤ 해결중심모델은 진단이나 사정을 강조하지 않는다. 클라이언트가 이미 가지고 있는 것, 할 수 있는 것에서 시작하며 이를 알아내기 위해 예외질문, 극복질문 등의 다양한 질문 방식을 사용한다. 클라이언트의 이야기에서 문제해결의 실마리를 찾으며 이를 과제로 연결해 제안하는 방식으로 진행된다.

13
답과해설 답 ①

마킹률	① 65%	② 3%	③ 21%	④ 3%	⑤ 8%

오답노트

② 기적질문은 문제가 해결되었을 때를 상상하게 하여 그 상상한 상황을 해결책으로 강구해보기 위해 실시한다.
③ 대처질문은 문제 상황을 어떻게 극복해왔는지를 살펴 클라이언트의 강점을 발견하기 위해 실시한다.
④ 예외질문은 문제상황이 일어나지 않을 때나 성공 경험을 찾아내기 위해 실시한다.
⑤ 척도질문은 문제의 심각성이나 변화 정도 등을 구체적인 숫자로 표현해보게 하는 것이다.

14
답과해설 답 ③

마킹률	① 4%	② 8%	③ 66%	④ 16%	⑤ 6%

③ 문제의 사례에서는 남편과 딸 사이가 지나치게 밀착되어 경계가 없고 남편과 아내 사이는 경계가 경직되어 있다. 따라서 남편과 딸 사이에 경계를 명확히 해주고 부부연합을 강화해주기 위한 경계선 만들기를 실시하는 것이 필요하다.

오답노트

① 합류는 초기 단계에서 사회복지사가 가족의 분위기에 맞추어가는 것이다.
②④ 역설적 지시는 전략적 가족치료의 개입기법으로, 문제행동을 유지하거나 강화하는 행동을 수행하도록 지시하는 것이다. 이를 통해 클라이언트가 문제행동을 스스로 통제할 수 있게 된다는 것이다. 증상처방은 증상행동을 계속하도록 지시하거나 과제를 부여하는 기법으로 역설적 지시의 한 가지 기법이다.
⑤ 가족조각은 가족구성원들이 몸을 이용하여 가족의 상호작용을 표현하도록 하는 것이다.

15
답과해설 답 ③

마킹률	① 8%	② 7%	③ 48%	④ 19%	⑤ 18%

③ 경험적 모델은 개인과 가족의 잠재력 개발과 자아실현에 초점을 두고 성장 경험을 제공하고자 하는 모델이다. 자아존중감의 회복 및 가족간 의사소통 방법의 교정을 강조하며, 가족조각, 역할극, 가족그림, 비유 등의 개입기법을 활용한다.

16
답과해설 답 ②

마킹률	① 56%	② 26%	③ 14%	④ 2%	⑤ 2%

해결중심모델

- 해결중심모델은 변화는 항상 일어나는 불가피한 것이라는 전제를 가지고 이러한 변화를 해결책으로 활용한다.
- 모든 문제에는 예외가 존재한다고 전제하기 때문에 예외 상황의 경험이 이미 클라이언트가 가지고 있는 해결책이라고 본다.
- 클라이언트를 자기 삶의 주체로 보고 자신에 대한 전문가라고 전제하기 때문에 사회복지사가 클라이언트에게 무엇을 하라고 지시하거나 가르치는 것이 아니라 클라이언트가 스스로 문제해결 방안을 찾아낼 수 있도록 돕는다.

17
답과해설 답 ①

마킹률	① 66%	② 3%	③ 10%	④ 12%	⑤ 9%

사티어의 의사소통 유형

- 일치형: 언어적 메시지와 비언어적 메시지가 일치한다. 자신과 타인, 상황 모두를 고려한다.
- 계산형(초이성형): 비판적이고 분석적이다. 자신과 타인을 무시하고 상황만을 고려한다.
- 비난형: 언제나 남을 비난하고 도덕적인 평가를 내린다. 자신과 상황은 존중하지만 타인은 무시한다.
- 회유형(아첨형): 상대방의 의견에 무조건 동의하고, 언제나 상대방의 비위를 맞추려 한다. 타인과 상황은 존중하면서 정작 자기자신은 무시한다.
- 혼란형(주의산만형): 상황을 제대로 파악하지 못해 의사표현에 초점이 없다. 좋고 싫고를 말하지 못한다. 결정을 망설이고 미룬다. 자신, 타인, 상황을 모두 제대로 고려하지 못한다.

18

답과해설 답 ③

마킹률	① 4%	② 4%	③ 53%	④ 3%	⑤ 36%

오답노트

① 가족투사: 부모가 자신들의 불안을 안정시키기 위해 그 근원을 다른 성원에게 돌리는 것을 말한다.
② 삼각관계: 부부간에 긴장이 커질 때 한 사람이 자녀에 대한 애착을 강하게 보이며 부부의 상호작용 체계로 끌어들여 긴장을 완화하려는 것이다.
④ 핵가족 정서: 자아분화가 제대로 이루어지지 않은 채 부부가 된 경우 서로에 대한 의존도가 높아 불만과 불안이 고조되고 이것이 자녀에게 전달되어 자녀들의 분화수준에 영향을 주게 된다는 것이다.
⑤ 다세대 전수: 자아분화, 삼각관계, 융합 등 원가족에서의 문제가 학습된 채 새로운 가족을 형성하게 되면 원가족에서 학습된 행동양식이 새로운 가족에서도 발현되어 가족문제가 다세대에 걸쳐 나타나게 된다는 것이다.

19

답과해설 답 ④

마킹률	① 13%	② 15%	③ 10%	④ 47%	⑤ 15%

④ 탈삼각화는 보웬(M. Bowen)의 다세대 모델에서 진행되는 기법이다.

20

답과해설 답 ①

마킹률	① 49%	② 3%	③ 17%	④ 8%	⑤ 23%

① 관계성질문은 클라이언트와 중요한 관계에 있는 사람들의 시각에서 클라이언트를 보게 하는 질문이다. 예를 들면, "어머니가 여기 계시다면, 두 분이 싸우지 않으려면 어떻게 하는 것이 도움이 된다고 말씀하실까요?"라고 질문할 수 있다.

21

답과해설 답 ⑤

마킹률	① 11%	② 14%	③ 41%	④ 6%	⑤ 28%

오답노트

①④ 구조적 가족치료의 특징이다. 가족의 역기능적인 구조를 재구조화하여 기능적인 구조로 변화시키는 것을 개입목표로 한다.
② 증상처방이나 고된 체험기법은 지시적 기법이다.
③ 전략적 모델은 문제가 일어난 이유나 그 행동의 원인을 파악하는 것보다 어떻게 하면 행동의 변화를 일으킬 수 있는지에 초점을 둔다.

22

답과해설 답 ⑤

마킹률	① 10%	② 11%	③ 12%	④ 1%	⑤ 66%

⑤ 해결중심모델은 과거가 아닌 현재와 미래에 초점을 맞추는 미래지향적 모델로, 과거에 대해 깊이 탐색하지는 않는다.

23

답과해설 답 ②

마킹률	① 10%	② 79%	③ 5%	④ 2%	⑤ 4%

오답노트

① 그 어려운 상황 속에서도 견딜 수 있었던 것은 무엇이라 생각합니까? → 대처질문(극복질문)
③ 잠이 안 와서 힘들다고 하셨는데, 잠을 잘 잤다고 느낄 때는 언제일까요? → 예외질문
④ 지난 1주일간 어떤 변화가 있었나요? → 치료면담 전 변화에 대한 질문
⑤ 문제가 발생하지 않았던 때는 언제인가요? → 예외질문

24

답과해설 답 ①

마킹률	① 71%	② 6%	③ 8%	④ 12%	⑤ 3%

① 실연은 구조적 가족치료에서 사용되는 개입기법 중 하나로 가족 간에 있었던 갈등 상황을 사회복지사 앞에서 실제로 연출해보도록 하는 것이다.

25

답과해설 답 ⑤

마킹률	① 4%	② 17%	③ 1%	④ 5%	⑤ 73%

가족대상 사회복지실천의 과정에 관한 설명으로 모두 옳은 내용이다.

26

답과해설 답 ②

마킹률	① 1%	② 84%	③ 3%	④ 11%	⑤ 1%

오답노트

① 시련은 클라이언트가 가진 증상보다 더 고된 체험을 하도록 과제를 제시함으로써 결국엔 증상을 포기하도록 하는 기법이다.

③④ 재정의, 재구조화는 같은 기법이다. 재구성, 재명명이라고도 한다. 문제를 다른 시각에서 볼 수 있도록 돕는 기법이다.

⑤ 가족옹호: 표적체계에 대해 가족이 갖고 있는 정당한 권리를 누릴 수 있도록 대변하는 것을 말한다.

27

답과해설 답 ④

마킹률	① 6%	② 8%	③ 5%	④ 58%	⑤ 23%

오답노트

ㄷ. 가족생활주기의 변화와 의사소통 유형의 변화 간에 뚜렷한 상관관계는 없다.

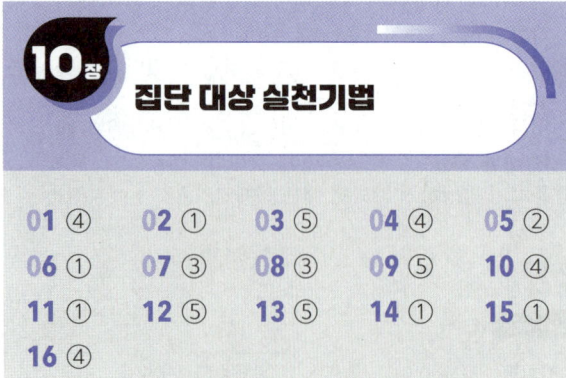

10장 집단 대상 실천기법

01 ④	02 ①	03 ⑤	04 ④	05 ②
06 ①	07 ③	08 ③	09 ⑤	10 ④
11 ①	12 ⑤	13 ⑤	14 ①	15 ①
16 ④				

1

답과해설 답 ④

마킹률	① 0%	② 2%	③ 7%	④ 73%	⑤ 18%

집단문화란 성원들이 공통적으로 가지고 있는 가치, 신념, 관습, 전통 등을 말한다. 집단문화는 성원들이 동질적으로 구성되면 빠르게 형성되며, 다양한 성원들로 구성될 때는 느리게 형성된다.

2

답과해설 답 ①

마킹률	① 53%	② 7%	③ 4%	④ 7%	⑤ 29%

오답노트

ㄴ. 자조집단은 참여하는 성원들이 주체가 되는 상호원조집단이므로 사회복지사는 변화매개인의 주도적 역할을 하지 않고 보조적이고 지지적인 역할만을 담당한다.

ㄷ. 자조집단은 유사한 어려움이나 관심사를 가진 성원들의 자발적 모임이기 때문에 동료끼리의 상호원조가 중요하므로 별도의 전문지도자나 공동지도자를 두지 않는다.

ㄹ. 집단의 성원모집 방법 중 노아방주의 원칙이란 성원을 모집할 때 한 집단 안에 다양한 특성을 가진 사람들을 포함시키는 것이다. 따라서 공통의 어려움과 관심을 가진 사람들이 모이는 자조집단의 성원모집에 대한 특징에는 맞지 않는다.

3

답과해설 답 ⑤

마킹률	① 2%	② 4%	③ 6%	④ 15%	⑤ 73%

얄롬이 제시하는 집단의 치료적 효과는 11가지이며, 문제에서 제시된 정보습득, 보편성, 이타심, 정화 외에 희망증진, 사회기술 발달, 모방행동, 대인관계 학습, 집단응집력, 실존적 요인들, 1차 가족집단의 교정적 재현이 있다.

4

답과해설 답 ④

마킹률	① 7%	② 14%	③ 12%	④ 60%	⑤ 7%

토스랜드와 리바스가 분류한 집단 모델

• 사회적 목표모델: 민주주의를 유지, 발달 시키려는 사회적 목표를 강조

• 상호작용모델: 집단의 문제를 해결하기 위해 성원과 집단 사이의 상호원조체계 구축이 강조되는 모델

• 치료모델: 사회적 기능 수행에 문제가 있거나 문제가 발생할

확률이 높은 개인에게 원조하는 것을 강조

① 집단의 사회적 목표를 강조한다. → 사회적 목표모델
② 개인 치료를 위한 수단으로 집단을 강조한다. → 치료모델
③ 개인의 역기능 변화가 목적이다. → 치료모델
⑤ 집단성원 간 투사를 활용한다. → 상호작용모델

05

답과해설 답 ②

마킹률	① 6%	② 86%	③ 2%	④ 5%	⑤ 1%

①③④⑤는 기능적 집단의 특성이다.
② 기능적 집단은 구성원들이 서로 의사소통하며 문제를 해결
   하기 위해 적극적인 자세로 지속적으로 활동한다.

06

답과해설 답 ①

마킹률	① 93%	② 2%	③ 2%	④ 2%	⑤ 1%

① 모방행동: 다른 성원이나 사회복지사의 행동을 통해 새로운
   행동을 학습할 수 있다.

07

답과해설 답 ③

마킹률	① 14%	② 5%	③ 35%	④ 12%	⑤ 34%

③ 집단 활동을 통해 사회복지사 및 성원들의 행동을 관찰하면
   서 모방행동의 효과를 얻을 수 있다. 또한 집단 내에서 자신
   의 감정을 표현하면서 감정의 정화(카타르시스) 효과를 얻
   을 수 있다.

08

답과해설 답 ③

마킹률	① 20%	② 4%	③ 47%	④ 17%	⑤ 12%

사회적 목표모델
• 집단사회복지실천 초기 전통에 근거를 두고 있어서 민주주
  의를 유지, 발달시키려는 사회적 목표를 강조한다.
• 집단성원의 과업은 사회적 의식과 사회적 책임을 발달시키
  는 것이다.
• 사회복지사는 사회적 책임의 가치를 심어주고 책임있는 시
  민으로서 적합한 행동형태를 촉진하고 강화하는 역할모델
  로서 기능한다.

09

답과해설 답 ⑤

마킹률	① 28%	② 5%	③ 6%	④ 13%	⑤ 48%

① 구성원의 자기인식 증진 – 성장집단
② 클라이언트의 병리적 행동 치료 – 치료집단(치유집단)
③ 구성원에게 기술과 정보 제공 – 교육집단
④ 사회적응 지원 – 사회화집단

10

답과해설 답 ④

마킹률	① 1%	② 5%	③ 1%	④ 88%	⑤ 5%

ㄴ. 응집력이 높은 집단일수록 구성원들은 집단 내에서 편안
   함, 소속감, 친밀감 등을 더 강하게 느끼기 때문에 구성원
   들의 자기노출도 더 자연스럽게 더 활발하게 일어날 수
   있다.

11

답과해설 답 ①

마킹률	① 95%	② 2%	③ 1%	④ 1%	⑤ 1%

② 목표는 예상보다 쉽게 달성될 수도 있고 달성하기가 너무
   어려울 수도 있기 때문에 수정할 수 있다.
③ 집단의 크기나 기간은 목표를 고려하여 정한다.
④ 집단의 목표도 있지만 집단에 참여함으로써 개인적으로 얻
   고자 하는 각자의 목표도 있다. 사회복지사는 집단의 목표
   와 개별 성원의 목표가 연결될 수 있도록 해야 한다.
⑤ 집단의 목표는 집단과정에서 자연스럽게 형성되는 것은 아
   니다. 대체로 집단의 목적에 따라 성원을 모집·선발하고,
   초기단계에서 구체적인 목표를 확정하여 목표를 달성하기
   위해 집단 활동이 진행된다.

12

답과해설 답 ⑤

마킹률	① 9%	② 5%	③ 6%	④ 3%	⑤ 77%

① 정화: 집단 활동을 통해 그동안 억압된 감정을 자유롭게 표
   현해보는 경험을 한다.
② 일반화(보편성): 나 혼자만 겪는 문제가 아니라는 보편성이

사회복지실천기술론

위로가 될 수 있다.
③ 희망증진: 희망을 갖는다는 자체가 치료적 효과가 될 수 있다.
④ 이타성 향상: 다른 사람을 돕는 경험을 통해 자존감을 향상시킬 수 있다.

13
답과해설 답 ⑤

마킹률	① 3%	② 3%	③ 1%	④ 3%	⑤ 90%

⑤ 자조집단에서 전문가의 역할은 매우 제한적이다. 자조집단은 보통 전문가가 개입하지 않고 집단 구성원끼리 집단 활동을 이끌어가며 전문가는 이들의 활동을 돕는 정도에 그친다.

14
답과해설 답 ①

마킹률	① 97%	② 2%	③ 1%	④ 0%	⑤ 0%

① 하위집단은 친밀함을 느끼는 구성원들끼리 자연스럽게 생겨나는 것이기 때문에 사회복지사가 하위집단의 형성 자체에 개입하기는 어려운 점이 있으며, 하위집단이 항상 역기능만 있는 것도 아니다. 이를 테면, 소극적인 성격을 가진 성원은 하위집단을 통해 집단 활동에 참여하기도 한다. 다만, 하위집단 간에 경쟁이나 갈등이 심해지거나 하위집단이 집단 활동에 배타적인 모습을 보일 때에는 집단지도자가 개입하는 것이 필요하다.

15
답과해설 답 ①

마킹률	① 98%	② 1%	③ 0%	④ 0%	⑤ 1%

① 집단 성원의 이질성보다는 동질성을 중심으로 구성하는 것이 응집력 향상에 더 유리하다.

16
답과해설 답 ④

마킹률	① 3%	② 5%	③ 1%	④ 81%	⑤ 10%

오답노트

ㄱ. 직면은 사회복지사와 클라이언트의 관계 형성이 미미한 초반에 사용할 경우 클라이언트가 거부감을 보일 수 있으므로 주의할 필요가 있다.

11장 집단발달단계

01 ④	02 ③	03 ⑤	04 ⑤	05 ②
06 ④	07 ⑤	08 ④	09 ①	10 ④
11 ③	12 ③	13 ②	14 ①	

01
답과해설 답 ④

마킹률	① 18%	② 44%	③ 19%	④ 17%	⑤ 2%

상호작용차트는 집단성원 간 상호작용(의사소통)의 빈도를 알아보는 것으로써 상호작용 빈도가 높다는 것은 성원의 집단참여 수준이 높다는 것이고, 상호작용 빈도가 낮다는 것은 집단 참여 수준이 낮다는 것이다. 여기서 참여 수준이란 단순 출석률을 말하는 것이 아니라 상호작용, 즉 쌍방적 의사소통의 적극성과 활동성을 뜻하는 것이다.

오답노트

① 소시오메트리는 개별 성원의 행동패턴 분석도구가 아니고 성원들이 상호 간의 관계에 대해 인식하는 정도를 사정하는 도구이다.
② 성원 간 상호작용 빈도를 측정하는 도구는 상호작용차트이다. 소시오그램은 집단성원 간의 사회적 유대를 측정하여 성원 간의 수용과 거부, 집단 내의 대인관계를 살펴보는 도구이다.
③ 사회적 관계망표는 집단사정 도구가 아니고 개인이나 가족에 대한 사회적 지지를 알아보는 도구이다.
⑤ 하위집단의 구성여부를 파악하는 도구는 소시오그램이다. 의의차별척도는 동료성원에 대한 인식을 알아보는 도구로서 두 개의 상반된 입장 중에서 하나를 선택하도록 하는 척도이다.

02
답과해설 답 ③

마킹률	① 2%	② 2%	③ 90%	④ 4%	⑤ 2%

오답노트

ㄱ. 성원 간의 이해를 돕기 위해 자기노출의 기회를 갖는 것은 집단의 변화를 이루어가는 중간단계에서 주로 이루어지며, 초기단계에서도 성원 간의 자기노출을 촉진하기 위해 사회복지사가 먼저 자기노출(혹은 자기개방)을 의도적으

로 하기도 한다.

ㄷ. 공통의 관심사를 찾기 위해 개방적인 토론 시간을 늘리는 것은 변화를 이루어가는 집단 진행단계 중에 이루어진다. 초기단계에 공통의 관심사를 찾는 것은 긴장을 완화하는 데 도움이 되며, 중간단계에 공통의 관심사를 토론을 통해 발전해 나가는 것은 집단응집력을 증진하는 데 도움이 된다.

03

답과해설 답 ⑤

마킹률	① 1%	② 7%	③ 3%	④ 28%	⑤ 61%

모두 사정을 위한 자료로 활용될 수 있다.

04

답과해설 답 ⑤

마킹률	① 2%	② 6%	③ 8%	④ 2%	⑤ 82%

오답노트

① 개방형 집단은 집단 성원의 중도 가입이 가능하다.
② 개방형 집단은 집단 구성에 변동이 발생하기 때문에 대체로 폐쇄형 집단에 비해 응집력이 약하다.
③ 개방형 집단은 집단 과정 중에 새로운 성원들이 들어옴에 따라 집단 성원의 역할이 바뀌기 쉽다.
④ 폐쇄형 집단이 개방형 집단보다 집단 발달단계를 예측하기에 용이하다. 집단 발달단계를 예측하여 그 과정에 따라 집단활동을 진행해야 할 경우에는 폐쇄형 집단으로 구성하는 것이 바람직하다.

05

답과해설 답 ②

마킹률	① 1%	② 95%	③ 1%	④ 3%	⑤ 0%

② 사후관리는 프로그램 종료 이후에 진행되는 것이다.

06

답과해설 답 ④

마킹률	① 2%	② 3%	③ 3%	④ 91%	⑤ 1%

오답노트

ㄴ. 집단성원의 개별 목표를 설정하는 것은 초기단계의 과업이다.

07

답과해설 답 ⑤

마킹률	① 0%	② 17%	③ 4%	④ 15%	⑤ 64%

집단을 준비하는 단계에서는 집단의 목적 및 성격을 바탕으로 어떤 특성을 가진 사람들로 집단을 구성할 것인지, 어떤 방식으로 운영할 것인지 등을 결정해야 한다. 또한 집단의 과정, 지속기간, 주제, 활동사항 등을 계획하여 구성원 모집에 공고해야 한다.

08

답과해설 답 ④

마킹률	① 3%	② 14%	③ 19%	④ 59%	⑤ 5%

④ 델파이조사: 전문가들에게 우편으로 의견이나 정보를 수집하여 분석한 결과를 다시 응답자들에게 보내 의견을 묻는 방식으로 진행된다. 문답의 과정을 만족스러운 결과를 얻을 때까지 반복한다. 어떤 문제의 변화 상황을 예측하거나 해결방법을 모색하는 과정에서 전문가의 의견을 구하기 위해 사용한다.

09

답과해설 답 ①

마킹률	① 28%	② 60%	③ 3%	④ 4%	⑤ 5%

오답노트

ㄴ. 과제에 대한 피드백은 과제가 주어지고 수행된 이후에 진행되기 때문에 중간단계에 해당한다.
ㄷ. 집단 활동이 본격적으로 시작된 이후에 성원들의 참여가 소극적인 경우 사회복지사는 자기노출을 통해 성원들의 적극적 참여를 촉진할 수 있다.
ㄹ. 직면은 사회복지사와 클라이언트의 관계가 미처 형성되지 못했을 때 사용하면 클라이언트를 위축시킬 수 있기 때문에 초기 과정에서 사용하는 기술은 아니다.

10

답과해설 답 ④

마킹률	① 24%	② 11%	③ 2%	④ 61%	⑤ 2%

오답노트

ㄹ. 종결단계에서의 과업이다. 집단에 대한 의존도가 높은 성원일수록 집단 프로그램이 종결된 이후 혼자서도 잘해나갈 수 있을까에 대한 불안감이 크게 나타날 수 있다. 종결단계에서는 성원들의 이러한 불안감을 다루어야 하며, 이후 자조모임 등으로 이어질 수 있도록 안내하는 것도 필요하다.

11

답과해설 답 ③

| 마킹률 | ① 1% | ② 1% | ③ 95% | ④ 2% | ⑤ 1% |

③ 집단 성원의 저항 정도와 이유를 확인해보고 집단 활동에의 참여를 이끄는 것이 필요하다.

12

답과해설 답 ③

| 마킹률 | ① 2% | ② 26% | ③ 53% | ④ 12% | ⑤ 7% |

오답노트

① 구성원 간 호감도 질문을 통해 하위집단의 형성을 파악할 수 있다.
② 소시오그램의 목적은 집단 내 성원 간의 관계를 살펴보기 위한 것이다.
④ 구성원 간 상호작용을 그림으로 표현한다.
⑤ 특정 구성원에 대한 상반된 입장 중 하나를 선택하는 방식의 사정도구는 의의차별척도이다.

13

답과해설 답 ②

| 마킹률 | ① 1% | ② 95% | ③ 1% | ④ 1% | ⑤ 2% |

오답노트

ㄷ. 초기단계에서는 보통 성원들 간에 정보가 없기 때문에 대화가 많지 않다. 서로에 대한 탐색 정도만 이루어진다.
ㄹ. 초기단계에서는 아직 문제해결과정이 본격적으로 진행되지 않는다.

14

답과해설 답 ①

| 마킹률 | ① 98% | ② 1% | ③ 0% | ④ 0% | ⑤ 1% |

① 성원의 수가 많을수록 '나 하나 정도는 좀 대충해도 되겠지', '오늘 하루 빠져도 상관없겠지'라고 생각해서 집단 활동에 소극적으로 참여하게 될 수 있다. 또한 성원의 수가 많으면 사회복지사가 성원들을 개별적으로 살펴보는 것이 어려워지기 때문에 사회복지사의 통제와 개입이 힘들다.

12장 사회복지실천 기록

01 ②   02 ⑤   03 ①   04 ②   05 ③

01

답과해설 답 ②

| 마킹률 | ① 7% | ② 63% | ③ 2% | ④ 26% | ⑤ 2% |

다수의 사람이 서비스를 신청하기 때문에 제한된 자원의 상황에서 대상선정 과정의 공정성과 우선 순위를 확보하기 위해서는 부득이하게 경제 상황, 질병 상황 등의 개인정보가 필요할 수 있다. 이 경우 반드시 사전동의를 구하고 개인정보를 얻되 그 정보는 정해진 목적 이외에는 절대 사용해서는 안 된다.

02

답과해설 답 ⑤

| 마킹률 | ① 0% | ② 1% | ③ 2% | ④ 1% | ⑤ 96% |

⑤ 사후지도(사후관리)는 종결 이후에 클라이언트의 변화가 유지되고 있는지, 다른 문제가 발생하지는 않았는지 등을 확인하기 위해 진행되는 것으로 개입단계에서는 알 수 없다.

03

답과해설 답 ①

| 마킹률 | ① 88% | ② 3% | ③ 5% | ④ 1% | ⑤ 3% |

과정기록

• 클라이언트와 나눈 이야기뿐만 아니라 클라이언트의 행동, 사회복지사와의 상호작용 등을 있는 그대로 세밀하게 기록하는 방식이다.
• 모든 사항을 기록하기 때문에 기록에 걸리는 시간이 너무 많이 소요된다는 단점이 있지만, 모든 내용을 담고 있기 때문에 사례회의나 슈퍼비전 등에서는 유용한 자료가 될 수 있다.

04

답과해설 답 ②

| 마킹률 | ① 10% | ② 83% | ③ 2% | ④ 3% | ⑤ 2% |

요약기록

• 면담에서 중요한 내용만 간추려 간략하게 작성하는 것으로

세부적인 내용들은 제외한다.
- 사회복지사가 무엇을 제공했는지보다는 클라이언트에게 어떤 변화가 일어났는지를 더 중점적으로 기록한다.
- 기준은 정해진 것은 없으나 대체로 시간의 흐름에 따라 기록하거나 주제별로 구분하여 기록한다.

5

답과 해설 답 ③

| 마킹률 | ① 3% | ② 15% | ③ 72% | ④ 4% | ⑤ 6% |

오답노트

ㄴ. 기록 내용은 사례관리, 연계, 의뢰 등의 과정에서 다른 전문직과 공유하기도 한다.

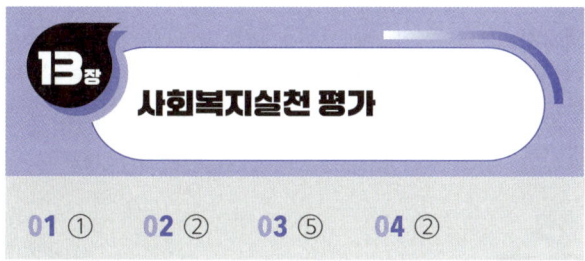

13장 사회복지실천 평가

01 ①   02 ②   03 ⑤   04 ②

1

답과 해설 답 ①

| 마킹률 | ① 54% | ② 12% | ③ 19% | ④ 11% | ⑤ 4% |

단일사례설계의 여러 유형 중 복수기초선 설계는 다양한 문제나 환경에 대해 각각 기초선을 설정한 후 중재를 적용하여 각각의 변화를 분석하는 것이 가능하다. 예를 들어 복수기초선설계에서는 한 아동의 행동문제를 평가할 때 공격적 행동, 사회적 상호작용, 수업 참여율 등 여러 문제를 측정하고 각 문제에 대해 개별적인 중재를 도입한 뒤 그 변화를 평가할 수 있다.

2

답과 해설 답 ②

| 마킹률 | ① 10% | ② 73% | ③ 3% | ④ 9% | ⑤ 5% |

② 사례는 '개입 전 조사(A) → 4주간 개입(B) → 변화 기록(A)'으로 진행된 ABA설계에 해당한다. 그러나 단일사례설계는 참여자가 스스로 통제집단이 되기 때문에 별도의 통제집단이 없다는 점에서 사례의 설계 유형과 상관없이 이 문제의 답은 ②번이다.

3

답과 해설 답 ⑤

| 마킹률 | ① 7% | ② 5% | ③ 10% | ④ 12% | ⑤ 66% |

⑤ 다중기초선설계: 둘 이상의 클라이언트, 둘 이상의 문제에 대해 적용하는 설계로서 동시에 기초선을 측정하면서 각각 다른 시점에 개입한다.

오답노트

① AB: 기초선 A → 개입 B. 며칠 혹은 몇 주에 걸쳐 기초선을 측정하고, 이후에 개입국면에 들어간다.
② BAB: 개입 B → 기초선 A → 개입 B. 위기상황 등으로 인해 기초선을 측정할 여유가 없을 때 개입을 먼저 진행하는 방식이다.
③ ABC(다중요소설계): 기초선 A → 개입 B → 개입 C. 하나의 기초선 자료에 대해 여러 다른 개입방법을 진행한다.
④ ABAB: AB 과정을 반복하여 같은 결과가 나오는지에 따라 개입과 결과 간 인과관계를 명확히 할 수 있다.

4

답과 해설 답 ②

| 마킹률 | ① 3% | ② 23% | ③ 8% | ④ 27% | ⑤ 39% |

② A(기초선): 우울증검사 → B(개입 1): 전화상담 → C(개입 2): 집단활동

오답노트

① AB설계: 기초선 A → 개입 B
③ ABAB설계: 기초선 A → 개입 B 이후 반복 실시
④ ABAC설계: 기초선 A → 개입 B 이후 기초선을 다시 측정하고 다른 개입 C를 실시
⑤ 다중(복수)기초선설계: 한 명의 클라이언트가 여러 문제를 가졌을 때 혹은 같은 문제를 가진 여러 클라이언트에 대해 각각에 대한 기초선을 구하는 설계 방식

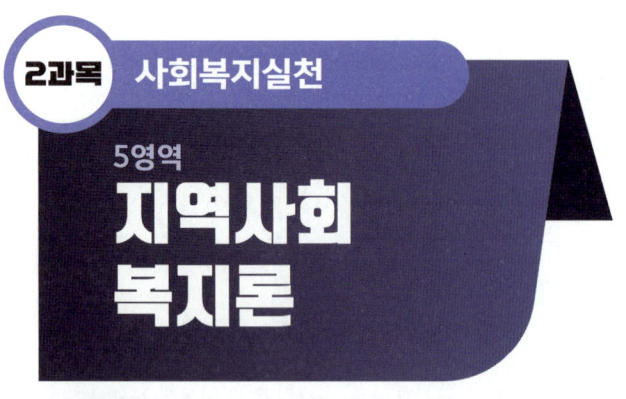

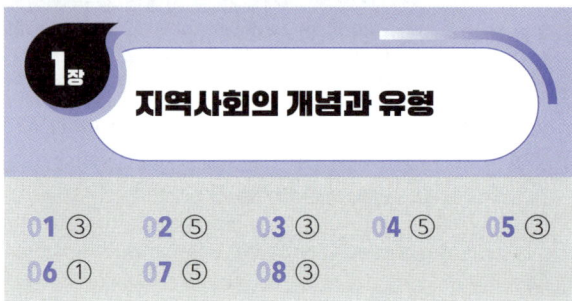

지역사회복지론

1장 지역사회의 개념과 유형

01 ③	02 ⑤	03 ③	04 ⑤	05 ③
06 ①	07 ⑤	08 ③		

01
답과해설 답 ③

마킹률	① 6%	② 7%	③ 67%	④ 16%	⑤ 4%

제시된 설명은 사회화 기능에 관한 내용이다. 길버트와 스펙트가 제시한 지역사회의 5가지 기능과 관련 제도는 1) 생산 · 분배 · 소비의 기능을 담당하는 경제제도, 2) 사회화 기능을 담당하는 가족제도, 3) 사회통제 기능을 담당하는 정치제도, 4) 사회통합 기능을 담당하는 종교제도, 5) 상부상조 기능을 담당하는 사회복지제도가 있다.

02
답과해설 답 ⑤

마킹률	① 2%	② 2%	③ 4%	④ 13%	⑤ 79%

던햄이 제시한 지역사회의 유형화 기준은 총 4가지로 '인구의 크기에 따른 기준, 경제적 기반에 따른 기준, 정부의 행정구역에 따른 기준, 인구구성의 사회적 특수성에 따른 기준'이 있다.

03
답과해설 답 ③

마킹률	① 0%	② 3%	③ 86%	④ 9%	⑤ 2%

지역사회의 기능(길버트와 스펙트)
- 생산 · 분배 · 소비: 일상생활을 위해 필요한 재화 및 서비스의 생산, 분배, 소비에 관한 기능 → 경제제도
- 사회화: 지역사회 구성원들이 사회를 구성하는 가족, 집단, 조직, 지역사회의 지식, 가치, 행동유형을 터득하는 과정과 관련된 기능 → 가족제도
- 사회통제: 지역사회가 그 구성원들에게 사회의 규범에 순응하게 하는 기능 → 정치제도
- 사회통합: 지역사회 구성원들의 상호 간 협력, 결속력 등을 강조하는 기능 → 종교제도
- 상부상조: 지역사회 구성원들이 서로에게 도움을 주는 것과 관련된 기능 → 사회복지제도

04
답과해설 답 ⑤

마킹률	① 3%	② 2%	③ 3%	④ 2%	⑤ 90%

제시된 설명은 사회통제 기능에 관한 내용이다. 지역사회가 그 구성원들에게 사회의 규범(법, 도덕, 규칙 등)에 순응하게 하는 기능으로서 사람들에게 어떠한 행동을 하도록 지배하고 강조하는 것이다.

05
답과해설 답 ③

마킹률	① 29%	② 32%	③ 32%	④ 6%	⑤ 1%

지역사회 기능의 비교척도(워렌)
- 지역적 자치성: 지역사회의 기능을 수행하는 데 있어 타 지역에 의존하는 정도
- 서비스 영역의 일치성: 공공시설 등의 서비스 영역이 동일 지역 내에서 이루어지고 있는 정도
- 지역에 대한 주민들의 심리적 동일시: 지역주민들이 가지는 소속감의 정도
- 수평적 유형: 지역사회 내 상이한 단위조직들의 구조적 · 기능적 상호 관련성

06
답과해설 답 ①

마킹률	① 90%	② 2%	③ 4%	④ 3%	⑤ 1%

ㄱ. 생산 · 분배 · 소비: 일상생활을 위해 필요한 재화 및 서비스의 생산, 분배, 소비에 관한 기능 → 경제제도
ㄴ. 사회통제: 지역사회가 그 구성원들에게 사회의 규범에 순응하게 하는 기능 → 정치제도

07

답과 해설 답 ⑤

마킹률	① 2%	② 2%	③ 7%	④ 6%	⑤ 83%

기능적 의미의 공동체(지역사회, community)는 공통의 이해관계나 특성 등에 따라 모인 사람들의 집합체를 의미한다. 어떤 특성이나 신앙, 민족, 종교, 생활방식, 이념, 사회계층, 직업유형, 성적 지향성, 취미활동 등을 중심으로 구성되는 동질성을 지닌 공동체이며, 구성원의 공동이익을 중심으로 형성되는 이익공동체로서의 성격을 갖는다. 인터넷의 등장으로 시간과 공간을 뛰어 넘는 사이버공동체, 가상공동체 등이 나타났으며, 이들 역시 국적을 비롯한 지리적 공간의 제약에서 자유로운 기능적 지역사회로 볼 수 있다.

08

답과 해설 답 ③

마킹률	① 4%	② 5%	③ 71%	④ 4%	⑤ 16%

던햄은 지역사회를 유형화하는 기준으로 인구의 크기에 따른 기준, 경제적 기반에 따른 기준, 정부의 행정구역에 따른 기준, 인구구성의 사회적 특수성에 따른 기준 등 네 가지를 제시하였다. ③ 연대성 수준은 해당하지 않는다.

던햄의 지역사회 유형화

- 인구의 크기에 따른 기준: 대도시, 중소도시 등 지역 내 거주하는 인구수에 따른 구분
- 경제적 기반에 따른 기준: 농촌, 어촌, 산업단지 등 지역사회의 주요 경제활동에 따른 구분
- 정부의 행정구역에 따른 기준: 특별시, 광역시, 시 · 군 · 구, 읍 · 면 · 동 등 행정구역에 따른 구분
- 인구구성의 사회적 특수성에 따른 기준: 저소득층 밀집지역, 다문화특구 등 대다수 지역주민의 사회적 특성에 따른 구분

2장 지역사회복지와 지역사회복지실천

01 ④	02 ①	03 ①	04 ④	05 ②
06 ③	07 ①			

01

답과 해설 답 ④

마킹률	① 1%	② 1%	③ 2%	④ 93%	⑤ 3%

지역사회복지의 이념에는 '정상화, 사회통합, 탈시설화, 주민참여, 네트워크'가 있다.

오답노트

① 전문화: 현대 지역사회복지는 전문가 중심의 역할만 강조하지 않고 지역주민의 역량강화가 중요한 비중을 차지하고 있기 때문에 주민이 주체가 되고 전문가와 상호 협력하는 지역사회복지가 중요하다.
② 정상화: 특별한 장애나 욕구를 가진 사람도 분리된 시설이나 병원이 아닌 지역사회의 시민으로서 최소 제한의 환경에서 일상적인 삶을 누릴 수 있어야 함을 의미한다.
③ 탈시설화: 장애인을 대규모 수용시설에 격리하는 것이 아닌 지역사회에 거주하면서 필요한 서비스를 제공받을 수 있게 하는 것을 말한다. 탈시설화는 정상화의 원리를 기반으로 한다.
⑤ 사회통합: 일반적으로 계층 간의 격차를 줄이고 사회의 전반적인 불평등을 감소시킴으로써 삶의 질을 제고해 나가는 것을 의미한다.

02

답과 해설 답 ①

마킹률	① 79%	② 7%	③ 1%	④ 8%	⑤ 5%

지역사회보호는 시설보호의 문제점이 지적되면서 그 대안으로서 지역사회에서 일상적인 삶을 살아가면서 복지서비스를 받을 수 있도록 제기된 개념이다. 탈시설화 및 정상화 원리와 관련된다.

03

답과 해설 답 ①

마킹률	① 85%	② 6%	③ 4%	④ 3%	⑤ 2%

상호학습은 지역사회복지실천이 추구하는 가치 중 하나이다. 지역사회복지실천에서 지역주민은 대상자나 이용자가 아니라 지역사회의 문화, 분위기, 전반적인 성향, 발전과정 등 다양한 정보를 알려주는 교육자이자 함께하는 파트너이다. 사회복지사는 지역주민들이 이러한 역할을 할 수 있도록 동기를 부여해줄 수 있어야 한다.

04

답과 해설 답 ④

마킹률	① 3%	② 2%	③ 4%	④ 77%	⑤ 14%

ㄷ. 개인과 개인이 다른 것처럼 지역사회와 지역사회도 다르기 때문에 지역사회복지에 있어서도 개별화의 원칙이 적용되어야 한다.

05

답과해설 답 ②

마킹률	① 4%	② 89%	③ 6%	④ 0%	⑤ 1%

① 정상화: 1950년대 덴마크, 1960년대 스웨덴 등에서 대두된 이념으로 지적장애인이 폐쇄적인 시설이 아닌 가정과 지역사회에서 삶을 지속할 수 있는 환경을 강조한다.
③ 네트워크: 주민 조직화, 관계 시설의 연계 등을 통해 다양한 욕구를 지닌 이용자에게 원하는 서비스를 제공하여 이용자 중심의 서비스가 이루어질 수 있도록 한다.
④ 전문화: 분업의 효율성을 기반으로 특정 부문에 있어서의 기술적 능력 향상을 꾀하는 것이다. 지역사회복지의 이념에 해당하는 것은 아니다.
⑤ 탈시설화: 정상화 원리와 연결되는 이념으로 대규모 수용시설에서의 격리에 반대하며 지역사회에서 생활할 수 있는 다양한 대안적 소규모 시설이 제시되었다.

06

답과해설 답 ③

마킹률	① 2%	② 1%	③ 89%	④ 6%	⑤ 2%

③ 지역사회의 문제를 인식하는 데 있어서 다층적이고 체계적인 시각을 가져야 한다. 참여대상자의 선택과 개입방안의 선택은 지역사회가 지닌 문제의 다층적이고 체계적인 본질을 반드시 반영하여야 하며, 문제해결을 위한 접근방법에 있어서도 다양성을 존중하도록 해야 한다.

07

답과해설 답 ①

마킹률	① 79%	② 6%	③ 2%	④ 7%	⑤ 6%

① 하나의 지역사회는 다른 지역사회와는 다른 특성과 문제를 갖고 있기 때문에 지역사회복지에서도 개별화의 원칙이 강조된다.

3장 지역사회복지의 역사

01 ⑤	02 ②	03 ②	04 ③	05 ④
06 ④	07 ②	08 ③	09 ④	10 ⑤

01

답과해설 답 ⑤

마킹률	① 4%	② 5%	③ 9%	④ 3%	⑤ 79%

시·군·구 희망복지지원단 설치·운영은 2012년이다. 2012년 5월 시·군·구 희망복지지원단이 출범하여 공공 사회복지 전달체계 내 통합사례관리 업무를 수행하게 되었다.
① 외국민간원조한국연합회(KAVA) 결성은 1952년, ② 사회복지관 운영·건립 국고보조사업 지침 마련은 1983년, ③ 재가복지봉사센터 설치·운영은 1992년, ④ 읍·면·동 복지허브화사업 실시는 2016년이다.

02

답과해설 답 ②

마킹률	① 25%	② 57%	③ 13%	④ 3%	⑤ 2%

영국의 지역사회복지 역사에 영향을 준 사건을 과거부터 시대순으로 살펴보면 'ㄱ. 토인비홀 설립 1884년 → ㄷ. 정신보건법 제정 1959년 → ㄴ. 시봄 보고서 1968년 → ㅁ. 하버트 보고서 1971년 → ㄹ. 바클레이 보고서 1982년'의 순이다.

03

답과해설 답 ②

마킹률	① 25%	② 46%	③ 8%	④ 7%	⑤ 14%

② 오가통은 대체로 5개 가구(많게는 10개 가구)를 하나의 통으로 묶어 관리한 마을행정 조직이다. 실시된 시기가 분명하지는 않지만 조선 세종실록에 처음 기록된 것으로 알려져 있다.

04

답과해설 답 ③

마킹률	① 7%	② 10%	③ 44%	④ 24%	⑤ 15%

③ 제인 아담스가 설립한 헐하우스는 미국 시카고에 세워진 것이다.

05
답과 해설 답 ④

마킹률	① 3%	② 21%	③ 11%	④ 55%	⑤ 10%

오답노트

① 2000년대 – 지역자활센터 설치 · 운영(2006년 '자활후견기관'을 '지역자활센터'로 명칭 변경, 2007년 운영)
② 1980년대 – 사회복지관 운영 국고보조금 지원(1983년)
③ 2010년대 – 희망복지지원단 설치 · 운영(2012년)
⑤ 2000년대 – 사회복지사무소 시범 설치 · 운영(2004년)

06
답과 해설 답 ④

마킹률	① 6%	② 5%	③ 14%	④ 56%	⑤ 19%

영국 지역사회복지에서 하버트 보고서(1971년)는 공공서비스와 민간서비스 외에 가족체계와 지역사회의 근린에 초점을 둔 비공식 서비스의 중요성을 강조한다. 공공과 민간서비스의 주요한 과업은 친구와 친척에 의하여 제공되는 비공식 보호를 지원함으로써 클라이언트의 긴급한 욕구를 충족시켜 주는 것이라고 본다.
한편, 미국 지역사회복지에서 헐하우스는 영국의 인보관 운동의 영향을 받아 1889년 시카고에 설립되었다. 1884년 런던에 최초로 설립된 토인비홀의 정신과 이념에 기초하여 설립되었다.

07
답과 해설 답 ②

마킹률	① 9%	② 63%	③ 5%	④ 7%	⑤ 16%

ㄱ. 1989년 주택건설촉진법 등에 의해 저소득층 영구임대아파트 건립 시 일정 규모의 사회복지관 건립을 의무화하였다.
ㄷ. 국민기초생활보장법은 1999년 제정되어 2000년부터 시행되었다.
ㄴ. 「사회보장급여의 이용 · 제공 및 수급권자 발굴에 관한 법률」이 2014년에 제정되어 2015년에 시행됨에 따라 지역사회복지협의체에서 지역사회보장협의체로 명칭이 변경되었다.

08
답과 해설 답 ③

마킹률	① 1%	② 4%	③ 86%	④ 4%	⑤ 5%

③ 지역사회보호가 강조되면서 민간서비스, 비공식 서비스의 역할은 더욱 강조되었다.

09
답과 해설 답 ④

마킹률	① 15%	② 0%	③ 3%	④ 60%	⑤ 22%

④ 시 · 군 · 구 지역사회복지협의체에서 지역사회보장협의체로 대체되었다.

10
답과 해설 답 ⑤

마킹률	① 8%	② 3%	③ 9%	④ 19%	⑤ 61%

오답노트

① 헐하우스(Hull House)는 1889년 미국 시카고에 설립된 인보관이므로 영국의 역사는 아니다. 또한 빈민들의 도덕성 향상에 초점을 둔 것은 자선조직협회이다.
②③ 우애방문단은 자선조직협회의 활동가들이며, 사회질서의 비판 및 개혁을 주장한 것은 자선조직협회가 아닌 인보관 운동에 해당한다.
④ 1960년대 존슨행정부는 '빈곤과의 전쟁'을 선포하고 다양한 지역사회 개혁을 단행했는데, 이는 미국의 역사이다.

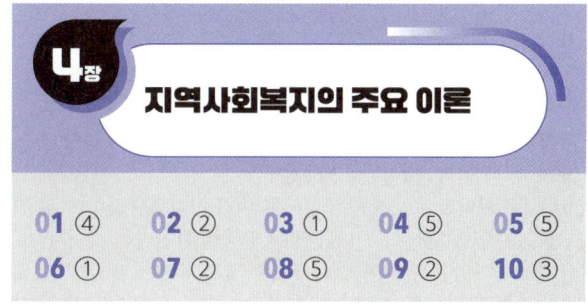

4장 지역사회복지의 주요 이론

01 ④	02 ②	03 ①	04 ⑤	05 ⑤
06 ①	07 ②	08 ⑤	09 ②	10 ③

01
답과 해설 답 ④

마킹률	① 0%	② 1%	③ 5%	④ 77%	⑤ 17%

권력의존이론은 힘 또는 자원의 소유 여부가 관계에 중대한 영향을 미친다는 것을 강조하는 이론이다. 제시된 사례에서 A사회복지기관이 지방정부로부터 보조금(경제적 자원)을 지원받는다는 것은 힘의 소유가 보조금을 주는 지방정부에 있다는 것이고, 보조금에 의존하는 사회복지기관은 지방정부의 요구와

통제를 수용하게 된다.

오답노트

① 갈등이론: 갈등현상을 사회적 과정의 본질로 간주하며, 갈등이 지역사회 내부의 결속력을 강화시켜 주기도 한다고 본다.
② 엘리트주의이론: 소수의 지배 엘리트 집단이 정책을 좌우하고 권력을 장악하고 있다고 본다.
③ 사회체계이론: 지역사회는 크고 작은 하위체계들로 구성되어 있고, 이들은 서로 연결되고 상호작용하는 하나의 체계라고 본다.
⑤ 사회자본이론: 사람들이 맺고 있는 사회적 연결망, 신뢰, 규범 등이 개인 및 공동체의 사회·경제적 발전에 중요한 자원으로 작용한다고 본다.

02

답과 해설 답 ②

| 마킹률 | ① 4% | ② 79% | ③ 4% | ④ 7% | ⑤ 6% |

오답노트

ㄱ. 지역사회 내 갈등이 변화의 원동력이라고 보는 이론은 갈등이론이다.
ㄷ. 인간행동은 타인이나 사회환경과 상호작용하는 동안에 학습된다고 보는 이론은 사회학습이론이다.

03

답과 해설 답 ①

| 마킹률 | ① 92% | ② 2% | ③ 1% | ④ 1% | ⑤ 4% |

오답노트

② 자원동원이론은 자원의 확보에 따라 사회운동의 역할과 한계, 성패가 규정됨을 설명하였다.
③ 다원주의이론은 사회를 구성하는 여러 이익집단들이 서로 경쟁, 갈등, 협력하면서 정책결정에 영향을 미친다는 것이다.
④ 기능주의이론은 사회는 합의된 가치와 규범에 따라 각각의 구조들이 자신의 기능을 수행한다는 것으로 지역사회의 갈등을 고려하지 못한다.
⑤ 사회자본이론은 대인관계에서 공유된 규범, 이해, 가치, 신뢰, 협력, 상호작용 등이 사회에 영향력을 미친다고 보았다.

04

답과 해설 답 ⑤

| 마킹률 | ① 3% | ② 7% | ③ 34% | ④ 31% | ⑤ 25% |

다원주의는 사회는 여러 독립적인 이익집단이나 결사체로 이루어져 있으므로 집단 간의 경쟁, 갈등, 협력에 의해 민주적으로 운영된다는 사상이다. 주어진 지문의 내용을 보면 A지방자

치단체는 지역 내 '노인회'라는 이익집단 결사체가 예산확보에 대해 영향력을 행사하고 있는 반면, B지방자치단체는 젊은 층이 많이 거주하고 있어 노인인구의 영향력이 상대적으로 약하게 나타나고 있음을 알 수 있다. 이러한 사례는 다원주의의 이론을 전제로 설명할 수 있다. 또한 이 사례에서는 분권화에 따라 중앙정부의 일률적인 정책이 아닌 지역사회마다 다른 다원적 정책 실시가 가능함도 알 수 있다.

05

답과 해설 답 ⑤

| 마킹률 | ① 10% | ② 4% | ③ 6% | ④ 3% | ⑤ 77% |

갈등이론은 사회의 권력과 자원 등이 불평등한 관계에서 발생하는 갈등은 사회의 본질적 현상이며 불가피한 것으로 본다. 즉, 사회 내에서 권력을 가진 계층(혹은 집단)과 그 힘을 가지지 못한 계층(혹은 집단) 간의 구분과 그로 인한 갈등 양상이 계속될 수밖에 없고, 이에 대한 해결책을 만들어 나가는 과정이 사회발전의 과정이다.

오답노트

① 사회교환이론에 관한 설명이다.
② 사회구성론에 관한 설명이다.
③ 구조기능론에 관한 설명이다.
④ 자원동원이론에 관한 설명이다.

06

답과 해설 답 ①

| 마킹률 | ① 43% | ② 3% | ③ 2% | ④ 3% | ⑤ 49% |

A지역에 외국인 노동자가 유입되어 특정 국적의 외국인 주거 공동체가 형성되기 시작하면서 주민 간에 갈등이 발생한 것은 생태학 이론의 관점으로 살펴봐야 한다. 이 이론은 인간이 환경과 상호작용하면서 환경에 적응하면서도 환경을 변화시키려고 끊임없이 노력하는 역동적인 존재임을 가정하며, 인간과 그를 둘러싼 사회환경을 별개가 아닌 하나의 거대한 생태계로 파악한다. 환경과의 적응정도, 상호교류 등을 지지하거나 방해하는 요소를 중요하게 여긴다. 즉, 하나의 사회적 생태계 내에서 어떠한 인구집단들이 어떠한 자원의 쟁취를 위해 경쟁하는지, 공간적인 점유나 분포는 어떻게 이루어져 있는지, 상품과 서비스가 어떻게 분배되고 있는지, 인구의 분포와 이동은 어떤 변화과정을 겪는지 등을 파악할 수 있는 이론이다.

07

답과 해설 답 ②

| 마킹률 | ① 4% | ② 55% | ③ 3% | ④ 30% | ⑤ 8% |

사회복지관이 지방정부로부터 보조금 집행에 대한 지도점검

을 받는 것은 권력의존이론에 해당한다. 권력의존이론은 참여자가 활용가능한 자원의 크기에 의해 관계가 결정된다는 권력균형의 교환과정으로 파악한다. 예를 들어, 중앙정부와 지방자치단체는 가지고 있는 자원의 크기가 다르기 때문에 지방자치단체가 중앙정부에 의존적일 수밖에 없다는 관점이다.

ㄱ. 장애인 편의시설 설치를 위해 다양한 장애인 단체가 의사결정에 참여하도록 하는 것은 다원주의이론에 해당한다.

ㄴ. 노인복지관이 은퇴노인의 재능을 활용한 봉사활동을 기획하는 것은 교환이론 및 사회자본이론 등의 맥락으로 볼 수 있다.

8
답과 해설 답 ⑤

마킹률	① 1%	② 48%	③ 9%	④ 3%	⑤ 39%

⑤ 사회교환이론은 인간은 누구나 자신의 이익을 추구하기 때문에 사회적 관계는 다른 사람과 물질적, 비물질적 자원을 교환하는 상호작용으로 이루어진다는 것이다. 이는 금액을 지불하고 물건을 받는 경제적 차원에 한정되는 것이 아니라 친구 사이의 우정 등에도 적용되며, 물질적 차원이든 심리적 차원이든 투입에 대한 보상의 가치가 낮다고 판단되면 관계는 종료되거나 포기된다는 것이다.

9
답과 해설 답 ②

마킹률	① 2%	② 77%	③ 1%	④ 8%	⑤ 12%

① 지역사회상실이론은 현대사회의 개인주의 경향과 인간관계 단절 현상 등으로 1차 집단이 해체되고 공동체가 무너졌다고 보는 관점이다.

③ 자원동원이론에서는 조직이 가지고 있는 자원이 집단행동의 성패에 영향을 미친다고 보았다.

④ 다원주의이론은 사회를 이루는 다양한 집단이 경쟁하기도 갈등하기도 하지만 협력하기도 하면서 민주적으로 운영될 수 있다고 보았다.

⑤ 권력의존이론은 조직이 자원과 권력을 가지고 있는 다른 조직에 의존하게 되는 현실을 설명한다.

10
답과 해설 답 ③

마킹률	① 40%	② 16%	③ 32%	④ 6%	⑤ 6%

① 다원주의이론은 사회는 다양한 목적이나 원칙을 갖는 집단들이 서로 경쟁하기도 하고 협력하기도 하면서 민주적으로 운영된다고 보는 입장이다. 인간과 환경의 상호작용에 초점을 둔 이론은 생태이론이다.

② 구조기능적 관점에서는 사회의 각 구조들이 조절, 조정, 통합 등을 통해 전체 사회의 균형과 안정을 추구한다는 관점으로 갈등에 대해 고려하지 않았다. 갈등에 대해 고려한 것은 갈등론적 관점이다.

④ 권력관계이론은 보통 갈등이론, 사회교환론, 자원동원이론, 엘리트이론 등과 같이 지역사회 내의 권력, 즉 힘에 초점을 둔 이론들을 말하는데, 이 이론들은 조화와 협력보다는 갈등에 주목하여 갈등이 결속력을 강화하며 사회변화의 원동력이 된다고 보는 입장의 이론들이다. 지역사회가 구성 부분들의 조화와 협력으로 발전된다고 본 것은 구조기능적 관점이다.

⑤ 사회자본이론은 사람과 사람의 관계 속에 내재되어 형성되는 사회자본의 개념을 제시하며, 사회자본의 이익은 사회에 공유된다고 본 이론이다. 지역사회 내 소수의 엘리트 집단의 권력이 정책을 좌우한다고 본 것은 엘리트주의이다.

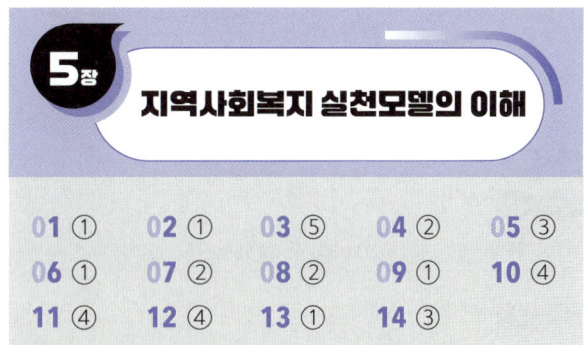

5장 지역사회복지 실천모델의 이해

01 ①	02 ①	03 ⑤	04 ②	05 ③
06 ①	07 ②	08 ②	09 ①	10 ④
11 ④	12 ④	13 ①	14 ③	

1
답과 해설 답 ①

마킹률	① 28%	② 6%	③ 5%	④ 6%	⑤ 55%

지역사회연계모델은 테일러와 로버츠의 모델에 해당한다. 포플은 지역사회복지모델을 총 8개로 제시하였는데, 1) 지역사회보호, 2) 지역사회조직, 3) 지역사회개발, 4) 사회·지역계획, 5) 지역사회교육, 6) 지역사회행동, 7) 여권주의적 지역사회사업, 8) 인종차별철폐 지역사회사업이다.

2
답과 해설 답 ①

마킹률	① 55%	② 4%	③ 2%	④ 28%	⑤ 11%

로스만의 지역사회복지 실천모델은 3가지로 1) 지역사회개발모델, 2) 사회계획모델, 3) 사회행동모델이다.

ㄴ. 변화의 매개체로 과업지향적 소집단을 활용하는 것은 지역사회개발모델이다.
ㄹ. 지역사회개발모델은 지역사회 문제해결을 위해 전문가의 주도적 개입을 강조하지 않는다. 지역사회개발모델에서 사회복지사는 조력자, 격려자, 촉진자 등의 역할을 하며, 변화의 목표설정과 실천행동에 있어 무엇보다 주민참여가 중요하다는 것을 전제로 한다.

3
답과 해설 답 ⑤

마킹률	① 11%	② 7%	③ 9%	④ 36%	⑤ 37%

관심영역이 공통 관심사나 특정 이슈에 대한 정책, 행위, 인식의 변화인 것은 웨일과 갬블의 실천모델 중 기능적 지역사회조직모델에 관한 설명이다. 웨일과 갬블의 지역사회복지 실천모델은 총 8개로 1) 근린지역사회조직모델, 2) 기능적 지역사회조직모델, 3) 지역사회의 사회·경제개발모델, 4) 사회계획모델, 5) 프로그램 개발과 지역사회연계모델, 6) 정치·사회행동모델, 7) 연합모델, 8) 사회운동모델이다.

4
답과 해설 답 ②

마킹률	① 2%	② 73%	③ 15%	④ 4%	⑤ 6%

① 계획모델: 조사·연구·분석을 강조하며, 과정지향적 실천을 추구한다. 후원자의 영향력이 강하다.
③ 지역사회개발모델: 역량개발·문제해결 과정 지원에 초점을 두며, 클라이언트에게 상당히 많은 결정권이 있다.
④ 정치적 역량강화모델: 소외집단의 사회적 참여·권리강화를 강조하며, 클라이언트에게 100% 결정권이 있다.
⑤ 프로그램 개발 및 조정모델: 공공기관을 중심으로 프로그램을 개발하고 조정해나가며, 클라이언트의 참여는 매우 제한적이다.

5
답과 해설 답 ③

마킹률	① 4%	② 3%	③ 14%	④ 13%	⑤ 66%

포플은 지역사회보호, 지역사회조직, 지역사회개발, 사회·지역계획, 지역사회교육, 지역사회행동, 여권주의적 지역사회사

업, 인종차별철폐 지역사회사업 등의 모델을 제시하였다.

ㄹ. 지역사회연계 모델을 제시한 학자는 테일러와 로버츠이다. 테일러와 로버츠는 후원자의 권한과 클라이언트의 권한 정도에 따라 프로그램 개발 및 조정 모델, 계획모델, 지역사회연계 모델, 지역사회개발 모델, 정치적 역량강화 모델 등을 제시하였다.

6
답과 해설 답 ①

마킹률	① 69%	② 13%	③ 8%	④ 8%	⑤ 2%

① 클라이언트 집단을 소비자로 보는 것은 사회계획모델에 해당한다.

7
답과 해설 답 ②

마킹률	① 7%	② 18%	③ 9%	④ 7%	⑤ 59%

① 사회계획모델: 지역사회의 사회적 욕구 통합과 사회서비스 관계망 조정 등에 관심을 두며, 사회복지사는 조사자, 관리자, 프로포절 작성자 등의 역할을 한다.
③ 프로그램 개발과 지역사회 연계 모델: 사회복지사는 대변인, 계획가, 관리자, 프로포절 제안자 등의 역할을 수행하며 특정 대상이나 지역사회를 위한 서비스를 개발한다.
④ 연합모델: 특정 이슈에 이해관계가 있는 조직들이 자원을 동원하고 복합적인 권력기반을 구축하기 위한 모델이다. 사회복지사는 중재자, 협상가, 대변가 등의 역할을 한다.
⑤ 정치사회행동모델: 정책 및 정책결정자의 변화에 초점을 둔 모델로 선거권자, 선출직 공무원 등을 표적체계로 한다. 사회복지사는 옹호자, 조직가, 조사자, 조정자 등의 역할을 한다.

8
답과 해설 답 ②

마킹률	① 24%	② 44%	③ 6%	④ 18%	⑤ 8%

ㄴ. 지역사회개발모델에서의 변화매개체는 과업지향적 소집단이다. 사회계획모델에서는 공식조직이 변화매개체이며, 객관적 자료 분석이 주요 전술이다.
ㄷ. 사회복지사의 핵심 역할이 협상가, 옹호자인 것은 사회행동모델이다. 사회계획모델에서는 전문가, 계획가, 분석가, 프로그램 기획 및 평가자 등이 사회복지사의 핵심 역할이다.

09

답과 해설 답 ①

마킹률	① 45%	② 17%	③ 4%	④ 9%	⑤ 25%

① 지역주민의 역량강화 및 지도력 개발에 관심을 두는 것은 지역사회개발모델이다.

프로그램 개발과 조정 모델은 지역사회의 변화를 효과적이고 효율적으로 유도하기 위해 공공기관을 중심으로 프로그램을 개발하고 조정해나가는 모델이다. 서비스는 행정기관이 직접 전달하거나, 민간단체나 협회를 통해 전달할 수 있다. 후원자가 전적으로 의사결정을 하고 클라이언트(대상자)는 이들에 의해 기획된 서비스를 제공받으며, 클라이언트의 참여는 매우 제한적이다.

10

답과 해설 답 ④

마킹률	① 3%	② 4%	③ 15%	④ 54%	⑤ 24%

테일러와 로버츠는 후원자의 권한과 클라이언트의 권한 비율에 따라 프로그램 개발 및 조정, 계획모델, 지역사회연계모델, 지역사회개발모델, 정치적 권력강화모델 등 5가지를 제시하였다.

오답노트

ㄹ. 연합모델은 웨일과 갬블의 모델에 해당한다.

11

답과 해설 답 ④

마킹률	① 3%	② 13%	③ 6%	④ 72%	⑤ 6%

④ 지역사회개발모델은 지역사회를 구성하는 다양한 집단들의 참여가 중요하다고 본다. 특정 집단을 배제하지도, 경쟁자로 인식하지도 않는다.

12

답과 해설 답 ④

마킹률	① 3%	② 11%	③ 2%	④ 80%	⑤ 4%

오답노트

① 근린·지역사회 조직화 모델: 지리적으로 가까운 지역사회 조직화에 초점을 두고, 지역주민의 삶의 질 향상에 관심을 둔다. 로스만의 지역사회개발 모델과 유사한 모델이다.
② 지역사회 사회·경제개발 모델: 지역주민의 소득, 자원 등과 관련하여 지역사회의 사회적 개발과 경제적 개발이 동시에 이루어져야 함을 강조한다. 로스만의 지역사회개발 모델에서 파생된 모델이다.

③ 프로그램 개발과 지역사회연계 모델: 지역주민의 욕구충족을 위해서는 지역사회와 프로그램이 연계되어야 함을 강조한다. 로스만의 사회계획 모델에서 세분화된 모델이다.
⑤ 사회계획 모델: 객관적 조사를 토대로 지역사회의 문제를 합리적으로 해결하려는 모델이다. 로스만의 사회계획 모델과 유사한 모델이다.

13

답과 해설 답 ①

마킹률	① 83%	② 10%	③ 1%	④ 2%	⑤ 4%

웨일과 갬블의 8가지 실천모델

- 근린지역사회조직 모델: 지리적으로 가까운 지역사회 조직화, 지역사회주민의 삶의 질 향상, 지역주민의 능력개발 등에 초점
- 기능적 지역사회조직 모델: 기능적 지역사회에 초점을 둔 모델로, 공통 관심사나 이슈를 기반으로 조직화
- 지역사회의 사회·경제개발 모델: 지역사회의 경제적 개발과 사회적 개발을 동시에 추구
- 사회계획 모델: 객관성과 합리성에 기반을 두고 지역사회 문제를 해결하려는 모형
- 프로그램 개발 및 지역사회연계 모델: 지역과 프로그램 간의 상호작용을 통해 프로그램을 개발·확장시키며 다양한 집단과의 연계를 도모
- 정치·사회행동 모델: 정책, 법, 그리고 정책 입안자들의 변화를 통해 사회정의를 추구하며, 지역주민의 정치적 권력 강화 및 기존 제도의 변화에 초점
- 연합 모델: 다양한 집단과 조직의 집합적인 노력에 초점을 둠
- 사회운동 모델: 인권운동, 반전운동 등 광범위한 차원의 사회정의 실현을 위한 사회운동

14

답과 해설 답 ③

마킹률	① 7%	② 1%	③ 40%	④ 14%	⑤ 38%

포플의 커뮤니티케어 모형, 즉 지역사회보호 모형은 지역주민의 복지를 위한 사회관계망과 자발적 서비스를 증진시키는 데에 목적을 둔다. 복지욕구 충족을 위한 자조개념을 개발하는 데에 집중한다.

01 ⑤	02 ④	03 ②	04 ②	05 ④
06 ④	07 ①	08 ④	09 ③	10 ③

ㄴ. 실행: 계획에 따른 실행 및 점검
ㄷ. 성과평가: 실행에 따른 결과 평가

01

답과해설 답 ⑤

마킹률	① 2%	② 2%	③ 0%	④ 4%	⑤ 92%

수행과정 중에 실시되는 평가는 총괄평가가 아니고 형성평가이다. 총괄평가는 모든 과정을 마치고 달성하고자 했던 목표를 얼마나 잘 성취했는가의 결과나 성과를 평가하는 데 목적이 있다.

02

답과해설 답 ④

마킹률	① 35%	② 3%	③ 11%	④ 47%	⑤ 4%

오답노트

ㄴ. 전문가 패널을 대상으로 반복된 설문을 통해 합의에 이를 때까지 의견을 수렴하는 방법은 델파이기법이다. 초점집단기법은 소집단으로 구성된 사람들이 집중적인 토론을 하며 의견을 모으는 방법으로서 전문가도 참여하지만 수혜자, 잠정적 수혜자, 지역주민 등이 참여하는 욕구조사방법이다.

03

답과해설 답 ②

마킹률	① 3%	② 52%	③ 1%	④ 21%	⑤ 23%

② 협력·조정을 위한 네트워크의 구축은 계획 및 실행단계에서의 과업이다.

04

답과해설 답 ②

마킹률	① 1%	② 76%	③ 18%	④ 3%	⑤ 2%

ㄱ. 지역사회 사정: 지역사회의 문제 및 욕구 파악
ㄹ. 실행계획 수립: 목표설정, 자원확보, 구체적인 활동 계획

05

답과해설 답 ④

마킹률	① 2%	② 4%	③ 19%	④ 73%	⑤ 2%

④ 실행 단계에서는 지역사회복지실천의 다양한 개입 전략과 전술을 고려하여 선택한다. 계획에 맞춰 자원을 집행하고 프로그램을 실행하며, 문제해결의 주체가 되는 지역주민의 참여를 조직화한다. 참여자들의 동기를 강화하고 반응을 확인하며, 참여자들 간 갈등을 관리한다. 진행상황을 점검하며 상황변화에 대응하고, 지역사회의 서비스 공급주체 간 연계·협력을 추진한다.

06

답과해설 답 ④

마킹률	① 4%	② 5%	③ 3%	④ 85%	⑤ 3%

오답노트

① 지역주민으로부터 설문조사를 통해 직접적으로 자료를 획득하는 것은 서베이 조사에 해당한다. 욕구조사에서 가장 많이 하는 방법으로, 표준화된 정보 수집을 위해 구조화되거나 반구조화된 질문지를 통해 설문조사를 진행하여 응답을 받는다.

② 전문가 패널을 대상으로 반복된 설문을 통해 합의에 이를 때까지 의견을 수렴하는 것은 델파이기법에 해당한다. 관련 전문가들을 선정하여 주요 관심사에 대한 설문지를 발송한 후 일정 정도의 합의점에 도달할 때까지 분석한 결과를 참고하여 다시 응답하게 하는 절차를 반복한다.

③ 정부기관이나 사회복지 관련 조직에 의해 수집된 기존 자료를 활용하는 것은 사회지표분석에 해당한다. 통계청이나 보건복지 관련 기관이나 정부에서 이미 발표한 수치화된 자료나 내용을 활용하여 욕구를 조사하는 방법이다.

⑤ 지역사회 문제를 잘 파악하고 있는 사람들을 대상으로 정보를 확보하는 것은 초점집단기법, 인터뷰 등의 질적 방법에 해당한다.

07

답과해설 답 ①

마킹률	① 79%	② 6%	③ 7%	④ 7%	⑤ 1%

① 문제확인 단계는 지역사회에 내재되어 있거나 표출된 문제들이 무엇인지를 명확히 규명하기 위한 과정이다. 문제를 둘러싼 지역사회의 여러 상황을 살펴보면서 문제와 관련된 주민들의 다양한 의견을 개방적인 태도로 듣는 것이 중요하

다. 또한 문제와 관련된 객관적인 자료를 분석해야 한다. 지역사회 내에 산재되어 있는 여러 문제 중 무엇을 우선으로 선택할 것인지를 판단하고 공식화하는 것까지가 문제확인 단계의 과업이다.

08
답과해설 답 ④

마킹률	① 5%	② 3%	③ 5%	④ 84%	⑤ 3%

④ 목표 설정은 계획 단계에 해당한다. 설정된 목표에 따라 계획을 수립하고 수립된 계획을 실행에 옮기게 된다.

09
답과해설 답 ③

마킹률	① 9%	② 2%	③ 80%	④ 4%	⑤ 5%

오답노트

① 명목집단기법: 참여자들이 한 자리에 모이되 의견을 무기명으로 적어 제출하여 합의점을 찾는 방식
② 2차자료 분석: 기존에 있는 통계자료를 정리하여 또 다른 통계자료를 만드는 것
④ 지역사회포럼: 몇 명의 전문가가 발제를 한 후 청중으로 참여한 지역주민들이 의견을 제시
⑤ 초점집단기법: 6~12명 정도의 소집단으로 구성하여 문제에 관한 의견을 나누는 상호작용을 통해 깊이 있게 의견을 듣는 방법

10
답과해설 답 ③

마킹률	① 1%	② 9%	③ 86%	④ 1%	⑤ 3%

사정의 유형
• 포괄적 사정: 특정 문제 혹은 특정 집단이 아닌 지역사회 전반을 대상으로 한 사정
• 문제중심 사정: 우선적으로 해결이 필요한 특정 문제에 초점을 둔 사정
• 하위체계 사정: 지역사회의 특정 하위체계를 중심으로 하는 사정
• 자원 사정: 권력, 전문기술, 재정, 서비스 등 인적·물적 자원 영역을 사정
• 협력 사정: 지역사회 참여자들이 완전한 파트너로서 조사, 관찰, 분석과 실행 국면에 함께 수행

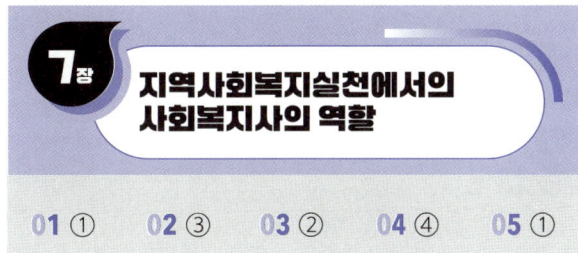

7장 지역사회복지실천에서의 사회복지사의 역할

01 ①	02 ③	03 ②	04 ④	05 ①

01
답과해설 답 ①

마킹률	① 73%	② 2%	③ 10%	④ 6%	⑤ 9%

지역사회개발모델(CD)에서 사회복지사의 핵심 역할은 자조정신을 바탕으로 주민 스스로 문제를 해결할 수 있는 주민주체의 역량을 강화하는 것이다. 따라서 ①의 '치료자' 역할은 전문가 중심의 역할이므로 지역사회개발모델에서 사회복지사의 핵심 역할이라고 볼 수 없다.
다만, 이 문제가 로스(Ross)라는 학자에 국한하여 지역사회개발에서 사회복지사 역할의 종류를 묻는 문제라면 '사회치료자'라는 역할도 있음에 유의할 필요가 있다. 로스의 '사회치료자'는 주민주체보다는 전문성을 바탕으로 지역사회를 진단하고, 금기적 사고나 전통적 태도로 지역사회의 공동노력을 저해하는 경우 이를 변화시키기 위한 활동이기 때문에 모든 지역사회개발에서 나타나는 사회복지사의 핵심 역할로는 볼 수 없다.

02
답과해설 답 ③

마킹률	① 2%	② 1%	③ 82%	④ 11%	⑤ 4%

조정자(coordinator)의 역할은 효율적인 개입을 위해 흩어져 있는 다양한 기관에서 산발적으로 주어지는 서비스들을 조직적인 형태로 정리하는 역할이다. 사례에서 A사회복지사는 복합적인 욕구를 가진 가구의 사례관리를 진행하면서 다양한 기관들 간에 서비스의 중복과 누락방지를 위한 효율적 개입 방안을 논의하였으므로 조정자의 역할에 해당한다.

오답노트

① 옹호자: 사회정의를 목적으로 지역주민과 지역사회의 입장의 정당성을 주장하며, 직접적으로 대변, 보호, 개입, 지지하는 역할을 한다.
② 교육자: 지역사회의 기능이나 문제해결 능력이 향상될 수 있도록 교육적인 프로그램과 정보를 제공하고 기술을 가르치는 역할을 한다.
④ 자원개발자: 지역주민의 욕구충족과 문제해결을 위해 자원을 발굴하고 동원하는 역할을 한다. 모금운동 기획, 후원자와 봉사자 개발, 프로포절 작성 등이 그 예이다.

⑤ 협상가: 갈등상황에서 상호합의를 위해 타협하는 역할을 한다.

03
답과 해설 답 ②

마킹률	① 3%	② 71%	③ 21%	④ 3%	⑤ 2%

② 지역사회개발 모델에서 강조되는 역할은 안내자, 조력자, 전문가, 사회치료자 등이다. 그 중 지역사회 진단이 중요한 역할은 전문가로서의 역할과 사회치료자로서의 역할이다. 사회복지사는 전문가로서 지역사회의 현 상황을 진단하여 도움이 될 자료를 만들고 정보를 제공할 수 있어야 한다. 한편, 사회치료자로서 지역사회에 존재하는 불화나 긴장상태에 대해 적절히 진단하고 주민들에게 문제의 원인, 성격 등을 이해시킬 수 있어야 한다.

04
답과 해설 답 ④

마킹률	① 10%	② 6%	③ 2%	④ 67%	⑤ 15%

④ 옹호자는 사회행동모델에서의 주요 역할이다.

05
답과 해설 답 ①

마킹률	① 89%	② 2%	③ 1%	④ 3%	⑤ 5%

사회복지사가 A지역 저소득가구 아동의 안전한 보호와 부모의 양육부담 완화를 위해 아동돌봄시설 확충을 위한 서명운동 및 조례제정 입법 활동을 하는 것은 옹호자(대변자)의 역할에 해당한다. 옹호자의 역할은 자원의 소재를 알려주는 중개자의 역할에서 더 나아가 클라이언트나 지역사회에 필요한 정보를 직접 수집한다. 지역주민 입장의 정당성을 주장하고, 지도력과 자원을 제공하며, 사회복지사는 전문적 역량을 오로지 클라이언트의 이익을 위해서 사용한다.

01 ①	02 ②	03 ④	04 ⑤	05 ⑤
06 ③	07 ②	08 ①	09 ③	10 ②
11 ⑤				

01
답과 해설 답 ①

마킹률	① 40%	② 3%	③ 4%	④ 10%	⑤ 43%

조직화 기술은 지역사회의 시급한 쟁점을 중심으로 공동의 목표를 세우고 문제를 해결하기 위해 주민들이 결집하여 지역사회를 하나의 역동적인 실체로 만들어 나가는 과정이다. 주민의 동기부여와 참여가 중요하므로 주민을 효율적으로 통제한다는 내용은 옳지 않다.

02
답과 해설 답 ②

마킹률	① 1%	② 95%	③ 3%	④ 1%	⑤ 0%

사례에서 A사회복지사가 ○○복지재단에 신청서를 제출하여 사업에 필요한 예산을 확보한 것은 물적 자원을 개발한 것이고, 대학교에 봉사자를 요청한 것은 인적 자원을 동원한 것이므로 이는 자원개발과 동원 기술에 해당한다.

오답노트

① 협상: 주민조직의 입장과 요구를 관철시키는 상황으로 상대방을 이끌어내는 목적을 가지며, 주민대표들과 상대 대표들 간에 요구사항을 제시하고 타협을 진행하는 것이다.

③ 옹호: 사회정의를 목적으로 지역주민이나 지역사회의 입장에서 직접적으로 대변, 보호, 개입, 지지하는 일련의 행동을 의미한다.

④ 조직화: 시급한 쟁점을 중심으로 공동목표를 세우고 문제를 해결하기 위해 주민을 결집하고 주민이 주체가 되어 지역사회를 하나의 역동적 실체로 만들어 나가는 과정이다.

⑤ 지역사회 교육: 지역사회 주민들에게 정보를 제공하며 기술을 가르치는 것으로써 주민들의 의식향상, 정보제공, 훈련 등을 포함한다.

03

답과해설 답 ④

마킹률	① 2%	② 6%	③ 5%	④ 62%	⑤ 25%

오답노트

ㄷ. 경계는 체계이론에서의 개념이다.

04

답과해설 답 ⑤

마킹률	① 5%	② 5%	③ 10%	④ 9%	⑤ 71%

⑤ 지역사회 공공의제 개발 및 주민 의식화 강화는 임파워먼트 기술의 특징이다.

05

답과해설 답 ⑤

마킹률	① 5%	② 10%	③ 10%	④ 6%	⑤ 69%

⑤ 지역주민 권익향상을 위한 사회행동은 옹호 기술에 해당한다.

06

답과해설 답 ③

마킹률	① 1%	② 4%	③ 87%	④ 7%	⑤ 1%

A사회복지사가 독거노인을 위해 지역 내 종교단체에 예산과 자원봉사자를 지원해 줄 것을 요청한 것은 자원개발 및 동원 기술에 해당한다. 자원개발 및 동원 기술은 지역사회주민의 욕구충족과 문제해결을 위해 자원이 필요한 경우 자원을 발굴하고 동원하는 기술이다.

07

답과해설 답 ②

마킹률	① 7%	② 81%	③ 2%	④ 2%	⑤ 8%

오답노트

ㄷ. 지역사회 역량강화를 위해 지역사회복지 거버넌스 구조와 기능을 확대시킬 필요가 있다.

08

답과해설 답 ①

마킹률	① 92%	② 1%	③ 1%	④ 5%	⑤ 1%

① 사회자본의 이익은 지역사회에 공유되기 때문에 사회자본이 많을수록 지역사회의 문제해결에 도움이 될 수 있다.

09

답과해설 답 ③

마킹률	① 2%	② 5%	③ 76%	④ 9%	⑤ 8%

오답노트

ㄴ. 공식 사회복지조직은 주로 사회계획모델이 쓰이고, 주민 조직은 지역사회개발모델과 관련이 깊으며, 사회행동을 진행하기도 한다.

ㄷ. 공식 사회복지조직은 공공과 민간을 모두 포함하는데, 공공기관뿐만 아니라 민간기관도 기본적으로 법률 및 정책의 범위 내에서 활동하며 국가나 지방자치단체의 위탁을 받거나 예산지원을 받기 때문에 정부통제로부터의 자율성은 상대적으로 낮을 수밖에 없다. 반면 주민조직은 상대적으로 정부통제로부터 자율적이다.

10

답과해설 답 ②

마킹률	① 1%	② 84%	③ 3%	④ 12%	⑤ 0%

② 사회정의 준수 및 유지는 옹호 기술의 주요 목적이라고 볼 수 있다.

11

답과해설 답 ⑤

마킹률	① 1%	② 5%	③ 1%	④ 1%	⑤ 92%

문제의 사례는 사회복지사가 자신의 개인적인 네트워크를 통해 인적, 물적 자원을 동원한 사례이다.

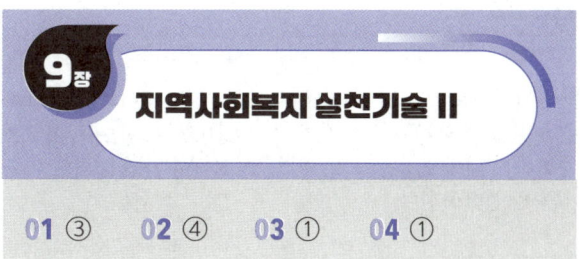

9장 지역사회복지 실천기술 II

01 ③　　02 ④　　03 ①　　04 ①

01

답과해설 답 ③

마킹률	① 2%	② 1%	③ 95%	④ 1%	⑤ 1%

임파워먼트 기술의 주요 특징
- 궁극적인 목적은 주민들의 삶의 질 향상에 있으며, 이를 위해 클라이언트가 자신의 능력, 권한, 잠재적 역량, 필요한 자원 등을 획득해나갈 수 있도록 원조한다.
- 역량강화를 위한 방법으로 비판의식 제고, 자기주장하기, 공공의제로 만들기, 권력 키우기, 역량건설, 사회자본 창출하기 등이 있다.

02

답과해설 답 ④

마킹률	① 1%	② 1%	③ 5%	④ 88%	⑤ 5%

옹호 기술
- 사회정의의 유지를 위해 지역주민 혹은 지역사회의 입장을 대변하는 기술을 말한다.
- 지역주민이 자신의 이익 또는 권리에 대해 잘 알지 못하거나 어떻게 행사해야 하는지에 관한 정보와 지식이 부족할 때 적합한 기술이다.
- 설득, 증언청취, 표적을 난처하게 하기, 정치적 압력, 탄원서 서명, 청원 등의 전술을 사용한다.

03

답과해설 답 ①

마킹률	① 75%	② 6%	③ 17%	④ 1%	⑤ 1%

① 지역사회 내 복지자원을 조정하고 연계하는 것은 연계 기술에 해당한다.

04

답과해설 답 ①

마킹률	① 94%	② 1%	③ 4%	④ 0%	⑤ 1%

지역사회복지에서 임파워먼트(역량강화)는 지역주민의 강점을 인정하고 주민들이 스스로 삶을 결정할 수 있도록 역량을 강화하는 데에 초점을 두며, 지역구성원들이 가진 능력에 대한 믿음을 전제로 한다.

10장 지역사회보장계획

01 ④	02 ③	03 ⑤	04 ③	05 ⑤
06 ⑤	07 ⑤	08 ⑤	09 ②	10 ⑤
11 ②				

01

답과해설 답 ④

마킹률	① 15%	② 5%	③ 27%	④ 44%	⑤ 9%

오답노트
① 조례 제정의 권한은 지방자치단체의 입법기관인 지방의회의 고유한 권한이다.
② 대표협의체의 위원에는 공무원이 포함된다.
③ 사회보장급여 제공에 관한 사항을 심의·자문하는 것은 지역사회보장협의체의 권한이다. 실무협의체는 현장 중심의 조정과 협력을 효율적으로 수행하기 위하여 지역사회보장협의체 내에 둔 기구로 심의·자문 기능은 없다.
⑤ 시·도 지역사회보장계획의 시행결과 평가는 보건복지부장관이, 시·군·구 지역사회보장계획의 시행결과 평가는 시·도지사가 평가할 수 있다.

02

답과해설 답 ③

마킹률	① 15%	② 22%	③ 47%	④ 7%	⑤ 9%

오답노트
ㄴ. 시·군·구 지역사회보장계획은 지역사회보장협의체의 심의와 해당 시·군·구 의회의 보고를 거쳐 시·도지사에게 제출한다.
ㄷ. 지역사회보장계획에는 사회보험에 필요한 재원규모와 조달방안은 포함되지 않는다. 사회보험에 필요한 재원규모와 조달방안은 사회보험제도의 설계와 운영의 핵심요소이지 지역사회보장계획의 내용은 아니다.

03

답과해설 답 ⑤

마킹률	① 14%	② 17%	③ 29%	④ 17%	⑤ 23%

①② 시장·군수·구청장은 4년마다 지역사회보장계획을 수립한 후 지역사회보장협의체의 심의와 해당 시·군·구 의회의 보고를 거쳐 시·도지사에게 제출하여야 한다.

③ 지역사회보장계획은 사회보장급여의 이용·제공 및 수급권자 발굴에 관한 법률에 의거하여 매년 연차별 시행계획을 수립한다.

④ 시·도의 지역사회보장계획은 시·도사회보장위원회의 심의와 해당 시·도 의회의 보고를 거쳐 보건복지부장관에게 제출하여야 한다.

04

답과해설 **답 ③**

마킹률	① 12%	② 5%	③ 31%	④ 39%	⑤ 13%

ㄱ. 지역사회보장협의체의 심의와 해당 시·군·구 의회의 보고를 거쳐야 한다.

ㄷ. 시·군·구 지역사회보장계획은 시행연도의 전년도 9월 30일까지, 그 연차별 시행계획은 시행연도의 전년도 11월 30일까지 각각 제출해야 한다.

05

답과해설 **답 ⑤**

마킹률	① 3%	② 12%	③ 9%	④ 42%	⑤ 34%

① 사회보장에 관한 업무를 담당하는 공무원은 실무협의체의 위원이 될 수 있다.

② 위원장 1명을 포함하여 10명 이상 40명 이하의 위원으로 구성한다.

③ 실무협의체가 조례를 제정하지는 않는다. 별도의 조례는 시·군·구 지방의회에서 제정한다.

④ 시·군·구의 사회보장급여 제공에 관한 사항을 심의·자문하는 것은 지역사회보장협의체이다.

06

답과해설 **답 ⑤**

마킹률	① 2%	② 2%	③ 2%	④ 12%	⑤ 82%

시·군·구 지역사회보장계획에 포함되어야 하는 사항

• 지역사회보장 수요의 측정, 목표 및 추진전략
• 지역사회보장지표의 설정 및 목표
• 지역사회보장의 분야별 추진전략, 중점 추진사업 및 연계협력 방안

• 지역사회보장 전달체계의 조직과 운영
• 사회보장급여의 사각지대 발굴 및 지원 방안
• 지역사회보장에 필요한 재원의 규모와 조달 방안
• 지역사회보장에 관련한 통계 수집 및 관리 방안
• 지역 내 부정수급 발생 현황 및 방지대책
• 그 밖에 대통령령으로 정하는 사항

07

답과해설 **답 ⑤**

마킹률	① 16%	② 16%	③ 6%	④ 20%	⑤ 42%

⑤ 읍·면·동이 아닌 시·군·구의 지역사회보장조사 및 지역사회보장지표에 관한 사항에 관해 심의·자문한다.

시·군·구 지역사회보장협의체의 심의·자문 사항

• 시·군·구의 지역사회보장계획 수립·시행 및 평가에 관한 사항
• 시·군·구의 지역사회보장조사 및 지역사회보장지표에 관한 사항
• 시·군·구의 사회보장급여 제공에 관한 사항
• 시·군·구의 사회보장 추진에 관한 사항
• 읍·면·동 단위 지역사회보장협의체의 구성 및 운영에 관한 사항
• 그 밖에 위원장이 필요하다고 인정하는 사항

08

답과해설 **답 ⑤**

마킹률	① 4%	② 3%	③ 33%	④ 13%	⑤ 47%

⑤ 읍·면·동이 아닌 보건복지부장관이 위탁하는 사회복지에 관한 업무에 대한 사업을 진행한다.

한국사회복지협의회의 주요 사업

• 사회복지에 관한 조사·연구 및 정책 건의
• 사회복지 관련 기관·단체 간의 연계·협력·조정
• 사회복지 소외계층 발굴 및 민간사회복지자원과의 연계·협력
• 대통령령으로 정하는 사회복지사업의 조성 등
  - 사회복지에 관한 교육훈련
  - 사회복지에 관한 자료수집 및 간행물 발간
  - 사회복지에 관한 계몽 및 홍보
  - 자원봉사활동의 진흥
  - 사회복지사업에 관한 기부문화의 조성
  - 사회복지사업에 종사하는 자의 교육훈련과 복지증진
  - 사회복지에 관한 학술도입과 국제사회복지단체와의 교류
  - 보건복지부장관이 위탁하는 사회복지에 관한 업무

09

답과 해설 답 ②

마킹률	① 1%	② 67%	③ 9%	④ 14%	⑤ 9%

오답노트

① 시 · 군 · 구 지역사회보장계획은 변경할 수 있다.
③ 4년마다 수립하고, 매년 연차별 시행계획을 수립하여야 한다.
④ 시 · 군 · 구 지역사회보장계획은 지역사회보장협의체의 심의를 거쳐야 한다.
⑤ 지역사회보장지원센터라는 명칭의 기관은 없다.

10

답과 해설 답 ⑤

마킹률	① 14%	② 9%	③ 34%	④ 3%	⑤ 40%

오답노트

① 사회보장급여의 이용 · 제공 및 수급권자 발굴에 관한 법률에 법적 근거를 두고 있다.
② 위원장을 포함하여 10명 이상 40명 이하의 위원으로 구성하고, 임기는 2년이다.
③ 관할 지역의 사회보장을 증진하고, 사회보장과 관련된 서비스를 제공하는 관계 기관 · 법인 · 단체 · 시설과 연계 · 협력을 강화하기 위한 역할을 한다. 대표적으로 지역사회보장계획의 수립 · 시행 및 평가에 관하여 심의 · 자문한다.
④ 민 · 관 네트워크를 통한 지역복지 거버넌스 구조와 기능을 확대시킨다.

11

답과 해설 답 ②

마킹률	① 8%	② 45%	③ 14%	④ 1%	⑤ 32%

② 민 · 관 협력을 위해 시 · 군 · 구에 설치된 공공기관은 시 · 군 · 구 지역사회보장협의체이다.

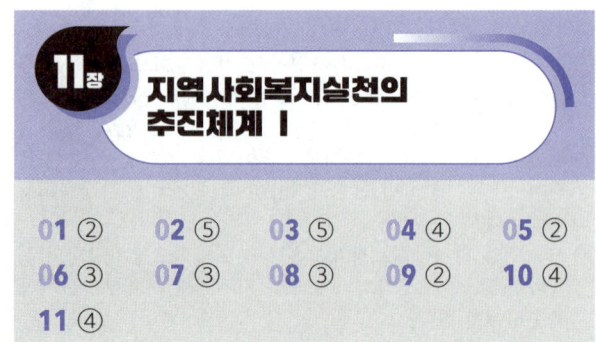

11장 지역사회복지실천의 추진체계 I

01 ②	02 ⑤	03 ⑤	04 ④	05 ②
06 ③	07 ③	08 ③	09 ②	10 ④
11 ④				

01

답과 해설 답 ②

마킹률	① 1%	② 93%	③ 1%	④ 2%	⑤ 3%

지방자치제도는 지방정부가 지역의 특성과 주민의 필요에 맞는 정책을 수행할 수 있도록 자율성과 권한을 부여하는 제도이다. 따라서 복지예산이 중앙집중화되면 지역의 특성을 반영하기 어렵고 지방정부의 자율성은 제한되므로 지방자치제도의 정책효과는 오히려 약화된다.

02

답과 해설 답 ⑤

마킹률	① 1%	② 2%	③ 2%	④ 1%	⑤ 94%

지방분권화는 지방정부와 지방의회의 권한과 자율성을 강화하여 지역주민들의 요구와 필요를 반영하는 것이 핵심이다. 따라서 지방분권화는 지방의회의 사회적 책임성을 강화한다.

03

답과 해설 답 ⑤

마킹률	① 5%	② 10%	③ 8%	④ 21%	⑤ 56%

모두 옳은 내용이다.

04

답과 해설 답 ④

마킹률	① 9%	② 16%	③ 15%	④ 57%	⑤ 3%

ㄴ. 사회복지통합관리망(행복e음) 구축: 2010년
ㄱ. 희망복지지원단 설치 · 운영: 2012년
ㄹ. '읍 · 면 · 동 복지 허브화' 사업 시행: 2016년
ㄷ. 지역사회통합돌봄(커뮤니티케어) 선도사업 시행: 2019년

05

답과 해설 답 ②

| 마킹률 | ① 16% | ② 66% | ③ 2% | ④ 10% | ⑤ 6% |

지방분권이란 중앙정부의 권한이 지방정부로 이양되어 지방의 권한이 강화되는 것을 의미한다. 지방정부의 자율성 및 책임성을 강화하며, 지역의 특성에 맞는 정책을 수립하고, 지역주민의 참여 기회 확대를 통해 권력의 분산이 이루어진다.

오답노트

① 사회보험제도는 국가(중앙정부)의 책임으로 시행되고 있다.
③ 지역주민의 새로운 욕구나 변화된 욕구에 민감하게 반응하여 지역의 특성에 맞는 복지정책의 수립을 가능하게 한다.
④ 지방자치단체들 간에 재정력의 격차가 존재하는 상황에서, 지방분권화를 통해 기존의 재정력 격차가 확대되면 재정이 취약한 지방정부의 경우 복지 예산의 감축이 이루어질 수도 있다. 이러한 경우 지역 간 복지수준의 격차와 불평등을 심화시킬 수 있다.
⑤ 중앙정부의 사회복지 책임성 약화나 사회복지서비스 공급 축소에 대한 우려가 있다. 즉, 중앙정부가 맡아야만 하는 사회복지의 역할을 축소시키는 부정적 영향을 초래할 수 있다.

06

답과 해설 답 ③

| 마킹률 | ① 1% | ② 2% | ③ 95% | ④ 1% | ⑤ 1% |

③ 통합사례관리는 활성화되고 있다. 특히, 2012년부터 구성·운영된 희망복지지원단은 복합적 욕구를 가진 대상자에게 통합사례관리를 통해 공공·민간의 급여·서비스·자원 등을 맞춤형으로 연계·제공하는 통합서비스를 제공하고 있다.

07

답과 해설 답 ③

| 마킹률 | ① 3% | ② 2% | ③ 89% | ④ 5% | ⑤ 1% |

오답노트

① 중앙정부에서 추진하던 사업들을 지방정부로 이양하면서 지방정부의 책임이 강조된다.
② 지방정부의 재정 차이 및 정치적 선호도 등에 따라 지역 간 복지수준의 격차가 발생한다.
④ 지방자치단체장은 직선제, 즉 선거를 통해 선출된다.
⑤ 민간의 참여가 더욱 강조되고 있다.

08

답과 해설 답 ③

| 마킹률 | ① 3% | ② 1% | ③ 92% | ④ 2% | ⑤ 2% |

③ 지역사회통합돌봄사업은 지역자치단체 차원에서 어르신들에 대한 통합돌봄이 이루어질 수 있도록 하기 위한 것으로 2018년 노인 커뮤니티케어 중심의 '지역사회통합돌봄 기본계획'을 수립하였다.

09

답과 해설 답 ②

| 마킹률 | ① 1% | ② 97% | ③ 0% | ④ 1% | ⑤ 1% |

② 지방분권은 지방정부의 책임성이 강화되는 반면, 상대적으로 중앙정부의 책임성은 약해지는 측면이 있다.

10

답과 해설 답 ④

| 마킹률 | ① 1% | ② 4% | ③ 25% | ④ 35% | ⑤ 35% |

④ 우리나라 지방자치제는 1995년 6월 지방자치단체장 선거를 실시하면서 7월부터 전면적으로 실시되었다.

11

답과 해설 답 ④

| 마킹률 | ① 17% | ② 12% | ③ 10% | ④ 55% | ⑤ 6% |

ㄷ. 사회복지통합관리망(행복e음) 구축: 2010년 복지사업의 관리를 사업별 관리에서 개인별·가구별 통합관리체제로 전환
ㄴ. 희망복지지원단 운영: 2012년 시·군·구 단위의 통합사례관리 시행
ㄹ. 찾아가는 보건복지서비스: 2017년 주민자치형 공공서비스 사업으로 읍·면·동에 찾아가는 보건복지팀 설치하여 보건복지복지서비스 통합 제공을 추진
ㄱ. 사회서비스원 시범사업: 2019년 공공을 통한 돌봄 서비스 직접 제공을 위해 운영

01 ③	02 ④	03 ⑤	04 ①	05 ⑤
06 ③	07 ②	08 ①	09 ③	10 ④
11 ⑤	12 ②	13 ⑤	14 ⑤	15 ③
16 ⑤				

01

답과 해설 답 ③

마킹률	① 19%	② 9%	③ 52%	④ 2%	⑤ 18%

자활기금의 설치·운영은 지역자활센터가 담당하는 역할은 아니다. 자활기금은 기초생활수급자, 차상위계층, 자활사업 참여자 등 저소득층의 자활 및 자립 지원을 목적으로 국민기초생활보장법에 따라 지방자치단체에서 담당한다.

02

답과 해설 답 ④

마킹률	① 4%	② 4%	③ 7%	④ 81%	⑤ 4%

사회복지관의 사업은 크게 사례관리 기능, 서비스 제공 기능, 지역조직화 기능으로 구성된다. ④의 독거노인을 위한 일상생활 지원은 사회복지관 사업 내용 중 서비스 제공 기능에 속하며, 서비스 제공 기능 중에서도 지역사회보호의 영역에 속한다.

오답노트

① 지역사회 욕구조사 실시는 지역조직화 기능 중 복지 네트워크 구축에 속한다.
② 자원봉사자 개발 및 관리는 지역조직화 기능 중 자원개발 및 관리에 속한다.
③ 사회복지현장실습 교육 및 지도는 지역조직화 기능 중 복지 네트워크 구축에 속한다.
⑤ 후원자 개발을 위한 기관 소식지 제작은 지역조직화 기능 중 자원개발 및 관리에 속한다.

03

답과 해설 답 ⑤

마킹률	① 1%	② 4%	③ 5%	④ 7%	⑤ 83%

04

답과 해설 답 ①

마킹률	① 49%	② 13%	③ 32%	④ 3%	⑤ 3%

사회복지사업법에 따라 다음과 같이 사회복지관의 사업 범위를 정하고 있으며, 동법 시행규칙을 통해 각 사업과 관련된 구체적인 사업분야를 규정하고 있다.
1. 지역사회의 특성과 지역주민의 복지욕구를 고려한 서비스 제공 사업
2. 국가·지방자치단체 및 민간 부문의 사회복지서비스를 연계·제공하는 사례관리 사업
3. 지역사회 복지공동체 활성화를 위한 복지자원 관리, 주민교육 및 조직화 사업
4. 그 밖에 복지증진을 위한 사업으로서 지역사회에서 요청하는 사업

05

답과 해설 답 ⑤

마킹률	① 8%	② 3%	③ 11%	④ 5%	⑤ 73%

⑤는 지역조직화 기능 중 주민조직화 사업에 해당한다.

오답노트
①②③④는 사례관리 기능에 해당한다.
사례관리 기능 중에서도 ①④는 사례발굴 사업, ②는 사례개입 사업, ③은 서비스 연계 사업에 해당한다.

06

답과 해설 답 ③

마킹률	① 9%	② 18%	③ 49%	④ 13%	⑤ 11%

③ 임원의 임기는 3년으로 하며, 한 차례만 연임할 수 있다.

07

답과 해설 답 ②

마킹률	① 9%	② 70%	③ 5%	④ 13%	⑤ 3%

오답노트
① 사회적 기업은 사회적 기업 육성법에서 규정하고 있다.
③ 자활기업은 국민기초생활보장법을 따른다.

④ 협동조합은 협동조합 기본법을 근거로 한다.
⑤ 자선단체는 기부금으로 자선사업을 진행하는 비영리 단체를 통칭하는 것이다.

8
답과 해설 답 ①

| 마킹률 | ① 37% | ② 10% | ③ 20% | ④ 22% | ⑤ 11% |

① 자원봉사활동의 진흥을 위한 국가 기본계획을 수립하는 것은 행정안전부이다. 행정안전부장관은 관계 중앙행정기관의 장과 협의하여 자원봉사활동의 진흥을 위한 국가기본계획을 5년마다 수립하여야 한다.

9
답과 해설 답 ③

| 마킹률 | ① 8% | ② 8% | ③ 71% | ④ 10% | ⑤ 3% |

③ 아동 자립생활 지원을 위한 후원자를 개발하는 것은 지역사회 조직화 기능 중 하나인 자원 개발 및 관리에 해당한다.

지역사회 조직화 기능
• 복지 네트워크 구축: 지역 내 복지기관·시설들과 네트워크를 구축함으로써 복지서비스 공급의 효율성을 제고하고, 사회복지관이 지역복지의 중심으로서의 역할을 강화하는 사업 – 지역사회연계사업, 지역욕구조사, 실습지도
• 주민 조직화: 주민이 지역사회 문제에 스스로 참여하고 공동체 의식을 갖도록 주민 조직의 육성을 지원하고, 이러한 주민협력강화에 필요한 주민의식을 높이기 위한 교육을 실시하는 사업 – 주민복지증진사업, 주민조직화 사업, 주민교육
• 자원 개발 및 관리: 지역주민의 다양한 욕구 충족 및 문제해결을 위해 필요한 인력, 재원 등을 발굴하여 연계 및 지원하는 사업 – 자원봉사자 개발·관리, 후원자 개발·관리

10
답과 해설 답 ④

| 마킹률 | ① 11% | ② 10% | ③ 13% | ④ 41% | ⑤ 25% |

오답노트

ㄷ. 사회적 기업은 「사회적기업 육성법」(고용노동부 관할)에 따라 고용노동부장관의 인증을 받는다. 고용노동부장관은 고용정책심의회의 심의를 거쳐 인증을 진행한다.

11
답과 해설 답 ⑤

| 마킹률 | ① 36% | ② 2% | ③ 10% | ④ 12% | ⑤ 40% |

⑤ 복권을 발행하기 위해서는 그 종류, 조건, 금액 및 방법 등에 관하여 미리 보건복지부장관의 승인을 받아야 한다.

12
답과 해설 답 ②

| 마킹률 | ① 25% | ② 26% | ③ 9% | ④ 20% | ⑤ 20% |

사회복지관의 기능 및 사업분야
• 사례관리 기능: 사례발굴, 사례개입, 서비스 연계
• 서비스 제공 기능: 가족기능 강화, 지역사회 보호, 교육문화, 자활지원 등 기타
• 지역조직화 기능: 복지 네트워크 구축, 주민 조직화, 자원 개발 및 관리

13
답과 해설 답 ⑤

| 마킹률 | ① 10% | ② 4% | ③ 21% | ④ 16% | ⑤ 49% |

⑤ 사회적 경제는 기존의 이윤의 극대화를 최고 가치로 하는 시장경제와 달리 사회적 가치를 추구하는 경제활동을 의미한다. 양극화 해소, 일자리 창출 등 공동이익과 사회적 가치의 실현을 위해 사회적 경제조직이 상호협력과 사회연대를 바탕으로 사업체를 통해 수행하는 경제활동이다.

14
답과 해설 답 ⑤

| 마킹률 | ① 9% | ② 11% | ③ 4% | ④ 32% | ⑤ 44% |

⑤ 사회복지관은 사회복지시설 중 하나로 국가나 지방자치단체가 설치·운영할 수 있으며, 필요한 경우 사회복지법인이나 비영리법인에 위탁하여 운영하게 할 수 있다. 국가 또는 지방자치단체 외의 자도 시장·군수·구청장에게 신고하여 설치·운영할 수 있다.

15
답과 해설 답 ③

| 마킹률 | ① 1% | ② 40% | ③ 36% | ④ 12% | ⑤ 11% |

③ 지정기부는 기부자가 특정 대상 및 분야에 대해 기부하는 것을 말하는데, 사회복지공동모금회에서는 지정기부를 진행하기도 하지만, 지정 없이 기부를 받기도 한다.

16
답과 해설 답 ⑤

| 마킹률 | ① 2% | ② 6% | ③ 1% | ④ 8% | ⑤ 83% |

ㄱ. 사회적 기업: 취약계층에게 사회서비스 또는 일자리를 제공하여 지역주민의 삶의 질을 높이는 등의 사회적 목적을 추구하면서 재화 및 서비스의 생산·판매 등 영업활동을 하는 기업

ㄴ. 마을기업: 주민의 자발적인 참여와 협동적 관계망에 기초해 주민의 욕구와 지역 문제를 해결하며 마을 공동체의 가치와 철학을 실현하는 마을 단위의 기업

ㄷ. 사회적 협동조합: 협동조합 중 지역주민들의 권익·복리 증진과 관련된 사업을 수행하거나 취약계층에게 사회서비스 또는 일자리를 제공하는 등 영리를 목적으로 하지 않는 협동조합

ㄹ. 자활기업: 수급자 또는 저소득층이 상호·협력하여, 조합 또는 공동사업자의 형태로 탈빈곤을 위한 자활사업을 운영하는 업체

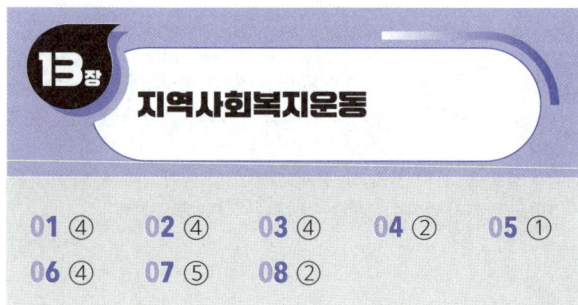

13장 지역사회복지운동

| 01 ④ | 02 ④ | 03 ④ | 04 ② | 05 ① |
| 06 ④ | 07 ⑤ | 08 ② | | |

01

답과 해설 답 ④

| 마킹률 | ① 1% | ② 2% | ③ 2% | ④ 94% | ⑤ 1% |

지역사회복지운동은 특정 계층에 국한된 수단지향적인 활동이 아니고, 지역주민 모두가 주체가 되어 사회정의와 복지권리 및 시민의식을 배양하는 의도적이고 목적지향적인 활동이다.

02

답과 해설 답 ④

| 마킹률 | ① 11% | ② 11% | ③ 15% | ④ 49% | ⑤ 14% |

아른스테인의 주민참여 8단계는 조작, 치료, 정보제공, 상담, 회유, 협동관계, 권한위임, 주민통제 등 총 8단계이다.

03

답과 해설 답 ④

| 마킹률 | ① 5% | ② 6% | ③ 14% | ④ 57% | ⑤ 18% |

아른스테인의 주민참여 8단계에 따라 참여수준이 높은 것에서부터 낮은 것의 순서로 살펴보면, ㄹ. 의사결정권 행사(권한위임—주민권력) — ㄱ. 계획단계에 참여(회유—형식적 참여) — ㄴ. 조직대상자(상담—형식적 참여) — ㄷ. 단순 정보 수혜자(정보제공—형식적 참여)의 순이다.

04

답과 해설 답 ②

| 마킹률 | ① 6% | ② 88% | ③ 1% | ④ 2% | ⑤ 3% |

오답노트

① 지역주민이 주체가 되지만 사회복지 전문가, 지역사회 활동가, 사회복지 실무자, 지역사회의 클라이언트 모두 주체가 될 수 있다.

③ 지역사회 문제를 해결하기 위해 지역사회의 변화 또는 지역사회의 역량강화를 통해 지역주민의 욕구충족과 사회연대의식의 고취, 지역공동체 형성을 목표로 한다.

④ 지역사회의 구조적 문제를 포함하여 지역사회 문제를 해결하기 위해 활동한다.

⑤ 지역사회복지운동단체는 직접 서비스 제공, 사회복지 이벤트 사업, 지역사회 내 다양한 지역운동단체들 간의 관계망을 형성할 수 있는 사업, 사회복지교육 등의 서비스제공 활동을 한다.

05

답과 해설 답 ①

| 마킹률 | ① 85% | ② 4% | ③ 4% | ④ 3% | ⑤ 4% |

① 지역사회복지운동은 지역주민 전체를 기반으로 하기 때문에 대상자가 포괄적이다. 노동운동, 여성운동 같이 일부를 계층적 기반으로 하지 않는다.

06

답과 해설 답 ④

| 마킹률 | ① 3% | ② 1% | ③ 2% | ④ 92% | ⑤ 2% |

④ 주민참여는 공공정책을 결정하는 과정에 주민들의 욕구가 반영되도록 하기 위한 적극적인 노력이다.

07

답과 해설 답 ⑤

| 마킹률 | ① 2% | ② 2% | ③ 4% | ④ 2% | ⑤ 90% |

① 지역주민의 삶의 질 향상을 목적으로 하는 의식적이며 조직적인 활동이다.
② 사회복지 전문가도 참여할 수 있지만 지역사회복지운동의 주체는 지역주민이다.
③ 개인이 아닌 지역사회복지의 확산과 발전에 초점을 둔다.
④ 지역사회복지운동은 일부 계층, 특정 집단을 대상으로 하는 것이 아니라 지역주민 전체를 포괄한다.

8

답과 해설 답 ②

마킹률	① 16%	② 47%	③ 19%	④ 10%	⑤ 8%

아른스테인의 주민참여 8단계
1. 조작: 행정과 주민이 서로 간의 관계를 확인하는 차원으로, 공무원이 일방적으로 교육, 설득시키고 주민은 단순히 참석하는 수준에 그침
2. 치료: 주민의 욕구불만을 일정한 사업에 분출시켜서 치료하는 단계로서 행정의 일방적인 지도에 그침
3. 정보제공: 행정이 주민에게 일방적으로 정보를 제공하며 환류는 거의 없음
4. 상담: 공청회나 집회 등의 방법으로 행정에 참여하기를 유도하고 있으나 형식적인 수준
5. 회유: 각종 위원회 등을 통해 주민의 참여 범위가 확대되지만 최종적인 판단은 행정기관이 한다는 점에서 주민참여는 제한적
6. 협동관계: 행정기관이 최종결정권을 가지고 있지만 주민들이 협상 유도 가능
7. 권한위임: 주민들이 특정한 계획에 관해서 우월한 결정권을 행사하고 집행단계에 있어서도 강력한 권한을 행사
8. 주민통제: 주민 스스로 입안하며, 결정, 집행, 평가 단계까지 주민이 통제

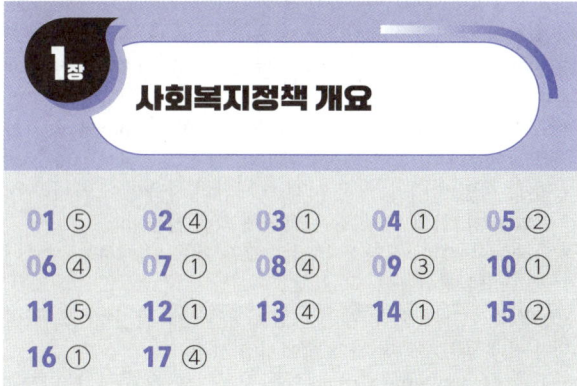

3과목 사회복지정책과 제도

6영역
사회복지정책론

1장 사회복지정책 개요

01 ⑤	02 ④	03 ①	04 ①	05 ②
06 ④	07 ①	08 ④	09 ③	10 ①
11 ⑤	12 ④	13 ④	14 ①	15 ②
16 ①	17 ④			

1

답과 해설 답 ⑤

마킹률	① 1%	② 11%	③ 3%	④ 1%	⑤ 84%

개인의 능력에 따라 분배구조를 확대하면 불평등과 양극화를 심화시키므로 사회복지정책의 목적에 어긋난다. 사회복지정책은 사회통합과 정치적 안정, 사회문제 해결과 사회적 욕구 충족, 소득보장을 통한 개인의 자립과 성장, 소득의 재분배, 사회구성원 상호 간 삶의 기회가 재분배되는 사회화의 기능 등을 목적으로 한다.

2

답과 해설 답 ④

마킹률	① 0%	② 30%	③ 27%	④ 32%	⑤ 11%

최근 우리나라의 노동시장은 사회적 연대의 가치를 중시하기보다는 정규직과 비정규직의 이중구조 문제, 청년 고용 불안정, 노사관계의 경직성 등의 심화로 인한 노동자들 간 이질성이 강화되고 있다. 사회복지정책의 가치로서 사회적 연대는 개인이나 집단이 서로 협력하고 지지하면서 공동체의 안정과 통합을 유지하려는 가치를 말한다. 일반적으로 사회적 연대를 설명할 때 기계적 연대와 유기적 연대라는 개념을 비교하는데,

유사성을 기반으로 한 연대 방식을 기계적 연대라고 하고, 차이(분업)를 기반으로 한 연대를 유기적 연대라고 한다.

3

답과 해설 답 ①

마킹률	① 55%	② 12%	③ 5%	④ 18%	⑤ 10%

절차적 장치로써 무지의 베일 활용은 존 롤스의 사회정의론에 해당한다.

마이클 샌델(M. Sandel)의 정의
공동체와 도덕을 중시하는 정의관을 주장하면서 정의는 단순히 절차나 개인의 자유만으로 결정될 수 없고, 공동체 안에서의 도덕적 가치, 시민의 미덕, 공동선(common good)이 함께 고려돼야 한다고 보았다.
- 도덕적 판단 강조: 정의는 단순한 중립이 아니라 옳고 그름에 대한 도덕적 판단이 필요함
- 연대, 시민의 미덕: 좋은 사회는 개인의 자유만이 아니라 시민의 책임, 참여, 희생 같은 덕목에 의해 가능함
- 시장주의 비판: 시장의 논리로 모든 것을 거래하는 사회에 대해 비판적 입장임
- 공동체적 가치 중시: 개인은 공동체와 분리될 수 없고, 각자의 정체성은 사회적 관계 속에서 형성됨
- 공동선(common good): 정의는 모두가 함께 추구하는 '좋은 삶'을 실현하는 방향이어야 함

4

답과 해설 답 ①

마킹률	① 20%	② 66%	③ 3%	④ 10%	⑤ 1%

1986년 최저임금법이 제정되었고, 1988년부터 최저임금제가 실시되었다.

5

답과 해설 답 ②

마킹률	① 4%	② 67%	③ 9%	④ 16%	⑤ 4%

도덕적 해이는 보험에 가입한 사람이 위험에 대한 부담이 줄어들었기 때문에 더 무책임하거나 과잉이용을 하게 되는 현상을 말한다. 도덕적 해이는 보험가입 집단의 크기가 클수록 더 커질 수 있다. 예를 들어 가입자가 많아지면 내가 좀 더 많이 사용해도 전체에 별 영향은 없을 것이라는 책임분산 심리로 인해 도덕적 해이가 증가할 수 있다. 또한 보험가입 집단의 크기가 커질수록 개인의 행위를 감시하거나 통제하기 어렵기 때문에 도덕적 해이가 증가할 수 있다.

6

답과 해설 답 ④

마킹률	① 6%	② 12%	③ 9%	④ 69%	⑤ 4%

시장 실패의 대표적인 유형으로는 공공재 공급의 실패, 외부효과, 정보의 비대칭성, 역 선택, 도덕적 해이, 규모의 경제 등이 있다. 이러한 시장 실패 현상은 사회복지에 있어서 국가 개입의 필요성과 근거로 제시된다. 능력에 따른 분배는 사회적 자원이 능력에 따라 상이하게 배분되므로 자본주의 시장에 의한 분배이다.

7

답과 해설 답 ①

마킹률	① 40%	② 13%	③ 7%	④ 15%	⑤ 25%

롤스의 사회정의론 원칙
- 제1원칙(자유의 원칙): 모든 사람은 다른 사람들의 자유와 양립할 수 있는 범위 내에서 가장 광범위한 기본적 자유를 가질 평등한 권리를 갖는다.
- 제2원칙(차등의 원칙과 공정한 기회의 원칙): 사회적 경제적 불평등은 근본적으로 용인되지 않으나 다만 예외적으로 다음의 두 가지 조건이 성립할 때에만 정당화될 수 있다.
  - 불평등이 그 사회에서 가장 불우한 처지에 있는 사람에게 이익이 될 것
  - 모든 사람에게 공정한 기회가 주어진다는 조건 아래에서만 직위, 직책의 불평등이 존재할 것

정의의 제1원칙은 평등한 자유의 원칙이라고 말할 수 있으며, 자유주의가 내세우는 가장 기본적인 자유를 보장하는 원리이다. 이런 기본적인 자유는 언론 및 결사의 자유, 양심의 자유와 사상의 자유, 인신의 자유, 사유 재산 소유의 자유, 체포와 구금으로부터의 자유, 공직을 가질 자유 등이다. 평등한 자유의 원칙인 제1원칙은 제2원칙에 항상 우선한다. 즉 많은 이익이 주어진다고 해도 기본적 자유에 대한 침해가 정당화될 수는 없다.
롤스는 제1원칙을 제2원칙보다 중요시한다. 즉 자유가 평등에 우선한다는 것을 의미한다. 자유의 원칙이 가장 중요하며 정의로운 사회는 평등이나 효용을 명분으로 자유를 제한해서는 안 된다고 주장한다. 이런 맥락에서 롤스는 자유주의적 전통에 속한다고 볼 수 있다.
제2원칙은 두 부분으로 나누어져 있다. 첫 번째 부분은 차등의 원칙이라고 말하며, 사회적·경제적 불평등을 정당화시켜주는 조건을 말해 주고 있는데, 그것은 최소 수혜자에게 최대의 이익을 가져다주는 경우이다. 정의의 제2원칙의 두 번째 부분은 공정한 기회의 원칙이라고 할 수 있으며, 직위와 직책을 가질 수 있는 기회를 보장해야 하며, 단순히 기회만을 보장하는 것만이 아니라 삶의 기회마저도 평등하게 보장되어야 한다는 것이다.
제2원칙은 제1원칙에 의한 기본적 자유 실현을 현실적으로 보장하기 위한 것이다. 왜냐하면 사회적으로 불리한 처지에 있

는 사람들은 기본적 자유의 권리 행사에 제약을 받을 수 있는데, 이들의 자유 행사가 유명무실하게 되지 않게 하기 위한 것이기 때문이다.

오답노트

②③ 롤스는 공정한 기회의 원칙을 강조하였으며, 사회적 경제적 불평등은 근본적으로 용인되지 않으나, 다만 예외적으로 조건이 성립할 때에만 정당화될 수 있다고 보았다.
④ 제레미 벤담(Jeremy Bentham)의 공리주의에 해당한다.
⑤ 로버트 노직(Robert Nozick)의 소유권리론에 해당한다.

8

답과해설 답 ④

마킹률	① 15%	② 1%	③ 3%	④ 74%	⑤ 7%

오답노트

ㄹ. 능력에 따른 분배는 사회적 자원이 능력에 따라 상이하게 배분되므로 자본주의 시장에 의한 분배라고 볼 수 있다. 사회복지정책은 시장에서 배분된 소득(일차적 분배)을 다양한 방향으로 재분배하는 기능을 수행한다.

9

답과해설 답 ③

마킹률	① 4%	② 9%	③ 82%	④ 2%	⑤ 3%

오답노트

① 노인일자리사업의 총괄 운영기관은 한국노인인력개발원이다.
② 장애인고용의무제도는 월평균 상시 50인 이상의 근로자를 고용하는 국가 및 지방자치단체, 공공기관, 민간기업에 적용된다.
④ 수급자(조건부수급자, 자활급여특례수급자, 일반수급자 등), 차상위계층 등의 대상이 근로능력이 있을 경우 자활사업에 참여한다.
⑤ 고령자의 고용은 미고용 시 부담금을 부과하는 방식이 아닌 고용 시 지원금 또는 장려금을 지원하는 방식으로 시행되고 있다.

10

답과해설 답 ①

마킹률	① 73%	② 7%	③ 2%	④ 8%	⑤ 10%

특정 재화나 서비스 행위가 제3자에게 의도하지 않은 혜택이나 손해를 가져다주면서도 이에 대한 대가를 받지도 지불하지도 않는 상태를 외부효과라고 한다. 외부효과는 공공재와 유사한 개념이라고 볼 수 있다. 외부효과에는 다른 사람에게 의도하지 않은 혜택을 주면서 이에 대한 보상을 받지 못하는 긍정적 외부효과, 다른 사람에게 의도하지 않은 손해를 입히고도 이에 대한 대가를 지불하지 않는 부정적 외부효과가 있다. 사회복지 재화나 서비스를 국가가 제공하면 이러한 재화나 서비스들이 긍정적인 외부효과를 많이 만들어내지만, 민간부문(시장기제)을 통하여 재화나 서비스를 제공하게 되면 사회적으로 바람직한 수준의 공급이 이루어지지 않는다.

11

답과해설 답 ⑤

마킹률	① 2%	② 2%	③ 4%	④ 1%	⑤ 91%

적절성에 대한 기준은 시간과 환경에 따라 변하며 다양하다.

12

답과해설 답 ①

마킹률	① 55%	② 16%	③ 8%	④ 18%	⑤ 3%

소극적 자유는 타인이나 사회 또는 국가로부터 간섭을 받지 않을 수 있는 자유(무엇으로부터의 자유)를 강조한다. 즉, 강제가 없을 때 경험하는 자유를 의미한다. 반면, 적극적 자유는 자신이 원하는 혹은 바람직하다고 생각하는 어떤 목적이나 행위를 추구할 수 있을 때 경험하는 자유(무엇을 할 수 있는 자유)를 강조한다.

13

답과해설 답 ④

마킹률	① 3%	② 19%	③ 7%	④ 66%	⑤ 5%

시장 실패의 대표적인 유형으로는 공공재 공급의 실패, 외부효과, 정보의 비대칭성, 역 선택 등이 있다. 이러한 시장 실패 현상은 사회복지에 있어서 국가 개입의 필요성과 근거로 제시된다.

• 공공재 공급의 실패: 공공재의 경우에는 시장을 통해서 적절한 수준의 공급이 이루어지지 않는 경우가 많이 발생한다. 따라서 사회 전체적으로 필요한 공공재 공급에 있어서 국가가 개입할 필요성이 존재한다.
• 외부효과: 특정 재화나 서비스가 제3자에게 의도하지 않은 혜택이나 손해를 가져다주면서도 이에 대한 대가를 받지도 지불하지도 않는 상태이다. 긍정적 외부효과와 부정적 외부효과로 구분한다.
• 정보의 비대칭성과 역 선택: 역 선택은 보험가입자와 보험회사 간의 정보의 비대칭성으로 인해 민간보험시장에서 바람직하지 않은 결과가 초래되는 현상을 의미한다. 정보의 비대칭성과 역 선택이라는 시장 실패 현상 때문에 국가가 운영하는 사회보험의 필요성이 제기된다.
• 도덕적 해이: 보험가입자가 위험발생을 예방·회피하는 행위를 적게 하여 위험발생이 높아지는 현상이다.

- 규모의 경제: 생산량(생산규모)이 커질수록 평균생산비용이 떨어져 이윤이 커지는 현상이다. 공공부문이 제공하면 규모의 경제의 장점을 살릴 수도 있다.

14
답과 해설 답 ①

마킹률	① 81%	② 2%	③ 11%	④ 1%	⑤ 5%

능력에 비례한 배분은 비례적 평등이라 할 수 있으며, 이는 사회복지정책의 가치 중 하나로서 사회복지정책의 원칙이라고 볼 수는 없다.

15
답과 해설 답 ②

마킹률	① 1%	② 97%	③ 1%	④ 1%	⑤ 0%

공공재는 어떤 재화와 서비스가 소비에 있어서 비경합성(비경쟁성)과 비배제성(비배타성)이라는 특성을 갖는 경우를 말한다. 여기서 비경합성(비경쟁성)이란 소비에 참여하는 사람의 수가 아무리 많아도 경쟁적인 관계가 나타나지 않는 특성을 말하며, 비배제성(비배타성)은 재화와 서비스에 대해 대가를 치르지 않고 이를 소비하려고 하는 사람의 경우에도 소비를 못하게 할 수 없는 특성을 말한다.

16
답과 해설 답 ①

마킹률	① 66%	② 9%	③ 5%	④ 3%	⑤ 17%

오답노트
② 타인의 간섭 혹은 의지로부터의 자유는 소극적 자유이다. 적극적 자유는 스스로 원하는 혹은 바람직하다고 생각하는 어떤 목적이나 행위를 추구할 수 있을 때 경험하는 자유를 의미한다(무엇을 할 수 있는 자유).
③ 결과의 평등 추구를 위해 불평등한 소득분배구조를 개선하고 빈자들에게 더 많은 자원을 배분하기 위해서 누진적인 세금을 확대한다면 이는 빈자들의 적극적 자유를 증진시키는 의미가 있다. 반면에 국가로부터의 개입과 간섭이 증가하므로 부자들의 소극적 자유를 침해할 수 있다.
④ 과정상의 기회만 평등하다면 그로 인한 결과의 불평등은 상관없다는 것이 기회의 평등이다.
⑤ 결과의 평등은 적극적인 평등의 개념이다.

17
답과 해설 답 ④

마킹률	① 2%	② 3%	③ 8%	④ 19%	⑤ 68%

오답노트
ㄱ. 지방자치단체는 아동학대를 예방하고 수시로 신고를 받을 수 있도록 긴급전화를 설치하여야 한다.

※ 해당 문제는 가답안 발표 당시 정답이 ④이었으나, 최종답안으로 모두 정답 처리되었다. 실제 시험에서는 ㄷ의 내용이 "지역아동보호전문기관은 아동학대 신고접수, 현장조사 및 응급보호 등의 역할을 한다."라고 출제되었는데, 이는 옳지 않은 내용이다. 아동복지법 제22조가 개정(2020. 4. 7.)됨에 따라 아동학대 신고접수, 현장조사 및 응급보호 등의 업무는 시·도지사 또는 시장·군수·구청장의 역할에 해당한다. 교재에는 ㄷ의 내용을 올바르게 수정하여 수록하였다.

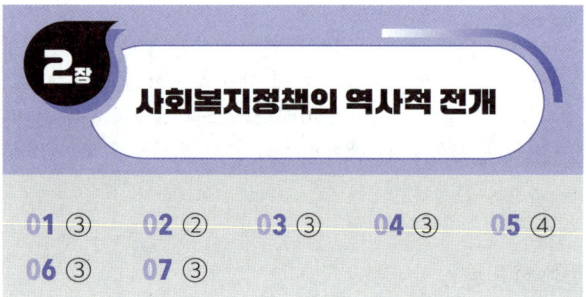

2장 사회복지정책의 역사적 전개

01 ③ 02 ② 03 ③ 04 ③ 05 ④
06 ③ 07 ③

01
답과 해설 답 ③

마킹률	① 1%	② 3%	③ 83%	④ 7%	⑤ 6%

ㄱ: 빈민법의 사회복지 주체는 국가, 교회, 영주이다. 특히, 1601년 엘리자베스 빈민법은 교구 내의 자선에 의한 구빈에는 한계가 있다고 판단하여 빈민구제의 책임을 교회가 아닌 국가가 최초로 지게했다는 점에서 큰 의의가 있다.
ㄴ: 사회보험은 계약에 입각한다. 강제가입 성격을 갖는 사회보험은 보험료를 납부할 의무를 이행해야 급여를 받을 권리가 생기며, 이것은 자선이나 시혜가 아니라 개인이 일정한 보험료를 납부함으로써 발생 가능한 사회적 위험에 대해 급여를 받을 권리를 갖는 계약적 제도이기 때문에 계약에 입각한다고 볼 수 있다.
ㄷ: 복지국가의 대상은 시민, 개인이다. 복지국가는 국가의 보호와 지원의 대상을 '자격 있는 특정 계층'에 한정하지 않고, 국가의 구성원 전체, 즉 시민 한 사람 한 사람(개인)을 권리 주체로 본다.

02

답과해설 답 ②

마킹률	① 10%	② 37%	③ 12%	④ 33%	⑤ 8%

제2차 세계대전 이후 복지국가 확산의 이론적·경제적 기반이 케인즈주의이다. 케인즈는 실업을 줄이고 경기를 회복시키기 위해서는 생산물 총수요를 증대시켜야 한다고 주장하며, 이를 위해 공공사업을 일으켜 정부지출을 증대시키고 조세를 감면해 주는 등 적극적인 재정정책이 필요하다고 보았다.

오답노트

① 노사 협조, 복지국가의 사회적 합의가 형성되어 대립보다는 안정과 연대가 강조되었다.
③ 자유방임 자본주의가 아닌 국가의 개입을 강조하는 사상이 확산되었다.
④ 공공부조가 아닌 사회보험과 보편적 복지 중심의 사회보장 체계가 구축되었다.
⑤ 가족과 시장의 책임이 아닌 국가의 직접적인 책임이 강조되었다.

03

답과해설 답 ③

마킹률	① 6%	② 5%	③ 77%	④ 5%	⑤ 7%

오답노트

ㄷ. 신빈민법은 열등처우의 원칙을 적용하였으며, 노약자, 병자 등 예외적인 경우에만 원외구제를 허용하고 원칙적으로 원내구제를 실시하는 원내구제의 원칙(작업장 활용의 원칙)을 적용하였다.
ㄹ. 왕립빈민법위원회의 소수파보고서는 빈곤의 원인을 사회구조로 보았기 때문에 구빈법의 폐지를 주장하였다.

04

답과해설 답 ③

마킹률	① 3%	② 2%	③ 91%	④ 3%	⑤ 1%

1942년 베버리지 보고서에서는 영국의 사회문제를 5대악, 즉 궁핍(want), 질병(disease), 무지(ignorance), 불결(squalor), 나태(idleness)로 규정하고, 이를 해결하기 위해 사회보험 및 관련 서비스의 필요성을 주장했다.

05

답과해설 답 ④

마킹률	① 5%	② 7%	③ 7%	④ 63%	⑤ 18%

열등처우의 원칙을 최초로 명문화한 것은 1834년 신빈민법(개

정빈민법)이다. 스핀햄랜드법은 빈민에 대한 처우 개선을 위해 임금보조를 전국적으로 시행하였으며, 생계비(빵 가격)와 부양가족 수를 고려하여 빈곤한 저임금 노동자의 임금을 보충하였다.

06

답과해설 답 ③

마킹률	① 11%	② 13%	③ 58%	④ 4%	⑤ 14%

오답노트

ㄴ. 신빈민법은 구빈비용을 억제하는 것을 목적으로 한 법이다. 전국 균일처우의 원칙, 열등처우의 원칙, 작업장 활용의 원칙 등을 내세웠다.
ㄷ. 미국의 사회보장법(1935)으로 연방정부의 책임이 확대되었으며, 사회보험(노령연금과 실업보험) 제도가 도입되었다. 사회보장법은 연방정부가 재정과 운영을 담당하는 노령연금과 주정부가 운영하고 연방정부가 재정을 지원하는 실업보험, 그리고 주 정부가 운영하고 연방정부가 재정을 지원하는 공공부조와 사회복지서비스로 구성되었다. 또한 빈곤에 대한 국가 책임이 명시되었으며 국민의 생활을 보장하는 데 있어서 연방정부의 책임을 규정하였다.

07

답과해설 답 ③

마킹률	① 6%	② 4%	③ 46%	④ 7%	⑤ 37%

신빈민법은 작업장 활용의 원칙(원내구제의 원칙)을 적용하였다. 노약자, 병자 등 예외적인 경우에만 원외구제를 허용하고 원칙적으로 원내구제를 실시하였다.

3장 사회복지정책 관련 이론과 사상

01 ③	02 ④	03 ③	04 ④	05 ①
06 ②	07 ⑤	08 ②	09 ④	10 ②
11 ③	12 ③	13 ④	14 ③	15 ④

01

답과해설 답 ③

중상주의는 15세기 중엽부터 18세기 중엽까지 유럽에서 널리 채택된 경제 이론 및 정책으로, 국가의 부를 증대시키기 위해 정부가 경제 활동에 적극적으로 개입해야 한다는 사상을 기반으로 한다. 무역 흑자 정책, 국가의 경제 개입 강화, 식민지 개척과 자원 착취, 산업 보호 및 육성을 강조한다.

오답노트

ㄷ. 인구가 증가하는 것은 노동력이 증가하는 것이고 이를 통해 생산력을 늘릴 수 있기 때문에 중상주의 국가들은 인구 증가를 장려하였다.

2

답과해설 답 ④

| 마킹률 | ① 23% | ② 29% | ③ 11% | ④ 13% | ⑤ 24% |

권능부여국가란 복지수혜자에게 단순히 혜택을 주는 것이 아니라 스스로 자립할 수 있는 능력을 키워주는 복지국가의 새로운 모델이다. 전통적 복지국가가 수동적 복지(현금 제공) 중심이었다면, 권능부여국가는 능동적 복지(근로유도, 자립지원)가 중심이다.

길버트와 테렐의 권능부여국가 주요 요소(전통적 복지국가 → 권능부여국가)

• 사회적 지원 → 사회적 포섭
• 노동의 탈상품화 → 노동의 재상품화
• 무조건적 급여 → 유인과 제재의 활용
• 낙인 방지 → 사회적 형평성 회복(선별적 표적화)
• 공공기관을 통한 사회서비스 전달 → 민간기관을 통한 사회서비스 전달
• 서비스 형태의 이전 → 현금이나 증서 형태의 이전
• 직접 지출에 중점 → 간접 지출에 중점
• 권리의 공유를 통한 연대(사회권으로서의 급여) → 공유된 가치와 시민의 의무(의무를 동반한 급여)

3

답과해설 답 ③

| 마킹률 | ① 16% | ② 6% | ③ 47% | ④ 18% | ⑤ 13% |

오답노트

ㄴ. 가족과 시장에 의한 개인의 욕구충족이 실패했을 때 국가가 잠정적 · 일시적으로 그 기능을 대신한다고 보는 것은 잔여적 개념이다.
ㄹ. 제도적 개념은 사회복지를 시혜나 자선으로 보지 않지만 국가에 의해 주어진 것이므로 권리성이 강하다.

4

답과해설 답 ④

| 마킹률 | ① 3% | ② 10% | ③ 4% | ④ 68% | ⑤ 15% |

오답노트

ㄱ. 마샬은 시민권을 개인의 자유와 법 앞에서의 평등과 같은 공민권(civil right) → 참정권과 같은 정치권(political right) → 복지권과 같은 사회권 (social right)으로 발전하는 진화적인 과정으로 설명하였다.
ㄹ. 엘리트들과 고용주들의 의지와 능력에 의해 정책이 결정된다고 보는 것은 엘리트이론이다. 국가중심이론은 사회복지의 수요(사회문제의 발생이나 노동자계급의 요구 등) 측면보다 사회복지를 제공하는 공급자로서의 국가 역할을 더 강조하는 이론으로서 사회복지의 공급 측면에 초점을 두고 복지국가 발전을 설명하는 이론이다.

5

답과해설 답 ①

| 마킹률 | ① 75% | ② 5% | ③ 9% | ④ 8% | ⑤ 3% |

오답노트

② 탈가족주의와 통합적 사회보험을 강조한 것은 사회민주주의 복지국가이다. 보수주의 복지국가는 이원적 가족주의와 직업별 사회보험을 강조하였다.
③ 자유주의 복지국가는 공공부조 프로그램을 강조하고, 탈상품화 효과와 복지의 재분배 효과가 미약하다.
④ 사회민주주의 복지국가는 국가의 책임성을 강조하고, 보편주의 원칙과 사회권을 통하여 탈상품화 효과가 극대화된다. 국가에 의한 복지의 재분배적 기능이 강력하다.
⑤ 보수주의 복지국가의 예로는 오스트리아, 프랑스, 독일 등 유럽 대륙의 국가들이 해당된다. 영국, 미국, 캐나다 등은 자유주의 복지국가의 예에 해당된다.

6

답과해설 답 ②

| 마킹률 | ① 24% | ② 64% | ③ 3% | ④ 4% | ⑤ 5% |

권력자원이론은 복지국가의 발전을 설명하는 데 중요한 흐름을 차지하고 있다. 복지국가의 발전을 노동자계급의 정치적 권력이 확대된 결과로 보며, 자본과 노동의 계급 갈등에 초점을 맞춘다. 복지국가의 발전 요인으로 좌파정당, 노동조합의 성장 등 정치적 변수에 주목한다.

7

답과해설 답 ⑤

마킹률	① 45%	② 3%	③ 4%	④ 3%	⑤ 45%

소극적 집합주의자들의 가치는 자유와 개인주의를 강조한다는 점에서 반집합주의자들의 가치와 유사하지만, 이러한 가치가 절대적인 성격을 가진다기보다는 일정하게 제한적인 경향을 보이며, 실용주의적인 경향이 크다. 시장체계의 약점을 보완하고 문제점을 해결한다는 측면에서 어느 정도 정부의 개입을 인정한다. 이러한 실용주의적인 경향은 다른 이데올로기와 분명하게 구분되기보다는 혼합적이며 중도적인 성격을 보이는 사실과 연관된다. 소극적 집합주의자들의 경우에는 자본주의가 효율적이고, 공정하게 기능하기 위해서는 규제와 통제가 필요하다는 것을 인정한다는 점에서 반집합주의와는 구별되지만, 그 방식과 범위에 있어서는 상황에 따라 결정되는 것이라고 주장한다. 복지국가를 사회안정과 질서의 유지에 필요한 것으로 간주하여 제한적으로 지지한다.

오답노트

① 반집합주의에 해당한다.
② 마르크스주의에 해당한다.
③ 녹색주의에 해당한다.
④ 페미니즘에 해당한다.

8
답과 해설 답 ②

마킹률	① 3%	② 57%	③ 3%	④ 21%	⑤ 16%

탈상품화는 노동자가 자신의 노동력을 상품으로 시장에 내다 팔지 않고도 살 수 있는 정도, 즉 자신이 노동시장에서 일을 할 수 없는 여러 가지 상황에 처했을 때 국가가 어느 정도 수준의 급여를 제공해주는가의 정도를 의미한다.

9
답과 해설 답 ④

마킹률	① 13%	② 7%	③ 24%	④ 49%	⑤ 7%

페이비언 사회주의는 혁명적인 변화보다는 점진적인 제도 개혁과 인간의 육성을 동시에 수행해 나갈 때 사회주의라는 목표에 도달할 수 있다는 사회개혁 전략이다. 점진적이고 지속적인 불평등 완화에 대한 국가 책임, 적극적인 역할을 인정한다. 복지국가의 확대로 자본주의를 변화시킬 수 있다고 보며, 자유주의를 비판하면서 사회는 개인의 합 이상의 유기체이며 사회가 바람직한 상태일 때 개인도 행복할 수 있다고 본다.

10
답과 해설 답 ②

마킹률	① 7%	② 66%	③ 6%	④ 9%	⑤ 12%

탈상품화란 노동자가 자신의 노동력을 상품으로 시장에 내다 팔지 않고도 살 수 있는 정도, 즉 자신이 노동시장에서 일을 할 수 없는 여러 가지 상황에 처했을 때 국가가 어느 정도 수준의 급여를 제공해주는가의 정도를 의미한다. 탈상품화가 높을수록 복지선진국이라고 할 수 있다. 에스핑-앤더슨의 세 가지 복지체제 중 탈상품화 정도가 가장 높은 것은 사회민주주의 복지체제 국가이다. 사회민주주의 복지체제 국가에서는 보편주의 원칙을 통하여 탈상품화 효과가 극대화되며 복지급여는 취약계층뿐만 아니라 중간계급까지 주요 대상으로 포섭한다.

11
답과 해설 답 ③

마킹률	① 2%	② 31%	③ 50%	④ 10%	⑤ 7%

사회적 양심과 이타주의의 확대에 따라 모든 국가는 복지국가로 수렴한다고 보는 것은 사회양심론이다. 수렴이론은 경제발전 수준과 사회복지지출 수준 간에 강한 상관관계가 존재한다고 보며(경제성장의 수준이 유사하면 사회복지의 수준도 비슷하다고 봄), 복지국가 간 차이점보다는 유사성을 강조한다.

12
답과 해설 답 ③

마킹률	① 15%	② 3%	③ 48%	④ 4%	⑤ 30%

사회투자전략은 복지의 투자적 성격과 생산적 성격을 강조하며, 복지와 성장, 사회정책과 경제정책의 상호보완성을 강조한다. 결과의 평등보다는 기회의 평등을 강조하며, 경제정책을 우위에 둔 경제정책과 사회정책의 통합을 강조한다. 전통적인 과세와 지출을 강조하기보다는 사회투자를 강조하는데, 이 사회투자의 핵심은 인적 자본 및 사회적 자본에의 투자로 본다. 특히, 인적 자본 중 아동에 대한 투자를 강조한다. 사회지출을 소비지출과 투자지출로 구분하고, 소득보장에 사용되는 소비지출은 되도록 억제하고 자산조사를 통한 표적화된 프로그램을 선호한다.

13
답과 해설 답 ④

마킹률	① 4%	② 22%	③ 4%	④ 62%	⑤ 8%

마샬은 시민권을 개인의 자유와 법 앞에서의 평등과 같은 공민권(civil right) → 참정권과 같은 정치권(political right) → 복지권과 같은 사회권(social right)으로 발전하는 진화적인 과정으로 설명하였다.

14
답과 해설 답 ③

마킹률	① 3%	② 26%	③ 57%	④ 3%	⑤ 11%

오답노트

ㄷ. 보수주의 복지국가는 주로 사회보험 프로그램을 강조하였다. 사회보험 프로그램은 직업별로 분리되어 직업에 따라 급여수준의 차이가 크기 때문에 재분배 효과가 낮다.

15

답과해설 답 ④

마킹률	① 4%	② 1%	③ 2%	④ 91%	⑤ 2%

새로운 사회적 위험은 후기산업사회로의 전환과 경제·사회 구조의 변화로 인해 새롭게 발생하는 위험이라고 할 수 있다. 맞벌이 부부의 증가와 여성의 노동시장 참여 증가로 인한 일·가정 양립 문제가 대두하고 있으며, 저출산·고령화로 인한 생산가능인구의 감소와 노인인구의 증가로 인해 노인 부양 부담 문제가 제기되고 있고, 탈산업화와 지식기반경제로의 이행 속에서 제조업에서 서비스산업으로의 산업구조 변화와 노동시장 구조변화로 인해 고용불안정과 저임금 노동 등이 증가하고 있다. 또한 산업구조가 변화하면서 직업경력 기간이 짧아져 생애주기 동안 다양한 직업을 경험할 가능성이 높아지고 이로 인해 인적 자원 개발과 직업훈련 등이 중요하게 부각되고 있다.

4장 사회복지정책 형성과정

01 ③	02 ⑤	03 ③	04 ①	05 ③

01

답과해설 답 ③

마킹률	① 2%	② 34%	③ 56%	④ 1%	⑤ 7%

혼합모형은 합리모형과 점증모형의 절충적인 형태로 에치오니(Etzioni)가 주장한 모형이다. 이 모형은 중요한 문제이거나 위기적 상황인 경우 합리모형에서와 같이 포괄적 관찰을 통해 대안을 탐색하여 기본적 결정을 하고, 이후 점증모형에서와 같이 이를 수정·보완하면서 세부적(점증적) 결정을 한다는 논리이다. 기본적 결정이 중대한 영향을 미치고 후속적인 세부 결정의 범주와 방향을 제시하는 것이다.

02

답과해설 답 ⑤

마킹률	① 17%	② 5%	③ 15%	④ 3%	⑤ 60%

사회복지정책 평가는 가치지향적이다. 결정된 정책 프로그램의 무엇이 잘되고 무엇이 잘못되었는지 혹은 앞으로 어떻게 하는 것이 바람직한가를 포함하고 있다.

03

답과해설 답 ③

마킹률	① 11%	② 11%	③ 51%	④ 11%	⑤ 16%

오답노트

ㄷ. 정책결정에는 경제적 합리성과 함께 직관, 판단력, 창의력 등 초합리적 요소까지도 동시에 고려해야 한다고 보았으나, 초합리성의 구체적인 설명이 명확하지 못하다는 비판을 받았다.

04

답과해설 답 ①

마킹률	① 40%	② 9%	③ 4%	④ 15%	⑤ 32%

오답노트

ㄴ. 조직화된 무정부 상태 속에서 점진적으로 질서를 찾아가는 과정을 정책결정 과정으로 설명한 것은 쓰레기통모형이다. 점증모형은 현실적인 정책결정 과정이 과거의 정책이나 결정의 부분적·점진적·순차적 수정 또는 약간의 개선·향상으로 이루어지며, 그렇게 점진적으로 정책이 결정되는 것이 바람직하다고 본다.

ㄹ. 혼합모형은 합리모형과 점증모형의 절충적인 형태로 에치오니(Etzioni)가 주장한 모형이다. 혼합모형은 중요한 문제이거나 위기적 상황인 경우 합리모형에서와 같이 포괄적 관찰을 통해 대안을 탐색하여 기본적 결정을 하고, 이후 점증모형에서와 같이 이를 수정·보완하면서 세부적(점증적) 결정을 한다는 논리이다.

05

답과해설 답 ③

마킹률	① 10%	② 1%	③ 80%	④ 3%	⑤ 6%

오답노트

① 과정평가는 정책집행 과정에서 이루어지는 활동이다. 정책 집행의 과정 중에 나타난 활동을 분석하여 관리하고, 전략을 수정보완할 목적으로 진행한다.

② 결과평가는 정책이 집행된 후에 정책에 따른 결과를 평가하는 것이다.

④ 효율성 평가는 '동일한 정책 산출물에 대해 비용을 최소화하였는가' 또는 '동일한 비용으로 산출을 극대화하였는가'에 대한 평가를 수행한다. 정책의 투입된 자원과 대비하는 평가이다.

⑤ 효과성 평가는 '사회복지정책 목표를 얼마나 달성하였느냐'에 관한 평가를 수행한다. 정책집행의 결과에 따라 정책의 목적이 달성되었는지를 평가하는 것이다.

5장 사회복지정책의 분석틀

01 ②	02 ④	03 ③	04 ⑤	05 ③
06 ②	07 ①	08 ⑤	09 ②	10 ⑤
11 ⑤	12 ⑤	13 ④	14 ②	15 ①
16 ④	17 ⑤	18 ③	19 ②	20 ⑤
21 ①	22 ⑤	23 ④	24 ⑤	25 ①
26 ③	27 ⑤	28 ③	29 ②	30 ③
31 ③				

01
답과 해설 답 ②

마킹률	① 10%	② 78%	③ 8%	④ 3%	⑤ 1%

운영효율성이란 행정비용이 적고, 전달 과정이 단순해서 운영이 얼마나 효율적인가를 의미한다. (ㄱ) 현금은 급여 프로그램의 운영비용이 적게 들어 운영효율성이 가장 높다. 운영효율성은 '현금＞증서(바우처)＞현물'의 순이다.

목표효율성이란 정해진 목적에 맞게 급여가 얼마나 잘 사용되는가를 의미한다. (ㄷ) 현물은 급여를 받는 사람들이 용도 이외의 부분에 사용할 수 없기 때문에 정책 목표에 맞는 소비가 이루어지므로 목표효율성이 가장 높다. 목표효율성은 '현물＞증서(바우처)＞현금'의 순이다.

기회는 비물질적 급여로서 운영효율성과 목표효율성을 명확하게 파악하기 어렵다.

02
답과 해설 답 ④

마킹률	① 6%	② 5%	③ 15%	④ 69%	⑤ 5%

소득세 누진성이 높을수록 재분배 효과가 크다. 개인소득세는 대표적인 누진세인데, 조세가 누진적(progressive)이라 함은 소득이 높을수록 세율(조세부담률)이 높아지는 것을 의미한다. 즉, 고소득층이 더 많은 조세를 부담하게 되고, 이로 인한 소득의 재분배 효과가 더 크게 나타난다.

03
답과 해설 답 ③

마킹률	① 6%	② 2%	③ 80%	④ 10%	⑤ 2%

오답노트

① 서비스 수혜자의 정책 결정 과정 참여가 용이한 것은 지방정부의 장점에 해당한다.

② 중앙정부는 변화하는 욕구에 융통성 있게 대응하지 못한다는 단점이 있다.

④ 사회통합의 저해 우려가 있고 규모의 경제 실현이 어려운 것은 지방정부의 단점에 해당한다.

⑤ 이용자의 다양한 선택권을 보장하는 데 유리한 것은 민간부문의 장점에 해당한다.

04
답과 해설 답 ⑤

마킹률	① 1%	② 7%	③ 1%	④ 4%	⑤ 87%

ㄱ. 사회복지 전달체계란 서비스 제공자들 사이 또는 서비스 제공자와 수급자 사이에 존재하는 조직체계와 서비스의 이동 통로를 의미한다.

ㄴ. 사회복지 전달체계의 운영주체는 국가ㆍ지방자치단체 등의 공공부문, 사회복지법인ㆍ비영리단체 등의 민간부문으로 나눌 수 있다.

ㄷ. 사회복지 전달체계는 통합성, 연속성, 책임성, 접근성의 원칙을 갖는다.

ㄹ. 비영리 민간 사회복지기관은 공공부문과의 협력을 통해 예산 지원을 받거나 위탁 운영을 수행하며, 민ㆍ관 협력 속에서 실제 서비스 제공의 중요한 주체로 활동하고 있다.

05
답과 해설 답 ③

마킹률	① 4%	② 6%	③ 73%	④ 4%	⑤ 13%

오답노트

ㄹ. 국민기초생활보장제도의 생계급여는 현금급여에 해당한다.

06

답과 해설 답 ②

| 마킹률 | ① 10% | ② 65% | ③ 1% | ④ 4% | ⑤ 20% |

보편주의란 사람의 지위나 존엄성, 그리고 자존감을 상실하는 굴욕적인 상황에 처하지 않게끔 하면서 사회복지정책의 급여나 서비스를 모든 사람들이 이용하고 접근할 수 있도록 하는 것이다. ① 아동수당, ③ 의무교육, ④ 무상급식, ⑤ 건강보험은 모두 보편주의에 기반한 사회복지제도이다.
반면, ② 기초연금은 65세 이상 노인을 대상으로 자산조사를 통해 선별하여 급여를 제공하는 공공부조제도이다. 즉, 사회복지 대상자를 특정한 조건이나 제한을 두어 선별적으로 결정하는 선별주의에 기반한 사회복지제도이다.

07

답과 해설 답 ①

| 마킹률 | ① 62% | ② 3% | ③ 11% | ④ 5% | ⑤ 19% |

복지다원주의 또는 복지혼합은 한 사회에서 복지의 원천은 다양하며, 복지 공급주체로서 국가 이외에 시장, 비공식 부문, 자원 부문 등의 역할을 포괄적으로 고려할 것을 강조한다. 특히 국가와 같은 단일한 독점적 공급자만 존재하는 것보다 여러 개의 복지원천이 존재하는 곳에서 사회의 총복지가 증대할 가능성이 크다고 본다. 이는 복지국가 위기 이후 정부의 역할이 상대적으로 후퇴되고, 민간기업과 비영리조직의 역할이 부각되면서 확산된 개념이다.

08

답과 해설 답 ⑤

| 마킹률 | ① 3% | ② 10% | ③ 26% | ④ 9% | ⑤ 52% |

오답노트

ㄱ. 사회적인 통제가 부과되는 것은 현물급여이다. 현금급여는 수급자들의 선택의 자유와 소비자 주권을 높일 수 있다.
ㅁ. 재화와 자원을 통제할 수 있는 영향력을 의미하며 정책에 관한 의사결정권을 갖는 것은 권력(power)에 해당한다. 기회는 어떤 집단이 접근하지 못했던 부분에 접근을 가능하게 만드는 것이다. 이러한 기회라는 급여형태는 사회적으로 취약한 위치에 있는 집단이나 불평등한 처우를 받는 집단에게 유리한 기회를 주어 보다 나은 생활을 유지할 수 있도록 하려는 것이다.

09

답과 해설 답 ②

| 마킹률 | ① 4% | ② 58% | ③ 24% | ④ 9% | ⑤ 5% |

사회서비스 전자바우처 제도는 공급자 중심이 아닌 소비자 중심의 제도이며, 일종의 이용권을 통해 지불하는 방식으로서 현금급여와 현물급여의 중간 성격을 갖고 있다.

10

답과 해설 답 ⑤

| 마킹률 | ① 5% | ② 7% | ③ 2% | ④ 1% | ⑤ 85% |

오답노트

ㄱ. 보편주의에 있어서 사회복지정책 급여는 사회적 권리로서 모든 국민에게 주어져야 한다는 관점을 강조한다. 납세 여부와 관계 없이 모든 국민이 사회복지 대상이 될 수 있다.

11

답과 해설 답 ⑤

| 마킹률 | ① 8% | ② 11% | ③ 8% | ④ 46% | ⑤ 27% |

일반적으로 공공부문의 복지가 발전한 국가일수록 기업복지의 규모는 작지만, 공공부문의 사회복지가 미성숙한 국가들에서는 기업복지의 규모도 크고 기업복지에서 하는 프로그램도 다양하다.

오답노트

① 조세지출은 공공재원에 해당한다. 사회복지의 민간재원에는 기부금(자발적 기여), 기업복지, 이용료(사용자 부담), 가족 내 또는 가족 간 이전 등이 있다.
② 기부금 규모는 국세청이 추산한 액수보다 더 많을 것으로 추정된다.
③ 이용료는 공공부문이든 민간부문이든 사회복지서비스를 받는 클라이언트가 서비스 이용 비용에 대하여 본인이 일부분 부담하는 것을 말한다.
④ 기업복지는 기업이 그 피용자들에게 제공하는 임금 이외의 복지적인 급여를 말한다.

12

답과 해설 답 ⑤

| 마킹률 | ① 9% | ② 33% | ③ 14% | ④ 10% | ⑤ 34% |

오답노트

① 사회보험료는 소득상한선이 있기 때문에 조세에 비해 소득 역진적이다.
② 사회보험료는 빈곤 완화, 위험분산, 소득유지, 불평등 완화의 기능을 수행한다고 볼 수 있지만, 조세는 위험분산의 기능을 수행한다고 보기는 어렵다.
③ 조세는 소득상한선이 없다.
④ 사회보험료는 사회보장성 조세의 성격을 갖고는 있으나 조

세라고 볼 수는 없으며, 근로자에게 실제로 지급되지 않아도 임금으로 보기도 한다.

13

답과 해설 답 ④

마킹률	① 7%	② 6%	③ 11%	④ 64%	⑤ 12%

길버트와 테렐은 사회복지전달체계 재구조화 전략으로 '정책결정 권한과 통제력의 재구조화, 업무 배치의 재조직화, 전달체계 조직구성의 변화' 등을 제시했다.

- 정책결정 권한과 통제력의 재구조화
  - 조정: 사회복지서비스의 통합성과 포괄성을 발전시키기 위한 전략으로서, 접근방법에는 집중화(업무와 서비스의 집중화), 연합(기관들의 지리적 집중화), 사례수준의 협력 등이 있다.
  - 시민참여: 의사결정 권한을 기관과 클라이언트에게 재분배하는 것이 목적이다. 지역주민들이 정책의 결정이나 과정에 개입하여 영향력을 행사하는 것이다. 시민참여의 유형에는 비분배적 참여, 정상적인 참여, 재분배적 참여가 있다.
- 업무 배치의 재조직화
  - 역할 연결: 사회복지사와 사회복지 수급자의 연결을 위한 역할을 만드는 것이다.
  - 전문가의 이탈(철수): 관료조직의 요구와 클라이언트의 요구 사이에서 도덕적 딜레마에 빠지거나 사회복지사로서 전문적 윤리와 기관의 정책 사이에서 갈등을 겪는 경우 사회복지사가 관료조직을 개혁하기보다는 그로부터 철수하는 것이 더 효과적이다.
- 전달체계 조직구성의 변화
  - 접근구조의 전문화: 사회복지서비스의 하나로 접근성이 제공되는 것이다.
  - 의도적인 중복: 기존 서비스의 일부 또는 전부를 재창조하는 것으로써 경쟁과 분리의 형태로 나타난다.

14

답과 해설 답 ②

마킹률	① 11%	② 61%	③ 6%	④ 9%	⑤ 13%

고용보험의 상병급여는 현금급여이다. 실업을 신고한 이후에 질병·부상 또는 출산으로 취업이 불가능하여 구직활동을 할 수 없는 경우 구직급여를 받을 수 없으므로 생계에 어려움을 겪을 수 있는 대상자를 위한 급여이다.

15

답과 해설 답 ①

마킹률	① 9%	② 53%	③ 2%	④ 34%	⑤ 2%

길버트와 테렐은 사회복지전달체계 재구조화 전략으로 '정책결정 권한과 통제력의 재구조화, 업무 배치의 재조직화, 전달체계 조직구성의 변화' 등을 제시했다.

- 정책결정 권한과 통제력의 재구조화
  - 조정: 사회복지서비스의 통합성과 포괄성을 발전시키기 위한 전략으로서, 접근방법에는 집중화(업무와 서비스의 집중화), 연합(기관들의 지리적 집중화), 사례수준의 협력 등이 있다.
  - 시민참여: 의사결정 권한을 기관과 클라이언트에게 재분배하는 것이 목적이다. 지역주민들이 정책의 결정이나 과정에 개입하여 영향력을 행사하는 것이다. 시민참여의 유형에는 비분배적 참여, 정상적인 참여, 재분배적 참여가 있다.
- 업무 배치의 재조직화
  - 역할 연결: 사회복지사와 사회복지 수급자의 연결을 위한 역할을 만드는 것이다.
  - 전문가의 이탈(철수): 관료조직의 요구와 클라이언트의 요구 사이에서 도덕적 딜레마에 빠지거나 사회복지사로서 전문적 윤리와 기관의 정책 사이에서 갈등을 겪는 경우 사회복지사가 관료조직을 개혁하기보다는 그로부터 철수하는 것이 더 효과적이다.
- 전달체계 조직구성의 변화
  - 접근구조의 전문화: 사회복지서비스의 하나로 접근성이 제공되는 것이다.
  - 의도적인 중복: 기존 서비스의 일부 또는 전부를 재창조하는 것으로써 경쟁과 분리의 형태로 나타난다.

16

답과 해설 답 ④

마킹률	① 22%	② 9%	③ 8%	④ 55%	⑤ 6%

산물분석은 기획 과정을 통해 얻게 되는 산물로서 프로그램안이나 법률안에 대한 여러 쟁점을 분석하므로 그 결과가 기존의 사회주류적 입장을 대변할 가능성이 높다. 특정한 방향으로 설계된 정책에 있어서 그 정책에 포함되어 있는 정책 선택의 형태와 내용을 분석하며, 특정 선택에 따라 배제된 대안을 분석하거나 선택의 근거가 된 가치와 이론, 가정들에 대한 문제를 분석한다.

오답노트

① ② ③ ⑤ 성과분석에 해당한다.

17

답과 해설 답 ②

마킹률	① 22%	② 54%	③ 5%	④ 6%	⑤ 13%

사회적 효과성은 정책대안의 시행으로 나타나는 사회적 유대감의 확대 등 사회적 통합의 기능과 관련된다. 이러한 사회적

효과성은 사회적 권리를 보장하며 수혜자에게 심리적·사회적 낙인을 가하지 않는 보편주의의 가치에 해당한다. 일반적으로 보편주의는 '사회적 효과성'을 강조하고, 선별주의는 '비용적 효과성'을 강조하는 경향이 있다.

오답노트

① ③ ④ ⑤ 선별주의의 가치인 비용적 효과성과 관련된 내용이다.

18
답과해설 답 ③

마킹률	① 6%	② 3%	③ 80%	④ 7%	⑤ 4%

오답노트

ㄹ. 우리나라의 사회복지역사에서 정부는 사회복지운동단체의 의견을 모두 수용하지는 않았다. 사회복지정책의 이슈와 대안을 결정하는 주체인 정부와 의견이 대립되는 모습을 보이기도 하였다. 우리나라는 사회복지에 대한 대중적 관심과 참여기반이 넓어지면서 다양한 주체들이 사회복지운동에 참여하여 목소리를 내고 있다.

19
답과해설 답 ②

마킹률	① 7%	② 80%	③ 5%	④ 3%	⑤ 5%

오답노트

① 국민연금은 보험료 등으로 필요한 재원을 조달하여 급여를 제공하는 제도로서 사회보험 방식이 적용된다.
③ 아동수당은 전체 아동을 적용대상으로 하는 보편주의 제도이다.
④ 국민기초생활보장제도는 부양의무자 조건이 완화되고 있으나, 기준 중위소득을 통한 선정기준을 적용하여 대상자를 선별해 급여를 제공하는 선별주의 제도이다.
⑤ 장애인연금제도는 18세 이상의 중증장애인으로서 소득인정액이 그 중증장애인의 소득·재산·생활 수준과 물가상승률 등을 고려하여 보건복지부장관이 정하여 고시하는 금액 이하인 사람을 수급권자로 하는 선별주의 제도이다.

20
답과해설 답 ⑤

마킹률	① 5%	② 4%	③ 11%	④ 31%	⑤ 49%

국민건강보험제도에 대한 4가지 분석틀
• 할당(수급자격: 대상체계) – 사회보험 방식으로서 보험료 기여를 급여 수급자격 조건으로 하고 있다.
• 급여(급여종류: 급여체계) – 현금급여(요양비, 장애인 보조기기)와 현물급여(요양급여, 건강검진)의 형태로 급여를 지급하고 있다.
• 전달(전달방법: 전달체계) – 민간전달체계와 공공전달체계가 함께 건강보험 급여 서비스를 전달하고 있다.
• 재정(재정 마련 방법: 재정체계) – 가입자 및 사용자로부터 징수한 보험료, 국고보조금 및 건강증진기금 등의 정부지원금, 본인 일부부담금과 같은 이용료를 통해 재정이 마련되고 있다.

21
답과해설 답 ①

마킹률	① 75%	② 4%	③ 2%	④ 2%	⑤ 17%

재분배효과는 조세방식이 더 크다. 기업복지는 역진적인 성격을 갖는 민간재원으로서 기업의 사용자가 피고용자에게 주는 임금 이외의 사회복지적인 급여를 말한다. 기업복지 프로그램에는 대부분의 국가가 조세감면 혜택을 주고 근로자들의 충성심을 높일 수 있는 수단이 되기 때문에 기업과 근로자 양자의 이해관계가 맞닿아 있다.

22
답과해설 답 ⑤

마킹률	① 20%	② 9%	③ 2%	④ 9%	⑤ 60%

개인 사업자가 노인요양시설을 운영하는 것은 영리를 추구하는 민간부문의 사회복지 전달체계에 해당한다. 민간부문 전달체계는 서비스 공급의 다양화가 가능하고, 공급자 간 경쟁유도를 통해 서비스 질을 확보할 수 있으며, 이용자의 다양한 선택권을 보장할 수 있다. 하지만 계약에 따른 거래비용이 불필요하게 소모될 수 있으며, 공공재 제공의 어려움, 평등추구의 어려움, 규모의 경제 실현의 어려움 등의 단점이 있다.

23
답과해설 답 ④

마킹률	① 2%	② 2%	③ 8%	④ 72%	⑤ 16%

오답노트

① ② 현금급여는 수급자의 존엄성을 유지시켜 줄 수 있으며, 수급자들의 선택의 자유와 소비자 주권을 높일 수 있는 장점이 있으나, 목표효율성이 떨어진다. 반면, 현물급여는 급여를 받는 사람들이 용도 이외의 부분에 사용할 수 없기 때문에 정책 목표에 맞는 소비가 이루어지지만, 수급자에게 낙인감을 줄 수 있고, 정부 관료들에 의해서 권력을 행사하는 수단으로 쓰이기도 한다.
③ 바우처(증서)는 정해진 용도 내에서 원하는 재화나 서비스를 자유롭게 선택할 수 있는 일종의 이용권이다. 특정 계층

의 소비자에게 서비스 이용권을 부여하는 방식으로 제공된다. 이 바우처 제도의 특징은 공급자 중심이 아닌 소비자 중심의 제도라는 점이다. 공급자의 선정 과정이 아닌 수혜자의 선택 과정에서 경쟁이 유발된다.
⑤ 소비자 선택권은 현금급여, 바우처, 현물급여 순서로 낮아진다. 즉, 현금급여가 소비자 선택권이 가장 높다.

24

답과해설 답 ⑤

마킹률	① 8%	② 39%	③ 5%	④ 9%	⑤ 39%

연구자의 주관을 배제해야 하는 것은 정책결과에 대한 객관적이고 체계적인 해석에 관한 것으로 성과분석에 해당한다. 과정분석은 사회복지정책 형성의 역동성을 중심으로 하여 분석하는 접근이다. 정책의 계획과 관련된 각종 정보와 다양한 정치조직, 정부기관, 기타 조직들 간의 관계 및 상호작용이 정책형성에 어떻게 영향을 미치는가를 분석하는 것에 가장 큰 관심을 기울인다. 과정분석은 수많은 정치적 행위자의 의도에 초점을 가지는데, 이들 중에는 특정 정책에 의하여 긍정적으로나 부정적으로 영향을 미치기 쉬운 사람들을 대표하는 공무원, 전문가 집단, 매스미디어, 특별한 이익집단 등이 포함된다.

25

답과해설 답 ①

마킹률	① 65%	② 8%	③ 5%	④ 2%	⑤ 20%

고용보험법상 구직급여는 현금급여이다.

26

답과해설 답 ③

마킹률	① 10%	② 9%	③ 66%	④ 2%	⑤ 13%

선별주의란 사회복지 대상자를 특정한 조건이나 제한을 두어 선별적으로 결정하는 것을 의미한다. 선별주의적 제도에서는 급여에 대한 욕구에 기초하여 대상자가 결정되며, 욕구의 존재 여부는 자산조사에 의해 판별된다. 공공부조제도가 대표적인 선별주의적 제도이다.

오답노트

ㄴ. 아동수당은 사회수당으로서 보편주의적 제도에 해당한다. 보편주의란 사람들이 지위나 존엄성, 그리고 자존감을 상실하는 굴욕적인 상황에 처하지 않게끔 하면서 사회복지정책의 급여나 서비스를 모든 사람들이 이용하고 접근할 수 있도록 하는 것이다. 사회복지의 권리성, 연대의 가치를 강조하며, 사회수당, 사회보험 등이 이에 해당한다.

27

답과해설 답 ⑤

마킹률	① 3%	② 31%	③ 1%	④ 3%	⑤ 62%

오답노트

ㄱ. 사회복지 전달체계는 사회복지서비스를 누가, 어떻게, 어떠한 방식으로 전달하는 것이 가장 효과적이고, 효율적인 것인가를 확인하는 것이다. 즉, 서비스의 제공자와 클라이언트를 연결시키기 위한 체계적이고 조직적인 장치이다. 공공부문 전달체계는 정부나 공공기관이 직접 관리하고 운영하며, 민간부문 전달체계는 민간이 직접 관리하고 운영한다.

28

답과해설 답 ⑤

마킹률	① 0%	② 0%	③ 3%	④ 1%	⑤ 96%

사회복지정책 수급조건의 기준으로는 연령, 자산조사, 기여 여부, 진단적 차등 등이 있다. 한 가지 기준만을 적용하는 경우도 있지만, 여러 가지 기준을 동시에 적용하는 경우도 있다. 최종학력은 사회복지정책 수급조건의 기준과는 관련이 없다.

29

답과해설 답 ②

마킹률	① 1%	② 84%	③ 8%	④ 3%	⑤ 4%

오답노트

① 한국의 사회복지정책 재원은 주로 공공재원(조세, 사회보험료)에 의존한다.
③ 조세가 누진적일수록 소득재분배의 기능이 크다.
④ 한국의 조세부담률은 OECD 회원국가의 평균보다 낮다.
⑤ 사회복지재원으로서 이용료는 정액제보다 연동제일 때 소득재분배 효과가 크다. 정액제는 소득수준과 관계없이 정해진 금액을 기여하는 방식으로서 모든 사람이 정액으로 기여하기 때문에 소득재분배 효과가 가장 작다. 연동제는 전국 소비자 물가변동률을 연금액에 반영하는 방식으로서 시간이 지나면서 떨어지는 화폐의 가치와 물가의 상승으로 떨어지는 연금액의 가치를 방지하여 실질적인 연금액의 가치를 보장하기 때문에 소득재분배 효과가 크다.

30

답과해설 답 ③

마킹률	① 2%	② 3%	③ 82%	④ 7%	⑤ 6%

① 사회복지 재화나 서비스는 공공부문과 민간부문 등 다양한 전달체계를 통해 제공하는 것이 바람직하다.
② 의료, 교육 등과 같은 공공재적인 성격이 강한 재화나 서비스를 민간에서 제공하는 것은 바람직하지 않다.
④ 공공부문의 전달체계는 중앙정부나 지방정부를 통해 이루어지기 때문에 경쟁체제가 이루어질 수 없다.
⑤ 사회복지 재화나 서비스도 수급자들에 의한 오용과 남용의 문제가 발생할 수 있다.

31

답과해설 답 ③

마킹률	① 3%	② 1%	③ 89%	④ 6%	⑤ 1%

사회복지운동의 주체는 복지 당사자인 시민대중은 물론 사회복지 부문의 전문성을 지닌 사회복지시설의 종사자도 주체가 될 수 있다.

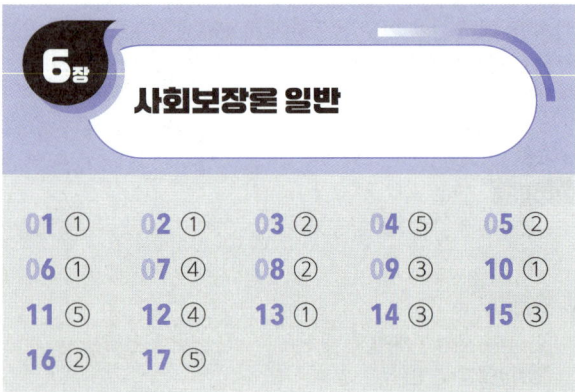

6장 사회보장론 일반

01 ①	02 ①	03 ②	04 ⑤	05 ②
06 ①	07 ④	08 ②	09 ③	10 ①
11 ⑤	12 ④	13 ①	14 ③	15 ③
16 ②	17 ⑤			

1

답과해설 답 ①

마킹률	① 55%	② 7%	③ 4%	④ 6%	⑤ 28%

② 고용보험은 사회보험으로서 수직적 재분배 효과보다는 수평적 재분배 효과가 크다.
③ 최소 극대화 원칙에 따르면 사회의 불평등은 허용되지만, 그 불평등이 가장 불리한 사람에게 최대한의 이익을 줄 수 있어야 정당하다. 따라서 최소 극대화의 원칙에 따라 불평등을 완화하기 위해서는 모든 대상자에게 차등적으로 보험료를 부과해야 한다.
④ 파레토 개선이란 다른 사람의 효용을 줄이지 않으면서 특정 사람의 효용을 높이는 것을 의미한다. 파레토 개선은 '누구도 손해를 보지 않고 누군가 이득을 보면 성립'하므로 민간에서 이루어지는 자선활동에서도 파레토 개선 효과는 나타난다.
⑤ 사회민주주의에서는 개인의 효용 관점이 아닌 사회적 평등과 연대 실현의 관점에서 재분배를 정당화한다.

2

답과해설 답 ①

마킹률	① 75%	② 9%	③ 9%	④ 4%	⑤ 3%

② 사회보험은 예방적인 성격이 강하며, 공공부조는 사후적인 성격이 강하다.
③ 사회보험은 미래에 발생할 수 있는 사회적 위험을 대비하는 방빈제도로서 빈곤을 예방(방지)하는 것에 목적이 있지만, 공공부조는 구빈제도로서 발생한 빈곤을 구제하는 것을 목적으로 한다.
④ 사회보험은 전체 국민의 강제가입을 통해 일정한 보험료를 납부함으로써 급여를 받을 권리를 갖는 권리적 성격이 강하다. 반면, 공공부조는 자산조사를 통해 빈곤층을 선별하여 조세를 통해 급여를 제공하므로 시혜적 성격이 강하다. 따라서 사회보험이 공공부조보다 계약적 권리성이 강하다.
⑤ 사회보험은 정부가, 공공부조는 중앙과 지방정부가 위임한 관리운영기구가 운영주체이다.

3

답과해설 답 ②

마킹률	① 4%	② 79%	③ 5%	④ 1%	⑤ 11%

① 빈곤층뿐만 아니라 전 계층을 대상으로 서비스를 제공할 수 있다.
③ 공공재원(국비 등)의 비중이 높지만, 본인부담금과 같은 민간재원도 재원으로 사용된다.
④ 민간기관, 사회복지법인, 지자체, 비영리기관 등 다양한 공급 주체가 참여한다.
⑤ 이용자의 욕구에 따라 맞춤형 서비스, 개별화 서비스 등을 제공한다.

4

답과해설 답 ⑤

마킹률	① 9%	② 4%	③ 10%	④ 8%	⑤ 69%

① 사회보험은 사용자와 근로자, 자영자가 부담하는 사회보험료를 주된 재원으로 한다.
② 사회보험은 민간보험보다 사회적 적절성이 중요하다. 사회보험은 모든 가입자에게 일정한 수준 이상의 급여를 제공하는 사회적 적절성을 중시하지만, 민간보험은 자신이 낸 보험료에 비례하여 급여를 받는 개인적 형평성을 중시한다.
③ 사회보험은 개인에게 발생할 수 있는 모든 위험을 대상으로 하기보다는 국가가 명시한 사회적 위험에 대상이 한정되어 있다.
④ 물가상승에 따른 실질가치의 변동을 보장하는 것은 사회보험이다. 민간보험은 물가상승에 따른 실질가치의 변동까지 보장하는 것은 어렵다.

05

답과 해설 답 ②

마킹률	① 11%	② 72%	③ 8%	④ 4%	⑤ 5%

오답노트

① 공공부조는 누진적인 조세를 재원으로 저소득층에게 제공하기 때문에 수직적 재분배에 해당한다.
③ 아동수당은 동일 소득 계층 내의 재분배로서 인구학적 조건을 가진 사람들에게 급여하기 때문에 수평적 재분배에 해당한다.
④ 연금재정 운영방식 중 적립방식은 연금급여를 적립했다가 장래에 지급하는 방식으로 장기적 재분배 효과가 발생한다.
⑤ 소득재분배는 조세, 사회보험 등에서 발생한다.

06

답과 해설 답 ①

마킹률	① 79%	② 4%	③ 5%	④ 7%	⑤ 5%

민간부문도 주체에 포함된다. "사회서비스"란 국가·지방자치단체 및 민간부문의 도움이 필요한 모든 국민에게 복지, 보건의료, 교육, 고용, 주거, 문화, 환경 등의 분야에서 인간다운 생활을 보장하고 상담, 재활, 돌봄, 정보의 제공, 관련 시설의 이용, 역량 개발, 사회참여 지원 등을 통하여 국민의 삶의 질이 향상되도록 지원하는 제도를 말한다.

07

답과 해설 답 ④

마킹률	① 12%	② 12%	③ 13%	④ 51%	⑤ 12%

오답노트

① 기초연금은 사회보험 제도(기여방식 공적 연금)가 아닌 공공부조 제도에 해당한다.
② 고용보험의 고용안정 및 직업능력개발사업 보험료는 사업주가 전액 부담한다.
③ 노인장기요양보험의 시설급여 제공기관에는 노인요양시설과 노인요양공동생활가정이 포함된다.
⑤ 산업재해보상보험의 급여에는 '요양급여, 휴업급여, 장해급여, 간병급여, 유족급여, 상병보상연금, 장례비, 직업재활급여'가 있다.

※ 해당 문제는 가답안 발표 당시 정답이 ④이었으나, 최종답안으로 모두 정답 처리되었다. 실제 시험에서는 ④의 내용이 "국민건강보험의 직장가입자 보험료는 노사가 1/2씩 부담하지만 사립학교 교직원은 국가가 20% 부담한다."라고 출제되었는데, 이는 옳지 않은 내용이다. 국민건강보험법 제76조(보험료의 부담)를 보면 "(생략) 직장가입자가 교직원으로서 사립학교에 근무하는 교원이면 보험료액은 그 직장가입자가 100분의 50을, 사용자가 100분의 30을, 국가가 100분의 20을 각각 부담한다."라고 명시되어 있다. 즉, 사립학교 교직원이 아닌 사립학교 교직원 중 '교원'이어야 국가가 20%를 부담하는 것이다. 따라서 ④의 내용도 옳지 않은 내용이므로 옳은 것을 찾는 해당 문제는 ①~⑤ 모두 옳지 않기 때문에 모두 정답 처리되었다. 교재에는 ④의 내용을 올바르게 수정하여 문제를 수록하였다.

08

답과 해설 답 ②

마킹률	① 20%	② 53%	③ 13%	④ 7%	⑤ 7%

오답노트

ㄷ. 사회보험은 기여 여부를 급여 지급 요건으로 하지만, 사회수당은 기여 여부를 급여 지급 요건으로 하지 않는다.
ㄹ. 방빈제도란 빈곤을 방지(예방)하려는 제도를 말하고, 구빈제도는 빈곤에서 구제하는 제도를 말한다. 사회보험은 방빈제도, 공공부조는 구빈제도, 사회수당은 빈곤과 관계 없는 보편적 복지제도에 해당하지만 어느 정도는 방빈의 기능도 수행한다고 볼 수 있다.

09

답과 해설 답 ③

마킹률	① 5%	② 1%	③ 84%	④ 6%	⑤ 4%

국민연금(ㄱ), 국민건강보험(ㄴ), 노인장기요양보험(ㅁ)은 보건복지부장관이 관장하고, 산업재해보상보험(ㄷ), 고용보험(ㄹ)은 고용노동부장관이 관장한다.

10

답과 해설 답 ①

마킹률	① 75%	② 5%	③ 6%	④ 3%	⑤ 11%

공공부조제도는 제한된 예산으로 좁은 범위의 대상(저소득층)을 위해 집중적으로 활용할 수 있다는 점에서 대상효율성이 높다고 볼 수 있다.

오답노트

② 저소득층을 선별하여 가입하는 공공부조제도보다 모든 국민을 대상으로 강제가입의 원칙을 적용하는 사회보험의 가입률이 더 높다.
③ 공공부조제도는 자산조사를 통하여 선별적으로 적용되기 때문에 수급자에 대한 낙인이 발생할 수 있다.
④ 공공부조제도는 수급자격을 결정하기 위한 자산조사를 실시하는 데 행정비용이 많이 소요될 수 있다.
⑤ 공공부조제도는 소득이 높은 사람으로부터 소득이 낮은 사람으로 재분배되기 때문에 수직적 재분배 효과가 크다.

11

답과 해설 답 ⑤

마킹률	① 10%	② 7%	③ 2%	④ 7%	⑤ 74%

사회보험의 보험료 징수는 통합적으로 국민건강보험공단에서 진행되고 있지만, 사회보험의 업무는 국민연금공단, 국민건강보험공단, 근로복지공단 등 각각의 해당 기관에서 운영된다.

12

답과 해설 답 ④

마킹률	① 2%	② 35%	③ 6%	④ 49%	⑤ 8%

아동수당은 만 8세 미만 아동의 양육 부담을 덜고 아동의 기본적인 권리와 복지 증진을 돕기 위해 지급되는 급여이다.

13

답과 해설 답 ①

마킹률	① 89%	② 3%	③ 1%	④ 3%	⑤ 4%

사회보험은 현금급여 외에 현물급여 등도 지급하고 있으며, 민영보험은 모두 현금급여를 지급하고 있다.

14

답과 해설 답 ③

마킹률	① 4%	② 7%	③ 33%	④ 8%	⑤ 48%

사회보장기본법상 "사회보장"이란 출산, 양육, 실업, 노령, 장애, 질병, 빈곤 및 사망 등의 사회적 위험으로부터 모든 국민을 보호하고 국민 삶의 질을 향상시키는 데 필요한 소득·서비스를 보장하는 사회보험, 공공부조, 사회서비스를 말한다. ①, ②는 사회보험, ④는 공공부조, ⑤는 사회서비스에 해당한다.

15

답과 해설 답 ③

마킹률	① 7%	② 6%	③ 73%	④ 4%	⑤ 10%

오답노트

① 소득재분배는 시장에서 배분된 소득(1차적 분배)을 다양한 방향으로 공공영역(정부 등)을 통해 2차적 재분배하는 것이다.
② 세대 내 재분배는 동일한 세대 내에서의 재분배를 말한다.
④ 수직적 재분배는 누진적 재분배의 효과가 가장 크다.
⑤ 세대 간 재분배는 주로 부과방식을 통해 운영된다.

16

답과 해설 답 ②

마킹률	① 3%	② 71%	③ 3%	④ 4%	⑤ 19%

급여를 받을 권리가 자산조사의 결과에 근거하여 결정되는 것은 공공부조제도이다.

17

답과 해설 답 ⑤

마킹률	① 15%	② 15%	③ 16%	④ 5%	⑤ 49%

ㄱ. 조세는 사회복지정책이 추구하는 중요한 가치인 평등(소득재분배)을 가장 잘 구현하는 재원이라 할 수 있다. 이러한 조세를 재원으로 하여 저소득층에게 급여를 제공하는 공공부조제도에서 소득재분배 효과가 크게 나타난다.
ㄴ. 사회적 취약계층을 대상으로 하는 사회복지서비스는 소득이 높은 사람에게서 소득이 낮은 사람으로 재분배되는 수직적 재분배 효과가 있다.
ㄷ. 수평적 재분배는 동일한 소득 계층 내에서 특정한 조건을 가진 사람들에게 급여를 지급하는 경우의 재분배이다. 위험 미발생집단에서 위험 발생집단으로 소득이 이전되는 경우 수평적 재분배가 일어난다.
ㄹ. 일반적으로 부조방식은 조세를 재원으로 하며, 보험방식은 기여금, 부담금(일부 조세)을 재원으로 한다. 따라서 부조방식이 보험방식보다 재분배 효과가 크다.

7장 공적 연금의 이해

01 ④   02 ②   03 ①   04 ①

01

답과 해설 답 ④

마킹률	① 24%	② 16%	③ 25%	④ 19%	⑤ 16%

ㄴ, ㄷ. 기본연금액의 균등부분은 연금수급 전 전체 가입자의 3년간의 평균소득월액의 평균액을 말한다. 가입자의 소득이나 보험료 납부실적과 무관하게 한 해에 연금수급을 시작하는 모든 연금수급자에게 동일하게 적용함으로써 연금급여의 격차를 줄이는 소득재분배 역할을 한다.

ㅁ. 2025년 현재 기준 국민연금제도는 2008년부터 소득대체율은 0.5%씩 줄어들어 2028년 이후에는 소득대체율이 40%가 된다.

   ※ 다만, 2025년 4월 2일 국민연금법이 개정(시행 2026년 1월 1일)되면서 연금개혁안이 반영됨에 따라 2026년부터 소득대체율이 43%로 상향 조정되는 것으로 개정되었다.

오답노트

ㄱ. 국민연금공단이 관리운영을 담당하지만, 보험료 징수는 국민건강보험공단이 담당한다.

ㄹ. 기본연금액의 소득비례부분은 전체 가입자가 아닌 가입자 개인의 기준소득월액의 평균액이다.

02

답과 해설 답 ②

마킹률	① 10%	② 42%	③ 14%	④ 26%	⑤ 8%

오답노트

ㄴ. 1960년 공무원연금법의 제정으로 시행된 공무원연금제도가 최초의 공적 연금이다.

ㄷ. 국민연금은 수급개시가 65세부터 시작되지만, 공무원연금 등의 수급개시는 퇴직연도에 따라 수급개시 연령이 다르다. 즉, 공적 연금의 종류에 따라 수급개시 기준에 차이가 있기 때문에 모든 공적 연금의 수급개시 연령이 동일한 것은 아니다.

03

답과 해설 답 ①

마킹률	① 27%	② 6%	③ 18%	④ 17%	⑤ 32%

연금크레딧제도는 사회적으로 가치 있는 행위를 하였거나, 불가피한 사유로 보험료를 납부할 수 없는 경우 수급권 및 적정급여 보장을 위해 가입기간을 추가로 인정하는 제도이다. 우리나라는 출산크레딧, 군복무크레딧, 실업크레딧을 시행하고 있으며, 출산크레딧과 군복무크레딧은 2008년부터, 실업크레딧은 2016년부터 시행되고 있다.

04

답과 해설 답 ①

마킹률	① 42%	② 5%	③ 24%	④ 8%	⑤ 21%

오답노트

ㄴ. 적립방식은 부과방식에 비해 자본축적 효과가 크기 때문에 상대적으로 재정의 안정적인 운영이 가능하다. 부과방식은 매년 전체 가입자가 낸 보험료 등으로 당해 연도에 지급해야 할 연금급여를 충당하는 방식이기 때문에 상대적으로 재정운영의 불안정성이 존재한다.

ㄷ. 적립방식은 부과방식에 비해 기금확보가 더 용이하며, 성숙기에는 적립된 기금의 활용이 가능하다. 다만, 일정한 기금이 형성되기 전까지는 제도 초기에 어려움이 있다.

8장 국민건강보장제도의 이해

01 ④   02 ⑤   03 ④   04 ⑤   05 ②
06 ②

01

답과 해설 답 ④

마킹률	① 10%	② 8%	③ 6%	④ 69%	⑤ 7%

오답노트

① 질병 범주별로 구분하여 고정금액을 보수로 지불하는 방식은 포괄수가제이다.

② 의사가 담당하는 환자 수에 비례하여 일정 금액을 지급하는

방식은 인두제이다.

③ 행위별 수가제는 진료 건마다 청구해야 해서 행정절차가 복잡하고, 과잉진료 유인으로 비용이 증가할 위험이 있다.

⑤ 의료기관의 1년간 운영비를 포괄적으로 지불하는 제도는 총액계약제이다.

02

답과해설 답 ⑤

마킹률	① 9%	② 35%	③ 29%	④ 8%	⑤ 19%

노인요양공동생활가정은 입소정원이 5~9명으로 운영된다. 장기간 입소한 수급자에게 가정과 같은 주거여건에서 신체활동지원 및 심신기능의 유지·향상을 위한 교육·훈련 등을 제공하는 시설급여에 해당한다.

03

답과해설 답 ④

마킹률	① 13%	② 10%	③ 7%	④ 61%	⑤ 9%

행위별 수가제는 환자에게 제공한 모든 의료서비스를 항목별로 계산하여 진료비를 책정하는 방식이다. 환자에게 많은 진료를 제공하면 할수록 의사 또는 의료기관의 수입이 증가하게 되어 과잉진료 등을 초래할 우려가 있다. 과잉진료 및 신의료기술의 지나친 적용으로 국민의료비가 증가할 가능성이 크다.

04

답과해설 답 ⑤

마킹률	① 3%	② 7%	③ 9%	④ 9%	⑤ 72%

행위별 수가제는 환자에게 제공한 모든 의료서비스를 항목별로 계산하여 진료비를 책정하는 방식이다. 환자에게 많은 진료를 제공하면 할수록 의사 또는 의료기관의 수입이 증가하게 되어 과잉진료 등을 초래할 우려가 있으며, 과잉진료 및 신의료기술의 지나친 적용으로 국민의료비가 증가할 가능성이 크다.
포괄수가제는 보통 발생빈도가 높은 질병군에 대해 환자의 입원 일수와 중증도(심한 정도)에 따라 미리 정해진 표준화된 진료비(본인부담금 포함)를 의료기관에 지급하는 방식을 통칭한다. 포괄수가제는 행위별 수가제에 비해 과잉진료와 의료서비스 오남용을 억제하는 효과가 있다.

05

답과해설 답 ②

마킹률	① 1%	② 60%	③ 9%	④ 22%	⑤ 8%

노인장기요양보험과 국민건강보험은 기금방식이 아니다. 노인장기요양보험료는 국민건강보험료와 통합하여 징수하는데,

이 경우 국민건강보험공단은 노인장기요양보험료와 국민건강보험료를 구분하여 고지하여야 한다. 이렇게 통합 징수한 장기요양보험료와 건강보험료는 각각의 독립회계로 관리하여야 한다.

06

답과해설 답 ②

마킹률	① 9%	② 46%	③ 5%	④ 6%	⑤ 34%

오답노트

① 국민건강보험은 강제가입을 원칙으로 한다.

③ 건강보험료의 납부 측면에서 소득에 따라 정률제로 건강보험료를 납부하고 있으므로 수직적 소득재분배 기능을 갖고 있다고 할 수 있다.

④ 국민건강보험의 보험자는 국민건강보험공단이다.

⑤ 직장가입자의 보험료는 보수월액에 보험료율을 곱하여 얻은 금액이다.

9장 산업재해보상보험제도의 이해

01 ⑤   02 ①   03 ②

01

답과해설 답 ⑤

마킹률	① 6%	② 1%	③ 1%	④ 1%	⑤ 91%

근로자가 '업무상 사고', '업무상 질병', '출퇴근 재해'에 해당하는 사유로 부상·질병 또는 장해가 발생하거나 사망하면 업무상의 재해로 본다.

ㄱ. 사업주가 주관한 행사준비 중에 발생한 사고는 업무상 사고에 해당한다.

ㄴ. 휴게시간 중 사업주의 지배관리하에 있다고 볼 수 있는 행위로 발생한 사고는 업무상 사고에 해당한다.

ㄷ. 통상적인 경로와 방법으로 출·퇴근하는 중 발생한 사고는 출퇴근 재해에 해당한다.

ㄹ. 직장 내 괴롭힘으로 인한 업무상 정신적 스트레스가 원인이 되어 발생한 질병은 업무상 질병에 해당한다.

02

답과해설 답 ①

마킹률	① 83%	② 1%	③ 5%	④ 8%	⑤ 3%

오답노트

② 구직급여는 재취업을 위한 노력을 적극적으로 하는 등 구직활동을 해야 지급된다.

③ 고용보험과 산업재해보상보험은 소정근로시간(취업규칙)을 준수해야 적용받을 수 있다.

④ 장해급여는 근로자가 업무상의 사유에 의하여 부상을 당하거나 질병에 걸려 치유 후 신체 등에 장해가 있는 경우에 당해 근로자에게 지급한다.

⑤ 고용보험과 산업재해보상보험의 보험료율은 서로 다르다.

03

답과해설 답 ②

마킹률	① 10%	② 30%	③ 4%	④ 20%	⑤ 36%

산업재해보상보험제도의 급여에는 '요양급여, 휴업급여, 장해급여, 간병급여, 유족급여, 상병보상연금, 장례비, 직업재활급여'가 있다.

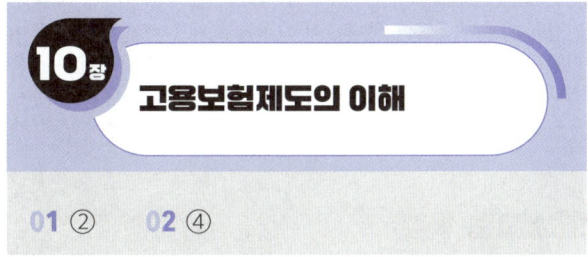

10장 고용보험제도의 이해

01 ②   02 ④

01

답과해설 답 ②

마킹률	① 19%	② 53%	③ 11%	④ 2%	⑤ 15%

오답노트

ㄴ. 고용보험법에서는 예술인인 피보험자에 대한 고용보험 특례에 관한 조항을 신설하여 예술인도 고용보험의 가입대상이라는 것을 명시하고 있다.

ㄹ. 고용안정 및 직업능력개발사업의 보험료는 사업주가 전액 부담한다.

02

답과해설 답 ④

마킹률	① 4%	② 10%	③ 6%	④ 71%	⑤ 9%

오답노트

① 고용보험료는 국민건강보험공단에서 부과·징수한다. 2011년부터 사회보험 징수통합에 따라 고용·산재보험의 보험료 징수업무(고지·수납 및 체납관리)를 국민건강보험공단에서 수행하고 있다.

② 외국인근로자의 고용 등에 관한 법률의 적용을 받는 외국인근로자에게만 이 법을 적용한다. 다만, 실업급여 및 육아휴직급여 등은 고용노동부령으로 정하는 바에 따른 신청이 있는 경우에만 적용한다.

③ 실업의 신고일부터 계산하기 시작하여 7일간은 대기기간으로 보아 구직급여를 지급하지 아니한다.

⑤ 실업급여 사업에 해당하는 보험료는 사업주와 근로자가 각각 50%씩 부담, 고용안정·직업능력개발사업에 해당하는 보험료는 사업주가 전액 부담한다.

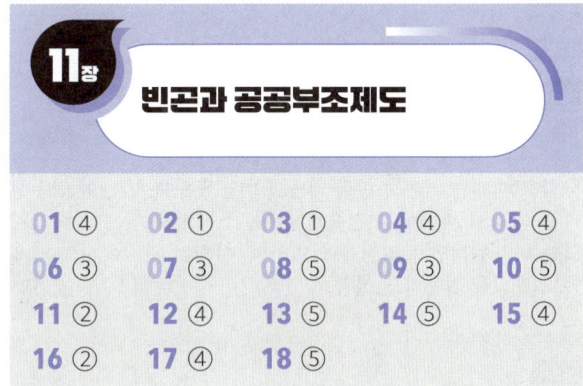

11장 빈곤과 공공부조제도

01 ④	02 ①	03 ①	04 ④	05 ④
06 ③	07 ③	08 ⑤	09 ③	10 ⑤
11 ②	12 ④	13 ⑤	14 ⑤	15 ④
16 ②	17 ④	18 ⑤		

01

답과해설 답 ④

마킹률	① 18%	② 3%	③ 14%	④ 60%	⑤ 5%

사회적 배제는 단순히 빈곤이라는 결과적인 상태에만 초점을 두는 것이 아니라 빈곤에 이르게 되는 배제의 과정과 사회 구조적 원인을 포괄적으로 설명하는 개념이다. 기존의 빈곤 개념과 비교했을 때 빈곤의 역동성과 동태적인 과정에 초점을 맞추며, 소득의 문제에 국한되지 않는 다차원적인 불리함을 설명하고, 사회적 관계에서의 배제에도 관심을 기울이고 있다.

2

답 ①

마킹률	① 64%	② 9%	③ 10%	④ 7%	⑤ 10%

오답노트

② 생존에 필요한 생활수준이 최소한의 수준에 도달하지 못한 상태를 말하는 것은 절대적 빈곤이다. 상대적 빈곤은 어떤 사회의 평균적인 소득수준, 생활수준과 밀접한 관련이 있으며, 사회의 불평등 수준에 큰 영향을 받는다.

③ 라이덴 방식은 자신이 처한 상황에서 자신의 빈곤 여부를 가장 잘 평가할 수 있는 것은 바로 자기 자신이라는 전제에서 출발하여 사람들의 주관적 평가에 기초하여 빈곤 여부를 결정한다.

④ 빈곤층의 소득을 빈곤선 수준으로 끌어올리는 데 필요한 총소득을 나타내는 것은 빈곤갭이다. 빈곤율은 빈곤선을 기준으로 빈곤가구와 비빈곤가구를 구분하고 빈곤가구에 사는 개인의 수를 구하여 전체 인구에서 차지하는 비율을 통해 측정하는 방법이다.

⑤ 지니계수가 1이면 완전 불평등한 분배, 0이면 완전 평등한 분배 상태를 나타낸다.

3

답 ①

마킹률	① 74%	② 10%	③ 7%	④ 2%	⑤ 7%

사회적 배제는 기존의 빈곤 개념과 비교했을때, 빈곤의 역동성과 동태적인 과정에 초점을 맞추며, 소득의 문제에 국한되지 않는 다차원적인 불리함을 의미하며, 사회적 관계에서의 배제에도 관심을 기울이고 있다.

4

답 ④

마킹률	① 3%	② 33%	③ 10%	④ 10%	⑤ 44%

요보호아동가족부조(AFDC)는 미국의 대표적 공공부조 제도로 아동을 양육하는 빈곤한 한부모들에게 경제적 지원을 하는 제도이다. 1996년 복지개혁 이후 급여기간을 5년 이내로 단축하는 빈곤가족한시지원(TANF)으로 바뀌었다.

5

답 ④

마킹률	① 4%	② 33%	③ 4%	④ 55%	⑤ 4%

2024년 1월 1일부로 개정된 국민기초생활보장제도가 시행되었다. 주요 개정 사항 중 하나로 급여의 지원 기준이 대폭 확대되었는데, 생계급여 선정 기준이 기준 중위소득의 30% 이하에서 32% 이하로, 주거급여 선정 기준이 기준 중위소득의 47% 이하에서 48% 이하로 확대되었다.

국민기초생활보장제도 수급자 선정 소득기준

- 생계급여: 기준 중위소득의 (ㄱ) 32% 이하
- 주거급여: 기준 중위소득의 48% 이하
- 의료급여: 기준 중위소득의 (ㄴ) 40% 이하
- 교육급여: 기준 중위소득의 50% 이하

6

답 ③

마킹률	① 5%	② 4%	③ 66%	④ 7%	⑤ 18%

긴급복지지원제도는 단기 지원의 원칙(위기상황에 처한 사람에게 일시적으로 신속하게 지원), 선지원 후처리 원칙(현장확인을 통해 긴급한 지원의 필요성이 판단되면 우선 지원을 신속하게 실시하고 나중에 지원의 적정성을 심사), 다른 법률 지원 우선의 원칙(다른 법률에 의하여 긴급지원의 내용과 동일한 내용의 구호·보호나 지원을 받고 있는 경우에는 긴급지원을 하지 않음)이 적용된다.

7

답 ③

마킹률	① 5%	② 14%	③ 36%	④ 22%	⑤ 23%

긴급복지지원제도의 생계급여 지원은 최대 (ㄱ) 6회, 의료급여 지원은 최대 (ㄴ) 2회, 주거급여는 최대 12회, 복지시설 이용은 최대 6회 지원된다. (ㄱ) 6회와 (ㄴ) 2회를 합한 값은 8이 된다.

8

답 ⑤

마킹률	① 6%	② 7%	③ 9%	④ 15%	⑤ 63%

사업자도 근로장려금을 받을 수 있다. 근로장려금은 일은 하지만 소득이 적어 생활이 어려운 근로자, 사업자(전문직 제외) 가구에 대하여 가구원 구성과 근로소득, 사업소득 또는 종교인 소득에 따라 산정된 근로장려금을 지급함으로써 근로를 장려하고 실질소득을 지원하는 근로연계형 소득지원 제도이다.

9

답 ③

마킹률	① 6%	② 6%	③ 78%	④ 5%	⑤ 5%

총급여액 등이 1,800만원이면 '총급여액 등 1,200만원 이상 3,200만원 미만'의 구간에 해당하므로 '근로장려금=200만원−(총급여액 등−1,200만원)×100분의 10'의 산정방식으로 계산

이 된다. 따라서 "근로장려금=200만원-(1,800만원-1,200만원)×100분의 10"을 계산하면 근로장려금은 140만원이 된다.

10
답과해설 답 ⑤

마킹률	① 28%	② 19%	③ 9%	④ 7%	⑤ 37%

오답노트

ㄷ. 교육급여는 국민기초생활보장제도로 개정되기 이전의 생활보호제도 때부터 존재한 급여(생활보호제도 당시의 명칭은 교육보호)이다.

11
답과해설 답 ②

마킹률	① 12%	② 29%	③ 10%	④ 17%	⑤ 32%

오답노트

ㄴ. 라이덴 방식은 주관적 빈곤을 측정하는 방식이다. '당신의 가구에서는 얼마의 소득(혹은 지출)이 있다면 근근이 살아갈 수 있겠습니까?'라는 식의 질문을 통해 빈곤선을 추정한다.

ㄷ. 반물량 방식은 절대적 빈곤을 측정하는 방식으로서 오르샨스키 방식이라고도 한다. 식료품비에 1/3의 역수인 3을 곱하여 빈곤선을 측정한다.

ㄹ. 라운트리 방식은 절대적 빈곤을 측정하는 방식으로서 전물량 방식이라고도 한다. 인간 생활에 필수적인 모든 품목에 대하여 최저한의 수준을 정하고 화폐가치로 환산하여 빈곤선을 측정한다.

12
답과해설 답 ④

마킹률	① 1%	② 23%	③ 11%	④ 59%	⑤ 6%

국민기초생활보장제도 수급자 중 보장시설에서 급여를 받는 자(국민기초생활보장 시설수급자)는 1종 의료급여 수급자에 해당한다.

13
답과해설 답 ⑤

마킹률	① 2%	② 3%	③ 19%	④ 5%	⑤ 71%

오답노트

① 의료급여 선정기준은 기준 중위소득의 100분의 40 이상으로 한다.

② 교육급여 선정기준은 기준 중위소득의 100분의 50 이상으로 한다.

③ "수급권자"란 국민기초생활보장법에 따른 급여를 받을 수 있는 자격을 가진 사람을 말한다. 국민기초생활보장법에 따른 급여를 받는 사람은 "수급자"이다.

④ 국민기초생활보장제도에서의 "보장기관"은 국민기초생활보장법에 따른 급여를 실시하는 국가 또는 지방자치단체를 말한다.

14
답과해설 답 ⑤

마킹률	① 4%	② 3%	③ 6%	④ 12%	⑤ 75%

타운센드(Townsend)는 절대적 빈곤 개념을 비판하고 빈곤은 '상대적 박탈'이라는 개념을 통해서만 객관적으로 정의될 수 있다고 주장하였다. 먼저 상대적 박탈을 객관적 박탈감과 주관적 박탈감으로 나누었으며, 그리고 객관적 박탈감을 측정할 수 있는 항목과 주관적 박탈감을 측정할 수 있는 항목을 선정하여 소득계층별로 이들 항목들을 보유하거나 누리고 있는 양태를 비교하였다. 객관적 박탈감을 측정하는 지표로 주거, 연료, TV 등의 가전제품, 휴가 또는 여행 등의 여가 및 문화생활 등을 사용하였고, 주관적 박탈감을 측정하는 지표로는 공간적으로 거주하는 지역의 소득수준, 즉 어느 지역에 사느냐에 따라 주관적 박탈감이 달라질 수 있다는 것이며, 시간적으로는 과거에 비해 현재 생활 수준에 대해 주관적으로 느끼는 박탈감 혹은 빈곤감 등을 사용하였다.

15
답과해설 답 ④

마킹률	① 11%	② 7%	③ 9%	④ 65%	⑤ 8%

오답노트

ㄷ. 모든 빈곤층의 소득을 빈곤선 수준까지 끌어올리기 위해서 어느 정도의 소득이 필요한가를 보여주는 방법은 빈곤갭이다. 빈곤율은 빈곤선을 기준으로 빈곤가구와 비빈곤가구를 구분하고 빈곤가구에 사는 개인의 수를 구하여 전체 인구에서 차지하는 비율을 통해 측정하는 방법이다. 빈곤율은 빈곤층의 규모를 보여줄 수 있지만, 빈곤층의 소득이 빈곤선에 비해 부족한 정도를 보여주지는 않는다.

16
답과해설 답 ②

마킹률	① 10%	② 60%	③ 11%	④ 2%	⑤ 17%

오답노트

① 식료품비를 계산하고 엥겔수의 역을 곱해서 빈곤선을 기준으로 측정하는 방식은 반물량 방식이다.

③ 라이덴 방식은 주관적 빈곤을 측정하는 대표적인 방식이다.
④ 반물량 방식은 식료품비의 비중에 의해 빈곤선을 측정하는 방식이다.
⑤ 중위소득 또는 평균소득을 근거로 빈곤선을 측정하는 것은 상대적 빈곤 측정방식이다.

17

답과해설 답 ④

마킹률	① 8%	② 21%	③ 35%	④ 35%	⑤ 1%

국민기초생활보장법 제18조의8(자산형성지원)에 따르면 "자산형성지원으로 형성된 자산은 대통령령으로 정하는 바에 따라 수급자의 재산의 소득환산액 산정 시 이를 포함하지 아니한다."고 명시되어 있다.

18

답과해설 답 ⑤

마킹률	① 6%	② 2%	③ 7%	④ 13%	⑤ 72%

재해구호법, 국민기초생활보장법, 의료급여법, 사회복지사업법, 가정폭력방지 및 피해자보호 등에 관한 법률, 성폭력방지 및 피해자보호 등에 관한 법률 등 다른 법률에 따라 이 법에 따른 지원 내용과 동일한 내용의 구호·보호 또는 지원을 받고 있는 경우에는 이 법에 따른 지원을 하지 아니한다.

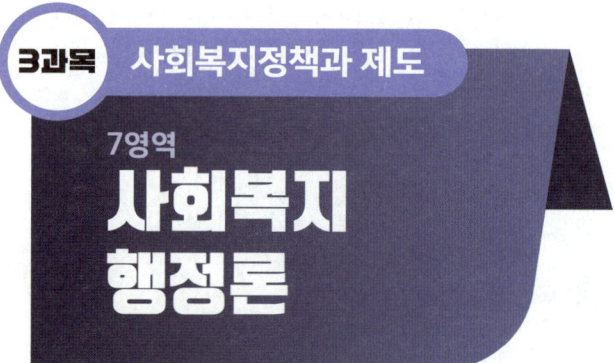

3과목 사회복지정책과 제도

7영역
사회복지 행정론

1장 사회복지행정의 개념과 특성

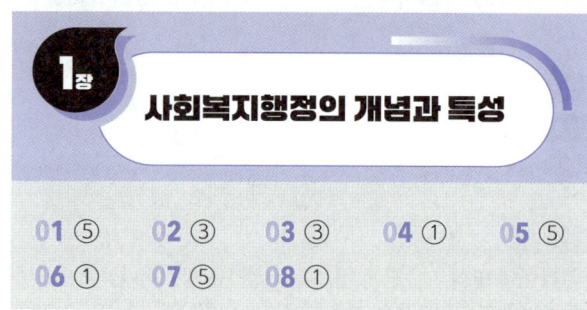

01 ⑤	02 ③	03 ③	04 ①	05 ⑤
06 ①	07 ⑤	08 ①		

01

답과해설 답 ⑤

마킹률	① 1%	② 5%	③ 1%	④ 2%	⑤ 91%

오답노트

① 사회복지행정은 정부조직만을 대상으로 하는 것이 아니라 공공 및 민간기관을 포함하여 모든 사회복지조직의 구성원들이 수행하는 총체적인 활동이다.
② 사회복지행정은 조직의 효과성과 효율성 모두 중요하다.
③ 사회복지행정은 정부재정 외에 민간의 자원동원 및 활용도 포함한다.
④ 사회복지행정은 인간을 대상으로 하고, 사회적 책임성과 도덕적 가치를 지향하므로 사회문제 해결과정에서 가치지향적이며 가치판단적이다.

02

답과해설 답 ③

마킹률	① 1%	② 2%	③ 77%	④ 0%	⑤ 20%

③ 사회복지서비스의 효과는 항상 즉각적으로 나타나는 것도 아니며 클라이언트가 느끼는 기준도 다르기 때문에 효과성을 객관적으로 입증하기가 모호한 측면이 있다.

3

답과 해설 답 ③

마킹률	① 1%	② 5%	③ 80%	④ 2%	⑤ 12%

사회복지행정의 과정(POSDCoRBE)
- 기획(Planning): 조직의 목표 및 과업 설정
- 조직(Organizing): 조직구조 설정, 과업의 할당
- 인사(Staffing): 직원의 임면, 훈련 등
- 지시(Directing): 행정책임자의 관리 · 감독
- 조정(Coordinating): 구성원 간의 의사소통
- 보고(Reporting): 이사회, 후원자, 유관 기관 등에 알림
- 재정(Budgeting): 회계 과정
- 평가(Evaluating): 서비스의 효과성, 효율성 등을 확인

4

답과 해설 답 ①

마킹률	① 57%	② 38%	③ 3%	④ 1%	⑤ 1%

오답노트

② 사회복지행정가는 인간적 가치와 도덕적 정당성을 바탕으로 기관의 목적을 고려하여 어떤 클라이언트에게 어떤 서비스를 제공할지를 판단해야 하기 때문에 가치중립적일 수 없다. 사회복지행정은 가치판단적, 가치지향적 특징을 갖는다.
③ 자원은 한정되어 있기 때문에 사회복지조직도 서비스의 효율성을 주요 가치로 고려한다.
④ 예산, 결산, 회계 등의 재정관리 역시 사회복지행정에 포함되는 활동이다.
⑤ 직무환경은 업무장소의 특징, 사용하는 도구, 근무시간, 직원복지, 분위기 등을 모두 포함한다. 조직이 추구하는 가치 및 사업의 성격에 따라 다르게 운영된다.

5

답과 해설 답 ⑤

마킹률	① 2%	② 3%	③ 27%	④ 46%	⑤ 22%

⑤ 휴먼서비스 조직은 의료, 복지, 교육 등 인간에 대한 직접적인 서비스를 행사하는 조직을 말한다. 클라이언트의 문제해결 및 욕구충족과 관계된 목표달성을 위해 다양한 지식과 기술을 활용한다. 그런데 지식과 기술은 근본적으로 완전할 수 없고, 클라이언트마다 가치와 성향을 반영하여 적용되어야 하며, 클라이언트에게 적용된 지식과 기술의 적합성과 효과성을 예측하여 확신하기도 어렵다.

6

답과 해설 답 ①

마킹률	① 86%	② 2%	③ 3%	④ 2%	⑤ 7%

① 배타적 사고는 다른 사람이나 의견을 배척하는 것을 말한다. 사회복지 행정가는 나와 다른 생각이라고 해서 배척할 것이 아니라 열린 마음을 갖는 것이 필요하다. 간혹 배타적 사고와 비판적 사고를 헷갈려하는데 비판적 사고는 어떤 상황이나 문제에 대해 편견이나 감정에 따르지 않고 합리적, 논리적, 객관적으로 분석하는 사고과정을 말하는 것으로 이러한 비판적 사고는 필요하다.

7

답과 해설 답 ⑤

마킹률	① 0%	② 2%	③ 8%	④ 8%	⑤ 82%

ㄹ. 기획을 통해 달성할 목표를 설정하고 이를 위한 활동 내용을 결정한다. → ㄷ. 구체적으로 정해진 활동들을 수행할 인력을 조직하여 역할과 책임을 부여한다. → ㄴ. 활동이 원활히 수행될 수 있도록 촉진한다. → ㄱ. 수행 결과를 평가한다. → ㅁ. 평가결과를 구성원들에게 공유하며 향후 문제점이 보완될 수 있도록 한다.

8

답과 해설 답 ①

마킹률	① 85%	② 9%	③ 1%	④ 1%	⑤ 4%

① 사회복지행정의 주요 가치로 효과성, 효율성, 공평성, 책임성, 접근성(편익성), 대응성 등을 꼽을 수 있다. 이 중 효과성은 사회복지조직에서 욕구충족을 위해 제공된 서비스나 프로그램이 클라이언트의 욕구와 문제해결에 있어 적절하고 효과적이었는지, 즉 목표의 달성정도를 판단하는 가치이다.

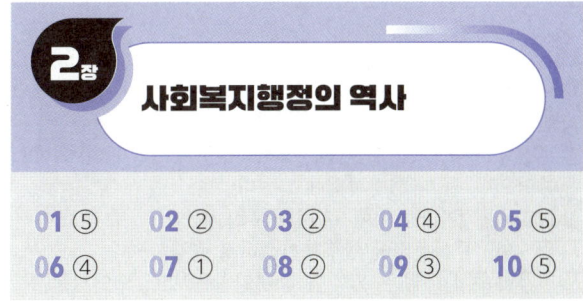

2장 사회복지행정의 역사

01 ⑤	02 ②	03 ②	04 ④	05 ⑤
06 ④	07 ①	08 ②	09 ③	10 ⑤

1

답과 해설 답 ⑤

마킹률	① 1%	② 2%	③ 2%	④ 8%	⑤ 87%

노인장기요양보험제도의 도입으로 공공기관뿐 아니라 민간기관도 서비스를 제공하도록 허용되었다. 시설과 인력 등 일정 기준을 충족하고 인증을 받으면 민간기관은 요양서비스를 제공할 수 있다. 이러한 장기요양보험제도는 인증을 통해 복지서비스의 질을 개선하고 공공성을 확보하며, 공공과 민간이 협력하는 구조로 이루어져 있다.

2

답과해설 답 ②

마킹률	① 3%	② 85%	③ 1%	④ 5%	⑤ 6%

신공공관리론은 1980년대 활발하게 일어난 신보수주의, 신자유주의 이념을 토대로 등장한 이론으로서 공공영역에 기업경영의 경쟁원리와 고객주의를 도입한 시장주의 원리를 지향한다. 이에 따라 신공공관리론은 '작은 정부'를 기조로 삼고 있기 때문에 조직규모의 확장과 중앙집권화를 지향한다는 것은 옳지 않다.

3

답과해설 답 ②

마킹률	① 10%	② 36%	③ 20%	④ 12%	⑤ 22%

② 외국원조기관은 1970년대 후반부터 철수하기 시작했다. 1970년 사회복지사업법이 제정·시행되면서 민간 사회복지기관에 대한 지원 등에 관한 근거가 마련되었고 이후 다양한 사회복지 관련 법률이 제정 및 개정되면서 1980년대에 사회복지 관련 기관들이 급속도로 증가하게 되었다.

4

답과해설 답 ④

마킹률	① 2%	② 1%	③ 10%	④ 79%	⑤ 8%

오답노트

① 사회복지전문요원은 1987년, 사회복지전담공무원은 2000년부터 임용·배치되었다.
② 보건복지사무소는 1995년, 사회복지사무소 2004년에 개소하였으며, 둘 다 시범사업에 그쳤다.
③ 2016년 읍·면·동 복지허브화 사업을 추진하면서 읍·면·동사무소를 행정복지센터로 변경하였다.
⑤ 전자바우처 사업은 2007년 장애인활동보조, 노인돌봄, 지역사회서비스투자사업 등의 부문에서 본격적으로 시행되었다. 2019년 출범한 사회서비스원은 공공에서 사회서비스 근로자를 직접 고용하여 서비스를 제공하고자 한 것이다.

5

답과해설 답 ⑤

마킹률	① 4%	② 18%	③ 10%	④ 9%	⑤ 59%

⑤ 1970년 사회복지사업법 제정 당시부터 사회복지법인에 대한 국가 또는 지방자치단체의 보조금 지급에 관한 규정을 마련하고 있었다.

6

답과해설 답 ④

마킹률	① 8%	② 14%	③ 3%	④ 69%	⑤ 6%

신공공관리론

• 1980년대 미국의 정부혁신을 위해 제기된 것으로, 작은 정부 및 민영화의 흐름에서 공공영역에 기업경영론, 특히 경쟁원리와 고객주의를 도입하고자 한 것이다.
• 신관리주의(기업의 경영기법을 공공에 도입하자는 것)에 시장주의(시장원리에 따라 공공 서비스를 생산하자는 것)를 더한 것으로, 정치적으로는 신보수주의, 신자유주의를 기반으로 한다.
• 조직 및 인력 감축을 통한 내부 효율화, 고객지향적 행정, 정부의 시장화, 기업형 정부, 성과 중심의 행정체제, 권한의 위임 및 융통성 등을 특징으로 한다.

7

답과해설 답 ①

마킹률	① 45%	② 8%	③ 13%	④ 21%	⑤ 13%

ㄱ. 주민생활지원서비스 전달체계: 2007년
ㄴ. 사회복지통합관리망(행복e음) 개통: 2010년
ㄷ. 읍·면·동 복지허브화: 2016년
ㄹ. 지역사회 통합돌봄: 2019년

8

답과해설 답 ②

마킹률	① 7%	② 78%	③ 8%	④ 6%	⑤ 1%

오답노트

① 복지로(www.bokjiro.go.kr): 복지 서비스 및 시설 검색, 온라인 신청 등이 이루어지는 보건복지부 복지포털 사이트
③ 사회복지시설정보시스템: 회계·인사·급여·후원금 관리 등의 업무 처리를 위한 사회복지시설 통합업무관리시스템 (2022년 희망이음 사회서비스보장시스템으로 개편)
④ 사회서비스전자바우처시스템(www.socialservice.or.kr): 사회서비스 바우처의 신청, 이용, 정산 등을 위한 전산시스템

09

답과해설 답 ③

| 마킹률 | ① 16% | ② 6% | ③ 65% | ④ 9% | ⑤ 4% |

ㄴ. 지역사회복지협의체 설치: 2005년 (→ 2015년 지역사회보
　장협의체)

ㄱ. 희망복지지원단 설치: 2012년

ㄷ. 읍·면·동 복지허브화 사업 실행: 2016년

10

답과해설 답 ⑤

| 마킹률 | ① 14% | ② 7% | ③ 1% | ④ 4% | ⑤ 74% |

ㅁ. 보건복지사무소 시범사업: 1995년

ㄱ. 사회복지사무소 시범사업: 2004년

ㄹ. 사회복지통합관리망(행복e음) 개통: 2010년

ㄷ. 읍면동 복지허브화: 2016년

ㄴ. 지역사회 통합돌봄: 2018년 11월 지역사회 통합돌봄 기본
　계획 발표, 2019년 16개 지방자치단체를 선정하여 추진

3장 사회복지행정의 이론적 배경

01 ③	02 ②	03 ②	04 ③	05 ②
06 ⑤	07 ③	08 ③	09 ①	10 ②
11 ④	12 ②	13 ③	14 ⑤	15 ⑤
16 ③	17 ①	18 ②		

01

답과해설 답 ③

| 마킹률 | ① 7% | ② 3% | ③ 81% | ④ 2% | ⑤ 7% |

오답노트

ㄹ. 상황이론은 다른 어떤 이론보다도 조직을 둘러싼 상황을
　중시하는 이론이다. 상황이론은 조직을 둘러싼 상황(환경,
　조건)이 달라지면 그에 적합한 조직의 구조도 달라진다고
　보며, 조직환경과 조직구조의 적합성이 조직의 성패를 좌
　우한다는 관점을 취한다.

02

답과해설 답 ②

| 마킹률 | ① 2% | ② 46% | ③ 46% | ④ 3% | ⑤ 3% |

패러슈라만 등의 서비스 질 구성 차원에는 신뢰성, 즉응성, 확
신성, 공감성, 유형성(가시성)이 있다.

오답노트

① 즉응성: 서비스는 필요한 시기에 짧은 기간 내에 제공되어
　야 한다.

③ 신뢰성: 서비스는 약속된 방식, 일관된 방식으로 제공되어
　야 한다.

④ 유형성: 시설 및 장비의 위생, 직원의 용모단정 등을 의미하
　며 가시성이라고도 한다.

⑤ 공감성: 클라이언트에 대한 개별화된 이해와 관심을 가져야
　한다. 감정이입이라고도 한다.

03

답과해설 답 ②

| 마킹률 | ① 2% | ② 84% | ③ 3% | ④ 7% | ⑤ 4% |

오답노트

① 조직 내 인간관계가 생산성에 영향을 미친다고 보았다.

③ 구성원 간 사회적 상호작용이 개인의 만족도, 동기부여, 성
　과 등에 중요한 영향을 미친다고 보았다.

④ 비공식조직을 통한 정서적 욕구충족이 생산성 향상으로 이
　어진다고 보았다.

⑤ 근로자는 개인이 아닌 집단의 한 구성원으로 행동한다고 보
　았다.

04

답과해설 답 ③

| 마킹률 | ① 4% | ② 5% | ③ 83% | ④ 0% | ⑤ 8% |

③ 상황이론은 개방체계적 관점의 이론이다. 조직을 둘러싼
　상황, 환경 및 조건 등이 달라지면 그에 적합한 조직의 구조
　도 달라진다고 보면서, 환경과 조직구조의 적합성에 따라
　조직의 성패가 좌우된다고 보았다.

05

답과해설 답 ②

| 마킹률 | ① 4% | ② 27% | ③ 7% | ④ 24% | ⑤ 38% |

오답노트

ㄴ. ㄹ. 관료제이론의 특징이다. 관료제이론은 권위적 위계구

조(계층제), 사적 감정 배제, 전문화된 분업체계, 연공서열 및 실적에 승진(경력지향), 합리적인 규칙, 행정효율 극대화 등을 주요 특징으로 한다.

6

답과해설 답 ⑤

마킹률	① 22%	② 2%	③ 5%	④ 23%	⑤ 48%

주요 품질차원(SERVQUAL)에는 신뢰성, 즉응성, 확신성, 공감성, 유형성(가시성) 등 5가지가 있다. ㄱ는 신뢰성, ㄷ은 확신성, ㄹ은 유형성에 해당한다.

7

답과해설 답 ③

마킹률	① 2%	② 3%	③ 90%	④ 2%	⑤ 3%

오답노트

① 과학적 관리론: 동작과 소요시간 계산을 통한 효율적 분업, 차별적 성과급, 금전적 동기, 기획과 실행의 분리
② 관료제론: 위계적 권위구조, 합리적 규칙, 최대한의 효율성, 전문화된 분업체계, 실적에 따른 지위 보장
④ 행정관리론: 행정의 원리, 원칙, 기능에 초점
⑤ 자원의존론: 과업환경이 가진 자원으로 인해 조직이 환경에 의존하게 됨을 설명

8

답과해설 답 ③

마킹률	① 3%	② 25%	③ 47%	④ 4%	⑤ 21%

③ 관료제 조직은 피라미드 형태로 위계적으로 구성되어 가장 높은 권위를 가진 사람이 피라미드의 정점에 위치하게 된다. 이때의 권위는 답습되는 전통적 권위가 아니라 능력에 따라 부여되는 권위이며, 조직의 운영 및 통제는 합리적 규칙을 따른다.

9

답과해설 답 ①

마킹률	① 75%	② 5%	③ 4%	④ 4%	⑤ 12%

오답노트

② 사회복지조직에서는 다양한 경영기법을 도입하고 있으며, 총체적 품질관리도 서비스의 질 관리 차원에서 관심도가 높은 이론이다.
③ 총체적 품질관리에서는 생산 및 관리 등 전체 과정에서 지

속적인 개선을 통해 고품질을 확보하고 유지한다.
④ ⑤ 서브퀄: 신뢰성(reliability) − 계약사항의 반영, 즉응성(responsiveness) − 필요한 시기에 즉각 제공, 확신성(assurance) − 서비스에 대한 신뢰감 제공, 공감성(empathy) − 개별화된 이해, 가시성/유형성(tangible) − 사회복지사의 용모 및 기관의 청결

10

답과해설 답 ②

마킹률	① 11%	② 34%	③ 13%	④ 35%	⑤ 7%

오답노트

① 신뢰성: 서비스는 약속된 방식, 일관된 방식으로 제공되어야 함
③ 확신성: 제공자는 서비스에 관한 풍부한 지식을 갖춤으로써 신뢰를 줄 수 있어야 함
④ 공감성: 클라이언트에 대한 개별화된 이해와 관심을 바탕으로 함
⑤ 대응성(즉응성): 서비스에 대한 준비를 갖추어 필요한 시기에 빠르게 제공할 수 있어야 함

11

답과해설 답 ④

마킹률	① 1%	② 9%	③ 3%	④ 83%	⑤ 4%

④ 총체적 품질관리는 서비스와 관련된 전체 과정에서 고품질을 확보함으로써 조직의 경쟁력을 증가시킬 수 있다는 것이다. 따라서 전 과정에서 전체 구성원의 참여와 노력을 필요로 하기 때문에 집단의 노력과 개인의 노력이 모두 중요하다.

12

답과해설 답 ②

마킹률	① 1%	② 89%	③ 6%	④ 2%	⑤ 2%

과학적 관리론

• 일에 관한 기획은 관리자의 몫이고 실행은 노동자의 몫이라는 기획과 실행의 분리를 전제로 한다. 이로 인해 의사결정에 관한 책임과 권리는 관리자에게만 부여하기 때문에 전 직원의 참여를 통한 민주적 의사결정 과정을 지향하는 사회복지조직에는 부적합한 측면이 있다.
• 과학적 관리론은 기획과 실행을 분리하는 한편, 노동을 분업하여 노동자가 담당한 과업을 달성한 정도에 따라 임금을 제공하는 차별적 성과급 제도를 제안했다.

13

답과 해설 답 ③

마킹률	① 2%	② 2%	③ 67%	④ 19%	⑤ 10%

ㄱ. 조직에서 요구되는 직무를 분업하고 직위를 고안하여 직위 간에 위계적 서열에 따라 조직의 과업이 실행될 수 있도록 한 것은 관료제이론이다. 경력, 근속연수, 연령 등에 따른 연공서열제이다.

ㄴ. 시간과 동작 분석을 활용하여 표준시간과 표준동작을 정한 것은 과학적 관리론에 해당한다.

14

답과 해설 답 ⑤

마킹률	① 13%	② 22%	③ 4%	④ 4%	⑤ 57%

⑤ 균형성과표는 기존의 재무 중심의 성과평가를 뛰어넘어 조직의 비전과 전략을 조직 내외부의 핵심성과지표로 재구성해 전 구성원이 목표달성을 위한 활동에 집중할 수 있도록 하며 장기적 차원의 성장까지 평가하기 위해 고안된 전략적 경영 시스템이다. 재무뿐만 아니라 고객, 내부 프로세스, 학습과 성장 등의 4가지 관점에서 성과를 종합적으로 파악하는 성과측정기록표이다.

15

답과 해설 답 ⑤

마킹률	① 18%	② 3%	③ 7%	④ 7%	⑤ 65%

학습조직 구축요인

- 자기숙련: 개인이 추구하는 본질적 가치를 위해 스스로 동기부여하며 역량을 강화해나간다.
- 사고모형: 어떤 현상들을 이해하기 위한 사고의 틀로, 개인 및 조직의 사고체계와 행동양식에 영향을 미친다.
- 공유비전: 개인의 비전을 조직의 비전과 통합하고, 구성원들이 조직의 비전을 공유하는 것이다.
- 팀학습: 팀원들이 서로 생각과 아이디어를 교환하고 학습하여 문제해결능력을 향상시킨다.
- 시스템 사고: 조직을 구성하는 여러 부분들의 역동성을 인식하고, 순환적·동태적 인과관계를 이해한다.

16

답과 해설 답 ③

마킹률	① 16%	② 31%	③ 46%	④ 2%	⑤ 5%

ㄴ. 집권화를 통한 위계구조 설정은 관료제 이론의 특징이다.

ㄷ. 호손(Hawthorne) 공장에서의 실험결과를 적극 반영한 것은 인간관계론이다.

17

답과 해설 답 ①

마킹률	① 87%	② 9%	③ 2%	④ 0%	⑤ 2%

① 상황이론은 모든 상황에 유일한 최선의 조직화 방법은 없다고 전제한다. 즉 효과적인 조직은 다양할 수 있으며 조직이 처한 환경과 조직구조의 적합성(fit)이 조직의 성패를 좌우한다는 관점을 취한다.

18

답과 해설 답 ②

마킹률	① 1%	② 94%	③ 1%	④ 2%	⑤ 2%

② 서비스 질은 사회복지평가의 기준 중 하나이다.

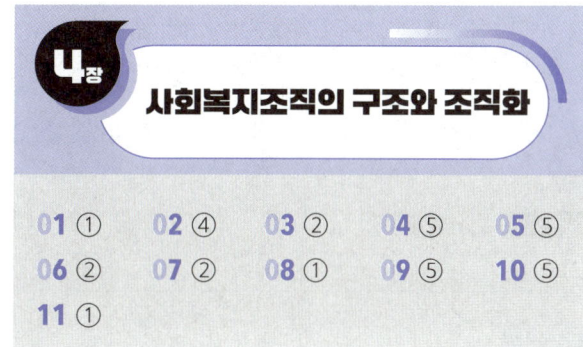

4장 사회복지조직의 구조와 조직화

01 ①	02 ④	03 ②	04 ⑤	05 ⑤
06 ②	07 ②	08 ①	09 ⑤	10 ⑤
11 ①				

01

답과 해설 답 ①

마킹률	① 70%	② 7%	③ 12%	④ 3%	⑤ 8%

비영리조직의 주요 목표는 공공의 이익을 추구하거나 사회적 가치를 실현하는 것으로써 이윤을 구성원이나 개인에게 배분하는 것이 법적으로 금지되며, 이윤 발생 시 조직의 목표에 맞는 재투자, 서비스 개선, 사회공헌을 확대한다.

02

답과 해설 답 ④

집권화 조직은 의사결정 권한이 소수인원으로 구성된 상부에 집중되어 상대적으로 신속한 의사결정을 하지만, 분권화 조직은 의사결정 권한이 각 계층에 위임되어 위기와 갈등이 발생하면 조정이 어렵기 때문에 의사결정이 지연되고 신속하게 해결하기 어렵다.

⌐3
답과 해설 **답 ②**

| 마킹률 | ① 6% | ② 79% | ③ 3% | ④ 11% | ⑤ 1% |

오답노트

① 라인-스텝: 조직 내에서 지휘, 명령 계통을 담당하는 수직적인 라인형과 이를 지원하는 수평적인 스텝형의 두 가지 조직 형태를 융합한 형태로서 효율적인 지휘와 전문적인 지원을 결합하여 조직의 목표를 효과적으로 달성하도록 설계된 조직이다.
③ 감사 조직: 조직 내부 또는 외부에서 재무, 운영, 법적 준수 등의 사항을 점검하고 평가하는 조직을 의미한다.
④ 거버넌스 조직: 전통적인 정부 중심의 정책결정에서 벗어나 정부, 민간, 시민사회, 기업 등이 협력하여 정책을 수립하고 실행하는 구조를 의미한다.
⑤ 위계 조직: 권한과 책임의 계층구조를 가진 조직으로서 상위계층이 하위계층을 감독하고 명령이 하달되는 특징이 있다. 관료제 조직은 대표적인 위계 조직이다.

⌐4
답과 해설 **답 ⑤**

| 마킹률 | ① 4% | ② 27% | ③ 7% | ④ 9% | ⑤ 53% |

오답노트

① 의사결정의 권한을 분산하는 것은 분권화이다.
② 공식화란 누가, 어떤 일을, 어떻게 수행하고 처리할 것인가를 정해두는 것이다. 단순생산직 같이 업무가 단순하다면, 업무의 표준화와 공식화도 상대적으로 용이하고 공식화에 따른 효과도 크다. 그러나 휴먼 서비스 직종과 같이 전문가의 사례별 개별화된 판단이 중요하고 업무가 복잡하다면, 업무의 표준화와 공식화는 용이하지 않을 뿐만 아니라 함부로 표준화할 수 없으며 공식화의 효과도 상대적으로 작다.
③ 공식화 수준을 높이면 직무에 대한 규칙과 규정이 강화되는 것이기 때문에 직무의 사적 영향력이 낮아진다.
④ 과업분화가 많을수록 팀 구성이 쪼개지기 때문에 수평적 분화가 더 이루어진다.

⌐5
답과 해설 **답 ⑤**

| 마킹률 | ① 3% | ② 16% | ③ 26% | ④ 3% | ⑤ 52% |

위원회 조직은 조직의 목표달성과 관련하여 특별한 과업이나 문제를 해결하기 위해 조직되는 것으로, 조직의 일상적인 업무 수행 기구 이외에 별도로 구성된다. 전문가 및 관련된 사람들로 조직된다. 존속되는 위원회도 있지만 임시로 구성되는 위원회도 있어 공식적으로 표현되지 않기도 한다.

⌐6
답과 해설 **답 ②**

| 마킹률 | ① 4% | ② 55% | ③ 21% | ④ 7% | ⑤ 13% |

② 공식화의 정도가 높다는 것은 누가 어떤 업무를 어떤 방식으로 어떻게 수행할 것인가에 관한 규정이 구체적으로 표준화되어 있음을 의미한다. 즉 업무에 관하여 정해진 사항이 분명히 있다는 점에서 직원이 재량적으로 수행할 수 있는 부분이 적다.

오답노트

① 조직규모가 커질수록 공식화 정도가 높아져야 업무처리의 통일성을 기할 수 있다.
③ 과업의 종류가 많을수록 부서의 단위가 나누어져 수평적 분화가 늘어난다.
④ 분권화 정도가 높으면 최고관리자에서 중간관리자 계층으로 통제권한이 이양된다.
⑤ 집권화 조직은 직원의 권한과 책임의 범위가 명확한 측면이 있어 조직의 활동이 획일성을 요구할 때에 적합한 측면이 있다.

⌐7
답과 해설 **답 ②**

| 마킹률 | ① 2% | ② 77% | ③ 8% | ④ 4% | ⑤ 9% |

② 목적전치: 목적을 달성하기 위한 수단이 강조되면서 수단 자체가 목적이 되어버리거나 수단이 목적보다 더 중요시되는 현상을 말한다. 사례에서 기부금 모금을 강조한 것은 프로그램 운영 성과 제고를 위한 수단이었는데, 직원들이 목적인 프로그램 운영보다 수단인 기부금 모금에 더 노력을 기울이면서 목적전치가 일어난 것이다.

오답노트

① 리스트럭처링: 기존의 조직 구조를 개선하기 위한 구조조정
③ 크리밍: 결과가 성공적일 것으로 예상되는 클라이언트를 우선 선발하고, 어려울 것 같은 클라이언트를 배척하는 현상
④ 소진: 업무 스트레스로 인해 신체적, 정신적으로 지쳐 고갈되는 현상

⑤ 다운사이징: 감원, 합병 등을 통한 기관축소

08

답과해설 **답 ①**

| 마킹률 | ① 86% | ② 2% | ③ 2% | ④ 8% | ⑤ 2% |

① 비영리조직은 영리를 목적으로 하지 않을 뿐 수익사업을 진행하며, 클라이언트에게 더 나은 서비스를 제공하기 위한 질 관리도 주요 관심사이다.

09

답과해설 **답 ⑤**

| 마킹률 | ① 3% | ② 5% | ③ 11% | ④ 7% | ⑤ 74% |

태스크포스 조직

- 특별한 사안을 처리하기 위해 임시적으로 조직된다.
- 주로 사업에 관한 전문성이 있는 직원들을 뽑아 구성하게 된다. 프로젝트 조직은 기존 부서에서 일시적으로 차출되는 형식이지만, 태스크포스 조직은 기존 부서에서 단순 차출이 아닌 탈퇴에 가깝다.
- 대체로 프로젝트보다 좀 더 장기적인 사안을 두고 대규모로 조직된다. 이로 인해 프로젝트 팀은 공식적인 조직 구조에 표시하지 않는 경우가 많지만 태스크포스 조직은 공식적인 조직 구조에 표시하는 경우가 많다.

10

답과해설 **답 ⑤**

| 마킹률 | ① 2% | ② 3% | ③ 5% | ④ 1% | ⑤ 89% |

⑤ 비영리조직에 대한 세제혜택이 있다. 예를 들어, 비영리법인이라 하더라도 무상으로 취득한 재산에 대해서는 세금이 발생하는 것이 원칙이지만, 사회복지법인은 공익법인으로 인정되어 재산에 대한 상속세와 증여세가 면제된다.

11

답과해설 **답 ①**

| 마킹률 | ① 96% | ② 0% | ③ 1% | ④ 2% | ⑤ 1% |

① 지역복지 거버넌스는 지방자치제 도입 이후 지방정부와 민간이 적절하게 상호협력하려는 것을 말한다. 관에서 추진하는 민관 네트워크라고 볼 수 있으며, 대표적으로 지역사회보장협의체가 있다.

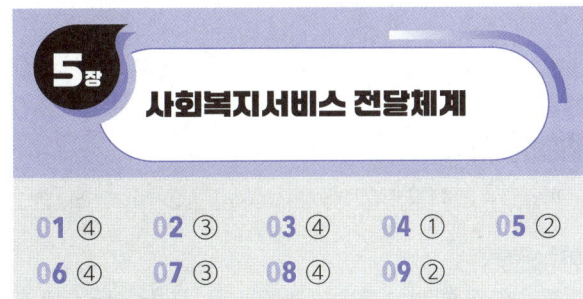

5장 사회복지서비스 전달체계

| 01 ④ | 02 ③ | 03 ④ | 04 ① | 05 ② |
| 06 ④ | 07 ③ | 08 ④ | 09 ② |

01

답과해설 **답 ④**

| 마킹률 | ① 2% | ② 6% | ③ 25% | ④ 65% | ⑤ 2% |

사회복지서비스 전달체계 구축의 원칙에는 평등성, 재활 및 자활, 통합성, 포괄성, 지속성, 전문성, 책임성, 접근용이성 등이 있다. 제시된 설명은 서비스 프로그램들 간의 연계를 통해 원스탑 서비스(one-stop service)를 가능하게 하는 통합성이다.

오답노트

① 책임성: 서비스의 효과성과 효율성의 중시, 활동의 결과와 과정의 정당성, 조직 내부와 외부 및 지역사회 관계에서의 정당성 등을 포함하는 포괄적인 개념으로 현대 사회복지조직에게 요구되는 중요한 개념이다.
② 접근성: 복지 대상자가 지리적·심리적·경제적·정보적 차원에서 서비스를 쉽게 이용할 수 있어야 한다는 원칙이다.
③ 지속성: 서비스가 끊어지지 않고 계속 제공될 수 있어야 한다는 원칙이다.
⑤ 적절성: 서비스는 클라이언트의 욕구충족이나 문제해결 및 서비스 목표를 달성하기에 충분한 양과 질의 서비스가 제공되어야 한다는 원칙이다.

02

답과해설 **답 ③**

| 마킹률 | ① 3% | ② 40% | ③ 52% | ④ 1% | ⑤ 4% |

공공 전달체계는 정부나 공공기관이 직접 관리하는 것이고, 민간 전달체계는 민간기관 또는 민간단체가 직접 관리하는 것이다. 사회복지법인은 공공 전달체계가 아니고 민간 전달체계이며, 사회복지사업법에 따라 설립된 법인에 해당한다.

03

답과해설 **답 ④**

| 마킹률 | ① 3% | ② 4% | ③ 4% | ④ 75% | ⑤ 14% |

④ 최소 비용으로 최대 효과를 얻음으로써 효율성을 높일 수

있다.

04
답과 해설 답 ①

마킹률	① 71%	② 11%	③ 6%	④ 1%	⑤ 11%

오답노트

② 크리밍: 성공률이 높을 것으로 기대되는 클라이언트에게 선별적으로 서비스를 제공하는 현상이다.
③ 레드테이프(번문욕례): 지나친 형식주의, 불필요하거나 과도한 행정적 절차를 일컫는다.
④ 기준행동: 성과평가의 기준에 맞추려는 현상으로, 평가항목에 없는 업무나 배점이 낮은 업무에는 소홀하거나 회피하게 될 수 있다.
⑤ 매몰비용: 계획을 실행함에 따라 이미 지출되어 어떤 방법으로든 회수할 수 없는 비용이다.

05
답과 해설 답 ②

마킹률	① 2%	② 93%	③ 2%	④ 2%	⑤ 1%

② 사회서비스 공급주체는 공공, 민간, 공공의 민간 위탁, 비영리조직, 사회적기업까지 다양한 형태가 있다.

06
답과 해설 답 ④

마킹률	① 1%	② 2%	③ 2%	④ 70%	⑤ 25%

④ 사회복지급여는 현금, 현물 외에 무형의 서비스도 있다. 따라서 제공되는 유형에 따라 제공되는 방식이 다를 수 있다.

07
답과 해설 답 ③

마킹률	① 2%	② 3%	③ 94%	④ 1%	⑤ 0%

오답노트

① 기초 지방자치단체에 설치 의무 규정이 있는 것은 아니다.
② 공공기관이 아니기 때문에 사회복지전담공무원이 고용되지는 않는다.
④ 모든 지역주민이 사업 대상이다. 다만, 국민기초생활보장 수급자 등 우선 사업대상을 규정하고 있다.
⑤ 프로젝트 팀 구조를 활용할 수 있다.

08
답과 해설 답 ④

마킹률	① 0%	② 1%	③ 2%	④ 94%	⑤ 3%

④ 민간 사회복지기관은 국가나 지방자치단체의 보조금을 받고 있으며, 사실상 이 보조금이 운영비의 가장 큰 부분을 차지하는 경우가 많다.

09
답과 해설 답 ②

마킹률	① 1%	② 92%	③ 1%	④ 3%	⑤ 3%

② 포괄성은 다양한 욕구 중 어느 한 가지 욕구에 주목하는 것이 아니라, 다양한 욕구에 대해 복합적 차원에서 다각도로 접근해야 한다는 것이다.

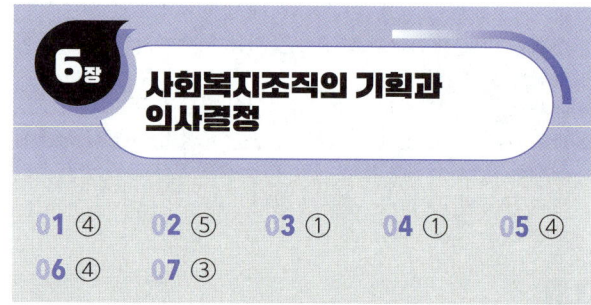

6장 사회복지조직의 기획과 의사결정

01 ④	02 ⑤	03 ①	04 ①	05 ④
06 ④	07 ③			

01
답과 해설 답 ④

마킹률	① 2%	② 47%	③ 1%	④ 48%	⑤ 2%

프로그램 평가검토 기법(PERT)은 일정 변경 등 유동적인 상황을 대처하는 데 어렵지 않고 조정 가능하다. 그 이유는 기대시간(Te)을 계산함에 있어 낙관적 시간(To), 최빈시간(Tm), 비관적 시간(Tp)이라는 3가지 추정치로 계산하기 때문이다. 즉, 작업 소요 시간을 계산함에 있어 하나의 단일 값으로 확정하지 않고 3가지 범위와 불확실성을 포함하기 때문에 일정 변경과 작업 지연이 발생하더라도 초기 설정된 최대 및 최소 범위를 기반으로 일정을 변경하고 조정할 수 있다. 따라서 프로그램 평가검토 기법(PERT)은 계산이 번거롭긴 하지만 임계경로 안에서는 조정이 가능하다.

02
답과 해설 답 ⑤

마킹률	① 1%	② 2%	③ 3%	④ 5%	⑤ 89%

오답노트

① 문제 진단과 의사결정 과정이 체계적이고 논리적으로 이루어지는 것은 합리적 의사결정과정이므로 이는 순수합리모형에 대한 설명이다.

② 쓰레기통 모형은 불확실하고 비정형적이며, 혼란스러운 상황에서의 비체계적인 의사결정을 설명하기 위해 만들어진 이론이다. 따라서 쓰레기통 모형은 객관적인 상황적 조건보다는 모호한 상황이 뒤죽박죽 섞여 있다가 운이나 타이밍 등 여러 흐름의 영향에 의해 의사결정이 이루어진다는 입장이며, 결정자의 비일관적 행동과 우연성에 더 주의를 기울인 모형이다.

③ 가장 합리적인 대안을 선택하는 모형은 순수합리모형이다.

④ 합리성과 비합리성을 절충한 모형은 혼합모형이다.

○3

답과해설 답 ①

마킹률	① 60%	② 7%	③ 3%	④ 10%	⑤ 20%

오답노트

② 브레인스토밍: 어떤 한 가지 주제에 관하여 자유롭게 아이디어를 내는 방식이다.

③ 델파이기법: 한 자리에 모이지 않고 이메일 등을 통해 아이디어를 내는 방식으로, 누가 어떤 의견을 냈는지 알 수 없다.

④ SWOT기법: 기관의 내외부 환경을 분석하는 기법이다. 기관 내부의 강점(Strength)과 약점(Weakness), 외부환경의 기회(Opportunity)과 위협(Threat) 요인을 분석한다.

⑤ 초점집단면접: 주제와 관련된 사람들, 문제를 경험한 사람들이 모여 토론하는 방식으로 진행된다.

○4

답과해설 답 ①

마킹률	① 77%	② 12%	③ 3%	④ 2%	⑤ 6%

오답노트

② 간트 차트: 각 활동별 예상되는 소요기간을 막대 그래프로 표시한다.

③ 논리모델: 투입 → 전환 → 산출 → 성과의 체계에 따라 구성한다.

④ 임팩트모델은 프로그램이나 정책의 영향력을 중심으로 대상집단에 미친 장기적이고 포괄적인 차원(사회적 영향, 경제적 영향, 환경적 영향차원 등)의 실질적인 변화와 결과를 측정하고 분석하는 데에 초점을 둔다. 영향(impact)은 장기적이고 거시적인 차원에서 관찰되는 변화로 프로그램이나 정책의 궁극적인 최종의 목표라 할 수 있다. 임팩트 모델을

통해 프로그램의 단순한 산출이나 성과를 넘어 실제 사회적 문제해결에 대한 기여를 평가할 수 있다는 점과 그 과정에서 나타난 긍정적 영향과 부정적 영향의 발생을 평가하고 분석할 수 있다.

⑤ 플로우 차트(흐름도, 순서도): 문제 분석하여 그 문제를 해결하기 위해 필요한 작업활동과 처리순서를 통일된 기호와 도형을 사용해서 도식화한다.

○5

답과해설 답 ④

마킹률	① 11%	② 8%	③ 15%	④ 60%	⑤ 6%

오답노트

① 점증모형: 기존의 정책과 경험을 기초로 약간의 개선을 도모

② 연합모형(회사모형): 조직을 합리적 유기체로 보지 않고, 하위 단위간 목표의 대립으로 발생한 갈등을 협상·타협하여 최종 결정안을 선택한다고 보는 의사결정 모형

③ 만족모형: 제한적 합리성에 따라 만족스러울 만한 해결책을 결정

⑤ 공공선택모형: 정책 선택에 있어서도 개인의 이기심이 작용함

○6

답과해설 답 ④

마킹률	① 15%	② 14%	③ 10%	④ 45%	⑤ 16%

스키드모어가 제시한 기획과정은 '목표 설정 → 자원의 고려 → 대안 모색 → 결과 예측 → 계획 결정 → 구체적 프로그램 수립 → 개방성 유지'의 순으로 진행된다.

○7

답과해설 답 ③

마킹률	① 15%	② 21%	③ 28%	④ 23%	⑤ 13%

③ 방침관리기획은 계획을 바로 실행에 옮기는 방식으로, 체계이론을 적용하지는 않았다. 체계이론을 바탕으로 하는 것은 논리모델이다.

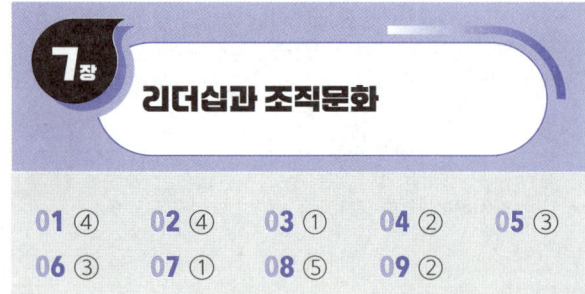

7장 리더십과 조직문화

| 01 ④ | 02 ④ | 03 ① | 04 ④ | 05 ③ |
| 06 ③ | 07 ① | 08 ⑤ | 09 ② | |

1

답과해설 답 ④

| 마킹률 | ① 13% | ② 3% | ③ 14% | ④ 68% | ⑤ 2% |

오답노트

① 리더십의 유형화 기준은 효과성과 효율성이 아니라 생산에 대한 관심과 인간에 대한 관심이다.
② 리더십의 유형을 5가지로 제시했으며, 이 중 이상적인 유형은 팀형(단합형)이다.
③ 팀형(9.9)은 '과업성과(생산에 대한 관심 9)'와 '사기와 공동체의식(인간에 대한 관심 9)' 모두 중시한다.
⑤ 무기력형(1.1)은 생산에 대한 관심과 인간에 대한 관심 모두 관심을 보이지 않는다.

2

답과해설 답 ④

| 마킹률 | ① 0% | ② 1% | ③ 3% | ④ 91% | ⑤ 5% |

④ 조직문화가 강하지 않을 때 조직의 변화가 용이하다. 즉 조직문화가 경직되어 있으면 변화가 어렵기 때문에 불확실한 환경에 유연하게 대처하기는 어렵다.

3

답과해설 답 ①

| 마킹률 | ① 53% | ② 3% | ③ 3% | ④ 30% | ⑤ 11% |

오답노트

ㄴ. 부하직원과의 관계에서 협상, 교환, 계약 등을 바탕으로 하는 것은 거래적 리더십이다.
ㄹ. 리더의 지능, 사회적 지위, 교육 정도, 외모 등과 같은 특성에 초점을 둔 것은 리더십 특성이론이다.

4

답과해설 답 ②

| 마킹률 | ① 2% | ② 72% | ③ 12% | ④ 6% | ⑤ 8% |

블레이크와 머튼의 관리격자모형
• 리더십 행동이론에 속한다.
• 리더의 행동을 '생산(일)'에 대한 관심과 '인간'에 대한 관심이라는 2가지 차원에서 5가지 유형을 제시하면서 팀형 리더가 가장 높은 생산성을 보인다는 결론을 내렸다.
 − 무기력형: 생산↓ 인간↓
 − 컨트리클럽형: 생산↓ 인간↑
 − 과업형: 생산↑ 인간↓
 − 팀형: 생산↑ 인간↑
 − 중도형: 둘 다 중간 정도

5

답과해설 답 ③

| 마킹률 | ① 3% | ② 3% | ③ 86% | ④ 2% | ⑤ 6% |

오답노트

ㄱ. 변혁적 리더는 구성원들에게 봉사하는 것이 아니라 상호 독립적이면서 추종자로부터 지지와 신뢰를 확보하고 변화를 주도한다. 구성원들에게 봉사하는 것을 핵심적 가치로 삼는 것은 서번트 리더십이다.
ㄴ. 구성원들에 대한 상벌체계를 강조하는 것은 거래적 리더십이다.

6

답과해설 답 ③

| 마킹률 | ① 13% | ② 14% | ③ 51% | ④ 15% | ⑤ 7% |

오답노트

① 블레이크와 머튼의 관리격자 모형은 행동이론 중 하나이다.
② 블레이크와 머튼의 관리격자 모형에서 가장 바람직한 행동 유형은 생산에 대한 관심과 인간에 대한 관심이 모두 높은 팀형이다.
④ 퀸의 경쟁가치 리더십 모형은 특성이론, 행동이론, 상황이론 등 전통적인 3가지 분류에 따라 제시된 것은 아니다.
⑤ 퀸의 경쟁가치 리더십 모형은 내부지향 대 외부지향, 분권성 대 집권성 등의 두 가지 축에 따라 경계잇기기술 영역, 지휘기술 영역, 조정기술 영역, 인간관계기술 영역 등 4가지 영역을 구분하여 리더십을 제시하였다.

7

답과해설 답 ①

마킹률	① 64%	② 13%	③ 7%	④ 12%	⑤ 4%

① 참여적 리더십은 민주적 방식의 의사결정을 강조하기 때문에 하급자의 의견을 수렴하는 과정에서 시간과 에너지가 소요된다.

8

답과 해설 답 ⑤

마킹률	① 1%	② 2%	③ 47%	④ 6%	⑤ 44%

블레이크와 머튼의 관리격자이론
• 무기력형: 생산에 대한 관심과 인간에 대한 관심이 모두 낮은 유형
• 과업형: 생산에 대한 관심은 높지만 인간에 대한 관심은 낮은 유형
• 팀형: 생산에 대한 관심과 인간에 대한 관심이 모두 높은 유형
• 컨트리 클럽형: 생산에 대한 관심은 낮지만 인간에 대한 관심은 높은 유형
• 중도형: 생산에 대한 관심과 인간에 대한 관심 모두 중간 수준인 유형

9

답과 해설 답 ②

마킹률	① 0%	② 97%	③ 1%	④ 2%	⑤ 0%

리더십 유형
• 지시적 리더십: 명령과 복종을 강조하고 독선적, 보상과 처벌로 통제
• 참여적 리더십: 민주적 리더십으로, 결정 과정에 부하직원의 참여 유도
• 자율적 리더십: 대부분의 의사결정을 부하직원에게 위임하는 방임적 리더십

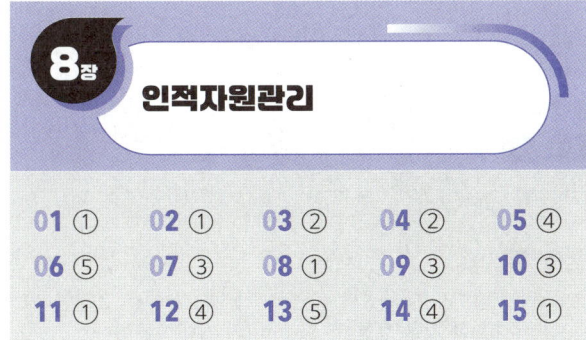

8장 인적자원관리

01 ①	02 ①	03 ②	04 ②	05 ④
06 ⑤	07 ③	08 ①	09 ③	10 ③
11 ①	12 ④	13 ⑤	14 ④	15 ①

1

답과 해설 답 ①

마킹률	① 57%	② 4%	③ 15%	④ 15%	⑤ 9%

허즈버그가 제시한 동기-위생이론은 동기요인(만족요인)과 위생요인(불만족요인)으로 구분한다. ② 기술적 감독, ③ 급여, ④ 근로조건, ⑤ 인간관계는 모두 위생요인(불만족요인)에 해당한다.

2

답과 해설 답 ①

마킹률	① 29%	② 13%	③ 40%	④ 7%	⑤ 11%

오답노트

② 일의 종류, 난이도, 책임수준이 유사한 직급으로 묶는 것은 직무등급화에 대한 설명이다.
③ 평가대상 직무에 종사하는 직원들을 평가하는 것은 직원평가이다. 직무평가는 직무자체의 상대적 가치를 분석·평가하는 것으로 직원을 평가하는 것이 아니라 직무의 중요도와 난이도, 책임과 필요 등을 기준으로 평가하여 공정한 임금체계를 구축하는 데 활용한다.
④ 직무수행자 자격요건에 대한 기술은 직무명세서에 포함되어야 하는 내용이다.
⑤ 직무성격, 내용, 수행방법 등에 대한 기술은 직무기술서에 포함되어야 하는 내용이다.

3

답과 해설 답 ②

마킹률	① 3%	② 49%	③ 7%	④ 4%	⑤ 37%

슈퍼비전의 기능에는 행정적, 교육적, 지지적 슈퍼비전이 있다. 이 중 직원의 정신적·심리적 부담을 완화하는 것은 지지적 기능이다.

4

답과 해설 답 ②

마킹률	① 14%	② 76%	③ 6%	④ 3%	⑤ 1%

허즈버그의 동기위생이론
허즈버그는 구성원에게 불만족을 주는 요인과 만족을 주는 요인은 서로 다른 차원이라고 보았다. 위생요인이 충족된다고 해서 동기가 부여되는 것은 아니며, 동기요인이 충족되어야 동기가 발생한다고 보았다.
• 위생요인: 충족되지 않을 경우 불만족을 주는 요인. 근무환경, 급여, 인간관계, 조직의 정책 및 경영방식 등

- 동기요인: 충족될 경우 만족을 주는 요인. 업무수행에 따라 얻게 되는 성장 및 자기실현 등과 관련된 것

05
답과해설 답 ④

마킹률	① 7%	② 4%	③ 4%	④ 74%	⑤ 11%

④ 인적자원관리의 구성요소, 핵심요소 등에 관해서는 학자마다 다르게 제시되고 있지만, 정치적 관리차원은 포함되지 않는다. 일반적으로 인적자원관리에 포함되는 기본적인 요소로는 확보관리, 개발관리, 보상관리, 유지관리, 성과관리의 차원이 제시되고 있다.

06
답과해설 답 ⑤

마킹률	① 4%	② 2%	③ 1%	④ 4%	⑤ 89%

오답노트

① 멘토링: 멘토와 멘티로 짝을 구성하여 상급자가 경험이 없는 구성원에게 업무에 대한 경험을 공유하면서 역량개발과 함께 심리사회적 욕구를 충족할 수 있다.
② 감수성 훈련: 개인의 자기인식, 감정의 이해, 효과적 의사소통, 팀워크와 협력, 갈등해결과 대인관계 능력 향상에 초점을 두어 실시되는 직원능력개발 방법이다. 이 훈련은 참가자들이 자신과 다른 사람들의 감정과 반응을 잘 이해함으로써 좀 더 효과적으로 소통하고 협력하도록 하는 데에 목적이 있다. 조직의 모든 수준에 있는 구성원들을 대상으로 할 수 있으며, 조직 내에서 긍정적인 대인관계를 촉진하고 팀워크를 강화하며 리더십과 갈등해결 능력을 개발하는 데 도움을 준다.
③ 역할연기: 업무 상황을 연기하면, 그것을 본 다른 직원들이 평가 및 토론하는 방식이다.
④ 소시오 드라마(Socio Drama, 사회극): 모레노(J. Moreno)가 고안한 즉흥극이다. 사람들 사이에 발생하는 사회적 상황이나 문제를 연극적 방법으로 탐색하고 해결하려는 집단 심리치료의 한 방법이다. 워밍업단계→액션단계(즉흥역할극 인식단계 및 역할극 연습 변화단계)→공유와 통합 단계로 진행된다. 교육, 치료, 조직개발 등 다양한 분야에서 적용되고 있는데, 특히 조직에서는 조직이기주의 타파, 역지사지의 자세, 문제에 대한 해결방안 모색, 조직의 목표와 비전공유 등을 위해 활용되고 있다.

07
답과해설 답 ③

마킹률	① 3%	② 9%	③ 74%	④ 5%	⑤ 9%

직무수행평가 순서
ㄹ. 직무수행 기준 확립
ㅁ. 직무수행 기대치를 직원에게 전달
ㄷ. 평가도구를 사용하여 직원의 실제 직무수행을 측정
ㄱ. 실제 직무수행을 직무수행 평가기준과 비교
ㄴ. 직원과 평가결과 회의 진행

08
답과해설 답 ①

마킹률	① 89%	② 2%	③ 6%	④ 1%	⑤ 2%

① 인사관리의 핵심적인 요소로 업무분석 및 업무성과에 대한 평가, 직원개발 및 보상 등을 꼽을 수 있다. 구성원의 채용·배치부터 교육 및 훈련, 업무평가, 동기부여 및 사기진작, 근무시간·급여·성과급·승진·퇴직금, 노사협조 등에 관한 사항을 포함한다.

09
답과해설 답 ③

마킹률	① 3%	② 5%	③ 53%	④ 7%	⑤ 32%

오답노트

ㄷ. 종사자의 교육수준, 기술, 능력 등을 포함하여 작성하는 것은 직무명세서이다.

10
답과해설 답 ③

마킹률	① 0%	② 3%	③ 92%	④ 3%	⑤ 2%

③ 슈퍼비전은 항상 슈퍼바이저와 슈퍼바이지가 1:1의 관계로 진행되어야 하는 것은 아니다. 특정한 슈퍼바이저를 지정하지 않고 슈퍼비전 집단을 구성한 사람들끼리 서로 동등한 자격으로 슈퍼비전을 제공하는 동료집단 슈퍼비전의 방식도 있다.

11
답과해설 답 ①

마킹률	① 30%	② 15%	③ 13%	④ 36%	⑤ 6%

오답노트

② 조직에 대한 기대와 현실 간 차이가 동기수준을 결정한다는 점을 강조한 것은 브룸(V. Vroom)의 기대이론이다.
③ 허즈버그의 동기-위생요인 이론에서 충족되지 않았을 때 불만을 초래하는 요인은 위생요인이며, 충족되었을 때 만족을 주어 동기를 일으키는 요인이 동기요인이다.

④ 조직 공정성을 성취동기 고취를 위한 핵심요소로 간주한 것은 아담스(Adams)의 공평성이론이다.
⑤ 욕구를 존재욕구, 관계욕구, 성장욕구 등 세 단계로 설명한 것은 알더퍼(Alderfer)의 ERG이론이다.

12

답과 해설 답 ④

| 마킹률 | ① 6% | ② 3% | ③ 4% | ④ 68% | ⑤ 19% |

오답노트

ㄱ. 직무분석의 결과를 토대로 직무명세서를 작성한다.

13

답과 해설 답 ⑤

| 마킹률 | ① 0% | ② 2% | ③ 3% | ④ 5% | ⑤ 90% |

인적자원관리의 영역에는 목표를 달성하기 위한 직원채용, 교육 및 훈련, 배치 및 승진, 동기부여와 사기진작 등이 속한다.
⑤ 재무는 예산, 결산 등 자본의 조달 및 운용에 관한 영역이다.

14

답과 해설 답 ④

| 마킹률 | ① 3% | ② 5% | ③ 22% | ④ 64% | ⑤ 6% |

오답노트

ㄱ. OJT는 직장 내에서 해당 업무를 수행하면서 그에 대한 지도와 교육을 받는 것이기 때문에 OJT를 받는 비용이 별도로 발생하지 않는다.
ㄹ. OJT는 외부기관에서 받는 교육이 아닌 회사 내에서 직무를 수행하면서 받게 되는 교육훈련 방법이다.

15

답과 해설 답 ①

| 마킹률 | ① 87% | ② 1% | ③ 0% | ④ 6% | ⑤ 6% |

직무기술서는 특정 직무나 직위에 어떤 임무와 책임이 부여되어 있는지에 대해서 기술한 것이다. 보통 직무 명칭 및 내용, 직무에 필요한 도구나 수행방법 등에 관하여 작성된다.

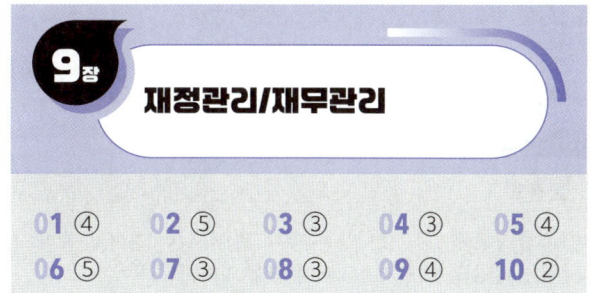

9장 재정관리/재무관리

| 01 ④ | 02 ⑤ | 03 ③ | 04 ③ | 05 ④ |
| 06 ⑤ | 07 ③ | 08 ③ | 09 ④ | 10 ② |

1

답과 해설 답 ④

| 마킹률 | ① 4% | ② 10% | ③ 10% | ④ 71% | ⑤ 5% |

지출품목을 강조하고 지출항목을 일일이 통제하는 예산유형은 품목별 예산(LIB)이다. 품목별 예산은 금액을 투입하여 무엇을 구입할 것인가에 초점을 두어 지출의 항목별로 금액을 구체적으로 제시하며 전년도 예산을 토대로 하는 점증주의적 특성을 강하게 나타낸다.

2

답과 해설 답 ⑤

| 마킹률 | ① 11% | ② 2% | ③ 5% | ④ 14% | ⑤ 68% |

사회복지법인 대표이사 및 시설의 장은 관·항·목간 예산을 전용할 수 있다. 다만, 소규모 시설을 제외한 법인 및 시설의 관간 전용 또는 동일 관내의 항간 전용을 하려면 각각 법인 이사회의 의결 또는 시설운영위원회에의 보고를 거쳐야 하되, 법인이 설치·운영하는 시설의 경우에는 시설운영위원회에 보고한 후 법인 이사회의 의결을 거쳐야 한다.

3

답과 해설 답 ③

| 마킹률 | ① 1% | ② 27% | ③ 61% | ④ 8% | ⑤ 3% |

사회복지시설 예산 편성 및 결정 절차를 순서대로 나열하면 'ㄷ. 예산편성 → ㄱ. 시설운영위원회 보고 → ㄹ. 이사회 의결 → ㅁ. 지방자치단체 제출 → ㄴ. 예산공고'의 순이다.

4

답과 해설 답 ③

| 마킹률 | ① 2% | ② 13% | ③ 69% | ④ 5% | ⑤ 11% |

③ 법인이 시설을 운영하는 경우 법인의 회계는 법인회계로,

시설의 회계는 시설회계로 구분해야 한다.

05

답과해설 답 ④

| 마킹률 | ① 2% | ② 0% | ③ 3% | ④ 87% | ⑤ 8% |

④ 예산집행에 있어 강제성은 명시적인 규정이 있어야 함과 그 규정이 동일하게 적용되어야 함을 의미한다.

06

답과해설 답 ⑤

| 마킹률 | ① 5% | ② 7% | ③ 10% | ④ 3% | ⑤ 75% |

오답노트

① ③ 영기준 예산은 전년도 사업 및 예산배분을 고려하지 않고 비용—편익분석, 비용—효과분석 등을 통해, 즉 사업의 효율성 평가를 통해 사업의 우선순위를 결정하여 예산을 편성한다.

② 계획 예산은 계획지향 또는 기획지향적 입장에서 장기적인 계획수립과 단기적인 예산편성을 프로그램 계획의 작성을 통해 유기적으로 결합시키는 방식이다.

④ 성과주의 예산은 사업계획을 세부사업으로 분류하고 각 세부사업별 단위원가와 제공량을 계산하여 예산액으로 표시하는 방식이다. 지난해 성과를 토대로 올해 예산에서의 단위원가 및 제공량이 증가할 수 있다.

07

답과해설 답 ③

| 마킹률 | ① 36% | ② 16% | ③ 27% | ④ 2% | ⑤ 19% |

예산 통제의 원칙으로 개별화, 강제, 예외, 보고, 개정, 효율성, 의미, 환류, 생산성 등이 있다.

08

답과해설 답 ③

| 마킹률 | ① 7% | ② 28% | ③ 22% | ④ 21% | ⑤ 22% |

③ 사업수입 명세서는 사업에 관한 내역, 금액 등을 정리한 표이다. 사업이 진행된 이후에 산출 내역에 대해 작성하는 것이기 때문에 사업이 시작되기 전인 예산 작성 시에는 작성할 수가 없다. 이는 사업이 종료된 후 결산에 첨부하게 된다.

예산에 첨부하여야 할 서류
1. 예산총칙
2. 세입 · 세출명세서
3. 추정대차대조표
4. 추정수지계산서
5. 임직원 보수 일람표
6. 당해 예산을 의결한 이사회 회의록 또는 해당 예산을 보고 받은 시설운영위원회 회의록 사본

09

답과해설 답 ④

| 마킹률 | ① 8% | ② 6% | ③ 8% | ④ 75% | ⑤ 3% |

④ 기획예산제도는 조직의 장기적인 비전이나 계획을 고려하여 예산을 편성하기 때문에 미래의 비용이 많이 고려된다.

10

답과해설 답 ②

| 마킹률 | ① 1% | ② 88% | ③ 6% | ④ 1% | ⑤ 4% |

오답노트

① 국가와 지방자치단체의 보조금은 재원에 포함된다.

③ 이용자에게 서비스 이용료를 부과하여 재정을 충당할 수 있다.

④ DM 발송부터 다양한 이벤트 사업 등의 마케팅을 통해 후원금을 모금하고 있다.

⑤ 전입금은 사업을 위해 옮긴 돈이라는 의미로, 보통 사회복지법인이 그에 속한 사회복지시설의 사업을 위해 보내는 비용이다. 국가나 지자체에서 지원하는 것은 아니기 때문에 공적 재원은 아니다.

10장 프로그램 개발과 평가

01 ③   02 ②   03 ④   04 ①   05 ①
06 ④

1

답과해설 답 ③

| 마킹률 | ① 4% | ② 26% | ③ 15% | ④ 4% | ⑤ 51% |

오답노트

ㄴ. 비용—효과분석은 효율성 평가(분석 방법)에 해당한다. 즉, ㄱ의 비용—편익분석과 ㄴ의 비용—효과분석은 모두 효율

성 평가에 해당한다. 비용—효과분석은 특정 프로젝트에 투입되는 비용은 금전적 가치로 환산하지만, 프로젝트로부터 얻게 되는 편익 또는 산출은 금전적 가치로 환산하지 않고 산출물 그대로 분석한다. 이와 달리 비용—편익분석은 프로그램과 관련된 편익과 비용을 모두 금전적 가치로 환산한 다음 이 결과를 토대로 프로젝트의 소망성을 평가하는 방법이다.

02

답과 해설　답 ②

마킹률	① 16%	② 76%	③ 2%	④ 2%	⑤ 4%

오답노트

① 정책개발: 관련 문제의 쟁점화, 새로운 아젠다 개발
③ 이론 형성: 문제와 해결에 대한 인과관계를 바탕으로 새로운 이론, 기술 등을 제시
④ 자료수집: 프로그램의 개선점 파악 및 프로그램 개발에 필요한 자료를 획득
⑤ 정보관리: 실무자들에게 평가결과를 피드백함으로써 정보를 제공하고, 평가결과 자료를 정보화하여 활용

03

답과 해설　답 ④

마킹률	① 2%	② 1%	③ 11%	④ 50%	⑤ 36%

오답노트

ㄱ. 비용—효과분석은 투입 비용은 금전적 가치로 환산하고 산출 효과는 금전적 가치로 환산하지 않고 그대로 분석에 활용하는 것이다.

04

답과 해설　답 ①

마킹률	① 41%	② 2%	③ 13%	④ 35%	⑤ 9%

오답노트

② 영향: 사회문제 해결에 미친 영향
③ 효과: 목표의 달성 정도
④ 효율성: 투입 대비 산출 비교
⑤ 서비스의 질: 서비스 및 제공자의 전문성 수준

05

답과 해설　답 ①

마킹률	① 82%	② 9%	③ 2%	④ 3%	⑤ 4%

① 비용편익분석은 효율성 평가를 위한 방법이다. 비용편익분석은 어떤 프로그램과 관련된 편익과 비용들을 모두 금전적 가치로 환산한 다음 그 결과를 토대로 프로젝트의 소망성을 평가하는 방법이다. 비용편익분석은 경제적 능률성, 경제적 기여도에 초점을 두고 있다.

06

답과 해설　답 ④

마킹률	① 13%	② 1%	③ 1%	④ 84%	⑤ 1%

④ 효율성은 최소한의 비용으로 최대한의 효과를 꾀하는 것을 말한다. 서비스에 투입되는 비용을 줄이게 되면 부과되는 이용료를 낮출 수 있기 때문에 이용료에 부담을 느껴 서비스 이용을 망설이던 클라이언트도 서비스를 이용할 수 있게 된다는 점에서 비용 절감은 이용자의 욕구 충족과도 관련된다.

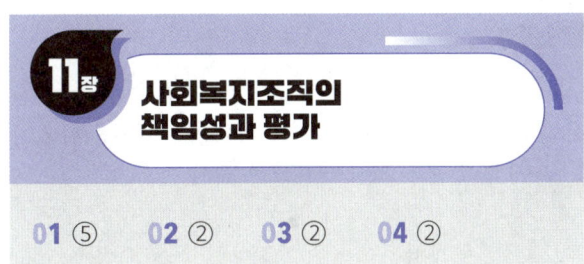

11장　사회복지조직의 책임성과 평가

01 ⑤　　02 ②　　03 ②　　04 ②

01

답과 해설　답 ⑤

마킹률	① 6%	② 0%	③ 2%	④ 1%	⑤ 91%

책임성 요구가 증가하면서 사회복지서비스에 대한 평가도 중요시되고 있다. 평가는 양적 차원뿐 아니라 질적 차원의 평가도 중요한데, 특히 사회복지서비스는 원료가 사람이고, 인간의 삶의 질 향상과 연결되므로 정량평가뿐 아니라 비정량적 요소의 평가도 매우 중요하다. 따라서 사회복지서비스의 질적 평가에 대한 요구는 꾸준히 증가하고 있으며, 평가는 양적 차원과 질적 차원이 모두 포함되는 방향으로 발전해야 한다.

02

답과 해설　답 ②

마킹률	① 4%	② 44%	③ 4%	④ 14%	⑤ 34%

② 시설의 규모는 시설의 종류에 따라 해당 법률을 통해 각기 다른 기준으로 제시되어 규정된 기준을 충족해야 설립이 가능하다.

시설의 서비스 최저기준에 포함되는 사항
- 시설 이용자의 인권
- 시설의 환경
- 시설의 운영
- 시설의 안전관리
- 시설의 인력관리
- 지역사회 연계
- 서비스의 과정 및 결과
- 그 밖에 서비스 최저기준 유지에 필요한 사항

03

답과해설 답 ②

마킹률	① 1%	② 92%	③ 2%	④ 2%	⑤ 3%

② 책임성은 효율성과 효과성을 모두 포괄한다.

04

답과해설 답 ②

마킹률	① 2%	② 86%	③ 1%	④ 10%	⑤ 1%

사회복지 시설평가는 3년마다 진행된다. 평가 결과는 해당 기관의 홈페이지 등에 게시하도록 하고 있다.

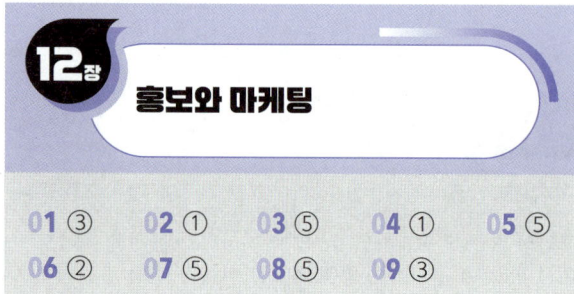

12장 홍보와 마케팅

01 ③   02 ①   03 ⑤   04 ①   05 ⑤
06 ②   07 ⑤   08 ⑤   09 ③

01

답과해설 답 ③

마킹률	① 0%	② 1%	③ 89%	④ 1%	⑤ 9%

오답노트
① 영리조직의 마케팅과 달리 비영리조직의 마케팅은 판매보다는 고객의 욕구충족에 집중한 클라이언트 중심 서비스에 초점을 둔다.
② 영리조직의 마케팅은 소비자 판촉을 통해 이윤을 남기는 것이 최우선 목표이지만, 비영리조직의 마케팅은 복지 소비자

의 만족과 후원자 개발 등 다면적인 목표를 가지고 있다.
④ 비영리조직의 마케팅은 후원자에게만 초점을 두어 모금만 중시하는 것이 아니다. 클라이언트, 자원봉사자, 지역주민 모두를 마케팅의 대상으로 보고 있다. 이는 사회복지조직이 지역사회로부터의 인정과 지지를 받을 때 존립의 정당성을 확보하기 때문이다.
⑤ 비영리조직의 마케팅 목적은 프로그램을 알리는 것 외에도 재정 확보의 측면, 책임성 측면, 대상자 관리의 측면, 서비스 개발의 측면 등 다양한 목적과 필요성을 가진다.

02

답과해설 답 ①

마킹률	① 83%	② 4%	③ 1%	④ 1%	⑤ 11%

오답노트
② 사회복지마케팅에 있어 시장 세분화는 시장을 임의로 구분하는 것이 아니라 체계적이고 논리적인 기준에 따라 목표시장을 식별하는 과정이다. 즉, 비슷한 욕구나 행위의 특징에 따라 소비자(또는 후원자)를 작은 그룹으로 분류하는 것이다. 이를 통해 보다 효과적으로 특정 소비자(또는 후원자) 그룹을 타겟하여 맞춤형 마케팅 전략을 개발할 수 있다.
③ 사회복지마케팅의 대상에는 클라이언트 집단도 포함된다. 사회복지마케팅의 대상은 후원자뿐만 아니라 클라이언트 집단도 포함된다.
④ 사회복지마케팅의 과정에는 기관 환경 분석, 시장욕구 분석을 위한 시장조사가 포함된다.
⑤ 상품의 내구성이란 상품이 외부의 물리적·환경적 요인에도 일정기간 동안 본래의 기능과 성능을 유지하며 사용할 수 있는 정도를 의미한다. 사회복지조직의 상품은 주로 서비스나 프로그램을 의미하므로 일반기업의 상품과는 그 속성이 다르다. 따라서 상품의 내구성을 고려한 전략 수립은 사회복지마케팅보다는 물질적인 상품을 판매하는 영리마케팅에서 더욱 중요하다.

03

답과해설 답 ⑤

마킹률	① 1%	② 11%	③ 2%	④ 24%	⑤ 62%

ㄹ. 고객 및 시장 조사: 기관에서 관심을 두고 있는 문제에 대해 지역사회에서도 공감을 하고 있는지, 주민들은 어떤 의견을 가지고 있는지 등을 살펴본다.
ㄱ. STP 전략 설계: 시장 세분화, 표적 시장, 시장 포지셔닝 등 기부시장을 분석한다.
ㄷ. 마케팅 믹스: 상품, 가격, 유통, 촉진(홍보) 등의 부문에 대한 전략을 세우는 것이다.
ㄴ. 고객관계관리(CRM): 클라이언트와 지속적인 관계를 유지하면서 맞춤형 마케팅을 추진하는 방법이다.

4

답과 해설 답 ①

마킹률	① 67%	② 22%	③ 3%	④ 3%	⑤ 5%

① 다이렉트 마케팅은 기관의 소식지나 홍보책자 등을 우편으로 발송하는 것이다.

5

답과 해설 답 ⑤

마킹률	① 3%	② 6%	③ 33%	④ 5%	⑤ 53%

⑤ 사회복지서비스는 다양하고 추상적인 목적이 혼재되어 있기 때문에 목적과 관련된 목표를 구체화되지 못할 때가 있다. 그렇기 때문에 목표달성의 기준이 명확하지 않거나 목표를 수치화하여 측정할 수 없는 경우도 있다.

6

답과 해설 답 ②

마킹률	① 3%	② 42%	③ 28%	④ 5%	⑤ 22%

마케팅 믹스(4P)
- 상품(Product) 전략: 어떤 상품을 제공할 것인가
- 가격(Price) 전략: 가격을 어떻게 결정할 것인가. 사회복지조직 등 비영리조직에서의 가격은 지불해야 할 비용 외에 시간, 노력, 부담감, 불안감 등 비금전적 요인을 포함
- 유통(Place) 전략: 어떻게 판매, 전달할 것인가
- 촉진(Promotion) 전략: 어떻게 홍보할 것인가

7

답과 해설 답 ⑤

마킹률	① 19%	② 17%	③ 20%	④ 8%	⑤ 36%

⑤ 고객관계관리 마케팅: 고객의 특성에 맞춰 평생 고객을 추진하는 마케팅

오답노트

① 사회 마케팅: 금연운동과 같이 특정 행동을 장려
② 공익연계 마케팅: 기업과의 연계를 통한 마케팅
③ 다이렉트 마케팅: DM 발송
④ 데이터베이스 마케팅: 기관 이용자의 정보를 토대로 진행

8

답과 해설 답 ⑤

마킹률	① 1%	② 2%	③ 12%	④ 27%	⑤ 58%

마케팅 믹스의 4P
- 상품(Product) 전략: 제공할 상품 및 서비스 결정
- 가격(Price) 전략: 가격 결정
- 유통(입지, Place) 전략: 판매 및 전달 방법의 결정
- 촉진(Promotion) 전략: 홍보 방법의 결정

9

답과 해설 답 ③

마킹률	① 0%	② 1%	③ 94%	④ 1%	⑤ 4%

오답노트

① 비영리조직은 영리추구를 목적으로 하지 않는다.
② 비영리조직 간의 경쟁에 대한 대응도 고려해야 한다.
④ 사회복지조직이 제공하는 비물질적인 서비스도 마케팅의 대상이며, 마케팅을 통해 이용자를 모집한다.
⑤ 비영리조직의 마케팅은 서비스 홍보뿐만 아니라 후원금 모금을 위해서도 이루어지며, 후원금 모금은 조직의 재정자립과 연결된다.

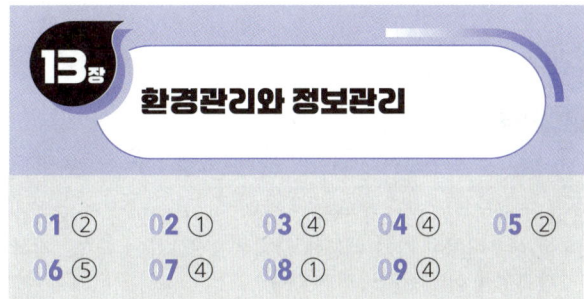

13장 환경관리와 정보관리

01 ②	02 ①	03 ④	04 ④	05 ②
06 ⑤	07 ④	08 ①	09 ④	

1

답과 해설 답 ②

마킹률	① 3%	② 65%	③ 1%	④ 21%	⑤ 10%

현대사회에서 정보관리의 중요성이 커진 것은 사실이지만, 사회복지조직에서 정보관리가 최우선인 것은 아니다. 사회복지조직은 클라이언트 서비스 관리, 인적 자원관리, 재정관리, 조직관리, 프로그램 관리, 정보관리, 외부 환경관리 등 여러 차원의 관리가 필요하다.

2

답과 해설 답 ①

마킹률	① 75%	② 3%	③ 19%	④ 1%	⑤ 2%

② 정부는 계약이나 위탁 등 다양한 방식으로 민간과의 파트너
십을 증가시키고 있으며, 정부가 직접 제공하는 서비스는
감소하고 있다.

③ 사회복지조직의 책무성 및 평가제도의 강화와 더불어 성과
중심 평가와 성과관리에 대한 요구가 증가하고 있다.

④ 환경변화가 빠르게 변화한다 하더라도 사회복지행정의 이
론적 준거틀은 여전히 필요하다. 이론적 토대 없이 행정이
즉흥적, 일시적, 단기적인 차원에서 진행된다면 비효율적
운영과 비효과성의 문제가 증가하고 이는 책임성의 문제로
이어진다.

⑤ 사회복지서비스가 다양화될수록 전문성에 대한 사회적 요
구는 더욱 증가하며, 이에 따라 전문적 자격을 갖춘 전문가
활용 역시 증가한다.

3

답과해설 답 ④

| 마킹률 | ① 1% | ② 2% | ③ 3% | ④ 92% | ⑤ 2% |

④ 핵심리더의 변화노력에 대한 구성원의 공개 지지는 조직의
혁신에 긍정적 요인이다.

4

답과해설 답 ④

| 마킹률 | ① 1% | ② 2% | ③ 13% | ④ 83% | ⑤ 1% |

④ 실무자들에게 정보시스템에 대한 이해와 활용을 위한 학습
이 이루어져야 하기 때문에 사회복지정보화는 학습조직의
필요성을 더욱 강조하게 되었다.

5

답과해설 답 ②

| 마킹률 | ① 1% | ② 92% | ③ 3% | ④ 1% | ⑤ 3% |

① 변혁적 리더십은 조직을 변화시키고 개혁하는 과정에서 부
하 직원의 신뢰와 지지, 동참을 강조한다.

③ 사회환경의 변화에 맞춰 조직도 변화해야 할 필요가 있다.

④ 조직 내부환경을 고려하지 않고 변화를 추진할 때 혁신은
성공하기 어렵다. 혁신을 이루고자 할 때에는 내부환경에
어떤 문제가 있는지, 변화에 방해가 되는 요소는 무엇인지
등과 함께 조직 구성원들이 변화의 필요성을 인식하고 있는
지를 확인해야 한다.

⑤ 변혁적 리더십은 개인의 사적 이익을 넘어 집단의 이익과
목적을 강조한다.

6

답과해설 답 ⑤

| 마킹률 | ① 2% | ② 1% | ③ 2% | ④ 1% | ⑤ 94% |

⑤ 사회복지서비스를 제공하는 공급 주체가 다양화되면서 조
직의 경쟁력을 높이고 후원금을 확보하고 기관을 홍보하기
위해 다양한 경영관리 기법을 고려하고 있다.

7

답과해설 답 ④

| 마킹률 | ① 4% | ② 11% | ③ 2% | ④ 81% | ⑤ 2% |

ㄴ. 대규모의 생활시설 대신 소규모의 그룹홈 등이 더 강조되
고 있다. 특히 장애인 거주시설은 폐쇄적 운영 및 입소자
들에 대한 처우 문제 등으로 탈시설화를 추진하고 있다.

8

답과해설 답 ①

| 마킹률 | ① 94% | ② 1% | ③ 0% | ④ 1% | ⑤ 4% |

① 사회복지조직은 이용자 모집뿐만 아니라 후원금이나 자원
봉사자 모집에 있어서도 다른 기관과 경쟁에 놓이게 된다.

9

답과해설 답 ④

| 마킹률 | ① 1% | ② 0% | ③ 1% | ④ 98% | ⑤ 0% |

④ 지역사회 통합돌봄은 거주지에서 계속 거주하면서 개개인
의 욕구에 맞는 서비스를 받으면서 지역사회와 어울려 살아
갈 수 있도록 주거, 보건의료, 요양, 돌봄, 독립생활 지원이
통합적으로 확보될 수 있도록 하는 지역주도형 사회서비스
정책이다. 요양병원 등의 시설에서 장기입원 환자 중 원하
는 경우 지역사회로의 복귀를 지원한다.

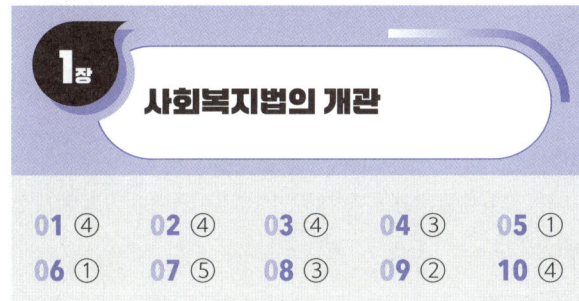

3과목 사회복지정책과 제도

8영역

사회복지 법제론

1장 사회복지법의 개관

| 01 ④ | 02 ④ | 03 ④ | 04 ③ | 05 ① |
| 06 ① | 07 ⑤ | 08 ③ | 09 ② | 10 ④ |

01

답과 해설 답 ④

| 마킹률 | ① 3% | ② 8% | ③ 3% | ④ 85% | ⑤ 1% |

오답노트

① 관습법, 판례법, 조리는 불문법원에 해당한다. 성문법원에는 법률, 명령(시행령, 시행규칙), 자치법규(조례, 규칙), 국제조약 및 국제법규 등이 해당한다.

② 시행령과 시행규칙은 명령에 해당하는데, 명령은 국회의 의결을 거치지 않고 대통령 이하의 행정기관이 제정한 법규를 의미한다. 보통 개별 법률의 시행령(대통령령) 및 시행규칙(보건복지부령, 여성가족부령 등)이라는 존재양식으로서 표현되며, 개별 법률의 실행을 위한 좀 더 구체적인 사항이 규정된다.

③ 시행규칙보다 시행령이 상위 법규범이다.

⑤ 법률안을 심의·의결하는 과정은 국회의 고유권한이지만, 법률안을 제출하는 것은 정부도 할 수 있다.

02

답과 해설 답 ④

| 마킹률 | ① 1% | ② 3% | ③ 4% | ④ 90% | ⑤ 2% |

시·도의 규칙이 시·군 및 자치구의 규칙보다 상위 법규범이다.

03

답과 해설 답 ④

| 마킹률 | ① 4% | ② 4% | ③ 52% | ④ 38% | ⑤ 2% |

헌법 제10조
모든 국민은 인간으로서의 존엄과 가치를 가지며, 행복을 추구할 권리를 가진다. 국가는 개인이 가지는 불가침의 기본적 인권을 확인하고 이를 보장할 의무를 진다.

04

답과 해설 답 ③

| 마킹률 | ① 8% | ② 26% | ③ 56% | ④ 7% | ⑤ 3% |

오답노트

① 관습법이란 사회적으로 사실상의 관행이 계속적이고 일반적으로 행해짐에 따라 법으로서의 효력을 가지는 불문법을 말한다. 관습법은 사회복지법의 법원이 될 수 있다.

② 법률은 국회의 의결을 거쳐 제정·공포된 법을 말한다.

④ 명령이란 국회의 의결을 거치지 않고 대통령 이하의 행정기관이 제정한 법규를 의미한다. 여기에는 대통령령, 총리령, 부령(또는 장관령) 등이 있다.

⑤ 국제법규란 우리나라가 체약국(締約國)이 아니라도 국제사회에서 대다수의 국가에 의하여 일반적으로 그 규범력이 인정된 것과 국제관습법을 말한다. 일반적으로 승인된 국제법규는 사회복지법의 법원에 포함된다.

05

답과 해설 답 ①

| 마킹률 | ① 76% | ② 12% | ③ 7% | ④ 3% | ⑤ 2% |

• 국가는 사회보장·사회복지의 증진에 노력할 의무를 진다.
• 신체장애자 및 질병·노령 기타의 사유로 생활능력이 없는 국민은 법률이 정하는 바에 의하여 국가의 보호를 받는다.

06

답과 해설 답 ①

| 마킹률 | ① 59% | ② 5% | ③ 21% | ④ 5% | ⑤ 10% |

지방자치법 제28조(조례)에 의하면 지방자치단체(지방의회)는 법령의 범위 안에서 그 사무에 관하여 조례를 제정할 수 있다. 지방자치법 제29조(규칙)에 의하면 지방자치단체의 장은 법령 또는 조례의 범위에서 그 권한에 속하는 사무에 관하여 규칙을 제정할 수 있다. 즉, 지방의회는 조례제정권을 갖고 지방자치단체의 장은 규칙제정권을 갖는다.

07

답과해설 답 ⑤

마킹률	① 9%	② 7%	③ 24%	④ 7%	⑤ 53%

우리나라의 법원은 성문법주의를 채택하고 있다. 성문법에는 헌법, 법률, 명령(시행령, 시행규칙), 자치법규(조례, 규칙), 국제조약 및 국제법규 등이 해당한다.

08

답과해설 답 ③

마킹률	① 13%	② 15%	③ 63%	④ 5%	⑤ 4%

일정한 형식과 절차를 거쳐 공포되고, 문서의 형식으로 표현된 법을 성문법이라 한다. 헌법, 법률, 명령(시행령, 시행규칙), 자치법규(조례, 규칙), 국제조약 및 국제법규 등이 해당한다.

09

답과해설 답 ②

마킹률	① 1%	② 91%	③ 1%	④ 1%	⑤ 6%

지방자치단체는 법령의 범위 안에서 그 사무에 관하여 조례를 제정할 수 있다. 다만, 주민의 권리 제한 또는 의무 부과에 관한 사항이나 벌칙을 정할 때에는 법률의 위임이 있어야 한다.

10

답과해설 답 ④

마킹률	① 1%	② 13%	③ 18%	④ 58%	⑤ 10%

시행령은 어떤 법률을 시행하는 데 필요한 규정을 주요 내용으로 하는 명령으로서 대통령이 발하는 명령(대통령령)에 해당한다.

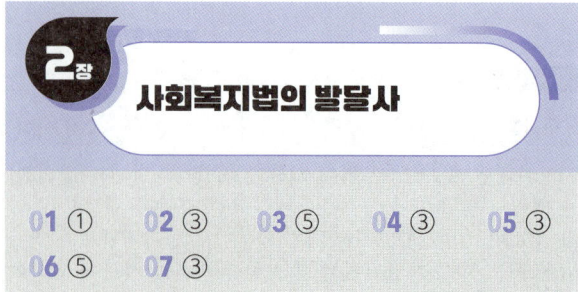

2장 **사회복지법의 발달사**

01 ①	02 ③	03 ⑤	04 ③	05 ③
06 ⑤	07 ③			

01

답과해설 답 ①

마킹률	① 85%	② 5%	③ 3%	④ 3%	⑤ 4%

① 산업재해보상보험법: 1963년 제정
② 국민기초생활보장법: 1999년 제정
③ 고용보험법: 1993년 제정
④ 국민연금법: 1973년 국민복지연금법 제정 → 1986년 국민연금법으로 개정
⑤ 국민건강보험법: 1999년 제정

02

답과해설 답 ③

마킹률	① 7%	② 6%	③ 54%	④ 8%	⑤ 25%

오답노트

ㄷ. 1961년 제정된 아동복리법은 1981년 아동복지법으로 개정되었다.

03

답과해설 답 ⑤

마킹률	① 3%	② 6%	③ 4%	④ 17%	⑤ 70%

① 아동복지법: 1961년 아동복리법 제정 → 1981년 아동복지법으로 개정
② 노인복지법: 1981년 제정
③ 장애인복지법: 1981년 심신장애자복지법 제정 → 1989년 장애인복지법으로 개정
④ 한부모가족지원법: 1989년 모자복지법 제정 → 2002년 모·부자복지법으로 개정 → 2007년 한부모가족지원법으로 개정
⑤ 다문화가족지원법: 2008년 제정

04

답과해설 답 ③

마킹률	① 6%	② 12%	③ 69%	④ 4%	⑤ 9%

ㄴ. 산업재해보상보험법: 1963년 제정
ㄷ. 사회복지사업법: 1970년 제정
ㅁ. 노인복지법: 1981년 제정
ㄹ. 고용보험법: 1993년 제정
ㄱ. 국민기초생활보장법: 1999년 제정

05

답과 해설 답 ③

| 마킹률 | ① 8% | ② 7% | ③ 57% | ④ 8% | ⑤ 20% |

오답노트

ㄱ. 2014년 기초연금법이 제정되면서 기존 기초노령연금법은
　폐지되었다.
ㄴ. 1999년 제정된 국민건강보험법은 기존 국민의료보험법을
　대체한 것이다.

06

답과 해설 답 ⑤

| 마킹률 | ① 31% | ② 9% | ③ 13% | ④ 9% | ⑤ 38% |

① 사회보장기본법: 1995년 제정
② 국민건강보험법: 1999년 제정
③ 고용보험법: 1993년 제정
④ 영유아보육법: 1991년 제정
⑤ 노인복지법: 1981년 제정

07

답과 해설 답 ③

| 마킹률 | ① 7% | ② 12% | ③ 72% | ④ 7% | ⑤ 2% |

고용보험법은 1993년 12월에 제정되었고, 사회복지공동모금
회법은 1997년 3월에 제정된 사회복지공동모금법을 개정하여
1999년 3월에 사회복지공동모금회법으로 명칭을 변경하였다.

오답노트

① 산업재해보상보험법은 1963년 11월에 제정되었고, 장애인
　복지법은 1981년 제정된 심신장애자복지법을 개정하여
　1989년 12월에 장애인복지법으로 명칭을 변경하였다.
② 사회복지사업법은 1970년 1월에 제정되었고, 국민기초생
　활보장법은 1999년 9월에 제정되었다.
④ 국민연금법은 1973년 12월에 제정된 국민복지연금법을 개
　정하여 1986년 12월에 국민연금법으로 명칭을 변경하였고,
　노인복지법은 1981년 6월에 제정되었다.
⑤ 아동복지법은 1981년 4월에 제정되었고, 국민건강보험법
　은 1999년 2월에 제정되었다.

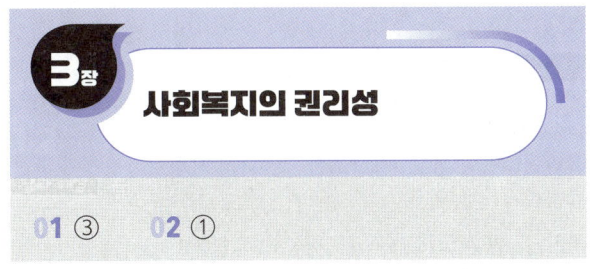

3장 사회복지의 권리성

01 ③　　**02** ①

01

답과 해설 답 ③

| 마킹률 | ① 5% | ② 10% | ③ 56% | ④ 12% | ⑤ 17% |

사회적 기본권은 국민이 국가기관에 대하여 인간다운 생활과
최저한의 생활보장을 적극적으로 요구할 수 있는 권리를 의미
한다. 우리나라 헌법에서는 사회적 기본권에 대하여 인간다운
생활을 할 권리, 교육을 받을 권리, 근로에 대한 권리, 근로
3권, 환경권 등을 규정하고 있다. ③의 내용은 헌법 규정의 사
회적 기본권에 해당하지 않는다. 다만, 헌법 제33조 제2항에서
는 "공무원인 근로자는 법률이 정하는 자에 한하여 단결
권 · 단체교섭권 및 단체행동권을 가진다."고 명시되어 있다.

02

답과 해설 답 ①

| 마킹률 | ① 26% | ② 35% | ③ 3% | ④ 30% | ⑤ 6% |

"모든 국민은 신체의 자유를 가진다."는 규정은 자유권적 기본
권(헌법 제12조)으로 사회적 기본권으로 보기는 어렵다. 사회
적 기본권은 국민이 국가기관에 대하여 인간다운 생활과 최저
한의 생활보장을 적극적으로 요구할 수 있는 권리를 의미한
다. 우리나라 헌법에서는 사회적 기본권에 대하여 인간다운
생활을 할 권리, 교육을 받을 권리, 근로에 대한 권리, 근로
3권, 환경권 등을 규정하고 있다.

4장 국제법과 사회복지

01 ①　　**02** ②　　**03** ⑤

01

답과 해설 답 ①

마킹률	① 35%	② 16%	③ 30%	④ 10%	⑤ 9%

국민연금법의 경우 제127조에 외국과의 사회보장협정에 관한 규정을 두고 있다.

국민연금법 제127조(외국과의 사회보장협정)
대한민국이 외국과 사회보장협정을 맺은 경우에는 이 법에도 불구하고 국민연금의 가입, 연금보험료의 납부, 급여의 수급 요건, 급여액의 산정, 급여의 지급 등에 관하여 그 사회보장협정에서 정하는 바에 따른다.

02

답과 해설 답 ②

마킹률	① 7%	② 42%	③ 18%	④ 14%	⑤ 19%

사회보장최저기준조약(1952년)은 국제노동기구(ILO)가 1952년 국제 노동회의에서 채택한 것으로 대상의 보편성, 비용부담의 공평성, 급여수준의 적절성 원칙 등에 따라 사회보장 최저기준의 원칙을 정한 조약이다.

오답노트

① 대서양헌장(1941년)은 제2차 세계대전 중 영국의 처칠수상과 루즈벨트 대통령이 함께 북대서양에서 발표한 헌장으로, '결핍으로부터의 자유(freedom from fear and want)'라는 슬로건을 제시하며 국민의 기본권을 인정하였다.
③ 아동권리에 관한 협약(1989년)은 전 세계의 아동(18세 미만의 모든 아동)의 경제, 사회, 문화에 대한 생존권, 보호받을 권리, 발달권, 참여권 등을 규정하는 국제협약으로, 국제연합총회에서 채택된 국제법이다.
④ 세계인권선언(1948년)은 국제연합총회에서 채택된 선언으로서, 인간의 기본적 인권 존중을 그 중요한 원칙으로 하는 국제연합헌장의 취지에 따라 보호해야 할 인권을 구체적으로 규정할 것을 목적으로 하여 채택되었다.
⑤ 사회보장헌장(1961년)은 세계노동조합연맹 회의에서 채택되어 사회보장을 노동자의 권리라고 선언한 헌장이다.

03

답과 해설 답 ⑤

마킹률	① 10%	② 8%	③ 8%	④ 2%	⑤ 72%

경제적·사회적·문화적 권리에 관한 규약(국제인권규약 A)은 사회권 규약이라고도 불리는 국제조약으로 자결권, 노동권, 사회보장수급권, 건강권, 교육권에 대해 규정하고 있다.

5장 사회보장기본법

01 ④	02 ②	03 ②	04 ④	05 ②
06 ①	07 ②	08 ①	09 ①	10 ④
11 ⑤	12 ④	13 ②	14 ⑤	15 ①
16 ⑤				

01

답과 해설 답 ④

마킹률	① 0%	② 0%	③ 5%	④ 87%	⑤ 8%

사회보장수급권의 포기는 취소할 수 있다.

02

답과 해설 답 ②

마킹률	① 1%	② 62%	③ 3%	④ 16%	⑤ 18%

오답노트

① 보건복지부장관은 관계 중앙행정기관의 장과 협의하여 사회보장에 관한 기본계획을 5년마다 수립하여야 한다.
③ 사회보장 기본계획은 사회보장위원회와 국무회의의 심의를 거쳐 확정한다.
④ 시·도지사 및 시장·군수·구청장은 지역사회보장에 관한 계획(지역사회보장계획)을 4년마다 수립하고, 매년 지역사회보장계획에 따라 연차별 시행계획을 수립하여야 한다.
⑤ 시·군·구 지역사회보장협의체와 시·도의 사회보장위원회는 지역사회보장계획을 심의한다.

03

답과 해설 답 ②

마킹률	① 6%	② 91%	③ 1%	④ 1%	⑤ 1%

사회보장기본법상 용어의 정의
• 사회보장이란 출산, 양육, 실업, 노령, 장애, 질병, 빈곤 및 사망 등의 사회적 위험으로부터 모든 국민을 보호하고 국민 삶의 질을 향상시키는 데 필요한 소득·서비스를 보장하는 사회보험, 공공부조, 사회서비스를 말한다.
• (ㄱ) 사회보험이란 국민에게 발생하는 사회적 위험을 보험의 방식으로 대처함으로써 국민의 건강과 소득을 보장하는

제도를 말한다.
- (ㄴ) 공공부조란 국가와 지방자치단체의 책임 하에 생활 유지 능력이 없거나 생활이 어려운 국민의 최저생활을 보장하고 자립을 지원하는 제도를 말한다.
- 사회서비스란 국가·지방자치단체 및 민간부문의 도움이 필요한 모든 국민에게 복지, 보건의료, 교육, 고용, 주거, 문화, 환경 등의 분야에서 인간다운 생활을 보장하고 상담, 재활, 돌봄, 정보의 제공, 관련 시설의 이용, 역량 개발, 사회참여 지원 등을 통하여 국민의 삶의 질이 향상되도록 지원하는 제도를 말한다.
- 평생사회안전망이란 생애주기에 걸쳐 보편적으로 충족되어야 하는 기본욕구와 특정한 사회위험에 의하여 발생하는 특수욕구를 동시에 고려하여 소득·서비스를 보장하는 맞춤형 사회보장제도를 말한다.
- 사회보장 행정데이터란 국가, 지방자치단체, 공공기관 및 법인이 법령에 따라 생성 또는 취득하여 관리하고 있는 자료 또는 정보로서 사회보장 정책 수행에 필요한 자료 또는 정보를 말한다.

04
답과 해설 답 ④

마킹률	① 10%	② 2%	③ 7%	④ 78%	⑤ 3%

위원의 임기는 2년으로 한다.

05
답과 해설 답 ②

마킹률	① 2%	② 89%	③ 5%	④ 3%	⑤ 1%

공공부조 및 관계 법령에서 정하는 일정 소득 수준 이하의 국민에 대한 사회서비스에 드는 비용의 전부 또는 일부는 국가와 지방자치단체가 부담한다.

06
답과 해설 답 ①

마킹률	① 49%	② 15%	③ 16%	④ 8%	⑤ 12%

ㄱ. 국가는 관계 법령에서 정하는 바에 따라 최저보장수준과 최저임금을 매년 공표하여야 한다.
ㄴ. 사회보장수급권은 정당한 권한이 있는 기관에 서면으로 통지하거나 포기할 수 있다.

07
답과 해설 답 ②

마킹률	① 9%	② 40%	③ 12%	④ 18%	⑤ 21%

① 사회보험은 국가의 책임으로 시행하고, 공공부조와 사회서비스는 국가와 지방자치단체의 책임으로 시행하는 것을 원칙으로 한다.
③ 공공부조 및 관계 법령에서 정하는 일정 소득 수준 이하의 국민에 대한 사회서비스에 드는 비용의 전부 또는 일부는 국가와 지방자치단체가 부담한다.
④ 보건복지부장관은 제출된 사회보장통계를 종합하여 사회보장위원회에 제출하여야 한다.
⑤ 중앙행정기관의 장과 지방자치단체의 장은 사회보장제도를 신설하거나 변경할 경우 신설 또는 변경의 타당성, 기존 제도와의 관계, 사회보장 전달체계에 미치는 영향, 지역복지 활성화에 미치는 영향 및 운영방안 등에 대하여 대통령령으로 정하는 바에 따라 보건복지부장관과 협의하여야 한다.

08
답과 해설 답 ①

마킹률	① 59%	② 9%	③ 7%	④ 20%	⑤ 5%

사회보장위원회의 위원 임기는 2년으로 한다.

09
답과 해설 답 ①

마킹률	① 92%	② 2%	③ 2%	④ 3%	⑤ 1%

사회보험은 국가의 책임으로 시행하고, 공공부조와 사회서비스는 국가와 지방자치단체의 책임으로 시행하는 것을 원칙으로 한다. 다만, 국가와 지방자치단체의 재정 형편 등을 고려하여 이를 협의·조정할 수 있다.

10
답과 해설 답 ④

마킹률	① 6%	② 2%	③ 18%	④ 71%	⑤ 3%

사회보장수급권은 정당한 권한이 있는 기관에 서면으로 통지하여 포기할 수 있다.

11
답과 해설 답 ⑤

마킹률	① 2%	② 8%	③ 28%	④ 4%	⑤ 58%

① 사회보장에 관한 주요 시책을 심의·조정하기 위하여 국무총리 소속으로 사회보장위원회를 둔다.

② 위원회는 위원장 1명, 부위원장 3명과 행정안전부장관, 고용노동부장관, 여성가족부장관, 국토교통부장관을 포함한 30명 이내의 위원으로 구성한다.
③ 위원의 임기는 2년으로 한다. 다만, 공무원인 위원의 임기는 그 재임 기간으로 한다.
④ 위원회의 사무를 효율적으로 처리하기 위하여 보건복지부에 사무국을 둔다.

12

답과해설 답 ④

마킹률	① 2%	② 1%	③ 3%	④ 91%	⑤ 3%

사회보험은 (ㄱ) 국가의 책임으로 시행하고, 공공부조와 사회서비스는 (ㄴ) 국가와 지방자치단체의 책임으로 시행하는 것을 원칙으로 한다. 다만, 국가와 지방자치단체의 재정 형편 등을 고려하여 이를 협의·조정할 수 있다.

13

답과해설 답 ③

마킹률	① 2%	② 2%	③ 71%	④ 3%	⑤ 22%

보건복지부장관은 사회보장제도의 안정적인 운영을 위하여 중장기 사회보장 재정추계를 적어도 3년마다 실시하고 이를 공표하여야 한다.

14

답과해설 답 ⑤

마킹률	① 33%	② 11%	③ 6%	④ 6%	⑤ 44%

사회보장위원회는 위원장 1명, 부위원장 3명과 행정안전부장관, 고용노동부장관, 여성가족부장관, 국토교통부장관을 포함한 30명 이내의 위원으로 구성한다. 위원장은 국무총리가 되고 부위원장은 기획재정부장관, 교육부장관 및 보건복지부장관이 된다.

15

답과해설 답 ①

마킹률	① 84%	② 10%	③ 0%	④ 5%	⑤ 1%

오답노트

ㄴ. 사회보장수급권은 정당한 권한이 있는 기관에 서면으로 통지하여 포기할 수 있다.
ㄷ. 사회보장수급권은 관계 법령에서 정하는 바에 따라 다른 사람에게 양도하거나 담보로 제공할 수 없으며, 이를 압류할 수 없다.

ㄹ. 사회보장수급권의 포기는 취소할 수 있다.

16

답과해설 답 ⑤

마킹률	① 1%	② 9%	③ 6%	④ 2%	⑤ 82%

사회보장기본법상 용어의 정의
- 사회보장이란 출산, 양육, 실업, 노령, 장애, 질병, 빈곤 및 사망 등의 사회적 위험으로부터 모든 국민을 보호하고 국민 삶의 질을 향상시키는 데 필요한 소득·서비스를 보장하는 사회보험, 공공부조, 사회서비스를 말한다.
- 사회보험이란 국민에게 발생하는 사회적 위험을 보험의 방식으로 대처함으로써 국민의 건강과 소득을 보장하는 제도를 말한다.
- 공공부조란 국가와 지방자치단체의 책임 하에 생활 유지 능력이 없거나 생활이 어려운 국민의 최저생활을 보장하고 자립을 지원하는 제도를 말한다.
- 사회서비스란 국가·지방자치단체 및 민간부문의 도움이 필요한 모든 국민에게 복지, 보건의료, 교육, 고용, 주거, 문화, 환경 등의 분야에서 인간다운 생활을 보장하고 상담, 재활, 돌봄, 정보의 제공, 관련 시설의 이용, 역량 개발, 사회참여 지원 등을 통하여 국민의 삶의 질이 향상되도록 지원하는 제도를 말한다.
- 평생사회안전망이란 생애주기에 걸쳐 보편적으로 충족되어야 하는 기본욕구와 특정한 사회위험에 의하여 발생하는 특수욕구를 동시에 고려하여 소득·서비스를 보장하는 맞춤형 사회보장제도를 말한다.
- 사회보장 행정데이터란 국가, 지방자치단체, 공공기관 및 법인이 법령에 따라 생성 또는 취득하여 관리하고 있는 자료 또는 정보로서 사회보장 정책 수행에 필요한 자료 또는 정보를 말한다.

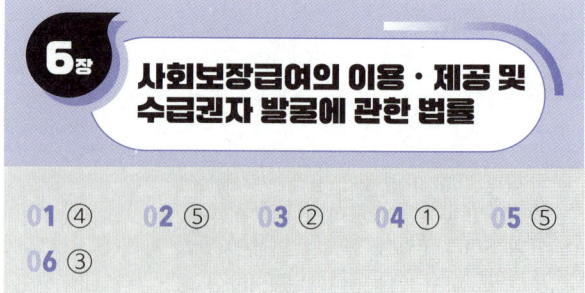

6장 사회보장급여의 이용·제공 및 수급권자 발굴에 관한 법률

01 ④   02 ⑤   03 ②   04 ①   05 ⑤
06 ③

1

답과해설 답 ④

마킹률	① 2%	② 6%	③ 3%	④ 87%	⑤ 2%

정부는 사회보장급여의 이용 및 제공이 원활히 이루어질 수 있도록 한국사회보장정보원의 설립·운영에 필요한 비용을 출연하거나 지원할 수 있다.

⊘2

답과 해설 답 ⑤

마킹률	① 22%	② 13%	③ 4%	④ 12%	⑤ 49%

오답노트

① "지원대상자"란 사회보장급여를 필요로 하는 사람을 말한다. 사회보장급여를 제공받을 권리를 가진 사람은 "수급권자"이다.
② 보장기관의 업무담당자는 지원대상자가 누락되지 아니하도록 하기 위하여 관할 지역에 거주하는 지원대상자에 대한 사회보장급여의 제공을 직권으로 신청할 수 있다. 이 경우 지원대상자의 동의를 받아야 하며, 동의를 받은 경우에는 지원대상자가 신청한 것으로 본다.
③ 보건복지부장관은 보장기관이 업무를 효율적으로 수행할 수 있도록 지원하기 위하여 사회보장정보시스템을 통하여 국민건강보험법에 따른 보험료를 3개월 이상 체납한 사람의 가구정보에 대한 자료 또는 정보를 처리할 수 있다.
④ 보장기관의 장은 지원대상자에 대한 발굴조사를 분기마다 정기적으로 실시하여야 한다.

⊘3

답과 해설 답 ②

마킹률	① 3%	② 42%	③ 2%	④ 29%	⑤ 24%

오답노트

① 시장·군수·구청장은 지역사회보장협의체를 둔다.
③ 사회보장급여를 제공하는 국가기관과 지방자치단체는 "보장기관"을 말한다. "수급권자"란 사회보장기본법에 따른 사회보장급여를 제공받을 권리를 가진 사람을 말한다.
④ 보장기관의 업무담당자는 지원대상자가 심신미약 또는 심신상실 등 대통령령으로 정하는 경우에 해당하면 지원대상자의 동의 없이 직권으로 사회보장급여의 제공을 신청할 수 있다.
⑤ 보건복지부장관은 지원대상자 발굴체계의 운영 실태를 매년 정기적으로 점검하고 개선방안을 마련하여야 한다.

⊘4

답과 해설 답 ①

마킹률	① 38%	② 8%	③ 13%	④ 31%	⑤ 10%

보장기관의 장은 지원대상자에 대한 발굴조사를 분기마다 정기적으로 실시하여야 한다. 다만, 긴급복지지원법 제7조의2에 따라 발굴조사를 실시한 경우에는 그러하지 아니하다.

⊘5

답과 해설 답 ⑤

마킹률	① 2%	② 2%	③ 11%	④ 2%	⑤ 83%

보장기관의 장은 사회보장급여의 신청을 받으면 지원대상자와 그 부양의무자(배우자와 1촌의 직계혈족 및 그 배우자)에 대하여 사회보장급여의 수급자격 확인을 위하여 '인적사항 및 가족관계 확인에 관한 사항, 소득·재산·근로능력 및 취업상태에 관한 사항, 사회보장급여 수급이력에 관한 사항, 그 밖에 수급권자를 선정하기 위하여 보장기관의 장이 필요하다고 인정하는 사항'에 해당하는 자료 또는 정보를 제공받아 조사하고 처리할 수 있다.

⊘6

답과 해설 답 ③

마킹률	① 2%	② 6%	③ 77%	④ 8%	⑤ 7%

오답노트

① 2014년 12월 30일에 제정, 2015년 7월 1일부터 시행되었다.
② 보장기관의 업무담당자는 지원대상자가 누락되지 아니하도록 하기 위하여 관할 지역에 거주하는 지원대상자에 대한 사회보장급여의 제공을 직권으로 신청할 수 있다. 이 경우 지원대상자의 동의를 받아야 하며, 동의를 받은 경우에는 지원대상자가 신청한 것으로 본다.
④ 보건복지부장관은 속임수 등의 부정한 방법으로 사회보장급여를 받거나 타인으로 하여금 사회보장급여를 받게 한 경우에 대하여 보장기관이 효과적인 대책을 세울 수 있도록 그 발생 현황, 피해사례 등에 관한 실태조사를 3년마다 실시하고, 그 결과를 공개하여야 한다.
⑤ 이 법에 따른 처분에 이의가 있는 수급권자등은 그 처분을 받은 날로부터 90일 이내에 처분을 결정한 보장기관의 장에게 이의신청을 할 수 있다. 다만, 정당한 사유로 인하여 그 기간 내에 이의신청을 할 수 없음을 증명한 때에는 그 사유가 소멸한 때부터 60일 이내에 이의신청을 할 수 있다.

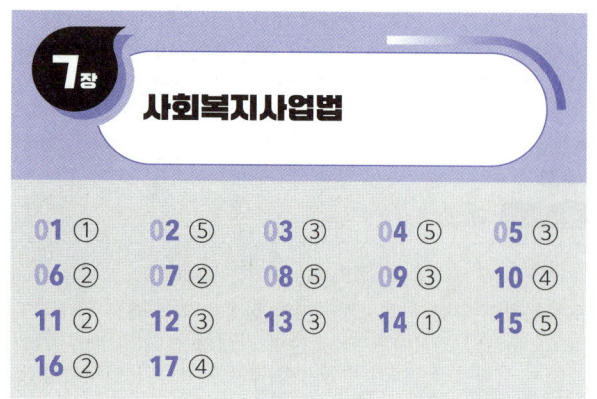

7장 사회복지사업법

01 ①	02 ⑤	03 ③	04 ⑤	05 ③
06 ②	07 ②	08 ⑤	09 ③	10 ④
11 ②	12 ②	13 ③	14 ①	15 ⑤
16 ②	17 ④			

01

답과해설 답 ①

| 마킹률 | ① 34% | ② 2% | ③ 28% | ④ 33% | ⑤ 3% |

피성년후견인은 사회복지사가 될 수 없다. 사회복지사업법이 개정(법률 제20098호, 일부개정 2024.01.23.)됨에 따라 사회복지사의 결격사유에서 피한정후견인은 삭제되었다.

02

답과해설 답 ⑤

| 마킹률 | ① 0% | ② 55% | ③ 3% | ④ 1% | ⑤ 41% |

시·도지사는 법인이 다음 중 어느 하나에 해당할 때에는 기간을 정하여 시정명령을 하거나 설립허가를 취소할 수 있다. 다만, "거짓이나 그 밖의 부정한 방법으로 설립허가를 받았을 때"와 "법인이 설립 후 기본재산을 출연하지 아니한 때"에는 설립허가를 반드시 취소하여야 한다.

- 거짓이나 그 밖의 부정한 방법으로 설립허가를 받았을 때 (반드시 취소)
- 설립허가 조건을 위반하였을 때
- 목적 달성이 불가능하게 되었을 때
- 목적사업 외의 사업을 하였을 때
- 정당한 사유 없이 설립허가를 받은 날부터 6개월 이내에 목적사업을 시작하지 아니하거나 1년 이상 사업실적이 없을 때
- 법인이 운영하는 시설에서 반복적 또는 집단적 성폭력범죄 및 학대관련범죄가 발생한 때
- 법인이 운영하는 시설에서 중대하고 반복적인 회계부정이나 불법행위가 발생한 때
- 법인 설립 후 기본재산을 출연하지 아니한 때(반드시 취소)
- 임원정수를 위반한 때
- 임원 관련 규정을 위반하여 이사를 선임한 때
- 규정에 따라 임원의 해임명령을 이행하지 아니한 때
- 기타 이 법 또는 이 법에 따른 명령이나 정관을 위반하였을 때

03

답과해설 답 ③

| 마킹률 | ① 2% | ② 39% | ③ 50% | ④ 4% | ⑤ 5% |

오답노트

① 직업 및 취업 알선이 필요한 사람은 사회복지관의 사회복지서비스 우선 제공 대상자에 해당한다.
② 시설의 장은 시설의 운영에 관한 사항을 심의하기 위하여 시설에 운영위원회를 두어야 한다.
④ 각 시설의 수용인원은 300명을 초과할 수 없다. 다만, 대통령령으로 정하는 경우에는 그러하지 아니하다.
⑤ 시설의 장은 상근하여야 한다.

04

답과해설 답 ⑤

| 마킹률 | ① 22% | ② 4% | ③ 17% | ④ 5% | ⑤ 52% |

사회복지사업 관련 법률
국민기초생활보장법, 아동복지법, 노인복지법, 장애인복지법, 한부모가족지원법, 영유아보육법, 성매매방지 및 피해자보호 등에 관한 법률, 정신건강증진 및 정신질환자 복지서비스 지원에 관한 법률, 성폭력방지 및 피해자보호 등에 관한 법률, 입양특례법, 일제하 일본군위안부 피해자에 대한 생활안정지원 및 기념사업 등에 관한 법률, 사회복지공동모금회법, 장애인·노인·임산부 등의 편의증진 보장에 관한 법률, 가정폭력방지 및 피해자보호 등에 관한 법률, 농어촌주민의 보건복지증진을 위한 특별법, 식품등 기부 활성화에 관한 법률, 의료급여법, 기초연금법, 긴급복지지원법, 다문화가족지원법, 장애인연금법, 장애인활동 지원에 관한 법률, 노숙인 등의 복지 및 자립지원에 관한 법률, 보호관찰 등에 관한 법률, 장애아동복지지원법, 발달장애인 권리보장 및 지원에 관한 법률, 청소년복지지원법, 스토킹방지 및 피해자보호 등에 관한 법률, 그 밖에 대통령령으로 정하는 법률(건강가정기본법, 노인 일자리 및 사회활동 지원에 관한 법률, 북한이탈 주민의 보호 및 정착지원에 관한 법률, 자살예방 및 생명존중문화 조성을 위한 법률, 장애인·노인 등을 위한 보조기기 지원 및 활용촉진에 관한 법률, 치매관리법)

05

답과해설 답 ③

| 마킹률 | ① 4% | ② 8% | ③ 62% | ④ 16% | ⑤ 10% |

이사 또는 감사 중에 결원이 생겼을 때에는 2개월 이내에 보충하여야 한다.

06

답과 해설 답 ②

마킹률	① 10%	② 57%	③ 8%	④ 4%	⑤ 21%

국가나 지방자치단체는 예산의 범위에서 책임보험 또는 책임공제의 가입에 드는 비용의 전부 또는 일부를 보조할 수 있다.

07

답과 해설 답 ②

마킹률	① 11%	② 49%	③ 26%	④ 6%	⑤ 8%

오답노트

① 사회복지서비스를 필요로 하는 사람(보호대상자)에 대한 사회복지서비스 제공은 현물(現物)로 제공하는 것을 원칙으로 한다.
③ 사회복지에 관한 조사·연구 및 정책 건의를 위하여 한국사회복지협의회를 둔다.
④ 사회복지사 자격증을 다른 사람에게 빌려주거나 빌린 사람은 1년 이하의 징역 또는 1천만원 이하의 벌금에 처한다.
⑤ 보건복지부장관은 사회복지에 관한 전문지식과 기술을 가진 사람에게 사회복지사 자격증을 발급할 수 있다.

08

답과 해설 답 ⑤

마킹률	① 15%	② 2%	③ 3%	④ 4%	⑤ 76%

보건복지부장관은 사회복지서비스 품질 평가를 위하여 평가기관을 설치·운영하거나, 평가의 전부 또는 일부를 관계 기관 또는 단체에 위탁할 수 있다.

09

답과 해설 답 ③

마킹률	① 2%	② 10%	③ 84%	④ 3%	⑤ 1%

보건복지부장관은 사회복지사가 거짓이나 그 밖의 부정한 방법으로 자격을 취득한 경우 그 자격을 취소하여야 한다.

10

답과 해설 답 ④

마킹률	① 27%	② 3%	③ 8%	④ 60%	⑤ 2%

오답노트

① 사회복지시설 운영위원회는 심의기구이다. 사회복지시설의 장은 시설의 운영에 관한 사항을 심의하기 위하여 시설에 운영위원회를 두어야 한다.
② 사회복지시설의 운영자는 화재로 인한 손해배상책임, 화재 외의 안전사고로 인하여 생명·신체에 피해를 입은 보호대상자에 대한 손해배상책임을 이행하기 위하여 손해보험회사의 책임보험에 가입하거나 한국사회복지공제회의 책임공제에 가입하여야 한다.
③ 사회복지시설의 장은 상근하여야 한다.
⑤ 국가나 지방자치단체는 사회복지시설을 설치·운영할 수 있다.

11

답과 해설 답 ②

마킹률	① 2%	② 75%	③ 5%	④ 3%	⑤ 15%

사회복지사업법상 보건복지부장관이 시설에서 제공하는 서비스의 최저기준 대상시설의 범위는 '사회복지사업법 제2조 제1호 각 목(사회복지사업에 관한 법률들)에 따른 사회복지시설, 사회복지관'이다. ②의 자원봉사활동기본법에 따른 자원봉사센터는 이에 해당하지 않는다.

12

답과 해설 답 ③

마킹률	① 7%	② 28%	③ 53%	④ 3%	⑤ 9%

시·도지사는 사회복지법인이 법인 설립 후 기본재산을 출연하지 아니한 때에는 설립허가를 취소하여야 한다.

13

답과 해설 답 ③

마킹률	① 4%	② 16%	③ 53%	④ 21%	⑤ 6%

오답노트

① 국가나 지방자치단체는 사회복지시설을 설치·운영할 수 있으며, 필요한 경우 사회복지법인이나 비영리법인에 위탁하여 운영하게 할 수 있다. 국가 또는 지방자치단체 외의 자가 시설을 설치·운영하려는 경우에는 보건복지부령으로 정하는 바에 따라 시장·군수·구청장에게 신고하여야 한다.
② 사회복지시설의 장은 시설에 대하여 정기 및 수시 안전점검을 실시하여야 한다.
④ 사회복지시설의 장은 시설의 운영에 관한 사항을 심의하기 위하여 시설에 운영위원회를 두어야 한다.
⑤ 국가나 지방자치단체는 예산의 범위에서 책임보험 또는 책임공제의 가입에 드는 비용의 전부 또는 일부를 보조할 수 있다.

14

답과해설 답 ①

| 마킹률 | ① 67% | ② 6% | ③ 15% | ④ 5% | ⑤ 7% |

법인이 설치한 사회복지시설의 경우 이사는 사회복지시설의 장을 겸할 수 있다. 다만, 이사는 법인이 설치한 사회복지시설의 장을 제외한 그 시설의 직원을 겸할 수 없다.

15

답과해설 답 ⑤

| 마킹률 | ① 40% | ② 32% | ③ 6% | ④ 14% | ⑤ 8% |

사회복지사업법상 기본이념

• 사회복지를 필요로 하는 사람은 누구든지 자신의 의사에 따라 서비스를 신청하고 제공받을 수 있다.
• 사회복지법인 및 사회복지시설은 공공성을 가지며 사회복지사업을 시행하는 데 있어서 공공성을 확보하여야 한다.
• 사회복지사업을 시행하는 데 있어서 사회복지를 제공하는 자는 사회복지를 필요로 하는 사람의 인권을 보장하여야 한다.
• 사회복지서비스를 제공하는 자는 필요한 정보를 제공하는 등 사회복지서비스를 이용하는 사람의 선택권을 보장하여야 한다.

16

답과해설 답 ②

| 마킹률 | ① 15% | ② 50% | ③ 4% | ④ 11% | ⑤ 20% |

오답노트

① 사회복지서비스란 국가·지방자치단체 및 민간부문의 도움을 필요로 하는 모든 국민에게 사회보장기본법상의 사회서비스 중 사회복지사업을 통한 서비스를 제공하여 삶의 질이 향상되도록 제도적으로 지원하는 것을 말한다.
③ 보건복지부장관은 사회복지사가 사회복지사의 자격취소 사유에 해당하는 경우 그 자격을 취소하거나 1년의 범위에서 정지시킬 수 있다.
④ 사회복지법인을 설립하려는 자는 대통령령으로 정하는 바에 따라 시·도지사의 허가를 받아야 한다.
⑤ 보건복지부장관은 시설에서 제공하는 서비스의 최저기준을 마련하여야 한다.

17

답과해설 답 ④

| 마킹률 | ① 6% | ② 5% | ③ 7% | ④ 79% | ⑤ 3% |

사회복지사업법 제15조의2(사회복지의 날)에 "국가는 국민의

사회복지에 대한 이해를 증진하고 사회복지사업 종사자의 활동을 장려하기 위하여 매년 9월 7일을 사회복지의 날로 하고, 사회복지의 날부터 1주간을 사회복지주간으로 한다."고 명시되어 있다.

오답노트

① 장애인복지법 제14조(장애인의 날)에 "장애인에 대한 국민의 이해를 깊게 하고 장애인의 재활의욕을 높이기 위하여 매년 4월 20일을 장애인의 날로 하며, 장애인의 날부터 1주간을 장애인 주간으로 한다."고 명시되어 있다.
② 노인복지법 제6조(노인의 날 등) 제1항에 "노인에 대한 사회적 관심과 공경의식을 높이기 위하여 매년 10월 2일을 노인의 날로, 매년 10월을 경로의 달로 한다."고 명시되어 있다.
③ 아동복지법 제23조(아동학대예방의 날)에 "아동의 건강한 성장을 도모하고, 범국민적으로 아동학대의 예방과 방지에 관한 관심을 높이기 위하여 매년 11월 19일을 아동학대예방의 날로 지정하고, 아동학대예방의 날부터 1주일을 아동학대예방주간으로 한다."고 명시되어 있다.
⑤ 노인복지법 제6조(노인의 날 등) 제2항에 "부모에 대한 효 사상을 앙양하기 위하여 매년 5월 8일을 어버이날로 한다."고 명시되어 있다.

8장 공공부조법

01 ⑤	02 ①	03 ②	04 ②	05 ④
06 ①	07 ③	08 ①	09 ②	10 ③
11 ⑤	12 ②	13 ③	14 ⑤	15 ④
16 ④	17 ③	18 ②	19 ②	

01

답과해설 답 ⑤

| 마킹률 | ① 3% | ② 2% | ③ 3% | ④ 15% | ⑤ 77% |

국내에 체류하고 있는 외국인 중 대한민국 국민과 혼인하여 본인 또는 배우자가 임신 중이거나 대한민국 국적의 미성년 자녀를 양육하고 있거나 배우자의 대한민국 국적인 직계존속과 생계나 주거를 같이하고 있는 사람으로서 대통령령으로 정하는 사람이 이 법에 따른 급여를 받을 수 있는 자격을 가진 경우에는 수급권자가 된다.

2

답과해설 답 ①

마킹률	① 67%	② 7%	③ 7%	④ 17%	⑤ 2%

보건복지부장관은 수행기관의 통합정보전산망 사용 요청에 대하여 요청한 정보 중 업무에 필요한 최소한의 정보만 제공하여야 한다.

3

답과해설 답 ②

마킹률	① 2%	② 65%	③ 8%	④ 20%	⑤ 5%

기초연금 수급권자는 다음의 어느 하나에 해당하게 된 때에 기초연금 수급권을 상실한다.
• 사망한 때
• 국적을 상실하거나 국외로 이주한 때
• 기초연금 수급권자에 해당하지 아니하게 된 때

4

답과해설 답 ②

마킹률	① 6%	② 63%	③ 13%	④ 3%	⑤ 15%

오답노트

① 국내입양에 관한 특별법에 따라 입양된 18세 미만의 아동은 이 법에 따른 수급권자가 된다.
③ 의료급여에 관한 업무는 수급권자의 거주지를 관할하는 특별시장 · 광역시장 · 도지사와 시장 · 군수 · 구청장이 한다.
④ 의료급여기관에는 '의료법에 따라 개설된 의료기관, 지역보건법에 따라 설치된 보건소 · 보건의료원 및 보건지소, 농어촌 등 보건의료를 위한 특별조치법에 따라 설치된 보건진료소, 약사법에 따라 개설등록된 약국 및 한국희귀 · 필수의약품센터'가 있다.
⑤ 시장 · 군수 · 구청장은 수급권자가 정당한 이유 없이 이 법의 규정이나 의료급여기관의 진료에 관한 지시에 따르지 아니한 경우에는 이 법에 따른 의료급여를 하지 아니한다.

5

답과해설 답 ④

마킹률	① 11%	② 15%	③ 20%	④ 51%	⑤ 3%

오답노트

① 생계급여는 금전을 지급하는 것으로 한다. 다만, 금전으로 지급할 수 없거나 금전으로 지급하는 것이 적당하지 아니하다고 인정하는 경우에는 물품을 지급할 수 있다.
② 수급자에게 주거 안정에 필요한 임차료, 수선유지비, 그 밖의 수급품을 지급하는 것은 주거급여이다.
③ 장제급여는 생계급여, 주거급여, 의료급여 중 하나 이상의 급여를 받는 수급자가 사망한 경우 사체의 검안 · 운반 · 화장 또는 매장, 그 밖의 장제조치를 하는 것으로 한다.
⑤ 교육급여는 교육부장관의 소관으로 한다.

6

답과해설 답 ①

마킹률	① 27%	② 1%	③ 48%	④ 11%	⑤ 13%

보장기관은 수급자 및 차상위자의 자활 촉진에 필요한 '자활의욕 고취를 위한 교육, 자활을 위한 정보제공 · 상담 · 직업교육 및 취업알선, 생업을 위한 자금융자 알선, 자영창업 지원 및 기술 · 경영 지도, 자활기업의 설립 · 운영 지원, 그 밖에 자활을 위한 각종 사업'을 수행하게 하기 위하여 사회복지법인, 사회적협동조합 등 비영리법인과 단체를 법인등의 신청을 받아 지역자활센터로 지정할 수 있다.

7

답과해설 답 ③

마킹률	① 6%	② 16%	③ 32%	④ 9%	⑤ 37%

오답노트

① 시장 · 군수 · 구청장은 수급권자가 신청하는 경우 의료급여증을 발급하여야 한다.
② 급여비용의 재원에 충당하기 위하여 시 · 도에 의료급여기금을 설치한다.
④ 대지급금을 상환받은 시장 · 군수 · 구청장은 이를 의료급여기금에 납입하여야 한다.
⑤ 시장 · 군수 · 구청장은 수급권자가 의료급여를 거부한 경우 의료급여를 중지하여야 한다.

8

답과해설 답 ①

마킹률	① 29%	② 9%	③ 40%	④ 5%	⑤ 17%

오답노트

ㄴ. 환수금을 환수할 권리와 기초연금 수급권자의 권리는 5년간 행사하지 아니하면 시효의 완성으로 소멸한다.
ㄷ. 기초연금 수급자가 대통령령으로 정하는 바에 따라 사망한 것으로 추정되는 경우에는 수급권이 상실되는 것이 아니라 기초연금 지급이 정지된다.

09

답 ②

| 마킹률 | ① 4% | ② 72% | ③ 7% | ④ 3% | ⑤ 14% |

오답노트

① 부양의무자가 병역법에 따라 징집되거나 소집된 경우에는 부양의무자가 있어도 부양을 받을 수 없는 것으로 본다.
③ 교육급여 선정기준은 기준 중위소득의 100분의 50 이상으로 한다.
④ 생계급여는 매월 정기적으로 지급한다.
⑤ 주거급여는 수급자에게 주거 안정에 필요한 임차료, 수선유지비, 그 밖의 수급품을 지급하는 것으로 한다.

10

답 ③

| 마킹률 | ① 30% | ② 2% | ③ 52% | ④ 5% | ⑤ 11% |

급여의 기본원칙

• 이 법에 따른 급여는 수급자가 자신의 생활의 유지·향상을 위하여 그의 소득, 재산, 근로능력 등을 활용하여 최대한 노력하는 것을 전제로 이를 보충·발전시키는 것을 기본원칙으로 한다. ― ㄱ. 근로능력 활용, ㄴ. 보충급여
• 부양의무자의 부양과 다른 법령에 따른 보호는 이 법에 따른 급여에 우선하여 행하여지는 것으로 한다. 다만, 다른 법령에 따른 보호의 수준이 이 법에서 정하는 수준에 이르지 아니하는 경우에는 나머지 부분에 관하여 이 법에 따른 급여를 받을 권리를 잃지 아니한다. ― ㄷ. 타법 우선

11

답 ⑤

| 마킹률 | ① 9% | ② 4% | ③ 7% | ④ 2% | ⑤ 78% |

이 법에서 "위기상황"이란 본인 또는 본인과 생계 및 주거를 같이 하고 있는 가구구성원이 다음의 어느 하나에 해당하는 사유로 인하여 생계유지 등이 어렵게 된 것을 말한다.
• 주소득자가 사망, 가출, 행방불명, 구금시설에 수용되는 등의 사유로 소득을 상실한 경우
• 중한 질병 또는 부상을 당한 경우
• 가구구성원으로부터 방임 또는 유기되거나 학대 등을 당한 경우
• 가정폭력을 당하여 가구구성원과 함께 원만한 가정생활을 하기 곤란하거나 가구구성원으로부터 성폭력을 당한 경우
• 화재 또는 자연재해 등으로 인하여 거주하는 주택 또는 건물에서 생활하기 곤란하게 된 경우
• 주소득자 또는 부소득자의 휴업, 폐업 또는 사업장의 화재 등으로 인하여 실질적인 영업이 곤란하게 된 경우
• 주소득자 또는 부소득자의 실직으로 소득을 상실한 경우

• 보건복지부령으로 정하는 기준에 따라 지방자치단체의 조례로 정한 사유가 발생한 경우
• 그 밖에 보건복지부장관이 정하여 고시하는 사유가 발생한 경우

12

답 ②

| 마킹률 | ① 1% | ② 52% | ③ 20% | ④ 9% | ⑤ 18% |

오답노트

① 이 법에 따른 급여는 수급권자 또는 수급자의 거주지를 관할하는 시·도지사와 시장·군수·구청장(단, 교육급여는 시·도교육감)이 실시한다.
③ 보장기관은 수급권자·수급자·차상위계층에 대한 조사와 수급자 결정 및 급여의 실시 등 이 법에 따른 보장업무를 수행하게 하기 위하여 사회복지전담공무원을 배치하여야 한다.
④ 생활보장위원회는 심의·의결 기구이다. 이 법에 따른 생활보장사업의 기획·조사·실시 등에 관한 사항을 심의·의결하기 위하여 보건복지부와 시·도 및 시·군·구에 각각 생활보장위원회를 둔다.
⑤ 소관 중앙행정기관의 장은 수급자의 최저생활을 보장하기 위하여 3년마다 소관별로 기초생활보장 기본계획을 수립하여 보건복지부장관에게 제출하여야 한다.

13

답 ③

| 마킹률 | ① 14% | ② 3% | ③ 78% | ④ 4% | ⑤ 1% |

• "보장기관"이란 국민기초생활보장법에 따른 급여를 실시하는 국가 또는 지방자치단체를 말한다. 따라서 예시 중 ㄷ, ㄹ, ㅁ이 보장기관에 해당한다.
• "보장시설"이란 국민기초생활보장법상의 급여를 실시하는 사회복지사업법에 따른 사회복지시설로서 다음의 시설 중 보건복지부령으로 정하는 시설을 말한다.
  − 장애인복지법 제58조 제1항 제1호의 장애인 거주시설
  − 노인복지법 제32조 제1항의 노인주거복지시설 및 같은 법 제34조 제1항의 노인의료복지시설
  − 아동복지법 제52조 제1항 및 제2항에 따른 아동복지시설 및 통합 시설
  − 정신건강증진 및 정신질환자 복지서비스 지원에 관한 법률 제22조에 따른 정신요양시설 및 같은 법 제26조에 따른 정신재활시설
  − 노숙인 등의 복지 및 자립지원에 관한 법률 제16조 제1항 제3호 및 제4호의 노숙인재활시설 및 노숙인요양시설
  − 가정폭력방지 및 피해자보호 등에 관한 법률 제7조에 따른 가정폭력피해자 보호시설
  − 성매매방지 및 피해자보호 등에 관한 법률 제9조 제1항에

따른 성매매피해자등을 위한 지원시설
- 성폭력방지 및 피해자보호 등에 관한 법률 제12조에 따른 성폭력피해자보호시설
- 한부모가족지원법 제19조 제1항의 한부모가족복지시설
- 사회복지사업법 제2조 제4호의 사회복지시설 중 결핵 및 한센병요양시설
- 그 밖에 보건복지부령으로 정하는 시설

14

답과해설 답 ⑤

마킹률	① 1%	② 6%	③ 2%	④ 13%	⑤ 78%

의료급여법에 따른 수급권자의 질병·부상·출산 등에 대한 의료급여의 내용은 '진찰·검사, 약제·치료재료의 지급, 처치·수술과 그 밖의 치료, 예방·재활, 입원, 간호, 이송과 그 밖의 의료목적 달성을 위한 조치'가 있다.

15

답과해설 답 ④

마킹률	① 2%	② 3%	③ 24%	④ 9%	⑤ 62%

특별자치시장·특별자치도지사·시장·군수·구청장은 기초연금 수급자가 다음의 어느 하나의 경우에 해당하면 그 사유가 발생한 날이 속하는 달의 다음 달부터 그 사유가 소멸한 날이 속하는 달까지는 기초연금의 지급을 정지한다.
- 기초연금 수급자가 금고 이상의 형을 선고받고 교정시설 또는 치료감호시설에 수용되어 있는 경우
- 기초연금 수급자가 행방불명되거나 실종되는 등 대통령령으로 정하는 바에 따라 사망한 것으로 추정되는 경우
- 기초연금 수급자의 국외 체류기간이 60일 이상 지속되는 경우(이 경우 국외 체류 60일이 되는 날을 지급정지의 사유가 발생한 날로 봄)
- 그 밖에 위에서 언급한 세 가지 경우에 준하는 경우로서 대통령령(기초연금 수급자가 거주불명자로 등록된 경우)으로 정하는 경우

16

답과해설 답 ④

마킹률	① 1%	② 4%	③ 2%	④ 90%	⑤ 3%

다음의 어느 하나에 해당하는 사람은 진료·상담 등 직무수행 과정에서 긴급지원대상자가 있음을 알게 된 경우에는 관할 시장·군수·구청장에게 이를 신고하고, 긴급지원대상자가 신속하게 지원을 받을 수 있도록 노력하여야 한다.
- 의료법에 따른 의료기관의 종사자
- 유아교육법, 초·중등교육법 및 고등교육법에 따른 교원, 직원, 산학겸임교사, 강사

- 사회복지사업법에 따른 사회복지시설의 종사자
- 국가공무원법 및 지방공무원법에 따른 공무원
- 장애인활동 지원에 관한 법률에 따른 활동지원기관의 장 및 그 종사자와 활동지원인력
- 학원의 설립·운영 및 과외교습에 관한 법률에 따른 학원의 운영자·강사·직원 및 교습소의 교습자·직원
- 건강가정기본법에 따른 건강가정지원센터 및 가족센터의 장과 그 종사자
- 청소년 기본법에 따른 청소년시설 및 청소년단체의 장과 그 종사자
- 청소년 보호법에 따른 청소년 보호·재활센터의 장과 그 종사자
- 평생교육법에 따른 평생교육기관의 장과 그 종사자
- 그 밖에 긴급지원대상자를 발견할 수 있는 자로서 보건복지부령으로 정하는 자

17

답과해설 답 ③

마킹률	① 2%	② 7%	③ 52%	④ 14%	⑤ 25%

국내에 체류하고 있는 외국인 중 (ㄱ) 대한민국 국민과 혼인하여 본인 또는 배우자가 임신 중이거나 (ㄴ) 대한민국 국적의 미성년 자녀를 양육하고 있거나 (ㄷ) 배우자의 대한민국 국적인 직계존속과 (ㄹ) 생계나 주거를 같이하고 있는 사람으로서 (ㅁ) 대통령령으로 정하는 사람이 이 법에 따른 급여를 받을 수 있는 자격을 가진 경우에는 수급권자가 된다.

18

답과해설 답 ②

마킹률	① 41%	② 42%	③ 7%	④ 9%	⑤ 1%

업무를 수행하면서 취득한 수급권자의 금융정보등을 이 법에서 정한 목적 외의 다른 용도로 사용하거나 다른 사람 또는 기관에 제공하거나 누설한 자는 5년 이하의 징역 또는 5천만원 이하의 벌금에 처한다.

19

답과해설 답 ②

마킹률	① 8%	② 85%	③ 6%	④ 0%	⑤ 1%

- 기초연금은 65세 이상인 사람으로서 소득인정액이 보건복지부장관이 정하여 고시하는 금액 이하인 사람에게 지급한다.
- 보건복지부장관은 선정기준액을 정하는 경우 65세 이상인 사람 중 기초연금 수급자가 100분의 70 수준이 되도록 한다.

9장 사회보험법

01 ③	02 ③	03 ④	04 ①	05 ③
06 ⑤	07 ①	08 ④	09 ⑤	10 ⑤
11 ④	12 ④	13 ①	14 ④	15 ②
16 ②	17 ①	18 ①	19 ④	20 ③
21 ①	22 ⑤			

01

답과해설 답 ③

마킹률	① 27%	② 2%	③ 50%	④ 4%	⑤ 17%

공단은 회계연도마다 예산안을 편성하여 이사회의 의결을 거친 후 보건복지부장관의 승인을 받아야 한다.

02

답과해설 답 ③

마킹률	① 8%	② 13%	③ 54%	④ 14%	⑤ 11%

산업재해보상보험법에 따른 보험급여의 종류로는 '요양급여, 휴업급여, 장해급여, 간병급여, 유족급여, 상병보상연금, 장례비, 직업재활급여'가 있다.

03

답과해설 답 ④

마킹률	① 10%	② 5%	③ 2%	④ 75%	⑤ 8%

오답노트

ㄹ. 자활급여는 수급자의 자활을 돕기 위하여 실시하는 급여로서 국민기초생활보장법에서 명시하고 있다.

04

답과해설 답 ①

마킹률	① 52%	② 14%	③ 12%	④ 13%	⑤ 9%

장기요양급여를 받고자 하는 자 또는 수급자가 신체적·정신적인 사유로 장기요양인정의 신청, 장기요양인정의 갱신신청 또는 장기요양등급의 변경신청 등을 직접 수행할 수 없을 때 본인의 가족이나 친족, 그 밖의 이해관계인은 이를 대리할 수 있다. 또한 사회복지전담공무원, 치매안심센터의 장(장기요양급여를 받고자 하는 사람 또는 수급자가 치매환자인 경우로 한정)은 관할 지역 안에 거주하는 사람 중 장기요양급여를 받고자 하는 사람 또는 수급자가 장기요양인정신청 등을 직접 수행할 수 없을 때 본인 또는 가족의 동의를 받아 그 신청을 대리할 수 있다.

05

답과해설 답 ③

마킹률	① 17%	② 4%	③ 66%	④ 6%	⑤ 7%

건강보험 가입자는 '사망한 날의 다음 날, 국적을 잃은 날의 다음 날, 국내에 거주하지 아니하게 된 날의 다음 날, 직장가입자의 피부양자가 된 날, 수급권자가 된 날, 건강보험을 적용받고 있던 사람이 유공자등 의료보호대상자가 되어 건강보험의 적용배제 신청을 한 날' 등에 해당하게 된 날에 자격을 상실하며, 자격을 잃은 날부터 14일 이내에 보험자에게 신고하여야 한다.

06

답과해설 답 ⑤

마킹률	① 8%	② 10%	③ 10%	④ 9%	⑤ 63%

재가급여에는 '방문요양, 방문목욕, 방문간호, 주·야간보호, 단기보호, 기타 재가급여'가 있다.

07

답과해설 답 ①

마킹률	① 45%	② 3%	③ 25%	④ 23%	⑤ 4%

오답노트

② 이 법에 따른 국민연금사업은 보건복지부장관이 맡아 주관한다.
③ "수급권자"란 수급권을 가진 자를 말한다. 이 법에 따른 급여를 받을 권리는 "수급권"이다.
④ 국내에 거주하는 국민으로서 18세 이상 60세 미만인 자는 국민연금 가입 대상이 된다.
⑤ 이 법을 적용할 때 배우자, 남편 또는 아내에는 사실상의 혼인관계에 있는 자를 포함한다.

08

답과해설 답 ④

마킹률	① 68%	② 5%	③ 8%	④ 17%	⑤ 2%

① "실업의 인정"이란 직업안정기관의 장이 수급자격자가 실업한 상태에서 적극적으로 직업을 구하기 위하여 노력하고 있다고 인정하는 것을 말한다. 근로의 의사와 능력이 있음에도 불구하고 취업하지 못한 상태에 있는 것은 "실업"이다.

② "일용근로자"란 1개월 미만 동안 고용되는 사람을 말한다.

③ 국가는 매년 보험사업에 드는 비용의 일부를 일반회계에서 부담하여야 한다.

⑤ 실업급여를 받을 권리는 양도 또는 압류하거나 담보로 제공할 수 없다.

09

답과해설 답 ⑤

마킹률	① 2%	② 6%	③ 1%	④ 21%	⑤ 70%

취업촉진 수당의 종류는 '조기재취업 수당, 직업능력개발 수당, 광역 구직활동비, 이주비'가 있다.

10

답과해설 답 ⑤

마킹률	① 8%	② 2%	③ 20%	④ 8%	⑤ 62%

중대한 귀책사유로 해고된 피보험자로서 다음의 어느 하나에 해당한다고 직업안정기관의 장이 인정하는 경우에는 수급자격이 없는 것으로 본다.

• 형법 또는 직무와 관련된 법률을 위반하여 금고 이상의 형을 선고받은 경우

• 사업에 막대한 지장을 초래하거나 재산상 손해를 끼친 경우로서 고용노동부령으로 정하는 기준에 해당하는 경우

• 정당한 사유 없이 근로계약 또는 취업규칙 등을 위반하여 장기간 무단 결근한 경우

11

답과해설 답 ④

마킹률	① 1%	② 8%	③ 10%	④ 75%	⑤ 6%

근로자가 사망할 당시 근로자의 소득으로 생계의 전부 또는 상당 부분을 유지하고 있던 유족으로서 학업 · 취업 · 요양, 그 밖에 주거상의 형편 등으로 주민등록을 달리하였거나 동거하지 않았던 사람도 유족에 해당된다.

12

답과해설 답 ④

마킹률	① 17%	② 2%	③ 11%	④ 69%	⑤ 1%

국가와 지방자치단체는 장기요양요원의 권리를 보호하기 위하여 장기요양요원지원센터를 설치 · 운영할 수 있다. 장기요양요원지원센터는 다음의 업무를 수행한다.

• 장기요양요원의 권리 침해에 관한 상담 및 지원

• 장기요양요원의 역량강화를 위한 교육지원

• 장기요양요원에 대한 건강검진 등 건강관리를 위한 사업

• 그 밖에 장기요양요원의 업무 등에 필요하여 대통령령으로 정하는 사항

13

답과해설 답 ①

마킹률	① 62%	② 20%	③ 3%	④ 7%	⑤ 8%

요양급여비용을 심사하고 요양급여의 적정성을 평가하기 위하여 건강보험심사평가원을 설립한다. 건강보험심사평가원은 다음의 업무를 관장한다.

• 요양급여비용의 심사

• 요양급여의 적정성 평가

• 심사기준 및 평가기준의 개발

• 요양급여비용의 심사 · 요양급여의 적정성 평가 · 심사기준 및 평가기준의 개발에 따른 업무와 관련된 조사연구 및 국제협력

• 다른 법률에 따라 지급되는 급여비용의 심사 또는 의료의 적정성 평가에 관하여 위탁받은 업무

• 그 밖에 이 법 또는 다른 법령에 따라 위탁받은 업무

• 건강보험과 관련하여 보건복지부장관이 필요하다고 인정한 업무

• 그 밖에 보험급여 비용의 심사와 보험급여의 적정성 평가와 관련하여 대통령령으로 정하는 업무

14

답과해설 답 ④

마킹률	① 15%	② 10%	③ 7%	④ 66%	⑤ 2%

국민연금법에 따른 급여의 종류로는 '노령연금, 장애연금, 유족연금, 반환일시금'이 있다.

15

답과해설 답 ②

마킹률	① 1%	② 55%	③ 8%	④ 22%	⑤ 14%

산업재해보상보험법에 따른 급여의 종류로는 '요양급여, 휴업급여, 장해급여, 간병급여, 유족급여, 상병보상연금, 장례비, 직업재활급여'가 있다.

16

답과 해설 답 ②

| 마킹률 | ① 7% | ② 40% | ③ 38% | ④ 6% | ⑤ 9% |

오답노트

① 고용보험기금은 고용노동부장관이 관리·운용한다.
③ 취업촉진 수당의 종류로는 '조기재취업 수당, 직업능력개발 수당, 광역 구직활동비, 이주비'가 있다.
④ 실업이란 근로의 의사와 능력이 있음에도 불구하고 취업하지 못한 상태에 있는 것을 말한다.
⑤ 일용근로자란 1개월 미만 동안 고용되는 사람을 말한다.

17

답과 해설 답 ①

| 마킹률 | ① 43% | ② 18% | ③ 11% | ④ 12% | ⑤ 16% |

오답노트

② 장기요양급여란 장기요양등급판정 결과에 따라 6개월 이상 동안 혼자서 일상생활을 수행하기 어렵다고 인정되는 자에게 신체활동·가사활동의 지원 또는 간병 등의 서비스나 이에 갈음하여 지급하는 현금 등을 말한다.
③ 장기요양기관은 수급자에게 재가급여 또는 시설급여를 제공한 경우 국민건강보험공단에 장기요양급여비용을 청구하여야 한다.
④ 노인등이란 65세 이상의 노인 또는 65세 미만의 자로서 치매·뇌혈관성질환 등 대통령령으로 정하는 노인성 질병을 가진 자를 말한다.
⑤ 재가급여에는 '방문요양, 방문목욕, 방문간호, 주·야간보호, 단기보호, 기타 재가급여'가 있다.

18

답과 해설 답 ①

| 마킹률 | ① 25% | ② 15% | ③ 22% | ④ 8% | ⑤ 30% |

오답노트

② 국민건강보험법에 명시되어 있는 권리구제 절차는 이의신청, 심판청구, 행정소송이다.
③ 고용보험법에 명시되어 있는 권리구제 절차는 심사청구, 재심사청구이다.
④ 한부모가족지원법에 명시되어 있는 권리구제 절차는 심사청구이다.
⑤ 기초연금법에 명시되어 있는 권리구제 절차는 이의신청이다.

19

답과 해설 답 ④

| 마킹률 | ① 0% | ② 2% | ③ 1% | ④ 95% | ⑤ 2% |

업무상 사고

• 근로자가 근로계약에 따른 업무나 그에 따르는 행위를 하던 중 발생한 사고
• 사업주가 제공한 시설물 등을 이용하던 중 그 시설물 등의 결함이나 관리소홀로 발생한 사고
• 사업주가 주관하거나 사업주의 지시에 따라 참여한 행사나 행사준비 중에 발생한 사고
• 휴게시간 중 사업주의 지배관리하에 있다고 볼 수 있는 행위로 발생한 사고
• 그 밖에 업무와 관련하여 발생한 사고

20

답과 해설 답 ③

| 마킹률 | ① 13% | ② 3% | ③ 59% | ④ 4% | ⑤ 21% |

국민연금법에 따른 급여의 종류는 '노령연금, 장애연금, 유족연금, 반환일시금'이다.

오답노트

ㄴ. 장해급여는 산업재해보상보험법상의 급여이다.

21

답과 해설 답 ①

| 마킹률 | ① 41% | ② 15% | ③ 3% | ④ 15% | ⑤ 26% |

오답노트

② 가구 내 고용활동 및 달리 분류되지 아니한 자가소비 생산활동에 대하여 고용보험법은 적용하지 아니한다.
③ 구직급여의 수급 요건으로서 기준기간은 피보험자의 이직일 이전 18개월로 한다.
④ 실업의 신고일부터 계산하기 시작하여 7일간은 대기기간으로 보아 구직급여를 지급하지 아니한다.
⑤ 이주비는 취업촉진 수당의 종류에 해당한다.

22

답과 해설 답 ⑤

| 마킹률 | ① 1% | ② 19% | ③ 52% | ④ 3% | ⑤ 25% |

국민건강보험공단은 '가입자 및 피부양자의 자격관리, 보험료 및 이 법에 따른 징수금의 부과·징수, 보험급여의 관리, 가입자 및 피부양자의 질병의 조기발견·예방 및 건강관리를 위하여 요양급여 실시 현황과 건강검진 결과 등을 활용하여 실시하

는 예방사업으로서 대통령령으로 정하는 사업, 보험급여비용의 지급, 자산의 관리·운영 및 증식사업, 의료시설의 운영, 건강보험에 관한 교육훈련 및 홍보, 건강보험에 관한 조사연구 및 국제협력, 이 법에서 공단의 업무로 정하고 있는 사항, 국민연금법·고용보험 및 산업재해보상보험의 보험료징수 등에 관한 법률·임금채권보장법 및 석면피해구제법(징수위탁근거법)에 따라 위탁받은 업무, 이 법 또는 다른 법령에 의하여 위탁받은 업무, 기타 건강보험과 관련하여 보건복지부장관이 필요하다고 인정한 업무'를 관장한다.

10장 사회서비스법

01 ①	02 ⑤	03 ⑤	04 ③	05 ④
06 ②	07 ②	08 ④	09 ④	10 ③
11 ①	12 ①	13 ②	14 ⑤	15 ⑤
16 ②	17 ①	18 ④	19 ②	20 ④
21 ②	22 ④	23 ④	24 ⑤	25 ①

1

답과 해설 답 ①

마킹률	① 24%	② 12%	③ 23%	④ 18%	⑤ 23%

아동보호전문기관의 업무
- 피해아동, 피해아동의 가족 및 아동학대행위자를 위한 상담·치료 및 교육
- 아동학대예방 교육 및 홍보
- 피해아동 가정의 사후관리
- 그 밖에 대통령령으로 정하는 아동학대예방사업과 관련된 업무
  - 아동정보시스템에 피해아동, 그 가족 및 아동학대행위자에 대한 정보와 아동학대예방사업에 관한 정보의 입력에 필요한 자료의 제공
  - 아동복지시설, 어린이집, 유치원, 학교, 경찰서, 주민자치센터, 보건소, 의료기관 및 사회복지관 등 아동학대예방·피해아동보호와 관련된 기관 간의 연계
  - 피해아동 및 피해아동 가정의 기능 회복 서비스 제공

2

답과 해설 답 ⑤

마킹률	① 1%	② 0%	③ 5%	④ 1%	⑤ 93%

누구든지 65세 이상의 사람에 대하여 다음에 해당하는 행위를 하여서는 아니 된다.
- 노인의 신체에 폭행을 가하거나 상해를 입히는 행위
- 노인에게 성적 수치심을 주는 성폭행·성희롱 등의 행위
- 자신의 보호·감독을 받는 노인을 유기하거나 의식주를 포함한 기본적 보호 및 치료를 소홀히 하는 방임행위
- 노인에게 구걸을 하게 하거나 노인을 이용하여 구걸하는 행위
- 노인을 위하여 증여 또는 급여된 금품을 그 목적 외의 용도에 사용하는 행위
- 폭언, 협박, 위협 등으로 노인의 정신건강에 해를 끼치는 정서적 학대 행위

3

답과 해설 답 ⑤

마킹률	① 33%	② 7%	③ 8%	④ 25%	⑤ 27%

오답노트
① 장애인 종합정책을 수립하고 관계부처 간의 의견을 조정하며 그 정책의 이행을 감독·평가하기 위하여 국무총리 소속 하에 장애인정책조정위원회를 둔다.
② 보건복지부장관은 장애인 복지정책의 수립에 필요한 기초자료로 활용하기 위하여 3년마다 장애실태조사를 실시하여야 한다.
③ 재외동포 및 외국인 중 '국내거소신고를 한 사람, 재외국민으로 주민등록을 한 사람, 외국인등록을 한 사람으로서 체류자격 중 대한민국에 영주할 수 있는 체류자격을 가진 사람, 결혼이민자, 난민인정자'에 해당하는 사람은 장애인 등록을 할 수 있다.
④ 장애인에 대한 국민의 이해를 깊게 하고 장애인의 재활의욕을 높이기 위하여 매년 4월 20일을 장애인의 날로 하며, 장애인의 날부터 1주간을 장애인 주간으로 한다.

4

답과 해설 답 ③

마킹률	① 24%	② 7%	③ 48%	④ 3%	⑤ 18%

오답노트
① 여성가족부장관은 한부모가족 지원을 위하여 한부모가족정책에 관한 기본계획을 5년마다 수립하여야 한다.
② "청소년 한부모"란 24세 이하의 모 또는 부를 말한다.
④ 혼인 관계에 있지 아니한 자로서 출산 전 임산부와 출산 후 해당 아동을 양육하지 아니하는 모는 출산지원시설을 이용할 때에는 이 법에 따른 지원대상자가 된다.
⑤ 국가나 지방자치단체는 복지 급여의 신청이 있으면 '생계

비, 아동교육지원비, 아동양육비, 그 밖에 대통령령으로 정하는 비용'의 복지 급여를 실시하여야 한다.

05
답과 해설 답 ④

마킹률	① 17%	② 30%	③ 5%	④ 32%	⑤ 16%

국가기관, 지방자치단체 및 초·중등교육법에 따른 각급 학교의 장, 그 밖에 대통령령으로 정하는 공공단체의 장은 가정폭력의 예방과 방지를 위하여 필요한 교육을 실시하고, 그 결과를 여성가족부장관에게 제출하여야 한다.

06
답과 해설 답 ②

마킹률	① 8%	② 34%	③ 4%	④ 36%	⑤ 18%

오답노트
① 노인복지주택에 입소할 수 있는 자는 60세 이상의 노인으로 한다.
③ 경로당은 지역노인들이 자율적으로 친목도모·취미활동·공동작업장 운영 및 각종 정보교환과 기타 여가활동을 할 수 있도록 하는 장소를 제공함을 목적으로 하는 노인여가복지시설이다.
④ 노인요양공동생활가정은 치매·중풍 등 노인성질환 등으로 심신에 상당한 장애가 발생하여 도움을 필요로 하는 노인에게 가정과 같은 주거여건과 급식·요양, 그 밖에 일상생활에 필요한 편의를 제공함을 목적으로 하는 노인의료복지시설이다.
⑤ 학대받는 노인의 발견·보호·치료 등을 신속히 처리하고 노인학대를 예방하기 위하여 지역노인보호전문기관을 특별시·광역시·도·특별자치도(시·도)에 둔다.

07
답과 해설 답 ②

마킹률	① 10%	② 43%	③ 21%	④ 12%	⑤ 14%

시·도지사 또는 시장·군수·구청장은 보호조치 중인 보호대상아동의 양육상황을 보건복지부령으로 정하는 바에 따라 매년 점검하여야 한다.

08
답과 해설 답 ④

마킹률	① 8%	② 13%	③ 15%	④ 59%	⑤ 5%

오답노트
① 여성가족부장관은 한부모가족 지원을 위한 정책수립에 활용하기 위하여 3년마다 한부모가족에 대한 실태조사를 실시하고 그 결과를 공표하여야 한다.
② "청소년 한부모"란 24세 이하의 모 또는 부를 말한다.
③ 여성가족부장관은 청소년 한부모가 학업을 계속할 수 있도록 교육부장관에게 협조를 요청하여야 한다.
⑤ 한부모가족에 대한 국민의 이해와 관심을 제고하기 위하여 매년 5월 10일을 한부모가족의 날로 한다.

09
답과 해설 답 ④

마킹률	① 3%	② 7%	③ 30%	④ 28%	⑤ 32%

모금회는 정관을 작성하여 보건복지부장관의 인가를 받아 등기함으로써 설립된다.

10
답과 해설 답 ③

마킹률	① 2%	② 9%	③ 86%	④ 2%	⑤ 1%

"1인가구"라 함은 1명이 단독으로 생계를 유지하고 있는 생활단위를 말한다.

11
답과 해설 답 ①

마킹률	① 91%	② 4%	③ 2%	④ 1%	⑤ 2%

민법에 따른 후견인 또는 부양의무자는 정신질환자의 보호의무자가 된다. 다만, 다음의 어느 하나에 해당하는 사람은 보호의무자가 될 수 없다.
- 피성년후견인 및 피한정후견인
- 파산선고를 받고 복권되지 아니한 사람
- 해당 정신질환자를 상대로 한 소송이 계속 중인 사람 또는 소송한 사실이 있었던 사람과 그 배우자
- 미성년자
- 행방불명자
- 그 밖에 보건복지부령으로 정하는 부득이한 사유로 보호의무자로서의 의무를 이행할 수 없는 사람

12
답과 해설 답 ①

마킹률	① 33%	② 1%	③ 59%	④ 2%	⑤ 5%

한부모가족복지시설

- 출산지원시설: '모(母), 혼인 관계에 있지 아니한 자로서 출산 전 임신부, 혼인 관계에 있지 아니한 자로서 출산 후 해당 아동을 양육하지 아니하는 모'의 어느 하나에 해당하는 자의 임신·출산 및 그 출산 아동(3세 미만에 한정)의 양육을 위하여 주거 등을 지원하는 시설
- 양육지원시설: 6세 미만 자녀를 동반한 한부모가족에게 자녀를 양육할 수 있도록 주거 등을 지원하는 시설
- 생활지원시설: 18세 미만(취학 중인 경우에는 22세 미만을 말하되, 병역의무를 이행하고 취학 중인 경우에는 병역의무를 이행한 기간을 가산한 연령 미만을 말함) 자녀를 동반한 한부모가족에게 자립을 준비할 수 있도록 주거 등을 지원하는 시설
- 일시지원시설: 배우자(사실혼 관계에 있는 사람을 포함)가 있으나 배우자의 물리적·정신적 학대로 아동의 건전한 양육이나 모 또는 부의 건강에 지장을 초래할 우려가 있을 경우 일시적 또는 일정 기간 동안 모와 아동, 부와 아동, 모 또는 부에게 주거 등을 지원하는 시설
- 한부모가족복지상담소: 한부모가족에 대한 위기·자립 상담 또는 문제해결 지원 등을 목적으로 하는 시설

13

답과 해설 답 ②

마킹률	① 1%	② 67%	③ 21%	④ 10%	⑤ 1%

시·도지사 및 시장·군수·구청장은 초등학교의 정규교육 이외의 시간 동안 다음의 돌봄서비스를 실시하기 위하여 다함 께돌봄센터를 설치·운영할 수 있다.
- 아동의 안전한 보호
- 안전하고 균형 있는 급식 및 간식의 제공
- 등·하교 전후, 야간 또는 긴급상황 발생 시 돌봄서비스 제공
- 체험활동 등 교육·문화·예술·체육 프로그램의 연계·제공
- 돌봄 상담, 관련 정보의 제공 및 서비스의 연계
- 그 밖에 보건복지부령으로 정하는 방과 후 돌봄서비스의 제공

14

답과 해설 답 ⑤

마킹률	① 9%	② 6%	③ 2%	④ 39%	⑤ 44%

보건복지부장관은 보호가 필요한 아동을 발견하고 양육환경을 개선할 수 있도록 지원하기 위하여 사회보장기본법에 따른 사회보장정보시스템을 통하여 다음의 자료 또는 정보를 처리할 수 있으며, 해당 자료를 토대로 아동보호를 위한 실태조사 대상 아동을 선정할 수 있다.
- 국민건강보험법 제41조 제1항 각 호에 따른 요양급여 실시 기록
- 국민건강보험법 제52조에 따른 영유아건강검진 실시 기록 및 의료급여법 제14조에 따른 건강검진 실시 기록 중 6세 미

만에 대한 기록
- 초·중등교육법 제25조에 따른 학교생활기록 정보
- 사회보장급여의 이용·제공 및 수급권자 발굴에 관한 법률 제12조 제1항 각 호에 따른 정보(전기사업법 제14조에 따른 단전 가구정보 등)
- 감염병의 예방 및 관리에 관한 법률 제24조 제1항에 따른 필수예방접종 실시 기록

15

답과 해설 답 ⑤

마킹률	① 12%	② 6%	③ 24%	④ 9%	⑤ 49%

국가나 지방자치단체는 한부모가족의 생활안정과 자립을 촉진하기 위하여 '사업에 필요한 자금, 아동교육비, 의료비, 주택자금, 그 밖에 대통령령으로 정하는 한부모가족의 복지를 위하여 필요한 자금'을 대여할 수 있다.

16

답과 해설 답 ②

마킹률	① 54%	② 10%	③ 6%	④ 10%	⑤ 20%

시·도지사는 요양보호사가 거짓이나 그 밖의 부정한 방법으로 자격증을 취득한 경우 그 자격을 취소하여야 한다.

17

답과 해설 답 ①

마킹률	① 41%	② 6%	③ 10%	④ 23%	⑤ 20%

오답노트

② 보건복지부장관은 장애인의 권익과 복지증진을 위하여 관계 중앙행정기관의 장과 협의하여 5년마다 장애인정책종합계획을 수립·시행하여야 한다.
③ 보건복지부장관은 장애인 복지정책의 수립에 필요한 기초자료로 활용하기 위하여 3년마다 장애실태조사를 실시하여야 한다.
④ 특별시장·광역시장·특별자치시장·도지사·특별자치도지사는 피해장애인의 임시 보호 및 사회복귀 지원을 위하여 장애인 쉼터를 설치·운영할 수 있다.
⑤ 보건복지부장관은 장애인 거주시설에서 제공하여야 하는 서비스의 최저기준을 마련하여야 하며, 장애인복지실시기관은 그 기준이 충족될 수 있도록 필요한 조치를 취하여야 한다.

18

답과 해설 답 ④

| 마킹률 | ① 7% | ② 6% | ③ 14% | ④ 67% | ⑤ 6% |

| 마킹률 | ① 7% | ② 32% | ③ 7% | ④ 21% | ⑤ 33% |

오답노트

① 시 · 도지사 또는 시장 · 군수 · 구청장은 보호조치 중인 보호대상아동의 양육상황을 보건복지부령으로 정하는 바에 따라 매년 점검하여야 한다.

② 시 · 군 · 구에 두는 아동위원은 명예직으로 하되, 아동위원에 대하여는 수당을 지급할 수 있다.

③ 아동의 권리증진과 건강한 출생 및 성장을 위하여 종합적인 아동정책을 수립하고 관계 부처의 의견을 조정하며 그 정책의 이행을 감독하고 평가하기 위하여 국무총리 소속으로 아동정책조정위원회를 둔다.

⑤ 보장원의 장, 가정위탁지원센터의 장 및 아동복지시설의 장은 보호하고 있는 15세 이상의 아동을 대상으로 매년 개별 아동에 대한 자립지원계획을 수립하고, 그 계획을 수행하는 종사자를 대상으로 자립지원에 관한 교육을 실시하여야 한다.

노인복지시설의 종류에는 '노인주거복지시설, 노인의료복지시설, 노인여가복지시설, 재가노인복지시설, 노인보호전문기관, 노인일자리지원기관, 학대피해노인 전용쉼터'가 있다.

19

답과해설 답 ②

| 마킹률 | ① 5% | ② 73% | ③ 5% | ④ 10% | ⑤ 7% |

오답노트

① 분과실행위원회는 위원장 1명을 포함하여 20명 이내의 위원으로 구성한다. 다만, 모금분과실행위원회 및 배분분과실행위원회는 각각 20명 이상의 위원으로 구성한다.

③ 기부금품의 기부자는 배분지역, 배분대상자 또는 사용 용도를 지정할 수 있다.

④ 사회복지공동모금회는 기부금품의 접수를 효율적이고 공정하게 하기 위하여 언론기관을 모금창구로 지정하고, 지정된 언론기관의 명의로 모금계좌를 개설할 수 있다.

⑤ 이 법 또는 사회복지공동모금회의 정관으로 규정하지 아니한 사항은 「민법」 중 재단법인에 관한 규정을 준용한다.

20

답과해설 답 ④

| 마킹률 | ① 6% | ② 0% | ③ 1% | ④ 91% | ⑤ 2% |

오답노트

ㄱ. 장애인학대란 장애인에 대하여 신체적 · 정신적 · 정서적 · 언어적 · 성적 폭력이나 가혹행위, 경제적 착취, 유기 또는 방임을 하는 것을 말한다.

21

답과해설 답 ②

22

답과해설 답 ④

| 마킹률 | ① 11% | ② 1% | ③ 4% | ④ 28% | ⑤ 56% |

한부모가족지원법상 취학 중인 경우의 아동은 22세 미만인 사람을 말한다.

23

답과해설 답 ④

| 마킹률 | ① 15% | ② 2% | ③ 2% | ④ 71% | ⑤ 10% |

이 법 또는 모금회의 정관으로 규정하지 아니한 사항은 민법 중 재단법인에 관한 규정을 준용한다.

24

답과해설 답 ⑤

| 마킹률 | ① 29% | ② 6% | ③ 15% | ④ 16% | ⑤ 34% |

자원봉사활동은 무보수성, 자발성, 공익성, 비영리성, 비정파성(非政派性), 비종파성(非宗派性)의 원칙 아래 수행될 수 있도록 하여야 한다.

25

답과해설 답 ①

| 마킹률 | ① 70% | ② 2% | ③ 13% | ④ 13% | ⑤ 2% |

상담소, 보호시설 및 통합지원센터의 장과 종사자는 피해자등이 분명히 밝힌 의사에 반하여 상담 등의 업무를 할 수 없다.

11장 판례

01 ⑤   02 ⑤

01

답과 해설 답 ⑤

마킹률	① 9%	② 5%	③ 4%	④ 15%	⑤ 67%

의족 파손에 따른 요양급여 청구사건 대법원 판례(2012두 20991)는 업무상 사유로 근로자가 장착한 의족이 파손된 경우는 산업재해보상보험법상 요양급여의 대상인 근로자의 부상에 포함된다고 한 사례에 해당한다.

02

답과 해설 답 ⑤

마킹률	① 8%	② 3%	③ 3%	④ 23%	⑤ 63%

구법 제35조 제1항 본문은 장애인고용의무사업주의 범위를 고용근로자수를 기준으로 한다는 기본원칙을 정하였고, 한편 장애인고용의무제가 적용되는 사업주의 범위는 우리나라의 전체 실업자수와 그 중 장애인실업자수가 차지하는 비율, 경제상황 등을 고려하여 시대에 따라 탄력적으로 정하여야 할 사항이어서 이를 법률에서 명시하는 것은 적당하지 아니하다는 입법자의 판단이 반드시 잘못되었다고 볼 수는 없다. 뿐만 아니라, 구법 제35조 제1항은 "…… 사업주는 그 근로자의 총수의 100분의 1 이상 100분의 5 이내의 범위 안에서 대통령령이 정하는 비율 이상에 해당하는 장애인을 고용하여야 한다"고 규정하고 있다. 여기에서 이 규정의 해석상 최소한 20인 이상의 근로자를 고용하는 사업주에게만 장애인고용의무가 도출됨을 알 수 있다. 왜냐하면, 기준고용률의 상한인 5%를 상정하더라도 20인이 되어야 1명의 장애인고용의무가 생기기 때문이다. 따라서 동 조항은 포괄위임입법금지원칙 내지는 법률 유보원칙에 위반된다고 할 수 없다. 장애인고용의무조항(구법 제35조 제1항 본문 중 "대통령령이 정하는 일정수 이상의 근로자를 고용하는 사업주" 부분)에 대하여는 위헌의견에 찬성한 재판관이 5인이어서 다수이기는 하지만 헌법 제113조 제1항, 헌법재판소법 제23조 제2항 단서 제1호에서 정한 헌법소원에 관한 인용 결정을 위한 심판정족수에는 이르지 못하여 위헌결정 을 할 수 없으므로, 이 조항에 대하여 합헌결정을 선고하는 것이다(2001헌바96).